MARX UND DIE
WAARENSPRACHE

井上 康　崎山政毅

マルクスと商品語

社会評論社

目次

はしがき／9

第Ⅰ部

第Ⅰ章　『資本論』冒頭商品論理解の鍵としての商品語 ─── 21
第Ⅱ章　人間語の世界に対する限りでの商品語の〈場〉 ─── 35
　第ⅰ節　人間語の世界の諸特徴／35
　第ⅱ節　人間語の世界のモデル化／38
　第ⅲ節　〈分析哲学的言語観とそれへの直観的違和・批判〉への批判／38
　第ⅳ節　ルートヴィヒ・ヴィトゲンシュタイン、ジャック・デリダ、ヴァルター・ベンヤミンの各言語観について／45
　第ⅴ節　商品語の〈場〉の諸特徴／56

第Ⅱ部

第Ⅲ章　人間語による分析世界としての『資本論』第二版第1章第1節および初版・フランス語版当該部分の比較対照による解読 ─── 71
　第ⅰ節　冒頭商品論に対する分析・解読作業の諸前提／71
　第ⅱ節　〈富─価値─商品〉というトリアーデ／75
　第ⅲ節　パラグラフ①および②の検討／79
　第ⅳ節　パラグラフ③の検討／83
　第ⅴ節　パラグラフ④の検討／94
　第ⅵ節　パラグラフ⑤の検討／100
　第ⅶ節　「共通なもの」＝価値、「第三のもの」＝商品に表わされた抽象的人間労働／105
　第ⅷ節　初版のパラグラフ⑥～⑨の検討／110
　第ⅸ節　第二版・フランス語版のパラグラフ⑥、⑦の検討／110
　第ⅹ節　第二版・フランス語版のパラグラフ⑧、⑨の検討／116
　第ⅺ節　〈価値─価値実体〉概念の一定の定立／117

第Ⅳ章　商品語の〈場〉──価値形態 ─── 131
　第ⅰ節　商品をつくる労働の特殊歴史的規定性について／131
　第ⅱ節　初版本文、初版付録、および第二版のそれぞれの価値形態論／136
　第ⅲ節　価値形態論の枠組／140
　第ⅳ節　価値表現において諸商品は何をどんな風に語るか／148
　第ⅴ節　〈自然的規定性の抽象化〉過程に関して／155
　第ⅵ節　〈私的労働の社会化〉過程に関して／160
　第ⅶ節　価値の実体と等価形態の謎性／166

第viii節　初版本文価値形態論の形態Ⅱに関して／171
第ix節　初版本文価値形態論の形態Ⅲに関して／173
第x節　〈価値─価値実体〉概念の十全な定立／177
第xi節　初版本文価値形態論の形態Ⅳに関して／200

第Ⅴ章　なぜ、第二版は初版本文の形態Ⅳを捨て貨幣形態を形態Ⅳとしたのか ── 215

第Ⅵ章　価値形態論と交換過程論との関係について ── 235
第ⅰ節　冒頭商品論と交換過程論／235
第ⅱ節　価値形態論に対するかぎりでの交換過程論／236
第ⅲ節　あらためて価値形態論と交換過程論との相違について／243
第ⅳ節　貨幣の商品語／244

第Ⅶ章　〈富─価値─商品〉への根源的批判 ── 251
第ⅰ節　〈富─価値─商品〉への批判、労働価値説批判としての経済学批判／251
第ⅱ節　商品価値と従来の諸価値／260
第ⅲ節　今日の《商品〈場〉─商品語の〈場〉》に対する根源的批判を深めるために／263

第Ⅲ部

第Ⅷ章　今日の資本主義を批判するために ── 271
第ⅰ節　資本の運動と資本物神／271
第ⅱ節　利子生み資本形態をとって運動する厖大な架空資本／276
第ⅲ節　資本の商品語／277
第ⅳ節　架空資本の新たな運動について／280
第ⅴ節　イスラーム金融は資本主義のオルタナティヴたりうるか／292

第Ⅸ章　『資本論』冒頭商品論に関するさまざまな所説について ── 327
第ⅰ節　ハンス-ゲオルク・バックハウスの問題提起、およびそれをめぐる議論について／327
第ⅱ節　久留間鮫造の所説について──〈宇野─久留間〉論争を軸に／342
第ⅲ節　榎原均『価値形態・物象化・物神性』について／354
第ⅳ節　佐々木隆治『マルクスの物象化論』について／364
第ⅴ節　正木八郎の所説について／377
第ⅵ節　『資本論を読む Lire le Capital』における冒頭商品論解釈について（ジャック・ランシエールおよびピエール・マシュレーの所説について）／382
第ⅶ節　ジャック・デリダの商品物神性論理解について／406
第ⅷ節　デイヴィッド・ハーヴェイ『『資本論』読解必携 A Companion to Marx's Capital』について／416
第ⅸ節　フレドリック・ジェイムソン『資本論』を再現前化する Representing Capital: A Reading of Volume One 』について／428

第x節　吉沢英成『貨幣と象徴』、および塩沢由典『近代経済学の反省』について
　　　　　／433
    第xi節　柄谷行人の所説について／456
    第xii節　岩井克人『貨幣論』について／470

『資本論』初版（ドイツ語）、同第二版（ドイツ語）、
同フランス語版各冒頭商品論出だし部分の対照表と各邦訳——————— 519

あとがき／535

参照文献／539
人名索引／563
事項索引／575

凡例

1. 現在刊行中の Marx Engels Gesamtausgabe を MEGA と略す。スターリン体制下で企画され頓挫を来した全集である、いわゆる旧 MEGA を MEGA、現在刊行中の全集であるいわゆる新 MEGA を MEGA^2 などと表記するのが慣例であるが、本書では新 MEGA しか用いないので、単に MEGA と表記する。たとえば、MEGA Ⅱ/1-1 は、同全集の第Ⅱ部第 1 巻第 1 分冊を指すものとする。訳文については、それぞれ初版、第二版およびフランス語版のファクシミリ復刻されたテキスト(順に、青木書店、1959 年；極東書店、1968 年；極東書店、1967 年)、および MEGA 当該巻にあたり、必要に応じて以下のものを参照し、原文から邦訳した。参照したのは、①『資本論』現行版(第四版)は、資本論翻訳委員会訳(新日本出版社、1997 年)および岡崎次郎訳(国民文庫、1972 年)、②『経済学批判』第一分冊(1859 年)をはじめとする資本論諸草稿については資本論草稿集翻訳委員会訳『資本論草稿集』(全 9 巻、大月書店、1981 – 1997 年)、および大谷禎之介『マルクスの利子生み資本論』全 4 巻(桜井書店、2016 年)、③『資本論』初版については岡崎次郎訳(国民文庫、1976 年)および江夏美千穂訳(幻燈社書店、1983 年)、『資本論』第二版は江夏美千穂訳(幻燈社書店、1985 年)、④『資本論』フランス語版は江夏美千穂・上杉聰彦訳(法政大学出版局、1979 年)、である。また、上記以外のマルクスおよびエンゲルスのテキストについては、MEGA で刊行済のものはそれに、MEGA で未刊行のものはベルリンのディーツ出版から刊行された著作集 Marx Engels Werke(MEW と略)にあたり、その日本語訳である大内兵衛/細川嘉六監訳『マルクス＝エンゲルス全集』(大月書店、1959 – 1977 年)を参照し、原文から邦訳した。これらの邦訳のほとんどが、Ding と Sache、Verdinglichung と Versachelichung を訳し分けていないが、物と物象、物化と物象化と明確に訳し分けた。
   なお、MEGA および MEW においてイタリック体になっている強調箇所については邦訳では傍点を付した。
2. 引用文中の／は原文の改行箇所を表わす。
3. 引用文中の〔　〕でドイツ語などが記された部分は原文の表記を示す。
4. 引用文中の〔…〕は引用者による原文の省略を表わす。
5. 引用文中の〔中略〕は引用者による原文の省略が複数のパラグラフにわたる場合を示す。
6. カギ括弧「　」を用いた引用文中の短いカギ括弧「　」は原文中のカギ括弧を表わす。
7. 引用文中の［　］部分は本著者によるものである。

はしがき

「賽は投げられた」

ガリア戦争を勝利にみちびいた後、敵である元老院閥族勢力が待ち受けるローマへと帰途をたどっていたガイウス・ユリウス・カエサルが、ルビコン川を前にして発した、といわれる有名な言葉である。英語では "The die is cast"、ほとんど常識として覚えていなければならないことわざとなっている。『広辞苑（第六版）』でも、「（カエサルのルビコン渡河の際の言葉という）」と括弧でくくった前置きつきで載っている。

だが、世界的なレヴェルで人口に膾炙したこの言葉の典拠は何なのか？

このように問うと、まず、西暦紀元1世紀の伝記作家スエトニウスの手になる、古典ラテン語で書かれた『ローマ皇帝伝』である、と答えがかえってくるだろう。当のスエトニウスはカエサルの伝記を書くにあたって、彼の先達たるアテナイのプルタルコスがギリシア語で著した、いわゆる『英雄伝』（『対比列伝』）のカエサルの章とポンペイウスの章を下敷きにした。徹底的にプルタルコスに倣った、と言う方が正確かもしれない。

さて、プルタルコスはカエサルの叫びをこう述べている。

崖っぷちから深淵に身を投じる者のように、理性の声に対して耳をふさぎ、恐怖には目をふさいで、傍らにいた者たちに「賽を投げろ」とギリシア語で叫ぶや、軍団を渡河させた。[1]

「傍らにいた者たち」とは、カエサルの幕僚と考えて差し支えあるまい。ギリシア語で叫んだとあるから、カエサルの叫びを聞いて理解した者たちのほとんどは騎士階級(エクィテス)以上の身分である（ローマ内戦時にカエサルと敵対した、長年の盟友でもある副官のラビエヌスもまた騎士階級だった）。なぜなら、保証された階級の裕福な出自であると同時に、ギリシア人奴隷のすぐれた家庭教師についたことがなければ、カエサルのギリシア語の叫びはまったく理解できないからである。

彼が率いてきた平民＝市民たる軍団兵士たち――それには勇猛で忠実な百人隊長たちも含まれていただろうが――、それらの圧倒的多数の部下にとっては、総司令官が奇妙な怒声を放ったように聞こえたのではなかろうか。

　そして、その語は「賽を投げろ〔Ἀνερρίφϑω κύβος〕」、英語にあえて訳せば、"Let the die be cast（thrown）"となる。簡潔明快を旨とする文体の達人カエサルにしては、持って回った謂いと言わざるを得ない。この点については、カエサルが愛好していた紀元前3世紀のギリシア「新喜劇」の大立者メナンドロスからの引用だ、という「傍証」が用意されている。

　プルタルコスがギリシア語で書き、「ギリシア語で叫ぶ」と明記したこのカエサルの言は、スエトニウスの記述においては、ラテン語 "Iacta alea est." と文法を踏み外した完了形に変わっている。つまり、「賽は投げられた」に変更されて訳されている。

　スエトニウスの描写を原文と訳とで見てみよう[2]。

> Tunc Caesar: "Eatur," inquit, "quo deorum ostenta et inimicorum iniquitas vocat. Iacta alea est," inquit.
> このときカエサルは言った。／「さあ進もう。神々の示現と卑劣な政敵が呼んでいる方へ。賽は投げられた」と。

　プルタルコスが描いた、怯えるカエサルの姿との、何たる違い！

　「賽を投げろ」と「賽は投げられた」のカエサル像の違いについてはともあれ、「投げろ」と「投げられた」の変更に関しては、以下の説が有力である。グーテンベルクの印刷機が生まれる前の、手書き写本で知を伝えていく過程で、スエトニウスのテキストが繰り返し写され、その途中で esto の最後尾にくっついている小さな o が抜け落ちてしまった。その結果、カエサルの言葉は "Iacta alea est" に固定され、「賽は投げられた」になった――これはルネッサンスの大ユマニストであるエラスムスによる[3]、相当に蓋然性の高そうな文献学的説明である。

　改変されたカエサルの科白を英語に逐語訳をするならば、"The die has been cast" とすわりの悪いものになってしまう。だが、そこは詩人メナンドロスからの引用ということなので、巧く "The die is cast" となる訳だろう。

　大方の書物読みは、ここまでの説明がなされると、「なるほど」と感心して引

き下がる。プルタルコスおよびスエトニウスのテキストは、原文との対訳で、たとえばハーヴァード大学出版局のロウブ古典叢書で読むことができる。それらの権威ある叢書のテキスト中に、先に述べた記述が確認できる訳である。それゆえ、納得の相貌をもった思考停止が生じるのも無理からぬところではある。況んや、スエトニウスよりも遥かに知られたプルタルコスにおいてをや。じっさいに「賽を投げろ」と書いてあるではないか。

　だがしかし、ここで引き下がる人々は、エラスムスの説に納得させられたにせよ、プルタルコスの「原テキスト」にカエサルの言がそう書いてあることを確認したにせよ、スエトニウスのカエサル描写がわれわれに馴染み深いと感じたにせよ、決定的に不十分である。

　そもそも、カエサルがルビコン川を前にした危急存亡の秋(とき)に、なぜ賽の比喩を用いたのだろうか？　当時のローマ上流階級のなかで双六遊戯が重視されていたことが、きわめて迂遠な「補強」にはなるかもしれない[4]。それでもなお、わざわざメナンドロスを引いたのはなぜなのか、という問いは残る。

　ここで、真剣な探求をしたいと願う読者ならば、カエサルの「賽」(『広辞苑(第六版)』では「采」表現)というレトリックに目を向けることだろう。そしてさまざまに調べると、以下のことが判明する。

　「賽は投げられた」の大元となったテキストを遺したプルタルコスは、双六を愛好した。より正確に言えば、双六に憑りつかれていた人物であった。カエサルにまつわる叙述だけではなく、プルタルコスの全作品中のレトリックをさぐると、人間を双六の駒として譬えたり、さまざまな人物の生の分岐点を、賽の導き出した結果に準える表現がどれほど多いかに気付く。そしてまた、プルタルコスはメナンドロスを愛好していた。

　プルタルコスもスエトニウスも、カエサルその人どころか、カエサルの傍らにいた人々に対面したこともえない。だから、歴史と文学とを直接につなぐことが当然の世界と時代の中にあって、あたかもその決定的瞬間に居合わせたのかと思わせるような「歴史記述」の表現が、作家たちの重視するレトリックを経緯に組み込んで紡ぎだされるのは、むしろ必然であろう。

　「賽を投げろ」は「ルビコン川畔のカエサルの天幕の下にまさしく居合わせた」想像力がもたらした、生き生きとした表現である。だが、エラスムスによる文献考証的説明、もしくはプルタルコスの原テキストで思考停止せず、検証を試

みると、わずかな事実と真実の一片であれ、われわれは明らかにされることを待っている「問い」の「解答」をわがものとすることが出来る。

　それでもなお、「賽は投げられた」という言葉は、今なお生き延びつづけている。じっさい、カエサルがそう叫んだと思っている人は数多い。もちろん、ガイウス・ユリウス・カエサルの人物像の歴史が語っているのは、青ざめて震えつつ深淵に飛び込むのだ、と叫んだカエサルよりも、不退転の気を込めて乾坤一擲の勝負に打って出るカエサルの方が、よほど分かりやすく受容もたやすい、という事実である。

　このようなカエサルの言をめぐっての誤解・改変・受容の事態と同質の、しかし20世紀に圧倒的な神話としての支配力を持つに至り、非人間的な体制の崩壊とともに神話の解体と一旦の追放を強いられたテキストを対象としたがために、きわめて困難な状況を起点に置かざるを得なかった探究と思考の作業結果が、本書である。

　すでに『資本論』を論じた書は、あまりにも多い。「汗牛充棟」なる熟語が、まさしくあてはまる対象である。だがその多くが述べているのは、すでに『資本論』に関する「権威」とされた論者の説から出発したものであるか（日本や英語圏）、『資本論』刊行の根源的目的である、資本主義批判にもとづく変革を等閑視したかのような、文献学的言説（ドイツ語圏および旧ソ連・東欧）にとどまっている。

　私淑を含めた子弟関係に自縛されて、師の『資本論』解釈を鵜呑みにし、「××の説を読んだ私はそれを信じる」というのでは、『資本論』初版（1867年）を世に問うに際してマルクスが求めた読者では、すでにない。そうした（主要な解釈者やその名を冠した学派の前提する内容は、書かれないことさえままある）謂いは、信条告白の亜種でしかなく、訪問販売詐欺の口上にも届かないだろう。文献批判は重要ではあるが、『資本論』がわれわれに求めているものをなおざりにした追究は、力能を備えた学知には至らないだろう。

　そしてそれらの説はなべて、貨幣主義に振り回されている。なぜならそれらの説を論じる者たちは、『資本論』冒頭商品論の最終目的を、資本主義的貨幣の生成の解明だと思い込んでいるからである。その結果、E. H. カーが「ユートピアニズム」と、潜在的な可能性を認めながらも、冷徹な皮肉と抑えきれぬ危機感とを込めて呼んだ、ある種の倫理主義的観念論にしか行き着かないのは当然である。

はしがき

　マルクスのテキストそれ自体が冒頭商品論の部分で立てている問い、つまり「すべての商品に貨幣存在が内包されることを明らかにするには？」と、その問いの設定に内在する答えとを、確固として前景化させ復権させること——これこそがわれわれが本書で取り組んだ問題の中核に存しているものに他ならない。

　とはいうものの、われわれは、エラスムスの説明に拝跪した人びとや、『資本論』そのものに拠らずに、その解釈を基として『資本論』を取り扱ってきた、これまでの論者たちを嗤うことはできない。なぜなら、われわれもまた、世に言う「論語読みの論語知らず」をまさしく地で行っていたからである。

　われわれが『資本論』に初めて出会ったとき、そこにまず存在していたのは、いわゆる現行版の優れた日本語訳であった。

　『資本論』、とりわけ初版の原テキストは、地の文のほとんどを当然占めているドイツ語の他に、英語・フランス語・イタリア語・古典ラテン語・古代ギリシア語などなど、「衒学的」と評されても仕方がない位の言及や引用に溢れかえっている。善意に受けとれば、マルクスは、彼の持てる厖大な多言語的で学究的な知見を、余すところなく『資本論』に注ぎ込んでいる。良知力によれば、1,000部印刷された初版のうち、308部が売れ残ったということである[5]。たしかに、復刻された初版の原テキストに一度でも当たった読者は、売れなかったのもさもあらん、という感想を抱くことだろう。晦渋な文体に無数に註がつけられ、本文も註も当然ドイツ語を主とはしながらも、他の様々な言語で書かれた知見に満ちている上に、強調部分がひたすら多出する。おまけにその強調部分は、版元のマイスナーの方針どおり字間が他の部分よりも開いていて、読みにくいことこの上ない。

　マルクスは初版序文で「なにか新しいものを学ぼうとし、したがってまた自分自身で考えようとする人びと」を読者として想定しているが、どれほどそうした読者が初版刊行時に存在していただろうか。マルクス自身が序文で難解だと述懐しているのだから、おそらく『資本論』初版を読み解けた人はごくごく僅かしかなく、ましてや「プロレタリアート」に届く筈もなかったのではないか。われわれは、エンゲルスもまた、『資本論』の、とくに冒頭商品論の十全な読解から程遠いところにいた、と考えている。エンゲルスはいくつもの新聞に『資本論』初版の書評（を装った宣伝）を掲載させ、初版刊行翌年に『資本論綱要』と通称される「入門書」を上梓した。だが、それらは『資本論』の歴史的意義を強調する

ものばかりで、晦渋きわまる主題中の主題——それこそが『資本論』の書名を歴史に刻み込むことになる力であったのだが——をピンポイントで押さえたものが、一つたりともないのである。

初版の難解さと売れ行きの不振を背景としたエンゲルスらのアドヴァイスに従って、マルクスはドイツ語第二版以降、いわゆる現行版へとつながるものに叙述を変更した。その結果、売れ行きは初版とは比べ物にならぬほどの伸びを示したが、それは論理の彫琢の結果だったのだろうか？内容のさらなる「弁証法的展開」があったのだろうか？

本書で論ずるように、そうではない。

ドイツ語初版から第二版への「移行」＝「改訂」において、叙述の卑俗化が施され、論理の後退が起きているのである。とはいうものの、論理の一方的な後退のみが生じている訳ではない。初版とは比較にならぬほど、ドイツ語第二版以降の冒頭商品論は理解するに容易な、明晰な叙述に変更されている。とくにその明晰さを示す概念が、「商品語」である。これは商品の擬人化ではなく、資本主義的商品が資本主義社会の基底的・支配的主体であることをみごとに表現するものと言っても過言ではない。

ところで、われわれにとって幸いでもあり災いでもあったのは、『資本論』に充ち満ちている諸々の言語で書かれた言及や引用や箴言のすべてが日本語に訳され、時には誤解や拙速な断定も含めて「懇切丁寧な訳注」が附されていたことである。われわれもまた例に漏れず、まず現行版で『資本論』に出会い同書を繰り返し読んできた。そうした過程で、1867年に刊行された初版の重要性に気がついたのは、30年ほど前のことになる。それでもなお本書の課題に気がつくまで、われわれもまた現行版を無根拠に「神棚に供えた」ままであった。先のカエサルの科白の例になぞらえれば、「賽を投げろ」の基盤となる諸事象を徹底して追究せず、「賽は投げられた」を惰性に満ちた無自覚なままに受容していたのである。

そのような惰性を打ち破る転機は、1879年末から1880年初頭にかけてマルクスが書いた、プロイセンの小器用な御用学者であるアードルフ・ヴァーグナーの『経済学教科書』に対する批判的評注を、あらためて読んだことにあった。

ヴァーグナーは『資本論』第二版を取り上げ評注したのだが、その評註に対する批判において、マルクスは、初版を改訂して世に問うた第二版における自説を否定しているのである。異端派の経済学として扱われているため、『資本論』に

関してヴァーグナーが割いた紙幅は 7.5 ポイントの小さな文字で 1 ページほどにすぎない。だがヴァーグナーは、御用学者であっても誠実に『資本論』第二版の要約を行なっており（われわれも当該テキストを入手し、確認を行なった）、マルクスはそれに嚙みついている。つまりそこでマルクスは、ドイツ語第二版による初版の書き換えが叙述上の混乱をきたしていることを自己暴露しているのである（詳しくは本書第Ⅲ章を見てほしい）。

それまで気付かなかったこのマルクスの混乱に、われわれ自身動揺せざるをえなかった。

われわれは慎重に、しかし従来は看過していた細かな点をも取り上げて議論を行なうことから取り組みを開始した。いわゆる新 MEGA 第Ⅱ部（『資本論』各版および準備労作）をもとに、初版をはじめとする各版を精密に読み返すことが、その第一歩だった。各版の比較検討の上で、マルクスの提示した課題とその解明の叙述を明示することを避けては通れない最重要な課題と決め、その作業を実行したのは言うまでもない。そして、各版の異同をはじめ、ハンス-ゲオルク・バックハウスやヴィンフリート・シュヴァルツ、佐藤金三郎らから、近年のクリストファー・アーサー、ミヒャエル・ハインリッヒ、インゴ・エルベ、ヤン・ホフ、クリスティアン・イーバー、ロベルト・フィネスキらまで、広く『資本論』冒頭商品論をとりあげた先行研究を、原テキストと併せて検討の俎上に乗せる作業に取り組んだ。

そのようにして、初版からドイツ語第二版、フランス語版、マルクスが没した直後のエンゲルスの手によるドイツ語第三版、そして 1890 年のエンゲルス編集第 1 巻＝現行版の冒頭商品論を、文字通り舐めるように原文を比較検討しながら読み進め、繰り返し考察を加えた結果が、本書である。

急いで附言しておかなければならないことは、われわれは『資本論』成立史の探究、すなわち「プラン問題」を論じるつもりではない、ということである。

言うまでもなく、「プラン問題」そのものがマルクス研究において占める重要性を、われわれは知っている。だが、『資本論』は何のために世に出されたのか？ 根底から資本主義を解明・批判し、近代のもっとも悪質な病弊である経済的奴隷制を根治して、人間の（自己）解放をなしとげるためである。この課題は、初版においてすでに明らかである。それゆえ、『資本論』の目指すものがわれわれの読み解くべき課題にほかならず、プラン問題をはじめとするマルクス研究の

成果は、本書においてはその課題遂行の観点からのみ言及・引用される。

また、利子生み資本の形態をとってグローバルに運動する架空資本やその下でのイスラーム金融の分析も述べてある。このこともまた、『資本論』がわれわれに求め続けてきた、必要不可欠な取り組みであるからに他ならない。

十全な叙述を出来る限り心掛けたが、マルクス主義の名の下で行われた蛮行を克服するには、いまだ十分なものではないだろう。多くの困難な課題が残されていることを、われわれは自覚している。それらの課題に挑戦し、新たな可能性を切り拓くには、われわれの力は悲しいほど微弱なものに過ぎない。求められている探究には、まだまだ多くの仲間と、新たな風を吹き込む力としてのまったく新しい表現が必要なのだ。

最後に、本書の目指すところをあらためて確認し、構成内容について簡単に触れておく。

本書の目的は、『資本論』冒頭商品論の解読であり、それを第二版以降に述べられる「商品語」という概念に焦点をあてたうえで遂行するものである。

「商品語」という一般には聞きなれない用語について、人間語と対照させて、そのおおよその輪郭を明らかにしたのが、第一部であり、本書の序論に当たる。

第二部は本論である。『資本論』冒頭商品論をまったく新たな視点から捉え、従来の解読を刷新することを目指した。従来流布していたほとんどすべての読みを覆し、『資本論』冒頭商品論の精確な読解をなせた、と自負している。

第三部は補論というべきものである。第三部草稿まで含めた『資本論』全体を踏まえて、今日の資本主義を批判するという課題は今後のものであり、そのための準備作業に相当する。現時点でわれわれが把握・研究・分析をなしえた上で叙述可能なことどもを、できるかぎり直截的に述べた。そこでの鍵となるのは、架空資本の概念である。マルクスによるこの概念を復権させ、その新たな内容展開を目指していきたいと、われわれは考えている。そのため、架空資本の運動について、われわれの研究と分析が今現在可能なかぎりでの内容を、本書第三部で提示したつもりである。

本書は、今日の資本主義を全面的かつ批判的にとらえ、人間のあるべき未来に向かう力のありようを明確に打ち出すまでに、残念ながらいたってはいない。未だ途なかばと言い換えてもよい。新たな地平を切り拓くには、マルクスが求めた「なにか新しいものを学ぼうとし、したがってまた自分自身で考えようとする人

びと」を、われわれもまた必要としている。その意味で、本書が志を同じくする仲間との出会いの場となり、変革の契機たらんことを願うばかりである。

註
1) Plutarchus, "ΠΟΜΠΗΙΟΣ", *PLUTARCH LIVES* V, trans. Bernardotte Perrin), Cambridge, MA., Loeb Classical Library 87, Harvard University Press, 1917, p. 272.（「ポンペイウス伝」32-4、プルタルコス、城江良和訳『英雄伝4』、京都大学学術出版会、2009年、p.135.）。それと等しく対応する記述が「カエサル伝」32-6にもある。"Γ. ΚΑΙΣΑΡ", 同上, p. 522
2) Gaius Suetonius Tranquillus, *DE VIDA CAESARUM, XXXII*, in *SUETONIUS*, vol. 1, trans. J. C. Rolfe, Loeb Classic Library 31, Harvard University Press, 1951, p. 76.（国原吉之助訳『ローマ皇帝伝（上）』岩波文庫、1986年、p.41）。
3) その文献学的考証は、エラスムスの以下の書を見よ。DESIDERII ERASMI ROTERODAMI, Felix Heinimann et M. L. van Poll-van Lisdonc（eds.）, *OPERA OMNIA* II-9（ADAGIORVM COLLECTANEA）, Amsterdam, Elsevier, 2005, pp. 254-255. Cf. Footnote to line 498 of "IACERE ALEAM. EXTRA OMNEM ALEAM 771" (*ibid*., p. 255.) また、次も参照のこと。Thomson, D. F. S., "Erasmus and Textual Scholarship in the Light of Sixteenth-Century Practice", in J. Sperma Weiland & Willem Th. M. Frijhoff（eds.）, *Erasmus of Rotterdam, The Man and the Scholar: Proceeding of the Symposium held at the Erasmus University, Rotterdam, 9-11 November 1986*, Leiden, Brill, 1988, pp. 158-71. Especially see p.161, "Suetonius".
4) N. Purcell, "Literate Games: Roman Urban Society and the Game of Alea", *Past & Present*, No. 147（1995）, pp. 3-37.
5) 経済史学会編『『資本論』の成立』岩波書店、1967年、p. 346。

第Ⅰ部

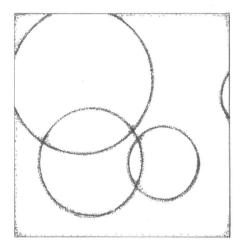

第 I 章

『資本論』冒頭商品論理解の鍵としての商品語

　マルクスの『資本論』、とりわけ、その冒頭の商品論に関しては、厖大な論争と探求の成果が積み重ねられてきた。なかんずく日本においてその「伝統と蓄積」は国際的に見ても一頭地を抜いており、きわめて細部にわたって検討と論争が続けられてきた。だが、その成果はと言えば、必ずしも豊かなものがもたらされたとは言えない。われわれが考えるに、その最大の原因は、マルクスが言う「商品語〔Waarensprache〕」（現代表記では Warensprache）に真正面から取り組んでこなかったことに存する。従来、どれほど誠実・真摯な論者であっても、およそ「商品語」を一つの概念ではなく、たんなる比喩としてしか捉えてはこなかったのである。ではマルクスは「商品語」についてどのように述べているだろうか。
　まず第一に焦点を絞るのは、『資本論』第二版第 1 章第 1 節、第 2 節の議論を受けて展開される、第 3 節「価値形態または交換価値」における叙述である。

　商品価値の分析が先にわれわれに語った〔sagte〕一切のことを、リンネルが他の商品、上着と交わりを結ぶやいなや、リンネル自身が語る〔sagt〕のである。ただ、リンネルは、自分だけに通じる言葉〔Sprache〕で、商品語〔Waarensprache〕でその思いを打ち明ける。労働は人間的労働という抽象的属性においてリンネル自身の価値を形成するということを言う〔sagen〕ために、リンネルは、上着がリンネルに等しいものとして通用するかぎり、したがって価値であるかぎり、上着はリンネルと同じ労働から成り立っていると言う〔sagt〕。リンネルの高尚な価値対象性は糊でごわごわしたリンネルの肉体とは違っているということを言う〔sagen〕ために、リンネルは、価値は上着に見え、したがって、

リンネル自身も価値物としては上着と瓜二つであると言う〔sagt〕。ついでに言えば、商品語〔Waarensprache〕も、ヘブライ語のほかに、さらに多少なりとも正確な多くの方言〔Mundarten〕をもっている。たとえば、ドイツ語の Werthsein は、ロマンス語系の動詞、valere,valer,valoir に比べると、商品 B の商品 A との等置が商品 A 自身の価値表現であることを言い表わすにはさほど適切ではない。Paris vaut bien une messe !〕¹⁾

この文章は初版にはなく、また、「商品語」という用語は初版、第二版を通じてここ以外にはでてこない。だが、そのことをもって、「商品語」という言葉を一つの概念ではなく、たんなる比喩として捉えれば良い、というわけでは決してない。叙述を修飾するだけの「譬え」の次元でマルクスはこの語を考えてはいなかった。それゆえに、「方言」（Mundart、しかも Dialekt ではないそれ）が連関する比喩として用いられたのである²⁾。

ここでの「方言〔Mundart〕」なる語について、われわれは、ヴィルヘルム・フォン・フンボルトの――カント『判断力批判』の批判的受容を介した――影を看て取ることもできるだろう³⁾。一般に『言語と精神』として知られる、フンボルトの『カヴィ語研究序説』の第 1 節に以下がある。

〔…〕人類がいろいろな民族〔Völker〕や種族〔Völkerstämme〕に分かれていることと、人類の持つ言語〔Sprachen〕や地方語〔Mundarten〕が種々異なっていることとは、相互に直接関連し合っていることは確かである。〔…〕⁴⁾

ここでは「言語〔Sprache〕」と「方言（地方語）〔Mundart〕」の対比が、「民族〔Volk〕」とその下位区分である「種族〔Völkerstämme〕」の対比に対応させられている。ちなみにフンボルトにあっては「国民〔Nation〕」と「民族〔Volk〕」とは明確に区別されている。

世界に稀なほど多彩で豊富な翻訳の果実を味わってきたわれわれの前に『資本論』が現れるのは、まずその現行版の邦訳としてであろう。そしてこれまで上梓された『資本論』の翻訳は Mundart におしなべて「方言」という訳語を充てている。それゆえに、ナショナル―ローカルと国語（国家語、標準語）―方言という並行図式を、国民国家の下で生まれ生きてきたわれわれは思わず無批判に受け入

れてしまう恐れがある。

 だがマルクスが「商品語」という言葉で論を展開しようとした際に想定したのは、具体的な資本主義社会であると同時に世界なのであった。そのさい、言語にかかわる用語法を後の一般言語学を創始したといえるフンボルトの遺した学的成果に範をとった可能性があるのではないだろうか。

 マルクスの引用に話を戻そう。資本主義的生産様式が支配的な社会の主体は商品であり、具体的な個々人に対して君臨している。したがって、商品語は主体の持ちうるもっとも広く遠くまで届く「普遍的な」言葉である。だがそれも資本主義の発展の度合いの違いによって、ある商品＝主体だけが一定の限定を受けた経路を使って売買される（「ヘブライ語」）といった地方性や通用限定性が現れる。さらに商品語に対する諸個人の言葉、すなわち自然言語である人間語は「通俗的」で「口語的でなまった」、更に往々にして不正確で曖昧なものでしかない、ということをこの引用部は意味してもいるだろう。

 資本主義社会で生産される商品は、世界大に広がっていく権力性を有している。その圧倒的な事態を表現するには、諸個人が用いるそれぞれの言葉では十分に適切とは言えない。諸個人─諸言語は地域や国家、また文化や社会によって規定され束縛されている。それに対して、商品─商品語は、諸個人─諸言語よりもはるかに「自由」に全世界を徘徊している。つまり商品は、地域的・国家的・社会的・文化的諸障壁を打ち壊す「重砲列」（『共産党宣言』）であり、商品語はその見事な響きなのである[5]。繰り返すが、潜在的に世界性を抱え持つ商品の〈ことば〉に対して、資本主義の発展の度合いによって地域や国家等において大きな差異をもつ人間的な諸言語は「方言＝地方語」としか言いようがないものではないか。

 また更に、この引用で注目すべきことは、言語というものに関しては Sprache と表記し、個々の商品が「しゃべる」ということを表記する場合は、sagen を用いている点である。いわば前者がラングに当たるもの、後者がパロールに当たるものとして表現を変えているのである。もちろん、マルクスにラングとパロールという概念があったわけではない。しかも、商品語を人間語に引き寄せなぞらえることにはあまり意味はないし、商品語を単なる比喩に貶める危険性がある。だとはいえ、このように〈ラング─パロール〉といったそれこそ比喩を用いれば、マルクスの言葉遣い、その用語法の差異も明瞭になるのではなかろうか。

いま一つ、マルクスがいかに「商品語」に真剣に真向かっていたかを示す次の言明も引いておきたい。第二版の第3章「貨幣または商品流通」の第1節「価値の尺度」にある次の文章である[6]。

　〔…〕諸価格、または、諸商品の諸価値が観念的に転化されている金量は、いまでは金の度量標準の貨幣名または法律上有効な計算名で表現される。〔…〕<u>かくして諸商品は、自分たちがどれほどの価値であるかを、自分たちのさまざまな貨幣名でぺちゃくちゃ口にし、</u>そして貨幣は、ある物象を価値として固定する、つまりは貨幣形態において固定することが必要なときには、いつでも計算貨幣として役立つのである。［下線は引用者］

　下線部分の原文は以下のとおりである[7]。

　Die Waaren sagen sich so in ihren Geldnamen was sie werth sind,

　ここでもマルクスは、先の引用と同じく、商品語（Waarensprache）に対応する、Die Waaren sprechen…という表現ではなく、sagen を用いて、Die Waaren sagen sich…と書いている。やはりパロールの世界のこととして sagen を用いているということであり、この点がより鮮明になっている。商品世界[8]が貨幣と貨幣以外の商品とに分界され、貨幣が貨幣として十分に機能し、諸商品に価格が付された即自的で日常的な世界では、商品語の在り様は価値関係の痕跡を消失した無数の商品がたんに語る（sagen）というよりも、自らの貨幣名によってぺちゃくちゃ口にする〈場〉を形成するということである。ここでいう〈場〉は、構造的に創発された無数の力が行き交う＝関係する〈とき・ところ〉であり、物理学でのそれと同様に受け取ってよい。
　以上にみてきたように、マルクスは自らが呼んだ「商品語」とその場とに真向から向き合わざるをえなかった。資本主義的生産様式が支配する諸社会においては、主体は他でもなく商品（〈商品─貨幣─資本〉という三形態への相互転化を遂げつつ運動するもの）でしかないからである。生きた人間たちそれ自身は決して主体ではない。それどころか、いかなる擬制的・架空的主体としても現われることはない。このことは『資本論』初版の前書きにおいて、簡にして要を得た表

現で示されている。

> ここで人格が問題とされるのは、ただ、人格が経済的諸範疇の人格化であり、一定の階級関係や利害関係の担い手〔träger〕であるかぎりのことである。[9]

　社会的支配の諸関係の「担い手〔träger〕」、部分的主体でさえない「人格化」されたエージェントとしてのみ、資本の論理における人間は登場するのである。つまり、あくまで資本主義社会の経済過程の主体、この過程の中で自らを一層発展したものとして開き出すもの、過程に内在し過程を内的展開として現出させる実質・実有、——これは商品であってそれ以外ではない。
　商品はヘーゲルに倣って言えば理念としての存在、すなわち、概念と実在との統一であって、過程の中で、主体として自ら「判断し推論する」ものである。そうである以上、商品が自ら「言語」をもち、商品相互の「意思疎通」をはかっていると考えることは、荒唐無稽ではなくむしろ自然である。商品が、過程の中で構成し成就する諸事象が、ある「言語」——商品語——によってなされると考えることは自然である。だがもちろん、その「言語」＝商品語は、あくまで人間語とは決定的に違っている。
　これまでの『資本論』をめぐる議論において、商品語に注目した論者はきわめて少ない。
　その数少ない論者の一人が廣松渉であるが、結局は商品語を叙述上の一技巧として捉えてしまっている[10]。また、商品語を比喩の次元にとどめることなく、真正面からそれを取り上げ考察を加えようとしたのが佐々木隆治である。だが彼も、人間語の世界に引き寄せて、あるいは人間語の世界に従属的なものとして商品語を扱っており、商品語それ自体を独特な一対象として明確に措定することができていない。それゆえ彼も結局は、商品語を、「商品語という比喩」として捉える結果に陥っているのである[11]。
　だがマルクスは、『資本論』において商品語を比喩としてではなく考えることによって、商品語が交わされる〈場〉が一体何であるのかを追究し、すさまじい知的格闘を演じたのである。とりわけ冒頭商品論においてその闘いはもっとも激しいものとしてあった。これを捉えることなくして『資本論』の理解はない。〈商品—商品世界〉の分析と把握は、人間語によって商品語の〈場〉とわたり合

うことである。この点から『資本論』冒頭商品論の出だし部分(第二版で言えば、第1節およびその補節としてある第2節)においてマルクスは、パスカルの言う「幾何学的精神」を大いに発揮し駆使して商品を分析し、商品に関する諸概念を剔抉し定立する。つまり人間語の世界の論理的概念的側面を緊張させ、分析的思惟の力を最大限に駆使しこれらの概念を定立する。この過程は徹底して人間語による論理的・分析的世界のものである。これに対して価値形態論および商品の物神性論の部分(第二版で言えば、第3節およびその補節としての第4節)においては一転して商品語の〈場〉を相手とする。諸商品自体の運動と関係において商品語で「語られる」内容をマルクスは「聴き取り」、それを人間語に「翻訳」し「註釈を加える」。つまり冒頭商品論出だし部分(第二版の第1節・第2節)で定立された諸概念が、単なる思惟の内にある観念像としてではなく、商品世界において諸商品自体の関係・運動によって現実に定立される過程を描き出す。ここでは、再度パスカルの言葉を借りれば、「幾何学的精神」ではなく、むしろ「繊細な精神」が重要となっている[12]。かくて、第二版で言えば、「第1章 商品」は《第1節・第2節＝人間語による分析世界》対《第3節・第4節＝商品語の〈場〉の弁証法》という構造を持っているのだ。この対照的な構造について、マルクスは『資本論』初版「第1章(1)への付録 価値形態」の中で、次のように述べている。

> もし私が、商品としてはリンネルは使用価値にして交換価値である、と言う〔sage〕ならば、それは、商品の性質について私が分析によって得た判断である。これに反して、20エレのリンネル＝1着の上着 または、20エレのリンネルは1着の上着に値する、という表現においては、リンネルそのものが、自分が(1)使用価値(リンネル)であり、(2)それとは区別される交換価値(上着と同じもの)であり、(3)これらの二つの別々なものの統一、つまり商品である、ということを語っている〔sagt〕のである。[13]

先の引用でも、人間語に対するものとして商品語が導かれていたが、ここではより一層明確に双方が対比されている。一方の「私〔すなわちマルクス(に代表される人間)〕が分析によって得た判断」という人間語の世界と、他方の「リンネルそのものが〔…〕語っている」商品語の〈場〉との相違が鮮やかに描き出され

ている。前者は人間の思惟が言語を用いて分析し抽象化し概念を立て範疇化し推論し判断する世界＝歴史的・社会的空間、すなわち人間語の世界である。それに対して、後者は諸商品自体が、それらの運動それ自体が開き出し表現し実現する〈場〉、すなわち商品語の〈場〉なのである。このようにまったく異質の二つの言語が拠って立つ事態を、マルクスは解明せんとする。彼は世界と場という語を用いこそしてはいないが、われわれが呼ぶ「人間語の世界」と「商品語の〈場〉」とを対照させている。しかもこうした異質の二つの世界を対照させることを通じてこそ、そして、その作業によってはじめて、商品が何であるのかが明らかになる、と語っているのだ。いささか奇妙な言い方になるが、"きわめて精緻な荒業"をマルクスは強いられたとも言えよう。『資本論』はそのみごとな結実である。だが、まさにそうであるがゆえに、叙述上きわめて微妙な緊張と困難とをマルクスは背負い込むことになったのだった。

　困難は次の事情にもっとも顕著に現われている。

　冒頭商品論出だし部分（第二版で言えば、第1節・第2節）においてマルクスは、価値、価値実体（＝商品に表わされた抽象的人間労働）、といった商品に関する諸概念を剔抉する。だが、実にこれらの概念は、この限りでは決して概念として確定されえない。それらの諸概念は、価値形態論における論述をまってはじめて確定されるものなのである。つまり、冒頭商品論出だし部分（第二版の第1節・第2節）の議論における限りでは、価値や価値実体といった諸概念は十全なものとして定立することができないのである。だが、それにもかかわらず、それらは推論過程から概念措定することが、不可避であり不可欠なものとなる。それゆえ、人間語による叙述は非常に錯綜したものにならざるを得ない。かくして、従来から指摘されている価値形態論が難解である、というにとどまらず、冒頭商品論全体が異様なまでに難解なものとなった。のちほど詳細に検討するが、かかる錯綜によって、『資本論』冒頭商品論の叙述、とりわけ第二版のそれにはいくつもの叙述上の「混乱」さえ生じるにいたった。

　本書は、商品語に注目し、そこから『資本論』冒頭商品論──ちなみに誤解が生じるのを防ぐため一言しておくと、われわれが『資本論』冒頭商品論というのは、初版では第1章の「(1) 商品」および「第1章 (1) への付録　価値形態」において、第二版では「第1章　商品」において展開された内容を指している──の構造と内容を照射し、ひいてはマルクスでさえ避け得なかった叙述上の

「混乱」を剔抉し、その何たるかを解きほぐすことで、論の核心を明らかにしようとするものである。

　註
1) MEGA Ⅱ/6, S. 85. ところで、最後のフランス語は、アンリ4世がカトリックに改宗した際の言葉と伝えられ、ほとんどの訳書で「パリはたしかにミサに値する！」と、副詞 bien がその意味範囲を超えた扱いをされながら直訳されている。しかしこの訳はあまりに酷い出来と言わざるを得ない。逐語訳では「パリは実(じつ)にミサに値する！」であろうが、「パリは実にミサに相応しい！」と意味ある日本語訳を付けるべきだろう。
2) このマルクスの比喩を今日のわれわれが十全に受けとめるためには、次の点を考える必要がある。商品の世界は貨幣とそれ以外の商品とに分裂し二重化するが、貨幣による価格表現のうちに一切の地域性からの超脱が、また異なる共同体や国と国との交易に伴う国際性が示される。そして世界資本主義の成立によって世界貨幣が生み出され、商品の価値に表わされる抽象的普遍性は最高の形態を獲得する。個々の生きた人間があくまで地域や国といった諸条件に規定され束縛されつづけることとの隔絶が「方言」という比喩で示唆されているのである。ただ、マルクスの時代におけるこの隔絶の水準は、架空資本が全世界を飛び回る今日のそれと比較すればなお低い水準にあったことは明らかであり、それゆえ、商品語の世界性に反射する「方言」性について注意深い比較と測定とを必要とするであろう。ちなみに、Mundart とは、Mund（口）＋ Art（技法・方式）、換言すれば（その主体・地域・条件などに特有な）「話し方」である。商品の「ウチナーグチ」、という表現さえ——それがありえないにしても——われわれは想像できる。それを何も考えずに「沖縄方言」と訳すのだろうか？ それでは、こぼし落とすものが、あまりにも多い。これに関しては、註3)、4) も参照のこと。
3) 言うまでもなく W. v. フンボルトは、マルクスがヘーゲル哲学に出会い魅了された場であるベルリン大学（現在の Humboldt–Universität zu Berlin）の創立者の一人である。また、1836年にベルリン王立アカデミーをはじめとした三つの出版元から、現在『カヴィ語研究序説』として知られる『人間の言語構造の種差性、およびそれが人類の精神的発展に及ぼした影響について』（通称『言語と精神』）と題されたテキストが出版され、評判を呼んだこともよく知られた事実である。さらに付け加えるならば、ベルリン大学は、「フンボルト理念」という神話さえ生み出した、専門分野（英：discipline；独：Fachbereich）をもととする近代高等教育研究機関の嚆矢とすべき制度の場であった。マルクスがまさにその大学の創設者が遺した重要きわまる成果の出版年にベルリン大学に転学してきたこと、ベルリン大学の基礎科目に言語学があったこと等々は、ここで考察対象としていることと無関係では決してないだろう。とはいえ、われわれはマルクスがベルリン大学中に W. v. フンボルトの成果か

ら直接的に多大な影響を受けたなどと主張するつもりはない。今なお輝きを失わないフランツ・メーリングによる伝記や、『サミュエル・ジョンソン伝』以来の知的伝統における冷静な視線での評価を組み入れたデイヴィッド・マクレランの手になる伝記、あるいは、後半第二部の「活動家」(第九章)・「経済学者」(第十一章)での把握がまったくスターリン主義的ではあるが、これまででもっとも浩瀚な史料を用いているジョナサン・スパーバーによる伝記も、いずれもひとしく、高い知性を持ちつつも浪費の才を発揮する放埓な青二才として、ベルリン時代のマルクスを描いている(Mehring, Franz, *Karl Marx. Geschichite seines Lebens*, Leipzig, Verlag der Leipziger Buchdruckerei A. G., 1918, S. 13-18; McLellan, David, *Karl Marx: His Life* & *Thought*, London and Basingstoke, Macmillan, 1973, pp. 16-40; Sperber, Jonathan, *Karl Marx: A Ninetennth-Century Life*, New York and London, Liveright Publishing Corporation, 2013, pp. 36-70)。ちなみにマルクスに多大な影響を与えた比較法学者・歴史学者のエードゥアルト・ガンスは、ヴィルヘルムとアレクサンダーのフンボルト兄弟から大きな影響を受けていたという (Bertani, Corrado, *Eduard Gans (1797-1839) e la cultura del suo tempo. Scienza del dritto, storiografia, pensiero politico in un intellettuale hegeliano*, Napoli, Guida, 2004.)。考証の行き届いた廣松渉『青年マルクス論』(平凡社ライブラリー版、2008 年)にはマルクスが受講した講義やベルリン時代に遺したノート・手紙についての詳細な言及がある(同書、pp. 67-98.)。

そうした事実の上でわれわれが重視したいのは、「商品語」という表現に辿りついたマルクスが、彼の時代において下敷きとして援用したであろう、一般言語学への途を切り拓くフンボルトの学的遺産と表現である。言語哲学・現象学研究者の斉藤渉は、カントの影響を重視しつつ、フンボルトの言語論について次のように述べている。「〔…〕フンボルトの言語研究は、経験的資料を前提としつつ、その経験的資料そのものには還元できないような次元、あえて言えば、究極的には経験不可能な次元に関わっている」(斉藤『フンボルトの言語研究:有機体としての言語』京都大学学術出版会、2001 年、pp. 8-9)。そしてその次元をフンボルトは「精神〔Geist〕」と呼び、「それはまさしく、姿を現わす〔erscheinen〕のに必要なだけの物質性を賦与された、感性ではとらえられないものを意味する独特の語、すなわち、幽霊〔Gespenst〕の同義語である。「死者の魂が幽霊〔Geister〕となってあたりを徘徊する」というように」(Humboldt, Wilhelm von, Hrsg. von der Königlich Preussischen Akademie der Wissenschaften, *Wilhelm Humboldts Gesammelte Schriften*, Bd. II, Berlin, B. Behr's Verlag, S. 332f)。後述する『資本論』でマルクスが用いた価値についての状態動詞や、抽象的人間労働の凝固、すなわち価値体としての労働生産物=商品についての「幽霊のような対象性」といった言い回しとの通底性を感じることもあながち間違いではないだろう。

また、この引用部分にはユダヤ系であったマルクスのユダヤ人とその歴史、ユダヤーキリスト教への痛烈な皮肉や嘲笑が込められているのではないかと思われる。しかしながらその問題は本書の主題ではなく、紙幅の問題もあるため詳述はしない。読者諸賢のご高見を待つ次第である。ただし附言しておくと、①「ユダヤ人問題について」や「シュレージエン蜂起によせた批判的

評註」などの中で、政治的解放ではなく社会的解放をこそ高く評価したマルクスがここにも生きていること、つまり全社会的に通用する事象の謂いとして自覚的に「社会的」という形容詞を用いていること、②当時ヘブライ語はディアスポラによって分かたれていたユダヤ人（共同体）同士の交渉言語として在った、つまりその「起源」はどうあれ、『資本論』執筆から刊行にいたる時期にあっては、民族に相応して自立した言語というよりも各地のユダヤ人たちを社会的・経済的に繋留する役割を担わされていたこと（Craik, Henry, *The Hebrew language: Its history and Characteristics: Including improved renderings of select passages in our authorized translation of the Old Testament*, San Francisco, University of California Library Press, 1860, ch. 3.; Sáenz-Badillos, Ángel, John Elwolde（trans.）, *A History of the Hebrew Language*, Cambridge, U. K., Cambridge University Press, 1996, ch. 5.）、を看過することはできないだろう。

4） ヴィルヘルム・フォン・フンボルト、亀山健吉訳『言語と精神――カヴィ語研究序説』法政大学出版局、1984 年、p. 18。ちなみに「Volk 民族」と「Nation 国民」とは明確に区別されており、前者はフォイエルバッハ的な意味での「人間」に近い包括的・歴史的な類概念である。この用語法は、当時のドイツ語圏がプロイセン王国をはじめとした諸国から成り立っていたことを考えれば当然のものであったといえよう。

5） マルクスは『共産党宣言』のなかで次のように述べている。「〔…〕商品の安い価格は重砲列なのであり、それはいかなる万里の長城も地に撃ちたおし、野蛮人の強情きわまりない余所者憎悪をも屈服させずにおかない」（MEW, Bd. 4, S. 466.）。

6） MEGA Ⅱ/6, S. 126-127.

7） この部分は、フランス語版では、「Le marchandises se dissent dans leurs noms d'argent ce qu'elles valent,」（MEGA Ⅱ/7, S. 77.）であり、また、サミュエル・ムーアとマルクスの末娘（三女）エリナ・マルクスの夫エドワード・エイヴリングの共訳による英語版（1887 年）では、「In this way commodities express by their prices how much they are worth,」（MEGA Ⅱ/9, S. 87.）となっている（モスクワのプログレス版、およびペンギン・クラシックス版も同じ）。英訳はエンゲルスの指導のもとでなされたわけだが、ドイツ語原文の「sagen sich」を「express」と英訳したのは問題であろう。当該部分は第二版でなされた表現であり、初版にはないものである。初版の「Die Waaren stellen ihre Werthe jetzt nicht nur *gleichnamig* als Gold, sondern in denselben gesellschaftlich gültigen *Rechennamen* des Goldmassstabs, wie Pfd. St., s., d. u. s. w., dar.」（MEGA Ⅱ/5, S. 63.）を大幅に書き換えたものが第二版の当該部分であり、初版の「stellen」に当たるものとして第二版の「sagen sich」があるわけではないのである。おそらくムーアとエイヴリングは、初版の「stellen」に引きずられて「express」という訳語を充てたのであろう。これは、商品語について強く意識したマルクスの意図をきちんと汲み取らなかった結果であると思われる。また、ベン・フォークスの訳によるペンギン・クラシックス版は、「商品語」を languages of commodities としている（これは最低でも、speeches（tongues）of commodities のような「一癖ある訳語」を採るべきであった。フォークス訳は、その他にも、Umlauf と Zirklation を同一訳語にしている等、

問題は多々ある）。なお、岡崎次郎訳の「語り合う」はまったくの誤訳である。商品語に関するマルクスの言明にあるように、相対的価値形態にある商品だけが、しかも自分にだけ通じる言葉としてしゃべるのが商品語であってみれば、諸商品が相互に商品語で「語り合う」ということなど、ないのである。

8）「商品世界（Waarenwelt）」という表現は、マルクスに倣ってのものだが、いささか興味深いことがある。『資本論』冒頭から交換過程論までにおいて、この用語がどの程度使われているのかを調べると、初版本文ではたった1箇所（商品物神性論のところ。MEGA Ⅱ/5, S. 50）であるのに対して、初版付録（価値形態論に関する叙述に絞られてはいるが、そこには相当程度に物神性論も組み入れられている）では10箇所と急増し、第二版ではこれを引き継いで14箇所である。およそ、初版本文の「諸商品（Waaren）」が「商品世界（Waarenwelt）」に変えられているということになる。この急激な変化は、いったい何なのだろうか。われわれは、マルクスが初版本文から初版付録を書く過程で、より一層「商品語」という概念について、意識的になっていったのだろうと考えている。資本主義的生産様式が支配する社会では、人間ではなく商品こそが主体である以上、主体としての商品がおりなす「世界」を考え、この世界すなわち商品世界で語られる言葉として商品語がある、とマルクスは強調しようとしたのではなかろうか。これはきわめて自然な理路である。われわれもこの理路を認め、「商品世界」という語を用いている。ただしここで、いささか慎重な態度が必要になる。というのは、〈商品世界―商品語〉という照応関係を、〈人間の社会―人間語の世界〉に引き寄せて理解してしまう危険性があるからである。そしてそのような理解は、商品語をたんなる比喩であるとする誤謬、すなわち、商品が主体である商品世界に対するたんなる修辞の問題と決めつける誤謬へと導きかねない。この問題は、おそらくマルクスをも襲った危険性である。それは、初版本文の価値形態論と初版付録および第二版の価値形態論との相違として現われている。商品語という語を一切用いておらず、商品世界という語もほぼ用いていない初版本文が、何よりも商品語の在り様に厳しく接近し得ており、逆に、初めて商品語と表現し、また商品世界という語を多用している第二版の方が多くの問題を孕んでいるからである。われわれはこの事態を考慮して、〈商品世界―商品語〉に意識的に言及する場合には、《商品〈場〉―商品語の〈場〉》という言い方を充てることとした。ここで言う〈場〉とは、物理学の用語である。周知のように、場の概念は電磁気学において本格的に定式化されるが、人間語の世界の固有性である〈可算有限性―分節化〉からすると、実に理解しづらいものである。だが、〈場〉の概念が定立されることによって、自然に対する人間の理解は飛躍的に広がり深まったのであった。そしてそれは、量子力学にまっすぐに引き継がれることになったのである。商品―商品語という相応に対して、〈場〉という物理学の用語を導入することによって、①個々の商品や諸商品の語る言葉に対する〈場〉の先験性を明確化し、②〈商品世界―商品語〉を〈人間の社会―人間語の世界〉へと引き寄せてしまい比喩化する危険性を防止し、隔絶した対象としての在り様を鮮明にし、さらに③本書後段で分析する、「金融工学」や「経済物理学」がブルジョアジーの利潤奪取の技法となった、厖大で

非可算的なマネーの様態、言い換えれば架空資本の運動を捉えることが可能となる。
9) MEGA II/5, S. 14.
10) 廣松渉は次のように述べる。「マルクスは「価値形態論」の内部では、殆んどもっぱら「商品語」で語って」(『資本論の哲学』現代評論社、1974 年、p. 131.) いる、と。このように廣松は、価値形態論が商品語の〈場〉におけるものであることを明確に把握しているかにみえる。だがこの廣松の言明は、彼の哲学の根幹のひとつである「四肢的構造論」が『資本論』を解釈するための一個の論理として成り立つことを示すためなのである。彼は宇野弘蔵と同様に、価値関係の中に商品所有者の存在を導き入れる。それにとどまらず、廣松は、何よりも商品所有者を当事主体として捉えようとする。当事主体抜きに、かの「四肢的構造」なるものは成り立たないからである。廣松はさらにこう続ける。「価値形態論におけるマルクスは「商品語」で論じているとはいえ、行文のなかに、当事主体を全然登場させないわけではない。〔中略〕マルクスは、当事主体の対自的な意識を捨象しうるかぎりで、「商品語」をリンネルに語らせる。そこには、当事主体の意識事態を勘案すれば、行論に無用の錯綜を持ち込みかねないという配慮があったのではないかと思われる。リンネルが「商品語」を語るということは、実際には、学知がフュア・ウンスな立場から"聴取"vernehmen することであり、しかも、語るのがリンネルであるということにおいて、視座がリンネル所有者の側に構えられているわけである。マルクスとしては、リンネルに商品語を語らせるという手法をとることによって、実はこのような方法論的地歩を確保している次第なのである。／これはまことに巧みな手法ではある。しかし、そこでは商品（リンネルおよび上衣）が擬人化され、当事主体の視座・視角が後景に退いてしまうため、論理の立体的な構造が見えにくくなるという憾みを反面では禁じえない」(同上、pp. 131-134.)。このように見てくると、廣松にとって商品語とは、商品を「擬人化」し当事主体を後景化するための叙述上の一技巧にすぎないことになる。要するに、彼もまた、商品語をある種の比喩としてしか捉えてはいないことがわかる。
11) 佐々木隆治は「商品語はマルクスの価値形態論の到達点であり、その核心をなすものだと言って良い」(佐々木『マルクスの物象化論――資本主義批判としての素材の思想』(社会評論社、2011 年、p. 184.) との認識を示しつつも、その把握に成功してはいない。佐々木の議論については第 IX 章第 iv 節で詳しく取り上げる。
ところで、この資本主義的生産様式の発展に基づく商品語の〈場〉の位相の変化という事態に関して、Marrazzi, Christian, *Capitale* & *linguaggio: Ciclo e crisi della new economy,* Soverìa Mannelli, Rubbettino Editore, 2001. というなかなか興味深い書名の本がある（翌年に書肆を替え、副題末尾に "all'economia di Guerra" という語を加えて刊行された再版の邦訳は水嶋一憲監修、柱本元彦訳『資本と言語――ニューエコノミーのサイクルと危機』人文書院、2010 年）。同書において、クリスティアン・マラッツィは、今日の資本、とりわけ金融経済を中心として資本主義の在り様を言語ということから説明しようとしている。だが残念

ながら、根底的に間違った貨幣論を展開しているばかりでなく、それに照応して、「貨幣」を「言語」＝自然言語に対応させるという、よくある皮相な議論に問題の解決を求めている。しかもマラッツィの議論はいかに批判的に見えようとも、利子生み資本形態をとって運動する厖大な架空資本にもとづく今日の資本主義の「現状報告」とその追認にすぎない。その意味で同書は、資本主義にまさしく拝跪している。マルクスが『資本論』第三部草稿で駆使した、利子生み資本の在り様を表わす monied Capital（moneyed Capital）という概念（エンゲルスによってこの概念は事実上「抹殺」されてしまっていたのだが）を復権させ、〈利子生み資本—架空資本〉概念を用いた今日の資本主義にたいする根底的な批判が必要である。われわれは今後、〈貨幣—資本〉における商品語の〈場〉、そして更には〈利子生み資本—架空資本〉における商品語の〈場〉を取り上げ、今日の資本主義への根本的批判を目指したいと考えている。

12）Pascal, Blaise, *Œuvres completes*, Ⅱ. édition présentée, établie et annotée par Michel Le Guern, Paris, Gallimard［Bibliothèque de la Pléiade］, 2000, pp. 742-744.）。言うまでもないことだが、パスカルの時代にあっては「幾何学」とは論理学（現在の数学基礎論）を含めた「数学」総体を指しており、本書第Ⅰ章において分析哲学派の言語観に批判のページを割いたのはそのためである。

13）MEGA Ⅱ/5, S. 639.

第Ⅱ章

人間語の世界に対する限りでの商品語の〈場〉

第ⅰ節　人間語の世界の諸特徴

　商品語の〈場〉について考えるために、まず、人間語の世界が有する諸特徴について、少し述べておきたい。
　人間の言語世界の特徴としてまず次の二つがあげられる。
　①時間的にも空間的にも線状性＝線形性をなすこと。
　②対象世界（─自然・社会）に対して「縁付ける（delineate）」あるいは「分
　　節化する（articulate）」ものであること。
　説明しよう。
　①について。
　人間の言語世界は、話し言葉にしても書き言葉にしても、線状的性質をもち、この限界を免れることはできない。フェルディナン・ド・ソシュールは、この点について次のように述べている。

　言語学で記号の物質的手段を考えてみるとき、決定的なのはそれが人間の声であり、発声器官の産物だということだろうか。否。けれども、ここに、まだ誰も充分に引きだしたことがない音的素材の重要な性格がひとつある。それは、音連鎖として現出するという性格だ。これは、ただちに、ある時間的な性格を、ひとつの次元しか持たないという性格を引きおこす。それを線状的性格といってみてもいい。言葉の連鎖は、いやおうなく一本の線となって私たちに現われ

る。〔…〕さまざまな質の差異（母音間の、あるいはアクセントの差異）は、ただ継起的にのみ現われるにいたる。〔…〕すべては一本の線をなす〔…〕。[1]

ここでソシュールは、自らの立場上、話し言葉に限定して述べている。だが、この「線状的性格」は、話し言葉に限られたことではない。書き言葉もまた線状的性格をまぬかれない。むしろ、それは言葉の線状的性格＝線形性をより際立たせる。われわれ人間は、いくつもの言葉を同時並行的に、話したり・聴いたり・書いたり・読んだりすることはできない。たった二つの言語でさえ、文字通りの「同時平行」で操ることは、不可能である。図式化した図表、文章等を一挙に視覚的にとらえることは可能ではある。すなわち、パターン認識は可能である。しかし、その場合でさえ、パターン認識されたものを言語化しなければならないときには、つまりそれを今一度対象化しなければならないときには（その内容を分析・検討したり、あるいはそれを誰かに伝えたり等々する場合）、それを言葉化し、線状的に並べ替えなければならない。人間はそのように活動する以外にない。このように人間語の世界は、時間的にも空間的にも、線状性＝線形性を主要な一特徴とする。

②について。

上記①の条件の下で、人間の言語世界には語があり句があり文がある。つまり、語と語の連鎖がある。これは人間語の世界が、対象世界（―自然・社会）を「縁付ける delineate」 あるいは「分節化する articulate」ということを物語っている。「分節化」は言語学において普通に用いられる用語であるが、「縁付ける」については説明が必要であろう。かりに双方を対置するならば、「分節化する」を音による区分、「縁付ける」を線による区分として、前者が話し言葉の世界に相応するもの、後者は書き言葉に相応するものと理解されるかもしれない。そのような理解の場合、「縁付ける」の方が概念化・論理化の度合がより強いものとして、受け取られることになるだろう。だがわれわれは、そうした対置において、それら二つの語を用いているのではない。われわれは、対象世界（―自然・社会）に対する人間的実践として、単層的・線形的な「分節化する」よりも、「縁付ける・縁を付ける」の方を多層的・非線形的に深化した、より豊かで奥行きをそなえた動詞としてとらえたいと考える。われわれは、武満徹からこの捉え方を受け取っており、その思考枠組みを用いることにしたい[2]。

第Ⅱ章　人間語の世界に対する限りでの商品語の〈場〉

　ともあれ、「分節化」するものとしても「縁付ける」ものとしても、人間の言語は、対象世界の不断の運動に停止と切断を入れ、それをいわば静的なものとして言語化する。そしてとりわけ、分節化によって人間は概念化を行なうのである。かくして、人間語の世界は否応なく、1, 2, 3, …、と数えていくことのできる世界を、つまり可算、しかも有限な世界を形づくる。人間の思惟は、対象世界（―自然・社会）に対して、人間語の世界という可算有限世界をもって対する。そして、絶えず運動する対象世界を、分析し・分節し・概念や範疇をたて・推論し・判断し、対象世界に停止と切断を入れ、認識作業を遂行する。逆にこの人間の言語実践を対象世界の方から捉えれば、対象世界（―自然・社会）は、人間の言語世界が可算有限であるということの対極として、非可算無限世界をなす、とさしあたり措定することができる。

　このような人間語の世界が持つ絶対的な限界（Grenze）について、ヘーゲルは、彼の死後刊行された『哲学史講義』中のゼノンについての叙述で、次のように指摘している。

　　ゼノンは、制限や分割や時間と空間の識別の契機のみを、どこまでも主張する。そのことから、矛盾が生じる。困難をもたらすのは、現実では結びついている対象の諸契機を無理矢理に分離し区別することにあり、思惟こそがつねに原因となっている。人間が善と悪とを識別できる知恵の木の実を食べたことで原罪を負うことになったのも、思惟のせいである。だがしかし、思惟は、こうした傷を癒やすものでもある。思惟を克服することは困難であり、困難をもたらすのは、まさしく思惟のみである。[3]

　対象の内で結合し運動している諸契機を「無理矢理に分離し区別」する思惟、つまり対象世界の運動を停止させ、縁付け・分節化する思惟、こうして自らに「困難をもたらす」思惟が、対象の総体を、そのまま・丸ごと捉えることは決して可能ではない。人間の思惟が可算有限な言語と不可分に結びついたものである以上、このことは絶対に避けられない。対象世界は非可算であり、それゆえ、可算有限な言語は、対象に「有機的に結合」したものなどといった規定を与えるしかない。だがそれは、致命的に可算化であり、対象を粗大化し、生気を失わせ、打ち砕くものでしかないのである。

第ii節　人間語の世界のモデル化

　だがしかし、人間の言語世界は、対象世界（＝自然・社会）をたんに縁付け・分節化する、平板な可算有限世界をなすわけではない。それはあくまで自然としての人間が生み出す世界、すなわち自然に支えられた世界である。それゆえ、人間の言語世界を一つのモデルとして描き出せば、一方に論理的概念的側面の極、他方に超論理的詩的側面の極という二つの極をもち、それら二つの極によって張られた宇宙をなすものとみなすことができる。しかも、後者すなわち超論理的詩的側面の極に設えられた、対象世界（＝自然・社会）に向けて開かれた〈口〉を通じて対象世界の非可算無限性を〈呼吸〉し、そのことによってはじめて生きたものとなり、不断により豊かな、つまりより一層対象世界に即したものとなる世界である、と考えることができる[4]。「分節化」に対して「縁付ける」という概念を導入した理由は、この点を考慮するがゆえである。

　この人間語の世界のモデルが有する特質、すなわち、「一方の論理的概念的側面の極、他方の超論理的詩的側面の極という二つの極によって張られた宇宙をなす」というモデルの特質は、人間の言語世界全体についてだけ言えることではない。その特質からして、個々の言葉・語・記号、諸々の概念等についても、それぞれこうした構造と内的運動をもつものであると考えることができる。さらに、日常的な言語の世界だけではなく、人間が対象世界との間に交わす諸々の表現形態、すなわち音楽、絵画、舞踏・舞踊、演劇、数学等々をそれぞれ特有な言語世界とみなせば、それらもまた上に述べたような構造をもって生きたものとして運動していると考え得る。それゆえ、先に述べた人間の言語世界の特徴をなす①、②の二つは、非可算無限性をもつ対象世界への〈呼吸〉によって支えられて内的に運動する言語宇宙を、一方の論理的概念的側面の極から捉えたときの在り様にほかならない。

第iii節　〈分析哲学的言語観とそれへの直観的違和・批判〉への批判

　以上に述べてきた言語観からすれば、分析哲学的な言語観と、それに対する違和や批判として位置づけられる言語観とを区分しうる。前者は、フレーゲ、ラッ

セル、クリプキ、クワイン等の言明や著作に表われており、後者は、ソシュール、カントール、ルベーグ等のそれに表われている。

　前者の言語観は、上に述べた言語宇宙モデルから言えば、言語世界がもつ、対象世界との界面に成り立つ超論理的詩的側面の極、とりわけそこにある〈口〉とその〈呼吸〉に対して、きわめて無自覚なものである。それゆえ、論理的概念的側面の極に偏したものと言うことができる。分析哲学的言語観に即して言えば、対象世界もまた可算的世界だと考えられている。つまり、可算有限な人間の言語世界と非可算無限な対象世界との間に横たわる、絶対に相対化され得ない隔絶に無自覚であると思われる。

　このような分析哲学的言語観の精神様式、すなわち、概念化・可算化・分節化に対する無批判的な思い入れについて、バートランド・ラッセルの『数理哲学入門 Introduction to Mathematical Philosophy』（第二版、1920年）の主張に即して、少しだけ述べておこう。

　バートランド・ラッセルは「解析幾何学をも含めたすべての伝統的な純粋数学は自然数論に還元される」[5]として、自然数論を厳密に確立しようとする。彼は自然数を公理体系化したジュゼッペ・ペアノの公理系を取り上げ、その五つの公理が三つの概念、すなわち「0」、「数」、「後者」によって構成されていると言う。そして、その極度の抽象性、例えば「0」が必ずしも普通の意味での0である必要がなく、最初の数という意味以上ではないこと、それゆえ、きちんと定義された数列 $\{x_n\}$ ($n \geq 0$) はすべてペアノの公理を満たし、また逆にペアノの公理を満たすものはすべて数列であることに不満を表明して、次のように言う。

この0、数、後者という概念がペアノの五つの公理だけでは定義できないで、むしろそれらと独立に意味づけられるべきものであるということは、非常に重要なことである。吾々の数は単に数学の公式を満足するだけでなく、日常の物にも正しく使いうるようなものであって欲しい。すなわち人間は十本の指、二つの眼、一つの鼻をもつと言いうるように数を定義したい。〔…〕吾々は0や数や後者などが、吾々の指や眼や鼻の数を表すために使われるようなものであることを希望する。〔…〕しかしペアノの方法では、数が上の要求にそうように使われているかどうかが明かでない。[6]

数は通常の事物を数えるのに役立つものであって欲しい。従って吾々の数は単に形式的な性質を満足するものであるばかりでなく、それは一定の意味をもっていなければならない。この一定の意味こそ算術の論理的基礎づけによって始めて与えられるものである。[7]

　このラッセルの言明は、数学を狭隘な「学」のイメージに閉じ込めることなく人々の生活世界へ向けて開かれたものにする、と一般には受け取られるかもしれない。だがはたしてそうなのだろうか？ ここでの問題は、ラッセルの言う「意味」に存する。そこには彼独特の「意味」が込められているのである。彼は次のように述べる。論理学は命題をあつかうが、「命題はそれ自身真であるか偽であるかで、それ以外の場合は考えられ」[8]ず、したがって「命題の分析の場合に、非実在的な何ものをも許すべきではないと主張しなければならない」[9]、つまり、ハムレットや「一本角の獣、黄金の山、円い四角などのような擬似対象」[10]を命題分析に混入させてはならない、と。彼は総括的に言う。

私は動物学が許さないような一本角の獣の存在を、論理学でも許してはならないと主張したい。何となれば論理学は動物学より、より抽象的な、より一般的な性質を対象としているとはいえ、動物学と同じように実在の世界をありのままに取扱うものであるからである。[11]

　この主張に見られる、現実性にこだわる強い調子には、いささか奇異な感じを抱かざるを得ない。だが、まさしくここにラッセルの言語観とその精神様式が集約的に現われているのだ。では、それはどういうものなのか。
　ラッセルは、彼の「実在世界」（これはわれわれの言う対象世界とは明らかに異なっているが）を可算な世界と捉え、その各々の要素から論理の世界の諸要素への単一の対応[12]があると考えている。そして、その対応の中には「未だ発見されていない対応」があるとして、それ（予見された未発見の対応）を発見することが論理学の課題である、と考えているように見える。つまり、「実在世界」はそれ自体が論理的であり、それゆえ論理学が自らを厳密に創り上げること、すなわち、いま述べた対応を見出すことが「実在世界」を捉えることであり、また論理（学）によって「実在世界」を解くことができる（「日常のものにも正しく

第Ⅱ章　人間語の世界に対する限りでの商品語の〈場〉

使いうる」）というわけである。こうした対応関係が創りだされることこそが、彼の言う「意味」が与えられるということなのだ。非実在を論理学に持ち込むことを峻拒するのは、それが「意味」とは隔絶しているからにほかならない。このような限定によって初めて、論理学は「純粋な形式」に還元される、と彼は主張するのである[13]。彼にとって論理学は、あくまでそして徹底して「実在」の学なのである。だがこうしたラッセルの思考は、この現実世界にあっては転倒している。ペアノの公理に向けられた彼の不満と、「あるべきもの」と彼が考える「数の概念」への思いは、いきおい空回りせざるをえない。なぜそのような帰結にしか至らないのか？　まずは、彼の数概念の規定を検討してみよう。

　ラッセルは数について「数とはある集合の数である」[14]と定義し、ここから「0とは空集合だけを要素としている集合の」[15]数だと概念「数0」を導く。ところがこの空集合に関してラッセルは、「一つも要素を含まない集合」[16]と定義している。つまり「数1」を用いている。たとえ「一つも」という言葉を用いない「要素を含まない集合」と定義したとしても「数1」を用いていることに変わりはない。なぜなら「要素」が前提され、それが否定されることによって、はじめて定義がなされるからである。否定されるものとしての存在＝有である要素は、数を問題にしている以上、厳密に論理的に突き詰めれば「数1」以外にあり得ない。

　このようにラッセルは、「数1」を用いて「数0」を導き、その上で「後者」を定義し、これによって「数1」を導こうとする。一見すると循環論のみごとな実例に思われる。ところがこの循環論は見かけにすぎないのであって、じつはトートロジーなのである。つまり、「数1」によって「数1」を「導く」のである。

　さらに「後者」についてラッセルは次のように定義している。

　　今任意の自然数 n に対して、n 個の要素をもつ一つの集合 α と、α の中に含まれない一つの項 x とをとれ。α に x を加えた集合は丁度 $n+1$ 個の要素を含む。従って次の定義を下すことができる。／集合 α の要素の数の後者とは、α の要素と α に属していない任意の項 x とからなる集合の要素の数のことである[17]。

　「一つの集合」、「一つの項」、「$n+1$ 個の要素」という具合に、ラッセルは数「1」を用いる。これは「たんに説明だから、それ＝数1を使った」というような

41

ものでは決してない。「項 *x*」自体が「数 1」以外ではないからである。つまり「1 個の *x*」ということだからである。だがじつは「数 1」は、上記の「後者」よりもはるか以前に、前提され用いられていた。ラッセルは、「数とはある集合の数である」(数の定義)を導くために、「集合の相似」という概念を規定しているのだが、その相似な集合の定義を「1 対 1 対応」(誤解のないように言い添えれば、ここで言う「1 対 1 対応」は「全・単射」のこと、つまり「1 対 1 かつ上への写像」のことである)を用いて行なっているのだ。ここにすでにして「数 1」が用いられていたのである[18]。なぜこういう事態に陥ってしまうかと言えば、数の概念は、それがどのようなもので、またいかなる言語で語られているとしても、必ずその内に「数 1」を含むからである。概念としての「数 1」を含まない数概念系は、決してありえない。これに対して「数 0」の概念は、きわめて高度な・反省された概念であり、名著『零の発見』[19]を持ち出すまでもなく、人間の歴史上、人々の多大な営為と時間とが必要だったものである。有 = 1 抜きに無 = 0 はありえない。「数 1」があり、それにつづいて一定の数概念系があり、そこから反省的に「数 0」が措定される。かくして「数 1」の概念が、さらに数概念系自体が、概念として圧倒的に飛躍するのである。ラッセルは自然数列について、「この数列を 1 でなく 0 から始める人は、多少とも数学的教養の高い人である」[20]と述べている。嫌味なほどに高踏的な謂いだが、「数学的教養が高い」とは一体何を意味するか、またなぜそのように言い得るのかについて、ラッセルは突き詰めて考えてはいないように思われる。

　ところで、このトートロジーということでは、F. L. G. フレーゲの『算術の基礎 *Die Grundlagen der Arithmetik*』(1884 年)中にもほぼ同様のトートロジーがある[21]。同書にみられるフレーゲの議論は、ラッセルのそれよりも論理的に精緻である。だがしかし、結局のところ、ラッセルと同様の論理の堂々巡りに陥っている。フレーゲは「数 0」を同一律すなわち「A は A である」の否定である「A は A でない」を用いて、「0 とは、「自己自身と等しくない」という概念に帰属する基数である」と定義する[22]。これは結局、その論理思考の過程がどのようであれ、あらゆる〈有〉をまず措定し、次いで〈有〉なるものの否定として〈無〉である「数 0」を導出した、ということである。そしてフレーゲはこれを、〈無〉=「数 0」の有化、すなわち「数 1 化」とする。フレーゲは言う。「1 とは、「0 に等しい」という概念に帰属する基数である」[23]と。このようなフレーゲの議論には、わ

第Ⅱ章　人間語の世界に対する限りでの商品語の〈場〉

れわれがモデルとして描いた、二つの極によって張られた人間語の世界の内的運動がうまく表出されてはいる。しかし、そのことはともかく、彼もまたこの議論の前提として、「1対1対応」概念を用いている。そのため、フレーゲもやはりラッセルと同質の陥穽にはまっているのである。

　このように見てくれば、先に保留しておいたラッセルの転倒した思考も、それがどのようなものであるのかが解る。ラッセルは数概念（＝自然数概念）を論理的に厳密に定立することを目指し、しかもその数概念が日常生活にも用いられるようなものにしたいと述べていた。しかし彼は、彼の言う「実在世界」、あるいは日常の生活世界にいわば「逆らって」、論理的に〈先〉であるべきだとする「数0」から出発する。それゆえ不可避的に「数1」によって「数0」を導いたにもかかわらず、そのことを無自覚的に（？）「隠蔽」し、その「数0」から「数1」を導くという推論過程を辿ろうとしつつ、現実には「数1」から「数1」を導き、その後はこの「1」からはじめて「後者」によって2、3、…、n、…を導くことで自然数体系を構想したのであった。しかもその上、ラッセルは、この自然数体系をもって「実在世界」に臨もうとするのである。対象世界、つまり彼の言う「実在世界」でさえ、「論理の世界」との間には絶対的な隔絶があり、ラッセルが想定するような対応関係はあり得ない。この点に無自覚な、可算化・概念化への過信と固執がある。これを思考の転倒と言わずして、何が転倒であろうか。

　そもそもここで取り上げているラッセルの著書は、広い意味での数学の世界から社会に向かって、したがって、数学あるいは論理学を介して何らかの思考を試みようとする人々に向かって書かれている。つまり彼は、広い意味での「数学の世界」に何らかの関心を持つ人々をその世界に招くために、まさしく「数学の世界」において数概念について解こうとしているのだ。だとすれば、彼が提示する数概念を日常生活の世界に用いるなどということは、はなから問題にならないはずである。そもそも、人間のどのような集団・共同体等においても、日常生活の世界に数の概念系は存在し、そこには必ず「数1」に当たるものがある[24]。また今日ではどんな数概念系にも「数0」が存在すると言ってよい。各々の集団・共同体において数概念系は十全に機能しているのであって、ラッセルがあらためて言うべき「何か」があるわけではない。彼に求められていたのは、このような種々様々な数の概念系に分析を加え、それらを一般化し総括し、概念としてより広くより深いもの、つまりより豊かなものへと鍛え上げていくという、数学世界

43

に固有の作業であった。

　この意味でペアノの方がラッセルよりも正しいのであり、ラッセルのペアノに対する不満には、問題とすべき根はない。たしかにペアノの公理にいう「数0」は普通の意味での数0に限定されないが、しかし日常生活上の数0を包含しているのであって、普通の意味での数0と理解しても何ら差し支えはないのである。むしろ、ペアノの公理が画期的であったのは、それが自然数全体という無限集合（可算無限集合）概念を明確に定立したことであり、無限を扱う一つの方法を定式化したことであった。これは数学世界に固有な・偉大な貢献であったのである。この対比から言えば、ラッセルがなすべきであったのは、彼の議論がある種のトートロジーに陥っているのは何ゆえであるのか、そしてまたそのトートロジーは一体何であるのかを、論理学（数学）の世界のあくまで内部において、徹底してその内部において根源的に問うことであった。

　学問の世界はどのようなものであれ対象世界（─自然・社会）に接する界面をもつ。そこにそれぞれの学的世界固有の〈口〉があり、対象世界の非可算無限性を〈呼吸〉する。その〈呼吸〉の在り様として、かの循環論・トートロジーについて考察を加えるべきであった。このような理路に進み得ないところに、ラッセルの言語観とその精神様式が現われている。それは、自然数論の〈完全性─無矛盾性〉へのきわめて強い〈信〉（クレド）として現われているわけであるが、周知のように、クルト・ゲーデル（1906-1978）の不完全性定理（1931年）はまさしくこのような〈信〉の根底を打ち崩したのであった。この定理を示した論文タイトル「『プリンキピア・マテマティカ』および関連した体系の形式的に決定不能な命題についてⅠ »Über formal unentscheidbare Sätze der *Principia Mathematica* und verwandter Systeme I«」に端的に示されているように[25]、ラッセルとホワイトヘッドが著した『プリンキピア・マテマティカ』を直接の対象として取り上げている。その上でゲーデルの定理が、「自然数論を含む公理系（＝述語論理体系）Pは、無矛盾ならば、形式上不完全である、すなわち、その証明もその否定の証明も可能ではない論理式が存在する」という意味のものであることは、きわめて深い意味をもっている。つまり、「自然数論を含む」ということの意味である。しかもこのことに根源的に関連するきわめて重要な点は、従来、命題の〈真─偽〉を問題にしていたのに対して（ラッセルもその代表的な一人である）、ゲーデルは証明可能かどうかを問題にして、かの定理を導いたという点である。〈証明可能─証明不可能〉を問題にする

ことによって、明確に数学世界の内部においてこの定理を証明したのである。〈真―偽〉を問題にすることによっては、この点が明確にならないからである。

まさしくだからこそラッセルは実在性にこだわり、非実在を論理学に導きいれることを厳格に拒絶したのである。なぜならば、〈真―偽〉を定める必要があり、その基準を論理学（数学）内部に据えることができず、その外部にある「実在世界」に求めざるを得なかったからである。こうした経緯を考えれば、人間の言語が可算である（可算でしかありえない）、という事態を深く考えるための最良・最高の素材が、数理論理学あるいは数学基礎論における種々の議論・論争と、それを決定的な地平へと開いたゲーデルの業績にあると言えよう。

では、分析哲学派の言語観に対して、それに違和を表明する後者の言語観はどうであろうか。それらは、超論理的詩的側面の極の存在を直観しており、そこに前者への違和や批判を読み取ることができる。だがしかし、後者の人々は、人間の言語世界が否応もなく可算有限な世界をなすという絶対的限界について明確な態度をとることができない。したがって、人間の言語世界がどのようにして生きたものとなることができるか、そのために対象世界に対してどのような〈対話〉の在り様をもたねばならないか、について明確な態度をとることができてはいないと言うことができる。結局、いずれの言語観も、新しく生み出され形成される言葉や概念、あるいは詩の言葉等に対して、それこそ明確な説明の言語を持ってはいないのである。

第ⅳ節　ルートヴィヒ・ヴィトゲンシュタイン、ジャック・デリダ、ヴァルター・ベンヤミンの各言語観について

〈人間語―商品語〉という問題を考える以上、分析哲学派の言語観を検討することが不可避であったわけだが、人間語の世界を、商品語の〈場〉と対比するかぎりで考えるとはいえ、人間の言語について考察する以上、以下に対する検討はやはり必要であろう。L. ヴィトゲンシュタインの言語哲学、J. デリダの言語観、W. ベンヤミンの言語論である。これらについて本格的な議論をすることはできないが、ごく簡単にわれわれの立場から述べておきたい。

（1）
ヴィトゲンシュタインの言語観（＝言語哲学）は、『論理哲学論考』における

それから大きく転回し、『哲学探究』において次のような逢着点に達した。鬼界彰夫『ウィトゲンシュタインはこう考えた』[26] を参照してそれを述べれば、日常性への転換・自然史的観点への転換・「言語ゲーム」における機能主義的意味概念への転換、の三つの契機に基づく「人間における言語との不可分性」なる概念である。その転回以前の『論理哲学論考』における彼の立場は、フレーゲ―ラッセルとほぼ同一というより、むしろそれを一層純化したものであった。つまり、言語の核心が論理であり、「論理は理論にあらず、世界の鏡像である」[27] と宣言されていた。対象世界（―自然・社会）を言語によって捉えうるかぎり、まさしく論理的にそれをなしうる、すなわち、そのあるがままの在り様を論理的に写し取ることができると考えられていたのである。ここから転回がなされる。論理と対象世界（―自然・社会）との隔絶への自覚が生まれる。しかし、隔絶はあくまで論理と対象世界との間におけるものであり、決して言語それ自体と対象世界との間のものではない。言語世界が論理の束縛から解かれ、日常世界におけるものへと捉え直されることによって、むしろ、言語世界と対象世界との一体性が強められることとなった。「語りえぬものについては、沈黙しなければならない」[28] という立場からの転位である。対象世界のあるがままの在り様を論理的には捉えることができないとしても、人間語の世界を生活世界の言語として考えるかぎり、対象世界を十全に捉え語りうると考えたのである。人間語の世界があくまで可算有限でしかなく、非可算無限世界にある対象世界（―自然・社会）と絶対的に隔絶していることに、ヴィトゲンシュタインはまったく無自覚である。

（2）
ヴィトゲンシュタインと違ってデリダは、人間語の世界と対象世界との隔絶をきわめて独特な仕方で直観している。すなわち、言語世界（人間語の世界）への不全感という形で直観しているのである。人間語の世界への不全感に、デリダは終生悩まされつづけた[29]。その懊悩は、彼固有の言葉への「戦術」、すなわち、「差延」、「脱構築」、「散種」等々が次々と繰り出されたところに見てとれる。だが、デリダは、人間語世界と対象世界との隔絶に対して、あくまで直観の域にとどまっている。しかも、人間語世界への不全感を、人間語世界内の操作によって解消しようと努める。それゆえ彼固有の言葉における「戦術」は、人間語の世界から対象世界へ向かって開きだされ駆使されるものとしてではなく、人間語世界

第Ⅱ章　人間語の世界に対する限りでの商品語の〈場〉

の内に閉じた、言葉への「言葉の戦術」に堕しているのである。かくして、言葉に憑りつかれたような「拘泥」が生まれる。とともに、このような言葉への異様な拘泥は、ますますデリダを出口のない観念世界に閉じ込めることとなった。

　こうしたデリダの様態を、簡単に見ておこう。

　デリダは、フッサール現象学の研究を出発点とし（E. フッサール「幾何学の起源」の翻訳とその序説の執筆（1962 年）、『声と現象』（1967 年））、そこで西洋的思考様式を音声中心主義・ロゴス中心主義と批判的に「総括」し、「エクリチュールの復権」を試みる。だが、この批判的「総括」は、人間語の世界への不全感の表明にほかならない。それゆえ、「エクリチュールの復権」とは、言語世界内に閉塞した不全感の解消の試みであった。

　ここで採用された、言葉に対する彼固有の「言葉の戦術」が、第一に「差延」の措定、第二に「痕跡」の抽出とその「特権化」、第三に「脱構築」であった。しかし「脱構築」が「方法化」されたあげくに道具化され、彼固有の「戦術」としては無効化されたことによって、そこから、あくまで人間語の世界内におけるものでしかない「散種」なるものに乗り移ることを余儀なくされる。このあたりの事情についてデリダ自身の証言がある。1983 年 10 月 26 日に東京・早稲田大学で行われた講演「私の立場」と質疑応答である[30]。韜晦にみちた難渋で多義的な論文と比べれば、デリダは、はるかに率直に自己の立場を語っている。それゆえここでは、「私の立場」とその後の質疑応答を取り上げよう。

　デリダは「脱構築」について次のように語っている。

　私が脱構築と呼んでいたのは、ロゴス中心主義ないしは音声中心主義の、すなわち西洋哲学および西洋的読解の総体の或る種の読解様式ないしは解釈様式のことです。〔…〕脱構築は破壊を意味するのではありません。それを否定したり、無化することを意味するのでもありません。脱構築のなかには、いかなる否定的なものもありません。脱構築の意味するところは、くだんの構造を分析すること、くだんの構造を解体（デフェール）すること、そしてそうすることによってまず第一にその構造がどのようにつくられているのかを理解すること、また場合によってはそれを変形すること、これです。〔…〕脱構築するとは、だからある構造を解体（デフェール）することなのです。[31]

「破壊」ではなく「解体」、と言っている。だからこの「解体する défaire」の内容が問題である。ただばらばらにする、という意味でないのは、défaire が読解あるいは解釈の様式としての「脱構築」の問題として語られていることから明らかである。概念的構造における結節点をなす概念に狙いを定め、それを分析し理解することをつうじて、もとの構造を変形する——つまり概念をずらし宙づりにするということである。

> この語〔脱構築 déconstruction〕はフランス語ですが、私ははじめ、あるドイツ語を翻訳し、位置ずらしするためにその語を使用しました。[32]

ハイデガーの『存在と時間』にある「Destruktion」の訳語として造語された「脱構築 déconstruction」の核心が概念内実の「位置ずらし」にあることが明言されている。まさにだからこそ、「脱構築」も「位置ずらし」にあい、それ自体が「脱構築」されることとなった。

> この脱構築は一つの方法ではないのですが、人びとはそれを一つの方法に変形しようと試みました。とくにアメリカでそうです。それは時には文学批評の一種の方法となり、道具として使用されました。脱構築は方法ではありません。それは道具化されえないのです。[33]

デリダはこのように嘆き抗議する。だが、方法化・道具化が現実のものとなっている以上、抗議や慨嘆は無力であり、ときに有害でもある。彼が、人間語の世界内において不全感を解消しようとするかぎり、これは不可避の事態であった。かくして思わず愚痴がこぼれる。「脱構築(デコンストリュクシオン)という語についてですが、たしかにこの語それ自体は、その形のままでは、私に嫌悪感を催させ、私個人としてはできるだけ使わないようにしています」[34]と。

こうして「散種」へ乗り移りがなされる。この乗り移り・「位置ずらし」がなされて、デリダの「位置ずらし」・「宙吊り」化がより一層極端化することになる。

> 私が条件法や「たぶん」「おそらく」という語をしばしば使うのは、一体なぜでしょうか。まず第一に、条件法を使い、「たぶん」「おそらく」という語を使

うのは、断定を避けるための仕方である時もあるとはいえ、単に儀礼からではありません。〔…〕一方で、条件法の使用は直説法現在を、つまり哲学的定立の特権的な叙法である「AはBである」という直説法現在を宙吊りにする仕方でもあるのです。〔…〕／他方、これと同様に、「たぶん」とか「おそらく」と書くのは、次の事実によっているのです。つまり、私は仕事をし、また書くとき、しばしば私の興味をひくのは、私自身もはや本当にはわからない一点に達すること、確信が、真理に関する確信さえもが、何か宙吊りにされたものとなる一点に達すること、これです。ある意味で私の興味をひくのはこれしかない。〔…〕私は、問いや読者を、ウイともノンとも言えないそうした地点に導こうと努めているのです。「たぶん」「おそらく」は、しばらく時間がたてばウイかノンかを言えるようになるということではないのであって、ウイかノンかという二者択一がもはや意味をなさない場所に人はいるということです。[35]

ここには、「位置ずらし」・「宙吊り」それ自体を目的とする、言葉に憑りつかれたような異様なこだわり、あるいは「拘泥」が見られる。それは音声中心主義を「逆手にとった」フランス語での表現——同一音声をもちいることで一義的な読みを不可能にする、きわめて計画的な「地口」のように思われる——にほかならず、「脱構築」に関してデリダを嘆かせたよりもはるかに嘆かわしい事態、すなわち、ある種の「知識人サークル内の饗宴」という事態を広範囲に生み出すこととなった。そしてその過程では、人間語の世界が対象世界から隔絶していることへの直観はむしろ後景に退いている。その逆に、人間語の世界への非媒介的な「信」が生まれている、と言ってもよい。これをデリダはゲーデルの不完全性定理によって支えようとするのである。いま引用したところにつづいてデリダは言っている。

これがしばしば、決定不可能な問題圏と呼ばれているものの形式をとるのです。／決定不可能なこととは何でしょうか。そこには数学との、数学的なある問題圏とのアナロジーがあるのですが、ここでは深入りは避けましょう。ともかく決定不可能なこととは、ウイかノンかを言いえない領域あるいは状況のことです。構造上の理由から決定できないわけです。脱構築の戦略とは、哲学史の重要なもろもろのテクスト的場所において、決定不可能なものがテクストの可能

性と戯れとを確保してくれるような、そういう諸状況を現出させることです。[36]

　デリダの言う「決定不可能性」と、ゲーデルの不完全性定理にいう「決定可能かどうか」という問いは、まったく何の関連もない。デリダの「決定不可能性」は厳密に概念規定されていない（もしそれがデリダの「戦術」だとすれば、成功している）。ゲーデルの概念を用語のみ横領して、それらからゲーデルが与えた意味を剝ぎとり、「位置ずらし」させ「宙吊り」にしているだけのことである。そしてこの作業によって、あたかも「戯れ」のように「脱構築」が生じ、その自動機械（オートマタ）のごとき働きによって、対象世界からますます遠ざかることになるのである。

　ゲーデルの定理における決定可能という概念は、何らかの公理系におけるある論理式 p について、p が証明可能か、p の否定である $\sim p$ が証明可能か、そのいずれか一方のみが成り立つことを言うのであって、それ以外ではない。論理式 p および $\sim p$ の双方が証明可能、または、それら双方が証明不可能である場合が、決定不可能ということである。つまり、何らかの論理式について〈証明可能―証明不可能〉ということをゲーデルは問題にしたのであって、それ以上でも以下でもない。まさしくこの問いの解明に焦点を絞ったことこそが画期的であった。〈真―偽〉の決定ではなく、〈証明可能―証明不可能〉を問題とすることによって、数学世界のあくまで内部で（これこそが重要である）、公理系の形式的完全性について、また公理系の無矛盾性について、従来の議論に決着をつけたのであった。問題の核心が〈真―偽〉ではない、ということが重要なのである。ゲーデルを自分に都合よく引用する論者は、往々にして、この点が理解できていない[37]。デリダもその一人――より精確には、世界的な代表例――である。先の引用のひとつ前の文章でデリダは言っている。「真理に関する確信さえもが、何か宙吊りにされたものになる一点に達すること」と。こういう水準の議論に、ゲーデルの不完全性定理は何の支えも与えはしない。たんに無関係であるにすぎない。デリダの言う「決定不可能性」問題のごときは、市井の人びとにとっては、日々の生活世界における〈行ない〉によって、文字通り実践上、日常的に突破されている。その結果がどのようなものであったとしても。人間語の世界に「決定不可能性」があることなどは、常識に属することである。もっとも、人びとが意識せずに過

ごす「生」を哲学は問題にしてきたのだが、その到達点が「決定不可能性」とは、何をかいわんや、である。エルンスト・ブロッホは『希望の原理』で、人間の生に必然的にともなう「決定不可能性」を次のように述べた。「生きて在るという事実は、まさに生きている事実ゆえに感じられない。〔…〕直接的に存在するものとして、〈いま〉は瞬間の闇である」[38]。人間語への内向に拘泥し続けるデリダとは対極的な断言である。

　再度ゲーデルについて強調しておくべきであろう。人間語の世界の根源的な問題点を考えようとするのであれば、ゲーデルの定理から、決定的かつ根本的な点を学びとることが必要である（デリダのようにではなく、と強調しておく必要があろう）。それはかの定理が「自然数論を含む」という条件をともなっている点について深く考えをめぐらすことである。

　ともあれ、以上に見てきたデリダ自身の率直ないくつかの発言に、言語世界への不全感を解消しようとする彼固有の「言葉の戦術」が、いかに無力なものであったかが、鮮やかに示されている。

（3）

　ベンヤミンが言語に強い関心をいだいていたことは確かなところで、「言語一般および人間の言語について」（1916年）、「翻訳者の課題」（1921年）、「模倣の能力について」（1933年）、「言語社会学の諸問題」（『社会研究所紀要』1935年所収）、等々には、彼独特の言語観が示されている。ただこれらは体系的に言語論を展開したものではなく、言語に関する随筆とでも言って良いものである。だがしかし、これらからベンヤミンの言語観の特徴を剔抉することは可能である。ここでは、「言語一般および人間の言語について」（1916年、本節で以下①と記す）、「翻訳者の課題」（1921年、本節で以下②と記す）を取り上げよう。

　まず、①を見よう。①は宗教、とくにユダヤ教に関する知識抜きには理解が困難なものだが、この点を留保した上で考えることにする。次の点が目を引く。神の言語は別として、人間の言語に対照される「事物の言語〔die Sprache der Dinge〕」[39]なるものである。ベンヤミンは、人間だけではなく、他のあらゆる生命体も、さらには非生命体も含めて自然に在るあらゆる存在が言語をもつと考えている。彼は言う。

〔…〕言語というあり方は、何らかの意味でつねに言語を内在させている人間の精神表出のすべての領域に延び広がっているだけでなく、端的に一切のものに延び広がっている。生命を吹き込まれた自然においてであれ、生命を吹き込まれていない自然においてであれ、何らかの仕方で言語に関わっていないような出来事や事物は存在しない。というのも、自らの精神的内容を伝達することは、あらゆる出来事や事物にとって本質的なことだからである。このように用いられた「言語」という語はしかし、けっして比喩ではない。というのも、その表現に際して自らの精神的本質を伝達しないようなものを私たちは何ひとつ思い浮かべることができないということは、内容に関わる十全な認識だからである。〔…〕どんなものにおいても言語の完全な不在を考えることができないということに、何ら変わりはない。言語との関わりをいっさいもたないような存在というのはひとつの理念だが、この理念は、その輪郭が神の諸理念を形づくっているような理念の領域においてさえ、実りゆたかなものとはなりえないのだ。[40]

きわめて特異な言語観である。これによれば、例えば、路傍の石でさえも「自らの精神的内容」をもち、それを伝達するための言語をもつ言語的存在なのである。この主張は神の存在を前提にしなければありえないものであろうが、人間という一つの自然も含めた自然を、〈精神的なもの―言語なるもの〉の方に引き寄せすぎたものであり、転倒、しかも言語によって考えられうるかぎりでもっとも純粋な・完全な転倒であろう。ここからベンヤミンは「完全な言語」、そしてさらに「純粋言語〔die reine Sprache〕」というものを表象することができたのだと思われる。どういうことか。

ベンヤミンは、人間の言語は「事物の言語」と違って「名づける」言語であり、そのことによって人間は自己の精神的内容をあますところなく伝達することができるとし（神への伝達）、その意味で人間の言語は完全な言語であると言う。他方、「事物の言語」は「名づける」ことができず、その意味で「沈黙」の言語であり、人間の言語による「名づけ」において語るものだと言うのである。

すべての精神存在のなかで、人間の精神的本質のみがあますところなく伝達可能なのである。このことが、人間言語と事物の言語の違いを根拠づけている。

第Ⅱ章　人間語の世界に対する限りでの商品語の〈場〉

〔…〕人間の精神的本質である言語のもつ、この内に向かう総体性の精髄が名前である。人間は名づけるものであって、この点において私たちは、人間のうちから純粋言語が語っていることに気づく。すべての自然は、それが自らを伝達しているかぎり、言語という姿で自らを伝達しているのであって、結局のところ人間において自らを伝達しているのである。だからこそ、人間は自然の主人であって、事物を名づけることができる。[41]

「純粋言語」なるものについては後に述べる。いま一つ引用する。

言語が——そして言語という姿で精神的本質が——純粋に自らを語るのは、それが名前という姿で語る場合、すなわち普遍的な命名という姿で語る場合のみなのである。〔…〕言語は、その言語のうちから語り出している精神的本質がその構造全体においてすっかり普遍的なもの、すなわち伝達可能なものになっていないところでは、その伝達する本質、その普遍性からして、不完全なのである。ただ人間のみが普遍性からしても集中性からしても完全な言語を有している。[42]

人間の言語は「完全な言語」、すなわち神に向かって〈人間—自然〉の〈精神的内容〉をあますところなく伝達する言語だというのである。だがベンヤミンの言う「完全性」とはここにとどまることなく「純粋言語」への志向性をもつものであるところにこそある。彼はそれを「翻訳」という言葉で語る。「人間は名づけるものであって、この点において私たちは、人間のうちから純粋言語が語っていることに気づく」とベンヤミンが述べているのは、「事物の言語」を人間の言語に翻訳するということなのである。ここで、②を検討することによって、ベンヤミンが言う「翻訳」—「純粋言語」なるものについて考えよう。

〔…〕諸言語の親縁性は、あげて、完全な言語としてのおのおのの言語において、ひとつの、しかも同一のものが、志向されている点にある。そうはいってもこの同一のものは、個別的な言語のいずれかによって到達されるようなものではない。それは、諸言語の互いに補完しあう志向の総体によってのみ到達可能となるもの、すなわち純粋言語である。[43]

人間の諸言語は、そのうちに「同一性」＝「純粋言語」への志向性を孕み、それに不断に向かうということであろう。決して現実に到達可能なものではないがそれに向かった絶えざる運動があるということであろう。だが、その「純粋言語」とは何か。

　〔…〕諸言語の生成のなかで自己を表出しようと、いや作り出そうとしているものこそ、あの純粋言語そのものの核にほかならない。〔…〕あの本質的なものは、諸言語自体のなかではもっぱら言語的なものおよびこれの変遷と結びついて、純粋言語そのものであるとすれば、諸構築物のなかでは、重苦しい異質な意味をまといつかされている。この意味から本質的なものを解放して、象徴するものを象徴される当のものに転化させ、純粋言語の形成を言語の運動に取り戻すことが、翻訳の、力強い無二の能力である。もはや何ものをも意味せず表現しない純粋言語は、言詮を絶する創造的な語として、あらゆる言語において志向されるものだけれども、この純粋言語のなかで、あらゆる伝達、あらゆる意味、あらゆる志向は、それらが消失することを定められている層へ、ついに到達するのだ。〔…〕他言語のなかに呪縛されていたあの純粋言語を自身の言語のなかで解き放つこと、作品のなかに囚われていた言語を改作のなかで解放することが、翻訳者の課題である。[44]

　「もはや何ものをも意味せず表現しない純粋言語」とベンヤミンは言っている。言語の言語たる所以のものを否定するに至るものとして「純粋言語」なるものをベンヤミンは措定していることになる。彼はこの地点に神との関係において達したのであるが、われわれから見れば、ここにまさしく彼の言語観の、もっとも純粋な・完全な転倒がストレートに現われている。この純粋な・完全な転倒の到達点こそ、自然の非可算無限性そのもののことであろう。〈事物の言語―完全な言語としての人間の諸言語―それら人間の諸言語総体のもつ純粋言語への志向性〉――、この完全な転倒を根源的にひっくり返せば、われわれが言う対象世界（―自然・社会）の非可算無限性とそれに対する人間語の世界の可算有限性を捉えることができるであろう。
　ところで、「言語一般および人間の言語について」は、友人ゲルショム・シ

第Ⅱ章　人間語の世界に対する限りでの商品語の〈場〉

ョーレムから「数学と言語」に関して尋ねられた手紙への返事として書き始められたものである。しかしベンヤミンはショーレムへの回答を与えることができず、その前提としてまとめられたのが当論文だった。ベンヤミンは、1916 年 11 月 11 日付ショーレム宛手紙で次のように述べている。

> 触れるべき多くの問題を私は残したままです〔…〕とりわけ数学の言語論的考察は、言語の理論一般にとってきわめて基本的な意義を有するものであって、たとえ私がまだそのような考察を試みることができないにせよ、最終的には私にとってたいへん重要なものです。[45]

われわれが関心をもつのはショーレムがどのような問いをベンヤミンに発し、また回答を与えることができなかったとはいえ、ベンヤミンがどのように「数学と言語」について考えていたのか、という点である。だが、残念なことに、ショーレムのベンヤミン宛ての当の手紙は未発見である。ただし、ショーレムの『ヴァルター・ベンヤミン――ある友情の物語 Walter Benjamin — Die Geschichte einer Freundschaft』（1975）には次のようなくだりがある。

わたしはイェーナで数学と哲学を学び、密度の濃い勉強をし、多くを考え、かれ［ベンヤミン］への手紙でそれらを詳しく報告するだけでなく、関連していろいろの問いをかれに浴びせていた。〔…〕／そのころわたしは「真理の数学的理論」に思いをめぐらしていて、それをずいぶんベンヤミンへの手紙に書いていた。〔中略〕わたしは、二人の対極的な教師にひかれた。ひとりはフッサールの傍系の弟子であるパウル・F・リンケで、かれの勧めでわたしはフッサールの『論理研究』の大部分を読んだ〔…〕。もうひとりはゴットロープ・フレーゲで、その『算術の基礎』をわたしは、〔…〕このころに読み、また「概念の文字」にかんするその一時間講義を聴いた。当時のわたしは、〔…〕数理論理学に大いに関心をもっており、思考の純粋言語に到達しようとするその種の試みから、多大の刺激を受けていた。〔…〕神秘性を払拭した概念言語が言語哲学に不可欠なことも、またその言語の限界性も、わたしにはわかっていた。わたしはそういうことをベンヤミンへの手紙に書き、かれはわたしに、わたしのリポートを見せてほしいといってきた。わたしは、数学的な象徴表現と

神秘的な象徴表現という二つの極のあいだで、動揺していたのだ——ベンヤミンよりもずっと激しく。かれのほうは数学の才能に乏しかったし、当時もまたその後も、徹底して神秘的な言語観に依拠していた。[46]

このショーレムの証言をみると、次の2点が解る。第一は、ベンヤミンの「純粋言語」という発想の背景に、ショーレムとのやりとりがあったということである。数学という言語世界のある種の普遍性に基づいてその発想があったということであろう。次に第二に、ショーレムの言う、ベンヤミンの言語観の神秘性なるものが、きわめて徹底したものであったということ、すなわち、彼の言語観が純粋に・完全に転倒したものであったということである。この第二の点がベンヤミンの言語観を理解する上で重要であり、ここに、もっとも否定的な形で彼の言語観が現われてり、かつその可能性もまたあったということであろう。

第Ⅴ節　商品語の〈場〉の諸特徴

以上に述べてきたような特質と限界とをもった人間の言語世界に対して、では商品語の〈場〉はどのようなものだろうか。商品は使用価値と価値との統一物である。つまりそれは自然物であるとともに極度に抽象的で純粋に社会的なものである。諸商品はたんに諸物（Dinge）であるのではなくて諸物象（Sachen）であり、類的存在としての人間の創造的諸力の結実が転倒し主体化して現われ出たものである。資本主義的生産様式が支配する社会においては、主体はあくまで商品である。個々の人間の自然的および社会的諸力の単なる算術和ではない、いわば積分された力の結実として商品はあり、しかもそれが主体として人々に対して君臨している。主体である商品という諸物象の、複雑な運動と諸関係そのものとしてある商品語の〈場〉は、だから人間語の世界の諸限界を超え出ていると考えられる。「ひとたたきでいくつもの蠅を打つ」[47]とマルクスが言った商品語の〈場〉は、決して人間語の世界のように線形ではなく可算ともいえない。「無限」に多重多様な関係のうちに「同時」にひとしく諸事象が生じ、それが示されるというのが商品語の〈場〉だからである。

ところでなぜ、われわれは商品語を問題にすると言いながら、商品語の〈場〉という言い方をするのか。その理由は以下である。物（Ding）としての労働生産

第Ⅱ章　人間語の世界に対する限りでの商品語の〈場〉

物は、徹底して抽象的で純粋に社会的な価値を属性とすることによって、商品という物象（Sache）になる。これは、あくまで具体的で自然的な物としての労働生産物が、まさしく抽象的社会的な独特の関係・運動の〈場〉に入ることによってである。ここで重要なのはこの特有の関係・運動の〈場〉が個々の労働生産物よりも〈先〉にあるということである。あらかじめ在るものとして〈場〉を措かなければならない。資本主義的生産様式が支配する社会を対象とする限りこのことは不可避・不可欠であり、ここで商品〈場〉の起源を問うことは無意味である。そのためにマルクスは、『資本論』冒頭商品論の核をなす価値形態論において「単純な価値形態」を単なる物々交換とは違ったものとしてはっきり区別し、この「単純な価値形態」も商品〈場〉におけるものとして議論しているのである[48]。個々の労働生産物が一体どのようにして現実的に商品になるのかが問題であり、このことが可能なのは、個々の労働生産物があらかじめ存在する商品〈場〉に投げ込まれることによってである（ここで一言注意。われわれが言う商品〈場〉とは商品流通の場という意味ではまったくない。資本主義的工場で生産される労働生産物は、その工場の資本主義的生産過程において時々刻々商品〈場〉に投げ込まれているのである）。個々の商品が過程の主体になり得るのはこの〈場〉すなわち商品〈場〉に組み込まれ支えられるがゆえである。労働生産物という単なる自然物から商品という社会的な物象へのすさまじい変換の〈場〉があるのだ。

　このことは、商品が必ず・いつも固い・手で触れるような対象物であるわけではなく、人間の活動のあらゆる所産・結実あるいはその発露そのものが商品になり得ることを考えれば良く了解できることである。例えば、非物質的な労働生産物である商品が存在する。種々の芸術行為・活動や医者が行なう医療行為そのものや教師が行なう教育活動そのものといった諸商品であり、こうした諸商品の存在は、多くの抗議や憤激あるいは自己陶酔を呼び起こす、あるいは詐欺や欺瞞の手段になる、等々にもかかわらず厳然たる現実であり、この現実はまさしく商品〈場〉というものがあってはじめて可能なのである[49]。かくして、この商品〈場〉に照応し・付属したものとして商品語の〈場〉なるものを考えることができるし考えざるを得ない。過程の主体たる諸商品の運動、すなわち主体としての「判断」・「推論」等々としてあるもの、そうしたものとしてしか捉えられない諸商品の関係・運動を述べるものとして商品語を措くしかない以上、それはある何らか

の〈場〉としてしか人間語には捉えられないものだからである。

　そもそも商品語に語や句それらの連鎖や、また節や文章といった分節化された・可算化されたもの・諸範疇を考えるいわれはまったくない。語や句などといったものを想定する人間語の世界の呪縛から自由でなければならない。そうした呪縛から解かれた思考が必要であり、取り敢えず商品語の〈場〉というものを措き、その〈場〉の固有の運動として、あるいはその〈場〉の〈励起〉として商品語を捉える必要があるのである。もちろん、場（field）という言い方は、電磁場とか場の量子論とかの自然科学における場の概念のアナロジーであるが、しかしたんにアナロジーにつきるものではない。なぜなら《商品〈場〉─商品語の〈場〉》という対象は自然としての対象ではなく、人間社会としてのそれだからである。そこには〈意識─無意識〉からはじまる人間精神の特有のエネルギーが渦巻き・横溢しているからである。

　ところで、商品語の〈場〉が可算ではないとしても、その非-可算性の度合い・水準を問題にすることは可能である。マルクスは諸商品の語るところを聴き取る形で次のように『資本論』に書いている。

　　もし諸商品がものを言うことができるとすれば、彼らはこう言うであろう。われわれの使用価値は人間の関心をひくかもしれない。使用価値は物〔Ding〕としてのわれわれにそなわっているものではない。だが物的に〔dinglich〕われわれにそなわっているものは、われわれの価値である。われわれ自身の商品物〔Waarendinge〕としての交わりがそのことを証明している。われわれはただ交換価値として互いに関係し合うだけだ、と。[50]

　商品はあくまで使用価値と価値との統一物であり、必ず使用価値という〈体 Körper〉をもち、それなしではあり得ない。だがしかし、商品は自らのこの〈体〉を〈忘れてしまう〉ということだ。使用価値は物としての自分に備わっているものではない、と言うのだから。自然物としての労働生産物は、商品〈場〉という変換〈場〉に投げ込まれることによって社会的な物象たる商品になる。だが商品になるや否や、諸商品は自らの〈体〉つまり自然的諸規定性を〈忘れてしまう〉というわけだ。つまり、諸商品は、使用価値に現われる自然、その諸規定性から剥がれ、まったくの抽象的な社会性としていわば宙に浮き上がってしまう

第Ⅱ章　人間語の世界に対する限りでの商品語の〈場〉

ということだ。このことこそが、《商品〈場〉─商品語の〈場〉》のもつ抽象的普遍としての猛烈な力と決定的な限界とを示しているのである。その抽象的普遍としての力は個々の生身の人間を圧倒し翻弄し引き裂き食い殺す等々するのであるが、しかしそれが抽象的普遍であるということによって、その限界（Grenze）が制限（Schranke）へと転化する可能性を示してもいるのである。つまり、ヘーゲルが定式化し、マルクスがそれを継承した限界（Grenze）と制限（Schranke）の弁証法をここで考えることができるということである[51]。言い換えれば、商品語の〈場〉の非-可算性はきわめて抽象的な水準のものでしかないことが予想され、自然そのものの非可算性に比してそれは底の浅いものでしかないと想定される。まさしくここに、類的存在としての人間が、すなわち自然の不可分な一部でもある類的存在としての人間が、《商品〈場〉─商品語の〈場〉》として転倒して立ち現われている自らの類としての在り様をまさしく内在的に超克していくことができる物的な根拠もまた示されているということなのである。

　『資本論』は、商品とは一体何であるのかを問いそれを解き明かすことを通じて、商品語の〈場〉のこの特質、つまり人間語の世界を超え出た水準をもつものであることを明らかにすると共に、それが超克され得ることを示したのではないだろうか。すなわち、人間の類的性格が《商品〈場〉─商品語の〈場〉》として完全に転倒して現われている現実を、自然に支えられ、かつ自然の不可分な一環として存在する人間、この類的存在としての人間が、自らの自然的社会的な創造的諸力によって超克し得ることをも明らかにしたのではないか、すなわち、まったく新たな類としての在り様を創造しうるものであることを示しているのではないだろうか。このような可能性を念頭におきつつ、われわれは上に述べた人間語の世界の特徴を導きの糸として『資本論』が解いた商品語の〈場〉を考察していくことにしよう。

註
1) フェルディナン・ド・ソシュール、前田英樹訳・注『ソシュール講義録注解』、法政大学出版局、1991年、p. 58。
2) 武満徹は自作『Marginalia』に寄せた一文で次のように述べている。「作曲という行為は、音にかりそめの形をあたえる、縁づける、ということでしかないでしょう。〔…〕縁づける、という私の行為の根底にある欲求が水のイメージ

と Marginalia という言葉を結んだのかもしれません。／＊／たとえば、あるひとつの文章(パラグラフ)にしても、また単語にしても、それらは、自分の内面にまず現れるある形をもたないもの、つまり何かを見たときに自分の内面に反射してきて知覚される映像(イマージュ)に対して、自分がなんとかその縁(へり)を明確にしたいという気持ちのひとつの表れなのです。そのときに自分の内面に出てきたその不定形なモヤッとしたものにある方向を与えたり、明瞭な縁をつけていくものというのは、単一のものじゃなくて、つねに多義的な多層なものである」(『音楽を呼びさますもの』新潮社、1985 年、p. 24. ;『武満徹著作集２』新潮社、2000 年、p. 201. なお、引用文でルビは武満、＊より前段は２字下げの形式で書かれている)。なお、delineate という用語については、滝浦真人・放送大学教授から教示を受けた。ここに記して感謝したい。

3) Hegel, Georg Wilhelm Friedrich, auf der *Werke* von 1832-1845 neu edierte Aufgabe Redaktion Eva Moldenhauer und Karl Markus Michel, *Vorlesungen über die Geschichte der Philosophie* I (Werke 18: Suhrkamp Taschenbuch 618), Frankfurt am Main, Suhrkamp, 1986, S. 314.

4) われわれが人間の言語世界について述べたものはもちろん単なるモデルでしかない。それはいかなるモデルもそうであるように粗さや乱暴さに満ちている。ただわれわれがこのモデルで強調したかったのは、人間の言語が対象世界を否応もなく縁付け・分節化するという可算化を遂行し、かくして対象世界の運動を切断し停止させ打ち砕き粗大化するものであるにもかかわらず、個々の語や句や概念等々自体も含めてそれらが生きたものである限り、そうした可算化と一体のものとして、その可算化の水準を超え出ていく運動すなわち対象世界を特徴づける非可算性を、自らの内に取り込むという点である。また、ここで述べる「詩的」とは、人間の言語の限界に向かって実験を繰り返してきた 20 世紀の諸表現運動を踏まえての謂いであり、たんなる喩ではないことを強調しておきたい。

またここで、〈可算―非可算〉という概念対について少し注釈をしておきたい。〈可算―非可算〉という概念対は数学世界のものであり、ゲオルク・カントール（1845-1918）によって概念として定立されたものである (»Beiträge zur Begründung der transfiniten Mengenlehre«, in *Mathematische Annalen*, Band 46, S. 481-512. ; Band 49, S. 207-246., Berlin/Heidelberg, Springer-Verlag, 1895, 1897.)。可算世界には有限のものと無限のものとがあり、1, 2, 3, …と番号を付け得るものの世界であるが、これに対して非可算世界はそもそも無限であり番号を付すことのできないものの世界である。ただ非可算という概念は可算ではない、つまり可算の否定として概念規定されたものでしかない。ところで、カントールは、無限集合の無限性の度合を示す「濃度（無限基数）」というものを考え、可算無限集合の濃度を$\aleph_0$とし、以下、$\aleph_1$、$\aleph_2$、$\aleph_3$、…という具合に無限世界の無限の階層性を定式化し、これに照応する無限順序数をやはり可算化したものとして考えた。つまり、カントールは非可算無限世界を可算無限階層化したわけである。この点から言えば、非可算無限世界の非可算無限階層化が考え得るのかどうか、それが可能だとしてどのようにそれをなすのかは今後の課題であろう。そしてこれは実数というもの、ひいては数というものをいま一

度考え直し、新しい数概念を創り出すことでもあるだろう。そしてこれはおそらく自然に対する新たな理解の地平を開き出すであろう。

5) バートランド・ラッセル、平野智治訳『数理哲学序説』岩波文庫、1954 年、p. 12。
6) 同上、p. 19。
7) 同上、pp. 20-21。
8) 同上、p. 206
9) 同上、p. 222。
10) 同上、p. 222。
11) 同上、p. 221。
12) この対応を数学の言葉を用いて言えば、「実在世界から論理の世界への上への写像(全射)」という。
13) ラッセルは言う。「論理学(または数学)は形式だけの論究をするもので、しかもそれらが常に真であるとか、または時には真であるとか、あるいはまた常にはと時にはとをいろいろの順に排列し、その順序に真であることを主張したものについて論究するものである」(同上、p. 261)。
14) 同上、p. 31。
15) 同上、p. 37。
16) 同上。
17) 同上。
18) 1 対 1 対応について、ゲーデル、林晋／八杉満利子訳・解説『ゲーデル 不完全性定理』岩波文庫、2006 年、の解説で、林・八杉は次のように述べれば「数 1」を用いないその概念規定ができると言う。すなわち、「B の各要素 b に、A のある要素が写像され、b に A の要素 x と y が同時に写像されていたら、x と y は同じものである」と (p.111)。その上で、「「一つ」という言葉が、「同じ」という言葉に置き換えられたのである」(同上)とする。だが、これでは数 1 を使っていないことにはならない。要素である b、x、y というものがそれぞれ 1 個の b、1 個の x、1 個の y であるからである。つまり数 1 の概念が前提された上で b、x、y が取られているからである。そうでなければ、「x と y は同じものである」と言うことは決してできないからである。
19) 吉田洋一『零の発見——数学の生いたち——』岩波新書、1939 年。吉田は、数 0 の「発見」について敢えてその思想的哲学的方面を問題とせず、「技術的な方面から眺め」(p. 25.)ることに徹しているが、しかしそこで「形式主義的数学思想」(同上)という抽象性という思想上の根本問題を取り上げることで、数 0 の深い反省的性質を吟味している。
20) 前掲『数理哲学序説』p. 11。
21) Frege, Gottlob, *Die Grundlagen der Arithmetik. Eine logische-mathematische Untersuchung über den Begriff der Zahl*, Breslau, Verlag von Wilhelm Koebner, 1884, S. 84-91. (G. フレーゲ、野本和幸・土屋俊訳『フレーゲ著作集 2 算術の基礎』勁草書房、2001 年、pp. 133-140。) 同時に以下も併せて参照せよ。Boolos, George, "The Consistency of Frege's *Foundations of Arithmetic*", in Judith Thompson (ed.), *On Being and Saying: Essays for Richard Cartwright*, Cambridge, MA., The MIT Press, 1987, pp. 3-20. 同論文中でブー

ロスは、『算術の基礎』で「フレーゲが採用した諸原理」は無矛盾であって、ラッセルが『算術の基本法則 Die Grundgesetze der Arithmetik』(全二巻 1893 (Bd. 1) -1903 年 (Bd. 2)) に見出したパラドクスを回避して無矛盾性が得られる可能性がある (probably)、と論じている。

22) 同上、p. 136。
23) 同上、p. 140。
24) Asher, Marcia, *Ethnomathematics: A Multicultural View of Mathematical Ideas,* New York, Chapman & Hall, 1994. がその好例を多々示している。同時にその対照例として、オーストラリアの数学者／SF 作家であるグレッグ・イーガンの「ルミナス Liminous」(1998；2003 山岸真編訳『しあわせの理由』、ハヤカワ SF 文庫、2003 年所収) とその続編「暗黒整数 Dark Integers」(2008；2012 山岸訳『プランク・ダイヴ』、ハヤカワ SF 文庫、2011 年所収) を参照せよ。ラッセル以上に数学の一般的妥当性に〈信〉をおいた場合の思考様式の代表的な姿を看取することができよう。
25) Gödel, Kurt, »Über formal unentsheidbare Sätze der *Principia Mathematica* und verwandter Systeme I«, in *Monatshefte für Mathematik und Physik*, Band 38, S. 173-198. 1931；林晋・八杉満利子訳／解説『ゲーデル 不完全性定理』(岩波文庫、2006 年、pp. 15-62.)
26) 鬼界彰夫『ウィトゲンシュタインはこう考えた』講談社現代新書、2003 年、第 4 部とくに pp. 227-256. を参照のこと。
27) Wittgenstein, Lutwig, »logisch-philosophische Abhandlung«, in Wilhelm Oswald (hrzg.), *Annalen der Naturphilosophie*, Bd. 14 (1919/1921), Leipzig, Unesma, 1921, S. 185-262.; idem, Charles K. Ogden (trans.) prepared with assistance from George Edward Moor, Frank Plumton Ramsey, and Wittgenstein, *Tractatus Logico-Philosophicus*, with an introduction by Bertland Russell, London, Routledge & Kegan Paul, 1922.; David Pears and Brian McGuinness (trans.), *Tractatus Logico-Philosophicus: German-English side-by-side translation edition*, London, Routledge, 1961. (藤本隆志・坂井秀寿訳『論理哲学論考』法政大学出版局、1968 年、p. 183)。
28) 同上、6・54、同上邦訳。p. 200。
29) デリダを捉えた言語世界への不全感には、彼の出自、すなわち、アルジェリア生まれ、それも「周辺部」のマグレブ地域に生を享けたユダヤ系フランス人ということが、微妙に関係しているであろう (Derrida, Jacques, *Le monolinguisme de l'autre, ou la prothèse d'origine*, Paris, Galilée, 1996.; 守中高明訳『たった一つの、私のものではない言葉——他者の単一言語使用』岩波書店、2001 年；Derrida, *Judaïsme, question ouverte : conversation avec Jacques Derrida*, Paris, Editions Balland, 2016.)。彼が、いわゆる翻訳問題に鋭い感性と見識をもっていたこととも、そのことは連関している。デリダの翻訳論での代表的なものを以下に挙げる。① *Psyché: Inventions de l'autre*, Paris, Galilée, 1987. (藤本一勇訳『プシュケー：他なるものの発明 (1)』岩波書店、2014 年) に収録された「バベルの塔たち《Des tours de Babel》」。この論考は、ベンヤミンの「翻訳者の課題」の解釈だが、「通常の現前性の様態では何も現前化されない現前化」において「諸言語の類縁 − 関係を再 − 刻印」することで、諸言語の出会いを「約束する」、時間錯誤的

な行為としての翻訳という言い方がされている。この場合の「約束する」には、すでに、現前する翻訳では未完あるいは不全の様態にとどまり、諸言語の未来も過去も「いま・ここ」に呼び込む（時間錯誤的な、の意味）「別の来たるべき未来の現前」が含意されている。②また、*Schibboleth: Pour Paul Celan*, Paris, Galilée, 1986.（飯吉光夫・小林康夫・守中高明訳『シボレート——パウル・ツェランのために』岩波書店、1990 年）では、詩という「絶対的特有言語」（ツェラン）の翻訳可能性と不可能性との関係が語られている。ちなみに「シボレート」とは、士師エフタに率いられたギレアデ人の迫害と殺戮から逃れてヨルダン川を渡ろうとするエフライム人を見分けるために、エフライム人に発音できない「シ schi」（発音記号では "ʃ"）を「合言葉 schiboleth」としたという、キリスト教で言う『旧約聖書』士師記第 12 章第 5－6 節からとられたものである（*Biblia Sacra Vulgata*, "Liber Iudicum" 12, 5-6, pp. 342-343.）。ここにも「翻訳者の課題」の影が落ちている。というのは、ツェランが「子午線」と題した、ゲオルク・ビュヒナー賞受賞記念講演（ダルムシュタット、1960 年 10 月 22 日）で、詩を「なんとしても語るものだ」、つまり音声に乗せるものだとしているからである。「しかし、詩は、なんとしても語るものです！〔…〕たしかに詩はつねに、自らの、ひたすら自らの物象において語るものです。Aber das Gedicht spricht ja!〔…〕Gewiss, es spricht immer nur in seiner eigenen, allereigensten Sache." (Celan, Paul, Herausgegeben von Beda Allemann und Stefan Reichert unter Mitwirkung von Rolf Bücher, „Der Meridian", in *Gesammelte Werke in sieben Bränden*, Dritter Band, Frankfurt am Main, Suhrkamp Verlag, 2000, S. 196.）。人間語のなかでももっとも対象世界に対する呼吸口に近い、屹立する「言葉」の表現たる詩に関するツェランの見解は、商品語を想起させるものでもある。この講演にデリダも『シボレート』中で触れてはいるが、あくまで疎外された位置からのフランス語＝人間語に拘泥しているため、ツェランの「自らの物象において語るもの」という言明をつかみそこねている。つまり、ツェランは——ホロコーストを生き延びたのちに、自死を選ぶが——詩を的確にとらえており、世界の「翻訳」をはば遂行しているのに対し、デリダの疎外感・不全感は、ボードレールの翻訳の前書きだった「翻訳者の課題」に看て取れるベンヤミンの肯定性を欠いた、自己執着的な「翻訳論」にとどまったのではないか、ということである。

30) ジャック・デリダ「私の立場」、高橋充昭編訳『他者の言語——デリダの日本講演』法政大学出版局、1989 年所収。
31) 同上、p. 215。
32) 同上、p. 216。
33) 同上。
34) 同上、p. 222。
35) 同上、pp. 220-221。
36) 同上、p. 221。
37) デリダ論をもって登場した東浩紀もその一人である。東は、「脱構築」について「ゲーデル的脱構築」＝「論理的・存在論的脱構築」と「デリダ的脱構築」＝「郵便的・精神分析的脱構築」とを区別する必要があり、デリダの言

説を踏まえて、前者は否定神学的な議論に陥るとして批判し、これに対して後者は可能性をもつと言う。東は前者、すなわち「ゲーデル的脱構築＝論理的・存在論的脱構築」を次のように定式化している。「論理的脱構築とは何か。それは超越論的思考のひとつのタイプである。〔…〕論理的脱構築の方法〔…〕は、二つのステップで成立する。第一にその思考は、任意の経験論的テクスト／システムに、それ自身の論理では制御＝決定不可能な特異点（singularité）を少なくとも一つ発見する（形式化の限界）。第二に思考はその特異点を通じて、テクスト／システム以前の差異空間、あるいは「思考されざるもの」へと遡行する（限界の存在論化）。そしてその遡行の正当性は多くの場合、詩的言語の力への信頼により支えられる」（『存在論的、郵便的──ジャック・デリダについて』新潮社、1998年、pp. 214-215.）、と。なかなか見事な定式である。ただ一点、「ゲーデル的」という限定だけは問題がある。ゲーデルの不完全性定理に対する誤った理解に基づいてそれがなされているからである。東は次のようにゲーデルの定理について述べている。「一般に脱構築として理解され、柄谷［柄谷行人］が結局はゲーデル問題に等しいと述べた戦略、つまり、オブジェクトレヴェルとメタレヴェルとのあいだの決定不可能性によりテクストの最終的審級を無効化するというその戦略」（同上、p. 91）、「まずシステム全体を形式化し、そこから、「真偽が決定できない命題が少なくともひとつはある」という命題を導くゲーデル的論理」（同上、p. 118）、と。このように、東は「真－偽」決定不可能性をゲーデル問題だと受け取っている。つまり、東はゲーデルの不完全性定理を理解できていないのである。それゆえ、ゲーデルを彼のデリダ論、その核心をなす脱構築に関する議論にもちだす必要はまったくなかった、と言わざるをえない。ところで、東は、柄谷行人の議論に依拠してゲーデルと彼の不完全性定理について言及しているので、柄谷の〈ゲーデルの不完全性定理〉に対する理解についても一言しておく。柄谷は言う。「不完全性定理は次のようなものである。自然数の理論を形式化して得られる公理系が無矛盾であるかぎり、その形式体系のなかでは証明できないし否定もできない、つまり"決定不能"な論理式が存在する」（『内省と遡行』講談社学術文庫、1988年、p. 133）、と。およそ正しいようにみえるが、問題なのは、「証明できないし、否定もできない、つまり"決定不能"な論理式」とは何かという点である。ゲーデルに即した正確な表現の一つ：「ある論理式 p で、証明が可能でなく、かつその否定 $\sim p$ の証明も可能でないものが存在する」からすると、柄谷の「規定」は曖昧どころか、明らかに間違っている。というのは、「つまり"決定不能"な」という表現につなげられているからである。「決定不能な論理式」は明らかに間違った規定である。ゲーデルの定理における〈決定不能〉とは既に述べたものであって、論理式 p 自体が決定不能ということではない。だが、この曖昧模糊とした（意図的な？）誤謬を導入することで、柄谷はまさしく概念規定が正確に決定されていない漠然たる〈決定可能─決定不能〉問題へと議論を接続させ、これをゲーデル問題だと主張する。柄谷は「ゲーデルの証明は、〔…〕図（1）のような循環を形成してしまうことだといえる」（同、p. 133）として次の図（1）を示し、これに図（2）を並置させて、自然言語の体系についての議論へと話を横滑りさせている。だ

が、このような議論と図は、ゲーデルの不完全性定理とはあまりにもかけ離れたものでしかない。

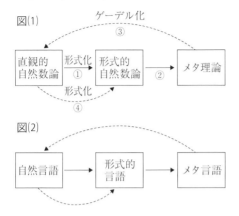

38) Bloch, Ernst, *Das Prinzip Hoffnung. Gesamtausgabe Band 5*, Frankfurt am Main, Suhrkamp, 1959, Kapitel 20, S. 334.（山下肇・瀬戸鞏吉・片岡啓治・沼崎雅行・石丸昭二・保坂一夫訳『希望の原理』第三巻、白水社、2013 年、p. 311。）
39) Benjamin, Walter, „Über Sprache überhaupt und über die Sprache des Menschen", in idem, unter Mitwirkung von Theodor W. Adorno und Gerschom Scholem, herausgegeben von Rolf Tiedmann und Hermann Schweppenhäuser, *Gesammelte Schriften*, Bd. II-1, Frankfurt am Main, Suhrkamp, 1977, S. 144.（ヴァルター・ベンヤミン、細見和之訳「言語一般および人間の言語について」、細見『ベンヤミン「言語一般および人間の言語について」を読む』岩波書店、2009 年所収、p. 259。）なお、以下も参照のこと。Hanssen, Beatrice, *Walter Benjamin's Other History: Of Stones, Animals, Human Beings, and Angels,* Berkeley, CA., and London, University of California Press, 1998, ch. 2.
40) Benjamin, a. a.O., S. 140-141.（同上、p. 242。）
41) ebenda, S. 144.（同上、pp. 248-249。）
42) ebenda, S. 145.（同上、pp. 249-250。）
43) Benjamin, Walter, „Die Aufgabe des Übersetzers", in T. W. Adorno, und G. Scholem (hrsg.), *Gesamelte Schriften*, Band Ⅳ /1, Frankfurt am Main, Surkamp Verlag, 1972, S. 13.（野村修訳「翻訳者の課題」、野村編訳『暴力批判論 その他十篇 ベンヤミンの仕事1』岩波文庫、1994 年、pp.77-78。）ベンヤミンの「完全な言語」、「純粋言語」について考えるためには、ほぼ同世代であった M. ハイデガーの言語観を参照する必要があるだろう。『存在と時間』（1927 年）の第 1 篇第 5 章、『ヒューマニズムについて』（1947 年）、『言葉への道』（1950 年）などである。『ヒューマニズムについて』中にある、「ことばは存在の家」という定式化はとても有名だが、やはりそれは転倒している。ただ、転倒の度合いやその構造の複雑さという点では、ベンヤミンの方が徹底しているように思われる。
44) Benjamin, ebenda, S. 19.（野村同上訳、pp. 87-88。）

45）Benjamin, Walter, herausgegeben und mit Anmerkungen versehen von Gerschom Scholem und Theodor W. Adorno, *Briefe*（Zweite Aufgabe）, Bd. 1, Frankfurt am Main, Suhrkamp, 1993, S. 129.（細見前掲書、p. 271。）
46）Scholem, Gershom Gerhald, *Walter Benjamin – Die Geschichte einer Freundschaft*, Frankfurt am Main, Surkamp Verlag, 1975, S. 61-65.（野村修訳『わが友ベンヤミン』晶文社、1978 年、pp. 62-65）。ショーレムからベンヤミンに宛てられた書簡については、細見和之氏のお手を煩わせた。記して感謝する。
47）MEGA Ⅱ/5, S. 29.
48）『資本論』初版で言えば第 1 章の「（2）諸商品の交換過程」で次のようにマルクスは書いている（これはほぼそのまま第二版にもある）。「直接的な生産物交換は、一面では単純な相対的な価値表現の形態をもっているが、他面ではまだそれをもっていない。かの形態は、x 量の商品 A ＝ y 量の商品 B であった。直接的な生産物交換の形態は、x 量の使用対象 A ＝ y 量の使用対象 B である」（MEGA, Ⅱ/5, S. 54.）。
49）本書では、価値物（商品）であるものだけを対象とし、そうでないものは対象外とする。例えば、あれこれの名誉や地位などが売買されることがあるが、そうした、価値をもたないが価格だけはもつ本来の商品ではないものは本書の対象外である。また今日、それとは別の次元で、グローバルにかつ大量に存在し運動している利子生み資本形態を取る架空資本（種々の株式や債券、またいわゆるデリヴァティヴなどの金融商品など）もまた本書で本格的に対象とすることはできない。しかし架空資本は今日の資本主義を理解する上できわめて重要・不可欠なものであり、今日われわれが言及しうるかぎりのことは述べておいた（第Ⅷ章）。
50）MEGA Ⅱ/5, S. 50. この文章も第二版にそのまま受け継がれている（MEGA Ⅱ/6, S. 112.）。
51）ここで用いている「限界（Grenze）」と「制限（Schranke）」は、ヘーゲルがいわゆる『大論理学』・『小論理学』において述べたものである（「第 1 部　存在」の「第 2 章　定在」の項を参照のこと）。許萬元は、この二者について、ヘーゲル弁証法の特色の一つである歴史主義の問題とし、以下のように言う。「ところで、有限なものの内在的限界は、まさにあるものをあるものたらしめるところのものであり、あるもの自身の質的規定そのものをなすものである。つまり、ヘーゲルによれば、「あるものは、その限界内でのみ、また限界によってのみ、現にそれがあるようなものである」。したがって、注意されなければならないことは、あるものの内在的限界は、まだそれだけでは、それ自身にとってはなんら「制限（Schranke）」とはならないということである。つまり、ヘーゲルはここで、「限界（Grenze）」と「制限（Schranke）」とを使いわけているのである。ある「限界」が「制限」となるためには、その「限界」を超出するもの、「無制限なもの」、つまり「限界」を否定するものが出現しそれに対置させられなければならない」（許萬元『ヘーゲル弁証法の本質』青木書店、1972 年、p. 87.）。上記の論点を、マルクスは資本の運動総体としてとらえ、『経済学批判要綱』において次のように述べる。「自由競争が以前の生産諸関係および生産諸様式の諸制限を解体させたのではあるが、なによりもま

ず考察されなければならないのは、自由競争にとって制限〔Schranke〕であるものが以前の生産諸様式にとっては内在的限界〔immanente Grenze〕であったのであって、以前の生産諸様式はこの限界のなかでごく自然に発展し運動していたのだ、ということである。これらの限界は、生産諸力と交易諸関係とが十分に発展し、したがって資本そのものが生産の規制的原理として登場しはじめることができるようになったのちに、はじめて制限となるのである。資本が取り払った諸限界は、資本の運動、発展、実現にとっての諸制限であった。資本はそれによって、けっしていっさいの限界を止揚したのでも、いっさいの制限を止揚したのでもなく、ただ、資本にとって諸制限となっていた、資本に照応していない諸限界を止揚しただけであった。資本は、それ自身の諸限界の内部では──これらの限界は、より高度の見地から見れば生産の諸制限として現われ、また資本自体の歴史的発展によってそのようなものとして措定されるものであるにせよ──、自己が、自由なもの、制限をもたないもの〔Schrankenlos〕、すなわち自己自身によってだけ、自己自身の生活諸条件によってだけ限界づけられたものだと感じる」(MEGA, II/1-2, S. 533.)。マルクスの引用箇所については許の指摘（前掲書、p. 228.）も参照せよ。ところで、許萬元はわれわれと同じく、『資本論』初版における商品語の問題を「唯物論的抽象法」と名付けて把握しているが（同上、pp. 64-65.）、人間語との対比としてそれ以上の展開をしてはいない。

第Ⅱ部

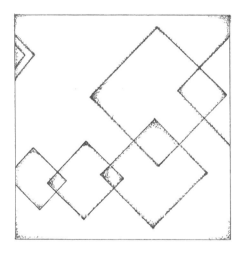

第Ⅲ章

人間語による分析世界としての『資本論』第二版第1章第1節および初版・フランス語版当該部分の比較対照による解読

第ⅰ節　冒頭商品論に対する分析・解読作業の諸前提

　本章では、『資本論』冒頭商品論を主に三つの版（初版、第二版、フランス語版）の比較対照にもとづいて分析・解読をすすめていく。その作業を開始するに先立って、まずは分析作業の前提となる諸点について考察しておこう。

　われわれの主たる目的は、『資本論』冒頭商品論の構造と内容がいかなるものであるのかを、明らかにすることにある。この作業はもちろん、同書の初版と第二版のテキストを基軸においた上で、フランス語版を参照しつつなされねばならない。とりわけ、次の三点にわたる作業を細心かつ精確に行なう必要がある。

　第一は、『資本論』初版（1867年9月）から第二版（1872年7月‒1873年6月）への書き換えが、いかなる目的によって・どのようになされたのかを、フランス語版（1872年9月‒1875年11月）を参照しつつ、綿密に検討することである。このために第二に、『資本論』のための直接的かつ本格的な草稿の最初のものである「1857‒1858年草稿」（『経済学批判要綱』）から、『経済学批判』第1分冊（1859年）、さらに「1861‒1863年草稿」を踏まえる必要がある。それらのいわゆる準備労作から『資本論』にいたるまでにどのような課題があり、その課題がいかに解決されていったのか、また、残された課題はなかったのか。こうした問いを、叙述をとおして確認することである。そして第三に、マルクスがこの世を去った1883年中に、エンゲルスの手によって編まれて出された『資本論』第三版（1883年末）のテキストを検討することで、第二版からの変更がどのようなもの

であり、それがマルクス自身の指示によるものであるのかどうかを可能な限り正確に確定することである[1]。

まず第一の点である。初版から第二版への書き換えについて、マルクスは第二版の「あとがき」に次のように書いている。

第1章第1節では、それぞれの交換価値が表現される諸等式の分析による価値の導出が、科学的にいっそう厳密になされている。また、初版ではただ暗示されているだけの、価値実体と社会的必要労働時間による価値の大きさの規定との関連も、明確に述べてある。第1章第3節（価値形態）は、すでに初版の二重の叙述から見て必要とされたことだったが、全部書き換えられている。──ついでに言えば、この二重の記述は、私の友人であるハノーファーのドクトル・L・クーゲルマンのすすめによったものである。1867年の春、私が彼のもとを訪れていたとき、最初の校正刷がハンブルクから届いた。そして、彼は、大多数の読者にとっては価値形態の補足的な、もっと田舎の教師風の説明が必要だと言って、私を納得させたのである。[2]

初版から第二版への冒頭商品論の改定に関して、第一に、価値が、交換価値から「科学的に厳密に」概念的に区分され導出されたこと、第二に、価値形態論が「［本文と付録との］初版の二重の叙述から見て必要とされた」ため「全部書き換えられ」たことが述べられている。このうちの価値形態論に関する書き換えについては、従来から注目を集め、多くの言及・議論がなされてきた。だが、交換価値から価値を概念的に明確に区分して析出するための書き換えについては、精密に検討されてきたとは言い難い。この書き換えに関してマルクスは、「必要な」書き換え（「改訂」）を徹底して行なわず、それゆえにこの部分で叙述上の混乱が生じた、とわれわれは考えている。この点をめぐっては、本章の次節以降において、詳しく検討する。

また、価値形態論の書き換えについては、初版本文の価値形態Ⅳが削除され、形態Ⅳとして貨幣形態が取り入れられたことによって、きわめて大きな負の問題を引き起こすことになった、とわれわれは判断している。この点をめぐっては、第Ⅳ章、第Ⅴ章で詳しく検討することになる。

次に第二の点である。「1857-1858年草稿」から『資本論』初版およびドイツ

語第二版、またその改訂作業の中で主要に三つの課題があった。
（1）商品に表わされた労働を二重性において・二重の労働として把握すること（あくまで商品に表わされた労働の二重性であって、生きた・流動状態にある労働についてでは、決してない。後者は二重性としてあるのではなく、商品に表わされた二重の労働から反省的に捉え返されることによって、「二面性」として把握されるものである）。
（2）価値を交換価値から概念的に区分し、交換価値を価値の表現様式・現象形態として把握すること。
（3）交換価値、すなわち価値の現象形態について、価値形態論として展開すること（労働生産物がどのようにして現実的に商品になるのかを解くこと、別言すれば「すべての商品の貨幣存在」[3]を解くこと）。

（1）の課題を基礎に、これを解決する作業が（2）、（3）の課題を鮮明にし、それらの課題の解決を促進することとなる。（1）、（2）の課題の解決は、商品論の諸概念——価値、価値の実体（＝商品に表わされた抽象的人間労働）、価値の形態たる交換価値、価値を形成する労働等——を人間語によって、分析的に定立することである。だが、（3）の課題の解決とは、それらの概念が諸商品自身の等置関係・価値関係において現実的に定立される在り様（商品語で語られる内容）を、人間語によって〈翻訳し・叙述し・註釈する〉ことにほかならない。

（1）の課題は、「1857－1858年草稿」では、いまだ萌芽的に取り扱われているだけで、解決されたとは言えない。この課題は『経済学批判』第1分冊においてようやく解決されると言ってよい。

（2）の課題は『資本論』初版によって、一応解決される。「一応」というのは、初版の叙述では、価値の概念そのものが分析的思惟によって導出されて（され得て）いないからである。つまり、価値が議論の前提として、換言すれば、仮言的に措かれてしまっているからである。そのため、価値の概念を分析的に厳密に導出する課題が残されてしまったのである。この課題の解決が『資本論』第二版で目指されるが、完璧にそれがなされたとは言いがたい。さらに、第三版のための改訂作業においても、全面的に克服されたとは言えない。なぜならば、叙述上のある種の「混乱」が第二版には生じているからであり、これが第三版でも克服されてはいないからである。

次に、（3）の課題の解決であるが、それは『資本論』初版本文で、すでに果た

されている。とはいうものの、初版では価値を分析的に導出せず、いわば仮言的に前提したうえで議論を展開しているので、当然のことながら、その影響が初版本文の価値形態論にもおよんでいる[4]。ところで、この初版本文の価値形態論は、理解するのがきわめて困難だとマルクス自身が述べたものであった[5]。それゆえ、この難解さにかんするエンゲルスやクーゲルマンといった、マルクスにごく親しく、理解するだけの「素養」をもった人々からの忠告も手伝って、「新たなものを学ぼうとし、したがってまた自分自身で考えようとする読者」[6]、とりわけ、意欲ある労働者の読者のために、本文をさらに「できるかぎり平易に」[7]するべく「初版付録」が書かれることとなる。そして、この付録にもとづいて、第二版の価値形態論の叙述があるわけだが、「できるかぎり平易に」するためのその作業は、「改訂」というよりもむしろ、実質的には「全面的書き換え」にほかならなかった。しかも、この書き換えは、論理展開上の新たな問題を生じさせることとなった。また、フランス語版は、ドイツ語第二版と新たな問題点を同じくしている。

最後に第三の点、すなわち、第二版から第三版への書き換えをめぐる問題である。どこが書き換えられたのかは、もちろん、第二版と第三版とを比較対照すれば直ちにわかる。だが、問題は、その書き換えがマルクス自身の指示によるものなのかどうか、ということである。第三版はマルクス没後、エンゲルスの手によって刊行されたものなので、これは重要な問題なのだが、事実を確定するには相当の困難がある。資料としては、MEGA Ⅱ/6 に収録された草稿「『資本論』第1巻にたいする補足と改訂」や MEGA Ⅱ/8 に収録された第二版のマルクス自用本への書き込みがきわめて重要なものであるが、これらだけでは不明な点が残らざるを得ない。今後なお少なくない時間と研究者の真摯な努力が必要とされる[8]。

以上の点はともかく、われわれにとって重要なのは、冒頭商品論における書き換えである。従来第二版から第三版への書き換え問題に関しては、フランス語版にもとづく書き換え（蓄積論の部分が中心）が主に問題にされ研究されてきた。これに対して、冒頭商品論に関しては、まったくと言ってよいほど目を向けられてはこなかった。それゆえわれわれは、上記の資料を最大限利用しつつ、今日なしうる限りの作業を行うことになる。

こうした厳格なテキスト批判と根源的な(ラディカル)批判精神が必須なのである。この文脈からすれば、第四版（1890年12月。いわゆるエンゲルス版）のテキストとしての

第Ⅲ章　人間語による分析世界としての『資本論』出だし部分の解読

意義は、従来あつかわれてきたほど大きくはない。先に触れた草稿「『資本論』第 1 巻にたいする補足と改訂」や、第二版自用本への書き込み等を含めて、マルクス自身による改定作業の全容が明らかになった暁には、第四版について、エンゲルス編集版という独立の著作として、その歴史的意義が確定するであろう。この意味では、われわれの目的からすれば、1865 年 6 月のマルクスの講演記録『価値・価格および利潤』(1897 年英語版、1898 年ドイツ語版)[9]、そしてマルクス自身によってほぼ全面的に改訂された、ヨハン・モストによる「入門書」である『資本と労働——カール・マルクス著『資本論』のやさしいダイジェスト』第二版 (1876 年) のそれぞれ当該部分もまた参照文献としては重要である[10]。というのは、前者が『資本論』初版に、後者が同第二版に対応する文献であり、初版から第二版への書き換え問題に関して無視できないものであるからにほかならない。

ともあれ、本書の目指すところからすれば、初版およびドイツ語第二版、さらにフランス語版という確定したテキストを綿密に検討することをいくつかの参照文献・資料で補うことによって目的は十分に達せられるであろう。

第 ii 節　〈富—価値—商品〉というトリアーデ

マルクスは『資本論』初版を次の言葉で始めている。

資本主義的生産様式が支配している諸社会の富は、一つの「巨大な商品の集まり」として現われ、一つ一つの商品は、その富の基本形態として現われる。それゆえ、われわれの研究は商品の分析から始まる。[11]

これは第二版にそのまま引き継がれているが、ここで〈富—商品〉という範式が立てられている。ここに、冒頭商品論において概念化される価値が加えられ、〈富—価値—商品〉というトリアーデをなす範式が立てられることになる。つまりマルクスは、〈富—価値〉概念の根源的な批判的指定を、商品に対する批判を通じて行なおうとするのである。この点が冒頭商品論ではとくに重要である。この批判的指定は、冒頭商品論のみならず、『資本論』全体を通しての核心をなすテーマとなっている。第Ⅶ章でこの点に立ち返った総括的議論をすることになる

が、議論の主脈をあらかじめはっきりとさせておきたい。

　驚くべきことだが、これまでのほとんどの論者は、マルクスが価値概念の定立を根源的な価値批判として行なったことについて、まったく無自覚である。こうした状況にあって、旧くはハンナ・アーレント、最近ではモイシェ・ポストンが、根源的批判としての価値概念定立というマルクスの理路に注目した、数少ない例である。

　ハンナ・アーレントは草稿「カール・マルクスと西欧政治思想の伝統 "Karl Marx and the Tradition of Western Political Thought"」（1953年）において、マルクスの価値─価値批判について真摯に対決しようとし、労働、労働価値説、商品の価値と使用価値といったマルクスの諸概念と格闘している。彼女は、価値概念を歴史的に押さえたうえで、たんなる経済学的概念に狭めることなく把握しようと努めている。だが、マルクスの〈批判〉を、アーレントは捉え損なっている。そのために結局は、使用価値を価値に対置するという、従来からよくみられた俗流「批判」に堕している。アーレントの述べているところを見てみよう。

　　「価値」という用語は、すでにマルクス以前にも、古典経済学という比較的新しい科学のなかに明確に現れていた社会学的な流れに、その起源を有する。だが、社会科学がそれ以降忘却してきた次の事実について、マルクスはなお気づいていた。すなわち、人間を「孤立した存在としてみれば、価値の生産は不可能」であり、生産物は「社会的関係のなかで、はじめて価値となる」という事実である。〔…〕マルクスによる「使用価値」と「交換価値」の区別は、生産物を人間が使用し生産するものとしてみた場合と、社会のなかで価値になる場合との区別を反映している。そして、彼が「使用価値」の方により大きな真正さを認め、交換価値の勃興をしばしば市場的生産の始まりにおけるある種の原罪として描いたことは、迫りくる「あらゆる価値の価値剥奪」が避けられないということにたいする彼自身のどうすることもできない、いわば盲目的な承認を反映している。[12]

　この引用から明らかなように、アーレントは、価値を、たんなる経済的な価値にとどめることなく、より広く深い形で捉えようとしている。しかし、引用の最後の一文にはっきり示されているが、アーレントは交換価値に対して使用価値を

第Ⅲ章　人間語による分析世界としての『資本論』出だし部分の解読

価値化してしまっている。残念ながらこれでは、マルクスの価値批判への意味ある批評にはならない。マルクスの価値批判を台無しにしただけに終わっている。

次に、フランクフルト学派の系譜に属するモイシェ・ポストンについて見ておこう。ポストンは、『時間・労働・社会的支配——マルクスの批判理論の再解釈 *Time, Labor and Social Domination: A Reinterpretation of Marx's Critical Theory*』（1993）において、マルクスの価値批判を跡づけ、今日の社会批判理論にそれを復権させようと努めている。彼は、「価値、および労働の廃絶」を目指すべきであると主張する[13]。

だが、ポストンは、資本主義的生産様式の諸過程の担い手が商品であり、商品世界の主体が商品そのものであることを、どこかに置き忘れて議論を繰り広げている。その必然的な帰結として、彼の価値批判は、射程が短く、また深度が浅い、きわめて中途半端なものに終わっている。主体である商品をポストンがまったく放置しているということは、価値形態論を完全に無視している点に集約的に現われている。まさに諸商品が過程の主体として運動する〈場〉の解明としてある、価値形態論においてこそ、価値も価値実体も概念として確定する。それを無視していることは、とりもなおさず、商品を正しく把握できていない証左である。ゆえにポストンは、商品を通り越して、価値を資本主義的生産様式が支配する社会の富の基本形態と捉えてしまう。彼は次のように言う。

> マルクスにとって価値というカテゴリーは、資本主義の基礎的な生産諸関係〔…〕を表現するものであり、同じく資本主義における生産は、価値に基礎を置くものであることを示している。別言すれば価値とは、マルクスの分析において「ブルジョア的生産の基礎」を構成するものなのである。／価値というそのカテゴリーの特有性は、それが社会的諸関係の決定的な一形態だけでなく、富の特殊な一形態をも表わすとされているところにもある。[14]

ポストンはここで、「価値というそのカテゴリーの特有性は、それが〔…〕富の特殊な一形態をも表わす」と述べている。また別のところで、彼は、端的に「富の一形態としての価値」[15]とも言っている。つまり彼は、商品ではなく価値を、資本主義的生産様式が支配する社会の富の形態だと捉えているわけである[16]。彼が言う「マルクスの批判理論の再解釈」の基盤は、資本主義的生産様式が支配

する社会の主体である商品をどこかに置き忘れたところに据えられた、まことに脆弱なものでしかないのである。たしかに資本の運動をみれば、資本は生産資本、商品資本、貨幣資本と次々とその姿態を変え、ある特定の使用価値に固定されない。しかもその運動過程において保持されつづけるのは価値である。そのかぎりで、諸過程の主体は価値である、と言ってよい。だがしかし、資本もまた商品の一形態であって、このことを忘れるわけにはいかない。商品という基体を抜きに価値を考えることはできず、価値への批判はありえないのである。

　さて、冒頭商品論の分析に入っていこう。「商品とは何か」ということを、人間語によって分析的に明らかにしていく作業——マルクスの言を借りれば、「ただいたずらに細かい詮索をやっているように見える」が「じっさいに〔…〕肝要」である、比較・検討をつうじた分析である。

　まず商品の使用価値に関する分析があるが、この点では各版の比較検討は不要である。三つの版は基本的に異なるところがないからである。この使用価値概念から交換価値の概念へと分析をすすめる。

　　われわれが考察しようとする社会形態にあっては、それ［使用価値］は同時に
　　素材的な担い手になっている——交換価値の。[17]

　商品はまずなによりも何らかの有用物—使用価値であるが、同時に商品はある価格に示される交換価値をもっている。この交換価値を使用価値が素材的に担っている、とマルクスは述べるのである。では、交換価値とは何か、それはどのようにして使用価値に担われているのか。

　ここからは初版、第二版、フランス語版を対照させながら作業をしていかなければならない。

　三つの版の原文とその邦訳を、本書末尾に掲げる。初版原文は MEGA Ⅱ /5. から、第二版は MEGA Ⅱ /6. から、また、フランス語版原文は MEGA Ⅱ /7. を底本とし、それぞれ復刻版を参照した上で引いてある[18]。

　また、原文および邦訳には各パラグラフ毎に①、②、…と通し番号を付した。訳文に関しては凡例の通りであるが、初版と第二版の文章が同一の場合、邦訳も統一し、フランス語版も原則としてドイツ語版と照応する訳を採った。

第Ⅲ章　人間語による分析世界としての『資本論』出だし部分の解読

第ⅲ節　パラグラフ①および②の検討

　パラグラフ①には問題にすべきところはない。初版と第二版とは強調箇所の有無以外完全に同一であり、フランス語版も内容上まったく同じである。使用価値をその素材的担い手とする交換価値とは何であるのか、という分析の途に入っていく。ところが、交換価値は「時と所とによって絶えず変動する関係」であり、「純粋に相対的なもの」に見え、したがって商品そのものの内的な社会的属性として交換価値があるようには見えない、というわけである。
　パラグラフ②に移ろう。ここは詳細に分析しなければならない。次の箇所が問題である。

　初　版：Er muss also von diesen seinen verschiedenen *Ausdrucksweisen* unterscheidbar sein.
　　　　　だから、それ〔「一クォーターの小麦の交換価値」〕は、それの、このようないろいろな表現様式からは区別されうるものでなければならない。
　第二版：Er muss also einen von diesen verschiedenen Ausdrucksweisen unterscheidbaren Gehalt haben.
　　　　　だから、それ〔「一クォーターの小麦の交換価値」〕は、それの、このようないろいろな表現様式とは違った内容をもっているのでなければならない。
　仏語版：Elle doit donc avoir un contenu distinct de ces expressions diverses.
　　　　　だから、それ〔「一クォーターの小麦の交換価値」〕は、このようないろいろな表現とは違った内容をもっていなければならない。

　三つの版で以上のように文章表現が異なっているが、これらの文章が受けとめている内容に相違はない。すなわち、1クォーターの小麦の交換価値は、x量の靴墨、y量の絹、z量の金等々で表現されうるが、この1クォーターの小麦の交換価値はそのようなさまざまな表現をもつとはいえ、いずれも1クォーターの小麦の交換価値であるかぎり同じである、という内容をうけての文章なのである。
　まず初版であるが、第二版・フランス語版と比べて、表現に論理上の難点があ

る。その難点とは何か。「それ」＝「1クォーターの小麦の交換価値」は種々様々の交換価値としてある諸表現様式とは区別されなければならない、とマルクスは言う。だが、ここで例にあげられている種々の等置関係から解るように、交換価値自体もまた、一種の表現様式なのである。それゆえ、表現様式である交換価値が、これら種々の表現様式から区別されるものだというのは、論理的な詰めが十分ではない言い方になっている。もちろんここでは、交換価値について、「内的な、内在的な交換価値というものは、一つの形容矛盾であるように見える」として、交換価値なるものがたんなる表現様式・現象形態としてあるのではなく、ある内容（＝内実）としてある、という可能性を残している。その上で先に引用した表現があるわけである。だが、それでもなお、表現様式から区別される表現様式、という叙述になってしまうことへの論理的な歯止めがなされていない。この点では第二版は、より論理的な突き詰めがなされた表現になっている。1クォーターの小麦の交換価値は、x量の靴墨、y量の絹、z量の金等々といった「いろいろな表現様式とは違った内容〔einen von diesen verschiedenen Ausdrucksweisen unterscheidbaren Gehalt〕をもっている」と述べているからである。フランス語版もこれと同様の表現「いろいろな表現とは違った内容〔contenu distinct de ces expressions diverses〕をもっている」となっている。つまり、等式で表現されている等置が、諸交換価値——諸々の表現様式——とは違った内容におけるものであることが示されているからである。

　こうして一応のところ、初版の「区別されうるものである〔unterscheidbar sein〕」、第二版の「違った内容〔unterscheidbaren Gehalt〕」、フランス語版の「違った内容〔contenu distinct〕」が同一の内容を指すことが、確認できた。

　ではこれらは何であろうか？ 1クォーターの小麦という商品の種々様々の交換価値に現われている同一の内容であり、当該商品の一社会的属性であり、しかもある同じ大きさをもつそれである。同じ大きさの価値であろうか？ それとも同じ量の労働（＝同じ量の、対象化された抽象的人間労働）であろうか？

　労働では決してありえない。

　それは価値——同じ大きさの価値——である。その価値は、種々様々な表現をとって現われるが、しかし、一つの同じ大きさの交換価値に現われ出るものである。それは、感覚的に捉えられ得ない価値（超感覚的で、しかもある大きさを持ったそれ）以外ではなく、それが交換価値としてわれわれの感覚に捉えられるこ

第Ⅲ章　人間語による分析世界としての『資本論』出だし部分の解読

とになるのである。対象化された労働が、価値を「飛び越して」交換価値に現われる、ということはない。諸商品が労働生産物であることは明らかに感覚的に捉えられるものであり、この対象化された労働を抽象的人間労働へと抽象化することは、分析的思惟にとって困難なことではない。もしそれが現われ出るとすれば、価値抜きの交換価値に、ではなく、直接に労働時間を尺度とした労働そのものとして現われ出るであろう。そして、いわゆる価値規定が問題になるだけであろう[19]。そのさい労働生産物は、商品として社会に登場することはない。それは、ただ労働生産物として、ただし価値規定を受けるそれとして、社会的に認められあつかわれることだろう。

　かくして、種々様々の表現をとる、同じ大きさの交換価値は、妥当な大きさをもった、超感覚的な価値が表われ出たものだということなのである。
　ところで、パラグラフ②は第三版（1883年）では、以下のように、大幅に書き換えられている[20]。

Eine gewisse Waare, ein Quarter Weizen z.B. tauscht sich mit x Stiefelwichse, oder mit y Seide, oder mit z Gold u.s.w., kurz mit andern Waaren in den verschiedensten Proportionen. Mannigfache Tauschwerthe also hat der Weizen statt eines einzigen. Aber da x Stiefelwichse, ebenso y Seide, ebenso z Gold u.s.w. der Tauschwerth von einem Quarter Weizen ist, müssen x Stiefelwichse, y Seide, z Gold u.s.w. durcheinander ersetzbare oder einander gleich große Tauschwerthe sein. Es folgt daher erstens: Die gültigen Tauschwerthe derselben Waare drücken ein Gleiches aus. Zweitens aber: Der Tauschwerth kann überhaupt nur die Ausdrucksweise, die „Erscheinungsform" eines von ihm unterscheidbaren Gehalts sein.

ある特定の商品、たとえば1クォーターの小麦は、x量の靴墨、y量の絹、z量の金などと、要するにきわめてさまざまな比率で他の諸商品と交換される。だから、小麦は、ただ一つの交換価値をもっているのではなく、いろいろな交換価値をもっている。しかし、x量の靴墨もy量の絹もz量の金なども、どれも1クォーターの小麦の交換価値であるから、x量の靴墨、y量の絹、z量の金などは、互いに置き換えうる、または互いに等しい大きさの、諸交換価値でなければならない。それゆえ、こういうことになる。第一に、同じ商品の妥当な諸

交換価値は一つの等しいものを表現する。しかし、第二に、交換価値は、一般にただ、それとは区別されうるある内容の表現様式、「現象形態」でしかありえない。[21]

これは第四版（1890 年。いわゆる「エンゲルス版」と呼ばれるもので、現行版と同じ）にそのまま継承されている。第三版はマルクス死後すぐに出されたものだが、この書き換えは、マルクスの指示によるものだろうか？ MEGA II /6 には「『資本論』第一巻のための補足と改訂」と題する草稿が載せられており、また第三版を収録している MEGA II /8 には、第二版のマルクス自用本への書き込みがわかる写真、およびそれらの書き込みが編集・収録されている。それらを見るかぎり、後者に、このパラグラフ②の書き換えについてのいくつかの指示が、マルクス自身によってなされていることがわかる。だが、ここでわれわれが問題にしたい以下の部分については、その指示を見出すことができない。先の引用での最後の一文である。

Es folgt daher erstens: Die gültigen Tauschwerthe derselben Waare drücken ein Gleiches aus. Zweitens aber: Der Tauschwerth kann überhaupt nur die Ausdrucksweise, die „Erscheinungsform" eines von ihm unterscheidbaren Gehalts sein.

マルクスからの、口頭による指示にもとづく改変である可能性も、たしかにありうるだろう。しかしそのような遺言のごとき指示があったにせよ、表現の違いの微妙さからして、可能性は小さいように思われる。だとすれば、この書き換えは、エンゲルスによるものの可能性が大きいことになる。そうであるならば、この書き換え部分をどのように解釈するかが問題となる。

まず「第二に」として述べられている「ある内容〔eines〔…〕Gehalts〕」が、価値を指すことは明らかである。第二版で言えば、この少し後のパラグラフ⑧に、「価値の必然的な表現様式または現象形態としての交換価値」と述べられていることから明白である（これは第三版にもそのまま受け継がれている）。では「第一に」として述べられている「一つの等しいもの」とは何であろうか。これが、先に検討した第二版の「いろいろな表現様式とは違った内容」のことであること

もまた、明らかである。すなわち「同じ大きさの価値」である。わざわざ「第一に」、「第二に」と区分した表現をしながら同じく価値について述べていることは、いささか不自然な感じがしないでもない。だが、その微妙な不自然さはおくとして、この書き換えの理由についてわれわれは次のように考える。

　初版では「価値」を厳密に論理的・分析的に導出せず、それを前提にもしくは仮言的に措いていたが、マルクスはこの点を第二版で書き改めようとした。このマルクスの目的（価値の概念的・論理的析出）を、第三版においてエンゲルスがより鮮明にしようとしたのではないか、と。つまり、「第一に」として「具体的なある大きさをもった価値」について述べた上で、「第二に」として「そもそも価値なるものは……」、という形で、価値が交換価値から概念的に区分されるものであることを、先取りして強調したわけである。

　だが、このエンゲルスによる（とわれわれが考えるところの）書き換えによって、新たな誤読が生れることになった。「第一に」として述べられた「一つの等しいもの」を「二商品に表わされた抽象的人間労働」と捉える誤読――つまり、「第一に」で労働を述べ、「第二に」で価値を述べている、と考える誤読である[21]。これは、量的規定性は別として、「第一に」も「第二に」も共に価値について述べていることの不自然さに起因したものと言える。しかしこの誤読は、われわれが先に行なったように、初版・第二版・フランス語版を比較検討すれば、防ぐことができるものである。

第iv節　パラグラフ③の検討

　パラグラフ③の解読にかかろう。初版と第二版の冒頭部分にある ferner を、多くの邦訳では「さらに」と訳し、何の注意も払わずに看過している。だが、われわれは「あらためて」と訳出した。その理由は以下のとおりである。

　この直前のパラグラフ②で、1クォーターの小麦が例として、それとの等置関係・等式が数多く取られる。これら多くの等置関係に、1クォーターの小麦の多くの諸交換価値が示される。しかしこの種々の交換価値も、結局は1クォーターの小麦の交換価値を表わしているのだ、ということが述べられている。それをうけて、パラグラフ③で、数多くの等置関係から、あらためて代表として一つの等置関係が取りだされる、という論の流れだからである。あらためて代表として一

つの等置関係が取り出されている、という点を理解することが重要である。fernerを「さらに」と訳出すると、等置式〈1クォーターの小麦＝aツェントナーの鉄〉の背後に、厖大な等置関係が控えているということが、曖昧になるからである。厖大な等置関係を背後に持つ等置式〈1クォーターの小麦＝aツェントナーの鉄〉が、分析されることになるのである。

　先回りの議論になるが、ここでの等置式とこの後の価値形態論における同様の等置式との決定的な相違についてひと言述べておきたい。

　ここで述べられている等置式は、二つの商品、例えば1クォーターの小麦とaツェントナーの鉄が、たんに互いに交換されうる、というだけのものであって、式の両項を入れ替えても式としては同じ意味をもつ。つまり両項の役割に差異はなく、対称律が成り立つ。これに対して、価値形態論における等置式は、両項の役割が異なっており、それゆえ両項を入れ替えると式の意味が異なるものになってしまう。両項関係が非対称的なのだ。このように、冒頭商品論の出だし部分における（第二版で言えば第1章第1節）の等置式は、価値形態論におけるそれとは違い、ただたんに、異なる任意の二商品が相互に交換されうる、というだけのものなのである。この点を的確に捉えておかなければならない。

　分析に戻ろう。まず確認しておかなければならないことは、ある等置関係が問題となる以上、それがいかなる属性における等置であるのかが問われるという点である。異種の二つのものが等置される場合、「それら二つのものに共通するいかなる自然的あるいは社会的属性における等置であるのか」が、まず明らかにされなければならない。体積・質量・熱容量・電気容量といった自然的属性、あるいは身分・学歴・価値といった社会的属性のいずれにおいて、「等しい」とされているのかが、まずもって明確にされる必要がある。等式を見れば明らかなように、ここでは異種の二商品の等置である。それはまさしく、価値における等置である。だが、初版ではそのことが、分析によって導出されること抜きに前提されている。言葉を変えるならば、すでに価値が仮言的に措かれてしまって、その上で、異種の二商品の等置が述べられている。これに対してマルクスは、第二版では、「この等式がいかなる属性におけるものであるのか」を、分析的に厳密に導出しようとしている。そのことが、各版の対照からはっきりと読み取ることができる。三つの版ではそれぞれ次のように述べられている。

第Ⅲ章　人間語による分析世界としての『資本論』出だし部分の解読

初　版：Was besagt diese Gleichung? Dass *derselbe Werth* in *zwei verschiednen Dingen*, in 1 Qrtr. Weizen und ebenfalls in a Ctr. Eisen existirt.

この等式はなにを意味しているのであろうか？　同じ価値が二つの違った物のうちに、すなわち1クォーターの小麦のなかにもaツェントナーの鉄のなかにも、存在するということである。

第二版：Was besagt diese Gleichung? Dass ein Gemeinsames von derselben Grösse in zwei verschiednen Dingen exsistirt, in 1 Quarter Weizen und ebenfalls in a Ctr. Eisen.

この等式はなにを意味しているのであろうか？　同じ大きさの一つの共通なものが、二つの違った物のうちに、すなわち1クォーターの小麦のなかにもaツェントナーの鉄のなかにも、存在するということである。

仏語版：Que signifie cette équation? C'est que dans deux objets différents, dans 1 quarteron de froment et dans *a* kilogramme de fer, il existe quelque chose de commun.

この等式はなにを意味しているのだろうか？　それは、二つの違った物のうちに、すなわち1クォーターの小麦のなかにも*a*キログラムの鉄のなかにも、ある共通なものが存在するということである。

　マルクスはいずれの版においても「この等式の意味」と言っている。そして初版では、それについて価値だということを述べてしまっている。だが、第二版およびフランス語版では「一つの共通なもの〔ein Geseinsames〕」、「ある共通なもの〔quelque chose de commun〕」という言い方で、等式がいかなる属性におけるものであるのか、を問題にしている。これが価値であることは初版の言明からも明らかだが、問題はその大きさである。

　第二版では「同じ大きさの一つの共通なもの〔ein Gemeinsames von derselben Grösse〕」と、等式に示される社会的属性とその大きさとが明確に区分されている。それに対して、初版とフランス語版では、この区分が明確ではない。初版の「同じ価値」、フランス語版の「ある共通なもの」には、等式に即した大きさあるいは量の規定が、すでに含みこまれている。

言うまでもなく、「ある等式がいかなる属性におけるものであるのか」ということと、その属性の「大きさ」もしくは「量の規定」との間には、概念上の厳然たる区別がある。ただし、体積や質量などの自然的属性においては、量的規定性がその概念の契機として内在する。このような自然的属性に対して、いま問題にしている価値には、量の規定性が内的な契機としては存在しない。だからこそ、異種の二商品の等置関係においては、まず何よりも「それがいかなる属性におけるものであるのか」が、その「大きさ」もしくは「量的規定性」を規定するまえに、概念的に確定されなければならない。価値には量的規定性が内在しないので、まず等式が社会的属性としての価値におけるものであることを明らかにし、その上でその大きさもしくは量的規定性を問題にしなければならないのである。

　時間的にも空間的にも線形をなす人間語による論理的構成にあっては、そのような順序で叙述する以外、理路はない。マルクスはこの冒頭商品論で、価値（商品価値）を、資本主義社会に先行する諸社会における、諸々の価値の歴史的在り様を前提とし、それらを総括するものとして捉えている。つまり、資本主義社会における価値を、まさしく根源的な価値批判として捉え返すことを目指しているのである。第二版ではこの点が明確になっている。とはいえ、それは完璧とは言えない。人間語による分析としては、まず初めに「一つの共通なもの」における等式であることが述べられ、その上でそれが「同じ大きさ」であることが述べられる必要がある。それゆえ、上に取り上げた文章は、その内容において厳密さを求めるならば、たとえば次のように述べられるべきものであろう。

　「この等式は何を意味しているのか？　第一に、等式の両項に置かれた二商品に共通な、ある社会的属性における等置であること、そして第二に、その属性において同じ大きさをもつということである。」

　ここまで順を追って展開すれば、価値なるものが量的規定性を内的契機としないにもかかわらず、商品としての等置においては価値としての等置である以上、価値の「大きさ」という量的規定性が要請されざるをえないことがわかる。その不可避の要請に対する必然的回答として、等式成立の物的な根拠が、「両項の二商品に内在するもの」として社会的に規定されることになる。この等式成立の物的根拠は、それが物的なものである以上、量的規定性を内的契機としてもつわけである。かくして、「したがって〔also, donc〕」という接続詞をもって、この物的根拠について述べていくことになる。等置・等式がある社会的属性におけるもの

であるかぎり、等式の両項に置かれた二商品はある「第三のもの」に還元される、というのである。この「第三のもの」が、等式を成立させている物的な根拠であり、この量の多寡が、両項に共通な「ある社会的属性」の大きさを規定する、ということになる。

　ここで、価値なるものに、量的規定性が契機としてそもそも含まれていない、ということについて、あらためて確認しておきたい。マルクスは冒頭商品論で、商品価値について、まずは分析的にその何たるかを明らかにしていこうとする。その叙述を追ってみればすぐに解るが、ほとんどの場合、「商品価値」とわざわざ言わずに、ただ「価値」と述べている。われわれの考えるところでは、こうしたマルクスの姿勢は、商品価値概念を従来の諸々の価値一切を歴史的に総括したものとして捉え、その根源的批判を目指していることを示すものである。それゆえマルクスは、価値にはそもそも内的契機として量的規定性が存在しないことを踏まえ、商品価値には特殊にその大きさを規定する物的な根拠が要請されることを述べるのである。だからこそ、等置された両項たる二商品が「第三のもの」に還元される、という表現を用いているのである。

　この点は、両項が種々の自然的属性において等置される場合と著しい対照をなす。自然的属性、例えば体積における等式を考えてみよう。体積という概念は、言うまでもなく物（Ding）の自然的属性に関する概念である。体積概念には、その内在的契機として、量の規定がはじめから含まれている。それゆえ、あらためてその量を規定する、物的な「第三のもの」を要請することは、まったく不要である。

　価値における等式においてはそうではない。

　ともあれ、重要な点を再度おさえておこう。初版では価値が前提され、もしくは仮言的に措かれ、異種の二商品の等置が価値におけるものであることを、分析的な導出を抜きに述べている。その上で、この価値における等置が成り立つ物的根拠である「第三のもの」は何であるのかを、分析的に追究していく。これに対して、第二版およびフランス語版では、価値自体を分析的に導出することを目指し、これを「共通なもの」と規定する。その上でこの「共通なもの」において等式が成り立つ物的根拠を、初版と同じく追究する。

　ところで、「同じ価値が」商品のなかに「存在する〔existieren〕」という初版の表現にはいささか問題が孕まれている、とわれわれは考えている。そもそも価値

は、商品の中に存在する（in…existieren）ものなのだろうか？　この表現に依るかぎり、価値自体が何かしら物的なものとして受け取られることになる、と想定される。それゆえ、価値自体に量の契機が内在しているかのように誤解されかねない。だが、価値自体は物的なものでは決してない。それは極度に抽象的であり、純粋に社会的なものである。

　古代の大和朝廷や朝鮮半島の百済・新羅の社会を例にとろう。資本主義社会に時間的に先行するそれらの社会においては、紫色が、きわめて高い社会的地位を有する者のみに許される衣冠の色、つまり価値をもつものとされた[22]。だが、紫色の衣冠それ自体に、自然的属性と同様のものとして、価値が内在するわけではない。ある一定の社会が――その社会の社会的経済的諸関係が――、それを価値とするだけである。

　資本主義的生産様式が支配的な社会における商品の価値も、その様態は変わらない。だがそれは、歴史上もっとも抽象的で、もっとも純粋に社会的なものである。先に強調したように、価値それ自体に量的契機は内在しない。価値自体に量的契機が内在しているのであれば、価値そのものとは別に価値実体が必要になることはない。なぜなら、価値自体が、自ら増減すればよいからである。価値それ自体に量的契機が内在しないがゆえに、価値がその大きさを社会的に規定され得るようにならなければいけない。そのために、外的に量を規定するもの、すなわち価値実体が必要になるのである。この点からすれば、「価値が商品の内に存在する（価値が商品に内在する）」という叙述は、価値という抽象的で純粋に社会的な、量の契機をもたない属性を、あたかも自然的属性と同様に捉えてしまう過誤を導いてしまう、高い危険性をもつものだと言える。

　初版の問題はこの一点にとどまらない。第二版への書き換えの必要性をマルクスに迫った、根本的な理由がある。

　商品交換関係において価値が前提されるとしよう。すなわち、人々が相異なる種類の労働生産物をたんに商品としてではなく、最初から価値として等置すると考えてみよう。その場合、交換価値という現象形態が必要とされないことになる。つまり、交換価値がなくても、価値の大きさを規定する労働とその量を、人々は最初から自覚的に取り出すであろう。しかしそのようには決してなっていない。その社会的現実こそが、マルクスに商品の分析を強いるのである。

　なぜ資本主義的生産様式が支配する社会において、人々は商品をあらかじめ価

第Ⅲ章　人間語による分析世界としての『資本論』出だし部分の解読

値として認め、それを価値として等置することができないのか？　なぜ等置を他でもなく交換価値としてしまうのか？

　この現実がまさしくいかなる事態であるのかを、マルクスは解明しなければならなかった。価値はあくまで交換価値の「背後」に「隠れている」のだ。だからマルクスは「そこ〔「交換価値または交換関係」〕に隠されている価値」[23]という言い方をしているのである。人々が、価値それ自体ではなく、そのたんなる表現様式（現象形態）である交換価値において、商品社会を思惟し・認識し・行動していること——この現実を、まずは人間語によって暴き出すことが、マルクスの課題であった。であるならば、初版における叙述のように、仮言的にではあれ、価値をあらかじめ措いてしまうことは、別抉すべき現実の深奥を逆に隠蔽することになってしまう。だからこそマルクスは、初版冒頭商品論の出だし部分の書き換えを、不可避なものと考えたのだ。

　こうしてマルクスにとって『資本論』第二版への書き換えは、以下の点をもっとも重要な課題の一つとした。すなわち、①彼以前の経済学における価値に関する用語—— Werth, worth あるいは valere, valer, valeur, valoir 等々——および、それらを用いた種々の表現——効用価値、自然的価値、内的価値、絶対的価値と相対的価値、実質価値と名目価値、等々——についての混乱を一掃すること、②交換価値と価値とを概念的に明確に区別し、まったく新たに価値の概念を確立すること、③しかも、その新たな価値概念の確立を、根源的な価値批判として遂行すること、これらの一挙的遂行である。付言すれば、マルクス以前においては、価値という言葉（商品価値に通じるラテン語の valere 系の言葉）が用いられていたとしても、それは実際のところ交換価値を指していた。その歴史的・学説的事実は、『資本論』準備草稿群そして『資本論』そのものに数多く引用されている、過去の経済学者たちの言説がまざまざと物語っている。

　だがしかし、マルクスはこの書き換えを最後まで徹底して行なわなかった（行なうことができなかった）。先に検討した「existieren」という動詞が第二版でもそのままに残されているところにも、徹底した書き換えを完遂できなかったことが現われている。さらに、第二版の第1章第4節の次のような叙述においても、書き換えが完璧なものとならなかった様態が現われている。

　人間が彼らの労働生産物を互いに価値として関係させるのは、この物象〔Sache〕が彼らにとっては一様な人間労働のたんに物象的な〔sachlich〕外皮として認められるからではない。逆である。彼らは、彼らの異種の諸生産物を互いに交換において価値として等置することによって、彼らのいろいろにちがった労働を互いに人間労働として等置するのである。彼らはそれを知ってはいないがしかし、それを行なうのである。それゆえ、価値の額に価値とはなんであるかが書いてあるのではない。[24)]

これは初版では次のような叙述である。

人間たちが彼らの諸生産物を、これらの諸物象〔Sachen〕が同質の人間労働のたんに物象的な〔sachlich〕外皮として認められるかぎりにおいて、諸価値として相互に関係させるのだとすれば、このことのうちには同時にそれとは逆に、彼らのいろいろに違った労働はただ物象的な〔sachlich〕外皮のなかの同質な人間労働としてのみ認められているのだ、ということが含まれている。彼らが彼らのいろいろな労働を相互に人間労働として関係させるのは、彼らが彼らの諸生産物を相互に諸価値として関係させるからである。人的な関係が物象的な〔sachlich〕形態によって隠されているのである。したがって、この価値の額には、それがなんであるか、は書かれていないのである。人間は、彼らの諸生産物を相互に諸商品として関係させるためには、彼らのいろいろに違った労働を抽象的な人間労働に等置することを強制されているのである。彼らはそれを知ってはいない。しかし、彼らは、物質的な物〔materielle Ding〕を抽象物たる価値に還元することによって、それを行なうのである。[25)]

苦心のすえの晦渋な文からなる初版から、見通しのよい文で構成されている第二版への、この書き換えによって、引用した箇所が、格段に理解しやすいものとなったことは明らかである。だが、双方とも、叙述の在り様は、読者に誤解を与えかねない。「いろいろにちがった労働を互いに人間労働として等置すること」について人々が無自覚であっても、価値としての等置は自覚的に行なっているかのような誤解が生じかねないからである。

人々は価値としての等置に関しても無自覚なのだ。

人々は労働生産物を商品として等置し、そのことによってそれらの労働生産物

第Ⅲ章　人間語による分析世界としての『資本論』出だし部分の解読

に対象化された労働をたんなる抽象的な人間労働として等置する。そうすることで人々は、諸商品を価値として等置しているのである。しかもそのことによって人々は、その等置を価値としての等置と意識することなく、商品に対象化された抽象的人間労働の量にもとづいて直ちに交換価値におけるものと諒解するのである。人々の即自的な意識にとっては、相異なる二商品の等置は、価値としてのそれではない。等置は、人々の意識にとって、あくまで交換価値なのである。つまり等置は、何らかの価格表示されるもの以外ではない。価値という言葉が使われたとしても、それは交換価値でしかない。商品としての等置は、人々にとっては、商品をただちに交換価値にすることなのだ。

　こうした事実認識を踏まえれば、『資本論』において、人々が労働生産物である商品をはじめから「価値として等置する」という具合に表現されたままになっているところは、看過できない問題をかかえていると言える。そうした叙述は、たとえば、「人々はそれを意識してはいないが」といった限定句を付加することで、読者の誤認を避ける必要があるだろう。あるいは「人々は相異なる種類の労働生産物を商品として等置する」という表現や、「異種の商品を最初から交換価値とする」といった表現に、書き換えなければならないだろう。人々の意識においては、価値としての等置ではなく、商品としての等置、つまり商品交換の方が先なのだ。つまり、価値ではなく交換価値にするのである。人々は無自覚のうちに、商品として等置することを通じて、つまりただちに交換価値にする現実によって、諸商品の価値としての等置を実現しているのである。

　大分先回りの議論をしてきたが、『資本論』各版のパラグラフ③に戻ろう。

　まず初版についてである。初版では、異種の二商品の等置式の意味が、価値におけるものであることが前提的に、あるいは仮言的に、述べられてしまう。等置式の意味、つまり等置が価値におけるものであることを、分析的に導出する作業がなされることなく、その意味が語られてしまっている。その上で、「したがって〔also〕」として、二商品はそれら双方とは異なる「第三のもの」に還元されなければならないとされる。この「第三のもの」が、テキスト後段で別抉される「労働」、すなわち、「価値の実体」である、「二商品に表わされる抽象的人間労働」であることは明らかである。

　これに対して、第二版とフランス語版では、等置式の意味、すなわち等置が価値におけるものであることを、分析的に導出することが目指される。そして価値

91

を、〈共通なもの〉＝「一つの共通なもの〔ein Gemeinsames〕」・「ある共通なもの〔quelque chose de commun〕」と、マルクスは表現している。この上で初版と同様に、「したがって〔also、donc〕」という接続詞をもって、「1クォーターの小麦もaツェントナーの鉄も共にある一つの第三のものに等しい」と続けられる。かくして、等置された二商品は、交換価値であるかぎり、その双方のいずれでもない「第三のもの〔Dritte、troisième〕」、すなわち等式を可能にしている物的根拠に還元されなければならない、とされるのである。

　ここで三つの版に共通した「したがって〔also、donc〕」について一言述べておきたい。多くの論者が、「したがって」というこの接続を表わす言葉を、まったく無視してしまっているからである。異種の二商品が等置されているということは、これらの二商品が同じ大きさの「価値」（初版）、「同じ大きさの一つの共通なもの」（第二版）、同じ大きさの「共通なあるもの」（フランス語版）として認められているということにほかならない。「したがって」、これらの二商品は、一方でもなく他方でもない「ある一つの第三のもの」に、「交換価値であるかぎり」還元されることになるわけなのだ。この接続詞「したがって」を無視してしまう多くの論者は、「共通のもの」と「第三のもの」とを混同するか、あるいは同一視している。ひいては、「共通な（の）第三者」なる、マルクスが『資本論』では使用していない[26]用語を平然と使うことになる。見田石介、廣松渉、武田信照、榎原均、吉原泰助、白須五男、日山紀彦、小幡道昭、熊野純彦といった人々である[27]。論理的接続については、とりわけ細心にそのつながりを押さえておかなければ、思いがけない（？）誤解が生まれるものである。

　この「共通な（の）第三者」なる用語については、いま挙げた人々から解るように、きわめて多くの論者が、『資本論』に存在しないにもかかわらず、軽々に用いている。きわめて奇妙なことに、「共通な第三者」という「概念」は論理的に問題があることに、それらの論者は気がついていない（ふりをしている）。だが、「共通な第三者」という概念は論理的に問題があるのである。異種の二商品はそれらに「共通なもの」としての、価値という社会的属性において等置される。つまり、二商品に共通な社会的属性である、価値という同一性が問題とされるのである。これに対して、この「共通なもの」の物的な根拠、すなわち価値における等置が可能になる物的根拠として、二商品のいずれでもない「第三のもの」である、双方の商品に表わされた抽象的人間労働が導かれる。あくまで第三者とい

第Ⅲ章　人間語による分析世界としての『資本論』出だし部分の解読

う以上、それは二つの商品そのものとは異なるものである。つまり、二商品そのものとは区別されるものなのだ。

　商品は、自然物（Ding）であると同時に、社会的なもの（Sache）である。商品は自然素材と労働からなっており、それに表わされた労働は、具体的有用労働と抽象的人間労働との二重性をもつ。ゆえに、等置された二商品から自然的諸規定性を捨象・抽象すると、双方の両商品は、それらに表わされた抽象的人間労働に還元される。この対象化された抽象的人間労働が、二商品のいずれでもない「第三のもの」なのである。

　「第三のもの」にあっては、同一性ではなく区別（弁別の様態）あるいは差異性が問題になっている。かくして「共通な第三者」というのは「同一なる区別」あるいは「同一性としての差異性」といった「形容矛盾（contradictio in adjecto）」となる。『資本論』でマルクスが述べたものとは異なり、この「形容矛盾」はそのままでは論理的破綻の証左でしかない。自説をおしすすめようとすれば、同一性や区別の基体、過程の主体あるいは実有（ここではあくまでも商品）を問題にしなければならない。そうである以上、この破綻は行論にしたがって、より露わになる。とはいえ、ヘーゲル論理学にそくして言えば、こういう物謂いも可能である、と付け加えておかなければならないだろう。だがそれは、『資本論』のテキストとはまったく別のものではある。ともあれ、推論をそのまま推し進めようとすれば、同一性（＝価値）と区別・差異性（＝抽象的人間労働）との「内在的な関係」と、前者から後者への「転化・移行」が説かれなければならないことになるわけである。だがそもそも、価値から価値実体への「内在的転化・移行」を論理的に説くことなど、不可能事以外の何ものでもない。「共通な（の）第三者」を平然ととなえる多くの論者は、こうした論理上の問題について、何も語らない。彼らが、論理的に深く考えないのか、意図的に回避しているのか、それは分からない。だが、彼らが誤っていることだけは判然としている。

　以上の考察から解るように、第二版とフランス語版では価値導出の論理過程がいささか錯綜したものとならざるを得ないことがわかる。つまり、異種の二商品の等置から価値を導き出したいのだが、それをストレートに行なうことができないことがわかる。価値より前に労働が導かれなければならないのだ。二商品の等置・等式は価値におけるそれである。このことを明らかにしなければならないのだが、そのために等置・等式がそもそも成り立つ根拠、等置・等式が可能となる

物的な根拠が先に剔抉されなければならないことになるわけだ。初版でのように、価値を前提的にあるいは仮言的に描くことを避け、価値を分析的に導出することを目指したがゆえに、叙述上の困難が生じたわけである。〈共通なもの〉＝価値と〈第三のもの〉＝労働（抽象的人間労働）とが混同される危険性がきわめて大きくなるからであり、実際に従来、この部分に対する『資本論』解釈のほとんどすべてがこの混同に陥っているのである[28]。

第 v 節　パラグラフ④の検討

　本章で検討している叙述の中で、パラグラフ④が最大の問題を抱えている。

　三つの版ともこのパラグラフ④は叙述内容が一致している。まずこのことに注意しよう。とくに同じドイツ語で書かれている初版と第二版とは、強調の有無を別として、まったく同一である。結果からすれば、マルクスはこの部分の書き換えの必要を認めなかった、ということになるかもしれない。だが、本当にそうだろうか？　そして、オリジナルのテキストである初版において、このパラグラフの叙述は適切なものだろうか？　丁寧に読み進めていく必要がある。

　パラグラフ④では、幾何学上の一例が突然もちだされ、「このことをもっとわかりやすくするであろう」と述べられる。「このこと〔diess, cela〕」とは、パラグラフ①・②で述べられたことをふまえた上で、直前のパラグラフ③で述べられた内容と考えるべきである。つまり、ⓐ異種の二商品の等置式が、「価値」（初版）あるいは「共通なもの」（第二版・フランス語版）におけるものであること、ⓑそれゆえに、二商品はそのいずれとも異なる「第三のもの」に還元されなければならない、ということを指しているのである。ここでの問題点は、「価値」・「共通なもの」と「第三のもの」との関係と構造を理解することが、マルクスがもちだした幾何学上の一例によって「わかりやすく」なるのか、ということである。

　ところが実に、この幾何学上の一例は適切なものとは、到底言えない。かえって理解を妨げるものでしかない。だが、マルクスはこの例示をいたく気に入っていたようである。というのは、この例が使われているのは、『資本論』の三つの版だけではないからだ。先に触れた『価値・価格および利潤』でも、同じく先に触れたヨハン・モスト『資本と労働――カール・マルクス著『資本論』の平易なダイジェスト――』に対するマルクス自身による改訂でもこの例がもちだされて

第Ⅲ章　人間語による分析世界としての『資本論』出だし部分の解読

いる。

ともあれ、マルクスお気に入りであったと思われる、この例を解析してみよう。

パラグラフ③では、諸商品のうちから代表として採られた二商品（小麦と鉄）の等置式が分析された。他方、パラグラフ④の「幾何学上の一例」では、「あらゆる直線図形」が取り上げられ、それらの「面積を確定し比較する」ことが問題となっている。つまり、パラグラフ③よりはむしろ、パラグラフ①および②で取り上げられた、種々の厖大な諸商品の等置関係との対照がなされていることになる。マルクスは、なぜ、「形の異なった任意の二つの直線図形」としなかったのだろうか？

第二に、二商品の等置式という、純粋に社会的な属性におけるものに対して、図形の面積という、直覚的に把握できる自然的属性における等式が、例として提示されている点がある。その結果として第三に、量的規定性を内的契機として含まない価値に対して、量的規定性を内的契機とする面積が、対照項として描かれることとなる。さらに第四に、価値にせよ、価値実体である商品に表わされた抽象的人間労働にせよ、きわめて抽象度が高いものに対して、まったく比較にならないほど抽象度の低い、三角形とその面積の式が対照される。

そもそもこの幾何学上の例は、ⓐ平面上の直線図形、ⓑそれらの自然的属性としての面積、ⓒ三角形、ⓓその面積の式、ⓔ面積の量、という五つの要素を有する。他方、異種の諸商品の等置においては、ⓐ商品、ⓑその社会的属性としての価値、ⓒ価値の実体（商品に表わされた抽象的人間労働）、ⓓその量という、四つの要素である。四つの要素からなる論理を「わかりやすくする」事例が、五つの要素からなっている！この決定的ともいえる対応の齟齬をどうするのか。おそらくマルクスは、要素の数の対応に齟齬があることをきちんと考えずに、この一例を持ち出しているのである[29]。

このように「幾何学上の一例」は、ただ混乱を持ち込むだけの、あまりにも不適切な例示である。このような大いに問題のある例の後に、「これと同様に」とマルクスは言う。初版の文章を引く（第二版の文章も強調の有無以外はまったく同一で、フランス語版も内容上同じである）。

Ebeso sind die Tauschwerthe der Waaren zu reduciren auf ein *Gemeinsames*, wovon sie ein Mehr oder Minder darstellen.

これと同様に、諸商品の諸交換価値は一つの共通なものに還元されるのであって、諸交換価値はこの共通なものの、あるいはより多くを、あるいはより少なくを、表わしているのである。

ここでは、「諸交換価値は一つの共通なものに還元される」と述べられている。さまざまに困難をかかえているパラグラフ④の中でも、最大の問題が、この叙述である。この文章と、直前のパラグラフ③末尾の文章とを対比させよう。③では、初版においては次の如く述べられていた（初版と第二版ではほぼ同一の文章である）。

Jedes der beiden, soweit es Tauschwerth, muss also, unabhängig von dem andern, auf diess Dritte reducirbar sein.
それらのうちのどちらも、それが交換価値であるかぎり、他方のものから独立に、この第三のものに還元されるものでなければならないのである。

ちなみに、フランス語版では、以下のようになっている。

Chacun des deux doit, en tant que valeur d'échange, être réductible au troisième, indépendamment de l'autre.
それらのうちのどちらも、交換価値として、他方のものにかかわりなく、第三のものに還元できるのである。

「この」という、ドイツ語のふたつの版にある連体詞が見当たらない。だが、フランス語版ではパラグラフ③において引用の直前のセンテンスで「第三のもの」に強調が付されていることからすれば、内容的にはドイツ語初版・第二版と変わらない。
　さて、初版・第二版のパラグラフ③の末尾にもどろう。この文では、「それらのうちのどちらも」が――つまり等置されている商品である二つの労働生産物（「1クォーターの小麦」と「aツェントナーの鉄」）の双方が――、「第三のもの」に還元される、と述べられている。だが、パラグラフ④では、二商品の交換価値が「共通なもの」に還元される、と述べられるのだ。一方では二商品の「第三の

第Ⅲ章　人間語による分析世界としての『資本論』出だし部分の解読

もの」への還元、他方では諸交換価値の「共通なもの」への還元——これは決定的な相違である。この事態をどう考えればよいだろうか。

ところで、商品はあくまで労働生産物であり、マルクスが言うように「いろいろな商品体は、自然素材と労働という二つの要素の結合物である」[30)]。したがって労働生産物である商品から使用価値を捨象することは可能である。すなわち、自然素材と労働の自然的側面（具体的有用的側面）を捨象して、抽象的人間労働を析出させること、つまり商品を労働（抽象的人間労働）に還元する（reduciren）ことは可能なのである。この還元された労働こそが、等置式を可能にしている物的な根拠、つまり「第三のもの」である。だが、他方で、諸交換価値は、何かに還元され得るだろうか？　交換価値という表現様式（現象形態）が、ある何か＝「共通なもの」に還元されるなどということがあり得るだろうか。交換価値という表現様式（現象形態）から何らかのものを捨象して、それとは独立の「ある何かのもの」を析出させることが可能であるとは、とても思われない。このように考えると、「還元する〔reduciren〕」という言葉を用いることの不自然さ、あるいは不適切さは明らかであろう。

ではマルクスはパラグラフ④で、諸交換価値の「一つの共通なもの」への「還元」という表現によって、共通な価値が種々の交換価値に表わされる、ということを言いたかったのだろうか。だがしかし、「還元」という言葉のそぐわなさをいったん不問にするとしても、そのような理解では問題が生じよう。まず文脈からして、きわめて重大な不自然さが、とりわけ初版の叙述において表出してくる。

初版では直前のパラグラフ③で、二商品の等置が価値におけるものであることが述べられ、それゆえに二商品はそれら双方とは異なる「第三のもの」に還元される、とされた。この「第三のもの」が価値の実体たる労働であることは明白である。だが、このパラグラフ③で述べたことを、幾何学上の例で「わかりやすく」言い換えるはずのパラグラフ④で、諸交換価値の価値への還元を述べる、というのはあまりにも奇妙である。「第三のもの」は一体どうなったのか。

しかも、次のパラグラフ⑤は、「交換価値の実体〔Substanz〕が」と始められる。「実体（Substanz）」という以上、それは価値ではなく価値実体である労働、つまり「第三のもの」である。初版ではこの後、一貫してこの価値の実体である「労働」を分析的に導出することが目指され、パラグラフ⑦でそれが果たされる。

つまり初版は、パラグラフ④を取り除きさえすれば、きわめて首尾一貫した論

理的流れがあるわけである。このように、初版ではパラグラフ④の「共通なもの」を価値とすると、文脈上きわめて大きな不自然さが生れる。

さらに初版だけでなく三つの版に共通するが、パラグラフ④の「共通なもの」を価値だと考えると、次のような問題が生じる。もし「共通なもの」を価値だとすると、この「共通なものの、あるいはより多くを、あるいはより少なくを」、諸交換価値は表わす、ということになる。「交換価値が、〜を表わす」という表現は間違ったものではない。だが、この表現では、価値それ自体に「量の契機」が含まれているかのように、読まれてしまう危険性がある。つまり、価値自体が増減して、自らの大きさを定立するかのように理解されてしまうことになるのではないか。

それでは、パラグラフ④の「共通なもの」は、価値の実体である抽象的人間労働だろうか？　もしそうだとすると、初版では文脈上の一貫性は保たれる。しかし、そのような理解もあり得ない。もし「共通なもの」が、価値実体たる労働だとすると、諸交換価値が労働に還元され、その労働の多寡を交換価値は表示することになる。じつは、そのような見解に対するマルクス自身の反論がある。『資本論』第二版への批判を含んだアードルフ・ヴァーグナーの『一般的または理論的経済学　第一部　原論』（改訂増補第二版　1879 年）に対する「批判的傍注」（1879 年から 1880 年 11 月までに執筆）の中に、われわれはその反論を見ることができる。このテキストにおいて、皮肉の大家マルクスは、ヴァーグナーを、鼻で嗤うように批判している。以下に引くのは、ヴァーグナー批判の核心部である。

[「ヴァーグナー氏によれば」] この理論 [マルクスの理論] によると、マルクスは、／「彼がここでもっぱら考えている交換価値〔単数〕の共通の社会的実体を労働のうちに見いだし、交換価値の大きさの尺度を社会的に必要な労働時間のうちに見いだしている」うんぬん。／私は「交換価値の共通の社会的実体」についてどこにも語ってはおらず、むしろ諸交換価値（少なくともその二つがなければ交換価値は存在しない）は「それらの使用価値」（すなわち、ここではそれらの現物形態）「から」まったく独立した、それらに共通なあるもの、すなわち「価値」をあらわす、と言っているのである。つまり、次のようなことだ。「だから、商品の交換関係または交換価値のうちに現われる共通物は、商品の価値なのである。研究の進行は、われわれを、価値の必然的な表現様式

または現象形態としての交換価値に連れもどすことになるであろう。しかし、この価値は、さしあたりまずこの形態にはかかわりなしに考察されなければならない。」(一三ページ)／それだから私は「交換価値の共通の社会的実体」は「労働」だとは言っていない。しかも私は特別の節で価値形態、すなわち交換価値の発展を詳しく扱っているのだから、この「形態」を「共通の社会的実体」、労働に還元するというのは奇妙であろう。またヴァーグナー氏は、「価値」も「交換価値」も私の場合には主体ではなく、商品が主体であることを忘れている。[31]

このマルクスの言明は決定的であろう。諸交換価値を価値実体たる労働に還元する、つまり〈形態を実体に還元する〉などということはあり得ない、と厳然と述べているのだから。ヴァーグナーへの批判は、きわめて説得的な言明である。では、このヴァーグナー批判を正面からうけとめたとしたら、パラグラフ④の文章はどうなるのか。この批判からすれば、パラグラフ④の「共通なもの」とは価値ということにならざるを得ない。だとすると、「還元する〔reduciren〕」という言葉の不適切さは、あまりにも明らかである。それとともに、「還元」が登場する文につづく叙述における難点もまた、浮かび上がることになる。すなわち、「共通なもの」＝価値の「あるいはより多くを、あるいはより少なくを」諸交換価値は表わすという叙述が、価値自体の増減によって価値の大きさが定立され、それが交換価値に現われ出るかのような言明になってしまう。

また、すでに述べたことだが、初版では価値が仮言的にではあれ前提されていた。それゆえ、パラグラフ③の「第三のもの」は、価値ではありえず、価値実体たる労働であることは明らかである。にもかかわらず、このパラグラフ③につづくパラグラフ④で、「還元する」という同じ言葉を用いて、「第三のもの」＝労働に対して、「共通のもの」＝価値について突如語りだされるという、きわめて不自然な事態が生じる。このパラグラフ③とのつながりの不自然さは、第二版やフランス語版では「第三のもの」も「共通なもの」もすべて価値だとすれば論理の上では消失する。だがそうすると、今度はパラグラフ③の文章がまったく不自然なものになってしまう。なぜならば「共通なもの」と「第三のもの」とわざわざ表現を変えているからである。さらに、「第三のもの」についての叙述が初版と第二版とではほぼ同じであることからしても、またその内容からしても一層大き

な不自然さが生まれることになる。ここには「混乱」があるとしか言いようがない。

このように、パラグラフ④には、まぎれもなく混乱がある。それでは、このパラグラフ④の目的は何であったのであろうか。いかに不適切なものであれ、幾何学上の一例を出し、「このことをもっとわかりやすくする」とマルクスは述べている。そうである以上、パラグラフ④の役割は、それまでの議論に一定の総括を与えるということであった、と考えられる。この本来の目的からすれば、パラグラフ④は次のように述べられるべきだったのではなかろうか（第二版にそくして言い換えを行なうが、以下の「共通なもの」を「価値」と変えれば、初版に対応する）。

「このように、種々様々な交換関係を示す諸等式において、各等式の両項、つまり二つの異種の労働生産物である二商品が、同じ量の第三のものに還元されることによって、これらの商品は、同じ大きさのある共通のものと認められるのであり、かくして、双方の交換価値は、この同じ大きさのある共通なものを表わすことになる。そして、この共通なものの大きさは、かの第三のものの量の多寡によることになるのである。」

第ⅵ節　パラグラフ⑤の検討

　　初　版：die Substanz des Tauschwerths …（交換価値の実体が…）
　　第二版：Diess Gemeinsame …（この共通なものは…）
　　仏語版：Ce quelque chose de commun …（この共通なあるものは…）

パラグラフ⑤の冒頭の違い、すなわち初版と第二版・フランス語版との相違は、非常に大きな問題を孕んでいる。だが、これ以下の文章でも、初版と第二版とでは微妙な差異があり、この差異こそが決定的なものなのである。また第二版とフランス語版とはほぼ同じであり、両者は同様の問題点を抱えている。

まず初版から検討しよう。初版の「交換価値の実体」という表現は明らかに誤っている。これを書いたマルクス自身が、ヴァーグナー批判をするマルクスに嚙みつかれなければならないことになる。正しくこの内容を言えば、「交換価値に表わされる、価値の実体」ということになる。だが、この誤りのゆえに、ここで

第Ⅲ章　人間語による分析世界としての『資本論』出だし部分の解読

問題になっているものが、価値実体たる抽象的人間労働であることがはっきりする。少なくとも初版では、「実体〔Substanz〕」と書いている以上、これを価値だと考えるわけには絶対にいかない。また、初版パラグラフ⑤の三つ目のセンテンスにある「それ〔sie〕」は、当然ながら、冒頭の「実体〔die Substanz〕」である。

　このように初版では、パラグラフ③の「第三のもの」を「交換価値の実体」という言葉で受けて、これが何であるのかが一貫して追究される。初版の叙述は、論理的には一貫している。

　これに対して第二版とフランス語版はどうだろうか。これら二つの版では、直前のパラグラフ④の「一つの共通なもの」・「共通なあるもの」を直接にうけて、「この共通なものは〔diess Gemeinsame〕」・「この共通なあるものは〔ce quelque chose de commun〕」とパラグラフ⑤が始められている。この書き換えによって、ますます混乱が拡大される。拡大された混乱とは、一体どういうことか。第二版の当パラグラフ四つ目のセンテンスにある「それ〔er〕」がパラグラフ冒頭の「この共通なものは〔diess Gemeinsame〕」を受けたものであることは明らかだが、初版の「sie」と違って「er」になっていることにも注意して当該パラグラフを検討していこう。

　初版と第二版の冒頭の相違をまずは脇におき、それにつづくセンテンスを見てみよう。そこでは内容上、初版と第二版とは、ほとんど同一の内容を述べているように見える。しかし子細に検討すると、両者の間には微妙ながらも決定的な差異があることが見えてくる。第二版では「この共通なものは〔…〕自然的な属性〔natürliche Eigenschaft〕ではありえない」と述べられている。「共通なもの」が自然的属性ではないとしても、商品の属性として問題とされている以上、「この共通なもの」は価値の実体たる労働ではないことになる。なぜか？　商品は労働生産物であるという属性をもつ。だが、この労働それ自体、商品に対象化された（表わされた）労働それ自体が、商品の属性であるわけではないからである。他方、価値は明らかに商品の純粋に社会的な属性である。結局マルクスは、第二版のパラグラフ⑤では、価値について述べていることになるわけである。そうなると、「この共通なもの」は価値を指すことになる。したがって、第二版の「この共通なもの」は、初版の「交換価値の実体」＝労働と決定的に食い違ってしまう。だがそうすると、第二版のパラグラフ④の「一つの共通なもの」も価値を指すこととなる。その場合、パラグラフ④は初版と第二版とでまったく同じ文章なのだか

ら、初版の「一つの共通なもの」も価値ということになる。すでに指摘したように、初版には強い論理的一貫性があるので、そのような事態になると、論理的一貫性が桎梏となって、かえって文脈上きわめて奇妙な文章になる。

また、その場合、第二版では、パラグラフ⑤の四つ目の文章が、きわめて奇妙なこととなる。そのセンテンスとは以下のものである。

Innerhalb desselben gilt ein Gebrauchswerth grade so viel wie jeder andre, wenn er nur in gehöriger Proportion vorhanden ist.
この交換関係のなかでは、ある一つの使用価値は、それがただ適当な割合でそこにありさえすれば、ほかのどの使用価値ともちょうど同じだけのものと認められるのである。

このセンテンスは初版とほぼ同一なのだが、「それ〔er：3人称単数男性1格〕」という人称代名詞が問題である。先述した理解にもとづけば、第二版の「それ」は「価値〔Werth：男性名詞〕」を指す。たしかに名詞の性としては正しく相応してはいるものの、初版での「それ〔sie：3人称単数女性1格〕」とまったく異なることとなる。初版での「それ」は「実体〔Substanz：女性名詞〕」すなわち「労働〔Arbeit：女性名詞〕」である。こちらも名詞の性に整合性があるが、第二版の相応よりも、はるかに強いものといえる。かりに第二版を採って、「er」が「Werth」を指すとするにしても、もともと「er」は「Gemeinsame」を受けるものであった。だが、「共通なもの〔Gemeinsame〕」が何であるのかは、ここではいまだ確定されていない。そうである以上、「Gemeinsame」を「er」で受けることには無理がある。それにもかかわらず、「er」と書いているのは、あらかじめそれが「Werth」を指すものだという意識の下でマルクスが叙述している、ということだろう。

微細に言えばこのような問題があるのだが、それとはまた別に、決定的な問題として次のことがある、すなわち、第二版の「それ〔er〕」に「価値」を代入した場合、文章が論理的に意味をなさなくなるのである。価値を代入したものを以下に示す。

この交換関係のなかでは、ある一つの使用価値は、価値がただ適当な割合でそこにありさえすれば、ほかのどの使用価値ともちょうど同じだけのものと認め

られるのである。

　これはきわめて奇妙なものというほかない。その理由はこうである。「ちょうど同じだけのものと認められる」という句の「認められる」は、gelten（認められる；価値を有する）という動詞を用いている。だからその文は、「ちょうど同じ大きさの価値であるものと認められる（ちょうど同じものに値する）」ということになる。その結果、この文章は、次のようになるわけである。

　この交換関係のなかでは、ある使用価値は、価値がただ適当な割合でそこにありさえすれば、ほかのどの使用価値ともちょうど同じ価値であるものと認められるのである。

　まったく無意味な文章である。
　以上に述べた第二版のパラグラフ⑤に表われた混乱は、フランス語版でも同様である。

Dans l'échange, une valeur d'utilité vaut précisément autant que toute autre, pourvu qu'elle se trouve en proportion convenable.
　交換においては、ある一つの使用価値は、それが適当な割合でありさえすれば、ほかのどの使用価値ともちょうど同じだけの価値がある。

　このセンテンス中の「それ〔elle〕」は当然ながら冒頭の「このある共通なもの〔ce quelque chose de commun〕」である。日本語訳で「価値がある」となっているところには、「vaut（valoirの直説法・現在・3人称・単数）」が用いられている。つまり、「〜に値する（英語で言えば to be worth）」ということである。valoir はラテン語の valere に由来するフランス語であり、ゲルマン語系の Werth, worth よりもラテン語系の valere, valer, valoir の方が価値（商品価値）を表わすのには適切だ、とマルクス自身が述べている言葉である[32]。この点を考えると、上に示した訳文も間違いではない。そうすると、「それ」＝「共通なもの」を価値とすると、問題の文はどうなるか。

交換においては、ある一つの使用価値は、価値が適当な割合でありさえすれば、ほかのどの使用価値ともちょうど同じだけの価値がある。

　先に第二版で見た無意味な文章が、ここでもまた、よりはっきりと現われることになる。
　このように、第二版とフランス語版ではパラグラフ④の混乱がパラグラフ⑤でさらに拡大されたことがわかる。明らかに書き換えを徹底して遂行せず、初版の文章を相当程度残したことによって、結果として価値と価値の実体たる労働とが混同されてしまっているのだ。
　マルクスは、第二版およびフランス語版のパラグラフ⑤では、価値について述べているわけである。しかし、パラグラフ⑤はパラグラフ④の一定の総括をうけて、あらためて異種の二商品の等置式が成り立つ物的な根拠の導出に向うものでなければならない。等式の両項におかれた、労働生産物である二つの商品から、使用価値を捨象すること——つまり自然素材と労働の自然的側面（具体的有用的側面）を捨象し、二つの労働生産物である商品を抽象的人間労働（＝純粋に社会的で極度に抽象的な・質の限界にある労働）に還元する作業に向う、ということである。それならば、下記のようにパラグラフ⑤は述べられるべきではないだろうか。先に示したパラグラフ④の書き換えと共に示そう。
　「このように、種々様々な交換関係を示す諸等式において、各等式の両項、つまり二つの異種の労働生産物である二商品が、同じ量の第三のものに還元されることによって、これらの商品は、同じ大きさのある共通のものと認められるのであり、かくして双方の交換価値は、この同じ大きさのある共通なものを表わすことになる。そして、この共通なものの大きさは、かの第三のものの量の多寡によることになるのである。／では、種類の異なる二つの労働生産物が商品として等置されたとき、この等式を成り立たせる物的な根拠、すなわち等式の両項にある二商品が還元されるべき第三のものについて、あらためて考察をつづけよう。この第三のものは、商品の幾何学的とか物理学的とか化学的などというような、自然的な属性をもつものではありえない。およそ商品の物体的な属性は、ただそれらが商品を有用にし、したがって使用価値にするかぎりでしか問題にならないのである。ところが、他方、諸商品の交換関係を明白に特徴づけているものは、まさに諸商品の使用価値の捨象なのである。この交換関係のなかでは、ある一つの

使用価値は、その第三のものがただ適当な割合でそこにありさえすれば、ほかのどの使用価値ともちょうど同じだけの共通なものと認められるのである（以下略す）。」

むろん、ここに示したのは、われわれの考えた一例にすぎない。だが、上のように述べることではじめて、書き換えが徹底されるのである。

第vii節　「共通なもの」＝価値、「第三のもの」＝商品に表わされた抽象的人間労働

以上の検討および書き換えにおいてわれわれは、「共通なもの」を価値を表わすもの、「第三のもの」を価値の実体である抽象的人間労働を表わすものと理解した。その上で、マルクス自身に「混乱」があると判断した、第二版のパラグラフ④および⑤で、その理解と判断に沿って、書き換えを行なってみた。つまり、まずは「諸商品の等置関係が何における等置式であるのか」を示すものとして「共通なもの」という表現を与え、これが価値を示すものとした。そして、これらの等置式が成り立つ物的な根拠を表わすものとして、「第三のもの」という表現を与え、これが価値の実体である抽象的人間労働を示すものとしたのである。

論理的に考えてみよう。質的に相異なるものが等置されるとすれば、その等置は、それらの相異なるものに共通な、何らかの自然的属性もしくは社会的属性においてなされるはずである。すなわち、体積・質量・熱容量といった自然的属性、あるいは学歴・身分・価値といった社会的属性において、等置が成り立つわけである。それらと同様に、諸商品が交換関係としての等置関係に置かれるのは、価値という、純粋に社会的で抽象的な属性においてである。その価値の大きさ、つまり等置のための比率・割合は、価値の実体である、諸商品に対象化された抽象的人間労働の量による。それ以外、諸商品における等置はあり得ない。なぜなら、価値という社会的属性の著しい特徴は、価値それ自体に量的契機を含まないという点にあるからである。それゆえわれわれは、厳密な叙述をするべく、「価値の大きさ」と言って「価値の量」とは言わず、価値の大きさを規定するものとして、「商品に表わされた抽象的人間労働の量」と述べたのである。厳密な叙述作業からの必然的な帰結である。

ところで、諸商品は価値として統一性をなし、互いに等置されるのだが、諸商品が価値という純粋に社会的で抽象的な属性を持つのは、抽象的人間労働が商品

に対象化されているかぎりにおいてのことである。価値はあくまで商品の社会的属性であり、この属性において互いに等置される。他方、価値実体たる抽象的人間労働は、商品に対象化されているが、抽象的人間労働それ自体は、商品の属性ではない。ゆえに、抽象的人間労働において諸商品が等置されるということはあり得ない。商品に対象化された抽象的人間労働は、あくまで諸商品の等置式を成り立たせる物的な根拠なのである。

　このような区分を精確かつ厳密に行なうことが、まさしくマルクスの意図を正しく把握し実現することであろう。冒頭商品論だけではなく、『資本論』全体、そして『経済学批判要綱』以来の草稿群（いわゆる『資本論』準備労作）を検討した結論として、上記のようにわれわれは判断する。

　ところで、「共通のもの」と「第三のもの」の双方を一括して、価値とみたり抽象的人間労働とみたりする解釈が氾濫している。これらの誤った解釈は、『資本論』自体にある叙述上の混乱、とくに第二版のパラグラフ④および⑤に現われたそれ（この混乱は、第二版と現行版との文章の相違にもかかわらず、引き継がれてしまっている）にも影響されている。われわれが本章で行なっている、初版・第二版・フランス語版の照合と批判的検討が、まず必要不可欠なのだ。さらにそれらの結果を、『資本論』草稿をはじめとする諸文献の詳細な検討によって、補い再点検するという作業を行なうべきである。誤謬を犯している論者たちが共通にかかえている問題点は、そうした当然の作業を行なわなかったことに、もとづいている。いずれにしても、「共通なもの」と「第三のもの」の双方を、ともに価値と見たり、価値実体たる抽象的人間労働と見たりすることは、同一の誤認に逢着する。つまり、諸商品の交換関係としての等置関係を表わす等式が、何における等式であるのかということと、その等式が成り立つ物的な根拠は一体何であるのかということとを明確に区分し示すことができない、ということである。そのあげく、両者を混同したり、また、非論理的に一方を無視する羽目に陥るのだ。要するに、『資本論』の批判的・建設的理解から大きく逸脱した地点に、あたかも何か新発見があったかのようにふるまう結果をもたらすのである。

　こうした誤読に悪意も捏造もないとしても、誤謬をそのまま放置しておくことはできない。以下に、誤った解釈の問題点を指摘しておく。

　まず、「共通なもの」も「第三のもの」も価値と見る解釈について取り上げよう。この解釈では、価値自体が量の契機を含み込むものとなり、価値それ自身が

増減することによって、価値の大きさが規定されることになる。つまり、価値実体が不要なものとされる。またこの見解によれば、等置関係におかれた二つの異種の商品——異種の労働生産物——は、価値に還元されることになる。しかし、純粋に社会的で抽象的な、しかも量の契機を含まない属性である価値に、等式の両項たる二商品が還元されるなどということは、決してあり得ない。とはいえマルクスは、初版のパラグラフ③で見たように、「同じ価値が二つの違った物のうちに、〔…〕存在する」といった表現をしている。また、本章第iv節に引用した初版の文章でマルクスは、「〔人々〕は、物質的な物〔materielle Ding〕を抽象物たる価値に還元する」とあからさまに言っている。商品を価値に還元する論者たちは、こうした表現に自らの主張の支えを求めることになろう。だが、マルクスのこれらの表現は、やはり適切なものとはいえない。あえてマルクスが、こうした問題のある表現をしているのには、「共通なもの」も「第三のもの」も価値と見る論者が「期待」するところとはまったく違った理由があったのだと、われわれは考えている。

　マルクスは、いわゆる「平易化」とは別の理由から、価値が商品の「中に存在する〔in…existieren〕」とか、商品に「潜んでいる〔stecken〕」、あるいは商品を価値に「還元する〔reducieren〕」といった表現をしている。一言でいえば、マルクスにとっての批判対象との関係である。1859 年刊行の『経済学批判』第 1 分冊から『資本論』へは巨大な飛躍があり、それは価値形態論に集約的に示されている。これは何よりも、サミュエル・ベイリーのリカードゥ批判との対質によって、一方でのリカードゥ、他方でのベイリーという両面批判を遂行できたことによる。リカードゥは労働価値説をもっとも首尾一貫して展開した。しかしリカードゥは、個々の商品に対象化された諸々の私的な諸労働が、どのようにして社会的労働として認められることになるのかを捉えることができなかった。そのことは、労働生産物が　体のようにして商品となるのか、つまり価値が　体どのようにして交換価値という現象形態をとり諸物が商品として社会的に認められるものになるのかを捉えることができなかった、ということにほかならない。リカードゥの著作を読めばわかることだが、リカードゥは、そのような問題意識をいっさいもたなかった。つまり彼は、価値と交換価値とを概念的に区分することができなかったのである。彼は、労働が対象化されているかぎりで諸物は価値であると規定してはいるのだが、価値が交換価値から概念的に区分されていない。その結果、当

然にも、自らの措定した価値が、一体どのようにして交換価値という現象形態をとって現われるのか、という議論に進むことができない。それゆえ、この議論を抜きにして、直ちに交換価値の大きさの議論に飛び移ってしまう。すなわち、諸交換価値の大きさを規定する労働の相対的な量的関係の議論を展開することになったのである。こうしてリカードゥは、自らが提起しながらもがきちんと概念措定できない〈絶対的価値―相対的価値〉という用語を導入し、議論に混乱を持ち込むこととなった。ベイリーは、リカードゥのこの理論的欠陥に目をつけ、それへの批判として持論を展開する。リカードゥは労働価値説という誤った理論を立てるがゆえに、本来相対的なものでしかない価値を絶対化してしまっている、と批判するのである。すなわち、相対的な交換比率以外のなにものでもない価値を労働に結び付けることによって、労働の相対的な量的関係として価値を論じているために、労働そのものと価値とを結びつける「絶対的価値」の議論に転落してしまっている、とベイリーはリカードゥを批判するわけである。

　この〈リカードゥ―ベイリー〉に対してマルクスは、次のように批判を展開する。まず、労働が対象化されるかぎりで労働生産物は価値になること、つまり労働の凝固体として労働生産物は価値であるとして、個々の商品が価値であるとベイリーを批判する。価値はたんなる相対的な社会的関係なのではなく、個々の商品自体、それぞれ労働が対象化されているかぎりで価値であり、この価値が社会関係＝交換関係において現われるものだというのである。その上で、「価値がどのような形態で現われるのか、つまり交換価値という形態をもつのか」という問いへの解答を、個々の商品に対象化された私的な諸労働が社会的な労働として認められる仕組みの解明として、価値形態論を展開したのである。これがリカードゥへの根源的批判であった。

　価値の大きさはつねに変化し、あくまで相対的なものであり諸交換価値としてあらわれる。だが、価値そのものは相対的な社会的関係なのではない。労働（厳密に言えば、抽象化された人間労働一般）が対象化されているかぎりで、そうした労働の凝固体であるかぎりで、諸労働生産物がもつ社会的属性が価値である――このように、マルクスは〈リカードゥ―ベイリー〉を批判したのである。換言すれば、量的契機を内的にもたない価値は、相対的な社会関係ではなく、社会的関係そのもの、つまり絶対的な社会的関係だ、と言い切ったのである。社会、すなわち人々の社会的関係が、日々、価値をかかるものとして措定している、と

言ったのである。こうした経緯と背景から、マルクスは一方では、個々の商品がそれ自体で価値であること、労働凝固体として交換関係に入る以前から価値であることを強調せざるをえなかった。これが先に述べた、概念としては問題のある、「存在する」、「潜んでいる」、「還元する」といった表現をもたらしたのだと思われる[33]。

このような批判対象に対する関係が、マルクスによる様態描写の動詞表現の背景にあるにせよ、論理的にはやはり誤った表現であると言わざるをえない。等置された二商品は、それらに表わされた抽象的人間労働という物的なものに還元されるのであって、抽象的なものである価値に還元されるわけはない。等置式の両項におかれた、異なる二種の労働生産物は、抽象的人間労働の凝固体として価値なのである（価値として社会に認められるのである）。価値には——何度も繰り返すことになるが——量的契機はけっして含まれない。

議論を本筋へ戻そう。「共通なもの」も「第三のもの」も、価値実体である抽象的人間労働だと考えてしまう、もう一方の誤読についてはどうなのか。この解釈の場合には、諸商品の交換関係を表わす等式が価値におけるものではなく、結局は、労働生産物であるという属性における等式になってしまう。それゆえに、等置関係を示す式の両項に置かれた労働生産物は、商品という媒介を経ることなく、労働生産物そのものとして交換されることになる。価値形態は不要であり、労働生産物は商品に転化する必要がない。このような交換は、『資本論』の商品物神について述べられた部分にある、「共同の生産手段で労働し自分たちのたくさんの個人的労働力を自分で意識して一つの社会的労働力として支出する自由な人々の結合体」[34]における諸労働生産物の交換であろう。これはまた『ゴータ綱領批判』にいう、「生産手段の共有を土台とする協同組合的社会」[35]＝「共産主義社会の第一段階」[36]における諸労働生産物交換であろう。

ともあれ、こうした誤認に陥らないために理解しなければいけないことは何か？ それは、交換関係を表わす等式が何における等式であるのかということと、その等式が成り立つための物的な根拠は何であるのかということとを明確に分けてそれぞれきちんと定立しなければならない、ということにほかならない。前者は価値であり、後者は価値の実体、すなわち商品に表わされた抽象的人間労働なのである。

第viii節　初版のパラグラフ⑥〜⑨の検討

　パラグラフ⑥以降では、初版の文章が第二版とフランス語版の文章と大きく異なっている。それゆえ、これまで行なってきたように三つの版の文言を直接に比較・検討するのではなく、初版と第二版・フランス語版とを分けてそれぞれの内容を検討することが必要である。

　ここでは初版のパラグラフ⑥〜⑨の論理の基軸を検討しよう。

　マルクスはまず、パラグラフ⑥で、諸商品を交換価値・価値形態からは独立に諸価値として考察すべきだと言う。価値が前提され（あるいは仮言的に措かれて）いることが、ここでもはっきりと出ている。だが、これまでも述べてきたように、論理的な筋道はきわめて明確である。マルクスは、価値の内容がどういうものであるのかを、このパラグラフ以降で追究していく。パラグラフ⑦で、諸商品は価値において統一性をなすと述べられ、それを可能にしている根拠・内実として、「労働」が導出される。この労働の導出をもとに、結論として、次のように規定される。

　　諸価値としては、諸商品は結晶した労働よりほかのなにものでもない。（パラグラフ⑧）

　　ある使用価値または財貨がある価値をもつのは、ただ、労働がそれに対象化されている、または物質化されているからにほかならない。（パラグラフ⑨）

　ここでは、単純労働—複雑労働、価値の大きさを規定する「価値形成実体」の量を測る労働時間については触れない。パラグラフ①からここまで、パラグラフ④を除いて非常に一貫した論理的な流れがあることを確認できれば良い。

第ix節　第二版・フランス語版のパラグラフ⑥、⑦の検討

　第二版・フランス語版のパラグラフ⑥以下の文章はそのままで問題はないと思われる。交換関係を示す等式の両項を、「第三のもの」、すなわち対象化された抽

第Ⅲ章　人間語による分析世界としての『資本論』出だし部分の解読

象的人間労働へと還元する。その還元によって両項の労働生産物が、抽象的人間労働の単なる凝固物となり、それゆえ〈幽霊のような対象性〉としか言いようのないものとなる。まさしくそのようなものとして、商品は価値だ、ということが明言される。

では、第二版におけるパラグラフ⑥、⑦の内容を詳細に辿っておこう。

だがこの作業に入る前に、一点注意すべきことがある。等置された二商品における「共通なもの」および「第三のもの」の量的規定性についてである。例として、ある二商品が取り上げられて等置式が考えられている以上、それらの二商品における「共通なもの」も「第三のもの」も具体的な量的規定を受けた「ある大きさの共通なもの」であり、「ある量の第三のもの」である。だが、問題にすべきことは、第一に、この等式が何における等式であるのか、つまり二商品のどのような社会的属性における等置式であるのか、ということである。そして第二に、そのような社会的属性における等置式が成り立つための物的な根拠は、一体何であるのか、ということである。

上記二点の問いが枢要であり、等式におけるあれこれの具体的な量的規定性は、副次的な要素であるにすぎない。それゆえ、それらの量的規定性は、抽象化され一般化される必要がある。そこでわれわれは、「共通なもの」も「第三のもの」も、それ自体としては「具体的な量的規定性を剥がれたもの」、あるいは「具体的量的規定性が抽象化されて量一般に還元されたもの」としてあつかってきたのである。この点をあらためて確認した上で、検討作業に入ろう。

はじめに、等式の両項に置かれた商品の自然素材的側面とその商品に表わされた労働の自然的側面（具体的有用的側面）が捨象される。パラグラフ⑥に言う。

商品体の使用価値を問題にしないことにすれば、商品体に残るものは、一つの属性、すなわち労働生産物という属性だけである。しかし、この労働生産物も、われわれの気がつかないうちにすでに変えられている。労働生産物の使用価値を捨象するならば、それを使用価値にしている物体的な諸成分や諸形態をも捨象することになる。それは、もはや机や家や糸やその他の有用物ではない。労働生産物の感覚的性状はすべて消し去られている。それはまた、もはや指物労働や建築労働や紡績労働やその他の一定の生産的労働の生産物でもない。労働生産物の有用性といっしょに、労働生産物に表わされている労働の有用性は消

111

え去り、したがってまたこれらの労働のいろいろな具体的形態も消え去り、これらの労働はもはや互いに区別されることなく、すべてことごとく同じ人間労働に、抽象的人間労働に、還元されているのである。

　種類の異なる二つの労働生産物が商品として等置される。マルクスはまず、この等置式を成り立たせている物的な根拠を、量的規定性を抽象化・一般化することによって、〈質〉において捉えることを目指す。すると、両者は「同じ人間労働に、抽象的人間労働に、還元される」ことになる。労働の具体性・有用性が一切捨象されることによって、限界にまで剥がれた〈質〉でしかない抽象的人間労働が、等置式成立の根拠として存在することが導かれる。ここからマルクスは、「そこで今度はこれらの労働生産物に残っているものを考察してみよう」と続けて、パラグラフ⑦で次のように言う。

　それらに残っているものは、同じ幽霊のような対象性のほかになにもなく、無差別な人間労働の、すなわちその支出の形態にはかかわりのない人間労働力の支出の、ただの凝固物のほかにはなにもない。これらの物が表わしているのは、ただ、その生産に人間労働力が支出されており、人間労働が積み上げられているということだけである。このような、それらに共通な社会的実体の結晶として、これらの物は——諸価値なのである。[37]

　ここで言われている内容の検討に入る前に、「そこで今度はこれらの労働生産物に残っているものを考察してみよう」という言葉で語られている論理上の手続きは一体何なのか、を検討しておく必要がある。ここは何気なく素通りしてしまいがちなところである。だが、こうした論理上の手続きのうちに、唯物論に徹したマルクスの思考過程が鮮やかに現われているのだ。その思考の様態と過程とを厳密に捉えておかなければ、価値の実体たる抽象的人間労働と価値との関係、そして商品の価値を厳密かつ精確に捉えられない、という失敗を犯すこととなる。
　等式の根拠——等式の両項に置かれた労働生産物である二つの商品から自然素材と労働の自然的側面（具体的有用的側面）を捨象して得られるもの——は、〈質〉において究極にまで抽象化された人間労働である。労働の具体性・有用性が一切捨象された、〈質〉として限界にまで感性的なものを剥ぎ取られた、抽象

第Ⅲ章　人間語による分析世界としての『資本論』出だし部分の解読

的人間労働であった。

　ところで、具体的な量的規定性を剥ぎとられて量一般になり、その究極的な〈質〉において捉えられた、この「抽象的人間労働」なるものは、分析的思惟による抽象の結実として析出されたものである。それゆえ、析出されたままでは、物的な対象ではない。だがそれは、たんに思惟のうちに宿るだけのものでもない。それは確かに分析的思惟による抽象化の産物なのだが、しかし思惟のうちに閉じ込められたものではなく、等式成立の根拠として、あくまで対象（等置された二商品）の規定である。対象の内から析出されたものであり、対象に内在する何ものか、つまり等式成立の根拠を、まずその〈質〉において捉えたものである。

　だからマルクスは、それを対象の現実の在り方へと立ち返らせる。そのことをつうじて、対象である等置された二商品の規定性として、すなわち等式成立の物的根拠として、量一般を契機とする抽象的人間労働を確定するのである。つまり、二つの相異なる労働生産物を両項に置いた等置式から分析的に導き出した、抽象的人間労働という規定性を、対象の規定性として捉え直しているのである。その上で、抽象的人間労働が対象化されて表わされたものという属性を担う基体として、二つの労働生産物をあらためて措定し直すのである。アードルフ・ヴァーグナーへの批判として語られていた「「価値」も「交換価値」も」さらには価値の実体である抽象的人間労働もまた「私の場合には主体ではなく、商品が主体である」ということなのだ。スターリン主義派経済学は、このマルクスの論理的手続きをきちんと踏まえない。だからこそ、スターリン主義派経済学は、価値を抽象的人間労働に重ね合わせ、結局は、抽象的人間労働を価値だとする誤読にいたるのだ[38]。

　では、使用価値が捨象されたこれら二つの労働生産物は、一体いかなる物として存在しているだろうか。自然的属性の一切を捨象されたそれらの二つの物は、かの抽象的人間労働が「たんなる量」として——すなわち「量一般」として積み重なった物、抽象的人間労働がたんに「堆積」しただけの「凝固物」、すなわち、〈幽霊のような対象性〉でしかないものとしてのみ存在している。それらの物は、物的な対象性を持ってはいるものの、自然的属性をいっさい失っている。そのため、〈幽霊のような対象性〉しか残存していない物的対象なのである。そのようなものとして、これらの二つの物はそれぞれ価値なのである。

　ここで重要なことは、「幽霊のような対象性」というのは等置式の両項に置か

れた二つの労働生産物、ただし一切の自然的属性が捨象された結果としてのそれの「対象的規定性」だという点である。ところが、「価値そのものが幽霊のような対象性だ」とか、「抽象的人間労働が幽霊のような対象性しかもたないものだ」と捉えてしまう論者が少なからず存在する。こうした完全な誤読は、マルクスの叙述における主体、つまり過程を担う実有・基体が、あくまで商品であることを、的確かつ一貫して踏まえない粗雑な読みから生まれるのである。

　「幽霊のような対象性〔gespenstige Gegenständlichkeit〕」という規定性は、二つの「労働生産物に残っているもの〔das Residuum der Arbeitsprodukte〕」についての規定性である。すなわち、商品の自然的属性——商品の自然的素材性と対象化された労働の自然的側面（具体的有用的側面）——を捨象したときの残滓に対する規定性である。商品から自然的属性を捨象すると、商品はもはや抽象的人間労働のたんなる凝固物になっている。それゆえ、抽象的人間労働が〈幽霊のような対象性〉しかもたないものだと考えることはまったくの誤りではない、と考える人がいるかもしれない。だがしかし、ここで問題となっている抽象的人間労働は、一般的な意味でのそれではないことに、細心の注意を払わなければならない。マルクスの述べているものは、理論的思惟によって具体性を捨象したのち二つの労働生産物に残った凝固物としての、抽象的人間労働なのである。すなわち、過程の主体たるそれらの労働生産物の在り様としての抽象的人間労働なのである。そのことを踏まえれば明確に理解できるように、抽象的人間労働が〈幽霊のような対象性〉しかもたない、と言うのはまったくの誤りである。さらに、〈幽霊のような対象性〉を価値の規定性だと考えることもまた、まったく的外れであり、完全な誤謬である。価値それ自体は、あくまで商品の社会的属性である。主体・基体は商品であり、商品が抽象的人間労働の凝固物であるかぎりで、主体・基体たる商品が価値対象性をもつということなのだ。〈幽霊のような対象性〉は、二つの労働生産物を抽象化することによって残されたもの＝抽象的人間労働の凝固物の規定性にほかならない。つまり、「抽象的人間労働の凝固物」として、「一切の自然的属性を捨象された労働生産物」が存在するのだから、その規定性は、一切の自然的属性を捨象された労働生産物の規定性以外ではない。

　この点を、みごとなまでに誤読した例をあげておこう。

　ディヴィッド・ハーヴェイは「幽霊のような対象性」という句を含む先のマルクスの言明を引用した上で、次のように述べている。

第Ⅲ章　人間語による分析世界としての『資本論』出だし部分の解読

　何と簡明な一節であり、それでいて信じ難いほど圧縮された意味を持っていることだろう！　抽象的なものたる人間労働が「幽霊のような対象性」であるとすれば、どうすればわれわれはそれを見たり測ったりすることができるのだろうか？〔…〕／〔…〕すべての商品を通約可能にしているのは商品の価値であり、この価値は「幽霊のような対象性」として隠されていると同時に商品交換の過程を通過していく。このことは以下の問いを提起する。すなわち、価値は実際に「幽霊のような対象性」なのだろうか、それともそのように現われるだけなのだろうか？ [39]

　ほんの数行のうちに、あちらでは抽象的人間労働が、こちらでは価値が、「幽霊のような対象性」だと言われている。この「論理的瞬間移動」にはまったく驚くほかにない。マルクスが述べた意味とは根底から異なる意味で、ハーヴェイの説は「超感性的」であり、論理の絶対的外部に存在している。ハーヴェイは、価値として商品を捉えた場合のその商品、すなわち労働生産物であるその商品の、概念の内容を規定するものとして〈幽霊のような対象性〉を捉えることができていない。言い換えれば、その概念をたんなる気の効いた修飾的な用語としてしか捉え得ないのだ。「途方もなく圧縮された意味を持っている」、「何と簡明な一節」などという過剰表現にあてられて、われわれの方が顔から火が出そうである。似非論理を、無意味で非論理的で愚かな「称賛」によって、何かしら意義あるもののように偽装する妄説の端的な例といえよう。このようなハーヴェイによる『資本論』読解必携』が、いかなる世界へと読者を誘うか、言わずとも知れたことだろう。
　次に廣松渉を取り上げよう。

　「幽霊みたいな対象性」だから、そんなもの存在しないというのなら話が判るけれども、マルクスは「幽霊みたいな対象性」として価値が存在するということを肯定的・積極的に言うのだから、僕にはさっぱり判らんわけだ。 [40]

　博覧強記で知られ、ドイツ語にも深く通じている廣松がなぜこのような道化た罠に陥るのだろうか。じつは廣松は、「共通なもの」も「第三のもの」もともに

価値だと捉えているのであり[41)]、先に述べたが、「共通な第三者」なるマルクスの用いていない用語を創りあげて持論を展開している。彼のぶれた視軸から見れば、「幽霊みたいな対象性」は価値であるとともに、抽象的人間労働のことでもあるだろう。だからこそ「さっぱり判らんわけ」なのだ。

第 x 節　第二版・フランス語版のパラグラフ⑧、⑨の検討

　初版を書き換え、価値を交換価値から区分して厳密に導出する過程はここで終了する。結論として第二版のパラグラフ⑧でマルクスは次のように結論づける。

　諸商品の交換関係そのもののなかでは、商品の交換価値は、その使用価値にまったくかかわりのないものとしてわれわれの前に現われた。そこで、じっさいに労働生産物の使用価値を捨象してみれば、ちょうどいま規定されたとおりの労働生産物の価値が得られる。だから、商品の交換関係または交換価値のうちに現われる共通なものは、商品の価値なのである。

　上の叙述に対して、少し註釈を加えておきたい。先に述べた論理的手続きに関わることである。
　等置された異種の二つの労働生産物である商品から、使用価値を捨象すれば、抽象的人間労働が得られる。つまり商品を労働に還元するわけである。その上でマルクスの論は、再び、労働生産物である商品に立ち戻る。すると商品は、かの還元で得られた抽象的人間労働の凝固物として、価値である。この思考過程を結果において、商品を主語・基体として語るならば、「使用価値を捨象した商品は価値である」ということになる。つまり、マルクスがここで語っていることは、還元過程についてではないのだ。そうではなく、具体的有用性（使用価値）の捨象による還元の結果としての、商品に関してなのである。いままで見てきたように、思惟による捨象の過程、つまり還元過程に即して言えば、価値を導出するためには、それに先行して、価値実体である労働、すなわち抽象的人間労働を導き出す必要があった。したがって、商品から使用価値を捨象すると、まずは価値ではなく抽象的人間労働が導かれ、その上で価値が導出される。人間語による叙述過程は、このような序列でしかあり得ない。人間語の世界の線形性が、思考の論

理的過程およびその叙述過程に、時間順序＝前後関係を絶対的に要請するためである。だが、こうした要請にもとづく論理的厳密さは、人間語の世界の範囲内のことでしかない。商品語の〈場〉は、その範囲を超えて動いている。価値形態論の叙述箇所で、そのことが明らかになる。

ともあれ、何らかの労働生産物が価値であるのは、パラグラフ⑨にあるように、抽象的人間労働が対象化されているかぎりにおいてのことである。別言すれば、抽象的人間労働の凝固物であるかぎりにおいて、何らかの労働生産物は価値である、とはじめて社会に認められるのである。ただし、労働生産物そのものが、直接に、あるいは無媒介的に、価値として認められるのではない。交換関係において、交換を通じて、つまり交換価値として現われることを通じて、はじめて価値として認められるのである。

第xi節　〈価値―価値実体〉概念の一定の定立

以上の叙述過程を経て、価値の概念が定立された。価値はどこまでも抽象的な規定性であり、量の契機を含まない。価値の大きさはあくまで価値の実体である商品に表わされる抽象的人間労働の量によるのであり、そしてその量の〈尺度〉は社会的に必要な労働時間なのである。

価値としての商品は、抽象的人間労働の凝固物・「幽霊のような対象性」しかもたないもの以外ではない。労働生産物としての商品は、抽象的人間労働が堆積したものとして——抽象的人間労働のたんなる凝固物（「幽霊のような対象性」をもつもの）として——価値であった。この価値から抽象的人間労働が反省されると、抽象的人間労働は価値の実体である。

このようにして、価値および価値実体の概念が定立されたことになる。商品は、価値実体である商品に表わされた抽象的人間労働に物的に支えられたかぎりで、価値対象性を持つことになる。この商品の価値対象性に関して、マルクスは、第二版第1章第3節の価値形態論冒頭の第2パラグラフで、次のように述べている。

商品の価値対象性は、どうにもつかまえようのわからないしろものだ〔…〕。商品体の感覚的にがさがさとした対象性とは正反対に、商品の価値対象性には一原子の自然素材もはいっていない。それゆえ、ある一つの商品をどんなにい

じりまわしてみても、価値物としては相変わらずつかまえようがないのである。とはいえ、諸商品は、ただそれらが人間労働という同じ社会的な単位の諸表現であるかぎりでのみ価値対象性をもっているのだということ、したがって商品の価値対象性は純粋に社会的であるということを思い出すならば、価値対象性は商品と商品との社会的な関係のうちにしか現われえないということもまたおのずから明らかである。われわれも、じっさい、諸商品の交換価値または交換関係から出発して、そこに隠されている価値を追跡したのである。[42]

ここでマルクスは、価値対象性について純粋に社会的であると述べているわけだが、この商品の〈社会性〉が重大問題なのである。ここで述べられている〈社会性〉は、「一分子も自然素材は入っていない」と言う具合に、〈自然的―社会的〉関係における社会性として明示的に述べられている。しかしここでの〈社会性〉は、それだけにとどまらない。それは〈私的―社会的〉関係における社会性でもある。まさしくそのことが、価値形態論において明らかにされるのである。商品のもつ社会性、価値対象性のもつ社会性は、じつにこのような二重の社会性なのである。

だが、本章でこれまで追究してきた〈商品―価値―価値実体〉のもつ社会性、すなわち、第二版で言えば第１章第１節で論理的分析によって導出された社会性は、厳密に言えばあくまで〈自然的―社会的〉関係におけるそれにかぎられていた。すなわち、異種の二商品の等置関係から自然的諸規定が捨象されることによって得られた社会性である。だが、価値としての商品は、〈自然的―社会的〉関係における社会性だけでなく、〈私的―社会的〉関係における社会性をもつ。それゆえ、価値実体としての商品に表わされた抽象的人間労働もまた、この二重の社会性をもつ。そうであってはじめて価値の実体であり、かくして商品は価値対象性をもつのである。だがこれまでの議論では、積極的な概念規定としては、〈自然的―社会的〉関係における社会性だけが規定されていた。そのため、〈私的―社会的〉関係における社会性については、いまだ明示的には規定されてはいないのである。

〈私的―社会的〉関係における社会性は、商品をつくる労働の特殊歴史的規定性から出てくる。だが、これまでの議論においては、「私的諸労働が一体どのようにして社会的労働として認められるのか」という問いについては、明確に解か

れてはいない。

　どういうことか？　それは、二商品の等置関係が取り上げられたかぎりにおいて、二商品は互いに交換されるものとして社会性をもっている。この社会性によって、それら二商品のそれぞれに表わされたかぎりでの私的な抽象的人間労働が、社会的労働として認められていることが解る。だが、その事態が分析的に概念として示されたわけではない。むしろ陰伏的・仮言的に示されているにとどまっている。それゆえ、この事態を積極的に示すためには、異種の二商品の等置表現そのもの、つまり表現様式自体を捉える必要がある。これはまさしく価値形態論の課題なのだ。だから、価値も価値実体も、いまだ十全には概念規定されてはいないということになる。

　〈自然的―社会的〉関係における社会性は、自然的諸規定を捨象し、人間労働一般に還元することによって得られた。これに対して、〈私的―社会的〉関係における社会性については、抽象・還元によって得られるものではまったくない。私的諸規定が捨象されて社会性に還元される、などということは、決してあり得ない。これまで検討してきた『資本論』各版の当該部分では、この〈私的―社会的〉関係における社会性について、概念規定を与えてはいない。何となれば、〈私的―社会的〉関係における社会性は、論理的分析によって得られるものではないからである。

　〈私的―社会的〉関係における社会性は、価値形態論ではじめて厳密に規定される。つまり、商品語の〈場〉においてはじめて明らかになるのである。その前提となるのは、商品をつくる労働の特殊歴史的規定性にほかならない。第二版の第1章第2節によれば、「独立に行なわれていて互いに依存し合っていない私的諸労働」[43]――この特定の私的労働が、社会的労働に転化するのである。商品をつくる労働の特殊な歴史的規定性をうけて価値形態論は展開され、その帰結として〈私的―社会的〉関係における社会性が規定される。こうしてはじめて、価値も価値実体も十全に概念として定立されることになるのである。

　さて、『資本論』第二版においてマルクスは、異種の二商品の等置関係から価値を導出しようとした。だが、それ以前に、価値を物的に支える労働（商品に表わされた抽象的人間労働）を導出しなければならなかった。この複雑きわまる思考と判断の過程において、かの等置関係から自然的諸規定を捨象して、〈自然的―社会的〉関係における社会性を剔抉したわけである。まさにそうであるがゆえ

に、この思考・判断の過程によっては、価値も価値実体も、十全には概念規定されずに終わったのである。まさしくこの二重の宙づり状態が、『資本論』第二版の叙述上の混乱の基底に存している。

それではつづいて価値形態論にうつり、価値および価値実体の概念がどのように確定されるのかを見よう。だがその叙述部分は、これまでの人間語の世界とはまったく異次元の、商品語の〈場〉である。諸商品の語る商品語を〈聴き取り・註釈を加え・人間語に翻訳する〉という、マルクスによる、異様なまでの困難に満ちた、しかし精妙でみごとな作業を、われわれも辿ることになる。

註
1) 本書での主旨とは異なるため、重点的に論じることはしないが、マルクスの死からわずか3ヶ月後にエンゲルスは、マルクスの口述の遺言に則ってという理由をもって、『資本論』第三版の刊行準備に取りかかった。このことをめぐって、マルクスの次女ラウラ・ラファルグは、「パパはそんな遺言などのこすはずがない」と怒りをもって、エンゲルスを非難している(江夏美千穂『『資本論』中の引用文献にかんする研究』第三出版、2003年、p. 14。また、佐藤金三郎(と佐藤の遺志を引き継いだ伊東光晴)は『マルクス遺稿物語』岩波新書、1989年、pp. 36-42. で、マルクスの「遺言」をめぐるラウラとエンゲルスとの間の微妙なやりとりについて言及している)。ともあれ、その年末には、マルクスの自用本ドイツ語第二版およびフランス語版に書き込まれていた「資本の蓄積過程」に関する覚え書きを「改訂」の梃桿として、エンゲルスがフランス語版「当該箇所」の叙述をドイツ語に訳したもの(「…もしマルクスがやったならば、きっともっと手を入れ、またなめらかなフランス語を彼独自の簡潔なドイツ語によって置き換えたことだろう」、『資本論』第三版序言「第三版へ」(MEGA Ⅱ/8, S. 58.))を組み込んだ第三版が世に出ることとなったのである。
2) MEGA Ⅱ/6, S. 700.
3) MEGA Ⅱ/2, S. 128. 原文は、「das Geldsein Aller Waaren」である。ここでマルクスが「Geldsein」としているのは「Werthsein」との韻を踏んでの対比であろう。
4) マルクス自身は、初版本文価値形態論の末尾——物神性論のすぐ前——で、次のように述べているにもかかわらず、である。「〔…〕決定的に重要なことは、価値形態、価値実体、そして価値の大きさのあいだの関係を発見すること、すなわち、観念的に表現すれば、価値形態は価値概念にもとづいていることを論証することだったのである」(MEGA Ⅱ/5, S. 43.)。
5) 「〔…〕第1章、ことに商品の分析を収める節の理解は、もっとも困難であろう。〔…〕ブルジョア社会にとっては、労働生産物の商品形態または商品の価値形態が経済的な細胞形態である。素養のない者にとっては、この形態の分析は、

ただいたずらに細かい詮索をやっているように見える。〔…〕／それゆえ、価値形態にかんする部分を別とすれば、本書を難解だと言って非難することはできないであろう」（MEGA Ⅱ/5, S. 11-12.）

6) ebenda, S. 12.
7) ebenda. S. 11.
8) われわれは当然新 MEGA 第Ⅱ部のテキスト群およびそれらについての研究と論争、その進展と深化に注目し期待している。ただし、本稿が対象とする冒頭商品論に関して言えば、今までのところ多くの成果があげられたとは言えない。注目すべき大村泉・宮川彰編著『メガ (MEGA) の継続のために マルクスの現代的探究』（八朔社、1992 年）、大村泉『新 MEGA と《資本論》の成立』（八朔社、1998 年）でも、冒頭商品論に関しては突っ込んだ探究がなされているとは言い難い。だが、新 MEGA 第Ⅱ部のテキスト群を丹念に検証すれば、マルクス自身が、さらにはエンゲルスが、たんに価値形態論の箇所だけでなく実に多くの部分に改訂のための手を入れていることが判る。われわれは本章でわれわれ自身の解析結果を示した。なお、第三版刊行をめぐる遺族とエンゲルスとのあいだの齟齬については、本章の註 1) も参照のこと。
9) 現在、『賃金、価格、利潤』として知られるこのテキストの原題は、本文中にあるように「価値・価格および利潤」であった。このテキストは 1865 年 6 月 20 日および 27 日の国際労働者協会中央評議会において、オーウェン主義者ジョン・ウェストンの経済主義に対する批判として用意され口頭で報告された。マルクスの生前には公刊されなかったが、『資本論』第一巻初版の前半部の要約としてとらえることができる。
10) モスト『資本と労働——カール・マルクス著『資本論』のわかるダイジェスト』初版原本は西欧・両アメリカ・日本のどの研究機関にも、収蔵が確認できなかった。われわれが唯一確認できた読解可能なものは、東京大学経済学部図書館のディジタル・データである（フリーダウンロード可能）。しかし、原本が劣化した酸性紙で、古書店の言う「紙ヤケ」がひどい状態であることにくわえて、フラクトゥーア文字の質の低い活版印刷を、現在では低解像度といわれる程度で PDF 化したものであり、きわめて読みづらい。ちなみにモスト初版本での「商品と貨幣」の章は、価値形態論をまったく除外した、わずか 2 ページほどの叙述で終わっている。マルクスが激怒したのも、至極当然である。
11) MEGA Ⅱ/5, S. 17, MEGA Ⅱ/6, S. 69. この文章は強調箇所の有無を別として初版と第二版とでまったく同一である。
12) この一部は、Arendt, Hanna, "Karl Marx and the Tradition of Western Political Thought", in Social Research, Vol. 69, No. 2 (Summer 2002), pp. 275-319. として公刊されている。
13) モイシェ・ポストンは「価値と労働の廃絶」について、次のように縷々述べている。——「〔…〕マルクスによれば、価値に基づく生産形態の発展は、価値それ自体の歴史的否定を可能とする点に到達する道を拓く。〔…〕彼〔マルクス〕は価値を、すなわち、人間の労働時間の支出に拘束された富の一形態に、巨大な富を生産する近代の科学と技術の潜勢力を対照させる。価値は、自らが生み出した生産のシステムの潜勢力という観点からすれば、時代錯誤

のものとなる。そうした潜勢力の現実化は、価値の廃絶を必然的に引き起こすであろう」（Poston, Moishe, *Time, Labor, and Social Domination: A Reinterpretation of Marx's Critical Theory*, Cambridge, U. K., Cambridge University Press, 1993, p. 26.）、「マルクスにとって、資本主義の超克とは、富の社会的形態としての価値の廃絶を必然的に伴う」（*ibid.*, p. 27.）、「マルクスにとって、〔…〕価値および、資本主義における労働の特殊な性格の双方を廃絶することを、どのようにして必要とするのか」（*ibid.*, p. 35.）、「価値を超克することと、その事態に結合された抽象的な社会的諸関係とは、価値形成労働の超克と不可分だということを、必然的に伴なうものである。」（*ibid.*, p. 63.）、「マルクスの「労働価値説」の批判的機能は、〔…〕むしろ資本主義において労働によって果たされている社会的綜合の役割に対して歴史的批判を加えることで、労働の廃絶可能性を指し示すのである。」（*ibid.*, p. 198.）、「明らかに、資本主義的生産の発展についてのマルクスの説明は、価値とプロレタリアートの労働との廃絶が可能であることを、必然的に含んでいる」（*ibid.*, p. 360.）。このようなポストンの主張は、スターリン主義派に対するものとして意義がないわけではない。しかし、彼の言う「労働」は、生きた・流動状態の労働であるのか、対象化された労働であるのかが不分明である。この曖昧さのゆえに、商品に表わされたかぎりでの労働の二重性の概念、およびそこから反省されたものとしての生きた労働の二面性の概念についても曖昧である。その結果、スターリン主義派への批判は鋭さと深さに著しく欠けるものとなっている。こうした概念規定の曖昧さから、『ドイツ・イデオロギー』で述べられた「共産主義革命は、いままでの活動のあり方に狙いをつけ、労働を一掃し、あらゆる階級の支配を、階級そのものといっしょに廃棄する」（MEW, Bd, 3, S. 70）といった言明や、『経済学・哲学草稿』の「疎外された労働」に関する諸規定に無批判的に結び付けられる危険性をもち、ポストン自身がその危険性に身を委ねることとなっている。

14）*ibid.*, p. 24. ところで、ポストンの邦訳の訳者解説を書いている野尻英一はポストンが商品を主体として議論しているかのように解説しているが、これは誤読である。しかも、野尻は交換価値と価値との概念的区分を明確にしておらず、誤読の度合いをさらに深めている。かくしてせっかくのポストンの価値批判をスポイルしている。

15）*ibid.*, p. 25.

16）*ibid.*, p. 194. さらに、註13）に引用したものも参照のこと。

17）MEGA Ⅱ/5, S. 18 ; MEGA Ⅱ/6, S. 70. この文章は強調箇所の有無を別として、初版と第二版とで同一である。

18）原文対照表は、MEGA Ⅱ/5, S. 18, Z. 20 － S. 20, Z. 16.; MEGA Ⅱ/6, S. 70, Z. 27 － S. 72, Z. 39.; MEGA Ⅱ/7, S. 20, Z. 26 － S. 22, Z. 29. に当たる（註は省略した）。また、フランス語版の訳において、パラグラフ②における「このようないろいろな表現 ces expressions diverses」は、ドイツ語初版の「それの、このようないろいろな表現様式 diesen seinen vershieden Ausdrucksweisen」、ドイツ語第二版の「このようないろいろな表現様式 diesen vershieden Ausdrucksweisen」と比べれば瞭然たるように、「（諸）様式 mode(s) ; forme(s)」という語が欠落している。ちなみ

にエドワード・エイヴリングとサミュエル・ムーアらによる英語版第１巻（1887年）では ways of expression と「諸表現様式」となっている。この差異は、ラテン語族の特質によるものというよりも、フランス語版読者に出版者ラシャートル宛の手紙で書いたような精確さにもとづく煩雑な印象を避けた（「フランスの読者が〔…〕うんざりはしないか」（MEGA Ⅱ/7, S. 9.））のではないか。ドイツ語をフランス語に逐語訳した初版序文がフランス語版本文の前に置かれているが、そこでは「様式 forme」という語が多出していることから、そのような判断に一定の妥当性があると考える。

19) 価値規定の概念に関して、マルクスは「ドイツ労働者党綱領評註」（いわゆる「ゴータ綱領批判」、1875年）の中で詳細に述べている（MEGA Ⅰ/25, S. 11-16. を参照のこと）。価値規定は、いわゆる共産主義の第一段階において生産と労働の社会的分配を行なう際の基準を提供するものであり、直接的な労働時間によって計量化される直接的労働量を表わすものである。同「評註」でマルクスは言う。「それが等価物の交換であるかぎり、ここで支配しているのは、商品交換を規制するのとあきらかに同一の原則である。内容も形式も変化している。なぜなら、変化した事情のもとではだれも自分の労働のほかにはなにもあたえることができないし、また他方、個人的消費手段のほかにはなにも個人の所有に移りえないからである。しかし、個人的消費手段が個々の生産者のあいだに分配されるさいには、商品等価物の交換の場合と同じ原則が支配し、一つのかたちの労働が別のかたちの等しい量の労働と交換されるのである」（ebenda, S. 14.）。また、『資本論』第三部草稿の「生産過程の分析のために」と題された章の末尾で次のように書いている。「資本主義的生産様式が解消した後にも、社会的生産が保持されるかぎり、価値規定は、労働時間の規制やいろいろな生産部門のあいだへの社会的労働の配分、最後にそれに関する簿記が以前よりもいっそう重要になるという意味では、やはり有力に作用するのである」（MEGA Ⅱ/4-2, S. 871.）。

20) MEGA Ⅱ/8, S. 69.

21) 例えば、榎原均『『資本論』の復権――宇野経済学批判』（四季社発行・鹿砦社発売、1978年）に次の件がある。「マルクスが、一商品の諸交換価値が表現する「一つの同等なもの」を問題にする場合、諸商品が皆、一クォーターの小麦の交換価値であることから、小麦の多様な諸交換価値としての諸商品が、相互に同一の大きさをもつ交換価値であることを示すことによって、これらの諸商品が「一つの同等なもの」を表現しているとし、この「同等なもの」を、後で「同じ大きさをもつ或る共通者」＝「第三者」、すなわち、同等な人間労働、いいかえれば抽象的人間労働として分析し、結局、これを「価値の実体」として把握していること」云々（p.107）。このような誤読があるが、同書は宇野経済学批判としてはもちろん、『資本論』解釈の点でも抜きんでた水準にある。榎原『価値形態・物象化・物神性』（資本論研究会、1990年）とともに、われわれは当然これらを踏まえて新たな解釈を提示しているのである。

22) 大化3年（西暦647年）の「七色十三階冠」では、人臣最高位の大織（史上、藤原鎌足のみ）がつけた深紫色の衣冠から第6番目冠位の小紫がつけた浅紫色の衣冠が定められている（小島憲之／西宮一民／毛利正守／直木孝次郎／

蔵中進校注・訳『新編日本古典文学全集（4）日本書紀（3）』小学館、1998 年、p. 167.）。また、朝鮮半島三国の百済では古尓王 27 年（西暦 260 年）に「下令六品已上服紫、以銀花飾冠」とし、新羅では法興王 7 年（西暦 520 年）にはじめて服色制度を定めたさいに、「紫衣、阿飡至級飡」と高官位の衣の色を紫とした（武田佐知子『古代国家の形成と衣服制』吉川弘文館、1984 年、pp. 133-135.）。

23）MEGA Ⅱ/6, S. 80.
24）MEGA Ⅱ/6, S. 104-105.
25）MEGA Ⅱ/5, S. 46.
26）マルクスは『資本論』では「共通の（な）第三者」なる用語を使ってはいないが、ヨハン・モスト『資本と労働――カール・マルクス著『資本論』のわかるダイジェスト――』第二版（1876 年）ではこれに照応する表現をしている。ただ同書にマルクスの名前は一切出ておらず、マルクスの関与は公式に認められたものではない。しかしマルクスは、同書に対する改訂作業を相当のエネルギーを注いで行なったのであり（作業は 1875 年、改訂版の刊行は翌 1876 年）、しかも今日、どの部分がマルクス自身の手によるものなのかは明確になっている。マルクスはこの改訂作業について次のように述べている。「僕が改善の筆をくわえたモストの本を、同便で送る。僕の名前は出さなかった。名前を出すとなると、もっとたくさん直さなければならないだろうからだ（価値、貨幣、労賃、その他多くの問題で、僕は全文を没にして、自分の文章でおきかえなければならなかった）」（1876 年 6 月 14 日付のフリードリヒ・アードルフ・ゾルゲ宛手紙。MEW, Bd. 34, S. 183.）。自ら改訂したその書において、マルクスは次のように書いている。

Der Tauschwerth ist das Größenverhältniß, worin nützliche Dinge einander gleichgelten und daher miteinander austauschbar sind, z. B. 20 Ellen Leinwand =（gleich）1 Centner Eisen. Aber verschiedene Dinge sind nur vergleichbare Größen, wenn sie *gleichnamige* Größen sind, d.h. Vielfache oder Theile *derselben Einheit*, eines ihnen *Gemeinsamen*. Also können auch in unsrem Beispiel 20 Ellen Leinwnd nur gleich 1 Centner Eisen sein, sofern Leinwand und Eisen etwas Gemeinsames darstellen, wovon gerade so viel in 20 Ellen Leinwand steckt als in 1 Centner Eisen. Dies Dritte, beiden Gemeinsame, ist ihr *Werth*, welchen jedes der beiden Dinge, unabhängig vom andern, besitzt.Es folgt daher, daß der *Tauschwerth* der Waaren nur eine *Ausdrucksweise ihres Werthes* ist, nur die Form, die ihe Werthsein zum Vorschein bringt und so zur Vermittlung ihres wirklichen Austauschs dient.

交換価値は、有用な物がたがいに等しいものとして認められ、だからまたがいに交換されることができるときの両者の量的な比率です。たとえば、20 エレのリンネル＝ 1 ツェントナーの鉄 というのがそうです。しかし、違った物どうしが比べられることのできる量であるのは、ただ、どちらも同じ名称の量である場合、つまり同じ単位の、両者に共通なあるものの倍数ないしは分数である場合だけです。ですから、いま挙げた例で 20 エレのリンネルが 1 ツェントナーの鉄に等しいと言うことができるのも、ただ、リンネルと鉄のどちらも、なにか共通のものを表わしていて、この共通なものが、20 エレのリンネルにも 1 ツェントナーの鉄にも同じ量だけ潜んでいる場合だけです。

第Ⅲ章　人間語による分析世界としての『資本論』出だし部分の解読

両者に共通なこの第三者はそれらの価値ですが、両方の物はそれぞれ自分の価値をほかの物とは無関係にもっています。ですから、商品の交換価値は、商品の価値の表現様式でしかなく、商品が価値をもっていることを見えるようにし、そしてまた商品の実際の交換を仲立ちするのに役立つ形態でしかない、ということになります。(MEGA Ⅱ/8, S. 739. ヨハン・モスト原著 カール・マルクス加筆・改訂、大谷禎之介訳『マルクス自身の手による資本論入門』(大月書店、2009年) での大谷の訳 (pp. 33-34).)。

ここでマルクスは「Dies Dritte, beiden Geneinsame〔この第三者、両者に共通なもの〕」と「第三のもの」と「共通なもの」とを同格にし並置している（大谷は、この並置をそれとして訳していない）。「共通な第三者」という表現と比べると、等置表現としてはより強いものであると言える。この点はいま引用したところ全体に強く現われていて、「gleichnamige Größen (同じ名称の量)」とか「etwas Gemeinsames〔…〕, gerade so viel in 20 Ellen Leinwand steckt als in 1 Centner Eisen (なにか共通のものが〔…〕20エレのリンネルにも1ツェントナーの鉄にも同じ量だけ潜んでいる)」といった表現にもそれを見て取ることができる。「同じ名称」すなわち価値が量の契機を内在させ、双方に「共通なもの」として両者の中に「潜んでいる」というわけであるから、『資本論』のための入門書であるという当書の性格がはっきりと出ている。マルクスはこの改訂で、論理の精確さを犠牲にしてでも平易化を追求している。先に述べたように、この改訂版のための作業をマルクスは1875年に行なったが、それは、『資本論』第二版の刊行 (1872年〜1873年)、同フランス語版 (1872年〜1875年)、同ロシア語版のための作業、同英語版のための準備作業、等々を受けて、あるいはそれらと並行してなされたわけであった。この時期はパリ・コミューンの成立と敗北という巨大な歴史的現実を背景とするが、『資本論』が徐々に先進的労働者、活動家に受け入れられていく時期であり、マルクスは「平易化」を強く意識して遂行したのだと考えられる。だが、そのことによって見失われたことも少なくないと今日では考えることができる。ただ、本稿で詳細に検討してきた『資本論』の叙述上の「混乱」はたんに「平易化」だけによるものではないと考えられる。これについては本章第ⅵ節で述べた。マルクスによる〈リカードゥ—ベイリー〉批判との関係がある。

なお、本章註10) で述べたようにモストの『入門』初版の原本 (1873年) は、現在、マルクス研究で知られる世界のさまざまな研究機関にも収蔵されていない。散佚したというよりも、質の悪い酸性紙に印刷されていたうえ、少部数の発行であったため、劣化・分解したと考えてよいだろう。ただし、東京大学経済学部図書館のディジタル・アーカイヴ（一般貴重書）で解像度は低いが、画像をみることは可能である（資料番号：5509243431)。

27)　見田石介『資本論の方法Ⅰ　見田石介著作集第三巻』（大月書店、1976年、p. 34)、前掲廣松『資本論の哲学』(p. 50)、武田照信『価値形態と貨幣』(梓出版社、1982年、p. 159)、前掲榎原『資本論の復権』(p. 107)、吉原泰助「生産関係分析としての商品論」(『講座　資本論の研究2　資本論の分析（Ⅰ)』青木書店、1980年所収、p. 27)、白須五男『マルクス価値論の地平と原理』(広樹社、1991年、p. 16)、日山紀彦『「抽象的人間労働論」の哲学——二一世紀・マル

クス可能性の地平──』(御茶の水書房、2006 年、p. 98。ところで日山は「共通の第三者」でなく「共通の第三項」という用語を用いている)、などを参照のこと。また、最近のものとして宇野派につらなる小幡道昭『価値論批判』(弘文堂、2013 年) と、廣松の誠実な弟子・熊野純彦による大部の『マルクス資本論の思考』(せりか書房、2013 年) とを挙げることができる。小幡は、「『第三のもの』は、等式の左辺にも右辺にも同等に実存する『共通物』Gemeinsames なのである」(p. 20) とか、「共通の第三のものから、価値の実体としての抽象的人間労働にいたる一連の推論」(p. 27) などと、素朴な誤読の様態を開陳している。彼の著書では『資本論』はすべて大月書店版全集の現行版訳を引用しているにもかかわらず、「Marx〔1867〕」と表記し、加えて原著頁が MEW のものとなっている。このような姿勢は、MEGA の資本論各版および労作諸篇を資料批判した Zweite Abteilung (本書でわれわれが用いている諸テクスト) が刊行された後の学術書としてはあまりにテクストの取り扱い方が杜撰・粗雑である。一方、熊野はその著作において師・廣松とまったく同じ誤謬を犯している。彼は言う。「そのふたつの商品〔…〕のそれぞれのうちに、「おなじ量の共通なもの〔…〕」が、存在していなければならない。その共通なもの、ふたつの商品がともにそれへと「還元」される「第三のもの」は」云々 (pp. 45-46)。熊野もまた MEGA の成果を十全に活かしておらず、結果、廣松流解釈の護教者として振る舞ってしまっているのである。

28) 「共通なもの」も「第三のもの」も抽象的人間労働だと捉えるのはスターリン主義派のダヴィト・ヨヘレヴィチ・ローゼンベルグ (Розенберг, Д. И., Комментарии к первому тому „Капитала" К. Маркса, Первое издание, Л., Экономическом институте, 1931.)、見田石介 (前掲『資本論の方法Ⅰ　見田石介著作集』第三巻) 等であり、逆に両者を共に価値だと考えるのは、ソ連内異端派であったイサーク・イリイチ・ルービン (Рубин, И. И., Очерки по теории стоимости Маркса: с новым дополнением к статье "Ответ критикам", изд. 4-е., М.-Л., Государственное изд-во, 1930.) や廣松渉 (前掲『資本論の哲学』) 等である。また「共通なもの」と「第三のもの」を一方では共に価値、他方では共に抽象的人間労働と捉えるのは、K. フォーリー・ダンカン (Duncan, K. Foly, *Understanding Capital: Marx's Economic Theory*, Cambridge, MA., Harvard University Press, 1986.)、種瀬茂 (「第Ⅰ部　原典解説　第一編　商品および貨幣　第一章　商品　1　商品の二つの要因──使用価値と価値 (価値の実体、価値の大きさ)」『資本論体系 2　商品・貨幣』有斐閣、1984 年所収) 等である。

29) 対応する要素の数を一致させるだけのことであれば、例えば次のようにすれば良いだろう。ⓐ平面上の何らかの図形 (ただし面積が定義されるもの)、ⓑその面積、ⓒ何らかの測度 (例えばジョルダン測度)、ⓓそれに基づく積分表示。しかしこの例でも、量の契機の問題が大きな問題として残ることに変わりはなく、十分に適切な例とは言えない。いずれにしてもこのような例にこだわることは避けた方が良い。
ところで、この齟齬に気がつかないばかりか、称揚したあげく、途轍もなく抽象的に解する誤謬を犯している論者もいる。たとえば、ピエール・マシュレーである。彼はこう述べている。「この例は、概念規定における等式の役割

を明示するにちがいない。〔…〕面積の大小の問題は、面積の概念に関わる基本問題の一側面でしかない。面積自体の表現は、面積をもつ諸物の経験的多様性から出発する還元によっては得られない。〔…〕／〔…〕円の観念が中心でも円周でもないように、三角形の面積はそれ自体では三角形的ではない。〔…〕」（Machery, Pierre, "A propos du processus d'expasition du *CAPITAL*" dans Althusser, Louis, Jacques Rancière, et Pierre Macherey, *Lire* le Capital, tome 1, Paris, Maspero, 1965, pp. 244-5.）。「わかりやすくする」はずのマルクスの事例が、哲学的思弁の抽象的言説空間の中で、きりきり舞いをしている。マシュレーは、「初等幾何学からの一例」——われわれは問題だと考えているが——に、何か「深遠なるもの」を見つけようとせずに、率直に読んで考えればよかったのだ。

30) MEGA Ⅱ/5, S. 23, MEGA Ⅱ/6, S. 76. 初版と第二版ではまったく同一の文章である。
31) MEW, Bd. 19, S. 357-358.〔アードルフ・ヴァーグナー著『経済学教科書』への傍注〕。念の為、マルクスが引用しているヴァーグナーの著書から当該部分を引いておく。»Beider Werththeorieen haben doch keine nachhaltige Bedeutung erlangt, … Ungleich bedeutender ist die Werththorie von K. Marx, d. Kapital, S. 1 ff., der die gemeinsame gesellschaftliche Substanz des von ihm allein hier gemeinten Tauschwerths in der Arbeit, das Grössenmass des Tauschwerths in der gesellschaftlich nothwendigen Arbeitszeit findet.«, in Adolph Wagner, *Allgemeine oder theoretische Volkswirthschftslehre. Erster Theil. Grundlegung*, Zweite Auflage, Leipzig und Heidelberg, Schäffer-Poeschel Verlag, 1879, S. 45.
32) MEGA Ⅱ/6, S. 85. フランス語版では、「ロマンス語の valere, valer およびフランス語の valoir」となっている。MEGA Ⅱ/7, S. 35.
33) 1861-1863 年草稿でマルクスは〈リカードゥ―ベイリー〉批判を行なっている。MEGA Ⅱ/3-4. を参照のこと。
ところでマルクスは、〈リカードゥ―ベイリー〉批判を通じて、価値を交換価値からきちんと概念的に区分することの重要性を把握し、それを成し遂げることにとても苦労することになった。そしてそれがわれわれの指摘する叙述上の混乱をもたらしたのである。だが、エンゲルスはこのことの重要性・困難についてあまり自覚的ではなかったように思われる。というのは、『資本論』初版刊行 1 年後の 1868 年に執筆されたエンゲルスの『カール・マルクス『資本論』第一巻』（『『資本論』綱要』の名で知られているもの。MEW, Bd. 16）において、価値を交換価値からほぼまったく区分していないからである。そこでエンゲルスは、①「交換価値の共通の社会的実体である労働」、「交換価値のなかに対象化されている社会的に必要な労働時間」、「交換価値の実体は抽象的労働であり、交換価値の大きさは抽象的労働の時間の長さである」（以上いずれも、S. 245）、といった表現、つまりマルクスによる A. ヴァーグナー批判と同じ批判を受けざるをえない表現、②「商品が二面的なもの、すなわち使用価値および交換価値であるように」（ebenda, S. 245）、「商品は、みずからの使用価値によって交換価値を表示することはできず」（ebenda, S. 246）、といった厳密性に欠けた表現、③「交換価値の形態」（ebenda, S. 245）というまったく間違った表現、をしている。これらすべてにおいて「交換価値」は「価値」と変更されなければならないが、とりわけ③は問題である。交換価値という価値の形態の形態、というわけのわからない表現になっているからで

ある。マルクスの理論的作業のもっとも近くにいてそれこそ頻繁に意見交換し、ときにアドヴァイスし、間違いを正しさえしていた、かのエンゲルスでさえ、価値を交換価値から厳密に概念的に区分することのきわめて大きな意義をほとんど把握していなかったということである。これはやはり驚くべきことであり、つまりその課題はそれほどにまで困難なものであったしありつづけているということである。

34) MEGA Ⅱ/6, S. 109.
35) MEGA Ⅰ/25, S. 13.
36) MEGA Ⅰ/25, S. 15.
37) 当パラグラフの最後の文章末尾「— Werthe」の後に第三版では、「－ Waarenwerthe」が付加されている。MEGA Ⅱ/8によれば、第二版のマルクス自用本への書き込みにこれに関するものがあるので、マルクス自身による書き込みに基づいてエンゲルスが第三版で付加したということになる。概念を規定するものとしての「— Werthe」に対して、それを説明するものとして「— Waarenwerthe」が付加されたわけである。マルクスがほとんどの場合、たんにWerthと言い、Waarenwerthという言葉をほとんど使っていないことにここでは注意しておく必要がある（これもきわめてまれにしか用いてはいないが、der Werth einer Waare とか、Waaren-Werth という表現がある）。資本主義的生産様式が支配する社会における価値は商品価値以外になく、この価値に従来の一切の価値が集約され、それゆえ商品価値は単なる諸価値の一つにすぎないのではないということ、しかもそれは徹底して転倒したものであること、このことがマルクスの念頭にある。それゆえ商品価値に対する批判が根源的な価値批判であり、しかも新たな価値を創造する運動への一条件でもあるということである。この価値批判という点でマルクスは一貫しているのであって、概念としての「Werth」に対する説明的用語としての「Waarenwerth」との区分を明確にしておかなければならない。「Waarenwerth」の方が「Werth」よりも精確な概念規定であるというわけではないのである。
38) ソヴェト連邦科学アカデミー経済学研究所編『経済学』（いわゆる『経済学教科書』、1954年）は言う。「価値は、商品というかたちをとった、商品生産者の社会的労働である」（Академия наук СССР Институт экономики, Политическая экономия: учебник, М., Государственное изатеьство логической литературы, 1954, C. 66.）。また、スターリン主義経済学を批判し粛清されたイサーク・イリイチ・ルービンはこうしたスターリン主義派の見解を批判して言う。「もっとも通説的でまた広く流布している見解をとってみれば、〔…〕価値とは、ふつう、ある商品の生産に支出する必要のある労働と解される。〔…〕／このような通説的規定においては、ふつう、価値が労働によって規定されるのか、それとも、価値が労働それ自体なのか、必ずしも明らかではない。〔中略〕労働は価値と同一視してはならない。労働はただ価値の実体であるにすぎ」ない、と（Рубин, И. И., Очерки по теории стоимости Маркса: с новым дополнением к статье "Ответ критикам", изд. 4-е., М.-Л., Государственное изд-во, 1930, C. 97-98. 竹永進訳『マルクス価値論概説』法政大学出版局、1993年、pp. 103-104。強調は原文）。

39) Harvey, David, *A Companion to Marx's* Capital, London and New York, Verso, 2010, p. 18.
40) 前掲廣松『資本論の哲学』p. 53。
41) 同上、p. 50。ここで廣松は、「謂うところの「共通の第三者」たる「同じもの」を価値と呼ぶ」と述べている。
42) MEGA Ⅱ/6, S. 80.
43) MEGA Ⅱ/6, S. 75. 当引用は第1章第2節からのものであるが、同章第4節には次のような叙述がある。「およそ使用対象が商品になるのは、それらが互いに独立に営まれる私的諸労働の生産物であるからにほかならない。」（MEGA Ⅱ/6, S. 103.）、「互いに独立した私的諸労働の独特な社会的性格はそれらの労働の人間労働としての同等性にあるのであって、この社会的性格が労働生産物の価値性格の形態をとるのだということ」（MEGA Ⅱ/6, S. 105.）、「互いに独立に営まれながらしかも社会的分業の自然発生的な諸環として全面的に互いに依存しあう私的諸労働」云々（MEGA Ⅱ/6, S. 105-106.）。これらの引用からマルクスが、商品をつくる労働の特殊歴史的規定性を相互に独立して営まれる私的諸労働とし、その社会性が商品の価値性格として現われるとしていることがはっきりと解る。ところで、本文に引用したものと今引用した最後のものとを比べるとその相違の何たるかを考えざるを得ない。一方では「独立に行なわれていて互いに依存し合っていない私的労働」、他方は「互いに独立に営まれながらしかも社会的分業の自然発生的な諸環として全面的に互いに依存しあう私的諸労働」（以上の引用での下線は引用者）となっているのであるから。第二版の第2節のものは、初版からそのままとられたものである（MEGA Ⅱ/5, S. 22.）。第4節の前者は初版にそれに相当するものはない。第4節の後者は、初版の文章をほぼそのまま引き継いでいる（MEGA Ⅱ/5, S.46.）。それゆえ、初版の書き換え問題との絡みで考察しておく必要が生じる。結論を先に言えば、誤解を与えかねない表現になってはいるが双方ともこのままでよいとわれわれは考える。前者（第2節のもの）は社会的分業が商品生産の必要条件ではあるが十分条件ではないことが述べられた上でのものである。社会的分業体制に組み込まれたものである限りで相互に依存してはいるものの、あくまでも私的な労働として相互に独立していて直接的な・社会的意識的なものとしては依存関係にない労働、と言う具合に私的で共同的でない点を押し出しているわけである。他方の後者（第4節のもの）においては、相互に独立した私的労働でありながらも、その私的労働の社会性、つまり、価値法則が社会に貫徹することによって社会的分業体制の組み換えや変動が絶えず生み出されるという社会的総労働の在り様に主張の重点があるがゆえに、相互に依存しあった、という点が押し出されている。要するに重点の置き方に相違があるということにほかならない。

第Ⅳ章

商品語の〈場〉――価値形態

第 i 節　商品をつくる労働の特殊歴史的規定性について

　商品語の〈場〉の議論をはじめる前に、特殊歴史的規定性を受けた、商品をつくる労働について少し述べておきたい。
　商品をつくる特殊歴史的な労働は、相互に独立して営まれる私的諸労働であった。この私的労働の特有の社会性が、諸商品の等置関係・価値関係・交換関係において、現われ出てくる。だからこそ、私的労働が社会的労働として認められる過程は、価値形態論においてはじめて、明らかにされるのである。個々の商品をいくら分析してみても、それに表わされた労働は、あくまで私的労働であり、そのままではけっして社会的労働として認められることはない。だが、それがまさしく商品であるという事実は、それが他の商品と交換され得るということである。すなわち、当該商品に表わされた私的労働が、他の私的労働と交換され得るということにほかならない。それゆえ、この交換関係においてはじめて、商品に表わされた私的労働は、社会的労働として認められることになる。だからマルクスは、われわれが言うところの人間語による分析世界においても、きわめて用意周到に論理を展開するのである。まずマルクスは、相異なる任意の二商品を取り、その等置関係、つまり交換関係を分析し、価値と価値実体の概念をとりあえず定立した。もちろん、この段階での人間語による分析においてマルクスは、価値表現自体＝価値形態そのものを問題にしてはいない。その必然的帰結として、分析的抽象によって導き出された抽象的人間労働は、あくまで自然的諸規定・具体的有用

的諸規定を捨象したかぎりにおいて社会性をもつものであった。そのため、抽象的人間労働は、そのままでは、私的労働に対する社会的労働として認められたものとして把握されたわけではない。ただ、その分析的抽象化が、二商品の等置関係から、すなわち相互に交換され得るという社会関係から導かれたことによって、暗黙的な（implicit）含意として、その社会性が語られているのである。

　それでは、諸商品に表わされた私的諸労働が、現実的に社会的な労働として認められるのは、いかにしてか？　この問いは、上記の理由によって、等置関係・交換関係そのもの、換言すれば等置表現自体に立ち戻ることによってのみ、解かれることになる。

　商品に表わされた諸労働は、相互に独立して営まれる私的諸労働である。すなわち、社会的分業の自然発生的諸環として全面的に依存し合っており、かつ、交換によってはじめて社会的総労働の諸環としてそれぞれ実証されるがゆえに、相互に独立し直接には依存関係にない私的諸労働である。

　だからこそ人々にとっては、異種の二商品の等置において、異種の労働を労働一般＝抽象的人間労働として、自覚的に等置するなどということは不可能である。人々はその即自的世界にあって、二商品をただちに交換価値にするのである。その結果、異種の二商品の等置は、労働におけるそれではないことになる。じっさいには、この等置は、きわめて抽象的な価値における等置である。しかし、価値における等置ということさえ人々は無意識の内に行なうのであって、交換価値という具体的な量的関係に入るのである。

　価値形態論が必要になるのは、商品をつくる労働のこのような特殊歴史的な在り様による。リカードゥをはじめ古典派経済学は、この点をまったく把握していなかった。古典派経済学者たちは、商品を分析して労働を見出し、その「発見」によって商品の価値（実は商品の交換価値）を規定した。しかし、その労働の特殊な在り様について探究することがなかったのである。相互に独立して営まれる私的諸労働の生産物だけが相互に商品として関係するのであり、この私的な諸労働がどのようにして社会的労働として認められるようになるのかを、古典派経済学のもっとも優れた学者であるリカードゥでさえ、問うことがなかったのである。

　個々の商品を生産する労働は、あくまで私的諸労働である。それ自体は私的労働以外ではなく、私的諸労働であり続ける。ところが、そうした私的なものでしかない諸労働が対象化された労働生産物、別言すれば、私的諸労働の凝固体と

第Ⅳ章　商品語の〈場〉——価値形態

してのそれらの労働生産物が、商品として、すなわち価値として認められるのである。この事態は、解かれなければならない重大事である。なぜか？　商品として、すなわち価値として認められるということは、それらの私的な労働が社会的な労働として認められるということにほかならないからである。このことは要するに、ある任意の私的労働が、他の様々な種類の労働とも交換可能な社会性をもった労働として認められるということを意味している。私的労働が社会的労働に転化するわけである。現実において、これがいかにして可能であるのか——この問いがリカードゥにあってさえ問われなかったのである。

　では、リカードゥの学的探究は、結局のところ、どういうことであったのか。リカードゥは、商品の価値をそれに投下された労働によって規定されるものとして把握した。だが彼は、商品に投下された労働を、多くの商品の集合から、もしくはそれらの中から代表として抽出した単一の商品から、分析的に抽象化して析出したのである。そのため、リカードゥの価値概念（じっさいは交換価値概念）は、たんなる分析的な抽象概念にすぎない。しかも商品に投下された種々様々の具体的な私的諸労働を労働一般へと抽象化することで得られた概念なのである。それゆえにリカードゥの抽象化は、マルクスの分析的抽象化とは決定的に異なっている。

　マルクスの場合、代表として採られた異種の二商品の等置関係から分析的抽象化が行なわれている。この論理過程から得られた抽象的人間労働は、労働の自然的諸規定・具体的有用的諸規定が捨象されたものとして、明確に〈自然的—社会的〉関係における、社会性への抽象化が遂行されたものとしてあった。かくしてそれは、〈私的—社会的〉関係における社会性をも陰伏的に（implicit）含み込んだものとしてあった。これに対してリカードゥの場合は、多くの商品もしくは単一の商品に投下された諸労働の労働一般への抽象化が思惟抽象によって遂行されただけである。その結果、リカードゥの思惟によって得られた労働一般は、たんなる抽象的な観念像でしかない。その観念像は、〈自然的—社会的〉関係における社会性さえ含み込んではいない抽象概念であることは、あまりにも明白だ。このリカードゥの観念像が、〈私的—社会的〉関係における社会性からは切り離されたものであることは、言うを俟たない。

　それゆえリカードゥの場合、彼が得た観念像から社会的労働へと至る理路は存在しない。このような理論に対して、マルクスの場合は、再び異種の二商品の等

置関係に立ち戻り、その価値表現・表現様式を問題とすることによって、〈私的―社会的〉関係における社会性を捉えることができたのである。このことは、古典派経済学のリカードゥたちが、商品に表わされた労働を二重性において捉えることができなかったことと、みごとなまでに照応している。

　ところで、現実の商品世界にあっては貨幣が厳然として存在している。そして貨幣以外のすべての労働生産物が、貨幣との交換関係に入ることによって、商品として相互に交換されることとなっている。だから一見すると、ほかでもなく貨幣によってこそ、労働生産物は商品に転化するかのように見える。しかし、貨幣もまた、あくまで一つの特定の労働生産物であり、商品なのである。貨幣は特別の商品ではあるが、あくまで商品種類の一つである。この点を曖昧にし、ひいては貨幣もまた一商品であることを否定するあらゆる議論は、一個のドグマ的信条(クレド)に、無意識ながら自発的に繋囚されている。つまり「貨幣は貨幣であるがゆえに貨幣である」という信条にとらわれており、その命題を疑いもしないのである。つまりは、貨幣物神にどっぷりと浸りきった議論でしかない。かくして、特別の商品であるにもかかわらず一商品である貨幣が一体何であるのかを、貨幣を特権視して商品から除外するいっさいの議論は解くことができない。

　だが、ありとあらゆる商品群のなかから、特別の商品として、貨幣が析出され存在することになる根拠を論理的に問う必要がある。そしてそれは、「どのようにして、なぜ、何によって」商品は貨幣であるのかを問う、というマルクスが『資本論』で自らに課した課題に向き合うことなのだ。というのは、現実の貨幣の生成は決して純論理的に解き得るものではないのであって、純論理的には「すべての商品の貨幣存在」を解くことができるだけであり、これが貨幣析出とその存在の根拠だからである。

　つまりここでは、「任意の商品に表わされた私的労働が一体どのようにして社会的労働に転化するのか」、すなわち、「一体どのようにして、任意の一私的労働が、それ以外のどんな私的労働とも交換可能な形態を得るのか」という課題への解答が求められている。その解答を、純論理的に徹底して「すべての商品の貨幣存在」を解くことによって、まず与える。そしてその上で、論理的過程を超えた現実的な過程における転化の完成形態として、貨幣形態を捉える。こうした理論的作業が求められているのである。この一連の論理的追究の核心は、「すべての商品の貨幣存在」を解くこと以外ではない。この解明によってはじめて、根源的

第Ⅳ章　商品語の〈場〉――価値形態

に貨幣の秘密を明らかにすることができるのである。

　私的労働の社会的労働への転化を理論の世界において解くためには、議論を諸商品の等置関係・交換関係の〈場〉において展開しなければならない。少なくとも二商品の交換関係・等置関係が対象として措定されなければならない。なぜなら、〈私的―社会的〉関係における社会性は、分析的抽象化によって得られるものではないからである。言い換えれば、人間語による思惟抽象によって得られるものではないからである。

　それゆえ、マルクスが行なった作業とちょうど同じように、われわれも思考を進めていかなければならない。

　論理的探究の端緒において、異種の二商品の等置関係を代表として措定する。それをまずは分析的に抽象化して、抽象的人間労働をいったん導き、析出する。その上で、その等置関係にあらためて立ち戻り、その表現形態そのもの、つまり表現様式自体を取り上げる必要がある。

　もう少し詳細に述べておこう。

　分析的抽象化によって、いったん得られた抽象的概念を、諸商品の等置関係（価値関係）へと、まずは返すことが求められる。そして、諸商品の等置関係それ自体において、その抽象化が実現される過程に立ち戻り、分析的抽象化によって得られた、その概念を措定し直すのである。この作業によってはじめて、私的諸労働の社会的労働への転化の過程を捉えることができるのである。なぜならば、諸商品の等置関係そのものにおいて、すなわち価値表現それ自体において、したがって価値形態において、私的労働の社会的労働への転化が成し遂げられるからである。

　ここでは主体は人間ではない。諸商品の等置関係自体が、私的諸労働の社会的労働への転化を成し遂げるのである。それゆえ、人間語による思惟は、商品語の〈場〉に立ち向かい、その〈場〉の運動を看取し、商品語を「聴き取る」ことが絶対的・理論的要請として求められる。しかも、この私的労働の社会的労働への転化は、議論の先取りになるが、価値形態のもっとも原初的形態である形態Ⅰ（単純な価値形態）において、解明されなければならない。形態Ⅱ（展開された価値形態）においてでも、形態Ⅲ（一般的価値形態）においてでもない。

　なぜなら、どのような労働生産物でも商品になり得ること、どのような私的労働でも社会的労働に転化できること、すなわち、「すべての商品の貨幣存在」を

解き明かすことが求められているからである。ここで、もっとも原初的な価値形態（単純な価値形態）での解明が絶対的な必要性をもっていることを強調しておかなければならない。一般的価値形態における一般的等価形態にある一般的等価物はもちろん、形態Ⅱ（展開された価値形態）における相対的価値形態にある商品もすでに他のすべての商品と異なる特別な形態における商品になっているからである。それゆえ、形態Ⅰ（単純な価値形態）における等価形態にある商品、つまり相対的価値形態にある商品とだけ異なるものとして、どのような商品もその位置に座り得るその等価物こそが、貨幣の原基的・原初的形態であることが明らかにされなければならないのである。これが明らかにされることによって、価値形態—貨幣形態の秘密を暴き出すことができる。『資本論』初版で価値形態の秘密の解明はなされている。しかしそれは単純な思惟活動の結実ではない。繰り返すが、人間の分析的思惟、その抽象作用の単純な適用や駆使によっては、この秘密の解明はなしえないからである。商品が主体である世界を分析するためには、商品が「市民」として活動する世界を成り立たせている商品語（第二版ではじめて用いられる概念ではあるが）の〈場〉をこそ対象としなければならない[1]。

第ⅱ節　初版本文、初版付録、および第二版のそれぞれの価値形態論

　『資本論』の価値形態論には周知のように三つのヴァージョンがある。初版本文、初版付録、そして第二版の各価値形態論である。これら三つの価値形態論をどのように扱わなければならないであろうか。
　われわれは基本的に、初版本文テキストを主テキストとするべきだと考える。その上で、第二版を比較対照テキスト、さらに必要に応じて初版付録を参照テキストとすれば良いと判断している。三つのテキストの比較から、以下のことがわかる。
（1）初版本文には貨幣形態が含まれてはいない。だが、初版付録および第二版では、形態Ⅳとして貨幣形態が論じられている。しかも後二者はともに、一般的等価物としての完成形態である金を実例に用いて、貨幣形態が論じられている。
（2）初版本文の形態Ⅳは、形態Ⅱ（展開された価値形態）における相対的価値形態の位置にあるリンネル、形態Ⅲ（一般的価値形態）における一般的等

価形態の位置にあるリンネルに他のいかなる商品も代替し得ることを示したものである。しかし、この初版本文の形態Ⅳは、初版付録および第二版では省略されている。

(3) 初版本文は、相対的価値形態から見た価値形態論となっている。この論じ方は、形態Ⅰから形態Ⅲの名称がすべて「相対的価値の〔…〕形態」となっているところに如実に示されている。初版付録では、この観点はかなり弱くなっている。さらに第二版では相対的価値形態と等価形態の双方を全体として見るものとなっている。ここで「見る」というのはマルクスの学的・理論的思惟が「見る」のである。というのは、価値形態論では、あくまで商品語の〈場〉が問題であって、人間語の世界が問題ではないとはいえ、商品語を〈聴き取り・註釈し・翻訳する〉マルクスの学的・理論的思惟が介在しているのは当然だからである。

(4) 初版付録は非常に細かな区分・項目が立てられ、しかもそれらにそれぞれの内容を示す見出し等が付せられている。そのさい、各形態の最終小節のタイトルに、必ず「移行 Uebergang」という表現が用いられている[2]。さらに、マルクス自身がいみじくも述懐しているように、「田舎の学校教師風に説明する」体裁のものになっている。それゆえ、もっとも弁証法の論理が強く作用するはずの価値形態論であるにもかかわらず、形式論的理解を許容する危険性を内包している。

以上三つの価値形態論テキストの比較から、上述したように、①初版本文のものを主テキスト、②第二版のものを比較対照テキスト、③初版付録を補足・参照テキストとする。その理由は以下である。

価値形態論の課題は、まず何よりも、労働生産物がどのようにして現実的に商品になるのか（商品形態をとるのか）を示すことにある。そしてこのことは、「すべての商品の貨幣存在」を明らかにする、という理論的課題の解決にほかならない。

何らかの一労働生産物は、それと異なる種類の労働生産物たる商品との交換関係（価値関係である等置関係）に入ることによって、現実的に商品となる。つまり、他の異種の商品を等価物として（等価形態として）自分に等置し、自らはこの関係の中で相対的価値形態を取ることによって、自らを現実的に商品として示すのである。したがって、価値形態論の果たすべき課題からすれば、あくまで相

対的価値形態の方から見て、まずは論理的にあり得るすべての価値形態について、商品形態としての社会性の水準の低いものから高いものへと見ていくことが求められるのである。それゆえ、この理路から必然的に導かれる叙述の結実は、一般的価値形態——純論理的に措定した場合の最高の価値形態——における一般的等価物に、あらゆる商品が位置できることを示すことである。この理論的課題の解決が、「すべての商品の貨幣存在」を解くことであることは言うまでもない。

これらの点から言って、初版本文の価値形態論こそが、他の二つのもの——初版付録と第二版の価値形態論——に対して、論理上の優位性を占めていることが判る。初版本文の価値形態論は、相対的価値形態から一貫して見たものとなっており、かつまた、「形態Ⅳ」として、一般的価値形態における一般的等価物の位置に、任意の商品が位置し得ることが示されているからである。さらに、価値形態論で貨幣形態について解いていないことも、初版本文の価値形態論が、他の二つのテキストに対して、論理的に優位性をもっていることをはっきりと示している。

詳しく述べておこう。

三つの価値形態論のいずれもが、第三の価値形態として、一般的価値形態を取り上げている。だが、ここで一般的等価形態に位置する一般的等価物たる一商品が、貨幣商品としての金に転化・固定化する事態は、純粋に論理的に解き得ることでは、決してない。なぜならば、その事態は、現実的な歴史的諸過程に拠るものだからである。あらゆる商品が一般的等価物になり得ることを論理的に解き明かす——これこそが「すべての商品の貨幣存在」を明らかにすることなのである。それがすなわち、貨幣の秘密を解くことであり、初版本文はその課題を果している。しかし、他の二つの価値形態論は、貨幣の秘密の解明としての「すべての商品の貨幣存在」をあらためて確認しないままに、貨幣形態について述べてしまっている。十全な論理的展開を欠いたものと言うべきだろう。

特定の商品である金に一般的等価物が固着する過程は、純粋な論理によっては解き得ない。貨幣金の人間世界への登場は、現実的な歴史過程によるが、これは交換過程論の課題なのである。

ここで注意を払うべき焦点は、三つのテキストにおける論理の流れである。初版本文は、価値形態論から交換過程論への接続がきわめて論理的で無理なくなされている。これに対して、初版付録および第二版では、価値形態論において、貨

第Ⅳ章　商品語の〈場〉——価値形態

幣形態についても解いてしまっている。しかも貨幣形態を価値形態論で解いたにもかかわらず、交換過程論は、初版からの書き換えをほとんど行なっていない（核心部分では、まったく書き換えがなされてはいない）。その結果、価値形態論から交換過程論への論理的接続に、無理が生じている。

以上の諸点から、価値形態論については、初版本文を主テキストとしなければならないことがわかる。しかしながら、初版本文の価値形態論にも欠陥がないわけではない。先に指摘したように、初版では、冒頭商品論出だし部分において、価値を前提にして、あるいは仮言的に措いて、論が展開されていた。価値がア・プリオリに措かれているという初版の叙述が、価値形態論においても影響をおよぼしている。諸商品が商品語で語る事柄を、〈聴き取り・人間語に翻訳し・註釈を加える〉という作業は、あくまで人間語の世界におけるものである。この面で、価値が人間語において分析的に導出されず、仮言的に措かれてしまっている叙述は、論理の緻密さが欠けている、と言わざるを得ない。また叙述の丁寧さなどの点では、明らかに第二版の方が優れているところがある。こうした初版本文の価値形態論の欠陥は、いわゆる「廻り道」の議論（後に詳述する）にはっきりと現われている。この点に留意しつつ、以下、初版本文を主テキストとして考察していく。

次いで、第二版と初版付録の扱いに関して述べておかなければならない。両者は共に、初版本文の価値形態Ⅳを捨て、形態Ⅳを貨幣形態としている。最後の形態である形態Ⅳを貨幣形態にすることによって、形態Ⅰ（単純な価値形態）から形態Ⅳ（貨幣形態）へと至る価値形態の発展という筋道が敷かれたことになったわけである。その結果として、価値形態論全体が、貨幣の必然性とその生成を解くという究極目標（テロス）をもつものとなった。この目的論的叙述という点では、初版付録よりも第二版の方がはるかに徹底している。第二版では、形態Ⅰから形態Ⅳの発展が歴史的過程として、きわめてわかりやすく描き出されている。これに対して初版付録は、歴史的発展過程という一貫した叙述様式をそなえていない。初版付録価値形態論は、歴史的叙述という方式を採用していないがゆえに、貨幣形態自体の扱いに、第二版でみられるような重点が置かれているとは言えない。また、文献学的事実として、初版付録はそもそも、マルクスがエンゲルスやクーゲルマンらの指摘を受けて書いた、本文に対する「田舎の学校教師風の解説」の「付け加え」にほかならない。初版付録での叙述の重点は、何よりもまず、本文読解の

困難さをやわらげ、平易化するところにあったのである（以上の詳細な分析は、第Ⅴ章で行なう）。こうして、初版本文と第二版とが対極的な位置にあり、初版付録がその中間に位置するということがわかる。

　以上からわれわれは、第二版を初版本文に対する比較対照テキストとし、初版付録を参照テキストとする[3]。

第ⅲ節　価値形態論の枠組

　ここでは、価値形態論の枠組について、初版本文にそくして確認をしておきたい。

　初版本文では、形態Ⅰから形態Ⅱ、形態Ⅲと、質の異なる三つの形態が順に論じられている。すなわち、社会性の水準の低い方から高い方へと取り上げられている。その上で、形態ⅡおよびⅢに関して補完的に、形態Ⅳなるものが取り上げられる。ただしこの形態Ⅳは、それまでの三つの形態と同列に扱うわけにはいかないものである。なぜならば、形態ⅡおよびⅢにおける議論のうちに、論理的には形態Ⅳの内容がすでに含まれているからである。形態Ⅰ、Ⅱ、Ⅲと質の異なる「新たな形態」として、形態Ⅳがあるわけではない。マルクスは、強調のために形態Ⅳとして、敢えて問題にしたのである。この「形態Ⅳ」をわざわざ措いたのは、価値形態論の課題から要請された結果である。その課題は、労働生産物がいかにして現実的に商品になるのかを解くところにある。言い換えれば、「どのようにして、なぜ、何によって商品は貨幣であるのか」、つまり「すべての商品の貨幣存在」を解くところに、価値形態論の課題があるからである。形態Ⅳという表現をわざわざ与えることを介して、その課題と解決とを、マルクスは強調したわけである。価値形態論のかかる核心において、初版本文は、形態Ⅳを貨幣形態とした初版付録および第二版と著しい対照・対立をなしている。初版本文の価値形態論が、初版付録および第二版以降の価値形態論に対して、論理的にはるかに優位にあることが、ここに鮮やかに示されている。

　この論理的優位性は、価値形態論で取り上げられる諸商品の等置式が、冒頭商品論出だし部分の等置式とどのように対応し、かつどのように異なったものであるのか、を解く点にも明確に示される。その対応と異同は、初版本文価値形態論では、論理的にまったく遺漏なく整合的に示されている。ところが、これに対し

第Ⅳ章　商品語の〈場〉——価値形態

て、初版付録および第二版の各価値形態論は、論理的に瑕疵がある。つまり、不整合的なものになっているのである。これらの諸点については、次節以降で詳しく述べることになる。

　以上に述べてきた価値形態論の枠組、およびその点での初版本文価値形態論の論理的優位性については、次のように考えるとより鮮明になるであろう。

　対象として、ある一定の社会を考える。これはもちろんマルクスが『資本論』冒頭ではっきりと表明しているように、資本主義的生産様式が支配する社会の一つである。あくまで資本主義的生産様式が支配する社会であることを必要条件として、その社会における一定の時期の商品全体の集合 W を考える。

　集合を考える場合、それが well-defined であることが強く要請される。そのことはすなわち、集合を作るための要素がまずもって well-defined でなければならないということである。この点から言って、今の例では、要素としての商品を、①労働生産物であること、②物々交換でも贈与交換でもない交換に供されるものであること——この二点をみたすものとして定義することが重要である。

　細かな点を問題にすればこれだけではもちろん曖昧さが残る。例えば、諸商品は、かならず運動する過程の内にある。つまり、生産過程やあるいは消費過程の運動を考えなければならない。それらの運動を考慮すると、「一定の時期」と条件を付したとしても、生産過程の中で商品化しつつある労働生産物や、消費過程の中で消滅しつつある商品をどう扱うのか、を決定しなければならない。また、石油や水などの液体や、酸素や水素といった種々の気体などを、どのようにして一要素とするのかといった問題もある。

　しかしこれらも何らかの容器や貯蔵設備、あるいは単位期間中の出荷量などを適切に判断し決定すれば、かならず商品としての一要素を決定しうる。さらに、いわゆる非物質的労働生産物（医師、弁護士、あれこれの教員、音楽家、宗教家、等々の職能や資質の表出としてとしてある商品）などのように要素化するのかという問題もある。だがこれらも時間などを適切に単位として取れば、かならず要素化しうる。ともあれ、種々のそうした細かな諸点も適切な判断によって処理しうるものと考えることができる。

　これは、現実の資本主義的生産様式が支配する社会にあってはかならず、そうした労働生産物もすべて適切な単位が設定され、価格付けがなされている現実から、明らかであろう。それゆえ、先の前提条件、すなわち、あくまで資本主義的

生産様式が支配する社会において、かつ当該社会の一定の時期を取り上げるという前提条件の下で、上に述べた①、②の定義にしたがって、商品全体の集合を作るのである[4]。

だがここで、上記の定義②に関しては直ちに疑義が提出されるかもしれない。すなわち定義②は、「商品とは商品交換に供されるものである」というトートロジーとしか言えないものではないか、という疑義である。たしかに一見したところ、そのように見えるかもしれない。だが、決してそうではない。なぜか？ 定義②は「物々交換でも贈与交換でもない交換」と否定的に規定された定義である。この否定的規定が、その後の議論の展開全体によって肯定的な規定として確定するのである。

ちなみに、物々交換、贈与交換、商品交換を歴史的な発展という観点から概念規定することは絶対にできない。資本主義的生産様式が支配する今日の社会においても、単純な物々交換でさえ存在しうる。しかも、それらの交換の三つの形態は、それぞれが概念として独立なものである。概念としての独立性が存在する以上、このような否定的規定による定義から出発する以外、途はない。

数学世界におけるどのような公理系でも、定義はまずは implicit に措かれる。その後の議論全体によって、それが explicit なものとして確定するものである[5]。このような論理上の規定性にわれわれの定義②も対応しているのである。これは人間語の世界が論理の形式において完全なものではない、つまり論理的に閉じたものではないことを示している。第1章第ⅰ節および第ⅱ節で述べたことだが、人間語の世界は対象世界（─自然・社会）に向かって〈口〉を開き、それによって対象世界の非可算無限性を呼吸するものである。そのことを、人間の論理がもつ〈開かれ〉は表現しているのである。

ともあれ、このようにして集合 W が作られうる。かくして、以下の点が鮮明になる。

まず第一に、集合 W の要素である諸商品は、対象とされる資本主義的生産様式が支配する社会の内で生産された諸商品である。それゆえ、それらの諸商品のうちには、独立小商品生産者の生産物である諸商品も、資本主義的生産様式の下にある機械制大工業によって生産された諸商品も、ひとしく含まれるということである。もちろん、主要な商品、また量的にもほとんどすべての商品は、資本主義的生産様式の下で生産されたものである。だが集合 W の要素としては、単純

第Ⅳ章　商品語の〈場〉——価値形態

商品も資本主義的商品も区別されない。この無差別性は、ここではきわめて重要な論理的要請である。この点から言って、冒頭商品論の商品に対する規定をめぐる従来の多くの議論や論争は、思想史的・運動史的な面を除くと、無力で不毛なものであったことが判る。すなわち、単純商品であるか資本主義的商品であるのかという周知の論争は、『資本論』冒頭商品論を解読する上での意義をもたないことがはっきりする。ここでおさえておくべきことは、資本主義的生産様式が支配する一社会の商品全体を考え、その集合を作るというだけのことである。

　第二に、労働生産物ではない一切のもの、すなわち価値をもたない一切のものは、集合 W に含まれない。価値をもたないが、しかし価格をもって擬制的に商品形態をとるものは、たしかに存在している。例えば、ある条件の下での良心や名誉、大義などといった「高尚な」ものも擬制的に商品形態を取りうる。だが、それらは集合 W の要素にはなりえない。同様に、商品化した資本である利子生み資本、その形態をとって運動するあらゆる架空資本（種々の債権・証券などや、いわゆる金融デリヴァティヴ等々）もまた、労働生産物ではないことから、集合 W の要素とはならない。

　第三に、交換に供することを目的としない労働生産物の一切も、集合 W の要素とはならない。例えば、日曜大工の結実などの一切である。

　さらに第四に——これがここではきわめて重要な点だが——、貨幣は貨幣としては、集合 W の要素ではない。それ自体が商品として存在する、金の延棒や、あれこれの鋳貨などは、あくまで商品として集合 W の要素となりうる。だが、貨幣としては、要素にはけっしてならない。集合の要素は、要素の定義において同質でなければならず、定義に新たな条件を付加してえられる要素を混入させてはならないからである（そういうものが混在すればその集合は集合として成り立たない）。

　最後に、集合 W は、要素である各商品の所有者とはまったく無関係に作られるものである。ましてや「商品所有者の欲望」なるものは、完全に別次元のものであり、「商品所有者の欲望」と集合 W とは、いっさい没交渉である。

　さて、冒頭商品論の出だし部分（第二版以降で言えば第 1 章第 1 節）の議論では、集合 W から任意の商品が一つ選ばれる。これが他の様々な商品と、量の規定を適当に処理することによって、互いに交換されうることが、各要素の定義から示される。かくして、この関係に現われている交換価値を分析するために、あ

らためて任意の異種の二商品 a、b という要素を取るということになる。そうすると、これら二商品は、ここでもそれぞれ数量を適当に都合すれば、定義によって必ず相互に交換されうるものとして等置される。当然ながら、ここでの等置式：a＝b の左右両項は交換可能である。つまり数学の等式と同じである。だがここで注意しなければならないのは、交換されうるものとして等置されるからといって、現実に交換が行なわれるのかどうかはまったく問題になっていないという点である。あくまで相互に交換が可能であるということを示した等置式なのである。この等置式をマルクスは人間語によって論理的に分析していくわけである。

　こうして等置式の表面に現われ出ている交換価値を論理的に分析することによって、この等置を可能にする物的な根拠として、相互の商品に表わされた抽象的人間労働が論理的に析出される。この抽象的人間労働の凝固物として、双方の労働生産物は価値であり、かくして等置が価値におけるものであると、論理的分析的に人間語によって明らかにされる。

　ところで、言うまでもないことだが、これまでの議論で取り上げられている等置式は、決して物々交換ではない。商品の、商品としての、等置である。商品交換の歴史的な発展過程は、ここではまったく議論の外にある。このことは、価値形態論においても、当然ながらあてはまる。価値形態の諸形態を、物々交換もしくはそれに近似されるものを出発とする、交換の歴史的な発展過程に照応させる議論は、完全に誤った議論である。

　ここで議論を本筋に戻そう。

　これから問題にする価値形態論における等置式は何か。それは、集合 W を作る要素の定義を、したがって集合 W の現実性を、今一度あらためて問い直すためのものである。つまり、集合 W は一社会の商品全体の集合であった。だが、労働生産物が商品であるとは一体どういうことなのか、すなわち、労働生産物が一体どのようにして現実的に商品になるのか。このことを問題にするのである。したがって、集合 W から価値形態に対応する新たな集合を作りうるか、作りうると措いた場合にどのような集合が可能なのか、が問題となる。こうして交換されうるとして作られる諸々の等置式、あらゆる交換の表現様式が問題とされる。

　だからここでは、人間語による論理的分析という方法は有効ではない。諸商品自身の関係そのものの解明、すなわち、その関係自体において諸商品が語る商品語を〈聴き取り・人間語に翻訳し・註釈を加える〉作業が問われるのである。

第Ⅳ章　商品語の〈場〉——価値形態

　集合 W から任意の要素 a を取る。要素 a は自分が商品であることを示すために、自分と異なる任意の要素 b を自分に等置する。量の規定性を適切に配慮すれば、等置式：a＝b ができる。この等置式の設定は、量の規定性への適切な配慮によるのだから、かならず可能である。ここでは、等置式が作られた在り方からして、式の両項は交換されえない。つまり、ここでの等置式は数学の等式とは、まったく異なる。冒頭商品論出だしの等置式が、数学の等式と同じであるのと対照的に、価値形態論における等置式は、数学における等式と同じではないということである。ここからマルクスは商品語の〈場〉に耳を澄ますことになる。

　ところでここでは、先と同様に、諸商品のそれぞれの所有者、またその欲望などはまったく問題にならない。商品であるとはどういうことなのかが問題にされているのであり、実際に交換が行なわれること、実際の交換とは何であるのかは全然問題になっていないからである。だから、価値形態論には商品所有者とその欲望が不可欠だとする宇野弘蔵らによる議論や、価値形態論に商品交換の当事主体が不可欠であるとする廣松渉らの議論は、まったく見当違いなものでしかない。

　またさらに、集合 W においては、貨幣商品はあくまで単なる商品としての資格で要素であるに過ぎず、貨幣として要素であるのではない。それゆえに、価値形態論では、貨幣は貨幣として登場することはない。このことから導かれるのは、形態Ⅰ、Ⅱ、Ⅲという価値形態と同じ位相で貨幣形態を考えることは、決してできないという帰結である。形態Ⅰ・Ⅱ・Ⅲと貨幣形態とは、位相をまったく異にする。だから、初版本文の価値形態論は、商品語の〈聴き取り・人間語に翻訳し・註釈を加える〉理論作業として、まったく正しい枠組をもっている。これに対して、初版付録と第二版、これを引き継いだ第三版・第四版は人間語の世界に引きずられ、価値形態論として自立性を喪失している。つまり、論理上の破綻をきたしている。なぜならば、形態Ⅳが貨幣形態とされることを介して、同じ位相であつかうことができない貨幣が、混入して論じられているからである。集合 W が壊されているのである。

　このように見てくれば、集合 W から価値形態に関して新たに三つの集合が作りうること、しかもその三つのみであることが解る。価値表現を問題にする価値形態論では、集合 W からある部分集合をつくり、そこから新たに、三つの価値形態に対応する三つの集合が、しかもただその三つのみが作られることになると言える。

理路は以下のとおりである。
　まず、集合 W から次の部分集合を作る。W には同じ種類の商品がそれぞれ複数個含まれているので、各種類毎に同種の商品を一つの集合にして W を部分集合に分ける。これが n 個の部分集合になったとして、これらからそれぞれ代表元（代表として取られる 1 個の要素）を取って、ありうる価値形態に対応する新たな集合を作るのである。
　第一に、交換可能ではない a = b という形態がある。この形態Ⅰに対しては、n 個の部分集合からそれぞれ 1 個の代表元を取り、等置式が交換可能ではないので、2 個の順列の組を要素とする集合を作ることになる。2 個の要素の組では、一方が相対的価値形態（等置式左項）に、他方が等価形態（等置式右項）にと、それぞれ異なった（しかし交換関係たる等置関係で結ばれた）場に位置することになる。それゆえ、n 個から 2 個取って順列を作る $n(n-1)$ 個の要素からなる集合が作られるわけである。ここでは、a = b と b = a とは区別されるが、価値の形態としては同一なので、異なる要素として同じ集合に属する。
　第二に、社会性の水準がより高まった形態Ⅱに対応する、新たな集合が考えられうる。相対的価値形態の位置にただ一つの商品が座り、その商品と異なる種類の商品すべてが等価形態に位置する形態である。n 個の部分集合から任意に一つの部分集合を取って、その代表元を考える。これが形態Ⅱにおける相対的価値形態にただ一つ位置する商品である。これに等置される商品を残り $(n-1)$ 個の部分集合からそれぞれ代表元を取って $(n-1)$ 個の等置式を作る。それら $(n-1)$ 個の等置式全体からなる集合を一つの要素と考えると、相対的価値形態に位置しうるものが n 個あるので、結局 n 個の集合を要素とする集合を作ることができる。これが形態Ⅱに対応する集合である。
　ここで、各等置式において左右両項を交換したものを考えると、ここでは形態Ⅰと違って形態として異なるものになる。かくして形態Ⅲに対応する新たな集合を考えることができる。この形態Ⅲに対応する新たな集合は、形態Ⅱに対応する集合の各要素である集合において、等置関係をすべて逆にした $(n-1)$ 個の等置式を要素とする n 個の集合を要素として含むもののことである。各要素は、等価形態の位置にはただ一つの商品が位置し、相対的価値形態に $(n-1)$ 個の商品が位置する計 $(n-1)$ 個の等置式からなる集合である。等価形態に位置しうる商品が n 個あることから、n 個の集合を要素とする集合がつくられる、ということで

第Ⅳ章　商品語の〈場〉——価値形態

ある。

　価値形態を規定する契機は、相対的価値形態と等価形態という二つであるから、価値形態としては以上の三つ以外にはない。価値の表現、価値形態としてはこの三つが必要かつ十分なものである。つまり質を異にする価値の形態としてはこの三つであり、これ以上でも以下でもない。

　初版本文の形態Ⅳに対応するものは上の三つの集合のうちに含まれており、形態Ⅳに対応する集合が存在するわけではない。繰り返すが、貨幣形態がここに登場することは決してありえない。

　価値形態には、三つがあり、三つにかぎられるということは、いま見てきた三つの集合だけが作られうる、ということに照応している。

　さらに、次のことにも注意が必要である。価値形態、価値の表現様式という点からすれば、たんに三つの形態区分があるだけである。これら三つの形態の間に、転化や移行、発展などがあるわけではないのである。社会性の水準という点で三つの形態の間に、差異は存在する。だが、形態Ⅰから形態Ⅱをへて形態Ⅲへといたる、「発展」・「転化」・「移行」などは、決してない。われわれは、そこに「弁証法的発展」を「発見」する試みが何度となく繰り返されたことを知っている。だがそれは、マルクスと「弁証法なるもの」とを結び付けた神話のなせる業であった。『資本論』初版本文の価値形態論を、虚心坦懐に、そして合理的・学的に読んでみればよい。「弁証法的発展」を見出そうとするような取り組みは、試験管に入れた精液の中に人間のミクロな姿体を「化学」の探究として見出そうとした試みの無様な戯画のようなものである[6]。

　ところで、上の三つの価値形態に照応する三つの集合においては、各要素は量の具体的な規定性が量一般に抽象化されている。これは第二版においてマルクスが述べた注意、すなわち、「一商品の単純な価値表現が二つの商品の価値関係のうちにどのようにひそんでいるかを見つけ出すためには、この価値関係をさしあたりまずその量的な面からはまったくかかわりなしに考察しなければならない」[7]という点に対応した処置である。ただわれわれは、この処置を単純な価値形態においてだけでなく、展開された価値形態にも、一般的な価値形態においても適用した。なぜなら、価値表現自体を問題にするかぎり、本質的にこれで十分だからである。量一般から具体的な量への移行には、論理的には何らの困難もないのである。

以上が価値形態論の枠組である。われわれはいま、集合論を用いて説明した。集合論は、基本的に無限集合を扱うものである。有限集合にわざわざ集合論の議論を入れる必要はないと言ってもよい。だが、『資本論』冒頭商品論の出だしから商品所有者とその欲望を導入しなければならないという宇野派の議論や、価値形態論に貨幣を入れて考える議論など、総じて冒頭商品論における諸商品の等置関係を実際の交換がなされるものと考えるような種々の混乱を正すためには、集合の考えによって整理することがもっとも適切である、とわれわれは判断した。これによって、マルクスの述べたことをもっとも簡潔・精確に言い表わすことができると思われる。ただし、有限集合が対象なので、量の規定性までも集合の考えで押し通すとかえって混乱が生じる。それゆえ、その点は集合の考え方から離れて議論した。マルクスの時代には当然、われわれがここで活用した現代的な集合論は存在しなかった。だが、このように解くことが、これまでになされたような不毛で無意味な議論・論争に陥らないために役立つものと確信している。

第ⅳ節　価値表現において諸商品は何をどんな風に語るか

　形態Ⅰとしての「相対的な価値の第一の、または単純な形態」、「それが単純であるがゆえに、分析するのが困難なもの」[8)]とマルクスの言う第一の形態を見ていくことが重要不可欠である。つまり、

　　価値表現：20エレのリンネル＝1着の上着（a量の商品A＝b量の商品B）

が、まず取り上げられる。この等式は、労働生産物である20エレのリンネルが、自分が商品であることを示すために形成されたものである。それゆえに、この等式は前節で確認したように、数学における等式とは異なっている。等置式の両項を入れ換えると意味が違ってくるからである。
　この点に注意して先に進もう。20エレのリンネルは、自分に1着の上着を等置する。この関係において、「リンネルは、ひとたたきでいくつもの蠅を打つ」[9)]とマルクスは言う。これこそまさしく、商品語の〈場〉の特有の在り様だ。言い換えれば、商品語の〈場〉は、人間語の世界のような線形時空をなしてはいないのである。一挙に多くのことが（たんに可算的に多いというだけではなく、非可

第Ⅳ章　商品語の〈場〉——価値形態

算的に、と言ってもよい)、語られ実現される。人間語の世界では、こうはいかない。人間語の世界においては、話し言葉も書き言葉も、あくまで線形=線状である。すなわち、線的な時間順序に従って言語空間が形成・展開される。二人での対話でも、複数人の座談でも、事態は変わらない。だが、商品語の〈場〉は、人間語の束縛の次元を超出している。

さらに言えば、商品語の〈場〉においては、分節化が行なわれない。この点は重要である。価値関係という関係そのものが一挙に多くのことを語るということは、いわば無時間的に、あるいは多層的な時間が凝縮された系にそなわる〈理論的な一瞬〉において、商品語が溢れかえるわけである。つまり、人間語の世界では線形な論理的時間順序に関わるところを、無時間的もしくは多層時間的に、相対的価値形態にある諸商品が自分にだけつうじる言葉を一斉にしゃべるのである。これは、人間語の世界のように、対象世界を線形時空の内に分節化して語るのではない、ということである。

このように商品語を考えた場合、商品語そのものではなく、商品語の〈場〉を対象とする以外には、理論的に取り扱う術がないことがわかる。つまり、商品語の〈場〉という特有の〈場〉の運動を捉える必要があるということである。高エネルギー系や凝縮系（多体系）をあつかう量子論が、波動であると同時に粒子でもある様態を把握し分析するにあたって、場の理論を基礎としていることと同様の状況なのだ。

さて、商品語の〈場〉を捉えるためには、諸商品がしゃべる商品語を〈聴き取り・人間語に翻訳し・註釈を加える〉必要がある。

では、「ひとたたきでいくつもの蠅を打つ」というリンネルの語るところを、マルクスはどのように〈聴き取り・翻訳し・註釈を加えて〉いるだろうか。

リンネルは、他の商品を自分に価値として等置することによって、自分を価値としての自分自身に関係させる。リンネルは、自分を価値としての自分自身に関係させることによって、同時に自分を使用価値としての自分自身から区別する。リンネルは自分の価値の大きさ——そして価値の大きさは価値一般と量的に計られた価値との両方である——を上着で表現することによって、自分の価値存在に自分の直接的な定在とは区別される価値形態を与える。リンネルは、こうして自分を一つのそれ自身において分化したものとして示すことによって、

自分をはじめて現実に商品——同時に価値でもある有用な物〔Ding〕——として示すのである。[10]

　これが初版本文の「価値表現の廻り道」の議論であるが、きわめて難解である。難解ではあるが、「廻り道」の議論とは、およそ次のように読解することができる。商品は、自分が価値であることを直接に、つまり自分だけで示すことができない。まず、能動的に他の異種商品を自分に等置することが必要である。その媒介関係をとおして、つまりその媒介関係の結果として、自らの価値が表現される。こうして、当該の商品が、現実的に商品であることが示される。能動が媒介をへて、受動に変わる。このように論理が複雑に紆余する点に、マルクスは「廻り道」を見ているのである。だが問題は、これをどのように人間語で語るのか、である。

　引用した難解な議論をさらに敷衍して、マルクスは次のように言う。

　ある商品の、たとえばリンネルの、現物形態は、その商品の価値形態の正反対物であるから、その商品は、ある別の現物形態を、ある別の商品の現物形態を、自分の価値形態にしなければならない。その商品は、自分自身にたいして直接にすることができないことを、直接に他の商品にたいして、したがってまた廻り道をして自分自身にたいして、することができるのである。その商品は自分の価値を自分自身の身体において、または自分自身の使用価値において、表現することはできないのであるが、しかし、直接的価値定在としての他の使用価値または商品体に関係することはできるのである。その商品は、それ自身のなかに含まれている具体的な労働にたいしては、それを抽象的な人間労働の単なる実現形態として関係することはできないが、しかし、他の商品種類に含まれている具体的な労働にたいしては、それを抽象的な人間労働の単なる実現形態として関係することができるのである。そうするためにその商品が必要とするのは、ただ、他の商品を自分に等価物として等置する、ということだけである。[11]

　初版では価値が前提されていること、もしくは仮言的に措かれて論じられていることが、上の二つの引用にもはっきりと現われている。等置関係が、他でもな

第Ⅳ章　商品語の〈場〉——価値形態

く価値におけるものである点にそくして廻り道の議論がなされているのである。そしてその上で、補足的に労働に関する廻り道の議論がなされている。ここで述べられているのは、次のことである。

　商品リンネルは、自分が価値であることを示すために、他の商品を価値物として自分に等置し、その商品自体を自分の価値の形態にし、これに等しいものとしてはじめて自分もまた価値であることを示す。このように、形成された等置関係が、価値におけるものであることを示すものとして、「廻り道」が辿られている。その上で労働に関して述べるわけだが、価値と労働との論理的な連関・文脈が鮮明ではない。つまり、価値における「廻り道」と労働における「廻り道」とが、どのような論理的な関係にあり、どのような構造をもつのかが、明確ではない、ということである。労働生産物が価値をもち商品になるのは、抽象的人間労働がそれに対象化され表わされるかぎりでのことである。だが、その論理関係が曖昧になっている。これに対して第二版では次のようにマルクスは言っている。

　上着が価値物としてリンネルに等置されることによって、上着に含まれている労働が、リンネルに含まれている労働に等置される。ところで、たしかに、上着をつくる裁縫は、リンネルをつくる織布とは種類の違った具体的労働である。しかし、織布との等置は、裁縫を、事実上、両方の労働のうちの現実に等しいものに、人間労働という両方に共通な性格に、還元するのである。このような廻り道をして、次には、織布もまた、それが価値を織るかぎりでは、それを裁縫から区別する特徴をもってはいないということ、つまり抽象的人間労働であるということが、言われているのである。ただ異種の諸商品の等価表現だけが価値形成労働の独自な性格を顕わにするのである。というのは、この等価表現は、異種の諸商品のうちにひそんでいる異種の諸労働を、実際に、それらに共通なものに、人間労働一般に、還元するのだからである。／しかし、リンネルの価値をなしている労働の独自な性格を表現するだけでは、十分ではない。流動状態にある人間の労働力、すなわち人間労働は、価値を形成するが、しかし価値ではない。それは、凝固状態において、対象的形態において、価値になるのである。リンネル価値を人間労働の凝固として表現するためには、それを、リンネルそのものとは物的に違っていると同時にリンネルと他の商品とに共通な「対象性」として表現しなければならない。［リンネルと交換され得るものと

しての等価物たる上着が「価値の存在形態として、価値物として、認められている」、すなわち、抽象的人間労働の単なる凝固物として認められていることによって、そしてそれと等しいものとしてリンネルが存在していることによって、その〕課題はすでに解決されている。[12]

　このように第二版では、異種の労働生産物の等置が、まず何よりも異種の諸労働の結実の等置であり、これら双方の諸労働の等置であることから議論が始められている。つまり、抽象的人間労働に関して「廻り道」が語られている。価値形態論に先立つ、人間語による分析的抽象化の議論（第二版以降の第1章第1節における議論）は次のようであった。異種の二商品の等置から、それらの二商品に表わされた双方の諸労働が抽象的人間労働に還元され、その抽象的人間労働の凝固体として二商品が価値であることが示された。かくして、価値において等置がなされていることが示された。この人間語による分析的抽象化の議論に照応した形で、商品語の〈場〉における事態を註釈しているわけである。こちらの議論の方が、先に引用した初版本文のものより、はるかに解り易い。また、論理的にも——これは言うまでもなく人間語の世界のことであり、商品語の〈場〉にこの"論理的"であるかどうかがそのまま当てはまるわけではない——緻密で正確である。

　ただし、相対的価値形態にあるリンネルが、等価形態に置かれた上着を介して、自らを商品として示す価値関係であるという点が、いささかぼやけるように思われる。つまり、具体的有用労働から具体性有用性を抽象化して抽象的人間労働を析出する過程と、異種の二商品の等置が価値におけるものであることとを、どのようにして同時一体的に叙述するのか、という課題の困難さが、ここにも現われ出ているわけである。商品語の〈場〉と人間語の世界との絶対的な区別が、ここでもまた顔を出している。人間語による商品語の〈聴き取り・翻訳・註釈〉がいかに困難であるのかが、解ろうというものである。

　また、等置関係における量の規定性について、初版本文では、それを含み込んだままで議論がなされている。商品語で語られている事柄についての註釈で、「価値の大きさ——そして価値の大きさは価値一般と量的に計られた価値との両方である」と述べていることに、そのことがはっきり示されている。商品語の〈場〉にそくして言えば、当然そうした叙述の流れにならざるを得ない。しかし、

第Ⅳ章　商品語の〈場〉——価値形態

人間語の世界では、価値形態あるいは価値表現それ自体に注目することが、きわめて困難であった。古典派経済学の学者たちはすべからく、この形態そのものに着目することなく、ただちにその量的関係に目を奪われていた。この点を考慮してマルクスは、第二版ではまず量的規定性を捨象して考えるべきだと言う。

> 一商品の単純な価値表現が二つの商品の価値関係のうちにどのようにひそんでいるかを見つけ出すためには、この価値関係をさしあたりまずその量的な面からはまったくかかわりなしに考察しなければならない。人々はたいていこれとは正反対のことをやるのであって、価値関係のうちに、ただ、二つの商品種類のそれぞれの一定量が互いに等しいとされる割合だけを見ているのである。人々は、いろいろな物の大きさはそれらが同じ単位に還元されてからはじめて量的に比較されうるようになるということを見落としているのである。ただ同じ単位の諸表現としてのみ、これらの物の大きさは、同名の、したがって通約可能な大きさなのである。[13]

この点でも第二版の方が論理的に緻密であり（再度述べるが、このこと自体、人間語の世界に固有に要求されることである）、理解を容易にするものとなっている。だが、価値形態論として明らかに論理的優位にある初版本文に立ち戻り、自らを商品として示そうとするリンネルの「ひとたたきでいくつもの蠅を打つ」振る舞いについて、詳しく跡付けておこう。一労働生産物は一体どのようにして現実的に商品になるのか、また、そのためになぜ価値関係・等置関係に入らなければならないのか——そのことを明確にするためである。

　一労働生産物であるリンネルが、自らを商品として示そうとするところに、論の起点がある。マルクスはリンネルの語る商品語を〈聴き取り〉、その言わんとするところを〈翻訳し〉、それに〈註釈を加えて〉、次のように述べる。

> 価値としてはリンネルはただ労働だけから成っており、透明に結晶した労働の凝固をなしている。しかし、現実にはこの結晶体は非常に濁っている。この結晶体のなかに労働が発見されるかぎりでは〔…〕その労働は無差別な人間労働ではなく、織布や紡績などであって、これらの労働もけっして商品体の唯一の実体をなしているのではなく、むしろいろいろな自然素材と混和されているの

である。リンネルを人間労働のたんに物的な〔dinglich〕表現として把握するためには、それを現実に物〔Ding〕としているところのすべてのものを無視しなければならない。それ自身抽象的であってそれ以外の質も内容もない人間労働の対象性は、必然的に抽象的な対象性であり、一つの想出物〔Gedankending〕である。こうして亜麻織物は頭脳織物〔das Flachsgewebe zum Hirngespinnst〕となる。[14]

この「想出物」＝「頭脳織物」なるものは、人間語による分析的抽象の一結果であり、その理路の結実である。それはあくまで抽象的な観念像である。

ところが、諸商品は諸物象〔Sachen〕である。諸商品がそれであるところのもの、諸商品は物象的に〔sachlich〕そういうものでなければならない。言い換えれば、諸商品自身の物象的な〔sachlichen〕諸関係のなかでそういうものであることを示さなければならない。リンネルの生産においては一定量の人間労働力が支出されている。リンネルの価値は、こうして支出されている労働のたんに対象的な反射なのであるが、しかし、その価値はリンネルの物体において反射されているのではない。[15]

リンネルはたんなる「想出物」＝「頭脳織物」であることはできない。純粋に社会的な抽象性である価値は、たんに思惟のうちにある抽象的観念像のままであるわけにはいかない。それは対象的な形態、物象としての姿をとって現出しなければならない。しかし、リンネル価値が当のリンネル物体において反射されるなどということはあり得ない。なぜならば、価値は純粋に社会的であり、リンネル物体はどこまでいってもリンネル物体でありつづけるしかないからである。社会性は社会関係においてあるのであり、社会関係においてしか現われない。

かくして労働生産物リンネルは、自らが価値物、すなわち商品であること示すために、自らと異なる何らかの商品を自分に等置することが必要であったのである。ここでの例では上着を自分に等置していた。

［リンネルの］価値は、上着にたいするリンネルの価値関係によって、顕現するのであり、感覚的な表現を得るのである。リンネルが上着を価値としては自分に等置していながら、他方同時に使用対象としては上着とは区別されている

第Ⅳ章　商品語の〈場〉——価値形態

ということによって、上着は、リンネル - 体に対立するリンネル - 価値の現象形態となり、リンネルの現物形態とは違ったリンネルの価値形態となるのである。〔…〕／〔…〕[この価値関係においては]上着はただ価値または労働凝固体としてのみ認められているのではあるが、しかし、それだからこそ、労働凝固体は上着として認められ、上着はそのなかに人間労働が凝固しているところの形態として認められているのである。[16]

　このようにリンネルは他の異種の商品（ここでは上着）を自分に等置することによってはじめて現実的に商品になる。かの「廻り道」について言えば、位相の異なる二つの廻り道が相互に関係しつついわば同時に辿られるわけである。ただし、論理的に言えば、商品に表わされた抽象的人間労働が価値の物的根拠である。だからこそ、この抽象的人間労働に関する「廻り道」を根拠にして価値としての「廻り道」がある。ともあれこの構造を、人間語によって論理的時間順序に従い叙述するのには、そもそも無理がある。
　では次に、以上のマルクスによる商品語の〈聴き取り・翻訳・註釈〉を踏まえて、価値と価値実体の概念がまさしくこの価値形態論で確定することを確認しよう。商品に表わされた抽象的人間労働の社会性が、〈自然的—社会的〉関係におけるものだけではなく、〈私的—社会的〉関係におけるものでもあることが、どのようにして商品たち自身の関係のうちで実現されるのか——この点についてより詳細に見ていきたい。というのは、人間語の世界ではこういう手続きを経ないと事態を正確に把握できないからである。

第ⅴ節　〈自然的規定性の抽象化〉過程に関して

　商品 A（リンネル）が商品 B（上着）を自分に等置することによって、商品 B に表わされている労働が、商品 A に表わされている労働に等置される。商品 B を作る労働は、当然ながら、商品 A を作る労働とは異なっている。しかし商品 B をつくる具体的労働が、それと質的に異なる商品 A をつくる具体的労働と等置されることになるがゆえに、まず B を作る労働の、その具体性有用性・自然的規定性が抽象化されて、双方の労働に共通な質である人間労働に還元される。この過程を〈自然的規定性の抽象化〉過程と呼ぼう。

論理的に言えばこのことの上で、商品Aをつくる具体的労働もまた、人間労働に還元された商品Bをつくる労働と等しいとされる限りで抽象化され、人間労働に還元される。こうして、商品Bを作る具体的労働が、抽象化された人間労働として意義をもち、商品Bに表わされた具体的有用労働はそのままで、対象化された抽象的人間労働の実現形態になる。

　かくして商品Bは、そのあるがままの姿で、すなわち現物形態のままで、かかる抽象的人間労働の対象化された物・凝固物として意義を持つものとして存在していることになる。それと同時に、商品Aと直接に交換され得るものたる商品Bは、その現物形態のままで、端的に価値物であることが示されている。つまり商品Bは、現物形態のままで価値の現象形態になる。

　その上で、商品Aは、商品Bと異なる現物形態にありながら、端的に価値物として・ただそれだけの意義を持つ存在物である商品Bと等しい物であることにおいて、やはり価値物であることが示される。つまり、その価値を形成する限りで、商品Aを作る労働も抽象化された人間労働であり、その凝固物として商品Aが存在することが示されている。こうして商品Aは、使用価値（現物形態）としては商品Bと異なるものでありながら、商品Bと等しい限りで抽象的人間労働の凝固物であり価値であること、つまり商品であることが示されている。

　ところで、ここでは〈私的労働の社会的労働への転化〉がどのようになされたかが説明されてはいない。現実にはいま述べてきた過程のうちにそれは果たされているのであるが、人間語による解説としてはこれを一体的に明示的に述べることは不可能である。したがってこれについては次節であらためて解説する。

　さて、この価値関係の中では、商品Bはそのあるがままの姿で、つまり現物形態のままで、価値を表わすものになっている。言い換えれば、価値形態になっている。価値体、すなわち人間労働の物質化として現われているこの商品Bと等しいものとして、商品Aは自分の価値を、自分の使用価値と異なる商品Bの体たる使用価値で表わす。

　ここまでくれば、この価値関係に量的規定を入れて捉えることも困難ではなくなる。

　以上に見てきた〈自然的―社会的〉関係における社会性について、考えてみよう。人間語による分析、思惟抽象とはまったく位相の違った過程がここにある。

　人間が行なう思惟抽象・論理的抽象と、二商品の価値関係における現実的抽象

第Ⅳ章　商品語の〈場〉――価値形態

とはいかに異なっているか？　先に見たように、第二版においてマルクスは、まず人間語の世界において、二商品の交換関係を表わす等式を分析し、それが一体何を表わしているのかを探り、両商品を抽象的人間労働にまで抽象化した。その上でマルクスは、そのような抽象的人間労働の凝固物として、両商品は価値であると指摘した。等式が表わしている内実を分析的に抽象化し剔抉していく過程があったわけである。

だが、現実の価値関係における抽象化は、分析的思惟による抽象化とはまったく異なっている。商品Aが商品Bを自分に等値するというその現実そのものが、一挙に自然的規定性の抽象化を成し遂げ、その結実を表現する。商品Aが商品Bを自分に等置するというその事実そのものが、商品Bを生み出す具体的労働の具体的有用性・自然的諸規定を抽象し、かつ具体的労働をそのままの姿で抽象化された人間労働の実現形態にする。かくしてこの等置関係そのものが、商品Bに表わされた具体的有用労働そのものを抽象的人間労働の現象形態とし、商品Bをその凝固体とする。かくして商品Bを現物形態のままでその抽象化された人間労働の凝固物として意義をもつものとする。こうして、商品Bをかかる抽象的人間労働の凝固物として、現物形態（使用価値形態）のままで価値体とするのである。つまり商品Bは価値の実現形態・現象形態になる。

要するにここでは、商品Bを作る具体的労働、その具体的労働の凝固形態、商品Bの使用価値形態＝現物形態という一連の具体的形態が、抽象的なものの実現形態になるという抽象化が起こるわけである。これを抽象化という概念で語ってよいものかどうか、躊躇せざるを得ない。思惟抽象ならば、思惟によって抽象化されたある観念が抽出されるだけである。だが、現実的抽象の場合、抽象物が現実に抽象物として存在するわけにはいかない。その結果、抽象物もまた対象的な形態で、すなわち現実の存在物として自己を表現しなくてはならない。ここでは、厳として存在しつづける現物形態、つまり現実の物質あるいは事柄そのものが、そのままの姿態が、抽象化されたものとして意義を持つことにならざるをえない。だから（ここで注意！　現物形態の内的属性の一つとして抽象化されたものがあるわけではない）、現実のあるがままの存在が、抽象的なものの実現形態にならざるを得ないのである。

以上が商品Bの側に起こっている抽象化である。これに対して商品Aではどうなるか。商品Aは、商品Bと異なる物＝異なる使用価値でありながら、商品

157

Bが現物形態のままで抽象的人間労働の体化物・凝固物であり、かくして価値である、その商品Bと等しいことによって、同じく価値であり、また自分に対象化されている労働が抽象的人間労働であり、価値を生み出すものである限りで商品Aを作る労働もまたたんなる人間労働であることとなる。こうして商品Aは、現実的に自らを商品として示したのである。つまりここでは、商品Bの側の現物形態への反射・顕現（反照規定）という形で、抽象化が行なわれている。ここにもまた、抽象化という概念の適用に躊躇させるものがあるが、しかしこれもまた現実的抽象の一方のあり方なのである。

　価値関係における現実の抽象化過程、すなわち現実の価値関係における〈自然的規定性の抽象化〉過程は、今見てきたものである。言わずともわかるように、具体的なものが抽象的なものの実現形態になるということ、しかもそれが現実に生起するということは、分析的思惟にとって非常に捉え難いことである。なぜなら、具体的なものを抽象化していくのが分析的思惟の自然な理路なのだから。もちろんヘーゲルに典型的なように、具体的なものを抽象的なものの実現形態である、と観念の中で私念することはできる。だがしかし、あくまで現実の過程において、それを理解することは大変難しい。それゆえマルクスは、初版本文において次のように述べている。

　　われわれは、ここにおいて、価値形態の理解を妨げるあらゆる困難の噴出点に立っているのである。商品の価値を商品の使用価値から区別するということ、または、使用価値を形成する労働を、たんに人間労働力の支出として商品価値に計算されるかぎりでのその同じ労働から区別するということは、比較的容易である。商品または労働を一方の形態において考察する場合には、他方の形態においては考察しないのであるし、また逆の場合には逆である。これらの抽象的な対立物はおのずから互いに分かれるのであって、したがってまた容易に識別されるものである。商品にたいする商品の関係においてのみ存在する価値形態の場合ではそうではない。使用価値または商品体はここでは一つの新しい役割を演ずるのである。それは商品価値の現象形態に、したがってそれ自身の反対物に、なるのである。それと同様に、使用価値のなかに含まれている具体的な有用労働が、それ自身の反対物に、抽象的人間労働の単なる実現形態に、なる。ここでは商品の対立的な諸規定が別々に分かれて現われるのではなくて、

第Ⅳ章　商品語の〈場〉——価値形態

互いに相手のなかに反射し合っている。[17]

　このようにして商品Bの側、すなわち等価形態においては、具体的なものが抽象的なものの実現形態・現象形態になるわけである。だが、論理的には、これは明らかに奇妙であり転倒している。抽象化された人間労働なるものが、商品Bを作る具体的労働において自らを定立し、人間労働の抽象的な凝固態なるものが商品Bに対象化された具体的有用労働において自らを定立する。さらにまた、価値という抽象的なものが、商品Bの現物形態＝使用価値において自らを定立する。奇妙奇天烈というほかない事態が現実に生じているのである。マルクスは初版付録の価値形態論で、この転倒した事態について、こう述べる。

　価値関係およびそれに含まれている価値表現のなかでは、抽象的一般的なものが具体的なものの、感覚的現実的なものの、属性として認められるのではなくて、逆に、感覚的具体的なものが抽象的一般的なものの単なる現象形態または特定の実現形態として認められるのである。たとえば等価物たる上着のなかに含まれている裁縫労働は、リンネルの価値表現のなかで、人間労働でもあるという一般的な属性をもっているのではない。逆である。人間労働であるということが裁縫労働の本質として認められるのであり、裁縫労働であるということは、ただ、裁縫労働のこの本質の現象形態または特定の実現形態として認められるだけなのである。〔…〕／この転倒によってはただ感覚的具体的なものが抽象的一般的なものの現象形態として認められるだけであって、逆に抽象的一般的なものが具体的なものの属性として認められるのではないのであるが、この転倒こそは価値表現を特徴づけているのである。それは同時に価値表現の理解を困難にする。もし私が、ローマ法とドイツ法とは両方とも法である、と言うならば、それは自明なことである。これに反して、もし私が、法というこの抽象物がローマ法においてとドイツ法においてと、すなわち、これらの具体的な法において実現される、と言うならば、その関連は不可解になるのである。[18]

　このようなまったく奇妙な論理的転倒が、資本主義的生産様式が支配する社会においては、現実に生じているのだ。では、等価形態に生じる、この不可解さ・

謎性はどうして生じるのか？ 等価形態が形成されるからである。ではなぜ等価形態が形成されるかと言えば、商品の価値関係があるからである。そして商品の価値関係がなぜあるのかと言えば、商品生産社会では、人間の社会的関係が商品の価値関係としてしかありえないからである。つまりこの社会では、類的存在としての人間の社会性が、商品─商品関係に現われる転倒した社会性としてしか、存在の様態をとりえないのである。

　こうした奇妙きわまりない転倒は、自然物としての労働生産物AやBに生じていることではない。人間の社会的関係において、すなわち商品Aと商品Bの価値関係において、生じていることである。人々の社会的関係が、こうした転倒として存在しているのである。資本制生産社会における転倒性は、このようなまでに徹底的である。だが、繰り返しになるが、具体的なものを抽象化していくのが人間の分析的思惟の自然の理路である。そのため、普通はこの転倒を理解できない。せいぜい錯視を云々するぐらいにとどまって、この転倒した事態を受け容れることになる。だがこのことは、とりもなおさず、人々が現実の日々の社会的行為において、人類がつくりあげ、その結果人類を支配するにいたった、この転倒を生きているという無惨な事実にほかならないのである。

第 vi 節　〈私的労働の社会化〉過程に関して

　では次に、〈私的─社会的〉関係における社会性が、現実の価値関係において、どのように実現されるのかを見ておこう。この社会性の実現過程を、ここでは〈私的労働の社会化〉過程と呼ぼう。

　〈商品A＝商品B〉（商品リンネル＝商品上着）という価値関係においては、商品Bは商品Aと直接に交換され得るものとして存在している。つまり商品Bは、そのあるがままの姿で直接的交換可能性（unmittelbare Austauschbarkeit）の形態にある。このように、「商品Bがあるがままの姿で直接的・非媒介的交換可能性の形態にある」ということは、「商品Bがそのあるがままの姿で社会的存在であると認められている」ということである。こうして、商品Bに対象化された私的労働は、私的労働のままで社会的労働として認められていることになる。このように、まず、等価形態にある商品Bに表わされた私的労働がそのままで社会的労働として認められる。

第Ⅳ章　商品語の〈場〉——価値形態

　そしてその上で——つまりここでもまた〈廻り道〉を経た上で——、これと等置されている限りで、相対的価値形態にある商品Aに表わされた私的労働もまた社会的労働として、ただし間接的・媒介的に認められることになる。人間語による認識と叙述は、このように線形な時間順序にしたがう以外にはない。だが、商品語の〈場〉で起きていることは、こうした人間語の世界を超え出ている。まさしく価値表現そのもののうちに、〈私的労働の社会化〉過程が含みこまれているのである。線形な時空を超えて、いわば一挙的に（というよりも精確には、無時間的あるいは多層時間的に）、私的労働の社会化が実現されるのである。

　だが、この「相対的価値の第一の、または単純な形態」における社会性は、いまだ低いレヴェルの社会性でしかない。とはいうものの、この時点にあってさえ、等価形態にある商品に対象化された具体的的労働である私的労働が、そのままで社会的労働として認められるという事態は、厳然として生じているのである。価値表現を問題にしない限り、この〈私的労働の社会化〉過程はわからない。人間語による分析的抽象化を遂行していく世界では、あくまで価値表現を問題にしてはいないので、この過程を捉えることができなかったわけである。

　ところで、〈自然的規定性の抽象化〉過程だけでなく、いま述べた〈私的労働の社会化〉過程をも踏まえた〈廻り道〉の議論に関連して、久留間鮫造が指摘した『資本論』初版の誤訳問題も絡めて、少し触れておく。

　なぜなら、「等価形態にある商品が、直接的・非媒介的交換可能性の形態にある」という点を、掘り下げて確認しておく必要があるからである。価値関係：〈商品A＝商品B〉については、「商品Aは自分に商品Bを等置する」と捉えるべきである。それにもかかわらず、「商品Aは自分を商品Bに等置する」と宮川実、長谷部文雄は誤訳した。それと同様の誤りを、宇野弘蔵もまた、その著作で犯している。これらのことを久留間は指摘し、宮川・長谷部・宇野のように捉えると、いわゆる〈廻り道〉が理解できなくなると指摘した。久留間の指摘はまったく正しい。それだけでなくきわめて重要な指摘である。価値形態の理解の核心に触れているからである。

　自分を現実的に商品として示そうとする商品Aは、あくまで自分自身ではその目的を果たすことができない。したがって、商品Aは相対的価値形態の位置に座し、何らかの異種の商品Bを自分に等置し、それを自分の等価物とする。かくして商品Bは、相対的価値形態に対する等価形態になり、商品Aと直接に交

161

換可能なものになる。この等置が価値関係である以上——つまり等置が価値におけるものである以上——、かかる価値関係の内部では、一挙に、かつ等しく無時間的に次の事態が生じる。

　①商品Bをつくる具体的労働が、それ自体で価値形成労働になる。②商品Bに表わされた具体的労働そのものが、価値実体たる抽象的人間労働の実現形態すなわち現象形態となる。③商品に表わされた私的労働そのものが、社会的労働として認められる、すなわち、社会的労働の実現形態になる。④かくして、商品Bはそのあるがままの姿＝現物形態のままで価値物となる（つまり、価値体として意義をもつ）。こうした迂回路を経た上で、⑤商品Aは商品Bと等しいとされている限りにおいて、商品Aもまた価値物、すなわち商品であることが示される。

　以上のことは、すでに述べたことである。だが、この一連の事態は、「商品Aは自分を商品Bに等置する」と捉えることからは決して描き出しえない。理論的把握をなすことができず、かくして価値関係を理解することができない。

　なぜか。

　商品Aであれ商品Bであれ、その他のどんな商品であれ、商品はそれ自体では、商品としての属性すなわち価値という属性を表わすことが、決してできない。価値関係に入ることを通じてのみ、価値表現をとるというただひとつの道を介してだけ、価値という属性をもったものとして、現実的に現われ得るからである。いかなる商品も、自分をあらかじめ価値だとして、価値関係に入るのではない。この点の理解は、等価形態にある商品から見ると容易になる。何らかの商品に等置されることによって、つまり等価形態に置かれることによって、その商品は相手の商品と直接に交換されうるものという性格をもつ。その等置関係を通じて、それは価値とみなされている。それ自体で価値物としてあるのである。別の言い方をすれば、等価物にされるや否や、その商品は相手との直接的・非媒介的交換可能性をもつものとなり、価値であることが示されるわけである。

　だからこそ、自らを現実的に商品として実現しようとする商品Aは、何らかの異種の商品Bを自分に等置する。この等置そのものが、つまり等置関係自体が、異種の商品Bをまず直接的・非媒介的交換可能性の形態にする。つまり価値物とする。その上で、それと等しい限りで商品Aもまた価値であること、すなわち異種の商品と交換可能であることが、間接的・媒介的に示される。

　これがマルクスによって明らかにされた理路であり、それ以外にないのである。

第Ⅳ章　商品語の〈場〉——価値形態

この理路に逆らって、「商品Aが自分を商品Bに等置する」ということは、どのようなことを意味するのか？「商品Aが商品Bとの直接的な交換可能性をあらかじめもつものである」ことを意味する。つまり商品Aが、自ら価値であることを前提とする、ということにほかならない。このような場合、商品Aは、すでに自らが価値物であることを前提として、商品Bを価値物にすることになってしまうのである。だが、もしそれが可能なら、労働生産物は商品形態をとる必要がないということになる。直接的な生産物同士の交換——あくまで一定の価値規定を必要とするではあろうが——が、すなわち、商品交換ではない直接的な労働生産物の交換が、実現されることになる。『資本論』、とくにその冒頭商品論など、まったく不要な「素晴らしき新世界」[19]の顕現である！　これに対して商品交換では、あくまで等置される方が、等置されるというその受動性によって、この受動的な関係自体によって、相手との直接的・非媒介的な交換可能性をもつのである。この点の理解がポイントである。

　ここで、一言注意しておきたい。この直接的交換可能性に関して、相対的価値形態にある商品（ここでは商品A）が等価形態にある商品（ここでは商品B）に直接的交換可能性を与える、という具合に「理解」している論者を、まま見かける。これは、根本的に間違った「理解」である。

　商品Aが商品Bに直接的交換可能性を与えるのではない。等置関係ができるや否や、商品Bは直接的交換可能性をもつ、すなわち、直接的交換可能性の形態にあるのだ。直接的な交換可能性は、決して与えたり、与えられたりするものではないのである。与えうるのであれば、あらかじめそれをもっていなければならないはずであろう。ところが、商品Aは、直接的・非媒介的な交換可能性をもってはいない。商品Bと等しいとされるかぎりで、間接的・媒介的に交換可能性をもつのである。この等置における双方の意義の相違を理解することはきわめて重要である。等価物が等価物である限りもつ、この直接的・非媒介的な交換可能性という特質によって、完成された価値形態の決定的な交換可能性が、現勢化する。すなわち貨幣形態においては、貨幣以外のすべての商品は貨幣との等置によってはじめて、間接的・媒介的に交換可能性をもつのであり、貨幣は貨幣であることによって、つねに直接的交換可能性をもつことになるのである。ここに貨幣の秘密があり、神秘性が存する。だからいま述べたことは、たんなる表現上の差異の問題に解消できないものなのである。

ところで、直接的交換可能性について、それを与えたり、与えられたりするものと考える典型例が、岩井克人の説である。岩井は、たとえば次のように言う。

　［等価形態にある］上着が［相対的価値形態にある］リンネルと直接に交換可能なのは、リンネルがじぶんとの直接的な交換可能性を上着にあたえているという社会的関係の結果にすぎない。[20]

このように岩井は、直接的交換可能性なるものを、〈与えたり・与えられたりするもの〉と考えている。そして、マルクスが強調した〈直接的・非媒介的―間接的・媒介的〉の区分・対を捉えないので、次のようにのたまうことになる。

結局、リンネルがほかのすべての商品に直接的な交換可能性をあたえているならば、逆にほかのすべての商品はリンネルに直接的な交換可能性をあたえることができ、ほかのすべての商品がリンネルに直接的な交換可能性をあたえているならば、逆にリンネルがほかのすべての商品に直接的な交換可能性をあたえることができるのである。すなわちリンネルは、それが全体的な相対的価値形態であるときに一般的な等価形態にもなることができ、それが一般的な等価形態であるときに全体的な相対的価値形態となることができる。〔…〕／〔…〕貨幣とは、全体的な相対的価値形態と一般的な等価形態というふたつの役割を商品世界のなかで同時に演じている、いや演じさせられている存在なのである。[21]

このように、直接的交換可能性を、〈与え・与えられる〉双方向的関係があると、岩井はマルクスの論をものともせずに考えるのである。このことによって、形態Ⅱ（展開された価値形態）と形態Ⅲ（一般的価値形態）とが循環可能になり、かくして彼固有の「価値形態Ｚ」が生み出されることになるわけである。

　この議論がまやかしであることは、言を俟たないが、特撮ヒーローのごとき名をもつ「価値形態Ｚ」に免じて、説明をしておこう。貨幣によって商品は買えるが、商品によって貨幣は決して買えはしないのである。岩井が、商品の貨幣に対する優位性が現われ出ると考えている、スーパー・インフレーションの事態にあっても、商品によって貨幣を買うことが可能になるわけでは決してない。ただそ

第Ⅳ章　商品語の〈場〉──価値形態

こでは、貨幣が貨幣としての機能を喪失し、ほとんど物々交換的な状況に回帰しているだけのことなのである[22]。

　岩井は、マルクスが示した直接的・非媒介的な交換可能性の形態と、そうではない形態、すなわち間接的・媒介的な交換可能性の形態との区別をまったく無視し、前者だけで考えている。「直接的」という概念規定を岩井はどのように捉えたのだろうか。岩井がどのように考えたのかはともかく、〈直接的・非媒介的─間接的・媒介的〉は、あくまで対立的で不可分な対である。だからマルクスは、比喩を交えて次のようにはっきりと述べている。これは初版本文の形態Ⅲのところにあり、先取りになるが引いておく。

　　［一般的価値形態における一般的等価形態にある］ある一つの商品がすべての他の商品との直接的な交換可能性の形態をとっており、したがってまた直接的に社会的な形態をとっているのは、ただ、すべての他の商品がそのような形態をとっていないからであり、またそのかぎりにおいてのみのことなのである。言い換えれば、商品一般が、その直接的な形態はその使用価値の形態であって、その価値の形態ではないために、もともと、直接に交換されうる、すなわち社会的な、形態をとってはいないからなのである。／一般的な直接的交換可能性の形態を見ても、それが一つの対立的な商品形態であって非直接的交換可能性の形態と不可分であることは、ちょうど一方の磁極の陽性が他方の磁極の陰性と不可分であるのと同じようなものだ、ということは、実際には決してわからない。それだからこそ、すべての商品に同時に直接的交換可能性の極印を押すことができるかのように想像することができるのであって、それは、すべての労働者を資本家にすることができるかのように想像することもできるのと同じようなものである。[23]

　貨幣物神に囚われた岩井の眼に、この対立的不可分な対が見えなかったことは致し方のなかったことかもしれない。岩井もまた、「すべての商品に同時に直接的交換可能性の極印を押すことができるかのように想像する」立場に陥っている。「価値形態Z」の発見者は、すでにマルクスによって批判されていたのである。

　このように、〈直接的・非媒介的─間接的・媒介的〉が対立的で不可分な対であるがゆえに、対象化された労働に関しても、対立的で不可分な対として存在す

る。一般的等価物に表わされた私的諸労働が、直接的・非媒介的に、社会的労働として認められることになる。他方で、一般的等価物でない、その他すべての商品に表わされた私的労働は、一般的等価物との等置によって、間接的・媒介的に、社会的労働として認められることになるのである。

　商品は、生来、一般的な交換可能性の直接的な形態を排除しているのであって、したがってまた一般的な等価形態をただ対立的にのみ発展させることができるのであるが、これと同じことは諸商品のなかに含まれている諸私的労働にも当てはまるのである。これらの私的労働は直接的には社会的ではない労働なのだから、第一に、社会的な形態は、現実の有用な諸労働の諸現物形態とは違った、それらには無縁な、抽象的な形態であり、また第二に、すべての種類の私的労働はその社会的な性格をただ対立的にのみ、すなわち、それらがすべて一つの除外的な種類の私的労働に、ここではリンネル織りに、等置されることによって、得るのである。これによってこの除外的な労働は抽象的な人間労働の直接的で一般的な現象形態となり、したがって直接的に社会的な形態における労働となるのである。したがってまた、その労働は、やはり直接的に、社会的に認められて一般的に交換されうる生産物となって現われもするのである。[24]

第vii節　価値の実体と等価形態の謎性

　以上二重の社会化の過程、すなわち、〈自然的規定性の抽象化〉過程と〈私的労働の社会化〉過程を経て、商品Aは現実的に商品になる。それと同時に、等価形態にある商品Bは貨幣の原－形態(Ur-Form)になる。この等価形態については、さらに次のことを述べておかなくてはならない。

　商品Bがとっている形態である等価形態においては、具体的な形態が、すなわち、そのあるがままの姿態が、抽象的なものの実現形態・現象形態になる。また同時に、私的なものがそのままで社会的なものを表現する。等価形態におかれた商品Bは、この特異な様態を、ただ価値関係の内部でだけ、すなわちこの関係においてのみ、とる。しかし、商品Bにおいては、〈具体的なものおよび私的なもの〉自体が、そのままの姿態で、〈抽象的なものおよび社会的なもの〉を表現するので、商品Bが、初めから、つまり価値関係に入る前から、抽象性・社

第Ⅳ章　商品語の〈場〉——価値形態

会性を内的属性として持っているかのように、人々の眼に写る。等価形態に生じる、このような不可解で謎にみちた性格が、貨幣の持つ神秘的性格の基礎にあるのである。

　等価形態にある商品B（上着）に生じているこの不可解な在り様は、商品Aが自らに、商品Bを等置したことから生じた事態である。商品Aが、自分が価値物であること、すなわち商品であることを示すために、そうしたのである。だから、この価値関係においては、商品Aが主導的・能動的に振る舞い、商品Bはあくまで随従的・受動的である。つまり、商品A（リンネル）が自らの価値を表現すべく、つまり自らを現実に商品として表わすために、主導的・能動的に振る舞っているのだ。商品Bは、あくまで受け身である。

　　上着は受動的にふるまっている。それはけっしてイニシアティブを取ってはいない。上着が関係のなかにあるのは、それが関係させられるからである[25]。

　この〈主導・能動―随従・受動〉関係は、商品語をしゃべる主体が、相対的価値形態にあるリンネルである、という点にも現われる。リンネルが一方的にしゃべるのだ。商品語について第Ⅰ章に引用した二つの文章、そして本章第ⅳ節の冒頭に引いた「リンネルはひとたたきでいくつもの蠅を打つ」というマルクスの註釈に、そのことが示されている。では、「関係させられ」ただけの商品B（上着）は、黙っているだけなのだろうか？　それとも、頷くぐらいはしているのだろうか？　もちろん、人間語の世界を、商品が「市民」として振る舞う世界に当てはめようとしても、無理がある。

　ただ、等価形態にある商品のこの寡黙さが曲者なのだ。価値関係の中での商品Bの被規定性は、主導的な商品A（リンネル）の反射規定である。にもかかわらず、この反射規定が、人々の眼には逆に見える。

　　上着の等価物存在は、いわば、ただリンネルの反射規定なのである。ところが、それがまったく逆に見えるのである。一方では、上着は自分自身では、関係する労をとってはいない。他方では、リンネルが上着に関係するのは、上着をなにかあるものにするためではなくて、上着はリンネルがなくてもなにかあるものであるからなのである。それだから、上着にたいするリンネルの関係の完成

した所産、上着の等価形態、すなわち直接に交換されうる使用価値としての上着の被規定性は、たとえば保温するという上着の属性などとまったく同じように、リンネルにたいする関係の外にあっても上着には物的〔*dinglich*〕に属しているように見えるのである。[26]

　等価形態に生じた、「社会的であること」のこの不可解さ・謎的性質は、相対的価値形態にある商品に現われる社会性との比較によって、一層はっきりする。今度は第二版から引く。

　ある一つの商品、たとえばリンネルの相対的価値形態は、リンネルの価値存在を、リンネルの身体やその諸属性とはまったく違ったものとして、たとえば上着に等しいものとして表現するのだから、この表現そのものは、それがある社会的関係を包蔵していることを暗示している。等価形態については逆である。等価形態は、ある商品体、たとえば上着が、このあるがままの姿の物が、価値を表現しており、したがって生まれながらに価値形態をもっているということ、まさにこのことによって成り立っている。いかにも、このことは、ただリンネル商品が等価物としての上着商品に関係している価値関係のなかで認められているだけである。しかし、ある物の諸属性は、その物の他の諸物にたいする関係から生ずるのではなく、むしろこのような関係のなかではただ実証されるだけなのだから、上着もまた、その等価形態を、直接的交換可能性というその属性を、重さがあるとか保温に役だつとかいう属性と同様に、生まれながらにもっているように見える。それだからこそ、等価形態の謎的性格が感ぜられるのであるが、この謎的性格は、この形態が完成されて貨幣となって経済学者の前に現われるとき、はじめて彼のブルジョア的に粗雑な目を驚かせるのである。[27]

　「社会的である」ということは、何よりも第一に、「自然的である」ということに対する概念である。それゆえ、「社会的である」ことは、社会的関係において現われる。それは、自然的属性、すなわち自然物の一属性のようにあるわけでは、決してない。商品A（リンネル）の相対的価値形態は、商品Aの価値存在を、商品Aの体（Körper）、つまり商品Aの使用価値である現物形態とは異なる、「商

第IV章　商品語の〈場〉――価値形態

品B（上着）と等しい」という関係において表わす。そこに社会性が示されている。

ところが等価形態では、これとはまったく別のことが生じている。商品Bでは、その現物形態そのものが価値を表現し、この限りで価値は商品Bという姿をもって現われている。そのため、商品Bは、自然形態そのものにおいて、内的な自然的属性として価値をもつかのように、人々の眼には見えるのである。社会的であることが、あたかも自然的属性のように、つまり自然物としての内的属性のように現われるのだ。

ある自然物の自然的属性は、例えば、それの質量、体積、熱容量等のように、それと他の自然物との関係において顕現し、何かを基準・単位・ものさしをもって表現される。これらと同じように、価値という純粋に社会的なものさえも、あたかも等価形態にある商品Bの生まれながらにもつ自然的な性質であるかのように、人々の眼に写るわけである。

こうして商品という社会的な物、社会関係を体現した物象（Sache）は、人々の眼には社会性が自然的属性のように捉えられて、たんなる物（Ding）に見える。商品として現われてはいない、たんなる労働生産物は、あくまでただの物（Ding）である。これが商品になると、人々の社会関係を含みこみ・背負った物象（Sache）になる。だが人々の眼には、この社会関係がそれとしては捉えられない。きわめて高度な社会性もが、自然的属性のように捉えられる。こうして、商品という物象（Sache）は自然素材からなる物（Ding）に見えるわけである。これを、上に述べた「ただの物」の「物」と区別するために、ここでは「〈もの〉」と書くことにする。ついでに言うと、商品は〈商品―貨幣―資本〉というトリアーデを成し、これらのものは諸物象（Sachen）である。だが、先に引用したが、商品は次のように商品語で語るのであった。

　　もし諸商品がものを言うことができるとすれば、こう言うであろう。われわれの使用価値は人間の関心をひくかもしれない。使用価値は物〔Dingen〕としてのわれわれにそなわっているものではない。だが、物としての〔*dinglich*〕われわれにそなわっているものは、われわれの価値である。われわれ自身の商品物としての交わりがそのことを証明している。われわれはただ交換価値として互いに関係し合うだけだ、と。[28]

169

商品は自分の〈体〉を〈忘れてしまう〉、ということであった。この〈忘却〉の行き着く究極の在り様が、商品化した資本、すなわち利子生み資本形態をとる資本、すなわち、種々の架空資本である。利子生み資本の形態では、物としての使用価値はまったく存在しない。自分の〈体〉を〈忘れてしまう〉どころではないのである。なぜなら、〈体〉が存在しないからである。こうして、種々の架空資本は、究極的に抽象的な〈もの〉さえも〈超越〉してしまう。それらは、まったく〈体〉を欠落させた架空のもの、ただ〈未来〉に抽象的な〈もの〉に転化することを当て込んだ、架空の運動でしかない。こうしたところにまで突き進む端緒が、単純な価値形態においても、その等価形態にはっきりと現われ出ているわけである。

　ここで、価値実体〔Werthsubstanz〕が文字通りの実体〔Substanz〕としてどのように現実的な姿で現われ出てくるのかを確認しておきたい。

　商品B（上着）は、商品A（リンネル）に等置されることによって、商品Bに表わされた労働が、商品Aに表わされた労働に等置されることとなる。この等置によって、商品Bを作る労働が、たんなる人間労働に還元され、商品Bに表わされた個別的で具体的に有用な労働が、そのままの形で、自然的規定性を捨象された人間労働（抽象的人間労働）の実現形態となる。また、あくまで相互に独立して営まれた私的労働の凝固体が、そのままの形で、直接的交換可能性という社会性を表わす労働凝固体になる。

　こうして商品Bに対象化された私的で具体的な労働は、現実的に価値の実体と言うしかないものとなる。商品Bの使用価値すなわち現物形態そのものが、価値物として現われる。そのとき、商品Bに凝固した私的で具体的な労働そのものが、純粋に抽象的で極度に社会的な価値を量化するものとして、「社会的な実体なるもの」を表わすことになるのである。

　人々の社会関係が、日々、厖大な価値関係において、この事態を現出させている。この事態は、資本主義的生産様式の支配下にあって、逃れようもなく現出せざるを得ない。価値関係のなかで、商品Bに対象化された私的で具体的な労働がはじめて、現実的に価値実体を表わすことになるのである。単純な価値形態においては、この恐るべき事態は、未だ確固としたものとして固定してはいない。だがしかし、単純な価値形態にあってさえ、価値実体は、社会的実体として厳然として現われ出ているのである。

第Ⅳ章　商品語の〈場〉――価値形態

　以上述べたところから、第二版に言う「貨幣の謎〔Geldräthsel〕」[29]は、等価形態に位置する商品にまとわりつく謎性が発展し、貨幣に固着したものであることが解る。この等価形態の謎性は、まさしくそこに位置するという事実にもとづいているのであり、そこに位置する商品の種差にもとづくものでは決してない。これはきわめて重要な点であり、価値形態論理解の鍵をなすといってもよいものである。
　この点から言って、初版本文の価値形態論が、初版付録および第二版の価値形態論に対して論理的に優位であることがあらためて確認される。
　初版本文の価値形態論では、形態Ⅳであらゆる商品が一般的等価形態に位置しうることを述べ、かつ貨幣形態をとりあげていない。これに対して、初版付録および第二版では、初版本文の形態Ⅳを捨て、形態Ⅳを貨幣形態としている。こうして、等価形態の謎性が、そこに位置する商品の種差によるものではなく、そこに位置するという事実によるものである点が、初版付録および第二版では、曖昧にされ、いうなれば隠蔽されているのである。
　貨幣は、つねに等価形態に位置し、かつ現実の社会においては、等価形態に位置するものは貨幣以外に存在しない。そうした固有の被規定性を有する貨幣は、むろん、等価形態の謎性を一身にそなえることとなる。こうして、あたかも貨幣であるからこそ、その謎性が固有の属性として、貨幣に内属するかのような見せかけが可能になった。しかも、現実の社会にあっては、等価形態に位置するものは貨幣以外には存在しないのであるから、その見せかけはきわめて強力なものとなる。その結果、貨幣形態固有の謎性がある、という誤解を人々が抱く現実的な余地が生まれた。マルクスは、初版本文の形態Ⅳを捨て、あらためて形態Ⅳを貨幣形態としたことによって、このような現実の「みせかけ」と、それへの人々の誤解を解く、という点で、大きく後退してしまったのである。要するに、貨幣形態に一種の特権性がそなわっているかのように誤解することへの道を、しっかりと塞ぐことができないものへと「改訂」してしまった、ということである。

第ⅷ節　初版本文価値形態論の形態Ⅱに関して

　単純な価値形態においては、相対的価値形態にある商品（ここの例ではリンネル）は、いまだただ一つの商品（ここの例では上着）と価値関係にあるだけであ

る。すなわち、商品リンネルの価値はただ一つの商品上着で表わされているだけである。それはきわめて不安定な状態にある。

ところで、価値形態論の出発点は、商品リンネルが自分の価値を表現しようとするところにあった。リンネルの価値がより客観的に、より社会的なものとして表わされる形態として、形態Ⅱ、すなわち「相対的価値の第二の、または展開された価値形態」がある。それは、次のような形態である。

20 エレのリンネル = 1 着の上着 または = u 量のコーヒー または = v 量の茶 または = x 量の鉄 または = y 量の小麦 または = 等々。

この形態Ⅱについて、初版本文で、次のように解説している。

第二の形態においては、〔…〕リンネルの価値は、上着やコーヒーや鉄などで示されていても、つまりまったく違った所有者たちの手にある無数に違った商品で示されていても、つねに同じ大きさのままである。〔…〕交換が商品の価値の大きさを規定するのではなくて、逆に商品の価値の大きさが商品のいろいろな交換の割合を規定するのだ、ということが明白になるのである。／〔…〕第一の形態はリンネルのなかに含まれている労働をただ裁縫労働にたいしてのみ直接に等置している。第二の形態はこれとは違っている。リンネルは、その相対的な諸価値表現の無限な、いくらでも延長されうる列において、リンネル自身のなかにふくまれている労働の単なる諸現象形態としてのありとあらゆる商品体に関係している。それだから、ここではリンネルの価値がはじめて真に価値として、すなわち人間労働一般の結晶として、示されているのである。[30]

リンネルに表わされた具体的労働は、いまや、きわめて多種多様な具体的労働を現象形態とする、抽象的人間労働と等しいものと認められている。かくしてそれは、文字通り、人間労働一般として認められたのである。つまり、リンネル価値は、その人間労働一般の凝固体として、価値として、十全に認められていることになる。しかもリンネルは、他の種々様々の労働生産物たる商品と、間接的・媒介的であるとはいえ交換可能であるという社会性をもっている。換言すれば、リンネルに表わされた私的労働は、他の種々様々の労働との同等性＝交換可能性

第Ⅳ章　商品語の〈場〉——価値形態

という社会性をもつものとなっている。社会性の水準が飛躍的に高まったのである。

　ところで、形態Ⅰでは、相対的価値形態にあるリンネルだけが、商品語をしゃべっていた。その一方で、等価形態にある上着は沈黙していた。そのことからすれば、この第二の価値形態では、しゃべっているのはただ一つの商品リンネルだけであり、他のすべての商品は沈黙している。ただひとり饒舌な商品リンネルと、ひたすら沈黙をつづけている他のすべての商品。これはなかなか異様な理論的光景である。

　だが、黙していることが、直接的社会性を体現し一般性を表わしているのである。等価形態にある諸商品、すなわち、厖大な数の相異なった個々の商品に、直接的な社会性と一般性が体現され、他方で、相対的価値形態に位置するただ一つの商品に、間接的でしかない社会性が表わされている。この対立構図においては、少なくとも人間語の世界では、それぞれの商品は矛盾として存在していると言ってよいであろう。この形態の不安定性もまた、明らかである。社会性の水準が、さらに一段、高められなければならない。

第 ix 節　初版本文価値形態論の形態Ⅲに関して

　「相対的な価値の第三の、転倒された、または逆の関係にされた第二の形態」＝一般的価値形態に移ろう。次のようなものである。

　1 着の上着　　　＝ 20 エレのリンネル
　u 量のコーヒー　＝ 20 エレのリンネル
　v 量の茶　　　　＝ 20 エレのリンネル
　x 量の鉄　　　　＝ 20 エレのリンネル
　y 量の小麦　　　＝ 20 エレのリンネル
　　　⋮　　　　　　　⋮

　ここでは、直接的な交換可能性の形態である等価形態には、ただ一つの商品リンネルが座っている。リンネルだけが等価形態になり、その他の商品はすべて等価形態から排除されている。ただ一つリンネルだけが、直接的交換可能性の形態

つまりは直接に社会的な形態にあり、等価形態にある商品の特殊な被規定性から商品リンネルの使用価値・現物形態それ自体が直接に社会的なものとなっているすなわち、商品リンネルが、現物形態のままで価値の実現形態・現象形態になりまた商品リンネルに対象化された具体的有用労働が、そのままで抽象的人間労働の実現形態・現象形態になっている。またさらに、商品リンネルを生産する特殊な私的労働が、直接に一般的社会的労働になる。

　この形態にあるのはただ商品リンネルだけなのだから、これが一般的な等価物である。つまり、商品リンネルが、一般的価値肉体、抽象的人間労働の一般的な物質化となっている。また、商品リンネルに対象化された特殊な具体的有用労働が、人間労働の一般的な実現形態として、一般的労働、すなわち価値実体そのものになる。

　こうして商品リンネルでない他のすべての商品は、等価形態から排除され、直接的交換可能性の形態にない諸商品に、言葉を換えれば、直接に社会的形態を持たない商品になる。つまり、「商品リンネルとの交換関係に入る」という媒介を通じてだけ、交換可能性・社会性を得る商品となる。そしてまた、商品リンネルと異なるあらゆる商品に対象化された労働は、商品リンネルに対象化された労働との等置によってのみ、人間労働として認められる。リンネル以外の諸商品に対象化された労働が、商品リンネルに対象化された労働に等置されることをつうじてはじめて、それらの商品は価値として、すなわち商品として認められるのである。

　「純粋に社会的で極度に抽象的なもの」たる価値は、商品リンネルとして現われ、価値の量化を実現する価値実体は、商品リンネルに対象化された特殊で私的な具体的労働として現われる。この異様な形態、すなわち、形態Ⅲにおける等価形態（＝一般的等価形態）に関して、マルクスはきわめて印象的な特徴づけを行なっている。

　形態Ⅲにおいては、リンネルはすべての他の商品にとっての等価物の類形態として現われる。それは、ちょうど、群れをなして動物界のいろいろな類、種、亜種、科、等々を形成している獅子や虎や兎やその他のすべての現実の動物たちと相並んで、かつそれらのほかに、まだなお動物というもの、すなわち動物界全体の個体的化身〔die individuelle Incarnation des ganzen Thierreichs〕が存在してい

るようなものである。このような、同じ物のすべての現実に存在する種をそれ自身のうちに包括している個体は、動物、神、等々のように、一つの一般的なものである。それゆえ、リンネルが、一つの他の商品が価値の現象形態としてのリンネルに関係したということによって、個別的な等価物となったのと同じように、それは、すべての商品に共通な、価値の現象形態としては、一般的な等価物、一般的な価値肉体、抽象的な人間労働の一般的な物質化となるのである。それだからリンネルにおいて物質化されている特殊な労働が、いまでは、人間労働の一般的な実現形態として、一般的な労働として、認められるのである。[31]

早くも形態Ⅰにおいて現われ出ていた奇妙な転倒が（これについては、先に初版付録から引用をしておいた）、ここでまったきものとなる。商品に表わされている抽象的人間労働を、「実体」というこれまでの長い哲学史上の用語を用いて、価値の実体として概念規定したことの意義が、ここにはっきりと示されている。ここではまさしく、価値とその実体への根源的な批判として、概念が措定され定立されたことが示されているのである。

われわれは、若き、マルクスとエンゲルスとの共著『聖家族 あるいは 批判的批判の批判 ブルーノ・バウアーとその伴侶を駁す』（1844 年）におけるマルクスのヘーゲル批判、すなわちヘーゲル的実体たる"果実なるもの"に関する一連の言明を、ここで思い起こさざるをえない[32]。マルクスのヘーゲル批判は、根源的かつ辛辣きわまりないものである。だがしかし、それはあくまで、ヘーゲルの理念に対する批判であった。この批判を、現実に対する批判として措定したのが、〈社会的実体―価値実体〉という概念なのである。

マルクスがこのように、長きにわたる西洋哲学史上の概念規定をめぐる議論を踏まえたのは、なぜか？ それは、〈価値 価値実体 商品〉への根源的批判を遂行するためである。その目的のためにこそマルクスは、〈実体―社会的実体〉という用語によって、価値実体概念を措定したのである。この点を明確にしておくことがきわめて重要である。

①商品に表わされた抽象的人間労働を、社会的実体として、人々が日々無意識裡に定立しつづけていること、②その社会的実体を価値の実体とし、その凝固物として価値（商品価値）があること、③かかる価値の頽落状況に、人々が物神崇

拝によって、苛まれつつもその根源を探ることなく安らっていること、④そして、つまるところ、人々が社会的実体の目に見える化身である貨幣の〈力〉に宗教的に隷属していること（この場合の「宗教」は、「神は死んだ！」と叫べば、その圧倒的な支配力を喪うようなものではなく、全社会に通用する、無数の人々によるとめどない無意識裡の「共同作業」にもとづいているものである）——こうした事態に対する根源的批判を遂行するためにこそ、〈実体〉という哲学用語をマルクスは用いているのである[33]。こうしてマルクスは、それまでの古典派経済学の労働価値説を、根源的に批判したのである。このことを、確固として踏まえることが、根底から問われる。この点を曖昧にし、ぼかすことによって、あるいはまったく無関心であることによって、〈価値実体—抽象的人間労働〉をめぐる厖大な、しかも無意味な論争が行われることになったのである。『資本論』を取り上げる論者は、ほぼ必ずと言ってよいほど、サブ・タイトルが「経済学批判」であることに触れる。だが、その意義を精確に把握している論者は、これまでほぼ皆無と言ってよいのである。

ともあれこのようにして、一般的等価物たる商品リンネルは、形態IIにおける「饒舌を含み込んだ沈黙せる」社会的な〈もの〉になる。この沈黙の、いかに恐ろしいものであることか。

ただし、ことここにいたっても、一般的等価形態がリンネルに、いまだ固定化したわけではない。それゆえ次の形態IVで、マルクスは、リンネルのみならず、あらゆる商品が一般的等価形態を取り得ることを示すことになる。そこへの橋渡しとしてマルクスは次のように述べている。

> 一商品の等価形態が、他の諸商品の諸関係の反射であるのではなくて、その商品自身の物的な性質から生ずるかのような外観は、個別的な等価物の一般的な等価物への発展につれて固まってくる。〔…〕／とはいえ、われわれの現在の立場においては一般的な等価物はまだけっして骨化されてはいない。[34]

形態IVについて、次いで検討しなければならない。しかしその前に、次節では、形態IIIにおいてようやく十全に定立された〈価値—価値実体〉概念について、それをめぐる諸論争への評価を含めて捉え直しておきたい。

第Ⅳ章　商品語の〈場〉——価値形態

第 x 節　〈価値——価値実体〉概念の十全な定立

(1)

　価値にせよ価値実体にせよ、それらの概念は、冒頭商品論の出だしの部分（第二版以降で言えば第1章第1節）においては、十全に定立されるにいたらない。価値概念も価値実体の概念も、価値形態論において、とくに形態Ⅲにおいて、ようやく十分なものとして定立される。このことを、われわれは強調してきた。そして、前節でそれを実際に確認した。

　この事態は、人間語の世界と商品語の〈場〉とを明確に区分することなしには、決して捉えられないものである。繰り返しになるが、再度確認しておく。冒頭商品論の出だしの部分においては、人間語による分析的抽象化が遂行される。だが、人間語による分析的抽象化によっては、私的諸労働の社会的諸労働への転化を明示的に解くことはできない。この転化が明らかになるのは、価値形態論において、すなわち商品語の〈場〉における商品自体の関係・運動の解明によってである。ここではじめて、価値も価値実体も概念として十全に定立される。それとともに、マルクスが実体という概念用語をなにゆえに用いたのかも、明確になる。こうしてこれらの概念は、この後の議論の展開過程において、豊かなものへと飛躍的に展開される。その必然的帰結として、真に批判されるべきもの、実践によって克服・止揚されるべきものへと熟していくのである。こうしたことを踏まえなかったがゆえに、数限りないほどに無意味な論争が交わされてきたのだった。とりわけ、実体——価値実体をめぐっては、無意味な論争が、いまなおつづけられている。これに終止符を打たねばならない。

　価値については、第Ⅶ章であらためて取り上げる。ここでは価値実体の概念について、従来の論争への批判の形で、少し述べておきたい。

　社会的実体としての価値実体、すなわち商品に表わされた抽象的人間労働をめぐる過去の膨大な議論・論争は、『資本論』冒頭商品論の出だし部分の叙述をめぐって、主要になされている。つまり、冒頭商品論出だし部分の議論と価値形態論とを対照させ、冒頭商品論全体で立論できていないのである。「実体論を内在的に理解するためには形態論の理解が並行的に要求される」[35]とする廣松渉をはじめとする、スターリン主義派経済学への諸々の批判派でさえも、そうである。

彼らもまた、冒頭商品論出だし部分の議論に引きずられている。かくして廣松らは、実体を拒否し否定して、いわゆる「関係」説に陥っている。スターリン主義派が、「労働力の生理学的支出」をもって抽象的人間労働だと主張し、価値を実体化して捉えていることに対して、いわゆる「関係」説派は、価値をあくまで関係だとして批判しようとする。だが、こうした一切の議論は、批判する側のものも批判される側のものも、まったく誤っている。論争する双方ともに、冒頭商品論出だし部分に対する価値形態論の意義を、正しく把握することができていないのである。すなわち、マルクスが、なぜ実体という概念用語によって価値実体概念を規定したのか、を把握できていないのである。

　スターリン主義派は、価値実体を、すなわち商品に表わされた抽象的人間労働を、「人間労働力の生理学的支出」と捉える。その「根拠」を、スターリン主義派は、第二版（およびそれ以降の版）の第1章第2節に求める。そこでマルクスは、次のように述べている。

　　すべての労働は、一面では、生理学的意味での人間労働力の支出であって、この同等な人間労働または抽象的人間労働という属性において、それは商品‐価値を形成するのである。[36]

　この規定をそのまま価値実体たる抽象的人間労働に当てはめ、超歴史的なものとしてそれを理解するのである。これに対して、イサーク・イリイチ・ルービンを始めとするスターリン主義派への批判者たちは、次のように考える。すなわち、このマルクスの規定によっては、厳然と歴史的に規定された商品に表わされた抽象的人間労働の、歴史的・社会的規定性が、的確に捉えられない、と。この批判は正当ではある。だが、ルービンら批判者たちは、いま引用した、一見すると問題のある規定を、マルクスはなにゆえに行なったのかを正しく把握できなかったのである。それゆえ批判者たちは、自説に都合の悪いこの規定を、無視あるいは否定することになる。

　では、マルクスのかの規定は、いったい何に対するものなのだろうか？　それは商品に表わされた労働、その一方の性格である抽象的人間労働に対する規定だろうか。この点を、まず明確にし、厳密に理解することが求められる。そうした理解が絶対に必要であるにもかかわらず、多くの論者は、問題とする当の規定が、

第Ⅳ章　商品語の〈場〉——価値形態

商品を生産する過程における生きた・流動状態にある労働の規定なのか、それとも商品に対象化された労働の規定であるのかを精確に概念区分しない。往々にして両者を混同し、その上で、かの規定を、肯定したり、否定あるいは無視したりしている。

　ここではっきりと述べておこう。かの規定は、商品に表わされた労働についてのものではない。商品に表わされた労働から捉え返された（反省された）、生きた・流動状態にある労働の規定なのである。とはいえ、それは生産過程における生きた労働の規定では、決してない。あくまで商品に表わされた労働から捉え返されたかぎりでの、それゆえ一定の抽象化をうけた、生きた労働の規定なのである。

　だがしかし、ここで問題としている規定がなされた第二版第 1 章第 2 節のタイトルは、「商品に表わされた労働の二重性〔Doppelcharakter der in den Waaren dargestellten Arbeit〕」である。このタイトルからすれば、この節を総括する位置に置かれたかの規定を、商品に表わされた労働の規定であると考えることは自然であり、理に適っているように思われる。このタイトルにもかかわらず、かの規定が、生きた・流動状態にある労働に関する規定であるということがありうるだろうか。だがこの点についての判断が、価値実体である商品に表わされた抽象的人間労働を正確に理解するための、いわば第一の関門である。その判断こそが、決定的に重要なのである。というのは、価値実体概念が、第二版で言えば第 1 章第 1 節、第 2 節では十全に確定されず、仮に定立されるだけでしかないことを理解するための、必要不可欠な前提条件だからである。

　どういうことか。

　「ある一つの商品をどんなにいじくりまわしてみても、相変わらず、価値物〔Werthding〕としてはとらえようがない」[37]とマルクスは言っている。「商品体の価値対象性」は、「自然素材がまったく入ってはいない」[38]ものだから、より純粋に社会的で抽象的なものでしかないからである。だが、価値の実体である商品に表わされた抽象的人間労働もまた、感覚的に捉えうるものではない。商品を労働生産物として捉えることは容易だが、そこで捉えうる労働は、つねに具体的形態における労働の結実であり、抽象的人間労働として感覚的に捉えうるものでは、決してない。それは、思惟による抽象化として、一つの観念像として、把握するほかないものである。だが、いま一度、マルクスの先の言明を見てほしい。

179

「ある一つの商品をどんなにいじくりまわしてみても」と、マルクスは言っている。細心の注意を払うべきは、「ある一つの〔ein einzelne〕」という限定句である。アダム・スミスやデイヴィッド・リカードゥが商品に表わされた労働の二重性を捉えることができなかったのは、すでに述べたように、彼らがあくまで「ある一つの商品」、あるいはただ漠然と多数の商品を対象にすることに終始したからである。マルクスはこれに対して初めから、つまり冒頭商品論出だしから、異なる理路をたどっている。マルクスは、任意の二商品の等置関係を対象として措定し、この等置関係自体にそくして、つまり等置という形態にそくして抽象化を遂行したのである。その抽象化をつうじて、彼は、商品に表わされた労働を抽象的人間労働に還元した。そして、この抽象化された労働の凝固物、すなわち「幽霊のような対象性」として、労働生産物を把握し、商品を価値だと捉えることができたのであった。しかも同時に、その価値も、それを支える価値実体も、さしあたりの概念として定立したのであった。

ここで、《商品〈場〉——商品語の〈場〉》に場面を変えなければ、さらなる展開はない。

諸商品相互の現実の等置関係こそが、商品に表わされた労働を抽象化し、それを価値の実体にする。つまり商品を生産する社会、「商品世界」たるこの社会こそが、商品に表わされた労働を抽象化し、それを価値の実体にするのである。この一連の過程を現実的に遂行できるのは、資本主義的生産様式が支配する社会以外にはない。資本主義的生産様式が支配する社会が、この事態を社会全体に一般化する。

これに対して、思惟による抽象化は、ある観念像を作り出すにすぎない。人間語による論理的分析の世界、分析的抽象化が遂行される世界にあるかぎり、基本的にこの水準を乗り越えることはできない。マルクスが『資本論』で行なったように、最初から異種の二商品の等置関係から出発することによってのみ、商品自体の関係の〈場〉、商品語の〈場〉への橋渡しができるのである。それゆえ、思惟抽象による抽象的な規定性において価値実体を捉えるかぎり、商品に表わされた労働は、「同等な人間労働」という以外にはないものである。この「同等な人間労働」に、抽象化された場面において、人間語による論理的な分析にもとづく抽象化を駆使してさらなる規定性を与えようとしたとしても、実りある結果が手に入りはしない。すでに質の限界・極限にまで抽象化された抽象的人間労働に、

第Ⅳ章　商品語の〈場〉──価値形態

新たな規定性があるはずがないからである。したがって、私的労働の社会的労働への転化は、この場面にあるかぎり明示的に解くことはできない。それは、価値形態論の課題なのである。

　それゆえここで、つまり、冒頭商品論の出だし部分のまとめにおいて、マルクスが遂行した作業は、きわめてユニークなものであった、と言いうる。人間の思惟にとって極限にまで抽象化された労働について、次のように問うたのである。抽象的人間労働が商品に表わされたものとしてあるかぎり、なにゆえに二重の労働の一方のものとして現われるのか、と。そして、この問いへの解答を、次のようにして得ようとした。すなわち、対象化された労働から、生きた・流動状態にある労働を反省的に捉えなおすことによって、対象化された労働の二重性を浮かび上がらせようとしたのである。というのは、マルクスにとって、商品に表わされた労働の二重性を強調することが、きわめて重要であったからである。

　マルクスは第二版のこの節の冒頭で次のように述べていた。

　　商品に含まれているこのような労働の二重の性質は、私が初めて批判的に指摘したものである。この点は、経済学を理解するための軸点である。[39]

「経済学を理解するための軸点」とまで言っているマルクスにとって、概念規定としては仮のものでしかないとはいえ、商品に表わされた労働の二重性の概念は、論理的にきわめて厳密に突き詰めた結実である。労働の二重性にもとづいて〈価値─価値実体〉概念を規定した以上、この概念をとくに取り出して、論述することが必要であったわけである。

　だが、商品に表わされたものとしてあるかぎり、その一方の抽象的人間労働に、ここでこれ以上の規定を与えることは不可能である。かくして、商品に表わされた労働から、生きた・流動状態にある労働を反省的に捉え返し、それを通じて、対象化された労働の特質である二重性を、浮き彫りにすることを目指したのである。第2節の文章をつぶさに調べれば、このマルクスの理論的作業の内実が直ちに解る。同じ「労働」という言葉が用いられていても、生きた労働を指す場合と対象化された労働を指す場合の双方がある。両者を混同することは許されず、精確に区分して捉える必要がある。例えば、次のように区分する必要がある（下線はすべて引用者による）。

上着とリンネルとが質的に異なる使用価値であるように、それらの定在を媒介している<u>労働</u>も質的に異なるもの——裁縫と織布である。[40]
　独立に行なわれていて互いに依存し合っていない私的<u>諸労働</u>の生産物だけが、互いに諸商品として向かい合うのである。[41]

　この場合の「労働」はもちろん、生きた労働を指す。これに対して、次のような叙述はどうなのか。

　どの商品の使用価値にも一定の目的に適った生産活動つまり有用<u>労働</u>が含まれている。[42]

　ここでの「労働」は、当然ながら、対象化された労働を指す。
　また、両者の「労働」が並存していることも考えなければならない。例えば、次のような文章である。

　価値としては、上着もリンネルも、同じ実体をもつ物であり、同質の<u>労働</u>の客体的表現である。ところが、裁縫と織布とは、質的に違った<u>労働</u>である。[43]

　この場合は、前者の「労働」が、対象化された労働であるのに対して、後者の「労働」は生きた労働を指している。前者は、「同質の労働」とあるように、上着とリンネルにそれぞれ対象化された労働を、価値の実体としての抽象的人間労働として捉えたものである。これに対して後者は、上着とリンネルをつくる生きた労働である裁縫と織布を指す。
　以上の引用に見てきたように、生きた労働と商品に表わされた労働とが同じ「労働」という言葉で混在して表現されている。だが、まさしくこのことによって、第二版第 1 章第 2 節での課題が、商品に表わされた労働から生きた労働を捉え返すことにあったことが示されているのである。
　生きた・流動状態にある労働から具体的有用的規定性を分析的思惟によって捨象すれば、「労働に残るものは、労働が人間労働力の支出であるということである」[44]。すなわち、「人間の頭脳や筋肉や神経や手等々の生産的支出」[45]であり、かくして「生理学的意味での人間労働力の支出」なのである。商品に表わされた

第Ⅳ章　商品語の〈場〉——価値形態

労働の視点から、生きた・流動状態にある労働を見るかぎり、当の生きた労働から具体的有用的規定性を捨象する以上は、このように規定する以外にはない。商品が使用価値と価値の二重性をもち、かつその統一物であるかぎり、商品に表わされた労働もまた二重性をもつ。そして、この商品に表わされた二重の労働から反省されるかぎりで、生きた・流動状態にある、商品を作る労働も、かの二重性に対応した二面的なものとして捉えうる。こうした、対象化された労働と生きた労働との関係構造の把握を通じて、対象化された労働が二重性をもって現われる、この固有の在り様を、マルクスは精確に示そうとしたのである。

だから、生きた労働に関する「生理学的意味での人間労働力の支出」という規定は、決して超歴史的な規定ではない。あくまで商品を生産する生きた労働についての規定なのである。歴史貫通的な「人間の労働」なるものの規定なのではない。規定の表現は、なるほど、超歴史的であるように読める。だが、対象化された労働は歴史的に限定されており、そこから反省的に捉えられる生きた労働に関するその規定もまた、歴史的に限定されているのである。もちろん、過去に遡って、ある一定の時期の、ある一定の場所における「労働なるもの」を対象として措定することは可能である。その措定された「労働なるもの」から具体的有用的規定性を捨象して、「人間労働力の生理学的支出」なるものを抽出することもまた、思惟抽象には可能である。だがそれはそれだけのことであり、そのことによって何かが明らかになるわけではない。たとえば、江戸時代の年貢米を産みだす農業労働を、生きた流動状態にあるものにおいて考えた場合、そこから「人間労働力の生理学的支出」を思惟抽象によって析出することは容易である。だが、それが何だと言うのか？　そのことによって、江戸時代の何か重要なことが解明されるなどということは、決してない。

ところで、初版では、「人間の脳や筋肉や神経や手などの生産的な支出」という第二版にもそのまま引き継がれる表現がなされている。だが、「生理学的」という用語は、そのままでは用いられていない。たんに「人間労働」とか「たんなる人間労働」といった表現がなされている。むしろ初版の方が、商品に表わされた二重の労働から、生きた・流動状態にある労働を捉え返しているという点が直截に出ている、と言ってよいだろう。初版の叙述の方が、第二版以降のものよりも、誤解を与える危険性が少ないように思われる。

以上述べてきたところから解るように、価値実体、すなわち商品に表わされた

抽象的人間労働をめぐる過去の膨大な議論・論争はそのほとんどすべてが不毛である。議論や論争と呼ぶのも、そのもととなった『資本論』への敬意を払ってのことであり、本来は口論とでも評すべき類のものにすぎない。変革に寄与するどころか阻害物になるような愚昧さは、できるかぎり速やかに、歴史の屑籠に捨て去らねばならない。そのために、以下、より具体的にしかしできるだけ簡潔に論者にそくして確認をしておこう。

(2)
スターリン主義派経済学者D・I・ローゼンベルグ（Розенберг, Давид Иохелевич 1879-1950）は、『資本論』現行版（第四版＝エンゲルス版）をあつかった『マルクス『資本論』第一巻註解 Комментарии к первому тому „Капитала" К. Маркса』（1931年）の第一篇第一章第二節「商品に表わされた労働の二重性」への註解として、次のように述べている。

抽象的労働についてマルクスが述べたあらゆることを総括し、彼の方法論と経済学的範疇に対する彼の理解とを出発点とすることで、われわれは以下の結論に達する。（一）商品生産において、労働は、それが「生理学的意味における」労働力の支出に還元されないかぎり、社会的労働にはなりえない。そしてこのことによって、それは同等な人間労働、すなわち労働一般とされるのである。（二）それゆえ、抽象的労働とは、すべての種類の労働の同等性、およびすべての個人の労働の同等性を意味するばかりではなく、諸個人の労働が社会的総労働の一部へと還元されることを意味する。（三）あらゆる種類の労働を、その生理学的な共通の基礎に還元し、〔…〕労働力支出へと還元すること――この事態は、諸個人の労働の共通な基礎への、すなわち社会的総労働の同質な諸部分への還元の物質的基盤をなすのだが――、これは、商品の生産過程において、客観的に遂行される。[46]

きわめて大仰な物言いから始められたこのパラグラフに、有意義な命題はただの一つもない。個々の語句・単語はもちろん各々の意味をもっている。だが、命題としてはまったく無意味である。ローゼンベルクは、このパラグラフ全体で、彼の言う「抽象的労働」の概念規定を行なったつもりであろう。しかし、彼の言

第Ⅳ章　商品語の〈場〉——価値形態

う「抽象的労働」なるものは、『資本論』とは無縁である。なぜなら、マルクスが概念規定した、商品に表わされた抽象的人間労働、すなわち価値の実体としてのそれと、ローゼンベルグのそれとは、まったく別物だからである。

　理由を述べよう。

　第一に、ローゼンベルグの「抽象的労働」は、商品に表わされた労働の規定であるのか、それとも商品を作る、生きた・流動状態にある労働の規定なのか、まったく判然としない。両者がひどく混同されている。第二に、『資本論』冒頭商品論ではまったく問題とされてはいない、生産過程それ自体における生きた労働、すなわち生産現場での具体的な生きた労働を無限定に混在させて議論を行なっている。その結果、第三に、商品に表わされた抽象的人間労働と、生産過程における単純労働とを混同している[47]。そしてこれが決定的なことだが、第四に、「社会的」という言葉を濫用し、その概念を無概念化している。

　『資本論』冒頭商品論においてマルクスは、商品の社会性を、〈自然的―社会的〉規定性および〈私的―社会的〉規定性の二重性において、概念規定している。だが、ローゼンベルグは、冒頭商品論における社会性を、商品を作る社会における生産の社会性、つまりその体制＝社会的分業体制とその結実に現われる社会性に、横滑りさせているのである。こうしてローゼンベルグはまったく無意義なばかりか害毒でさえある、こけおどしの文章を捏ね上げたのである。

　次いで、スターリン主義派のウルトラ御教論者・見田石介（1906-1975年）を取り上げよう。見田は、価値の実体である抽象的人間労働を超歴史的なものと捉え、そこからそれを自然的実体だと理解する。この点で彼は感心するほど徹底しており、マルクスについて語りながら、マルクスの議論——『資本論』——とはまったく関係のない世界で、ひとり相撲をとっている。彼は言う。

　マルクスは商品を使用価値と価値とに分析したというのは、つまり価値そのものを分析したことであるが、〔…〕抽象的労働そのものは労働の永遠の一側面であって、それにとっては価値という形態をとることはどうでもよいものであり、それはすこしも価値を含蓄しないし、価値に移行する必然性をもつものでない、ということである。[48]

マルクスはまさしく商品を分析し、そこから価値を分析的に導出した。したが

って「価値そのものを分析した」のではない。価値（商品価値）の根源的批判的措定を行なおうとしたのである。だから価値の実体である商品に表わされた抽象的人間労働は、あくまで歴史的存在である商品の一規定である。断じて、見田の言うごとき「労働の永遠の一側面」ではない。さらに「永遠」などと、見田は平然と述べる。たしかにマルクスは、こう述べてはいる。

> だから、労働は、使用価値の形成者としては、有用的労働としては、あらゆる社会形態から独立した、人間の一実存条件であり、人間と自然との物質代謝を、それゆえ人間的生活を、媒介する永遠の自然必然性である。[49]

だが、この一文には、前提がつけられている。

> 人間は、衣服を着る必要に迫られたところでは、だれかある人が裁縫師になるまえに、すでに何千年にわたって裁縫労働を行なってきた。しかし、上着やリンネルのような天然自然には存在しない素材的富のあらゆる要素の定在は、特殊な自然素材を特殊な人間の欲求に適合させる、ある一つの特殊な合目的的な生産的活動によって、つねに媒介されなければならなかった。[50]

つまり、初版の論理記述から第二版以降の歴史記述的叙述になってもなお、「永遠」という語は、濫用されるべきものではないということである。「永遠」には、特殊歴史的な人間生活の様態と変化の可能性が限定としてつけられ、対象は具体的有用労働にしぼられているのである。それに対して、「抽象的人間労働」を喧伝する見田の叙述のどこが、「永遠」なるものを示しているというのか。たんなる情緒的修飾語をもてあそぶ見田に、論理や分析を期待することなどできた相談ではない。だが、「永遠」を語る彼は、さらに仰天するようなことを託宣する。「抽象的労働」が「価値を含蓄しない」と言うのである。この断定にはさすがに驚くほかはない。

見田にとっては、彼の言う「抽象的労働」なるものが、何らかの「永遠なるもの」として存在するのである。それはいささか神的な何ものかである。自らを神とし、最高司祭とし、おまけに唯一の信者とする「永遠宗教」の、「神的なる何か」と言い換えてもよい。だから彼は、次のようにのたまうのだ。

第Ⅳ章　商品語の〈場〉——価値形態

マルクスは価値を分析して、その実体、内容を明らかにしているが、この実体、内容、はまずすこしも歴史的なものでなく、労働そのものの永遠の属性、その抽象的人間的労働としての一側面であり、[51]…

これだけにとどまらず、見田は引き続いて次のようにも言う。

価値は永遠の抽象的労働がとる一つの歴史的な形態であるが、また、やはり永遠の社会的労働の一つの歴史的形態でもある。[52]

人間の社会が、ここでは「永遠」のものにされてしまっている。言うも愚かだが、人類は永遠ではなく、人間社会もまた永遠ではない[53]。だから労働も永遠ではない。地球—太陽系の消滅以前に人類は消滅しているであろう[54]。天上のものに祀りあげられた〈労働—人間—人間社会〉から、歴史的現実的な人間—人間社会に降臨することはなかなか困難なように思われる。しかし、自らに「永遠」を抱えもつ、奇妙な「神」である見田は、降臨をいとも軽々とやってのける。

労働一般は、抽象的労働と具体的労働との二面をもっているが、私的生産という条件のもとでは、この抽象的労働が対象化し物化して価値となる。[55]

「永遠」の存在としての神的な「抽象的労働」が、「私的生産という条件のもとで」対象化されると、「価値」になるというわけである。つまり「抽象的労働」なる一般的普遍的な「あるもの」が、商品価値という具体的歴史的なものにおいて、自己を実現するというわけである。まったくみごとなヘーゲル的転倒！

このように見田は一つの珍奇な神学体系を創ろうとしている。しかし彼には気の毒なことに、彼の神的な「抽象的労働」という一般的普遍的な「あるもの」それ自体が、そして、その一般的普遍的な「あるもの」からすれば、特殊歴史的なものとして貶められた価値が、躓きの石になる。

この抽象的労働そのものの自然的性質をどうして否定しえようか、価値なるものをたんに社会的形態としてとらえるだけではまだ不十分であって、自然的、

永遠的な抽象的労働の対象化が社会的形態をとったものとして、その実体の側面とその社会的形態の側面の二つをとらえてはじめてそれは完全に規定される。[56]

価値の概念に到達するためには、その自然的な実体たる抽象的労働を自然的実体としてとらえることがその第一の条件であって、これを社会的、歴史的なものだとすれば、価値なるものは得体の知れぬものとなる。[57]

　価値の実体である商品に表わされた抽象的人間労働は、社会的実体である、とマルクスは明言している。にもかかわらず、見田の「抽象的労働」なるものは、神的存在として完全なものになるために、自然的実体でもなければならないとされる。自然さえもが神的な世界＝天上に取り込まれる。こうしてはじめて、価値が、自然的かつ社会的歴史的概念として完全に措定される、というのである。
　だがここで見田は、その愚論の馬脚を露わす。価値はまさしく純粋に社会的なものとして、まったく「得体の知れぬもの」そのものである。まさしくそうであるがゆえに、マルクスのあの格闘全体があったのだ。彼の〈生〉全体を賭けた、すさまじい格闘があったのである。ところが、見田の神的世界では、「得体の知れないもの」の存在は許されない。マルクスが『資本論』初版で、「商品の分析は、商品とは非常にへんてこなもので形而上学的な小理屈や神学的な小言でいっぱいなものだということを示す」[58]と述べたことが、見田にはまったく理解できないのだ。見田の議論全体は、『資本論』の世界とまったく比較にもならない違ったところ、まったく形式論理的で空疎な世界にある。ヘーゲル―マルクスの弁証法の旗をいたるところで振りかざしているにもかかわらず、それらの言葉はただの記号でしかないということである。

(3)
　スターリン主義派に対する異端派として存在し、結局粛清されたイサーク・イリイチ・ルービン（Рубин, Исаак Ильич 1886-1937）の議論を見ておこう。ルービンの議論は、スターリン主義派の議論に比べればはるかに高い水準にある。そうではあるのだが、批判対象の水準の低さにひきずられ、また彼自身の欠陥のゆえに、『資本論』冒頭商品論の核心を捉え損なっている。彼は価値形態をまったく

第Ⅳ章　商品語の〈場〉——価値形態

誤って理解し、価値の形態を全然別のものとして理解している。『資本論』冒頭は商品論であり主体は商品なのだが、彼はその核心を捉えていない。彼は商品についても、またその価値についてもさまざまに語っているが、『資本論』冒頭は他でもなく商品論であり商品こそが主体であることを捉え損なっている。そのため、彼の主著『マルクス価値論概説 Очерки по теории стоимости Маркса』（1923年初版、1930年最終増補版＝第四版）は、労働論の書になってしまっている。『資本論』冒頭商品論は、商品とは何か、労働生産物はどのようにして商品になるのか、を解くことが課題であり、それ以外ではない。それゆえに、価値形態論がある。だが、ルービンは、根源的に商品を問うことをしなかった。それゆえに彼は、商品がなぜあるのか、すなわち労働生産物がどのようにして商品になるのかという課題にこたえる価値形態論をまったく無視した。より精確に言えば、価値形態論を、本来のそれとはまったく別のものとして考えてしまったのである。すなわち彼は、労働生産物が資本主義社会でとる社会的形態である商品形態そのものを、価値形態だと理解したのである。しかし、主体として商品を指定せず、価値形態論を無視するルービンに、彼固有のものとして措かれた、労働から商品形態という社会的形態を解く理路は存在しない。ルービンは、直面する課題をまったく理解できなかったということである。だから、商品形態の基底にある労働を必死になって問うているのである。彼には労働論しか残されていなかったのである。彼の抽象的労働に関する議論は、いくつかの正しい問題意識と、それにもとづいた間違ってはいない分析を含んではいる。だがその議論は、総体としては、実りのあるものではない。

　ルービンは『資本論』冒頭商品論を、商品論ではなくまず価値論だと考える。そして価値があくまで純粋に社会的で「一原子も自然素材を含んでいない」[59]ものである以上、価値それ自体を分析の対象として措定することはできない、と考える。それゆえ、分析対象を、価値の内容としての労働（＝抽象的労働）と、その社会的実現形態としての価値の形態、というように考えたのである。価値の内容である労働の分析と概念措定、そしてその労働の社会的形態である価値形態——これがルービンの価値論なのだ。彼は、マルクスの言う価値の形態とはまったく違ったものを、価値形態として考えている。このルービンの捉え方からすれば、価値形態とはむしろ商品形態なのだ。なぜなら労働生産物の社会的形態としての商品形態ということに、ルービンの労働の社会的形態としての価値形態とい

うことがパラレルになるからである。

　ルービンは、冒頭商品論を、商品論ではなく価値論と誤って捉えた。この誤った把握が、上述の結果につながった。しかもこのような誤読に陥ったがゆえに、彼固有の「価値形態論」は、いかにも曖昧で非概念的なものとなっている。彼の説は、論じるべき焦点を欠いた、ぼやけた議論に終始せざるをえず、結局は対象としての労働だけが残ったのである。彼は、「マルクスは分析的に価値を労働に還元しようとしただけでなく弁証法的に労働から価値を導出しようともした」[60]といったことを、繰り返し述べている。主体である商品抜きの、この価値と労働との円環論理は、価値を観念の宙に浮かせるだけであり、労働のみを残すことになる。

　価値は決して労働に還元されるものではないし、また労働から価値が導出されることもない。ルービンの説には、商品という決定的なものが欠けている。マルクスにしたがって考えれば、等置された異種の二商品を、それらと異なる第三者である労働＝抽象的人間労働に還元することができる（つまり、商品の労働への還元である）。そして、この還元された抽象的人間労働の凝固として、商品が価値なのである。あくまで商品が主体である。それゆえもし、ルービンが、価値を人間の創造的素質の絶対的産出というところから捉えようとしているとするのならば、〈価値―富〉という範式を考えるべきであった（この点については第Ⅶ章を参照のこと）。対象とすべきは、〈価値―労働〉という範式ではないのである。ともあれ、ルービンがいかに価値形態を理解できなかったかは、次の言明に余すところなく現われている。

　　価値の形態については、マルクス自身がおりにふれて多くの箇所で言及している。『資本論』第一部の第一章第三節には、「価値形態または交換価値」という表題が付されている。だがマルクスは、ここでは価値の形態の解明に立ち入らずに、その種々の転化形態、すなわち、簡単な形態、開展された形態、一般的な形態そして貨幣形態という、個々の「価値形態」にただちに移行している。マルクスの理論の通俗的解説には必ず登場するこの種々の「価値形態」のために、それ自体としての「価値の形態」は影のうすいものになってしまった。[61]

　『資本論』第二版の価値形態論は、初版本文のそれに比べて、おおいに問題の

第Ⅳ章　商品語の〈場〉——価値形態

あるものである。だが、それは措くとしても、ルービンが価値形態論を、文字通りまったく理解できなかったことが、上記の引用に残酷な形で示されている。本来の価値形態とは別に、彼固有の「価値形態」、すなわち彼の言う「それ自体としての「価値の形態」」なるものがあると思い込んでいるということだ。そしてそれは、価値の社会的形態、すなわち価値の内容たる労働（抽象的労働）の社会的実現形態であるもののことである。だが、実際のところは、商品という労働生産物がとる歴史的社会的形態のことなのである。しかし、ルービンは当然にもこれを解くことができないし、本当の課題である商品を捉えることも絶対にできない。そればかりか、彼のいわゆる価値論も構築できない。ひたすら労働論に向かうしかないのである。

　では彼の労働論はどうだろうか。彼の労働論の核心である抽象的労働論を見てみよう。

　ルービンは、価値の実体である抽象的人間労働を「歴史的社会的範疇」だとして、スターリン主義派の〈労働力の生理学的支出〉論をあくことなく批判した（それが後に彼が粛清される遠因ともなった）[62]。その批判自体は間違ってはいない。先に見たように、スターリン主義派の議論はあまりにも稚拙で粗雑である。だが問題なのは、ルービンが労働論として立論していることである。商品から立論するのではなく、抽象的労働とは何か、と彼は立論する。そのような誤った起点から論を起こしたがために、彼の議論においては、労働が商品に表わされた労働であるのか、それとも生きた・流動状態にある労働であるのかが、しばしば不明になる。労働は、基本的には具体的な生きた労働であるほかはない。抽象的労働なるものがあるわけではなく、商品に表わされた抽象的人間労働がある。そしてそこから生きた労働の抽象的人間労働の側面が、反省的に捉えられる。だからこそ、まず商品をきちんと措かなければならない。そうでないかぎり、商品に表わされた労働は対象として確定できない。この点で彼の議論は、スターリン主義派に足を掬われるものになっている。というのは、ルービンは、スターリン主義派の議論にひきずられ、『資本論』冒頭商品論の議論の外にある、生産過程における生産的労働の議論にまで迷い込んでしまうのである。彼は言う。

　この具体的労働に対置されるのが、特定の「社会的形態」と結びついて、生産過程における人間の人間に対する特定の関係を表現するものとしての抽象的労

働である。[63]

　ルービンの説は商品を欠落させている。そのため、種々様々の商品に人々の社会的諸関係が表現されているという事態を解く代わりに、生産過程における種々の労働（これはあくまで具体的労働である）にまで議論を広げなければならない羽目に陥ってしまう。また、彼の説は商品論を曖昧にするだけにとどまらない。本来の価値形態論をまったく欠落させているので、そこにおいて明らかになる私的諸労働の社会的諸労働への転化を、交換過程を議論に導入することによって解こうとすることになる。

　だが、交換過程論（初版では第1章の（2）、第二版では第2章）より前の冒頭商品論でマルクスは、現実の交換をまったく取り上げてはいない。ただ異種の諸商品の等置関係が問題にされているだけである。読み解くべきテキストの叙述では論じられていないにもかかわらず、ルービンは否応なく実際の交換過程を議論に持ち込まなければ自説を展開しえない。そこで彼は、「商品経済においては交換だけが具体的労働を抽象的労働に還元する」[64]と言うにいたる。しかしこの議論のままでは、サミュエル・ベイリーなどの議論、すなわち絶対的な価値はなくただ相対的な価値（交換価値）だけがあるという議論や、生産過程においてではなく交換過程において価値が生み出される、といった議論に足を掬われる危険性が大いにある。かくしてルービンは、現実の交換過程は実は生産過程の一過程なのだと強調することになる、次のような表現に、苦し紛れの強調が明らかに露出している。

　　交換は、再生産過程の個別的局面であるだけではなく、再生産過程の全体にその刻印を押し付け、生産の社会的過程の特殊な社会的形態である。〔…〕／〔…〕交換はなによりも生産過程の形態ないし社会的労働の形態なのである。[65]

　こういった議論は、価値実体である商品に表わされた抽象的人間労働に関する議論にとって、まったく不要な議論と評する以外にない。なぜなら、概念をただ曖昧にし、混乱を導くだけだからである。商品論ではなく労働論に陥ったことが、以上のような誤りを、ルービンにもたらしたのである。

第Ⅳ章　商品語の〈場〉——価値形態

(4)
　次いで、廣松渉の議論を取り上げよう。彼こそ、いわゆる〈価値＝体化労働〉説に対する〈価値＝関係〉説のもっとも一貫した立場にあるからである。
　廣松は次のように、価値実体＝商品に表わされた抽象的人間労働に対して疑問を投げかける。

そもそも「抽象的人間労働」とは何であるのか？　果してそういうものが実在するのか？　実在すると強弁するとき、それは形而上学的・超自然的な実在を持出すことにならぬか？　そういう"わけのわからぬしろもの"の「凝結」とはいよいよ珍奇であろう。「抽象的人間的労働」の何たるかが明確に規定されない限り、そもそもマルクスの価値論全体が"誤魔化"しになってしまう。それは、かの第三者、つまり、交換される二商品がそれに還元される共通者なるものを要請し、労働の生産物に論点を"移動"し、この場面であらためて要請した「第三者」「共通者」たるにとどまる。抽象的人間的労働の何たるかを積極的に規定しえなければ、"正体不明の第三者"の存在場面を他の場面に移動させただけに終る。あらためて設問しよう。一体抽象的人間的労働とは何か？／〔…〕抽象的人間的労働なるものはどこにも実在しない。況んや、それが「凝結」するなどということは現実的な過程としてはありえない。[66]

　廣松は、マルクスが「労働の生産物に論点を"移動"」したとか「"正体不明の第三者"の存在場面を他の場面に移動させただけ」だとか、「強弁する」。だが、論点を移動させたのは、マルクスではなく、廣松の方である。マルクスは一貫して商品を対象としている。これに対して、廣松は、彼の言うところの「抽象的人間労働」なるものに論点を移している。自ら「論点を"移動"」させた上で、無意味な問いを発しているのだ。彼は主体が商品であることをきちんと押さえていない。
　マルクスの場合、異種の二商品の等置（たんに商品ではなく、一つの商品でも、漠然と諸商品でもない）を取り出し、その等置という事態から、論を展開している。両商品に表わされた労働の具体的有用的側面を捨象して抽象的人間労働を剔抉し、かくして両商品は双方ともに、かかる抽象的人間労働のたんなる凝固物になっていると、分析的思惟的抽象によって述べている。だが、廣松は主体である

商品を忘れ、「抽象的人間労働とは何か」という誤った問いを立てる。そこから彼のいわゆる「抽象的人間労働」なるものが対象化されたり、それが凝結するなどありえない、と彼一流の独演会をはじめるのである。「発見したぞ、発見したぞ！ εὕρηκα, εὕρηκα!」[67]というわけだ。

だが、商品から離れて、抽象的人間労働なるものがあるわけはない。だからそれが商品とは別にあらかじめ実在するわけはない。ましてやそれが、対象化されたり凝結したりするはずもない。こうした言明を、いわゆる〈価値＝体化労働〉説であるスターリン主義派等に向けて放った、と廣松本人は思っているであろう。ところが、これらの言明に、実に彼自身が〈価値＝体化労働〉説に深く囚われていることが示されているのである。先の引用（註番号66）を付したもの）は1969年に刊行された『マルクス主義の地平』からのものだが、これから17年後にも廣松はまったく同じ疑問を提出している。

> 商品体に価値なるものが内在的に「含まれて enthalten」いるというのは本当であるか。マルクスは、価値とは「幽霊のような対象性 gespenstige Gegenständlichkeit」（S. 52）であり「超自然的な属性 übernatürliche Eigenschaft」（S. 71）だと言っているが、そのようなものが実在するとしたら、それこそ不思議ではないか？「抽象的人間労働」なるものが本当に在って、それが実際に「凝固」「結晶化」して一定量の「価値」というものになるのであるか？ もしそうだとしたら奇々怪々ではないか？[68]

第Ⅲ章第ⅷ節で述べておいたように、マルクスは価値を「幽霊のような対象性」だとは言っていない。商品に表わされた労働の具体的有用的側面を捨象すると、その労働生産物たる商品は「幽霊のような対象性」になってしまう。その「幽霊のような対象性」として、労働生産物である商品は価値だ、とマルクスは述べたのである。価値を「幽霊のような対象性」だと考えてしまう点に、廣松が商品を忘れて議論していることが鮮明に出ている。そのことに加えて、彼が社会的属性を自然的属性になぞらえる形でしか理解していないこともまた、ここにはっきりと示されている。身分制社会に生きる人間の社会的属性である、あれこれの身分を考えてみよう。例えば江戸時代の徳川家直参の場合、旗本・御家人の区別を問わず、武士としての身分が、社会的属性として、明らかに個々の人間の現

第Ⅳ章　商品語の〈場〉——価値形態

実的な〈生〉の在り様全体（物質的な生活の在り様から意識の在り様まで含め全体）を深く規定している。人間があくまで社会的存在である以上、士・農・工・商等のそれぞれの身分が、それぞれの社会的属性として、各個人の〈生〉の在り様全体を規定していたのである[69]。それは、体重や身長などの自然的属性と同じように内在し実在しているのでは、決してない。だが、明らかにその時代に生きる個々の人間の一属性、社会的属性なのである。

同様に、たんなる労働生産物ではない、商品という社会的存在には、個々の商品にその社会的属性として、価値がそなわっている。労働生産物に、自然的属性と同じように、社会的属性である価値が存在し内在しているわけでは、決してない。だがしかし、物象である商品の社会的属性として、価値がそなわっているのである。だからこそ、個々の商品はたんなる労働生産物ではなく、物象たる商品なのだ。

社会的属性が理解できない廣松が、社会的実体が理解できなかったことは当然である。繰り返すが、彼は社会的実体を自然的実体になぞらえて捉えている。すでに何度も強調してきたように、マルクスは「実体」という用語を用いて概念規定し、その根源的批判を行なったのである。それはなぜか？　資本主義的生産様式が支配的な社会にあっては、価値の実体が人類の歴史上文字通りの実体として、すなわちもっとも実体らしい実体として、貨幣の姿をもって現れ出ており、個々の人間を支配しているからである。だからこそマルクスは、実体という概念を用いて、この現実を批判したのである。換言すれば、マルクスは実体という哲学上の概念の歴史を踏まえ、根底的批判として価値実体という概念を措定したのである。哲学的概念の歴史に深く通じているはずの廣松が、マルクスの批判という、このもっとも枢要な点をまったく看取できていないのは、いったいどうしたことだろうか。

冒頭商品論の主体である商品を忘れたこと、これが廣松の躓きの一歩であったのであり、彼の議論全体の過ちを規定している。彼はあくまで商品を忘れた推論過程を辿ることになる。

抽象的人間的労働なるものが在って、それが文字通りの意味で凝結して、価値なるものに転成するわけではない。普遍的抽象的な主体＝実体として、それが自己外在態に転変して価値実体と成る或るもの、そのような etwas として表象

195

されているところのものは、いかなる関係規定の屈折した投影であるか。従ってまた、価値実体ということで私念されているところのものの真実態は何であるか。[70)]

廣松はこのようにあらためて問いを立てた上で、次のように結論づける。

人々は、価値実体なるものが先ず在って、それが第二次的に諸関係をとり結ぶかのように表象しがちである。また、価値現象体のうちに普遍的な価値本質、ないし、価値実体が潜んでいるかのように思念する。しかし、人々が価値実体として思念しているところのものは、実は、かの間主体的な機能的諸関係の結節を自存化したものにほかならない。〔…〕人々が普遍的本質として私念しているところのものは、実は、間主観的に一致して gleichsetzen されている機能的関係(これは多岐多様であり、それぞれしかるべき歴史的・社会的、そしてまた自然的な根拠をもつ)を物性化して事物に凝縮的に帰属させたものにほかならない。[71)]

漢文脈も極まれりといった風の、この難解な表現で言われていることは、きわめて単純化して言えば、次のようなことである。資本主義的な商品生産社会の中での、人々の社会的分業体制における位置・役割・機能等々を、廣松特有の「間主観的」とか「間主体的な機能的諸関係の結節を自存化」といった用語法で表現した、肥大した学的意識過程への反射、これである。社会的分業体制は、明らかに社会的実体としてとらえられるであろう。だから、その社会的実体の社会的意識過程への何らかの反射として、抽象的人間労働と、その凝結ということを廣松は考えていることになる。

1969年の『マルクス主義の地平』(勁草書房)以来、『資本論の哲学』(現代評論社、1974年)、編著『資本論を物象化論を視軸にして読む』(岩波書店、1986年)、そして増補版としての『資本論の哲学』(岩波書店、1987年)と相当に長期間に渡って続けられた抽象的人間労働に関する廣松の探究は、結局は実を結ばなかったと言ってよい。先に引用したように、彼は「実体論を内在的に理解するためには形態論の理解が並行的に要求される」としながらも、自ら主張したその要求を受けとめることを、拒んだのである。彼の価値形態論は、商品所有者を当事主体と

第Ⅳ章　商品語の〈場〉——価値形態

する議論である。これは、彼固有の哲学の根幹たる「四肢的構造論」を論証するためのものであり、マルクスの価値形態論とはまったく無縁のものでしかない。

　廣松は、冒頭商品論の出だし部分、すなわち人間語による分析の世界と、商品語の〈場〉である価値形態論との区別をつけることができなかった。それゆえ、商品に表わされた労働が、いかにして二重の社会性、すなわち〈自然的—社会的〉および〈私的—社会的〉の二重性において社会的労働として認められ、労働生産物が商品に転化するのかを把握することができなかったのである。

（5）
　最後に、われわれの見解と多くの点で一致する正木八郎の見解を見ておく。
　正木は正しくも、「従来の議論では、この抽象的人間労働がまさに商品の分析から抽出されたカテゴリーだということが十分顧慮されてきていないように思われる」[72]と言う。正木は抽象的人間労働が商品に表わされた労働の規定であることをしっかりと踏まえ、そのことを強調する。抽象的人間労働を、生きた・流動状態にある労働と混同することの非をはっきりと意識しているわけである。
　その認識から正木は、見田石介などのスターリン主義派に対しても、また宇野弘蔵に対しても、「抽象的人間労働と現実の生きた労働との直結という、一種の拡大解釈が行なわれる」[73]ものと正しく批判する。つまり正木は、冒頭商品論における価値実体としての抽象的人間労働について、議論を生産過程にまで拡大してはならないとまったく正当に述べているのである。これは当然の批判ではある。だがしばしば忘れ去られてしまう重要な指摘であり、この点でスターリン主義派はもちろん、それへの批判派たるルービンや廣松らよりも、明らかにすぐれた位置にある。こうして、正木は次のように主張する。

　実際には、対象化された労働の抽象的人間労働への抽象化、したがってまた商品の「価値抽象」（S. 56）への還元は、「思惟的抽象」、「論理的抽象」によって行なわれるものではなく、まして現実の生産過程のなかで行なわれるものでもない。それはまさにブルジョア社会の「表面」における商品所有者の日々の交換行為の過程、諸商品の交換関係という社会的関係のなかで行なわれるのである。この過程は生産過程から分離したものとして現われ、そのなかで、「商品に含まれている」かぎりでの労働の抽象化が行なわれ、商品が「価値抽象」、

197

「まぼろしのような対象性」へと還元されるのである。[74]

　この主張の中には、多くの同意できる点がある。正木は「まぼろしのような対象性」（「幽霊のような対象性」）を廣松とは違って、正しく商品の規定として捉えている。そして何よりも、抽象的人間労働をあくまで商品に表わされた労働の規定として、明確に捉えている。しかも、商品に表わされた労働からの抽象化が、現実の日々の諸商品の交換関係において実際になされるということを、押し出している。これらの点にわれわれは同意する。だが、彼の議論にも、曖昧な点がないわけではない。冒頭商品論における諸商品の等置関係が、彼の言う「ブルジョア社会の「表面」における商品所有者の日々の交換行為の過程、諸商品の交換関係という社会的関係のなかで行なわれる」ものと同じものなのか、という点である。

　交換関係という言い方は間違ってはいない。だが、誤解を与える可能性がある。それゆえ、等置関係と交換過程との相違として述べよう。冒頭商品論、すなわち交換過程論に入る以前では、実際の交換、現実の交換過程は問題になってはいないのである。たんに諸商品は、等置関係に置かれ得るものとして考えられている。交換ではなく等置と考えた方が厳密であり精確である。

　『資本論』の交換過程論が示しているように、実際の諸商品の交換過程は貨幣を必ず媒介とする。対象とする世界が、資本主義的生産様式が支配する社会であるからだ。だが、交換過程論の前に措かれた冒頭商品論は、貨幣を抜きにした抽象的な〈場〉の世界として考えられなければならない。発達した商品生産の社会、すなわち資本主義的生産様式が支配する社会では、諸商品はまさしくそれらが商品である以上、互いに等置され得るものと考えられなければならないということなのだ。

　初版付録・第二版以降はこの点での論理的厳密さが失われているのだが、初版本文が示しているように、冒頭商品論では貨幣を導入してはならない。そこでは諸商品はたんに等置され得るものとしてだけ、考えられるべきものなのだ。この点で正木は、諸商品の等置ではなく、現実の交換過程を、冒頭商品論において、早くも導入して考えてしまっている。その結果、商品所有者や、実際に交換が成立するのか否かという、冒頭商品論では問題にしてはならない議論が入り込む余地を残してしまっている。この議論の中途半端さによって、正木は、議論を生産

第Ⅳ章　商品語の〈場〉——価値形態

過程にもっていってはならないと言いつつ、廣松の議論に引きずられることになる。「抽象的人間労働を「一定の社会的関係からの被媒介的な反照規定」として把握される廣松氏の見解は、われわれに重要な示唆を与えるものといえる」[75]などと廣松を肯定的に評価するのは、そのためにほかならない。つまり、正木には、議論の徹底さが足りないのだ。実際の商品交換ではなく、諸商品が互いに等置され得るという現実に集約して議論することこそが、理解の鍵なのだ。まさしくそう理解することによってこそ、商品とは何か、どのようにして労働生産物は商品に現実的に転化するのか、が解けるのである。「被媒介的な反照規定」などという、いわゆる「弁証法的な用語法」に淫すべきではないのである。

　このように、正木は自己の正しい立場を徹底することができず、それゆえ実際の諸商品の交換過程を冒頭商品論に導き入れ、また「一定の社会的関係」なるものに引きずられることとなった。この中途半端さが逆に、冒頭商品論の場面での次のような誤読を生み出している。くだんの「生理学的意味での人間の労働力の支出」という規定を、商品に表わされた労働の規定だとする誤読である。彼は言う。

　　第二節［『資本論』第二版第1章第2節］におけるあの内容規定［「生理学的意味での人間の労働力の支出」という規定］は、あくまでも対象化された労働、「商品に含まれている労働」から抽象されたものとして与えられていると考えるべきであるが、他方ではこの規定が抽象的人間労働と生きた労働との認識上の接点をかろうじてなしていると見ることができる。[76]

　抽象的人間労働はあくまで商品に対象化された労働の規定なのだ、というまったく正しい主張を貫こうとして、ここではそれがあだになっている。すでに述べたように、かの規定は、商品に表わされた労働の二重性から捉え返されたかぎりでの生きた労働の二面性を規定するものなのだ。正木は、これを無理矢理、対象化された労働の規定に押し込めている。かくして「抽象的人間労働と生きた労働との認識上の接点をかろうじてなしている」という、苦しい弁明を迫られるのだ。

　ところで、正木は抽象的人間労働に関する議論をさらに「深化」させ、〈商品に表わされた抽象的人間労働＝価値実体〉説の否定にいたることとなった。「マルクス価値論の再検討」(1)、(2)（大阪市立大学経済学会『経済学雑誌』第90

巻第 1 号、同第 2 号、1989 年）がその転回点を画するものである。それらの論考における議論は、「価値・実体・貨幣の相互前提的同時存在性」[77]なるものを彼固有の「社会的労働」という概念によって構成するというものである。だが結局のところ彼は、冒頭商品論を、〈自然的—社会的〉と〈私的—社会的〉の二重の社会性において、把握できていない。それら二重の社会性を、冒頭商品論出だしと価値形態論の位相区分において、捉えることができなかったということである。その理由の一端は、現行版を正典として対象にすることから、最後まで自由でなかったからでもある。

第xi節　初版本文価値形態論の形態Ⅳに関して

　初版本文価値形態論の形態Ⅳはそれまでの形態Ⅰから形態Ⅲまでのものとは位相が異なる。形態Ⅱおよび形態Ⅲに一例としてとられたリンネルの位置に任意の商品が座り得ることを示すものが、形態Ⅳなのである。もともと例として取られたリンネルは、たんなる一例であり代表であり、任意の一つである。それゆえ形態Ⅱの相対的価値形態の位置に、そして形態Ⅲの等価形態の位置に、任意の（あらゆる）商品が位置し得ることは明らかである。それゆえマルクスは、価値形態Ⅲ（一般的価値形態）に関する部分の最終パラグラフで、次のように言う。

> われわれの現在の立場においては一般的な等価物はまだけっして骨化されてはいない。どのようにして実際にリンネルは一般的な等価物に転化させられたのであろうか？　それは、リンネルが自分の価値をまず第一に一つの個別的な商品において示し（形態Ⅰ）、次にはすべての他の商品において順次に相対的に示し（形態Ⅱ）、こうして逆関係的にすべての他の商品がリンネルにおいて自分たちの価値を相対的に示した（形態Ⅲ）、ということによってである。単純な相対的な価値表現は、リンネルの一般的な等価形態がそこから発展してきた萌芽だった。この発展のなかでリンネルは役割を変える。リンネルは、その価値の大きさを一つの他の商品で示すことをもって始め、そして、すべての他の商品の価値表現のための材料として役だつことをもって終わる。リンネルに当てはまることは、どの商品にも当てはまる。[78]

第Ⅳ章　商品語の〈場〉──価値形態

これを踏まえて、形態Ⅳの最終パラグラフで、次のように総括する。

要するに、商品の分析が明らかにするものは、価値形態のすべての本質的な規定、およびその対立的な諸契機における価値形態そのもの、一般的な相対的な価値形態、一般的な等価形態であり、最後に、単純な相対的な諸価値表現のけっして終結することのない列であって、この列は、最初は価値形態の発展における一つの過渡段階をなすのであるが、結局は一般的な等価物の独自に相対的な価値形態に一変するのである。しかし、商品の分析が明らかにしたところでは、これらの形態は商品形態一般なのであり、したがってどの商品のものにもなるのであるが、ただ対立的にのみそうなるのであって、もし商品Aが一方の形態規定にあるならば、商品B、C、等々はこれに対立して他方の形態をとる、というようになるのである。[79)]

こうして真の意味で「すべての商品の貨幣存在」が示されたことになり、貨幣の秘密は完全に暴露された。

註
1) 価値形態論が、冒頭商品論出だし部分で駆使される人間語による論理的分析とはまったく異なる方法によるものであることに気付いている論者は少ない。中野正はその数少ないうちの一人であり、きわめて強い意識をもってその相違の何たるかに立ち向かった。彼は、冒頭商品論出だし部分で用いられている方法を「抽象的な思惟としての分析」とし、これに対して価値形態論における方法を、「〔…〕商品の本性を〔…〕それの内面的な形成にそって、内在的に解明する分析」であるのと「同時に綜合的であるような分析」だと言う（中野正『価値形態論』日本評論新社、1958年、p. 246.）。だが中野は、初版から「再版」（第二版）への「〔弁証法的な〕分析の進展」（同上書、p. 247.）という自らア・プリオリに描いたドグマに囚われている上に、第二版での「商品語」という重要な表現にまったく気付いていない。それゆえ、彼の主張は中途半端な議論にとどまらざるをえなかったのである。
2) MEGA Ⅱ/5, S. 640.（§. 9.）; S. 642.（§. 5.）; S. 646.（§. 5.）この「移行」という、「Ⅰ. 単純な価値形態」（S. 626f.）→「Ⅱ. 全体的な、または展開された価値形態」（S. 641f.）→「Ⅲ. 一般的な価値形態」（S. 643f.）→「Ⅳ. 貨幣形態」（S. 647f.）という形態の系列を示す語は、第二版では小節のタイトルでは用いられていない。それぞれの形態間の進展関係を示す重要な叙述を、形態Ⅰから形態Ⅱ

に関する箇所にしぼって、以下に引いておく。初版本文「第一の形態 20エレ のリンネル＝1着の上着 は二つの商品の価値のために二つの相対的表現を与 えた。〔…〕／それにもかかわらず、この第二の形態は一つの本質的な進展を 包蔵している。〔…〕このさらに進んだ規定は、相対的価値表現のこの第二の または展開された形態がその関連のなかで示されさえすれば、明らかになる。 そうすれば、われわれは次のような形態を得ることになる。Die erste Form *20 Ellen Leinwand = 1 Rock* gab *zwei relative Ausdrücke* für den Werth *zweiter* Waaren. 〔…〕／ Dennoch birgt diese zweite Form eine wesentliche Fortenwicklung. 〔…〕 Die Weiterbe-stimmung zeigt sich, sobald diese zweite oder *entfaltete Form des relativen Werthausdrucks* in ihrem *Zusammenhang* dargestellt wird. Wir erhalten dann.」(MEGA Ⅱ/5, S. 35.)。これ が、初版付録では、次のようになる。「可能性から言えば、リンネルは、それ とは別種の諸商品が存在するのとちょうど同じだけのさまざまな価値表現を もっているわけである。つまり、事実上リンネルの完全な相対的価値表現は、 一つの個別的な単純な相対的価値表現なのではなく、リンネルの単純な相対 的諸価値表現の総和なのである。こうして、われわれは次のような形態を得 ることになる。Der *Möglichkeit* nach hat sie *eben so viele verschiedne einfache Werthaus-drücke* als von ihr verschiedenartige Waaren existiren. In der That besteht also ihr *vollständi-ger relativer Werthausdruck* nicht in einem *vereinzelten* einfachen relative Werthausdruck, sondern *in der Summe* ihrer einfachen relativen Werthausdrücke. So erhalten wir.」(ebenda, S. 640-641.)。これが第二版ではこう述べられる。「とはいえ、個別的な価値形 態は、おのずから、それよりも完全な一形態に移行する。〔…〕だから、商品 Aの個別的な価値表現は、商品Aのさまざまな単純な価値表現のつねに延長 可能な系列に転化する。Indeß geht die einzelne Werthform von selbst in eine vollstän-digere Form über. 〔…〕 Ihr vereinzelter Werthausdruck verwandelt sich daher in die stets verlängerbare Reihe ihrer verschiednen einfachen Werthausdrücke.」(MEGA Ⅱ/6, S. 94. この表現はそのまま現行版まで引き継がれている)。本文後段で述べるように、 初版本文価値形態論の叙述は、初版付録で「移行」と題された小節での「わ れわれは〔…〕形態を得る」にまさしく移行し、さらに第二版で「移行」し 「転化」すると明言されるにいたるのである。また、第二版では、初版本文 「Ⅰ．相対的価値形態の、第一の、あるいは単純な形態 *Erste oder einfache Form des relative Werths*」が、本文付録では「Ⅰ．単純な価値形態．Einfache Werth-form」と名称が変わり、第二版で「A. 単純な、あるいは個別的な価値形態 Ein-fache oder einzelne Werthform」(MEGA Ⅱ/6, S. 81.) とされている。さらに形態 Ⅰの名称は、マルクスが没したその年の末に刊行された第三版で、「A. 単純な、 個別的な、あるいは偶然的な価値形態 Einfache, einzelne oder zufällige Werthform」 に変えられている。この細かな名称変更の指示が、死を前にしたマルクスに よって口頭でなされたとは思われない。

3) ここで、今村仁司による初版本文第一章および初版付録の訳について、一言 述べておきたい。対象とするのは、筑摩書房の『マルクス・コレクション』 第Ⅲ巻に収録された、今村訳とその解説である。この「コレクション」は、 基本的に「MEGAを参考にする」という但し書きを、全巻の凡例において、 くりかえし強調している。ところが、今村仁司の訳は凡例が書かれているは

第Ⅳ章　商品語の〈場〉——価値形態

ずのページが、白紙のままなのである（『マルクス・コレクションⅢ』筑摩書房、2005 年、p. 266. ちなみにページ番号もつけられていない）。裸の王様よろしく、「愚か者には見えないインク」で凡例を記した訳でもあるまい。初版本文および初版付録の邦訳は、戦前の大原社会問題研究所編訳（弘文堂書房・同人社書店、1928 年）、および長谷部文雄訳（岩波文庫、1929 年）にしても、戦後の宮川実訳（青木書店、1948 年）、牧野紀之訳（鶏鳴出版、1973 年）、岡崎次郎訳（国民文庫、1976 年）、そして江夏美千穂による全訳（幻燈社書店、1983 年）にしても、1867 年のマイスナー版原本にあたった、と凡例に明記してある（こうした邦訳の歴史については、次を参照のこと。大村泉・宮川彰編『新 MEGA 第Ⅱ部（『資本論』および準備労作）関連内外研究文献・マルクス／エンゲルス著作邦訳史集成』八朔社、1999 年、p. 357ff）。もし原本にあたることが不可能であるならば、青木書店から二度にわたって復刻されたファクシミリ版（1959 年／1977 年）を用いるか、MEGA Ⅱ/5 にあたる以外、方法はない。訳を MEGA Ⅱ/5 とする場合に翻訳料が発生するため、それを避けるために典拠を記さなかったのではないか、という穿った見方をすることもできようが、われわれはそうした悪意ある観点を選びたくはない。訳者としては通常ありえないほどに不誠実な姿勢である、と批判するにとどめておく。
その上で、きわめて重大な事項を含む、今村訳および解説の問題点を指摘しておく。①本書末尾につけた対照表での初版パラグラフの⑦と⑧が、今村訳には欠落している。MEGA Ⅱ/5 では 16 行分（MEGA Ⅱ/5, S. 19, Zeile 31. – S. 20, Z. 10.）、1979 年の青木書店ファクシミリ復刻版で確認すると、原書本文では S. 4 の 62％強にあたる 18 行分である（S. 4, Zeile 9-26.）。この部分は本書の焦点となる重要な叙述であり、訳出で欠け落とすなど、けっして許されるものではない。②「使用対象」を「使用価値」、「量的」を「質的」、「商品価値」を「価値としての商品」などとする重大な誤訳が 20 箇所以上みられる。③本文価値形態論の形態Ⅳの直前に述べられた、「骨化してはいない」が、「固まってはいない」と訳されている。「骨化」は、重要な意味と系譜を有している言葉である（本章の註 34）を参照のこと）。学的・歴史的文脈を考慮しない訳語の選択は、杜撰というしかない。④今村は、初版本文価値形態論から付録への書き換えについて、いっさい論拠を示さないまま、次のように述べる。「初版の「付録」は、マルクスによる叙述の改善の苦労を示している。そしてこの「付録」は第二版以降では本文に組み入れられた。その観点でみると、現行版『資本論』もまた叙述の改善過程の一局面であり、もし時間があればマルクスはもっと改善を試みた可能性があったはずである」（『マルクス　コレクションⅢ』、p. 365.）。現行版がなにゆえにエンゲルス版と呼称されているのか、今村は関心をもっていないのである。また、上の引用からすぐに分かるように、今村は根拠を示すことなく、版をかさねることが改善すなわち進歩だという。本書で述べたように、そのような「改善」も「進歩」も、マルクス自身が与かり知らぬ「神話」でしかない。⑤今村は解説の冒頭において、「このテキスト［初版本文第一章および初版付録］は『資本論』の成立史の一齣を教える点で、主として専門的な領域においてのみ重要である」（同上書、p. 364.）と言い切る。成立史において重要であることは言を俟たない。ではなぜ、

モストの入門書が——マルクスの激怒を呼んだ「不出来」なものとはいえ——刊行されたのか？これは成立史の問題では、まったくない。今村はその叙述の後で、第二版以降と初版の価値形態論が大きく異なること、「商品論のなかで提出されたマルクスの価値形態論は、『資本論』の方法序説であり、同時にマルクスの学問的精神の精髄である」（同上書、pp. 365-366.）と一定正しいことを述べてはいる。だが、今村の本意を忖度すれば、暑中見舞いの時候の挨拶程度のものと思われる。解説の後段の文章はたんなるアリバイでしかない。そのことは、2005年に出版された今村の『マルクス入門』（ちくま新書）において、一言たりとも『資本論』初版の論理と第二版での変更について触れていない、という事実からも、判然たるものだろう。こうした点から、今村仁司訳の『資本論』初版第一章および付録価値形態論は、信頼するに値しない。

4) 数学の用語になじみがないことによって種々の誤解が生まれる可能性があるので一言しておきたい。商品はたんに物、使用価値ではなく価値との統一物であり物象である。たんに物（Ding）でなく物象（Sache）である商品を一個一個の要素とし得るかという疑問が出されるかもしれない。この疑問は結局は、マルクスが『資本論』において異種の二商品の等置式をつくることへの疑問としてもあるものだが、それは量子力学の波動関数のような無限の〈広がり〉（複素数で表現される波動関数に〈広がり〉という言い方は適切ではないかもしれないが取り敢えずそのように言うことにする）をもつものとして商品があると考えるところからくる疑問であろうか。しかし、波動関数からの比喩として「物象関数」のようなものがあり、それが「無限」の〈広がり〉をもったとしても、ここでの議論には何の問題も生じない。確かに商品はたんに物ではなく物象である。だが、ここでの議論においては、ある特別な場合における「正義」や「名誉」などのような価格をもつが価値をもたない擬似商品は対象としてはいないので、すべての商品は労働生産物である。かくして一方では、ここで問題にしている商品は、すべて使用価値という具体的な肉体性をもつ（これは、医者や教師などの労働が生み出す非物質的生産物としての医療行為や教育行為などの商品においてもそうである）。この具体的肉体性の固有の諸条件に応じて、労働生産物としての適切な一単位を定めることができるのである。しかも他方で、すべての商品は価値であり、商品が価値形態をとることによって、価値実体としての抽象的人間労働は社会的必要労働としての形態をとる。こうして価値としても交換価値として適切な一単位が定められることになり、商品としての一単位が確定するのである。これは、商品がすべて何らかの価格付けをともない、労働生産物が他でもなく諸商品として売買され消費されている現実に厳然と現れているのである。この事態を、波動関数の収縮からの比喩として、「物象関数」の収縮と呼んでもよいかもしれない。しかも、商品全体の集合 W は可算有限な集合であり可算無限集合でないばかりでなく、決して非可算無限集合ではない。非可算無限集合を考えることができ、選択公理によってそこから代表元を取ることができるということに比較すれば、商品全体の集合を考え、そこから要素をとることなど、きわめて初歩的なことである。だからそもそも、集合論をここで

もち出す必要はないといっても良いのであるが、本章第iii節末尾に述べたように、集合の考え方を用いることに決定的な意義があるのである。ところで、無限集合について言えば、例えば次のような非可算無限集合を考えることができるが、これについて読者はどのような感想をもつであろうか。0 より大きく 1 より小さい実数全体の集合を考える。この非可算無限集合から代数的数をすべて取り除く。すると超越数だけが残るが、ここから更に言葉（人間語）で精確に言い表わすことのできる超越数、すなわち自然対数の底 e や円周率 π などを用いた超越数── $1/e$ や $1/\pi$, e/π, $1/e\pi$, …等々──をすべて取り除く。しかしこれらはたかだか可算無限であるので、残された超越数による集合は非可算無限集合であって、しかもその集合に含まれる個々の要素はただの一つも言葉（人間語）によって精確に言い表すことができないものである。言葉によって言い表すことがまったくできない数によってつくられたこの非可算無限集合からどうやって代表元を取ることができるのか途方にくれざるをえない。選択公理が代表元をとることを可能にしているのであるが、それでもなお困惑は残る。しかし数学の世界はこのような不思議な性格をもつ実数を自由に扱い、その上に種々様々な関数、具体的に構成され得るものからただその存在が示されるだけの非構成的な関数までを考え、それらに微分や積分などの種々の解析的操作などを行なっているのである。

なお、代数的数とは代数方程式の解であるすべての有理数および一部の無理数を指し、超越数とは代数方程式の解にならない無理数のことである。

5) 先に well-defined という数学用語を用いたが、ともかく最初の定義はきわめて重要である。数学の書としてもっとも模範的なものの一つとされるユークリッドの『原論』の冒頭の定義がいかに考え抜かれ苦労に満ち満ちたものであるか、そしてそれを踏まえて、ヒルベルトがいかにいわゆる現代風に洗練させたかを考える必要があるであろう。ユークリッド『原論』第 1 巻冒頭の定義は「1. 点とは部分をもたないものである。」から始まり、「2. 線とは幅のない長さである。／ 3. 線の端は点である。／ 4. 直線とはその上にある点について一様に横たわる線である。」とつづいて 23 まである（中村幸四郎・寺阪英孝・伊東俊太郎・池田美恵訳・解説『ユークリッド原論』縮刷版、共立出版、1996 年、pp. 1-2）。これに対して D. ヒルベルトは『幾何学基礎論』冒頭の定義を「われわれは三種類の物の集まりを考える：第一の集まりに属するものを点と名づけ $A, B, C, …$ をもって表わし；第二の集まりに属するものを直線と名づけ $a, b, c, …$ をもって表わし；第三の集まりに属するものを平面と名づけ $\alpha, \beta, \gamma, …$ をもって表わす」（中村幸四郎訳『幾何学基礎論』ちくま学芸文庫、2005 年、p. 15.）としている。このように、ヒルベルトは点、直線、平面をそれらが何であるのかを一切述べることなく、ただ措いているだけである。このように implicit に措かれた定義が当書の議論全体を通じて explicit なものとして確定するわけである。ユークリッドからヒルベルトまでの 2,300 年ほどの数学の歴史の歩みをそこに読み取ることができるのではなかろうか。

6) 菊地原洋平『パラケルススと魔術的ルネサンス』勁草書房、2013 年；Cislo, Amy Eisen, *Paracelsus's Theory of Embodiment: Conception and Gestation in Early Modern Europe*, London, Routledge, 2016. を参照。

7）MEGA Ⅱ/6, S. 82.
8）MEGA Ⅱ/5, S. 28.
9）ebenda, S. 29.
10）ebenda.
11）ebenda, S. 32.
12）MEGA Ⅱ/6, S. 83-84.
13）ebenda, S. 82.
14）MEGA Ⅱ/5, S. 30.
15）ebenda.
16）ebenda.
17）MEGA Ⅱ/5, S. 31-32.
18）ebenda, S. 634.
19）デヴィッド・グレーバーのとなえる「別の可能世界」を想起すると良いだろう。グレーバーの如き「小文字のアナーキスト」的な資本主義観が、宇野派と同様の誤謬を導いているのは、マルセル・モースを商品論に「導入」した必然的帰結である（高祖岩三郎訳『資本主義後の世界のために』以文社、2009年、を参照のこと）。
20）岩井克人『貨幣論』ちくま学芸文庫、1998年、p. 44。
21）同上、pp. 59-60。
22）著者のひとり崎山は、年率36,000%超のハイパー・インフレーションに苦しんでいた内戦末期の中米ニカラグア共和国において、調査を行なった経験をもつが、事態は岩井の思うようには、決して進行しなかった。具体的反例ひとつで、岩井の説は、理論としての資格を喪失し、たんなる妄譚と化すのである。
23）MEGA Ⅱ/5, S. 40.
24）ebenda, S. 42.
25）ebenda, S. 33-34.
26）ebenda, S. 34.
27）MEGA Ⅱ/6, S. 89-90.
28）MEGA Ⅱ/5, S. 50.
29）MEGA Ⅱ/6, S. 81.
30）MEGA Ⅱ/5, S. 35-36. ここで、マルクスは商品所有者に言及しているが、それに特別の意味を与えているわけではない。商品を価値関係に置くのは当然ながら商品所有者であるが、価値形態論の議論の前提としてそれが語られているだけである。
31）ebenda, S. 37.
32）MEW. Bd. 2, S. 59-63.『聖家族 あるいは 批判的批判の批判 ブルーノ・バウアーとその伴侶を駁す』「第5章　秘密を売る小商人としての「批判的批判」あるいはセリガ氏としての「批判的批判」」（この章はマルクス執筆）の「2　思弁的構成の秘密」の部分を参照のこと。
33）「マルクス主義哲学」や「マルクスの哲学」に何よりも優位性を与える者は、商品という宗教について、ほとんど語らない。それは、哲学的思惟によって

経済学批判を統轄せんという、「頭で立った（＝逆立ちした）」欲望に囚われているからである。エチエンヌ・バリバールやアラン・バデュウが、その好例である。前者は、マルクス抜きのマルクス主義者として、マルクスの哲学を語ってやまない。後者は、1980年代中葉にマルクスおよびマルクス主義について語ることがほとんどなくなったとはいえ、彼らが組織した戦闘的政治運動組織である *L' Organization Politique* での活動からすぐに分かるように、「かつてのバデュウ」の姿勢はいまだに存続している。それはまた、「存在論としての数学」という立論にも如実に表現されており、その態様は彼の「マルクス（主義）」論と双子のように似ている。以下を参照のこと。Balibar, Entienne, *La philosophie de Marx*, Paris, La Découverte, 1993.; Badiou, Alain, *L'Être et l'Événement*, Paris, Seuil, 1988. バデュウの数学論に対する批判のひとつとして、次を参照。Nierenberg, Ricardo L., & Nierenberg, David, "Badiou's Number: A Critique of Mathematics as Ontology", in *Critical Inquiry*, no. 37（summer 2011）, pp. 583-614.

34）MEGA Ⅱ/5, S. 42. 引用にある「骨化する verknöchern」という自動詞について、若干付言しておきたい。この語は、初版本文価値形態論の形態Ⅳの直前のパラグラフ冒頭に出てくる。「とはいえ、われわれの現在の観点にあっては、一般的な等価物はまだけっして骨化していない Indaß ist auf unserm jetzigen Standpukt das allgemeine Aequivalent noch keinesewegs verknöcher.」（ebenda.）。初版付録を介して第二版へと書き換えられる過程で、形態Ⅳが抹消され、そのかわりに貨幣形態が挿入されたため、上記の表現は冒頭商品論の叙述から消し去られた。しかしながら、『資本論』第一巻をみわたせば、「骨化する」という言葉は、初版だけでなく、第二版から現行版にいたるまで、切所というべき重要な論点に用いられていることがわかる。第二版以降での初出は、第4篇第12章第一節（フランス語版では第14章第一節）「マニュファクチュアの二重の起源」における、二つ目の起源すなわち形成過程の箇所である。この箇所は初版からほとんど変更がなく、フランス語版でもほぼ逐語的な対応をしている。前後を含めて第二版から引用しておこう。「こうして、労働が分割される。同じ手工業者によってさまざまな作業が時間的につぎつぎと行なわれる代わりに、それらの作業がたがいに引き離され、孤立化され、空間的に並列させられ、それら各々が異なる手工業者に割り当てられ、そして協業者たちによってすべての作業が全部、同時に遂行される。この偶然的な分割が繰り返され、その独自の利益が明らかになり、しだいに体系的な分業に骨化していく。その商品は、さまざまなことをする自立的手工業者の個人的生産物から、銘々が同一の部分作業だけを引き続き行なう手工業者たちの結合の社会的生産物に転化する。Die Arbeit wird daher vertheilt. Statt die verschiednen Operationen von demselben Handwerker in einer zeitlichen Reihenfolge verrichten zu lassen, werden sie von einander losgelöst, isolirt, räumlich neben einander gestellt, jede derselben einem andren Handwerker zugewiesen und alle zusammen von den Cooperirenden gleichzeitig ausgeführt. Diese zufällige Vertheilung wiederholt sich, zeigt ihre eigenthümlichen Vortheile und verknöchert nach und nach zur systematischen Theilung der Arbeit. Aus dem individuellen Produkt eines selbstsändigen Handewerkers, der vielerlei thut, verwandelt sich die Waare in das gesellschaftliche Produkt eines Vereins von Handwerkern, von denen jeder fortwährend nur eine und dieselbe Theiloperation verrichtet.」(MEGA Ⅱ/5, S. 274.; Ⅱ/6, S. 333-334.; Ⅱ/7, S. 289.; Ⅱ/10, S. 304. ちなみに第二版以降では強調が取り去られ、Cooperirenden の冒頭大文字 C が K に変えられている。さらにエンゲルス版では引用冒頭文の ist が wird に変更されている)。ディーター・ヴォルフが述べているように、マルクスは「骨化する」を「自立化する verselbstständigen」(上の引用では「孤立化する」)との対で用いている (Wolf, Dieter, *Hegel und Marx. Zur Bewegungsstruktur des absoluten Geistes und des Kapitals*, Hambrug, VSA Verlag, 1979, S. 116ff.)。それも第一巻では初版で 8 個所、第二版以降で 7 個所で――この註の冒頭で述べたように、貨幣形態の導入によって価値形態論での表現が取り去られたのである――見られるが、それらはすべて自動詞である。

ところで、このような長い註をつけているには、もちろん『資本論』叙述に内在する理由が存するからにほかならない。だが、その内容に入る前に、「骨化」をめぐる歴史的・文献的事実をおさえておく必要があるだろう。

「骨化」とは、身体から肉をそぎおとして骨格をあらわす (skeletteieren; skeletonize フランス語ではこれにあたる他動詞はなく、rendre squelettique となる) ことではない。体 (身体 Körper) の形成過程において、骨組織がそれぞれ独自の骨として形成されることをいう。1699 年にロンドンで出版された外科医ロバート・ベイカーの『骨学講義』(Baker, Robert, *Curcus osteologicus*, London, printed and sold by T. Leigh and D. Midwinter, 1699.) によって、骨化過程にかんする一定の知見は、医学および解剖学にかかわる科学者のあいだで共有されていた。17 世紀においては、「最初のフランス人耳科医」と呼ばれるフランス王立アカデミー会員の解剖学者ジョセフ・ギシャール・ドュヴェルネー (1648 年-1730 年) が研究を進展させ、画家や彫刻家のための入門書までも出版している (Benkhadra, M./Salomon, C./Bressanutti, V./Genelot, D./Trost, O./Trouilloud, P., "Joseph-Guichard Duverney (1648-1730). Docteur, professeur et chercheur dans les 17e et 18e siècles ", dans *Morphologie*, vol. 94, no. 306 (août 2010), pp. 63-67.)。さらに、近代外科医学・解剖学の祖と呼ばれる、イギリスのジョン・ハンター (1728 年-1793 年) が『英王立アカデミー輯報 Proceeedings of the Royal Academy』および『英王立アカデミー会報 Philosophical Transactions of the Royal Academy』に掲載した論文・報告でも、骨化のことを見ることができる (Hunter, John, James F. Palmer (ed.), *The Works of John Hunter, F. R. S.*, with notes, Cambridge, U. K., Cambridge University Press, 2015.; Moore, Wendy, *The Knife Man: Blood, Body and the Birth of Modern Surgery*, New York, Bantam, 2006.)。

こうした研究内容を、思惟の発展の問題として受けとめようとしたのは、カントであった。カントの『判断力批判』の付録 80 章「自然目的としてのある事物の解明において、機構の原理が目的論的原理に必然的に従属することについて」では、以下のように述べられている。「彼 [自然の考古学者] は、地球、つまり混沌状態から抜け出したばかりの地球 (あたかも一匹の大動物として) という母胎に、まずはじめに低級な合目的的形態をもつ被造物を生ませ、さらにこの被造物に他の被造物を、つまりその生息地とその相互連関とにいっそう適応して形成された被造物を生ませることができ、ついにはこの母胎自身が硬化し骨化して、その産児たちを一定の、もはや変性しない種別

に制限してしまい、多様性はかの多産的な形態形成力が最後に処置したままの状態にとどまる、といった具合にさせることができるのである」(Kant, Immanuel, hrsg. von der Preussischen Akademie der Wissenschaften, *Kant's Gesammelt Schriften*, Band 5, Berlin, De Gruyter, 1968, S. 419.)。これはある種の「ガイア説」だが、カントは骨化を過程の「完成による停止」ととらえている。かかるカント的な骨化の「停止」という把握に対して、ゲーテはその形態学研究において「発展」(あるいは発達)を重視し、真っ向から反対した(Kaufmann, Walter, *Goethe, Kant and Hegel*, New Brunswick, NJ., Transaction Publishers, 1991, p. 44f. もっとも初期のものとしては、1791年に書かれた未完の論文「動物の形態についての試論 Versuch über die Gestalt der Tiere」の第三章を見よ。von Goethe, Johann Wolfgang, Ernst Beutler (hrsg.), *Johann Wolfgang von Goethe. Gedankausgabe der Werke, Brief und Gespräche*, Band 17, Zürich, Artemis Verlag, 1966, S. 41-45.; また、カール・フォン・リンネの『自然の体系 Systema Naturae』第10版(1758年)をもとにジャン-バプティスト・ド・モネ・ラマルクの『動物哲学 Philosophie zoologique』(1809年)を生産的に受けとめたゲーテについては、以下を参照のこと。Minot, Charles Sedgiwick, *Lehrbuch der Entwickelungsgeschichte des Menschen*, Leipzig, Verlag von Veit und Comp, 1894. ; Wellmon, Chad, "Goethe's Morphology of Knowledge", in Daniel Purdy and Catriona MacLeod (eds.), *The Goethe Year Book* 17, Suffolk, U. K., Boydell and Brewer, 2010, p. 157. ミノーは、上記『人類発達史教本』中、「骨化 Verknöcherung」に関する一連の叙述の最後部分で、こう述べている。「〔発展につれて〕脊椎動物上顎骨前部は四枚の切歯・門歯をそなえるようになった。この事実は何よりもまず、ゲーテの人体研究によって明らかにされたものである」(S. 472.))。換言すれば、ゲーテは完成―停止―死としてではなく、発展―成長―生こそが本質的なものだとして、カントのような「骨化」を、形態学研究において全面的に否定するかたちで批判しているのである。
上記の議論を背景に、われわれが重視するべきは、ヘーゲルの『エンツィクロペディ』第二部「自然哲学」の末尾にあたる、第三篇 C.-c.-δ「個体のおのずからなる死」の§375、および第三部「精神哲学」第二篇 1-C-α.「埋論的精神」§445における骨化についての論述である。順に引用する(Hegel, G. W. F., Unter Mitarbeit von Udo Rameil, hrsg. von Wolfgang Bonsiepen und Hans-Christian Lucas, *Gesammelte Werke* Band 20: *Enzyklopädie der philosophischen Wissenschaften im Grundrisse* (1830), Felix Meiner, 1992, S. 429-430.; S. 479.)。「〔…〕個体はその個別性を普遍性に馴化することによって、この不適合性〔個の有限的・停止的なありようと類の無限的・展開的なありようとのそれ〕を止揚するのだが、しかしその個別性を普遍性に馴化したところで、その普遍性が抽象的で直接的なものであるかぎり、たんに抽象的な客観性に達するのみであり、個体の活動は、そのなかで鈍化し骨化して、生命は過程なき習性に変化してしまい、こうして個体は、みずから死に至るのである。〔…〕Das Individuum hebt sie auf, indem es der Allgemeinheit seine Einzelheit einbildet, aber hiermit, insofern sie abstract und unmittelbar ist, nur eine abstrakte Objektivität erreicht, worin seine Tätigkeit sich abgestumpft [hat] verknöchert und das Leben zur prozeßlosen Gewohnheit geworden ist, so daß es sich so aus sich selbst tötet.」「そのはたらきに即して区別されうるものは、自立的な規定態とし

て固定され、そして精神はかくして骨化された機械的な集合とされるのである。Was an seiner Tätigkeit unterschieden warden kann, wird als eine selbstständige Bestimmtheit fewstgehalten und der Geist auf diese Weise zu einer verknöcherten, mechanischen Sammlung gemachat.」（また、次も参照のこと。Stederoth, Dirk, „Der Tod der Natur ist das Erwachen des Geistes", in Wolfdietrich Schmied-Kowarzik und Heinz Eidem (hrsg.), *Anfänge bei Hegel*, Kassel, Kassel University Press, 2008, S. 89f.）。ヘーゲルは、ふたたびカント的な把握へと回帰しているのである。

ここで『資本論』初版出版直前の1867年6月16日付けで、エンゲルスがマルクスに送った書簡中の「助言」を想い起すべきである。

「君のやった大きな失敗は、[価値形態論に見られる]これらの比較的抽象的な諸展開の思考過程をもっと細かい区分や別々の見出しで見やすくしなかった、ということだ。君はこの部分を、ヘーゲルのエンツィクロペディのようなやり方で短い段落で取り扱ったり、それぞれの弁証法的な意向を別々の見出しで目立たせたり、できれば余談やたんなる例解はすべて特別な字体で印刷したりすればよかったろう」（MEW 31, S. 252.）。

『資本論』初版中に『エンツィクロペディ』への言及は、いわゆる『小論理学』しかない。だが、先のヘーゲルの引用から、「骨化する verknöchern」という語が、たんなる解剖学的あるいは形態学的なものにとどまるものではないことを十分うかがい知ることができる。そのような学的基盤の上で、マルクスは一定の社会的関係が他との連関や文脈から切り離され（「自立化する」）、あたかも一個の物であるかのように社会的に「硬化する」（「骨化する」）様態を、第一巻では述語的に述べているのである。ちなみに、「骨化する」を用いた表現は、『共産党宣言』にまで遡ることができる（MEW, Bd. 4, S. 465.）。「ブルジョアジーは、生産用具を、したがって生産諸関係を、したがって社会的諸関係全体を、絶えず変革することなしには、実存することができない。〔…〕あらゆる固定的な錆びついた関係は、それに付属する古びて神々しい観念や見解とともに解体され、あらゆる新しく形成された諸関係は、それらが骨化しうる以前に古くさくなる」（この文章（MEW Bd. 4, S. 465.）は、初版以降「機械制と大工業」の註306）にそのまま載せられている。MEGA Ⅱ/5, S. 399, Fußnote 306）; MEGA Ⅱ/6, S. 465, Fußnote 306). ただしフランス語版のみは、註319）となっている。MEGA Ⅱ/7, S. 423, Fußnote 319）.）。

MEGA Ⅱ/4-2（1992）として刊行された、「第5章 利子生み資本」草稿でも、この語は重要な箇所に登場する。周知のことだろうが、「利子生み資本」草稿の完成度はきわめて高い（オスカー・アイゼンガルテンによる、几帳面ではあるが、本文の叙述と註や引用部の叙述を混在させてしまった清書をもとに、エンゲルスによって「編纂」されてしまったため、論理が通らなくなってしまったエンゲルス版（現行版）第三巻第5編に依拠することは、マルクスの本意を無視することである）。さて、エンゲルスによって第三巻第5篇第23章とされた草稿では、次のように述べられている。

「〔…〕その結果、一方の部分である利子が、ひとつの規定における資本の、それ自体として帰属する果実として現われ、他方の部分は、反対の一規定における資本の独自な果実として、それゆえにまた企業利得として、現われ、

第Ⅳ章　商品語の〈場〉——価値形態

一方は資本所有のたんなる果実として現われ、他方はたんに資本を用いて機能すること、過程進行中の資本の果実として、または生産資本家が行なう機能の果実として現われれば、このように、粗利潤の二つの部分がまるで二つの本質的に違った源泉から生じたかのように骨化および自立化するということが、総資本家階級にとっても総資本にとっても固定化せざるをえない」（MEGA Ⅱ/4-2, S. 446.）。

「総利潤がいかにして利子と企業利得とに分化するかという全研究は、たんに、総利潤の一部分が一般的に〔generally〕どのように利子として骨化し自立化するのか、という研究に帰着する」（ebenda., S. 447）。

「〔…〕この二つの部分〔利子と起業利得〕がたがいに対立して骨化し自立化することによって、現実の物象的関係が観念のなかで歪められる」（ebenda, S. 454-455. この文はエンゲルス版では抹消されている）。

さらに同第24章の冒頭にあたる草稿からも引いておこう。

「利子生み資本において、資本関係はその最も外面的で最も物神的な形態に到達する」（ebenda, S. 461. これは強調を除いて、そのままエンゲルス版に引き継がれている）。

資本における物神崇拝の究極的な完成をこの文は表現しているが、それのもととなる「1861-1863年草稿」では、次のようになっている。

「剰余価値の〔利子と企業利得という〕この二つの形態においては、資本の本性が、つまり資本の本質および資本主義的生産の性格が、完全に消し去られているだけではなく、反対物に転倒されている。しかし、諸物象の主体化、諸主体の物象化、原因と結果との転倒、宗教的な取り違え（quid pro quo）、資本の純粋な形態 G-G' が無意味に、いっさいの媒介なしに、表示され表現される限りでは、資本の性格および姿態もまた、完成されている。同様に、諸関係の骨化も、この諸関係を特定の社会的性格をもつ諸物象にたいする人々の関係として表示することも、商品の単純な神秘化と貨幣の既により複雑化された神秘化におけるものとはまったく違った仕方で作り上げられている。化体は、物神崇拝は、完成されている。〔中略〕利子生み資本において——利子と利潤とへの利潤の分裂において——、資本はその最も物的な形態を、純粋な物神形態を受け取ったのであり、剰余価値の本性がまったく失われてしまったことが示されるのである。ここでは資本が——物としての資本が——価値の自立的な源泉として現われる〔…〕」（MEGA Ⅱ/3-4, S. 1494, 1497. また、次の大谷による先駆的研究の成果を参照のこと。大谷禎之介「「利子と企業者利得」（『資本論』第3部第23章）の草稿について」、『経済志林』第57巻第1号（1989年）、pp. 53-122.; 同「「資本関係の外面化」（『資本論』第3巻第24章）の草稿について」、『経済志林』第57巻第2号（1989年）、pp. 55-93.）。なお、この引用中での「無意味に」は、のちに「無概念的に」に改訂される。

以上にくわえて述べておきたいのは、概念名詞としての「骨化 Verknöcherung」「自立化 Verselbstständligung」の対が、エンゲルス版第三巻第7篇第48章「三位一体的範式」の物神崇拝完成の叙述のパラグラフとその直前のパラグラフにおいて、3箇所述べられていることである。これは草稿においても同様である（MEGA Ⅱ/4-2, S. 851-852.）。

以上のことから、「骨化する」あるいは「骨化」は、「自立化する」あるいは「自立化」とともに、読み飛ばすことのできない重要性をもった表現である、とわれわれは考えている。初版本文形態Ⅳの直前の一文のそれは、究極的な形態への到達を十二分に含意しているだろう。だがそれは、ヘーゲルが述べたような、観念における「骨化」とはまったく異なるものであろう。
　マルクスは、カント‐ヘーゲルを継承していることはもちろんだが、それにとどまらず、ゲーテのカント批判も当然踏まえたうえで、「骨化する」、「骨化」という概念を用いている。
　マルクスが「AがBとして骨化する」と言う場合、次のように考える必要がある。Aとしての存在はある系の中で他の諸部分との有機的諸連関を保ちつつ運動している。これがBになるや、そうした有機的諸連関を喪失して自存化し、硬く凝り固まったものへと転変する。その転変とともに、硬化することによって、その系全体の骨格の不可欠な一部として形成され、系の完成をもたらす。系のこの完成は、否定としての完成であり、まさしくそのことによってその系全体が否定される諸条件を形成し成熟させる。
　もう少し詳しく述べておこう。
　一般的等価物が貨幣として、しかも貨幣金として骨化する。すると、骨化した貨幣金は、人々の社会的労働の諸関係から切り離されて自立化することとなる。さらには貨幣以外の諸商品の諸連関からも自立化して、諸商品の〈外〉から、諸商品を媒介し、規制し、しかも社会的富の疎外態である諸商品の〈上〉に君臨するものへと「硬化」するのである。
　だが、マルクスの「骨化（する）」という語は、そうした様態にとどまるものではない。すなわち、社会的富の一般的存在形態として骨化した貨幣金は、それ自体運動し発展するものとして、展開を遂げるからである。つまり貨幣は資本へと転化し、さらには利子生み資本の形態をとって、架空資本へと骨化の度合いをあげていく。貨幣はまさしくそうしたものとして、資本主義的生産様式という「有機的構成体」を成り立たせる「骨格」のもっとも枢要な一部であり、その「骨格」における、もっとも自立したひとつなのである。こうして貨幣としての骨化とその運動は、労働の社会的生産力とその発現の第一の否定の完成にほかならない。そして、そうした第一の否定の完成様態であると同時に、それを否定する諸条件の形成と成熟なのである。
　なぜならば、ふたたびもとの形態への反転が生じない（再回帰しえない）様態にいたった、批判すべき対象にかんしてマルクスは述べているからである。「否定の否定」が、この「骨化する」という語に込められている——そのように捉える必要があるのではないか。

35) 前掲廣松渉『資本論の哲学』p. 65。
36) MEGA Ⅱ/6, S. 79.
37) ebenda, S. 80.
38) ebenda.
39) ebenda, S. 75.
40) ebenda.
41) ebenda.

42) ebenda, S. 76.
43) ebenda, S. 77.
44) ebenda.
45) ebenda.
46) Розенберг, Д. И., Комментарии к первому тому „Капитала" К. Маркса, Первое издание, Л., Экономическом институте, 1931, С. 54.
47) 『資本論』第二版第1章第2節、そして初版でもそれに対応する箇所でマルクスは、生産過程における単純労働—複雑労働の対比について述べ、単純労働が価値実体としての商品に表わされた抽象的人間労働の基礎にあり、価値の量を規定する社会的必要労働とその尺度である社会的必要労働時間とが全社会的に一般化することを基礎付けると述べている。だがだからと言って、単純労働と価値実体としての抽象的人間労働とは同一ではもちろんないし、直接にもつながったものではない。まったく位相の異なる概念である。商品生産が一社会全体を覆い一般化する条件として、複雑労働の単純労働への社会的な還元があるといっているのであり、それ以上でも以下でもないのである。両者を混同することは許されない。
48) 『見田石介著作集』第四巻、大月書店、1977年、pp. 94-95。
49) MEGA Ⅱ/5, S. 23.; MEGA Ⅱ/6, S. 76.; MEGA Ⅱ/7, S. 26.; MEGA Ⅱ/8, S. 74.; MEGA Ⅱ/10, S. 44.
50) MEGA Ⅱ/5, S. 23.; MEGA Ⅱ/6, S. 76.; MEGA Ⅱ/7, S. 26.; MEGA Ⅱ/8, S. 74.; MEGA Ⅱ/10, S. 44.
51) 前掲見田、p. 96。
52) 同上、pp. 96-97。
53) 生物的身体としては有限でも、政治的身体としては永遠であろうとした、西欧中世の王制(「王の二つの身体」)を想起すべきだろう。Kantorowicz, Ernst H., *The King's Two Bodies: A Study in Medieval Political Theology*, with an introduction by Conrad Leyser and a preface by William Chester, Princeton, NJ, Princeton University Press, 2016. 見田の言う「永遠」は、西欧の歴史に現存した「王は死んだ、王様万歳!Le roi est mort, vive le roi!」という有名な言葉に表現される事実ではなく、秦の始皇帝が熱望した不老不死にほど近い。司馬遷、小竹文夫・小竹武夫訳『史記本紀』ちくま学芸文庫、1995年、p. 151、p. 154。
54) Schroder, K. P., "Distant Future of the Sun and Earth Revisited", in *Monthly Notices of the Royal Astronomical Society*, no. 386 (2008), pp. 155-163.
55) 前掲見田、p. 95。
56) 『見田石介著作集』第三巻、大月書店、1976年、p. 94。
57) 同上、p. 95。
58) MEGA Ⅱ/6, S. 102.
59) ebenda, S. 80.
60) Рубин, И. И., Очерки по теории стоимости Маркса: с новым дополнением к статье "Ответ критикам", изд. 4-е., М.-Л., Государственное изд-во, 1930, С. 123. (竹永進訳『マルクス価値論概説』法政大学出版局、1993年、p. 131。)
61) Там же, С. 100. (同上、p. 105-106。)

62）Boldyrev, Ivan & Martin Kragh, "Isaak Rubin: Historian of Economic Thought during the Stalinization of Social Sciences in Soviet Russia", in *Journal of the History of Economic Thought*, volt. 37, Issue 3 (2015), pp. 363-386.
63）*Рубин*, Очерки..., С. 123.（前掲竹永訳、p. 132。）
64）Там же, С. 130.（同上、p. 139。）
65）Там же, С. 131.（同上、p. 140-141。）
66）廣松渉『マルクス主義の地平』勁草書房、1969 年、pp. 226-227。
67）VITRUVIUS, Frank Granger（trans.）, *On Architecture*. Book 6-10（Loeb Classic Library 280）, Cambridge, MA., Harvard University Press, 1934, p.204.
68）廣松渉編著『資本論を物象化論を視軸にして読む』岩波書店、1986 年、pp. 47-48。
69）朝尾直弘『日本の近世（第 7 巻）身分と格式』中央公論社、1992 年。
70）前掲廣松『資本論の哲学』p. 191。
71）同上、p. 195。この結論に関して、前掲『資本論を物象化論を視軸にして読む』では次のように述べている。「このような錯乱的現象形態で人々に仮現する真実態は何であるのか？〔…〕「お互いに独立に営まれている・とはいえ社会的分業の自然発生的分枝として全面的に相互依存的な・私的諸労働」が「社会的総労働に対してもつ関連」がそれであり、この関連があの錯乱的形態で人々に仮現するのである」（p. 64）と。一見すると『資本論の哲学』の結論といささか違ってより冒頭商品論のうちで結論を導いているように見えるが、内容上、核心は同じである。商品の物神性は価値形態、とりわけ等価形態の謎性に根拠をもつのであって、ここから、つまり商品〈場〉から離れて、物神性を生み出す「真実態」なるものを探し求め、それを社会的分業体制とそこでの人々の在り様に求めるのは場違いの議論でしかない。
72）正木八郎「商品論と抽象的人間労働」『現代思想』第 3 巻第 13 号、青土社、1975 年、pp. 296-297。
73）同上、p. 297。
74）同上、p. 310。
75）同上、p. 299。
76）同上、p. 314。
77）正木八郎「マルクス価値論の再検討（2）」（大阪市立大学経済学会『経済学雑誌』第 90 巻第 2 号、日本評論社、1989 年、p. 54）。
78）MEGA Ⅱ/5, S. 42.
79）ebenda., S. 43.

第Ⅴ章

なぜ、第二版は初版本文の形態Ⅳを捨て貨幣形態を形態Ⅳとしたのか

　前章でわれわれは、初版本文の価値形態論が論理的に見て正しい価値形態論であり、初版付録および第二版の価値形態論は論理的な破綻があることを確認した。破綻は、形態Ⅳを貨幣形態とし、価値形態論全体を論理的もしくは歴史的な発展過程としての貨幣生成論にしてしまっているところに集約的に現われていた。ただ、初版付録はあくまで本文を前提とする付録であり、平易化・通俗化のために敢えて論理的厳密さを犠牲にすることとしたと考えられなくはない。だから問題なのは第二版の価値形態論である。なぜ、第二版では初版付録の形を踏襲し、価値形態論において形態Ⅳを貨幣形態としたのであろうか。これをきちんと見きわめるためには、まず初版付録の意義とそれについてのマルクスの処理について詳しく見ておく必要がある。

　初版付録を付すことになった経緯については先に引用した第二版の後記に記されていた。『資本論』初版の校正作業をするために、ハノーファーのクーゲルマン宅に滞在することになったマルクスをクーゲルマンが説得したというのである。「彼〔クーゲルマン〕は、大多数の読者にとっては価値形態の補足的な、もっと田舎の学校教師風な説明が必要だということを、私に納得させたのである」とマルクスは記している。クーゲルマンは、ハノーファーの知的サロンの大立者であり、マルクスらの党のメンバーでもあったから、クーゲルマンの経験に裏打ちされた説得は、たしかに影響をおよぼしたにちがいない[1]。これと並行してエンゲルスとの間でやりとりがあった。クーゲルマンからの要請を受けたからであろう、マルクスはエンゲルスに、1867年6月3日付の手紙で「価値形態の説明のなかのどんな点を、とくに俗人のために付録のなかで一般向きにすればよいか」、「君の

意見も精確にしらせてほしい」と述べていたが[2]、これに対してエンゲルスは、次のように回答した。その内容は、決定的な意見であったと思われる。同年6月16日付のマルクス宛の手紙である。

> 第二ボーゲンはことに 癰(ヨウ、Karbunkel) に悩まされた痕跡を帯びている。だが、もはや改める必要はない。また、付録でこれ以上それについて書くこともないと思う。というのは、俗人たちはなんといってもこの種の抽象的な思考には慣れていないのだし、おそらく価値形態のために苦労してはくれないだろうからだ。せいぜい、ここで弁証法的に得られた結果がもう少し詳しく<u>歴史的に論証され、いわば歴史によってそれが検証される</u>だけでよいだろう。といっても、そのためにもっとも必要なことはすでに述べられてもいるのだが。しかし、君はこれについてはたくさん材料をもっているのだから、おそらくそれについてもう一つまったく適切な補説を書くことができるだろう。つまり、それによって、俗人<u>のために歴史的な方法で貨幣形成の必然性やそのさいに現れる過程</u>を示すわけだ。／君が犯した重大な失策は、これらの比較的抽象的な諸展開の思考過程をもっと細かい区分や別々の見出しで見やすくしなかった、ということだ。君はこの部分を、ヘーゲルのエンツィクロペディのようなやり方で短い段落で取り扱ったり、それぞれの弁証法的な移行を別々の見出しで目立たせたり、場合によっては、補説や純然たる図式はすべて特に大きな字体で印刷したりすればよかったろう。そうすれば、この本はいくらか田舎教師風に見えることになったかもしれないが、非常に大きな部類の読者にとっての理解は、根本的に容易にされたことだろう。民衆は、学識のある者でさえ、このような思考法にはまったく馴染んでいないのだから、彼らにはできるだけ困難を軽減してやらなければならないのだ。（下線は引用者）[3]

下線を付したところが問題である。価値形態論を歴史的過程の叙述として整理すべきである、と述べているからである。歴史的過程としての叙述は、必ずしも〈平易化〉と一致するものではない。〈平易化〉は「ヘーゲルのエンツィクロペディのようなやり方」とはたしかに完全に一致するだろう。しかし、歴史的過程としての叙述と〈平易化〉とは、そもそも別の事柄である。われわれが考えるに、おそらくエンゲルスは、価値形態論の形態Ⅰ～Ⅳを「歴史過程」的に理解してい

第Ⅴ章　なぜ、第二版は初版本文の形態Ⅳを捨て貨幣形態を形態Ⅳとしたのか

たのだと思われる。だからこそ、「歴史過程」的に叙述されていない初版本文の価値形態論に「癰(ヨウ, Karbunkel)に悩まされた痕跡」をみてとったのではないだろうか[4]。

　エンゲルスのこの「歴史過程」的な価値形態論への「理解」は、多分に『資本論』の原型と言うべき『経済学批判』第1分冊（1859年）の叙述と、エンゲルス自身のそれへの評価にもとづいていると考えられる。というのも、同書では交換過程論の章が商品の章から区分されておらず、「第1章　商品」では、交換過程論も商品論も渾然一体に論じられている。それゆえ、歴史的事象も当然そこで述べられており、さらに補説としての「A．商品分析のための史的考察」において〈商品―貨幣〉論に関する学説史への批判的評註がなされているからである。しかもエンゲルス自身の嗜好性が影響したのだろうが、上に引用した同じ手紙の中で、「初版本文の叙述より『経済学批判』での叙述の方が好ましい」と述べているからである[5]。

　ここであらためて初版付録を付け足すことになった経緯において押さえておくべき点を整理すれば、以下の諸点となろう。

　①クーゲルマンは本文の価値形態論の易しい解説となるべき付録を作成すべきだとしたこと、エンゲルスはそれを受けて、②内容として、価値形態の議論を歴史的な過程・歴史的発展の過程として描き出す（「歴史的な方法で貨幣形成の必然性〔…〕を示す」）ように要請していること、③形式として、ヘーゲルの『エンツィクロペディ』にならったものとすべきである、という点である。

　この中でもっとも重要な論点となるのは、先に述べたように②である。つまり問題なのは、価値形態論における形態ⅠからⅣは、歴史的な発展の過程として叙述されるべきものなのかという点である。

　では、クーゲルマンの要請やエンゲルスの評価とそれに基づく忠告に、マルクスはどのように対応したか。同年6月22日のエンゲルスへの返書でマルクスは、「価値形態の展開について言えば、君の忠告に従ったり従わなかったりした。この点でもまた弁証法的にふるまうためにだ」[6]と書いた。この「弁証法的にふるまう」とは一体どういうことだったのか。

　まず〈平易化〉を目的とした叙述形式という点では、ほぼ完全にエンゲルスの忠告と要請にしたがったといってよい[7]。6月27日付のエンゲルス宛の手紙でマルクスは、「付録の取扱いではどんなによく君の忠告を守ったかを見てもらうために、この付録の区分や項目や表題などをここに書き写しておこう」[8]として、

217

付録の目次一覧を掲げている。言葉遣いの点でわずかな異同があるものの、ほぼ完全に実際の付録と一致している。エンゲルスが述べた「エンツィクロペディのようなやり方」である。だが内容上の点では、きわめて微妙ではあるが、エンゲルスの要請に完全にしたがったとは言えないものとなっている。すなわち、歴史過程的な叙述という点に「躊躇」があるように見える。詳しく見ていこう。

① 各形態から次の形態に移る際に「x形態からy形態への移行」という小項目が必ず立てられている。
② 最後の形態である形態Ⅳが貨幣形態である。
③ しかも貨幣として金が措かれている。

このように付録の特徴を示せば、内容上もエンゲルスの要請に忠実にしたがったように見える。すなわち、金がその形態をとっている貨幣形態へと向かって歴史的に発展していく過程を解くものとしての価値形態論、「貨幣形成の必然性」を歴史的に解く価値形態論である。この点で②、③は決定的である。マルクスがエンゲルスの要請に内容上もかなりの程度までしたがったことは事実である。だがしかし、より細部に目を向けると、マルクスのある種の「躊躇」が見えてくる。まず、上記の①であるが、これらは当然ながら移行を解いているのだが、必ずしも歴史的発展過程としての移行を解いているのではない。とりわけ形態ⅠからⅡへの移行については、リンネルの単純な相対的価値表現（つまり形態Ⅰ）の算術的総和として形態Ⅱが導かれているだけである。そうした叙述が移行であると言われてもいささか困惑せざるをえない。ましてや「歴史過程的な発展」の叙述とは言えない。

これに対して第二版では、形態Ⅰの「欠陥」が述べられた上で、それを否定的契機とした「移行」が解かれている。まず、次のように「欠陥」が指摘される。

単純な価値形態、すなわち一連の諸変態を経てはじめて価格形態にまで成熟するこの萌芽形態の不十分さは、一見して明らかである。[9]

貨幣形態、さらには価格形態に向かって——萌芽形態からの成熟、とマルクスは呼んでいる——前進していく過程として、形態ⅠからⅡへの「移行」があるとされているわけである。しかも第二版では、この「移行」は、「欠陥」を踏まえて、「個別的な価値形態はおのずからもっと完全な形態に移行する」[10]とされ、

第Ⅴ章　なぜ、第二版は初版本文の形態Ⅳを捨て貨幣形態を形態Ⅳとしたのか

単純な価値形態の算術的総和ではなく、単純な価値形態の「どこまでも引き伸ばされる系列」[11]という、「過程的なもの」として導かれる。「発展的な移行」という観点がはっきりと見て取れるわけである。[12]

　この「欠陥」ということで言えば、付録においても形態ⅡからⅢへの「移行」に関して、「(4) 展開された、または全体的な価値形態の欠陥」という項目が措かれ、「(5) 全体的な価値形態から一般的な価値形態への移行」とつながっていく。だが、形態ⅠからⅡへの「移行」が上記のようなものであり、すぐ後で詳しく述べるが、形態ⅢからⅣへは本質的な変化はないとされている。そのため、この「欠陥」なるものは形態Ⅱのみに固有なものとして理解するしかない。

　これに対して第二版では、付録の上記の二項目（「(4) 展開された、または全体的な価値形態の欠陥」と「(5) 全体的な価値形態から一般的な価値形態への移行」）が「(3) 全体的な、または展開された価値形態の欠陥」としてまとめられ、ほぼ同じ文章が綴られる。だから第二版では形態ⅠからⅢへの「移行」が叙述上、一貫したものとなっているわけである。

　さらに、付録には形態Ⅰの第7番目の項目として、「商品形態と貨幣形態との関係」という項目が措かれていることに注目しなければならない。そこでは、単純な価値形態である「20エレのリンネル＝1着の上着」と、貨幣形態である「20エレのリンネル＝2ポンド・スターリング」とが比較され、その相似性・同一性が示されている。その上で、「貨幣形態は商品の単純な価値形態のいっそう発展した姿、したがって労働生産物の単純な商品形態のいっそう発展した姿にまったくほかならない、ということは一見して明らかである」と述べられ、「貨幣形態は明らかに単純な商品形態から源を発しているのである」と結論付けられる。第二版と対照的に、形態Ⅰは、貨幣形態さらには価格形態へと向かうものではないのである。その逆に、付録価値形態論では、貨幣形態を、形態Ⅰへと手繰り寄せているのである[13]。価値形態論の本来の目的、「すべての商品の貨幣存在」を解くという究明すべき課題が、ここでも明確に出ているのである。しかしこの項目(7)は第二版では採用されていない。

　貨幣形態を価値形態論で解くことへの「躊躇」は、次のマルクスのコメントにより鮮明に示されている。先の6月27日付の手紙にある「付録目次一覧」において貨幣形態に関して付されたコメントである。

219

> この貨幣形態についてはただ関連上書くだけで、おそらく半ページにもならない。[14]

「ただ関連上書くだけ」ということは、一体どういうことを意味しているのか？この問題が重要である。この言明からすれば、「ただ関連上」であれ書くことよりむしろ、価値形態論で「貨幣形態」はあえて書く必要はない、との含意を読み取ることができる。このコメントに依るのであろう、マルクスは、「Ⅳ 貨幣形態」の冒頭の項目を「(1) 一般的な価値形態から貨幣形態への移行とそれ以前の諸発展移行との相違」と題して次のように述べている。

> 形態Ⅰから形態Ⅱへの、形態Ⅱから形態Ⅲへの移行にさいしては、本質的な諸変化が生ずる。これに反して、形態Ⅳは、いまではリンネルにかわって金が一般的な等価形態をもっているということのほかには、形態Ⅲと少しも区別されるところはない。[15]

形態Ⅰから形態Ⅱ、形態Ⅱから形態Ⅲへは本質的な変化があるが、形態Ⅲから形態Ⅳへは本質的な変化はない。かようにマルクスは、形態Ⅳの論理的な位置付けを行なっている。「移行」はあるが論理上の発展はない、ということが明確に示されている。この叙述の文脈から考えると、先の貨幣形態にかかわるコメントでの「関連上」という表現は、「移行との「関連上」」ということであろう。このあたりに、貨幣形態を価値形態論で扱うことへの、マルクスの精妙な論理的配慮を見て取ることができる。

また、コメントにある「半ページにもならない」という点で言えば、初版のファクシミリ復刻版で確認したところ、付録全体約20ページ中、貨幣形態は2ページ弱（約7.5％）しか紙幅をとっていない。もっとも重要な形態Ⅰの約12.6ページ（約64％）と比較すれば、そのあつかいの差には歴然たるものがある。

こう見てくると、マルクスが、価値形態論に貨幣形態を入れることの問題性について意識していたということが、瞭然とする。「弁証法的にふるまうために」「君の忠告に従ったり従わなかったりした」とマルクスが述べたことが、いま詳細に検討したところに表出しているということであろう。

だが、そのように自覚していたにもかかわらず、貨幣形態を付録では取り入れ

第V章　なぜ、第二版は初版本文の形態Ⅳを捨て貨幣形態を形態Ⅳとしたのか

たのだ。もちろん、価値形態の完成した姿として貨幣が厳然として存在しているという現実が、より解り易い叙述という要請と結び付いた、ということがあるだろう。だが、貨幣形態を価値形態論に取り入れたことは、決定的なことであった。しかも金においてそれを解いたのであるから、余計に問題であった。貨幣について語るためには、歴史的・現実的な諸々の事柄について語る必要がある。しかし、それは交換過程論の課題である。そうした論理的必要性にもかかわらず、貨幣に「歴史的過程に関すること」として触れる以上、その過程を中途半端なところで打ち切りにするわけにはいかない。貨幣形態の完成形態である金にまで話がおよばざるを得ない。こうした問題が立ちはだかっていたにもかかわらず、マルクスには「躊躇」があった。叙述が〈平易化〉を目的とするものでありながらぎくしゃくしたものにならざるをえない。再び強調しておきたいが、〈平易化〉をめざせと忠告を受けた価値形態論の「新たなヴァージョン」は、あくまで付録であるということである。本文ではないのだ。

それゆえここであらためて、マルクスの〈平易化〉に対する対応について、しっかりと考えておく必要がある。先の1867年6月22日のエンゲルス宛の手紙で〈平易化〉の必要性を認め、「ここで相手にするのは、たんに俗人だけではなく、知識欲に燃えた若者などでもある」[16]として次のように述べた。

　そのうえ、この問題はこの本全体にとってあまりにも決定的だ。経済学者諸氏はこれまで次のようなきわめて簡単なことを見落としてきた。すなわち、20エレのリンネル＝1枚の上着、という形態は、ただ、20エレのリンネル＝2ポンド・スターリングという形態の未発展の基礎でしかないということ、したがって、商品の価値をまだ他のすべての商品にたいする関係としては表わしてはいないでただその商品自身の現物形態とは違うものとして表わしているだけの、もっとも簡単な商品形態が、貨幣形態の全秘密を含んでおり、したがってまた、労働生産物のすべてのブルジョア的な形態の全秘密を縮約して含んでいる、ということがそれだ。[17]

マルクス本人が難解だと初版序文で述べた価値形態論の、その核心、すなわち、「単純であるがゆえに、分析するのが困難」だとした形態Ⅰを、先進的な労働者や活動家、また「知識欲に燃えた若者」になんとか理解してほしいと、マルクス

221

は切望しているのだ。だからこそ、この手紙で触れた内容を、初版付録では形態Ⅰのまとめに当たる「(7) 商品形態と貨幣形態との関係」(この項目については先に触れた) でいわば「結論の先取り」のような形で述べたのである。この項目によって価値形態論の難解さが緩和され (あるいはなくなり)、平易になったかどうかはまた別の問題ではある。だが、ともかく価値形態に関する部分はどうしても先進的な労働者・活動家などに理解してもらいたかった、ということだ。

　この目的のために、〈平易化〉は、マルクスにとって絶対に必要だった。本文に対する付録という形式は、その目的にとって適切なものであったろう。なぜなら、本文は本文としてあくまで存在しているのであるから。「「弁証法的でない」読者に対して、x－yページをとばしてそのかわりに付録を読むように」[18]と序文に書くつもりであると、同じ手紙の中でマルクスは言っている。エンゲルスが言う『エンツィクロペディ』式の叙述は、〈平易化〉を図る付録にはうってつけであると、マルクスは考えたに違いない。その形式は、本文価値形態論に貫かれた弁証法の先鋭性に対するに、付録価値形態論をして、形式論的なものへと貶めることになる恐れがあった。しかし本文は (いかに難解であろうとも) 弁証法を徹底して踏まえながら別個に存在しているのだ。叙述をどのようなものとするのかという判断は、『エンツィクロペディ』的な形式を「歴史的発展の論理」でうめるのかどうか、という点に存したであろう。というのも、歴史的発展の形相のもとで、価値形態論を叙述する必然性はなかったはずだからである。だが、この点でマルクスは「躊躇」しつつも、最終的にはエンゲルスに譲歩した。あくまで付録であるという事情と判断とが、この譲歩のもとにあるのではないか[19]。

　ではなぜ第二版の価値形態論に、初版付録を踏襲して貨幣形態を入れたのだろうか。しかも第二版のそれは付録ではなく、本文そのものなのである。価値形態論と交換過程論とを結ぶ、精確な弁証法の論理的接続が損なわれるという現実が確定してしまうにもかかわらず、なぜそうしたのだろうか。おそらく、マルクスを取り巻く状況の変化とそれへの対応に、何らかの〈変化〉をもたらすものがあったということであろう。しかしその変化の要因を、確たる証拠抜きに、あれこれと想像だけで言うことはできない。確かめられうる現実にそくして見ておこう。

　第二版ではあきらかに、初版付録に見られるある種の「躊躇」がどこかへ消え去っている。むしろ積極的に、貨幣形態を価値形態論に取り入れており、しかも価値形態論全体を、形態Ⅰから形態Ⅳとしての貨幣形態に至る「歴史的発展の過

第Ⅴ章　なぜ、第二版は初版本文の形態Ⅳを捨て貨幣形態を形態Ⅳとしたのか

程」として描き出している。付録との対比ですでに見たものにそのことが現われているが、決定的であるのは次の一節だ。第二版価値形態論の冒頭三つ目のパラグラフである。

　誰でも、たとえ他のことは何も知らなくてもよく知っているように、諸商品は、それらの使用価値の雑多な現物形態とは著しい対照をなしている一つの共通な価値形態——貨幣形態をもっている。しかし、いまここでなされなければならないことは、ブルジョア経済学がかつて試みようとさえしなかったこと、すなわち、貨幣形態の発生を示すことであり、それゆえ、諸商品の価値関係に含まれている価値表現の発展を、そのもっとも単純でもっとも目立たない姿態から光まばゆい貨幣形態にいたるまで追跡することである。これによって同時に、貨幣の謎も消え去ることになる。[20]

　この一節は、価値形態論が、その完成形態である貨幣形態へと発展していく「歴史－論理的移行＝発展」を述べるものである、ということを宣言するものである。ここで述べられたことからすると、初版本文の価値形態論と第二版のそれとは、そもそも目的が異なるということになる。初版本文の価値形態論は、労働生産物はどのようにして現実的に商品になるのかを解くことであった。それゆえ、「すべての商品の貨幣存在」を解くことが求められたのである。この課題にこたえるべく、商品語の〈場〉に向き合い、諸商品の〈ことば〉を〈聴き取り・それを人間語に翻訳し・註釈を加える〉形で遂行すること——これが初版本文価値形態論であった。われわれはこれをこそ、価値形態論の本来の目的であると考えている。だが、第二版の価値形態論の目的は、上に引用した一節によるかぎり、「貨幣形態の発生を示すこと〔…〕価値表現の発展を、そのもっとも単純でもっとも目立たない姿態から光まばゆい貨幣形態にいたるまで追跡すること」となる。つまりエンゲルスがマルクスに要請した、「歴史的な方法で貨幣形成の必然性やそのさいに現われる過程を示す」ことである。解かれるべき課題がそのように変更されている以上、価値形態論全体が、その歴史的発展過程の叙述にならざるを得ないことはあきらかである[21]。

　かくして、形態ⅠからⅡ、また形態ⅡからⅢへはそれぞれある「内在的欠陥」を克服する「移行＝発展」となる。そして形態ⅢからⅣへの「移行」については、

223

形態Ⅳの冒頭で、先に引用した付録の文章とまったく同一の文章で、「形態ⅢからⅣへは本質的な変化はない」と述べているにもかかわらず、それは初版付録における意味とはまったく異なるものになっている。つまり、より一層「歴史的叙述」の枠組みに組み込まれたものとしてしか、ありえないものとなってしまう。かくして、形態Ⅳの貨幣形態はもはや「関連上書くだけ」のものではなくなり、価値形態論が到達すべき究極目標（テロス）としての位置を与えられることになった。初版付録の貨幣形態のところにあり、そのまま第二版に引き継がれている、次の文章を見てほしい[22)]。これは、歴史的に種々の貨幣が、金へと集約されていく過程に関して述べられたものである。

Gold tritt den andren Waaren nur als *Geld* gegenüber, weil es ihnen bereits zuvor *als Waare* gegenüberstand. Gleich allen andren Waaren funktionirte es auch als *Aequivalent*, sei es als *einzelnes* Aequivalent in vereinzelten Austauschakten, sei es als *besondres Aequivalent* neben *andren* Waarenäquivalenten. Nach und nach funktionirte es in engeren oder weiteren Kreisen als *allgemeines Aequivalent*.

金が他の諸商品に貨幣として相対するのは、金が他の諸商品に対してすでに以前から商品として相対していたからにほかならない。他のすべての商品と等しく、金もまた、個別的な交換行為における個々の等価物としてであれ、他のいろいろな商品等価物とならぶ特殊的等価物としてであれ、等価物として機能した。しだいに、金は、より狭い範囲かより広い範囲かの違いはあっても、一般的等価物として機能するようになった。

第二版では初版付録と同一の文章である。しかし、第二版では、直前に引用した価値形態論冒頭の一節（この文章は初版付録にはない）と対応することによって、貨幣形態の「歴史的発展過程」を叙述するということを、より一層鮮明にしている。かくして第二版にあっては、初版本文の論理性とはまったく異なる、歴史‐論理的な位相をもつ価値形態論が生み出されたのである。

このような価値形態論の改変に対応して、いわゆる商品の物神性のところで、次のように重大な書き換えが行なわれた[23)]。

第Ⅴ章　なぜ、第二版は初版本文の形態Ⅳを捨て貨幣形態を形態Ⅳとしたのか

初版本文：Was nun endlich die *Werthform* betrifft, so ist es ja grade diese Form, welche die gesellschaftlichen Beziehungen der Privatarbeiter und daher die gesellschaftlichen Bestimmtheiten der Privatarbeiten *sachlich verschleiert*, statt sie zu offenbaren.

そこで、最後に価値形態について言えば、この形態こそは、まさに、私的労働者たちの社会的な諸連関を、したがってまた私的諸労働の社会的な諸被規定性を、あらわに示さないで、それらを物象的におおい隠すのである。

第 二 版：Es ist aber eben diese fertige Form – die Geldform – der Waarenwelt, welche den gesellschaftlichen Charakter der Privatarbeiten und daher die gesellschaftlichen Verhältnisse der Privatarbeiter, sachlich verschleiert, statt sie zu offenbaren.

ところが、まさに商品世界のこの完成形態—貨幣形態—こそは、私的諸労働の社会的性格、したがってまた私的諸労働者の社会的諸関係をあらわに示さないで、かえってそれを物象的におおい隠すのである。

　初版での「価値形態」が、第二版では「貨幣形態」に変えられている。これはきわめて本質的なところでの論理的後退であり、平易化ならぬ通俗化・卑俗化の弊を犯すものである。「私的労働者たちの社会的な諸連関を、したがってまた私的諸労働の社会的な諸被規定性を、あらわに示さないで、それらを物象的におおい隠す」ものは、貨幣形態それ自体ではけっしてなく、それを内的な一形態とする価値形態そのものである。つまり、まさしく労働生産物が歴史的社会的にとる形態、すなわち商品形態そのものだからである。

　貨幣が不思議な社会的な力をもっているというのは、人々の日常的な意識である。しかも人々は、まさしく貨幣であるからこそ、その力が貨幣に本来そなわっているのだと思っている。これに対してマルクスは、貨幣において完成するこの力が、諸商品の社会的関係、すなわち価値形態においてこそ、等価形態にある商品がもつものであることを解き明かした。この価値形態論の議論の上に立ってマルクスは、交換過程論において貨幣生成を論じたのであった。すなわち、貨幣が

225

一社会の中で確立されるや、しかも資本主義的生産様式が社会の経済過程を支配するや、結局のところ、〈商品—貨幣〉が社会の経済過程を規定する限り、かの社会的力は貨幣に本来そなわったものとして、現実的にも現われるのだということを明らかにしたのである。

この点から言えば、上記の初版から第二版への書き換えは、商品形態—価値形態の秘密を二重に隠蔽することになる——すなわち、第一に価値形態を貨幣形態に切り縮めることによって、しかも第二に、貨幣形態への即自的意識に結び付いてしまうことによって。

この書き換えは価値形態論を貨幣形態へと向かう「歴史的発展過程」として理解することを決定的に強めることになる。

さらに、上に引用した初版、第二版の文章のそれぞれに直接につづく一節を見ておく必要がある。それらはほぼ同一の文章である。そのため、第二版では、初版からの書き換えによって、論理的なつながりが弱く、理路がスムーズではないことがわかる。以下のように[24]。

初　版：Wenn ich sage, Rock, Stiefel u.s.w. beziehn sich auf Leinwand als allgemeine Materiatur abstrakter menschlicher Arbeit, so springt die Verrücktheit dieses Ausdrucks ins Auge. Aber wenn die Produzenten von Rock, Stiefel u.s.w. diese Waaren auf die Leinwand als *allgemeines Aequivalent* beziehn, erscheint ihnen die gesellschaftliche Beziehung ihrer Privatarbeiten genau in dieser verrückten *Form*.
　もし私が、上着や長靴などが抽象的人間労働の一般的な物質化としてのリンネルに関係するのだ、と言うならば、この表現の奇異なことはすぐに感じとられる。ところが、上着や長靴などの生産者たちがこれらの商品を一般的な等価物としてのリンネルに関係させるならば、彼らにとっては自分たちの私的労働の社会的な関係がまさにこのような奇異な形態をもって現われるのである。

第二版：Wenn ich sage, Rock, Stiefel u.s.w. beziehn sich auf Leiwand als die allgemeine Verkörperung abstrakter menschlicher Arbeit, so springt die Verrücktheit dieses Ausdrucks in's Auge. Aber wenn die Pro-

第Ⅴ章　なぜ、第二版は初版本文の形態Ⅳを捨て貨幣形態を形態Ⅳとしたのか

ducenten von Rock, Stiefel u.s.w. diese Waaren auf Leinwand - oder auf Gold und Silber, was nichts an der Sache ändert - als allgemeines Aequivalent beziehn, erscheint ihnen die Beziehung ihrer Privatarbeiten zu der gesellshaftlichen Gesammtarbeit genau in dieser verrückten Form.

　もし私が、上着や長靴などが抽象的人間労働の一般的な化体としてのリンネルに関係するのだ、と言うならば、この表現の奇異なことはすぐに感じとられる。ところが、上着や長靴などの生産者たちがこれらの商品を一般的な等価物としてのリンネルに――または金銀に、としても事柄に変わりはない――関係させるならば、彼らにとっては自分たちの私的諸労働の社会的総労働にたいする関係がまさにこのような奇異な形態をもって現われるのである。

　これは商品の物神性論の部分で述べられているものだが、一般的価値形態に関する叙述である。初版においては、本文の価値形態論で貨幣形態について解いていないので、先に引用した直前の文章からこの叙述へと、自然な論理的流れでつながっている。ところが第二版では形態Ⅳとして貨幣形態を解いており、その上でこの議論がなされている。そのために、形態Ⅲの一般的価値形態の議論へと、論の後戻りが生じている。しかもその不自然さを埋め合わせるために、「一般的等価物としてのリンネル」という言葉の後に「または金銀に、としても事柄に変わりはない」という註釈が挿入されている。だが、この註釈の挿入によって、かえって不自然さが目立つことになっている。

　いま検討している箇所は先に述べたように、物神性論の部分にある。第二版で言えば、第1章第4節である。この節は大幅に変更・加筆されており、議論が緻密化され深化させられている。解かり易くなったとは決して言えないが、難解さの度合は初版よりは明らかに減じている。だが、そのような改善が見られるにもかかわらず、上に述べたような問題が生じてしまっているのである。

　結局、初版付録自体が、〈平易化〉ということだけでは捉えきれない面をもつものであった。だが、初版から第二版への価値形態論の書き換えについては、〈平易化〉はむしろ後景に退いてしまったのである。歴史的な「移行＝発展」の論理にもとづく価値形態論――初版本文の価値形態論とは内容上まったく異なる

価値形態論——が生み出されたということである。

だがこれは、ここまで見たきた例でもわかるように、論理的・理論的には後退以外のなにものでもない。第二版の価値形態論の方が、商品語をより精確に、より深く〈聴き取り〉、それゆえ、叙述がより論理的に緻密・精確になったところが確かにある。しかし、たとえそうした改良部分があるにしても（その一端をいわゆる「廻り道」の議論において先に見た）、総体としては、第二版の価値形態論に、「論としての後退」という影が、色濃く落ちているのである[25]。

註
1) Hundt, Martin, *Louis Kugelman. Ein Biographie des Arztes und Freundes von Karl Marx und Friedrich Engels*, Berlin, Dietz Verlag, 1974.
2) MEW, Bd. 31, S. 301.
3) ebenda, S. 303.「第二ボーゲン」とあるのは、『資本論』初版の価値形態論の部分のことである。
4) マルクスが当時、病に悩まされていたことは確かであり、当時の医学の水準から言って、それが癰（ヨウ、Karbunkel）と診断されていたのであれば事実そうであったに違いない。癰は主にブドウ球菌によるが、体力が低下している場合には罹病しやすい上に、また悪化しやすく、当時肝臓機能が低下していたマルクスがそれに悩まされていたことは事実であろう。抗生剤のない当時、癰はなかなかやっかいな病であったようであり、マルクスの執筆活動を大いに妨げたであろう。だがそうだとしても、エンゲルスが初版本文価値形態論に「癰(ヨウ、Karbunkel)に悩まされた痕跡」を見るのは、彼固有の価値形態論への考え方があったからに相違ないと思われる。

なお、癰（ヨウ、Karbunkel）に関しては、友人の片岡卓三医師の教示を受けた。
5) エンゲルスはこう言っている。「以前の叙述（ドゥンカー）［ドゥンカー社から刊行された『経済学批判』第一分冊のこと］に比べれば、弁証法的展開の鋭さという点での進歩は非常に大きいが、叙述そのものでは僕には最初の姿でのそれのほうがよいと思われる点もかなりある」と（a. a. O., S. 303-304.）。
6) ebenda, S. 306.
7) エンゲルスの指摘によって、初版付録価値形態論は、完全に『エンツィクロペディ』風の叙述になっている。だが、その叙述を読めば歴然たることとして、次の問題を指摘できるのではないか。すなわち、序列化はされているが、それの多層性が、本文よりも煩雑な区分となっていることである。
8) a. a. O., S. 314.
9) MEGA Ⅱ/6, S. 93.
10) ebenda, S. 94.
11) ebenda.

第Ⅴ章　なぜ、第二版は初版本文の形態Ⅳを捨て貨幣形態を形態Ⅳとしたのか

12)　ⅠからⅣの各価値形態の名称が、初版本文から第三版にかけてどのように変遷したのかを見ることによっても、この歴史的発展過程論的傾向がいかに強められたのかが判然とする。
　〈形態Ⅰ〉：初版本文「Erste oder einfache Form des relativen Werths（相対的価値の、第一のまたは単純な形態）」、初版付録「Einfache Werthform（単純な価値形態）」、第二版「Einfache oder einzelne Werthform（単純なまたは単一の価値形態）」、フランス語版「Forme simple ou accidentelle de la valeur（単純なまたは偶然的な価値の形態）」、第三版「Einfache, einzelne oder zufällige Werthform（単純な、単一のまたは偶然的な価値形態）」。
　〈形態Ⅱ〉：初版本文「Zweite oder entfaltete Form des relativen Werths（相対的価値の、第二のまたは展開された形態）」、初版付録：「Totale oder entfaltete Werthform（全体的または展開された価値形態）」、第二版「Totale oder entfaltete Werthform（全体的または展開された価値形態）」、フランス語版「Forme valeur totale ou développée（全体的または発展した価値形態）」、第三版：「Totale oder entfaltete Werthform（全体的または展開された価値形態）」。
　〈形態Ⅲ〉：初版本文「Dritte, umgekehrte oder rückbezogene zweite Form des relativen Werths（相対的価値の、第三の、倒置された、または逆の関係にされた第二の形態）」、初版付録「Allgemeine Werthform（一般的価値形態）」、第二版「Allgemeine Werthform（一般的価値形態）」、フランス語版「Forme valeur générale（一般的価値形態）」、第三版「Allgemeine Werthform（一般的価値形態）」。
　〈形態Ⅳ〉：初版本文［名称なし］、初版付録「Geldform（貨幣形態）」、第二版「Geldform（貨幣形態）」、フランス語版「Forme monnaie ou argent（マネーまたは貨幣の形態）」、第三版「Geld form（貨幣形態）」。
　ドイツ語およびフランス語の単語の意味内容と対応関係、またそれらの日本語訳の問題で微妙な点があり、それらは今後の研究課題として残る。だが、この変遷において注目すべきものは、第一に、フランス語版で初めて用いられ、第三版以降引き継がれた形態Ⅰの「偶然的な〔accidentelle；zufällige〕」という用語であり、第二に、形態Ⅱに初版付録以降に用いられた「全体的な〔totale；totale〕」という用語である。形態Ⅰは「偶然的な」ものであり、これが形態Ⅱで「全体的な〔totale；totale〕」ものに発展するという具合に規定されたことになる。とくに「偶然的な」という形態Ⅰへの規定は、価値形態のⅠからⅢへの展開を「歴史的発展」として叙述することへの明らかな指標になっているように思われる。ところで、「偶然的な」という用語に関して初版本文の価値形態論には、次のような件がある。「第　の形態20エレのリンネル＝1着の上着においては、これらの二つの商品がこのような特定の量的な割合で交換されうるということは、偶然的な事実に見えることがありうる。これに反して、第二の形態においては、この偶然的な現象とは本質的に区別されていて、この現象を規定している背景がすぐさま明らかに見えてくる」（MEGA Ⅱ/5, S. 35.）。ここでは、形態Ⅰと形態Ⅱとが比較されその本質的な区別が述べられている。しかし、形態Ⅰが偶然的なものであると規定されているのではない。むしろ偶然的なものと捉えられるかもしれないが、本質的にはそうではない、ということが押し出されていると言ってよい。こう見てくると、

229

初版本文とフランス語版以降の叙述には文字通り本質的な違いが見られることが解る。ところで、「偶然的な」という用語のフランス語版から第三版への継承が、マルクス自身による指示に基づくものなのかどうかという問題がある。こうした問題が生じるのは、第三版がマルクスの死の直後にエンゲルスによって刊行されたものであるからである。だが、MEGA Ⅱ/6. に収録されている「『資本論』第一巻のための補足と改訂」にも MEGA Ⅱ/8. に収録された第二版のマルクス自用本への書き込み（MEGA Ⅱ/7, S. 732）にも、また MEGA, Ⅱ/7 に収められたフランス語版の自用本への書き込みにも、その指示は見られない。フランス語版についてマルクスは「たとえときには、たしかに――主として第一章では――フランス語的な言い方で叙述を『平らにならす』ことを余儀なくされた」（ニコライ・フランツェヴィチ・ダニエリソーン宛の 1878 年 11 月 15 日付手紙。MEW, Bd. 34, S. 358）というようなことを述べており、フランス語版に、ある種の論理的展開上の問題点を意識していたことは事実である。だが、一方では「フランス語版では僕はかなり多くの新しいことを追加し、また多くの箇所を本質的に書き直した」（フリードリヒ・アードルフ・ゾルゲ宛の 1877 年 9 月 27 日付手紙。ebenda, S. 295.）という具合にも述べ、フランス語版特有の意義も強調している（その多くは蓄積論に関する部分ではあるが）。とはいえ、フランス語版において「偶然的な」という用語がマルクス自身によって用いられたという厳然たる事実があり、第二版以降の価値形態論を歴史的発展過程的に叙述するという明白な傾向の自然ななりゆきとしてその用語の継承はあったと捉えるべきではないだろうか。ただこの点に関しては、マルクスによるロシアのミール共同体に関する研究およびいわゆるアジア的生産様式に関する研究の進展についても考慮する必要があるように思われる。それは前掲モスト『資本と労働』の改訂作業（とくに価値形態に関する部分）とも考え合わせてなされるべき今後の研究課題である。

13) MEGA Ⅱ/5, S. 639-640. この点に関しては、初版付録以降に入れられた、アリストテレス『ニコマコス倫理学』からの「引用」とそれへのマルクスの評価（マルクスはわざわざギリシア語を付しているが、正確な引用ではなく、要約・読解である。MEGA Ⅱ/5, S.635-636, MEGA Ⅱ/2-6, S.91）の意義について考えればより鮮明になる。それは、単純な価値形態における等価形態の特色を述べたところにある。貨幣形態：「五台の寝台＝これこれの額の貨幣」は、単純な価値形態：「五台の寝台＝一軒の家」の「いっそう発展した姿」であるとマルクスは言う。だが、初版付録では、貨幣形態を単純な価値形態の方へ引き寄せた叙述になっているのに対して、まったく同じ文章でありながら、第二版以降では、単純な価値形態から貨幣形態へと発展していくものとしての叙述になってしまっているのである。

14) MEW, Bd. 31, S. 316.
15) MEGA Ⅱ/5, S. 647.
16) MEW, Bd. 31, S. 306.
17) ebenda., S. 306.
18) ebenda. この指示は、初版序文には取り入れられているが、第二版以降の諸版

第Ⅴ章　なぜ、第二版は初版本文の形態Ⅳを捨て貨幣形態を形態Ⅳとしたのか

に所収されている「初版序文」では省かれている。付録がなくなった、という理由からであろう。初版序文にあり、その後の版で削除されたものは、序文冒頭から第3パラグラフの「さらに立ち入って、価値実体と価値の大きさとの分析にかんして言うなら、私はその分析をできる限り平易にした。」につづく部分で以下の通り。――「価値形態の分析に至ってはこれと異なる。前者の叙述におけるよりも弁証法がはるかにより鋭くなっているので、それは理解に困難である。だから私は、まったく弁証法的な思惟に慣れていない読者には、その節の第 15 頁（上から 19 行目）以下 34 頁の終わりまでを全部省略して、その代わりに本書に付けてある付録「価値形態」を読まれんことを勧める。そこでは、その科学的表現がこれを許すかぎり、ことがらをなるべく簡単に、かつ田舎の学校教師風にさえ叙述するように努めてある。付録を読み終えたならば、読者は再び本文に帰って第 35 頁から読みつづけることができる。」（MEGA Ⅱ/5, S. 11-12.）

19) これまで検討してきたところからも解るように、初版付録は、マルクスにとってきわめて微妙な位置にありかつ意義をもつものであった。付録はまさしく付録として、大部な第一巻末尾におかれ、しかも、総目次には、「第Ⅰ章，1 の付録　価値形態」とあるだけで、『エンツィクロペディ』風のきわめて細かな項目の見出しは一切記されていない。これでは価値形態論に関して、「「弁証法的でない」読者」を、本文ではなく付録を読むように誘なうことは相当に困難であったに違いない。ともあれ、初版本文の価値形態論の方は、徹頭徹尾、精鋭な論理によって構成されている。これに対して、エンゲルスの「理解」は、徹底して「歴史」に強く拘束されていたのである。価値形態論にかんする付録をつけることによって、マルクスがきわめて微妙な立ち位置においやられたことは、想像に難くない。同年 6 月 27 日付のエンゲルス宛書簡においてマルクスが、付録の各項目の見出しを書き送っていることから考えると、じつに一ヶ月ほどの短期間に付録が書き上げられたことが判る。こうしてわれわれは、マルクスの思考の途方もない強靱さを確認できるとともに、付録の位置づけについて、版を重ねるごとに進展する「進歩主義」的『資本論』観の再検討を踏まえた、精確かつ厳密な考察を加えなければならないという理論的要請を看て取ることができるのである。

20) MEGA Ⅱ/6, S. 80-81.

21) こうした「歴史過程的」叙述の究極的なものが前掲モスト『資本と労働』に対するマルクスによる改訂のうちにある（MEGA Ⅱ/8, S. 733ff.）。易しい入門書であるこの書で、マルクスは、価値形態論を完全な歴史叙述に変えている。そこでは次のように叙述されている。労働生産物の交換の発生がまず歴史的に述べられ（いわゆる物々交換の発生）、その頻度の高まり＝恒常化による交換比率の確定とそれらの労働生産物の価値物＝商品への転化（これは突如、説明抜きに言われる）として価値形態の形態Ⅰが示される。次いで形態Ⅱ、すなわち、展開された価値形態が、「シベリアの狩猟種族」を例として取り上げられ、毛皮が他の様々な商品と交換される「ほとんどただ一つの財貨」となっていると言われ、こうして「毛皮の価値を毛皮の使用価値から分離」することが習慣化し確定し、「この価値の大きさの表現が確定するように」なる

231

と述べられる。この上で一般的価値形態、貨幣形態が次のように語られる。「こんどは、この取引を、異郷の商品所持者の側から観察してみましょう」として視点の逆転を要請し、「彼らの各人はシベリアの狩人たちにたいして、自分の財貨の価値を毛皮で表現しなければなりません」として毛皮が一般的等価物になっているという。こうして、「毛皮は生産物交換のこの範囲のなかで貨幣となるのです」と毛皮が貨幣形態になることを言うのである（前掲大谷訳『マルクス自身の手による資本論入門』、pp. 39-40.）。この叙述は価値形態論の核心をすっかり洗い流した議論である。ここで例として取り上げられている毛皮は次第に貨幣になっていくのではなく、既に立派な貨幣であり、だからここでマルクスは貨幣から貨幣を解いていることになる。この議論はもちろん『経済学批判』の価値形態論、「本来の困難を避けた」とマルクス自身が述べたそれよりも後退している。

22）　MEGA Ⅱ/5, S. 648.; MEGA Ⅱ/6, S. 101.
23）　MEGA Ⅱ/5, S. 47.; MEGA Ⅱ/6, S. 106.
24）　ebanda ; ebenda.
25）　ここでロシア語版『資本論』（Маркс, Карл, Капиталъ. Критика Политической Экономіи, Томь Первый, С.-Петербургъ, Изданіе Н. Л. Полякова, 1872.）についてのわれわれの見解を付け加えておきたい。というのも、『資本論』初版の翻訳書は、現在までロシア語版と日本語版の二つしかなく、しかもマルクスが翻訳を他者に全面的に託し、その完成物を確認したものは、ロシア語訳初版のみだからである。1872年ロシア語版の刊行にいたる過程は、マルクスらの書簡で辿ることができる。だが、当該時期の書簡を収める予定のMEGA Ⅲ/15-19は未完であり、もっとも広くこの関連の書簡を収録しているMEW Bd. 32-34は、種々の言語で書かれた原文それ自体ではなく、そのドイツ語訳文を載せている。そのため、原書簡が収蔵されているアムステルダムの社会史国際研究所の「カール・マルクス／フリードリッヒ・エンゲルス文書」（Karl Marx/ Friedlich Engels Papers, Internationaal Instituut voor Sociale Geschiedenis（IISG）, Amsterdam. 以下、M/E Papers と略し、収蔵番号（Content No.）のみを付す）にもあたった。ドイツ語で書かれたものは、MEWに従っている。
ロシア暦1868年9月30日付の書簡で訳書刊行の認可を依頼したのはN. F. ダニエリソーンであった（M/E Papers, D 970.）。当初の訳者G. A. ロパーチンはシベリア流刑の憂き目にあい、残された部分の訳業をダニエリソーンが引き継いで、ようやく4年後に、ロシア語版は上梓された。より精確に言えば、ロパーチンがマルクスに最初に会ったのは、ダニエリソーンの手紙から2年弱遅い1870年7月2日のことである。それは同5日付のマルクスからエンゲルスに宛てた書簡から判る（MEW Bd. 32, S. 520.）。このことから考えれば、ロパーチンがロシア語への翻訳に取り組んでから刊行まで長くとも1年半弱――彼がロシア皇帝官房第3部（秘密警察）に逮捕されイルクーツク流刑に処されたのがロシア暦1971年2月半ばで、翻訳作業をダニエリソーンが引き継いだとマルクスに知らせたのが、パリ・コミューンが最高潮に達した最中のロシア暦同年5月23日であるから（MEW Bd. 33, S. 728, Anmerkung 122.）、じつに短期間での政治的緊張下における高密度な作業であった。

第Ⅴ章　なぜ、第二版は初版本文の形態Ⅳを捨て貨幣形態を形態Ⅳとしたのか

われわれは東京大学社会科学研究所所蔵のロシア語版原典（収蔵番号7343）と初版復刻版とを比較検討したが、逐語的ながら品格をそなえた翻訳がはたされており、みごとな達意の作品といえよう（ちなみに冒頭商品論を含む第一章はダニエリソーンが担当）。マルクスは「名人の業 *meisterhaft*」（M/E Papers, C 139. 強調はマルクス）と初版ロシア語訳を絶賛した。ダニエリソーンはまた、マルクスにロシア語修得の手解きをしてもおり、しばしばマルクスからロシア情勢や共同体に関する研究文献の送付を頼まれている。

ダニエリソーンによるロシア語版刊行の作業の期間は、マルクスにとっては、第二版およびフランス語版の刊行作業の時期とぴったり重なっている。それゆえ、冒頭商品論の書き換え問題は、直接にロシア語版の刊行作業に影響を与えた。マルクスは1871年11月24（25）日付ラウラおよびポールのラファルグ夫妻に宛て次のように述べた。「ペテルブルグでは『資本論』のロシア語訳ができましたが、第一章は保留のままにしていました。というのは、私がそれ［初版第一章］をもっと通俗的な仕方で書き直すことを意図していたからです〔Since I intended to re-write it in a more popular manner.〕」（M/E Papers, C 409〔Letter written in English and Français from Marx to Laura and Paul Lafargue〕）。Oxford English Dictionary 2009 edition で "in a more popular manner" を検索してみると、マルクスの手紙が書かれた時代の用法においては、文語的な vulgar を含意しつつ、新たな都市民衆の登場を受けて、いわば「俗受けする」という意味をもっていたことが判る（チャールズ・ディケンズの作品が大人気となり、貴族や大ブルジョアへの反感も醸成されつつあった同時代である。Cf. Ledger, Sally, *Dickens and the Popular Radical Imagination*, Cambridge, U. K., Cambridge University Press, 2007.）。

「書き直し」のことをロパーチンから聞いていたダニエリソーンは、「第一章」の新たなヴァージョンとその他の改訂箇所があったら、それらを送ってほしいとマルクスに依頼している。ところが、当時のマルクスはさまざまな仕事に忙殺されていた。1871年6月13日付──パリ・コミューンが「血の一週間」の末に壊滅させられた15日後である──のダニエリソーン宛の返信で、マルクスはこう述べている。「「第一章」に手をいれたいところなのですが、二週間たたないと、それに取りかかることができません〔Ich werde mit das „Erste Kapitel" besorgen, doch kann ich *vor zwei Wochen* nicht damit beginnen.〕」（M/E Papers, C 136. 強調はマルクス）。だが、二週間がすぎても、マルクスに負わされた任務はまだ山積したままであった。

この「第一章」については、同年11月9日付の、改訂箇所の一覧を2ページ末尾につけたダニエリソーン宛書簡で「第一章の改訂は待っていただいても無駄になるでしょう〔Auf die Umarbeitung des I. Kapitels wäre es überflüssig zu warten〕」（M/E Papers, C 138. 強調はマルクス）と述べ、結局、初版がそのまま訳されることとなった。当時のペテルブルグは社会変革を目指すサークルの百花斉放の場となっており、「労働者＝インテリ」なる新概念も登場していた（高田和夫『近代ロシア社会史研究』山川出版社、2004年、第5章参照）。そこに登場した『資本論』は、売れ行き不振を見込んで翻訳文をそのままで3,000部刊行することを許可した（ダニエリソーンは驚愕してマルクスにその

結果をロシア暦1872年6月4日付け書簡で報じている）当局の期待を裏切って好評を博したのだった。

さて、ここで問いたいことは、「第一章の改訂」である。MEW編集部は「ドイツ語第二版ではじめてこの改訂をおこなった」（MEW Bd. 33, S. 728, Anmerkung 122.）とし、「第二版は初版より構成が改良され、各章は入念に整理され、テキストとさまざまな註にマルクスはかなりの補足を行っている」（ebenda, S. 773, Anmerkung 406.）とする。だが本書で述べてきたように、初版から第二版およびフランス語版への推移は、理論上重大な問題を孕んでいる。

確かに「もっと通俗的な仕方で書き直す」ことは、第二版、フランス語版につながるものであった。だが、「通俗的に書き直す」ことが、そこにとどまるものと直ちに判断することはできない。というのは、この時期以降、マルクスの理論的関心が、きわめて広い世界へと拡大し深化したからである。

『資本論』第三部草稿でとりあえずの目途をつけた地代論に再度取り組むことを介して、ロシアの農村共同体（ザスーリチとの繋がりはここから発している）への関心をよせ、そしてイギリスの植民地支配にあえぐアイルランド農民へ（現在ではマルクスのアイルランド農業に関する把握は誤っていたことが判明している。Cf. Mathur, Chandana, and Dermot Dix, "The Irish Question in Karl Marx's and Friedlich Engels's Writing on Capitalism and Empire", in Seamas Ó Síocháin（ed.）, *Social Thought on Ireland in the Nineteenth Century*, Dublin, University College Dublin Press, 2009, pp. 97-107.）、さらにアイルランドの窮乏から逃散した移民たちが向かったアメリカ合衆国へとマルクスの理論的探求の対象は拡大していった（1880年にはルイス・ヘンリー・モーガンの『古代社会 *Ancient Society*』（1877）やジャワの民族誌、インドやセイロンのアーリア共同体研究文献などから抜き書きをしている。M/E Papers, B 162［Heft CXLVI］）。『資本論』アメリカ版を（茫漠とではあれ）構想していたマルクスにとって（M/E Papers, A 60-62［Redaktionsanweisung für amerikanische Auflage（1876）］）、書き直し作業のヴェクトルは "in a more popular manner" を向いていただろう。だがそのヴェクトルは、はたして第二版・フランス語版、さらにはエンゲルス版のそれと合致していただろうか？

第Ⅵ章

価値形態論と交換過程論との関係について

第1節　冒頭商品論と交換過程論

　すでに述べたように、『資本論』冒頭商品論という場合、そこに交換過程論は含まれていない。初版で言えば「第1章　商品と貨幣」のうちの「(1) 商品」の部分、第二版で言えば、「第1章　商品」の部分のことを冒頭商品論という。したがって、冒頭商品論を主対象とする本書は、基本的に、交換過程論は対象外である。だが、冒頭商品論が交換過程論とどのような論理的関係にあるのかが問題となるかぎりで、両者の関係について述べておく必要がある。それと同時に、第二版以降の諸版（主に現行版）をテキストにすることによって、交換過程論までを冒頭商品論だと考える論者への批判が必要であるかぎりで、交換過程論について言及せざるをえない。

　まず『資本論』の交換過程論について、次のことを確認しておく必要があるだろう。

　マルクスが『資本論』の交換過程論で描き出した、貨幣形態の「歴史的な発生・展開」の過程は、今日の学問の到達地平からすれば、不十分な点があるだけではなく、いくつもの誤りを含んでいるであろう。とりわけ20世紀に大いに発展した文化人類学－社会人類学によって、この方面の知見は急速に蓄積された。それらの成果に照らせば、マルクスのこの点での不十分さや誤りを指摘することは、十分可能であろう[1]。

　それゆえ、マルクス自身の歴史的な限界に根ざし、それをきわめて単純に間違

って解釈するスターリン主義派等による次のような見解は、否定されなければならない。すなわち、物々交換から始まる商品交換の歴史的発展過程をまず描き、その発展につれて貨幣形態もまた歴史的発展過程を辿るといった考え方である。しかもスターリン主義派は、その過程を直線的(リニア)に捉えている。もちろん諸貨幣形態には、諸々の発展過程がある。それらが最終的に金に集約され、世界貨幣としての位置に座るということは、歴史的・現実的に正しいとしても(われわれはいま、種々の信用貨幣は考察の外においている)、問題は残る。歴史的な、地理的地域的な、また社会的な諸々の現実的諸条件によって、商品交換と貨幣形態の発展過程は種々様々である²⁾。

　だがもちろんわれわれは、そうした具体的な歴史過程を探究しようとしているわけではない。われわれが問題にしなければならないのは、先に述べた通り次の二点に関する限りにおいてである。第一は、価値形態論との論理的接続の問題にかんするかぎりであり、第二は、価値形態論を貨幣生成論だと捉え、かくして交換過程論を冒頭商品論の内に含ませて理解する立場への批判が必要であるかぎりにおいてである。この点に留意して交換過程論を見ていこう。

第 ii 節　価値形態論に対するかぎりでの交換過程論

　初版「第 1 章　商品と貨幣」の「(1) 商品」から「(2) 諸商品の交換過程」に移るところに次のような一文がある。

> 商品は、使用価値と交換価値との、したがって二つの対立物の、直接的な統一体である。それゆえ、商品は一つの直接的な矛盾である。この矛盾は、商品がこれまでのように分析的に、あるときは使用価値の観点のもとで、あるときは交換価値の観点のもとで、考察されるのではなくて、一つの全体として現実に他の諸商品に関係させられるやいなや、発展せざるをえない。そして、<u>諸商品の相互の現実の関係は、諸商品の交換過程なのである</u>。(下線は引用者)³⁾

　この文章は、第二版には存在しない。だがこの短い文章、とりわけわれわれが下線を引いた部分に注意をかたむける必要がある。そこではっきりと示されていることは何か？　第一に、初版本文価値形態論においては、歴史的現実的諸条件

第Ⅵ章　価値形態論と交換過程論との関係について

を捨象した上で、純論理的な、理論として詰められるかぎりの議論がなされていること、第二に、その議論を受けて、交換過程論に入って初めて、歴史的現実的諸条件を考慮した議論がなされていること——これである。

　純粋な論理の世界から、歴史的現実を踏まえた世界への移行——これについてマルクスは、次のように、より詳細に述べている。

　商品の交換が商品を価値として互いに関係させ、商品を価値として実現するのである。それゆえ、諸商品は、それらが使用価値として実現されうるまえに、価値として実現されなければならないのである。／他方では、諸商品は、それらが価値として実現されうるまえに、使用価値として実証されなければならない。〔…〕／どの商品所有者も自分の商品を、ただ、自分の欲望を満足させる使用価値をもっている他の商品と引き換えにのみ、手放したいと思う。そのかぎりでは、交換は彼にとってただ個人的な過程であるにすぎない。他方では、彼は自分の商品を価値として実現したいと思う。〔…〕そのかぎりでは、交換は彼にとって一般的な社会的過程である。しかし、同じ過程が、すべての商品所有者にとって同時にただ個人的でのみあると同時にまたただ一般的社会的でのみある、ということはありえないのである。／〔…〕どの商品所有者にとっても、他人の商品はどれでも自分の商品の特殊的な等価物とみなされ、したがってまた自分の商品はすべての他の商品の一般的な等価物とみなされる。ところが、すべての商品所有者が同じことをするのだから、どの商品も一般的な等価物ではなくて、したがってまた諸商品は、それらが互いに価値として等置され価値の大きさとして比較されるための一般的な相対的価値形態をももってはいない。したがってまた、諸商品は、けっして諸商品として相対するのではなくて、ただ諸生産物または諸使用価値として相対するだけである。／われわれの商品所有者たちは、当惑のあまり、ファウストのように考え込む。人初に行為ありき。だから、彼らは、考えるよりまえに、すでに行なっていたのである。〔…〕ただ社会的行為だけが、ある特定の商品を一般的な等価物にすることができるのである。それだから、すべての他の商品の社会的な行為が、ある特定の商品を除外して、この商品においてすべての他の商品が自分たちの価値を全面的に表わすのである。このことによって、この商品の現物形態は、社会的に認められた等価形態になる。一般的な等価物であるということは、社会的な過

程によって、この除外された商品の独自な社会的機能になる。こうして、この商品は――貨幣になるのである。⁴⁾

　人々の無意識的な歴史上の社会的行為、「考えるよりまえに行なわれる」社会的行為、したがって、諸商品自体の現実の社会的運動、すなわち諸商品の膨大な現実の交換過程において、貨幣が生成されるのである。貨幣の歴史は商品交換の歴史と同じだけ古い。

　貨幣結晶は、諸商品の交換過程の必然的な産物である。使用価値と交換価値との直接的な統一としての、すなわち、諸有用労働の一つの自然発生的な総体系すなわち分業のただ個別的な一分枝であるにすぎない有用な私的労働の生産物としての、そしてまた抽象的な人間労働の直接的に社会的な物質化としての、商品の内在的な矛盾――この矛盾は、それが商品と貨幣とへの商品の二重化という形をとるまでは、休みも止まりもしない。それゆえ、諸労働生産物の諸商品への転化が行なわれるのと同じ度合いで、商品の貨幣への転化が行なわれるのである。⁵⁾

　価値形態論にあるかぎり、一般的等価物は、純粋に理論的な次元において捉えられたものでしかない。だが現実の社会にあっては、一般的等価物は、貨幣として厳然と存在する。すなわち、一般的価値形態は、現実にはほかでもなく貨幣形態としてある。自然的諸条件を必要条件とし、かつ、それぞれの社会の歴史的・現実的諸条件にもとづいて、貨幣形態の発展がある。だがこの発展は、物々交換から次第に歴史的に発展して貨幣形態へといたる、というようなものではない。商品形態の生成と発展は、すなわち貨幣形態の生成と発展であり、貨幣は「一般的な等価物の完成した姿態」⁶⁾である。だが、貨幣もまた一つの商品である。それゆえ、だからマルクスが言うように、「貨幣結晶は、諸商品の交換過程の必然的な産物」なのである。商品交換の現実は、すなわち、現実の在り様としては、貨幣形態の生成ではあろう。だがしかし、貨幣が商品とは独立して、まったく別の範疇として登場するわけではないのである。

　商品所有者たちに彼ら自身の物品をいろいろな他の物品と交換させ、したがっ

第Ⅵ章　価値形態論と交換過程論との関係について

てまた比較させる交易は、いろいろな商品がいろいろな商品所有者たちによってそれらの商品の交易のなかで一つの同じ第三の商品種類と交換され価値として比較されることなしには、けっして行なわれないのである。このような第三の商品は、それがいろいろな他の商品にたいする等価物となることによって、直接に、たとえ狭い限界のなかにおいてであるにせよ、一般的または社会的な等価形態を得る。この一般的な等価形態は、それを生み出した一時的な社会的接触とともに発生し消滅する。かわるがわる、そして一時的に、一般的な等価形態はあれやこれやの商品に付着する。しかし、商品交換の発展につれて、それは排他的に特別な商品種類だけに固着する。言い換えれば、貨幣形態に結晶する。〔…〕／商品交換がそのたんに局地的な限界を打ち破り、したがってまた商品価値が人間労働一般の物質化にまで広がって行くにつれて、貨幣形態は、生まれながらに一般的な等価物の社会的な機能に適している諸商品のうえに、すなわち貴金属のうえに、移って行くのである。[7]

一般的等価形態と貨幣形態とが、どれほど現実的に区分されうるのかは判然としない。だがともあれ、貨幣形態自身の発展があり、貨幣は次第に銀と金に、そしてさらに金に固定化されていく。この移行が現実に生じた後では、一般的等価物は厳然として貨幣（金や銀など）に骨化する。かくして全商品世界は、貨幣商品とそれ以外の全商品とへ二重化し分裂し、それが固定化する。貨幣商品が生み出されれば、先に見た等価形態にまとわりついた謎、その神秘的な性質は、貨幣に固着する。貨幣は生まれながらに、そのあるがままの姿で、一般的な価値存在であり、一般的な社会的富の存在形態なのである[8]。

商品は、価値と使用価値との二重物であると同時に、その直接的統一物であった。だが今ではこの対立は、一方の貨幣と、他方の貨幣ではない他のすべての商品とへの分裂・対立へと発展し、固定化する。貨幣は、価値実体である抽象的人間労働の直接の体化物、すなわち純粋な価値身体である。したがって貨幣形態は、直接的な一般的社会的形態、すなわち直接的な一般的交換可能性の形態となる。貨幣形態は、社会的富の一般的な実在形態である。これに対して、貨幣でないすべての商品は、直接に社会的ではない労働（あくまで私的諸労働）の体化物であり、直接的な交換可能性の形態にない諸物である。それらはそれぞれ、諸使用価値形態にある諸物として、価値の一般的体化物たる貨幣に対立する。それらはそ

のままでは——つまり交換関係に入らないかぎり・最終的には貨幣との交換関係に入らないかぎり——、それらに表わされた私的労働は、社会的労働として認められることはなく、それゆえ〈価値—商品〉として認められない。

　x量の商品A＝y量の商品Bという交換価値のもっとも単純な表現にあっても他の一つの物〔Ding〕の価値の大きさがそれで表わされるところの物〔Ding〕は、その等価形態をこの関係にはかかわりなく社会的な自然属性としてもっているかのように見える。われわれはこのまちがった外観の固定化を追跡した。この外観は、一般的な等価形態が一つの特別な商品種類の現物形態と合生すれば、または貨幣形態に結晶すれば、すでに完成している。一商品は、他の諸商品が全面的に自分たちの価値をこの一商品で表わすのではじめて貨幣になるとは見えないで、逆に、この一商品が貨幣であるから、他の諸商品が一般的に自分たちの価値をこの一商品で表わすように見える。媒介する運動は、運動そのものの結果では消えてしまって、なんの痕跡も残してはいない。諸商品は、なにもすることなしに、自分たち自身の完成した価値姿態を、自分たちのそとに自分たちと並んで存在する一つの商品体として、眼前に見いだすのである。これらのもの〔diese Dinge〕、金銀は、地の底から出てきたまま、同時にいっさいの人間労働の直接的な化身〔die unmittelbare Incarnation aller menshelichen Arbeit〕である。ここに貨幣の魔術がある。人間たちの社会的生産過程における彼らの単なる原子的な行為は、したがってまた彼ら自身の諸生産関係の、彼らの制御や彼らの意識的個人的行為にはかかわりのない、物象的な姿態〔sachliche Gestalt〕はまず第一に、彼らの労働生産物が一般的に商品形態をとるということに現われるのである。それゆえ、貨幣物神の謎は、ただ、商品物神そのものの謎が人目に見えるようになり人目をくらますようになったものでしかないのである。[9]

　先に価値形態Ⅲのところで、なぜマルクスが「実体」という哲学史上の用語を用いて価値実体の概念を措定したのか、について触れておいた。それは、まさしく貨幣において「実体」というものが現実世界に立ち現われ、人々の思考と行為を規制・束縛・制御するものとなるからである。マルクスは『聖家族 あるいは批判的批判の批判 ブルーノ・バウアーとその伴侶を駁す』において、ヘーゲルの「実体＝主体」概念を批判していた。ヘーゲルの議論は、種々様々な具体的果実とは

第VI章　価値形態論と交換過程論との関係について

別に「果実なるもの」が存在し、それが「死んだ、区別のない、静止したものでなく、生きた、みずからのうちにみずからを区別する、動く本質」[10]であるまさしく実体＝主体として具体的な種々の果実において自らを定立する、というようなまったく転倒したものである、と。

　26歳の時、このようにヘーゲル的実体をマルクスは批判したのだが、41歳では〈交換価値の実体〉（『経済学批判』第一分冊（1859年刊））、49歳では『資本論』（初版）において〈価値の実体〉という概念を指定した。なぜなら、哲学者たちの頭の中に生え育った「実体」というものが、まさしく商品生産社会においては、貨幣という形で現実に現われ出ているからである。つまり、人々の無意識的な社会的行為によって、社会的実体たる価値実体が、日々定立されているからであった。

　思弁的哲学者の頭の中でだけ生え育った「果実なるもの」のような「実体なるもの」が、商品生産社会においては、現存する。社会的実体たる価値実体という、純粋に社会的なものとして産み出され、現実に存在するのである。それは貨幣形態の姿で、われわれの目に実際に捉えられるものになるのである。

　商品に表わされた労働の二重性は、発展を遂げ、貨幣と、貨幣ではないその他すべての商品とへの、商品世界の二重化にいたる。貨幣は〈抽象的人間労働―価値〉の個体的実現態となり、貨幣以外の全商品はそのままでは、たんに〈具体的有用労働―使用価値〉を表わすにすぎない諸物となる。つまり、交換関係に入らなければ、貨幣との等置関係に入らなければ、たんに〈具体的有用労働―使用価値〉を表わすのみ、ということになるのだ。

　貨幣は、思弁的哲学者の頭の中で生え育った実体よりも、はるかに実体らしい実体である。すなわち、その力を現実に強くそなえた実体として、貨幣は現われ出ている。思惟の中での転倒ではない、現実の社会における完全な転倒が、貨幣に表出しているのである。マルクスは〈実体〉という用語を使うことによって、まさしく〈商品―価値―価値実体〉への根源的批判を遂行しようとしたのである。

　等価形態にまとわりつく謎性、その形態そのものによって生み出される謎性が商品物神の根拠であったが、その商品物神は全商品世界の二重化、すなわち貨幣と貨幣でない他の一切の商品とへの分裂・二重化によって、貨幣物神に集約され強められ、人々の日常的な意識として固定化する。貨幣であるからこそ貨幣に内的に属するものと捉えられる魔術的な力と、それに引き寄せられそれを希求する

人々の日常的意識とは、商品形態そのものが生み出すものであった。価値形態論がこのことを根源的に暴き出していた。

だからマルクスは、初版第1章の「(2) 諸商品の交換過程」の最後から二つ目のパラグラフ（これはそのまま第二版に引き継がれており、ここにも第二版価値形態論から交換過程論への論理的接続に関する無理が現われ出ている）で、あらためて価値形態論と交換過程論との関係について、まとめの形で次のように述べている。

> すでに十七世紀の最後の数十年間には貨幣分析の端緒はかなり進んでいて、貨幣は商品である、ということが知られていたとしても、それはやはりただ端緒でしかなかった。困難は、貨幣が商品であるということを理解することにあるのではなくて、どのようにして〔wie〕、なぜ〔warum〕、何によって〔wodurch〕、商品は貨幣であるのか、ということを理解することにあるのである。[11]

価値形態論の課題、すなわち、労働生産物がどのようにして現実的に商品になるのかを解くことの難しさが、ここで述べられている。つまり、「すべての商品の貨幣存在」を解き明かすという価値形態論の課題の困難さを、あらためてマルクスはここで述べていることになる。すでに存在している貨幣を対象として分析し、それもまた商品の一つであることを見出す課題への対比として、この困難が語られている。

しかもマルクスの場合、貨幣もまた商品であることを明らかにするという課題でさえも、それまでの経済学者たちとは比較にならないほど徹底して、根源から理論の力によって解決した。すなわちマルクスは、交換過程論において、すでに存在している貨幣を、ただたんに分析したのではない。より根本にまで掘り下げ、諸商品自体の歴史的現実的な運動が、ある特定の商品を貨幣として析出することを明らかにし、それと同時に、貨幣もまた商品であることを明らかにした。そしてこれが可能であったのは、より困難な課題である、「どのようにして、なぜ、何によって、商品は貨幣であるのか」ということを交換過程論より以前に、価値形態論で十全に解き明かしていたからである。初版本文価値形態論で、「どのようにして、なぜ、何によって、商品は貨幣であるのか」ということを、価値形態論で解いていたためである。つまり、交換過程論より以前に、価値形態論でその

第Ⅵ章　価値形態論と交換過程論との関係について

問いを十全に解き明かしていたからである。

　初版本文価値形態論で、「どのようにして、なぜ、何によって、商品は貨幣であるのか」ということ、すなわち「すべての商品の貨幣存在」を、マルクスは見事に十全に解明した。それを踏まえて、交換過程論において、貨幣もまた商品であることを根底から解いたわけである。こうして、交換過程論のほぼ最後のところで、あらためて価値形態論と交換過程論との関係について押さえたわけである。

第ⅲ節　あらためて価値形態論と交換過程論との相違について

　価値形態論における諸商品の等置関係にあっては、第Ⅳ章第ⅲ節で詳細に述べたように、等置される諸商品は任意である。これに対して交換過程論では何らかの特定の商品と別の特定の商品とが交換される場面が想定されている。この相違は重要であって、有名な〈宇野―久留間〉論争においても、じつのところ、きちんと踏まえられていない（この点については第Ⅸ章第ⅱ節で詳しく述べる）。ここではこの相違について、厳密に規定しておくことにしたい。問題は、数学用語でいうところの「任意・すべて any, all; ∀」と「ある・存在する some, exist; ∃」の区別をつけることに帰着する。

　　価値形態Ⅰ：任意の異なる二商品 a, b について、a が自分に b を等置する、かくして、等置式 a = b が成り立つ。

　形態Ⅱ、形態Ⅲについても商品の任意性には同様の注意が払われなければならない。

　　交換過程論：ある特定の商品 a を考える。商品 a には当然所有者 A が存在し、A は特定の商品 b に対する欲望をもち、a を b と交換することを望む。すなわち、商品 a を相対的価値形態に置き、商品 b をその等価形態にすることによって商品 a の価値を実現し、かつ自分の欲する使用価値 b を獲得し、同時に商品所有者 B によって使用価値 a が実現されることを望む。しかし、商品 b の所有者 B は必ずしも商品 a に欲望をもたず、商品 c に欲望をもつ。だが商品 c

の所有者Cは商品bにではなく商品dに欲望をもつ、等々。商品所有者たちA、B、C、等々は「当惑のあまり、ファウストのように考え込む」。だが「太初(はじめ)に行為(おこない)ありき」。人々の無意識的な社会的行為によって貨幣ψが生み出され、a = ψ、b = ψ、c = ψ、…が成り立ち、こうして貨幣ψの媒介によって、A、B、C、等々は自らの欲望を実現する。

　以上が価値形態論と交換過程論との相違の核心である。このように、価値形態論と交換過程論とはまったく論理的位相が異なっている。初版本文価値形態論と交換過程論とを接続させることによってこそ、そのことがはっきりと理解される。初版附録価値形態論あるいは第二版価値形態論と交換過程論とを接続させることによっては、この位相差が不分明になる。そのために、論理上の無理が生じることになるのである。

第iv節　貨幣の商品語

　ところで、貨幣形態には歴史的・現実的な諸条件が必要であるとすれば、そこで語られる商品語は、価値形態論でのそれとは、論理的位相と歴史的・現実的位相との間で、大きく異なったものとなるだろう。これについてマルクスは、第二版第3章「貨幣または商品流通」で、商品語をはっきりと〈聴き取って〉いる。第Ⅰ章で引用したところだが、重要な箇所なので、再度引いておこう。

　〔…〕諸価格、または、諸商品の諸価値が観念的に転化されている金量は、いまでは金の度量標準の貨幣名または法律上有効な計算名で表現される。〔…〕かくして諸商品は、自分たちがどれほどの価値であるかを、自分たちのさまざまな貨幣名でぺちゃくちゃ口にし、そして貨幣は、ある物象を価値として固定する、つまりは貨幣形態において固定することが必要なときには、いつでも計算貨幣として役立つのである。／ある物の名称は、その本性にとってまったく外的なものである。ある人の名前がヤコブであると知っても、私はその人物についてはなにもわからない。同じように、ポンド、ターレル、フラン、ドゥカートなどの貨幣名においては、価値関係のすべての痕跡が消えうせている。

第VI章　価値形態論と交換過程論との関係について

これらの数秘術的章標(カバラー)の奥義をめぐる混乱は、貨幣名が商品の価値を表現すると同時に、ある金属重量の、すなわち貨幣の度量基準の、可除部分をも表現するだけに、なおさら大きくなる。他方、価値が、商品世界の多種多様な体から区別されて、無概念的で物象的な、しかしまた、まったく社会的なこの形態に達するまで発展し続けるということは、必然的である。[12]

ここでは例のごとく、相対的価値形態にある、貨幣ではない諸商品が一方的に、「自分たちのさまざまな貨幣名で」しゃべりちらすというわけである。しかもそのしゃべりは、貨幣名によるのだから、いささか地域言語性を帯びていることになる(「商品語も、ヘブライ語のほかに、もっと多くの、あるいはより正確な、あるいはより不正確な、地方言語をもっている」[13])。だがしかし、商品語に関して言えば、この点はあくまで核心的なものではない。商品世界の発展と深化、いわゆるグローバル化に明らかなように、相対的な差異でしかないからである。商品語という点で本質的なものと言って良い深化は次のところに現われる。

商品は〈体〉を〈忘れてしまう〉、と先に述べた。この点からすると、貨幣が特有の使用価値＝金に固着・固定化することは、〈体〉を〈忘れてしまう〉という状態からの逆転であるかのように思われる。こうして商品語も、特有の肉体性を帯びるかに思われる。だがじつは、貨幣が金を自らの唯一固有の〈体〉とすることによって、〈体〉を〈忘れてしまう〉度合いは、むしろ飛躍するのである。というのは、こういう仕組みによる。

「一般的等価物[は]一般的な価値肉体、抽象的な人間労働の一般的な物質化〔*das allgemeine Aequivalent, allgemeiner Werthleib, allgemeine Materiatur der abstrakten menschlichen Arbeit*〕」[14]である。一般的等価物は、他のすべての商品との直接的交換可能性の形態、すなわち一般的社会的形態にある。それは富の一般的形態であり、人間の社会性を一身に体現するものである。だから一定の社会において、一般的等価物として骨化した貨幣は、このような形態にある唯一つのものとして、当該社会に君臨する。それは、他の一切の商品に対して頭で立つ[15]、つまり、抽象性の極限にまで抽象化された純粋に社会的なものとして、その身体から分離したあげく、たんに頭だけになったものとして、一社会に君臨するのである。その体〔*Körper*〕は、たんに〈王の身体〉でしかない[16]。

まず、流通手段としては、金はむしろまったく後景に退き、観念化が著しく進

展する。木片や袋入りの穀物などの種々の代替物は遠の昔に衰え、帳簿上の記載もまた、廃れつつある。いまや電子マネー（ビットコインが端的な例である）のような、簡便な「代替物」が立ち現われ、〈体〉の必要性が限りなく逓減する。他方、支払・決済手段としては、価値の現実の移転が必要であり、貨幣金肉体が要求される（この「肉体」性も今日の社会について考えれば解るように、一定の抽象化と観念化を可能とする。これは高度に発展した信用制度・機構を必要条件とするが、これについてはここでは触れない[17]）。だがここでは、支払は可能な限り相殺され、最終的に残った支払だけが、決済としてなされる。純粋な価値移転だけが行なわれる。それはもはや、特定の商品を相手とした関係のうちにあるのではなく、厖大な支払関係の総括である。そこでの富一般、すなわち普遍的な富の存在形態たる貨幣の〈言葉〉は、もはやたんなる商品語のレヴェルの〈言葉〉ではない。貨幣以外のあらゆる商品が、その「世界」の「市民」[18]であり、各々自分にだけつうじる〈言葉〉をしゃべるなら、貨幣の〈言葉〉は、「商品世界」の絶対的な「帝王」としての、一方的な詔（みことのり）であろう。圧倒的な饒舌を含みこんだ沈黙は、呟きにも似た詔になる。「価値として朕は〈渡御（わたまし）〉をおこなう」と[19]。

註
1) マーシャル・サーリンズの挑戦的な著書『石器時代の経済学』（Sahlins, Marshall David, *Stone Age Economics*, New York, De Gruyter, 1972.; 山内昶訳『石器時代の経済学（新装版）』法政大学出版局、2012 年）以来、独特のマルクス理解を南米のフィールドワーク結果の分析に導入したマイケル・タウシグ『南米における悪魔と商品物神性』（Taussig, Michael, *The Devil and Commodity Fetishism in South America*, Chapell Hill, University of North Carolina Press, 1980.）、さらには贈与交換における貨幣を考察するデイヴィッド・チールの『贈与経済』（Cheal, David J., *The Gift Economy*, New York, Routledge, 1988.）をへて、「抽象化 abstraction」や「通約 commensuration」を重視するビル・マウラーの論文「貨幣の人類学」（Maurer, Bill, "The Anthropology of Money", in *Annual Review of Anthropology*, vol. 35（2006）, pp. 15-36.）などを、われわれは見ることができる。むろん、それらのすべてはあくまで人類学の分野にとどまっており、本書で論じているようなものと同水準にまで理論的彫琢がなされているとは言えない。
2) 通史としては、たとえばデイヴィーズの以下を参照のこと。Davies, G., *A History of Money from Ancient Times to the Present Day*, Cardiff, U. K., University of Wales Press, 1994。貨幣の歴史を論じるさいに必ず言及される、ローマ帝国の鋳貨交換業

第Ⅵ章　価値形態論と交換過程論との関係について

者 nummulārius あるいは mensārius については、若干実証に欠けるきらいがあるが、アンドローの次の書を見よ。Andreau, Jean, *Banque et affaires dans le monde romain*, Paris, Seuil, 2001。しばしば象徴貨幣の代表例のように、挿話的形式であつかわれる貝貨は、歴史に残る大探検家のイブン・バットゥータ（アブー・アブドゥッラー・ムハンマド・アッ＝ラワーティー・アッ＝タンジー 1304-1368/9 年）の著書である『諸都市の新奇さと旅の驚異に関する観察者たちへの贈り物』中で、ニジェール川流域の様子として、はじめて世界各地に紹介された（イブン・ジュザイイ編、家島彦一訳『大旅行記6』平凡社・東洋文庫、2001 年、p. 206.)。また、カール・ポランニーは、17-18 世紀にもっとも興降をきわめた、アフリカ西海岸アルプーロ川流域のダホメ王国における貝貨について、金1オンスと貝貨 32,000 個の安定した交換比率があったと述べている（Polanyi, Karl, *Dahomey and the Slave Trade: An Analysis of an Archaic Economy*, in collaboration with Abraham Rotstein and with a Foreword by Paul Bohannan, Seattle, WA., and London, University of Washington Press, 1966, pp. 116-117.)。その他、西アフリカの貝貨については、以下を参照のこと。Horgenson, Jan & Marion Johnson, *The Shell Money of the Slave Trade*, Cambridge, U. K., Cambridge University Press, 1986。貨幣の歴史について、日本語では、楊枝嗣朗『歴史の中の貨幣――貨幣とは何か』文眞堂、2012 年、のとくに後編が、債務が貨幣を生成する原動力であった、という興味深い説を述べている。楊枝は『貨幣・信用・中央銀行』（同文館、1988 年）に見られるような、マルクス価値論に関わるすぐれた仕事をしてきたが、マルクスを否定し、歴史実証にその研究領域を移した。これは、楊枝が、初版本文価値形態論の意味をとらえられなかったため、マルクスの批判の根源性を十分に把握できず、論理的に問題を抱えている上に歴史的叙述になっている現行版を重視した結果であろう。実証は、マルクスの初版本文価値形態論とは、まったく別の位相にあり、現行版を根拠にマルクス価値論を否定するという姿勢は、学的に拙速であると評さざるをえない。そのほか、黒田明伸『貨幣システムの世界史（増補新版）』岩波書店、2014 年、が歴史的実証に富む視座を与えてくれる。だが、黒田も「システム」と呼びながら、理論を歴史実証に押し込んでいる。

3) MEGA Ⅱ/5, S. 51.
4) ebenda, S. 52-53.
5) ebenda, S. 54. このパラグラフは第二版ではかなり書き換えられているが、初版の方が論理的にすぐれた記述になっていると思われる。というのは、商品は価値と使用価値の統一という矛盾として存在し、その矛盾が貨幣とそれ以外の商品との分離・対立にまで発展するということを明確に述べているからである。
6) ebenda, S. 44.
7) ebenda, S. 55-56.
8) 一社会内において金が貨幣の位置に座るや、少なくともその社会内では金以外の商品が一般的等価物になることはもはやない。また、世界貨幣として金が唯一のものとして認められるや、地域的歴史的に種々存在してきた金以外のあれこれの貨幣は金に統一される。地域や国によってその名目・名称・形

態がいかに異なっていようとも。こうして、貨幣はただ一つ金に固定され骨化する。もちろん、歴史上、巨大な世界恐慌や世界戦争の折には、貨幣そのものの喪失があり、それゆえ商品交換ならぬ物々交換が復活するということがあり得る。第一次および第二次世界大戦時とその終結直後のあれこれの地域や国々で、また1929年からの世界大恐慌時にそうした事態が生じた。だがこれは、あくまで貨幣存在を許さない・必要としない経済諸過程の極度の縮退状況のゆえにあり得たことである。それゆえ、商品生産―資本主義的生産様式の復活は当然ながらそれ自体が直接に貨幣の再生であったのであり、しかもその貨幣は代替物としてではなく本来の貨幣であるかぎり金でしかなかったのである。ところで、金貨幣に対して不換中央銀行券や種々の電子マネーや地域通貨等々を持ち出すような混乱し誤った議論に関して一言注意しておきたい。理論としてはまず本来の貨幣について概念を精確に定立しておくことが求められるのであり、ここでは信用貨幣に関する議論を混入させてはならない。中央銀行券などの信用貨幣の概念は価値形態論および交換過程論からは導くことはできない。種々の信用貨幣は、高度な発展段階に達した信用諸制度・諸機構を前提するのである。それゆえ、本書においては、信用貨幣は本格的には取り上げない。

9) MEGA Ⅱ/5, S. 58-59.
10) MEW, Bd. 2, S. 61.
11) MEGA Ⅱ/5, S. 58,; MEGA Ⅱ/6, S. 120.
12) MEGA Ⅱ/6, S. 126-127.
13) MEGA Ⅱ/6, S. 85.
14) MEGA Ⅱ/5, S. 37.
15) 初版の物神性論の箇所に次の一句がある（これはそのまま、第二版の第1章第4節にある）。「机が商品として現われるやいなや、それは一つの感覚的であると同時に超感覚的な物〔Ding〕に変わるのである。机は、その脚で地上に立っているだけではなくて、すべての他の商品に対立して頭で立っているのであって、その木頭から、机が自分かってに踊りだすときよりもはるかに奇怪な妄想を繰り広げるのである」(ibid., S. 44, MEGA, Ⅱ/6, S. 102.)。ここでマルクスはあらゆる商品の代表として机を取り出してそれが他のすべての商品に対して頭で立つと述べているわけだが、これはまさしく諸商品の価値対象性について言われていることであり、純粋に抽象的な社会性に関して述べられたことである。この社会性は人間―人間社会の社会性の完全な転倒＝疎外としての社会性である。だからそれは、一社会の唯一の一般的等価物として骨化された貨幣形態にこそ集約して現われるのであり、たんに頭だけになるのである。
16) 前掲カントローヴィチ『王の二つの身体』での王の「政治的身体」を想起せよ。ここでは、王の「生物的身体」さえない。だから、それがいかに超感覚的なものであるかが分かろうというものである。
17) 本書では中央銀行券などの信用貨幣に関しては考察の対象外としているが、行論の関係上必要な限りで少し述べておく。信用貨幣は支払い手段としての貨幣の機能から発生するのであって、それは単なる紙幣、すなわち貨幣章

第Ⅵ章　価値形態論と交換過程論との関係について

標・象徴貨幣が流通手段としての貨幣の機能から発生することと著しい対照をなしている。両者を混同することは許されず、概念として明確に区分しなければならない。もちろん貨幣はそれがどのようなものであれ貨幣として存在し機能している限り、流通手段であり、かつ支払手段でもあるのであって、とりわけ今日の貨幣制度・機構においては、不換中央銀行券として両者はまったく概念としても現実としても厳然と区別されながらも渾然一体・同時一体的となって運動している。だがあくまで、流通手段と支払・決済手段とを混同することは、議論をただ無闇に混乱させるだけである。今日、電子マネーによる取引や電子的な帳簿上の管理や記帳等々がきわめて大規模に行なわれているが、それらにおいて、いかに支払・決済の遂行が一見なされているかに見えるものがあるとしても、それは決して最終的な支払・決済にいたってはいないものであって、それとは別に、あくまで電子的データ等以外の実際の支払・決済の場面があるのである。だから、こうした電子マネーや電子的処理の大々的な登場に幻惑された金廃貨論や現金貨幣の無用論・廃止論等々の一切は、資本主義の現実を知らない夢幻境に彷徨うものでしかないのである。流通手段としての貨幣は徹底して観念化され縮減され、電子的処理に代替され得るが、支払・決済手段としては決してそのようなことはなされ得ず、最終的には必ず現実の貨幣・現金による支払・決済が行なわれなければならないのである。もちろんそれを、可能な限り「合理化」し、節約するために種々様々の技術的手段等が涙ぐましいまでに試みられるのであるが、しかしそれを〈ゼロ〉にすることは決して可能ではないのである。今日、アメリカのドル、信用貨幣の一つでありそれでしかないアメリカ・ドルが基軸通貨として君臨し、それを中心として全世界の諸決済システムが構築されているが、その現実もまた一歴史時代の一過的刻印を押されているのであって、それが世界資本主義の運動のなかでどのようになっていくのかは未だ確定的なことは誰も言えないのである。だがしかし、アメリカ・ドルといえどもそれはあくまで信用貨幣であり、それが全世界的な支払・決済手段として存在する歴史的現実的な諸条件があるというだけのことなのである。

18) 第二版以降では、フランス語版を除いて、「市民〔Bürger〕」と書かれている。「商品として、それ〔リンネル〕は、この世界〔商品世界〕の市民である」（MEGA Ⅱ/6, S. 95.; MEGA Ⅱ/8, S. 93.; MEGA Ⅱ/10, S. 63.）。『資本論』が、ヴィクトリア治世下のロンドンで執筆されたことを、想起すべきだろう。

19) 「朕」と表現したのは、貨幣がいわゆる Royal We のように「尊厳の複数 Pluralis Majestatis」を満たすものではなく、秦の始皇帝のごとく、他の商品がそう「自称」することを許さないからである。白川静『新訂・字統』平凡社、2004年、p. 427。

第Ⅶ章

〈富―価値―商品〉への根源的批判

第ⅰ節　〈富―価値―商品〉への批判、労働価値説批判としての経済学批判

　先に、第Ⅲ章第ⅱ節で〈富―価値―商品〉に対する根源的批判が『資本論』冒頭商品論、ひいては『資本論』全体を貫く主脈であると述べておいた。冒頭商品論の検討を踏まえてこの批判を総括しておこう。

　マルクスは『資本論』冒頭で、「資本主義的生産様式が支配する諸社会の富は厖大な商品集積として現われる」と規定した。富が、この社会では商品集積となってしまっており、またそうである他ないとマルクスは喝破したのだ。類的存在としての人間が歴史上実現し得た社会性の水準が、商品という形態において現われていると押さえたわけである。だからこの冒頭の一句がそもそも商品生産―資本主義的生産様式に対する根本的な批判なのである。これを出発点とし冒頭商品論を批判の基底として、商品、すなわち〈商品―貨幣―資本〉という三つの形態を取り相互転化しつつ運動するこの商品に対する批判を、マルクスは『資本論』全体を通して深め豊富化し鋭くしていく。富は類的存在としての人間の、歴史的にそのつど規定された普遍的力能の発現であり、ある一社会の富の総体のうちにその社会が実現した社会性の水準が示されるのであり、人間の類としての水準もまたそこに示されるのである。かくしてマルクスは、富が商品という形態として現われていることを止揚するための諸条件を商品世界の内在的批判を通して、つまり、商品世界の内に分け入り、そこで諸商品自体が語る商品語を聴き取り、それらを翻訳し註釈することを通じて探っていくわけである。かかる批判の基底に

〈価値―価値実体〉批判が据えられている。

商品は使用価値と価値との統一物であったが、使用価値はたんに価値の「素材的担い手」でしかない。商品は何よりも価値であり、自らの使用価値＝〈体〉を〈忘れてしまう〉。先に引用したように、諸商品は商品語で「われわれの使用価値は人間の関心をひくかもしれない。使用価値は物〔Dingen〕としてのわれわれにそなわっているものではない。だが、物としての〔dinglich〕われわれにそなわっているものは、われわれの価値である。われわれ自身の商品物〔Waarendinge〕としての交わりがそのことを証明している」[1]と語るのである。このところをどのように理解＝批判するのかが〈価値―価値実体〉批判の核心である。マルクスは『資本論』のための最初の本格的草稿（『経済学批判要綱』と呼ばれている「1857－1858年草稿」）で次のように述べていた。

　富は一面では物象〔Sache〕であって、人間が主体として相対するもろもろの物象〔Sachen〕、物質的諸生産物〔materiellen Produkten〕のかたちで現実化されている。他面で価値としては、富は、支配を目的とするのではなくて私的享楽等々を目的とする、他人の労働にたいするたんなる指揮権〔Commando〕である。あらゆる〔社会〕形態において、富は、物象〔Sache〕であれ、物象〔Sache〕によって媒介された関係であれ、個人の外部に、また偶然的に個人と並んで、存在する物的な姿態〔dinglicher Gestalt〕をとって現われる。そこで、いかに偏狭な民族的、宗教的、政治的規定をうけていようとも、人間がつねに生産の目的として現われている古代の考え方は、生産が人間の目的として現われ、富が生産の目的として現われている近代世界に対比すれば、はるかに高尚なものであるように思われるのである。しかし実際には、偏狭なブルジョア的形態が剥ぎ取られれば、富は、普遍的な交換によってつくりだされる、諸個人の諸欲求、諸能力、諸享楽、生産諸力、等々の普遍性でなくてなんであろう？　富は、自然諸力にたいする、すなわち、いわゆる自然がもつ諸力、ならびに、人間自身の自然がもつ諸力にたいする、人間の支配の十全な発展でなくてなんであろう？　富は、先行の歴史的発展以外にはなにも前提しないで、人間の創造的諸素質を絶対的に産出すること〔Herausarbeiten〕でなくてなんであろう？　そしてこの歴史的発展は、発展のこのような総体性を、すなわち、既存の尺度では測れないような、あらゆる人間的諸力そのものの発展の総体性を、その自己目的

第Ⅶ章　〈富―価値―商品〉への根源的批判

にしているのではないのか？そこでは人間は、自分をなんらかの規定性において再生産するのではなく、自分の総体性を生産するのではないのか？そこでは人間は、なにか既成のものに留まろうとするのではなく、生成の絶対的運動の渦中にあるのではないのか？ブルジョア的経済学では――またそれが対応する生産の時代には――、人間の内奥のこうした完全な表出〔Herausarbeitung〕は完全な空疎化として現われ、こうした普遍的対象化は総体的疎外として現われ、そして既定の一面的目的のいっさいを破棄することが、まったく外的な目的のために自己目的を犠牲に供することとして現われている。だからこそ、一方では、幼稚な古代世界がより高いものとして現われるのである。[2]

　富は一方では物象（Sache）であり、他方では価値（Werth）であると、マルクスは言う。富がこのように二重の規定性において捉えられていることにまず注意が必要である。後者がとりわけ問題なのだが、まず前者、すなわち、富が物象（Sache）としてあるという点について検討しよう。この規定については理解するのに困難はないかのように思われるかもしれないが、実はそうではない。諸物（Dinge；material things）、諸使用対象、諸使用価値の集積等々として規定されているわけではないからである。物象をどのように理解するかが問題であり、丁寧に考える必要がある。富は物象であり、「物質的諸生産物〔materiellen Produkten〕のかたちで現実化されている」とマルクスは言う。この規定は「富は物象〔Sache〕であれ、物象〔Sache〕によって媒介された関係であれ、〔…〕物的な姿態〔dinglicher Gestalt〕をとって現われる」という規定と同一の内容をもっている。つまり富は、物的な（dinglich）形で現われてはいるが、しかし富はそうした物的なものそのものではなく物象なのだ、というのがマルクスの主張である。物象（Sache）と物（Ding）とは決して同一ではないからである。物象は単なる物ではなく、社会の生産諸関係、人々の社会的諸関係をその内に集約し宿している。人々の社会的諸関係、生産諸関係が照り込んだものとして、諸物（Dinge）は諸物象（Sachen）である。とはいえ、その社会性は、たんに人々が織り成す社会的協業や分業の産物であることに現われるような社会性ではない。そうした社会性を基底としてその上に生み出される社会性、一つの社会をそれとして特徴づける、固有の歴史的規定・限定としての社会性である。例えば江戸時代の米を考えてみよう。それは一定の社会的協業・分業の産物であり、その社会的協業・分業体制、

とりわけ生産に直接かかわる技術的編制等は同じ江戸時代にあっても変化していたのであり、また逆に、江戸時代から明治時代に入っても変わらないものもあったのである。だが、江戸時代の年貢としての米は、江戸時代を通じてその社会を固有に成り立たせる社会性を背負っており、人々はそうしたものとして米を扱い対処していたのであり、それゆえ米は江戸時代にあってはもっとも基本的・中心的な物象であり、米を中心として人々の諸活動の結実の総体が諸物象としての富を形づくっていたのである（人々がそのような言葉・概念を一切持ち合わせてはいなかったとしても）。

このように一つの社会の固有の在り様を現わす社会性を宿したものとして、物象というものがあるのである。だから、一つの社会・共同体にとっての富は、その社会・共同体が生み出す剰余生産物の在り様と密接に関係している。共同体の成員を再生産することがもっぱら生産の目的であるような共同体においても、剰余生産物を中心に、往々にして宗教的な営みと結び付いて、物象としての富の体系が形成されるのである。この富の体系、それは前資本主義的生産の社会にあってはある質的なヒエラルヒーとして現われ、これが価値の質的な序列と照応する。「他人の労働に対するたんなる指揮権」、その最高の「指揮権」は、〈神〉に預けられた「指揮権」、宗教的営みに結び付いて社会的に確定されるものであろう。ところでだが、この「他人の労働にたいするたんなる指揮権（Commando）」という価値にたいする規定は理解するのが困難である。質的にヒエラルヒー化された物象としての富の体系に照応する価値の質的な序列化された系を考えることは容易ではあるが、この「他人の労働に対するたんなる指揮権」とは何か。物象としての富が、ある社会の人々の諸行為・諸活動の結実の総体からみた規定であるのに対して、価値としての富の規定は、そうした個々の人々からみた規定である。だがもちろん、それは富という対象の規定であり、個々人の主観・観念による規定ではない。社会的である限りでの諸個人の社会的な欲求・欲望[3]を基底としながらも、それを乗り越えていく、あくまで対象的な希求・志向性そのものを「他人の労働に対するたんなる指揮権」とマルクスは言ったのだ。だからこそ、資本主義に歴史的あるいは状況的に先行する諸社会の質的に序列化された価値体系においては、その頂点はいわば〈神〉の志向性であり、かの「指揮権」は〈神〉に託されているのである。だが、こうした資本主義に歴史的あるいは状況的に先行する諸社会の〈富―価値〉の体系を資本主義的生産様式は打ち破る。

第Ⅶ章　〈富—価値—商品〉への根源的批判

「生まれながらの平等派(レヴェラー)で犬儒派(ツィニカー)である商品」[4]、その集積が富になったということは、物象としての富の質的なヒエラルヒー的体系、そしてそれに照応した価値の質的序列体系もまた崩壊したということである。ただし、商品世界においては、全商品は貨幣と貨幣以外の他のすべての一般の商品とに二分されている。富の一般的・個体的体化物は貨幣であり、この貨幣と交換される限りで、そのような媒介的形態で、貨幣ではない他のすべての商品は社会的なもの、富の一要素として、それこそまったく平等に認められるのである。そこでは、個々の商品の質を規定する千差万別の諸使用価値は完全に無視される。諸商品が自らの〈体〉を〈忘れてしまう〉ことは不可避なのだ。そして貨幣もまた抽象的普遍としての富の個体的体化物であるがゆえに、その〈体〉もまた抽象化され、「他のすべての商品に対して頭で立つ」という、たんに〈頭〉だけになったものとなる。こうした抽象化を基底として、貨幣の下でのある意味で質的差異を超越した完全なる平等が実現されるのである。これに照応して価値の従来の個別性が完全に止揚される。従来の〈真—善—美〉のような諸々の価値に纏わりついていた、個人的な観念・主観によって価値が規定されるかのような外観はきれいさっぱり投げ捨てられる。価値もまた一般化され、個体性・個別性から解き放たれ、価値の社会性がもっとも純粋な・抽象的な形をとることになったのである。そこでは価値は、質としては究極にまで抽象化されたものとなっており、そもそも量の契機をもたないにもかかわらず、商品に表わされた抽象的人間労働が価値実体となることによって量へと頽落し、ただ量として区別されるだけのものとなる。従来のヒエラルヒーは完全に解体し、ただ量的に区別された、それゆえにまったく明瞭・透明な抽象化された価値の体系ができあがる。しかも人々はその価値を価値としては意識してはいない。無意識のうちに人々は一社会を貫く価値の体系をつくりあげ、それを個々具体的に交換価値として了解し思惟し行動しているのである。

　商品の価値はそれまでの歴史上のあらゆる価値の集約・総括としてある。それは、それまでの諸価値に纏わりついていた一切の人格的依存関係や共同体的諸関係の刻印を徹底して剥がれ、質の究極にまで抽象化され純粋に社会的なものとなっており、個別性・個体性を完全に払拭し、一般的・普遍的である。資本主義的生産様式が支配する社会の価値は商品価値以外にはない。それは、諸価値のうちのたんなる一つの価値なのでは決してない。これまでの諸々の価値、例えば従来の〈真—善—美〉等々は商品価値に結び付けられる限りで価値として認められる

ものとなる[5]。巷間に言われる「価値の多様性」とは従来の諸価値が商品価値に凝縮され従属する様態を言い表わしたもの以外ではない。商品価値が、それこそが、そしてただそれだけが、人々の生活行動・経済活動・社会的行為の全般にわたって貫く普遍としての価値としてあり、個々人から引き剥がされた抽象的普遍性としてあるがゆえに、もはや価値としては人々に意識されることもないものとして人々の〈生〉に血肉化されているのである。

　繰り返しになるが、人々は決して価値（商品価値）を自らの〈生〉における価値として意識化しているわけではない。人々はただ、諸労働生産物を商品として互いに交換している、つまり諸労働生産物を直ちに交換価値にし、行動しておりそれを日常意識としているのである。決して価値として諸商品を等置していると意識しているわけではない。こうした無意識的行為を通じて、その現実において人々は商品価値を自らの〈生〉における価値としているのである。商品生産社会を生きるすべての人が、無意識のうちにその価値体系をつくり維持し更新しているというほどに、その価値は一般的であり抽象的であり強固なのである。それゆえ、諸商品の等置が、交換価値におけるものではなく他でもなく価値、その究極的に抽象的で純粋に社会的な価値におけるものであることは、まさしくマルクスによってまったく新たに〈発見〉されたことなのである。

　そもそも商品を労働生産物として把握することは容易であり、さらに商品を一方では具体的有用労働の結実として、他方では抽象的な人間労働一般の結実として捉えることも決して困難なことではない（もちろん、商品に表わされた労働をこの二重の労働に還元することは初めてマルクスによってなされたことであり、古典派経済学によっては成し遂げられなかったことではあるが、しかし一旦マルクスによる成果が得られた以上、それを再確認することは分析的思惟にとっては容易である）。ある程度の抽象化が必要であるとはいえ、諸商品が労働生産物という属性をもつということはあくまで感性的に捉えられうる範囲内のことであるだが、にもかかわらず、人々は諸商品を共通な属性である労働生産物という属性において互いに等置するのではない。人々は、労働生産物という属性においてではなく、価値というまったく抽象的で純粋に社会的な属性において、つまり決して五感では捉えられない属性において、諸商品を互いに等置するのであり、しかもそれをまったく意識せず無自覚なままに行なうのである。それが日々厖大に遂行されているのである。なぜなのか。なぜ人々は労働生産物という感性的に捉え

第Ⅶ章 〈富―価値―商品〉への根源的批判

られうる属性において諸商品を等置しないのであろうか。なぜ人々はそれを意識して行ない得ないのだろうか。だがこの現実にこそ、人々の到達した社会性の水準が現われているのである。つまりそこに、人々の社会的労働の在り様が、だから富の産出の在り様が示されているのである。社会的富の産出が、相互に独立して営まれる私的諸労働という在り方に規定されているかぎり、ここを超出することは可能ではないのである。だからこそ、人々は相互に独立して営まれる私的諸労働の諸生産物を、互いに商品として等置し、直ちに交換価値にするのである。人々はこのことを余儀なくされているのである。

そうであればこそ、交換価値ではなく、価値という決して感性的には捉えられない、極度に抽象的で純粋に社会的な価値において諸商品は等置されている、と喝破したことこそが、マルクスにとっての根源的価値批判であったわけである。こうしてはじめて、類的存在としての人間が遂行する「創造的素質を絶対的に産出すること」、「生成の絶対的運動」という〈富―価値〉生成の運動を、資本主義的生産様式が支配する社会の生産の現実のうちに、完全に転倒され絶対的に否定されたものとして、マルクスは別抉することができたのである。これこそがマルクスによる全批判の基底である[6]。

マルクスは、スミス、リカードゥらの古典派経済学を、その核心である労働価値説を継承したと言われる。だがそれは正しくない。マルクスの批判的体系は古典派経済学に集約される政治経済学全体への批判であり、その核心たる労働価値説への批判である。体系のもっとも基底にある価値の概念がまったく違っている。価値に関するさまざまに入り乱れていた諸々の用語への批判的総括がなされ、まったく新しい概念として価値の概念が措定されたのである。端的に、限定句なしの価値と措定したことが決定的である。

マルクスのいう価値、——これを精確に把握することはいかに困難であることか。それは、これまで見てきたすべての論者がその把握に失敗しているところに鮮明に示されている。マルクス本人を除けば、これまでただの一人も、それに成功してこなかった、と言って良い。『資本論』に立脚するにせよ、それへの批判的立場をとるにせよ、すべての論者が価値を自明のこととして、それ自体を問う必要のないものとして議論している。つまり価値についてのマルクスの議論を古典派経済学と同一の地平で把握してしまっているのだ。その上でこの袋小路に行き着く思考径路は、二つに分かれるだけである。一方は、価値を労働に重ねるの

であり、他方は、価値を没概念的で無規定なものとして昇天させてしまうのである。スターリン主義派などは、価値を労働に重ね合わせて捉えてしまう。「共通なもの」＝価値と「第三のもの」＝商品に表わされた抽象的人間労働とを混同し合体させて「共通な第三者」といった造語を生み出しているところにそれは良く現われている。これらの人々は、粗野な唯物論者として、価値が純粋に社会的で極度に抽象的であることに堪えられないのである。労働、しかも多くの場合、生きた・流動状態にある労働と対象化された労働との区分も明確ではない。具体的な生きた労働に引きずられそれにもたれかかり、価値をそこへ重ね合わせて安心するわけだ。他方、スターリン主義派を批判する人々の多くは、価値を労働から切断し、価値を関係として捉えようとするのだが、結局は価値が何であるのかを明確にすることができず、たんに価値という言葉だけが語られるということになる。その結果、価値は没概念的・無規定的なものとして昇天させられてしまう。またマルクス主義そのものに対する批判派は、マルクス理解においてほぼ「共通の第三者」派（マルクス自身が「共通のもの」と「第三のもの」とを合体させていると解釈している、ということである）であり、この虚像を批判して、価値実体を否定し、価値を関係として捉えようとするのだが、やはり価値を捉えることができず、昇天させてしまうのである。

〈価値＝関係〉説がどうして価値を無概念化・没概念化してしまうのかと言えば、現に関係としてある交換価値との概念的区分を明確につけることができなくなるからである。関係概念としての交換価値は価格として、誰にとっても明確に感覚的に捉えられるものとなっている。この関係としての交換価値に、また別の関係としてある価値がどのようにして現象するのかを、〈価値＝関係〉説は解かなければならない。しかも価値は純粋に社会的で極度に抽象的で感覚的に捉えられるものではない、とマルクスは述べている。課題の解決は非常に困難である。この「課題」にあえて取り組み、典型的な失敗を犯したのが廣松渉である。

真実には、商品の内部に価値なるものが実体相で実在しているわけではなく、抽象的人間労働なるものが凝固的に対象化するわけでもない。交換的等置の場における価値量や価値形態の基底にsub立てられるものstanzというかぎりで、物象化された視界ではSub-stanz（＝実体）としての価値実体が措定されるとはいえ、これとてその現実態においては「人と人との物を介しての関係」の「反

第Ⅶ章 〈富―価値―商品〉への根源的批判

照的規定 Reflexions-bestimmung」なのである。[7]

　廣松も「共通の第三者」と述べていた。つまり、価値と価値実体とを混同していた。こうして彼の議論は、価値についてのものなのか価値実体についてのものなのかが分からなくなる。価値実体は、ある実体的な社会的関係の反照規定だと廣松は言う。だが、その規定自体が曖昧なままであり、しかも価値がどこかへ飛んで行ってしまっている。このままでは、価値が交換価値に現象するのではなく、抽象的人間労働なる価値実体が、関係概念としての交換価値という形態に現象することになってしまうであろう。

　塩沢由典がいみじくも吐露したように、価値、それは躓きの石なのである[8]。これまで何度も強調してきたところだが、マルクスの価値概念に、根源的な価値批判という価値把握の核心を見なければならない。『資本論』に集約されるマルクスの経済学批判体系において、価値は、対象世界（―自然・社会）に向かって開かれた〈口〉として、体系の基底に措かれているのであって、価値を批判体系内部において論証することはできない。批判体系がそれによって支えられ、かつ批判体系の生成・成熟に応じて確証されるものである。資本主義的生産様式が支配する社会がそれまでのすべての社会を集約していることに照応して、商品価値はそれまでのすべての価値を集約しているのである。すなわち、商品価値はたんなる一つの特殊な価値、もろもろの価値のうちの一つなのではなく、端的に価値なのである。だからこそ、マルクスの価値概念は、経済学批判体系の礎石であり、それ自体に価値への根源的批判が込められているのである。マルクスは資本主義的生産様式が支配する社会の価値に関して、「商品の「価値」は、〔…〕労働の社会的性格〔…〕を、ただ歴史的に発展した一形態で表現するだけだ」[9]と述べた。この短い一節に、〈商品―価値―商品を生産する労働〉への根本的な批判が込められている。富が巨大な商品集積になっていること、価値が商品の価値になっていること、富を生みだす人間の諸活動・運動が商品をつくる労働になっていること、その労働が商品に表わされ、具体性有用性が捨象・抽象されて価値実体となっていること、――こうした完全な転倒、総体的疎外への批判がそこにある。

　マルクスが、未完とはいえ構想し形成しつつあった経済学批判体系の礎石に、価値を描いたことによって、まさしく、批判体系は文字通り体系への批判として生きたものとなったのである。マルクスは、先に引用した『1857年‐1858年草

稿』で、「偏狭なブルジョア的形態が剥ぎ取られれば、富は、普遍的な交換によってつくりだされる、諸個人の諸欲求、諸能力、諸享楽、生産諸力、等々の普遍性でなくて何であろう？ 富は、自然諸力に対する、すなわち、いわゆる自然がもつ諸力、ならびに、人間自身の自然がもつ諸力にたいする、人間の支配の十全な発展ではなくて何であろう？ 富は、先行の歴史的発展以外にはなにも前提しないで、人間の創造的諸素質を絶対的に産出することでなくて何であろう？ そしてこの歴史的発展は、発展のこのような総体性を、すなわち、既存の尺度では測れないような、あらゆる人間的諸力そのものの発展の総体性を、その自己目的にしているのではないのか？ そこでは人間は、自分を何らかの規定性において再生産するのではなく、自分の総体性を生産するのではないのか？ そこでは人間は、なにか既成のものに留まろうとするのではなく、生成の絶対的運動の渦中にあるのではないのか？」と述べていたが、この生成の絶対的運動としてある富と、その運動に孕まれかつそこに向けられた人々の絶対的な志向性である価値についての彼の洞察が、このことを示してあまりある。

〈富―価値―価値実体―商品―労働価値説〉への批判を捉えないで、『資本論』を精確に〈読む〉ことはできない。

第ⅱ節　商品価値と従来の諸価値

商品価値とそれ以外の諸価値との関係について少々述べておく。商品価値は、それに先行する諸価値を集約し総括し、それまでのどんな価値よりも人間の類性格を、その抽象的な在り方において表出している。しかもそれは、商品価値でしかないことにおいて、つまり人々の生の在り様に外的に対立する商品価値でしかないことにおいて、完全に転倒した価値である。価値はいま、商品価値として、徹底して対象的な・外的な形態にある。商品価値は社会性を抽象的普遍としての純粋な社会性として表わし、個人的なものをたんに私的なものとして自らに対立させる。しかし、価値がこのように完璧に否定的な形態において定立されたということこそが、偉大な歴史的な実現なのである。類的存在としての人間の普遍性が、まったき抽象的普遍として、究極にまで質が抽象化された商品価値として現われ出たのだ。言うなれば、広く社会的に交換され売買される〈場〉の水準にまで価値が社会化され普遍化されたのだ。こうした点で言えば、商品価値以前の

第Ⅶ章　〈富―価値―商品〉への根源的批判

諸々の価値——〈真―善―美〉等々——の社会性・普遍性は、商品価値に比べれば決定的に低い水準にあるのであり、個別的あるいは特殊な衣を纏って立ち現われていたのである。商品価値はこの狭い枠を完全に突破する。ただし徹底した抽象的普遍性として・完全に転倒された価値としてではあるが。この商品価値に対して、〈真―善―美〉等々としてある諸々の価値は、価値の社会性を一身に体現している商品価値に対して、たんなる偶然的・個人的・私的なものとして商品価値に対立するか、むしろほとんどの場合、商品世界の内に取り込まれ、価値としては商品価値に包摂されるものとなるのである。今日では、〈真―善―美〉等々は基本的に商品価値と結び付かない限り、普遍性をもたず、社会的に承認されるものではない。つまり、それらはもはや言葉の本来の意味通りの〈真―善―美〉とは言えないものとなっている。人々は現実には、商品関係の中に、それらを通じ、それらの媒介を通して、諸々の価値、すなわち〈真―善―美〉等々を追求しているのである。それを意識しているか否かにかかわらず、人々はそのように行動しているのである。だから「もし商品がものが言えるとすれば、商品はこう言うであろう」、すなわち商品語で次のように語るであろう。「人間は、価値について哲学的・倫理学的・美学的な〈物語り〉を飽くことなく繰り返しているが、それらは実際のところ価値ではない。価値はわれわれにそなわった価値―商品価値のことであり、それ以外に価値はない。人々の語るところはそれとは違っているが、人々の実際の行動がそれを示している」と。

　だが、にもかかわらず、人々は例えば古代ギリシアにまでさかのぼって人間にとっての〈真―善―美〉等々を探る試みをやめることがない。例えばプラトンにとっての〈真―善―美〉はやはり誰かれの心を動かすであろう。つまりそれはなお、彼らにとって価値であるだろう。ここでわれわれは、古代ギリシアの芸術について語ったマルクスを思い起こすことができる。マルクスはここで、「〔…〕困難は、ギリシアの芸術や叙事詩が、ある社会的な発展諸形態と結びついていることを理解する点にあるのではない。困難は、それらがわれわれにいまなお芸術上の楽しみをあたえ、またある点では規範として、そして到達できない模範としてその意義をもっているということにある」として、「おとなは二度と子どもになることはできないし、でなければ子どもっぽくなるだけである。しかし子どもの無邪気さはおとなを喜ばせはしないだろうか？　そしておとなが子どもの真実を再生産するために、より高い段階でふたたび自分で努力してはならないだろう

か?〔…〕彼らの芸術のわれわれにとっての魅力は、それが成長した地盤である未発達な社会段階と矛盾するものではない。魅力はむしろ、そのような社会段階の結果であって、むしろかの芸術がそのもとで成立し、またそのもとでだけ成立することのできた未成熟な社会的諸条件が、決して帰ってくることはありえないということと不可分に関連している」と言っている[10]。マルクスが語ったギリシア時代の諸々の芸術、そしてプラトンの語ったところのものもまた、類的存在としての人間の普遍性の発現、生きた人間活動として一瞬垣間見せた、その絶対的普遍性の残光であろう。今日のわれわれもそれを感得することができる。なぜなら、限定された諸条件の下において、またそうした限界付けられた在り様としてではあるが、自然としての人間の、類的存在としての人間の〈生〉のもっとも根源的な〈閃光〉がそれらに強く鮮やかに露出しているからである。

　ところで、〈正義〉という概念が〈真―善―美〉に結び付けられて問題とされることがある。それは〈法―国家〉における〈真―善―美〉の問題として論じられるのであり、〈真―善―美〉の政治的領域における問題であるが、本稿ではそれについて本格的に問題にすることはできない。ただ、原則的な点に限って言い得ることは、根源的な〈価値〉批判が求められたように、根源的な〈正義〉批判が問われるということである。というのは、そこでの〈法―国家〉は、資本主義的生産様式が支配する社会を所与のものとするかぎりでは、ブルジョア的市民社会とそこにおける独立した人格としての近代的個人なる観念類型に照応する〈ブルジョア的政治的国家体系―ブルジョア法体系〉であるよりほかはないからである。そこで〈正義〉それ自体が問題とされ、その内実が探究され、その何らかの実現が希求されるかぎり、それがいかにブルジョア的・帝国主義的正義への批判や抵抗や闘争等々を通じて追求されるものであれ、またそれが、真の正義なるものとしてあれこれの正義に対置され実現されるべきものであれ、それは〈ブルジョア的政治的国家体系―ブルジョア法体系〉に包摂され集約されざるを得ないものだからである。そもそも正義なるものは、あくまで〈国家―法〉(ブルジョア的なものにおけるそれらのみではなく)における〈真―善―美〉の在り様であり、類的存在としての人間の疎外された観念形態であり、さらに、《〈ブルジョア的政治的国家体系―ブルジョア法体系〉―〈市民社会―近代的個人〉》にあっては、その構造を基底的に規定する商品(〈商品―貨幣―資本〉形態をとって運動するそれ)の価値にあらゆる価値が集約されざるをえないからである。人々の類とし

第Ⅶ章　〈富―価値―商品〉への根源的批判

ての在り様は社会の政治的共同性として政治的国家へと疎外され、それに照応して価値は正義へと疎外されるのである。それゆえ、求められるべきものは正義に対する根源的批判、その止揚であって、何らかのその実現ではない。さらに言えば、マルクスがいわゆる「ゴータ綱領批判」で鋭く指摘したように、「資本主義社会から生れたばかりの共産主義社会」はブルジョア的制約から自由ではなく、それに対応して国家＝過渡期の国家もまたブルジョア的性格をまぬかれない。そもそもいかに革命的な国家であれ、国家が必要であるかぎり、その国家はブルジョア的性質を契機とする。それゆえ、革命的国家においても、そこにおける正義は、商品の価値を止揚する価値の運動を基底にもつ場合でさえも、その疎外態であるほかはないのである。正義の戦争というものは確かにありうる（かつてのアメリカ帝国主義に対するヴェトナムの党―国家―人民による民族解放の革命戦争がそうであった）。だが、正義の戦争であると認められるというまさにその点に、その限界もまた刻印されているのだ。

第ⅲ節　今日の《商品〈場〉―商品語の〈場〉》に対する根源的批判を深めるために

（1）
　ここで、再び本章第ⅰ節で引用した「1857－1858年草稿」の一節に立ち戻ろう。そこでマルクスは、「偏狭なブルジョア的形態が剥ぎ取られれば」として、〈富―価値〉の根源的再措定を行なっている。「富は、普遍的な交換によってつくりだされる、諸個人の諸欲求、諸能力、諸享楽、生産諸力、等々の普遍性」であり、「自然諸力にたいする、すなわち、いわゆる自然がもつ諸力、ならびに、人間自身の自然がもつ諸力にたいする、人間の支配の十全な発展」、つまり、「先行の歴史的発展以外にはなにも前提しないで、人間の創造的諸素質を絶対的に産出すること」であり、そしてこの類的存在としての人間の産出の「歴史的発展は、発展のこのような総体性を、すなわち、既存の尺度では測れないような、あらゆる人間的諸力そのものの発展の総体性を、その自己目的にしている」のであり、「そこでは人間は、自分をなんらかの規定性において再生産するのではなく、自分の総体性を生産」し、また、「そこでは人間は、なにか既成のものに留まろうとするのではなく、生成の絶対的運動の渦中にある」のだ、とマルクスは言うのである。

このマルクスの言明はきわめて抽象的であり的確に把握することが困難だが、「1857－1858年草稿」から『資本論』へといたる過程を踏まえれば、繰り返しになるが、次のように理解することができる。
　資本主義的生産様式が支配する社会では、富は商品集積として現われ、また価値は量に頽落し、価値実体（＝商品に表わされた抽象的人間労働）によってその量が規定される商品価値として現われざるをえないということ、この転倒した〈富─価値〉の姿をマルクスは捉えた。そしてさらに、その転倒の進展・深化の過程を〈利子生み資本─架空資本〉の姿態に至るまで追究した。と同時にマルクスは、そうした完全に転倒したものでありながら、その完全に転倒した姿を通して、富は人間の類的存在としての生きた活動・実践、人間の創造的諸素質の絶対的産出、その生成の絶対的運動としてあり、価値はその運動における歴史の前方への志向性とその力のヴェクトルとしてあることを掴んだ。かくしてマルクスは、〈富─価値〉を他でもなく根源的に自然に支えられた類的存在としての人間の絶対的社会性、その力・運動として把握したのであり、まさしくそこに〈商品─商品語〉世界の超出の条件を見、現実の〈富─価値〉に対する根源的批判を遂行したのである。
　今日、われわれは更に、次のようにそれを捉え返すことができる。資本主義的生産様式が支配する社会の富は、巨大な商品集積として現われていたが、その生産様式の発展の不可避な弁証法によって、今日では、資本主義的生産様式が支配する社会の富は、商品の集積から架空資本の集積、つまり種々様々の債券・証券・いわゆる金融（派生）商品等の集積、端的に言って負債の集積へと転化するまでにいたっている（これについては、第三部の第Ⅷ章で分析する）。〈いま・ここ〉において、ひたすら負債を作り出し積み上げ、それによって〈未来〉を喰らい尽くそうとしているのである。いまや資本主義は、〈いま・ここ〉の生産と労働を、それゆえ人間と人間社会を不要とし否定しようとする地点にまで至っているのである。
　〈富─価値〉の転倒はかようなまでに徹底しており、究極の姿をもって立ち現われている。
　だが、そうした究極的な地点に至っているにもかかわらず、その「ブルジョア的外被」（その核心が厖大な架空資本の運動である）をいったん剝ぎ取ってしまえば、なお、その転倒の歴史、究極の姿態にまで進行し深刻化した転倒の過程を

第Ⅶ章　〈富─価値─商品〉への根源的批判

貫いて、やはりマルクスが捉えたように、類的存在としての人間の「生成の絶対的運動」、「創造的素質の絶対的産出」を、きわめて抽象的な形ででではあるが、厳然として捉えることができる。だから問われているのは、その抽象性が具体的形態をどのようにして獲得することができるか、そのための条件は何か、ということを現実の資本主義の運動に対する根源的な批判的分析によって追究することである。これこそが、マルクスの〈富─価値〉の根源的批判を今日に継承することであり、そしてそれこそが、商品語の〈場〉によって人間語の世界が、包囲され侵食され包摂され食い破られ断片化され、言葉としての〈力〉を殺がれ、「つぶやき」や独り言にされ、更には沈黙を強いられ、いたるところで無効化されている現実[11]を止揚する条件、すなわち、人間語の世界をラディカルな（＝根源的な）批判力をもったものとして、まったく新しく創り出す条件を根源から探ることなのである。そして、それを一言でいえば、文字通り人間そのものを、全面的に「取り戻す」、すなわち創出することである。

註
1) 　MEGA Ⅱ/5, S. 50, MEGA Ⅱ/6, S. 112.
2) 　MEGA Ⅱ/1-2, S. 392.
3) 　「欲求 besoin ; need」と「欲望 désir ; desire」とを区別する周知の議論を踏まえて言えば、ある事物・事象を価値だとすることは当然欲望に根ざすものと考えられるが、しかしここで指摘しておきたいことは、価値というものはそうした欲求と欲望の差異や同一性の範疇を超え出た〈あるもの〉である、という点である。この点から言えば、通俗的・常識的資本主義批判を展開するテル・ケル派のボードリーやグー等を、欲求（besoin ; need）と欲望（désir ; desire）の概念区分に基づいて批判するジャン・ボードリヤールの議論＝「記号の政治経済学批判」なるものは、せいぜい気の効いたものでしかなく、無力な文明批評にすぎない。ボードリヤールは欲望（désir）を、使用価値に対する価値（ただし彼は価値ではなく交換価値と言っている）に重ね合わせる形で考えようとし、交換価値に対して使用価値を対抗的に価値化しようとするテル・ケル派のボードリーとかグー等を批判する（Baudrillard, Jean, *Pour une critique de L'économie politique du signe*, Paris, Gallimard, 1972.）。テル・ケル派のボードリーなどが、使用価値にシニフィアンを、交換価値にシニフィエを対応させたのに対して、ボードリヤールは逆に、交換価値にシニフィアンを、使用価値にシニフィエを対応させ、「使用価値の物神性は、交換価値の物神性よりもさらに深いものに達し、すなわちさらに《神秘的》なものである」(*ibid.*, p. 167.) という具合に、価値よりも使用価値の方が神秘的でイデオロギッシュな

ものだと主張する。こうして彼は、「物を欲求〔besoin〕の観点からみる素朴な見方やそれの使用価値に優位性を与える仮説を止揚」(*ibid.*, p. 7)する必要があると強調し、彼独自の「記号の政治経済学批判」を主張するのである。こうしたボードリヤールの議論は、商品が自らの〈体〉を〈忘れてしまう〉ものであることをある意味で反射したものであり、それとともに、今日の資本主義においては利子生み資本形態をとる架空資本が全世界的に全面化する段階に達することによって、あらゆる商品が、〈体〉そのものの完全な欠落と〈未来〉に対する指揮・命令権の発令＝〈未来〉に対する収奪の宣言とを反映していることを、微妙に反射したものであることを示している。だがしかし、その「記号の政治経済学批判」は、なぜ商品が彼の言う記号と化してしまうのか、また使用価値でさえ自然から剥離して観念化し抽象化してしまうのか、という現実を探究することができず、かくしてその現実に拝跪し、今日の資本主義の現実を隠蔽するものになる。

4) MEGA Ⅱ/5, S. 52. MEGA Ⅱ/6, S. 114.

5) 「従来の〈真―善―美〉」と述べたのは、いうまでもなくⅠ・カントが成した哲学的成果についての論点である。カントについては柄谷行人が『トランスクリティーク』(批評空間、2001年：ただし柄谷が定本とするように指示している『定本 柄谷行人集3 トランスクリティーク』岩波書店、2004年、を用いた)において、「「物自体」とは「他者」のことである」と、カント哲学のもっとも重要な概念の一つである「物自体」について重要な指摘をしている(同書第1部第1章、p.70)。「他者として」という問題を柄谷が設定したことは、マルクスの思想を見通そうとする試みの「前提」におかれたカント解釈としては、大きな意味をもっていよう。だが、カントが『純粋理性批判』第二版の序文で自らの立場を「コペルニクス的転回」と呼んだことが適正だとすれば、柄谷の指摘は従来の主流派解釈を踏襲し現代に敷衍したものととらえて差支えないだろう。そのうえでわれわれが指摘しておきたいのは、柄谷が三批判のみを科学認識・道徳・芸術、すなわち〈真―善―美〉を取り扱った体系とみなしている、という点である。『トランスクリティーク』では、その解釈にさまざまな知見が修飾されているが、軸となっているのはあくまでも〈真―善―美〉＝三批判という考えであり、カント研究が到達した地平から一歩たりとも踏み出しをしないどころか遥か手前で床屋談義をするような、じつに「穏当」なものである。しかしながら、マルクスとの遠近法あるいは接合においてわれわれが重視すべきは、三批判への「閉じこもり」を超えることである。具体的に言えば、その「全面的発掘」(1936 ～ 1938年)がなされている過程でH.-J・de・ヴレーショヴェールが三批判の体系をさらに包み込む「方法」の可能性を看取し(Vleeschauwer, H.-J. de, *La Déduction transcendentale dans l'Œuvre de Kant,* Tome Ⅲ, Anvers-Paris-La Haya, Librairie Félix Alcan, 1937.)、ヴィットーリオ・マチウが『判断力批判』の有機的展開を可能とする読みを提起した(Mathiu, Vittorio, *Kant Opus postumum*, Roma, Zanichelli, 1963.)、カントの『遺稿 *Opus postumum*』(1796 ? -1803 ?)である。この新たな探求は、ジョヴァンニ・ピエトロ・バジーレがカント哲学とくに三批判の「体系性」と『遺稿』との関係に関する問題設定を総括して研究史上での『遺稿』の位置づけを綴

密に跡付けているように（Basile, Giovanni Pietro, Kants »*Opus postumum*« *und Seine Rezeption*, Berlin und Boston, Walter de Gruyter GmbH, 2013.）、たとえば、『遺稿』英語版監訳者のエッカート・フェルスターが長年にわたる緻密な分析・考察のすえに達した、カント哲学（倫理・神学）総体の「開かれた綜合」としての『遺稿』とする視点のごとく（Förster, Eckart, *Kant's Final Synthesis : An Essay on the Opus postumum*, Cambridge, Mass., Harvard University Press, 2000.）、見事な学的成果を生み出しているからである。パスカルの『パンセ』にも似た位置にあるカントの『遺稿』において表現され、マルクスへの道を切り拓いているのは、「開かれた綜合」においてようやく、類的存在としての人間の「生成の絶対的運動」、「創造的素質の絶対的産出」を発現させる場を獲得した集団的・知的・政治的格闘が有する力能＝展相（Potenz）なのである。

6) 異種の二商品の等置が、交換価値におけるものでもなく、また労働生産物という属性におけるものでもなく、価値という純粋に社会的で極限的に抽象的なものにおけるものであることを理解することはとても難しい。第Ⅲ章の註33）で述べたが、かのエンゲルスでさえ、少なくとも『資本論』初版刊行時ではその点をきちんと理解してはいなかったのである。〈商品 A ＝ 商品 B〉なる等置が一体何におけるものであるのかを尋ねたとしたとき、ほぼすべての人は、交換価値あるいは価格が等しいもの同士の等置、と答えるであろう。交換価値は量の規定性をもつので、この等置が体積や質量などにおける等置と何ら変わらないものとして了解されてしまうことになる。これほど自明と思われるものはない程のものなので、さらなる問、すなわち、では交換価値とは一体何か、という問いに至ることは普通はないのである。マルクスはこの問を立て、しかもそれに対象化された労働でもって解答するスミスやリカードゥなどと違って、価値としたのである。これは本当に画期的なことであった。

7) 前掲廣松渉編『資本論を物象化論を視軸にして読む』、p. 24。

8) 塩沢由典は述べている。「わたしはマルクスの価値論と新古典派の価格論とを比較対照し、両者の差違を強調することから出発した。だが、価値論はやはりつまずきの石であった」（『近代経済学の反省』日本経済新聞社、1983 年、p. iii）、と。この塩沢の述懐は、谷川雁「断言肯定命題」（初出は『詩学』1961 年 4 月号、『影の越境をめぐって』現代思潮社、1963 年所収）の「価値。この言葉がつまずきの石なのだ」（同、p. 151）、に触発されたもののように思われる。谷川はこの断言につづいて、われわれが引用したマルクス『経済学批判要綱』の〈富―価値〉に関する叙述に触れている。塩沢はこのマルクスの言明を知っていたであろうか。知っていたとして、それについて考えるところがあったであろうか。

9) 前掲マルクス「アードルフ・ヴァーグナー著『経済学教科書』への傍注」MEW, Band 19, S. 375。

10) MEGA Ⅱ/1-1, S. 44-45。

11) 劇作家・別役実が今日の〈ことば〉の世界が抱える種々の問題を指摘し考察を加えてきたその営為に学ぶべきことは多い。少し前だがこういう指摘をしている。『日本経済新聞』2013 年 8 月 18 日付「台詞と科白」と題する文章で、

「『台詞』は言葉だけのものを言い、『科白』はそれに仕草が加わったものを言う」として、俳優が舞台で「せりふ」を自らの身振り・仕草とうまく一体化してしゃべることができたとき、「せりふは、一度身体をくぐらせてきたもののように、手触りのあるものに変質している。つまり「台詞」は「科白」に変わったのだ」と言い、「何故今ごろ、演劇においては古くからある、こうした教訓を持ち出さなければならないかと言うと、ほかでもない、今日我々の周辺を飛び交う言葉が、次第に「科白」のニュアンスを失い、「台詞」でしかないものになりつつある気がするからである」と指摘し、次のような〈警告〉を発している。「言うまでもなく要は、言葉を単なる意味のある記号として、相手に発信するのではなく、質感のある物として、相手と共有し、共鳴しようとする感覚を持つことである」、と。ここで別役は、今日の言葉が「科白」ならぬ「台詞」になりつつある現実を言葉が記号化することとして捉えている。つまり、言葉に対する個人的な姿勢といった問題としてではなく、今日、言葉が全体的に単なる記号として浮遊している現実を指摘しているわけだ。別役が取り出し批評したこの問題は、われわれにとってはまさしく、商品語の〈場〉による人間語の世界に対する侵蝕・包摂ということであり、それに人間語の世界はどのように対抗するのかという問題である。

第Ⅲ部

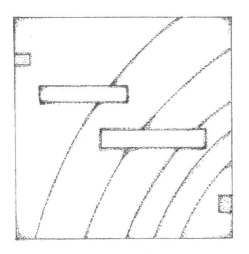

第Ⅷ章

今日の資本主義を批判するために

第ⅰ節　資本の運動と資本物神

　資本主義的生産様式が支配する社会は、たんなる商品生産制社会ではない。そこでは、諸商品も貨幣も資本の存在形態になる。同時に、資本もまた広い意味での商品の一形態である。そして資本は何よりも「増殖しつつある価値」である。もはや特定の〈体〉に固定されない運動しつつある価値、しかも増殖しつつある価値——これが資本なのだ。

　［資本の一般的定式 G－W－G においては］商品も貨幣も、ただ価値そのものの別々の存在様式としてのみ、〔…〕機能する。価値は、この運動のなかで消えてしまわないで絶えず一方の形態から他方の形態に移って行き、そのようにして、一つの自動的な主体に、自分自身で運動しつつある主体に、転化する。〔…〕価値はここでは一つの過程の主体になるのであって、この過程のなかで絶えず貨幣と商品とに形態を変換しながらその大きさそのものを変え、原価値としての自分自身から剰余価値としての自分を突き放し、自分自身を増殖するのである。なぜならば、価値が剰余価値を付け加える運動は、価値自身の運動であり、価値の増殖であり、したがって自己増殖であるからである。価値は、それが価値だから価値を生む、という隠秘学的な〔occulte〕性質を受け取った。[1]

　等価形態の謎性にもとづいて貨幣の神秘性が生まれる。それにくわえて、貨幣

を一般的な独立した形態とする資本においては、この隠秘学性＝神秘性ははるかに拡大し深化する。資本は自己増殖する力を保持するものとして、「価値であるがゆえに新たに価値を生む」価値という隠秘学的・神秘的なものとして現われる。しかも資本主義的生産様式の発展にともなって、以下の事態が進行する。

> 相対的剰余価値と本来の独自な資本主義的生産様式の発展につれて、労働の社会的生産力も発展するのであるが、この発展につれて、これらの生産諸力も、直接的労働過程での労働の社会的な連関も、労働から資本に移される。それだけでも資本はすでに非常に神秘的な〔mystisches〕ものになる。というのは、労働のすべての社会的生産力が、労働としての労働に対立して資本に属する力として、資本自身の胎内から生れてくる力として、現われるからである。[2]

ここでは、「他人の労働にたいする指揮権」は、価値としての資本による直接的労働に対する指揮権の発動、直接的労働に対する支配の確立とその拡大・深化として現われる（ここでは価値は、支配そのものを目的とはしないにもかかわらず、支配を不可欠かつ絶対的な条件とするのである）。資本は何よりも価値であり、それも不変不動のものでなく、蓄積され増殖していく、運動する価値である。この運動を、価値を創造する労働から捉え返せば、資本は蓄積された過去の労働であり、さらなる蓄積の運動主体にほかならない。それゆえ、「他人の労働にたいする指揮権」の発動は、過去の労働による、生きた労働に対する指揮権の発動であり、過去の労働の下への生きた労働の吸収である。過去の労働にもとづく価値としての資本の下への、価値の源泉としての労働の隷属である。そしてそれは拡大し深化していく隷属のとめどない進行である。

こうして、個々の具体的な存在様態の束縛から完全に解き放たれ、資本としての運動に集約された価値の運動は、自己増殖過程の唯一の主体として、直接的労働に対する指揮権を際限なく発動しつづけることになる。つまり蓄積された価値による、価値の源泉に対する指揮権の終わりなき発動である。しかもこの露骨きわまりない運動が、資本のもつ神秘的な力によって隠蔽され、より一層神秘的なヴェールで覆われる。

そこにはまず、流通過程の存在がある。流通過程は生産過程からはまったく切り離された部面であり、しかもまさしくそこにおいて価値が実際に実現される部

面である。それゆえ、剰余価値も含めた価値が流通過程において実現されるだけではなく、じっさいに生み出されるかのような外観が生まれる。しかも流通過程は激しい競争の現場であって、少しでも他人を出し抜こうとする言動や、詐欺・瞞着の溢れかえった場面である。そのため、あたかも流通過程で価値が産出されるかのような、誤った外観が一層強まることとなる。

　また、剰余価値が利潤に転化し、さらには利潤が平均利潤へと転化することによって、資本の増殖はますます直接の労働の場面から切り離される。今では個々の資本の生み出す利潤は、個別の資本が直接生み出す剰余価値から切り離され、総資本の運動に関係させられるかぎりにおいてもたらされるものとなる。すなわち、平均利潤が、個々の資本においても実現されるべき利潤となる。直接的労働から切り離されることによって、利潤は、資本それ自体の運動が直接に生み出すものという外観を、より一層強く纏うことになる。その上さらに、企業利得と利子への利潤の分割と固定化が起こる。これは決定的で不可逆的な飛躍である。

　　［企業利得という］利潤の一部分は、他の部分に対立して、資本関係からまったく切り離され、賃労働の搾取という機能（賃労働の管理に不可分で自然な）からではなく、資本家自身の賃労働から発生するものとして現われる。そしてこの部分に対立して、利子が、賃労働にも資本家の労働にもかかわりなしに、自らの固有な・独立した源泉としての資本から発生するかのように見える。資本は、元々は、流通の表面では、価値を生む価値という資本物神として現われたとすれば、それが今では利子生み資本という姿で、その最も疎外された、最も特殊な形態にあるものとして現われるのである。[3]

　いわゆる経営と所有の分離、というわけだ。ここでは利潤の一部が企業利得として、すなわち、経営（現実資本の「正しい運用」）という厄介で複雑きわまりない、高級な労働に対する支払として、現われる。資本家階級の一員たる上級経営者（General Manager）たちは、賃労働者階級に対立する存在としてではなく、賃労働者と相並んで、その一員として（そのもっとも高級なそれとしてではあるが）現われる。被雇用者としての機能資本家すなわち General Managers が、あたかも自分たちも賃労働者であるかのように、賃労働者階級と肩を並べるわけである。他方で、利潤の他の部分が利子として、すなわち本来の資本の果実として現

われる。利子生み資本としての資本が、文字どおりの本来の資本として現われ、利子は、資本自体に本来そなわった自己増殖力の発現の結実として現われる。資本はまさしく資本であるがゆえに、「自動的に」利子という果実を生むわけである。ここでは、資本は直接的労働とはまったくかかわりなく、「自動的に」利子を生み出すものとなる。資本は労働と対立しているのでもなく、ましてや労働を自己の下に隷属させているのでもなく、ひとえに創造的力を固有の属性とするものとなる。資本こそが、富の唯一の源泉であるような見せかけが完成し、こうして利子生み資本が、資本の本来の定在様式となる。資本の物神性が、それまでにないほどに飛躍する。

> 利子生み資本において、資本関係はそのもっとも外面的でもっとも物神的な形態に達する。ここでは、われわれは、G－G′、より多くの貨幣を生む貨幣、自己自身を増殖する価値を、これらの極を媒介する過程なしにもつのである。[4]

資本は運動する価値、しかも増殖しつつ運動する価値であり、その〈体 Körper〉はもはや固定的なものではなく、次々とその姿態を変えていくものとして現われていた。利子生み資本形態においては、その〈体〉は単純に貨幣形態をとるが、それは普遍的な富の存在形態としての貨幣である。決して流通手段等の貨幣としての貨幣ではなく、あくまで資本としての貨幣である。自ら増殖する「富の普遍的な存在形態の純粋結晶体」としての貨幣以外のなにものでもない。その〈体〉はきわめて抽象化されたものになっており、社会的な富の唯一の存在形態というかぎりで物的な存在ではあるが、たんなる〈物〉ではない。それは、物象化された〈もの〉なのだが、そうした〈もの〉としてさえ、究極的なまでに抽象化されているのである。

そもそも商品という物象（Sache）は、労働生産物である物（Ding）が社会的諸関係を孕むことによって生み出されたものだが、その社会的諸属性が人々の眼には商品の自然的属性であるかのように映り、〈もの〉として現われていた。この〈もの〉としての在り様が、利子生み資本形態をとる資本において、究極的な抽象化をこうむるのである。なぜなら、「一定額の貨幣資本（Geldkapital）は機能資本に転化すれば利潤を生み出しうる」ということをまったく新たな使用価値として、擬似商品化したものが利子生み資本であり（資本の商品化）、利子が、そ

の疑似商品の価格として観念されたものであるからである。それゆえ、この「商品」の使用価値、すなわち「利潤を生み出しうる」疑似商品の〈体〉は、本来の商品の使用価値、つまり、あくまで物的な自然に支えられたものからは完全に切り離されている、〈体〉ならぬ〈体〉である。価値自体がもつ「利潤を生む」という完全に抽象的で純粋に社会的な属性を使用価値とするのだから、物的な〈体〉をもつはずがないのである。

資本および利子では、資本が、利子の、自分自身の増加の、神秘的〔mysteriöse〕かつ自己創造的な源泉として現われている。物〔Ding〕（貨幣、商品、価値）がいまでは物〔Ding〕として資本であり、また資本はたんなる物〔Ding〕として現われ、生産過程および流通過程の総結果が、物〔Ding〕に内在する属性として現われる。〔…〕利子生み資本では、この自動的な物神、自分自身を増殖する価値、貨幣をもたらす（生む）貨幣が完成されているのであって、それはこの形態ではもはやその発生の痕跡を少しも帯びてはいないのである。社会的関係が、物の〔Ding〕（貨幣の）それ自身にたいする関係として完成されているのである。／貨幣の資本への現実の転化に代って、ここではただ、この転化の無内容な形態だけが現われている。[5]

マルクスは「この転化の無内容な形態」として現われる利子生み資本形態の在り様を「無概念的」と規定した。

ここ〔利子生み資本形態〕では、資本の物神的な姿態と資本物神の観念とが完成している。われわれがG－G′でもつのは、資本の無概念的な形態〔die begriffslose Form〕であり、最高度の展相〔Potenz〕における、生産諸関係の転倒および物象化〔Versachlichung〕である。[6]

「無概念的」という規定は、きわめて高い強度を有する異様な規定である。この「無概念的」な資本に、人びとは従属し支配され、その〈生〉全体の命運を握られてしまっている。類的存在としての人間が、歴史のなかで生み出してきた疎外が、異様としか評しようのない次元にまで至ったということである。

第 ii 節　利子生み資本形態をとって運動する厖大な架空資本

　利子生み資本形態の発展は、架空資本の発展と軌を一にしている。1970年代以降、利子生み資本形態をとる架空資本の運動が、全世界の生産と労働の分配を規制し支配することとなった。とくにその様態は、いわゆる「グローバリゼーション」のさなかに前景化されてきたのだった。

　架空資本とは、種々の国債・公共債・私債などの債権、これまた株式などの様々な証券、さらにはデリヴァティヴ（金融派生商品）を含むいわゆる金融商品、等々のことである。これらが、信用諸機構・諸制度の発展を前提として形成され、利子生み資本形態をとって運動し、全世界を徘徊し、あらゆる生産と労働の分配を規制し支配するまでに至ったのである[7]。これらの債権・証券等は基本的に債務証書である。言い換えれば、未だ実在していない、将来の生産に対する価値請求権にほかならない。それゆえ、それらはそれら自体としては決して価値ではないばかりか、何らの物的な〈体〉も、使用価値も、もってはいない。価値という属性をもたないばかりでなく、〈体〉を完全に欠落させたこれらの諸価値請求権が、一定の発展を遂げた信用諸機構・諸制度の下で架空資本に転化するのである。それゆえ、これらの架空資本の蓄積は、諸々の債務証書の蓄積、すなわち負債の蓄積なのだ。ところが、架空資本の運動にあっては、そうした事態が富の蓄積とみなされるようになるのである。

　架空資本の蓄積は、何らかの物（Ding）としてはまったくの〈無〉である。ただ、純然たる観念（例えば記憶など）だけであったならば、言葉どおりの「絶対的な無」に帰することになってしまう。そのような愚昧な事態を避けるために、具体的で現実的な物である紙による記帳や電子的データなどが、たんなる記録として、この世にその痕跡をとどめることになる。だが、それにもかかわらず、架空資本はあくまで資本として現われる。つまり、人々に対する強制力・支配力をもった物象（Sache）である資本として現われるのである。物（Ding）としてはまったくの〈無〉であるにもかかわらず、物象（Sache）としては厳然として存在し、かかる物象である資本として社会的力・強制力・支配力をもって全世界を徘徊し運動しているのである。そしてまた、「他人の労働に対する指揮権」としては未だ実在していない〈未来〉の労働への指揮権の蓄積でしかないにもかかわ

第Ⅷ章　今日の資本主義を批判するために

らず、それを確実に現実化するために〈いま・ここ〉の人々を社会の隅々に至るまで、束縛し拘束しているのである。架空資本の蓄積は、〈未来〉の世代、〈未来〉の人間が行なう直接的労働に対する指図証・指揮権の蓄積であり、子どもたちに対して、さらには未だ生まれてもいない人々に対してさえも隷属を命令する指揮権の蓄積にほかならない。このような〈未来〉にまでその触手をのばして支配を実現するための、〈いま・ここ〉の人々に対する束縛と拘束なのである。これが富とみなされるのであるから、こんなにおぞましいことはない。これほどまでに〈富―価値〉の転倒が進行する[8]。

第ⅲ節　資本の商品語

（1）
　商品世界の諸過程の主体は商品である。しかし、商品世界が社会のあらゆる部面を捉え、資本主義的生産様式が支配することによってはじめて、主体としての商品は十全な発達をとげる。この発展の結果、諸過程の主体は、たんに商品一般ではなくて資本となる。つまり資本は、社会を覆いつくすまでに発展した商品世界の諸過程における真の主体であり、それらの過程のなかで自己を維持するとともに、一層発展した形で自らを商品世界へとさらに開き出す主体である。増殖しつつ支配の力を社会総体におよぼす価値――これこそが資本なのだ。かくして資本は、過程の主体として、人々の〈生〉全体を規定し支配する〈神〉であり、資本の語る商品語は〈神〉の〈言葉〉である。
　もちろん、人間はさまざまな神を有してきた。神秘的に見える磐座や歳旧びた大木、美しい形をなした山などの自然物の姿をとっているものもあれば、日本神道の八百万の神々、オリュンポスの神々、北欧サーガの荒ぶる神々、ヴードゥーの畏るべき神々、部族や氏族のトーテムである神々、H. P. ラヴクラフトが創作したクトゥルーとその眷属神、そしてユダヤ教・キリスト教・イスラームの唯一神、等々、まさしく千差万別である。だが、それらがいかに自然物などの形をとってその姿を顕現させようと、神は本来その姿を人間に見せはしない。神は〈隠れたるもの〉である[9]。
　資本も同じである。資本主義草創期の素朴な小資本や今日のきわめて零細な資本などから巨大な多国籍企業資本、そして全世界をかけめぐる利子生み資本のか

たちをとった庞大な架空資本（monied Capital）にいたるまで、資本もまた、まことに千差万別である。だが、資本は決してたんなる諸物（Dinge）ではなく、一定の社会的生産関係としての諸物象（Sachen）である。資本は諸物の姿で現われはする。しかし諸物（機械や原材料、または金等々）が資本なのではない[10]。資本は端的に言って価値、その増大する運動であり、価値それ自身に対する関係である。資本が端的に価値であるかぎり、つまり、資本の範式が〈W－G－W〉ではなく〈G－W－G〉であるかぎり、資本のもっとも一般的な姿態は貨幣形態である。とはいうものの、資本はたんに静的な価値であるのではなく、自らを増殖させる価値であり、その増殖運動を生きる価値である。その運動する価値たる資本は、人々の眼にとっては直接には見えない。資本は〈隠れたる神〉であり、しかも人々の生活全体、物質的にとどまらず精神的なそれをも包括的・全体的に支配する。その支配の事実を人々にまったく意識させずに全生活を支配する〈神〉なのである。だからその〈言葉〉は、王としての貨幣の言葉＝詔ではない。たんに媒介言語ではないということにとどまらず、そのような「機能」を超越した〈言葉〉、〈神の言葉〉である。そして神の〈声〉は、当然にも人間には聞こえはしない。

　人は神の声を直接に聴くことができないから（ムハンマドを例外としても）、それを伝える者の口を通して聴く以外にない。しかし、徹底的に「文明化」され物質至上の質をそなえたことによって、ほとんどすべての神（々）を絶滅させた高度資本主義社会においては、神と人とを媒介する祭司やシャーマン等のような存在が活躍する余地は、まったくと言ってよいほどない。さらにまた、神父やウラマーや牧師、あるいは種々の仏教宗派の僧侶といった「特別の人間」＝「聖職者」が、資本支配下の全生活にとって必要とされるわけでもない[11]。今日の社会においては、どんな人でも、〈口寄せ〉ができる。これはまさしく新しいことだ。人が「経済的諸範疇の人格化であり、一定の階級関係や利害関係の担い手である」以上、この役割の多くは階級としてのブルジョアジーに属する者であろう。だが、彼らだけがそういう役割を担うわけではない。もっとも下層の人々でさえ、資本という神の声を偶然にではなく〈口寄せ〉する。それは偶発的な産物などではなく、資本のもとにあっては必然なのである。これがまさしく資本によって可能となった「新しい事象」である。

　だが、資本という〈神〉の〈口寄せ〉に対しては、十分な注意が払われなけれ

ばならない。なぜならば、〈口寄せ〉で語られる資本＝〈神〉の〈言葉〉は、必ずしも資本主義を賛美するものでも、擁護するものでもない場合がしばしばだからである。その〈口寄せ〉は、貨幣資本の「助祭」たる機能資本家からの、「おまえはクビだ」、「サーヴィス残業？　当然だろ？」といった支配そのものの言葉を介して、むしろ日常的な生活の中での語りにこそ現われるのだ。しがないサラリーマンたちの会社における、あるいは居酒屋での会話の中に、こうした〈口寄せ〉は数限りなく現われている[12]。資本神の声は天上の声ではなく、日常生活──卑俗な世界で交わされる〈言葉〉のただなかに往々にして現われるのである。

　その支配はまことに包括的であり、途轍もなく強力である。そこでは、人間語の世界での宗教的精神の表現物は一切必要とされない。つまり、宗教上の特別な制度や機構、僧侶や聖典等々をまったく必要としないのである。〈商品─貨幣─資本〉という、無慮無数の〈場〉で動き回ることで自らをより強大に変態させていく神、この宗教──商品宗教──は、人類が生んだ最強かつ至上の宗教であり、その神である資本は最強かつ至上の神である。

　こうして商品語は人々の日常語に投げ返され、無数に反復されつつ（しつつ）繰り込まれる。人々のもっとも日常的な（ときには卑俗で猥雑な）言葉のうちに、商品語の〈場〉が〈口寄せ〉の力として現われるのだ。しかし、〈口寄せ〉は所詮〈口寄せ〉にすぎない。〈神〉の〈声〉──資本が語る商品語そのものは、われわれの耳に直接聞こえることはなく、そのままでは決して届かない。

（2）
　商品語──なかんずく資本が語る商品語──が人間にはまったく聞こえないのは、商品語の〈場〉が人間語の世界とまったく異なるものだからである。人間語は、概念の形をとって歴史を蓄積しつつ呼吸し、類的存在としての人間の社会的諸関係・力能を反映するものである。とはいえ、それは結局、個々の人間の言葉として語られざるを得ず、そのもっともすぐれた状態にあって成長のさなかにおいても、われわれが聴き取ることのできる世界を構築する以外にない。こうした人間語の世界に対して商品語の〈場〉は、まったく転倒した形で現出する。ところが、まったく転倒しているにもかかわらず、商品語は、類的存在としての人間の社会性の表出である。それはまさしく、人間の社会的諸関係そのものの発現であり、人間の社会的結合力の顕現である。商品語は、その社会的諸関係が発現し

人間の結合力が顕現する運動それ自体の、すなわち関係の力そのものが発する〈言葉〉なのである。それは、人間語の世界を特徴づける可算有限性を超えている。だからと言って、商品語が非可算無限世界に完全に属する〈言語〉であると言い切ることもできない。商品語はおそらく、可算有限世界と非可算無限の〈場〉という異なる位相に存する両者の境位にある。

　商品が、一般商品から貨幣へ、さらに貨幣から資本へと発展するにつれて、商品語の〈場〉の超越性は一層露わになり、より非可算無限性への傾斜を強めていく。

第iv節　架空資本の新たな運動について

（1）

　今日の資本主義においては、利子生み資本形態をとる厖大な架空資本の運動が、全世界の生産と労働の分配を規定するにいたっている。この現実を捉えるためには、利子生み資本形態をとる架空資本の運動を、歴史上かつ内容上、二つの段階に区分して捉える必要がある。

　第一段階は、国債や株式証券などの架空資本が、現実資本やいわゆる社会資本（港湾諸施設などの種々のインフラ設備や武器や種々の軍事施設など）との結びつきを観念させて運動する段階である。

　この段階での生産と労働の分配は、産業資本（現実資本）と銀行資本の融合、諸独占の成立とそれらによる支配、金融寡頭制の成立、という形を通して遂行される。ここでは、株式資本形態が資本の運動の一般的な形態となる。したがって国債なども含めた架空資本の運動が、生産と労働の分配において決定的な位置を占めるにいたった。だが、架空資本の運動は、帝国主義諸列強として現われている国民国家がもたらす諸条件にも制約され、現実資本からの剥離も完成されてはいない。

　第一段階からの飛躍は、第一段階の架空資本の上に派生した架空資本（いわゆる金融デリヴァティヴなど）が大量に創出されたことによって生じた。種々の債券や証券なども含めた架空資本全体の架空性が飛躍したのである。ここでは、旧来の形態の架空資本も含めて諸々の架空資本の運動が、現実資本などの現実的なものから完全に切り離され、全世界を時空的に極度に圧縮し、駆け巡るにいたっている。

第Ⅷ章　今日の資本主義を批判するために

　この段階にいたって、架空資本の運動が、文字通り全世界的な生産と労働の分配を規定することとなった。

　第一段階の種々の債券や証券などの架空資本の運動については、マルクスがいち早く注目し、『資本論』第三部草稿（「1863年－1865年草稿」）で、当時においては最大の理論的業績を遺した。その水準はきわめて高く、今日の資本主義を捉え批判するためには、必ず踏まえなければならないものである。マルクスが別抉した架空資本の運動で注目しなければならないのは、株式証券などがもつ、生産の集積と諸資本の集中をもたらす〈力〉である。

　この〈力〉について、マルクスは、次のように述べた。

　株式会社の形成。これによって第一に、生産規模のすさまじい拡張、そして私的諸資本には不可能な諸企業。同時に、従来は政府企業のような諸企業が社会的企業〔gesellschaftliche Unternehmungen〕になる。第二に、即自的には社会的生産様式を基礎とし、生産手段および労働力の社会的集中を前提している資本が、ここでは直接に、私的資本に対立する会社資本〔Gesellschaftscapital〕（直接に連合－結社した諸個人の資本）の形態を与えられており、資本の諸企業が、私企業に対立する会社企業として。〔…〕これは、資本主義的生産様式の内部での資本主義的生産様式の止揚であり、したがってまた自分自身を止揚するような矛盾であって、この矛盾は、一見して明らかに、生産様式の新たな形態へのたんなる通過点として現われるのである。〔…〕それはある種の諸部面では独占を成立させ、したがってまた国家の干渉を誘い出す。それは、新しい金融貴族を再生産し、企業企画屋や重役（たんなる名目だけのマネージャー）の姿を取った新しい寄生虫一味を再生産し、株式取引や株式発行等々についての思惑と詐欺との全システムを再生産する[13]。

　株式資本というものの矛盾が見事に暴き出されている。すなわち、株式資本の運動は、従来のたんなる私的資本がもつ社会性の水準に比べて圧倒的に飛躍した社会性を体現し、かつ私的独占を生み出すまでに強められた私的性格を露わにする矛盾としてあるのだ、ということをマルクスは暴露している。その上でマルクスは、この矛盾の運動は、架空資本の運動が決定的な意義をもつにいたった資本主義に、特有の腐敗と寄生性をもたらすことを指摘している。

281

そしてさらに、マルクスは、この矛盾の運動が、すさまじい生産の集積と資本の集中とをもたらすことを次のように活写している。

　〔…〕資本主義的生産のより未発展な段階ではまだなにか意味のある諸観念がここではまったく無意味になる。成功も失敗も、ここでは同時に集中に帰し、したがってまた法外きわまりない規模での収奪に帰する。収奪はここでは直接生産者から小中の資本家そのものにまで及ぶ。〔…〕この収奪は、資本主義的システムそのものの内部では、対立的に、少数者による社会的所有の取得として現われるのであり、また信用は、これらの少数者にますます純粋な山師の性格を与えるのである。所有はここでは株式の形で存在するのだから、その運動そのもの、つまりその移転は、取引所投機のまったくの結果となるのであってそこでは小魚は鮫に呑み込まれ、羊は狼男に呑み込まれてしまう[14)]。

　マルクスはこのように、株式証券や国債などの運動に誰よりも深く理論的に接近し、それらの運動を、架空資本概念を練り上げることによって解き明かしたのである。

(2)
　マルクスが先行的に解明した種々の債券や証券などの架空資本の運動は、19世紀後半から本格化し、生産の集積と資本の集中、そして独占の形成に決定的な役割を果たした。ヒルファディングが、この運動の理論的解明に一歩を進めて「金融資本」という概念を創出し（『金融資本論』1910年[15)]）、レーニンが『資本主義の最高の段階としての帝国主義』（1917年[16)]。以下『帝国主義論』と略す。）で、こうした資本主義の新しい様態を、「資本主義の最高の段階としての帝国主義」として、より深く総括的に捉えなおし規定した。
　ヒルファディングは、エンゲルス版『資本論』第三巻の架空資本の概念を引き継ぎ、「創業利得」の概念をはじめて定式化した。これは彼の最良の業績である。ヒルファディングはこれだけではなく、新しい段階にいたった資本主義の特徴と様態とをきわめて広汎に取り上げて分析した。『金融資本論』は、レーニンが言うように、「「資本主義の発展における最新の局面」——ヒルファディングの著書の副題はこう言っている——のきわめて貴重な理論的分析である」。だが、同じ

くレーニンが指摘するように、「貨幣理論の問題にかんする著者［ヒルファディング］の誤謬と、マルクス主義を日和見主義と和解させようとする一定の傾向」[17]に陥っているという欠陥をもったものであった。さらに、欠陥はそこにとどまらず、資本主義の新しい様相をいわば総花的に取り上げるものとなっており、資本主義が、従来の在り方からまったく新しい段階にいたったものであると総括することができていない。まさしくこの点が、レーニンの『帝国主義論』との決定的な相違となっているのである。ヒルファディングは、個々の概念についての分析では、レーニンよりもはるかに精緻で深いものを捉えてはいた。にもかかわらず、世界資本主義の独占段階である帝国主義、という新しい段階規定を与えることができなかったのである[18]。

レーニンは、資本主義の独占段階としての帝国主義を、次の五つの、簡潔な指標に総括した。

①株式資本を梃桿とした生産の集積と資本の集中、それによる独占の形成、②銀行資本と産業資本の融合による金融資本の成立と金融寡頭支配体制の確立、③商品の輸出にかわる資本輸出の決定的意義、④資本家による国際的独占団体の形成とそれらによる世界の分割、⑤資本主義諸列強国による領土的分割の完了[19]。

このように、レーニンは資本主義の独占段階としての帝国主義について、ヒルファディングよりもはるかに深く、その総体を体系的に概念化したのである。

レーニンの『帝国主義論』は、19世紀後半から20世紀半ばにいたる資本主義に対する、もっとも優れた理論上の武器であった。とりわけそれが、帝国主義戦争の不可避性を示し、また予想したことに、圧倒的な理論的優位性が示された。

だが、1970年代以降、資本主義はより新しい段階へと移行した。それは、架空資本の運動に明確に現われている。架空資本の運動が、第一段階から第二段階へと転化を遂げたことによって、資本主義による全世界にわたる生産と労働の分配がより新しい段階にいたったのである。

架空資本の運動の分析と解明にもとづいて、資本主義の新たな段階規定を与えなければならない。このとき、レーニンの『帝国主義論』を踏まえることが必要である。先に挙げた五つの指標を根本的に再吟味し、何が古くなったのか、何を新しく付加すべきか、を明らかにしなければならない。その上で、それらの全体を、資本主義の新たな段階を規定するものとして総括しなければならない。

以上の理論的作業は、もちろんのこと、本書の範囲を大きく越えている。ここ

でなしうることは、その理論的作業のための準備となるべきいくつかの点を、指摘すること以外ではない。

(3)
新たな段階にいたっている今日の資本主義について述べる前に、資本主義の独占段階である帝国主義についてごく簡単に総括しておこう。
① 架空資本の一形態たる株式資本形態が一般化する。これによって個人の僅少な蓄蔵貨幣も含めてほとんどあらゆる蓄蔵貨幣および遊休貨幣資本が銀行に集中される。こうして銀行に集中された資本は、「貸付可能な貨幣資本〔loanable monied Capital〕」[20]となって、機能資本（現実資本）に転化され、資本の過剰が解消される。かくして、巨大な資本規模をもつ私的企業が誕生し、個人企業などの零細あるいは中小資本を次々と破産させ吸収し、生産の集積と資本の集中が急速に進行し独占が生じる。また重化学工業化に伴って固定資本規模が巨大化し、いわゆる参入障壁が高度化する。だが、独占諸資本は、一般化した株式資本形態によって、この参入障壁の高度化に対応することが可能となる。

ところで、この段階の架空資本の運動は、株式資本形態を中心とするものであって、あくまで現実資本の存在と運動に支えられそれに媒介され、またそれを媒介する。レーニンが指摘したように、あくまで銀行資本と産業資本との融合・癒着なのだ[21]。

こうして資本の過剰は解消されることになる。だが、これによってより一層拡大された規模での資本の過剰が生み出されることになる。
② 第一段階の架空資本の運動において、現実資本に転化された独占資本は、平均利潤だけでなく、独占利潤を恒常的に獲得する。またさらに、恒常化した国家の財政支出によって、資本の過剰かつ過少な状態をますます拡大させる。こうして、過剰かつ過少な資本の規模が飛躍的に拡大する。さらに、生産のますます加速する集積は、いわゆる参入障壁をより一層高度化する。こうして生み出された過剰かつ過少な資本は、現実資本に転化することが、ますます困難になる。
③ 資本主義の独占段階である帝国主義の内在的矛盾、すなわち過剰かつ過少な資本の様態を基底とするそれは、二つの運動形態によって「解消」され

第Ⅷ章　今日の資本主義を批判するために

た。一つは帝国主義戦争、とくに帝国主義間戦争であり、いま一つは世界大恐慌である。

　自由主義段階の資本主義においては、一挙的価値破壊を実現し、それを通じて使用価値自体をも大量に破壊する恐慌が、資本主義の内在的矛盾、すなわち過剰生産と資本の過剰の解消形態であった。景気循環過程内の一過程としての恐慌期である。だが、世界資本主義の帝国主義段階においては、架空資本形態の一つである株式資本形態が一般化し、それを基盤として独占が成立するがゆえに、規則正しい周期をもった景気循環過程は崩壊する。内在的矛盾──生産と資本の過剰──は、より深刻で激しいものとなり、それは景気循環過程内の恐慌という形では解決され得ない。帝国主義戦争、とくに帝国主義間戦争、および世界大恐慌が不可避となった。もちろんこの二つは資本主義にとっていわば「劇薬」である。それらによる矛盾の「解決」は、資本主義自体に大きな打撃を与え疲弊させ、さらにはその存在をも根元から破壊しかねない。にもかかわらず、それらは不可避である。

④ 帝国主義戦争は、「すなわち、侵略的、略奪的、強盗的な戦争であり、世界の分け取りのための、植民地や金融資本の「勢力範囲」等々の分割と再分割とのための戦争」[22]である。

　そもそも戦争は端的に商品─現実資本（生産資本・商品資本）を厖大な規模で破壊する。これによってそれら商品─現実資本の価値も当然破壊される。帝国主義戦争、とくに帝国主義強国同士の戦争ではこの破壊がきわめて徹底して遂行され、こうして過剰生産─過剰資本が一挙的に解消される。だが帝国主義戦争による破壊はあまりにも激甚であって、資本主義そのものを消滅させかねない。また、いわゆる戦後復興さえ著しく困難にする。商品（商品－貨幣－資本）だけでなく、社会的生産の、より本源的な条件である〈土地　土〉、および〈海　河川等＝魚場〉にも壊滅的被害をあたえるとともに、大量の人間を殺傷し、傷つけるからである。

⑤ 1929年に始まった世界大恐慌は、資本主義の世界全体を捉え、しかもきわめて長期間にわたって猛威をふるった。それは、従来あった景気循環過程における一過程としての恐慌ではない。きわめて大規模で徹底した価値破壊が行なわれ、これを通じて大量の企業倒産が生じ、失業者の大群が発生した。こうして、使用価値破壊もまた大規模に行なわれた。このような大

規模で徹底した〈価値－使用価値〉破壊が遂行されたにもかかわらず、恐慌は長引き、世界資本主義は不況期を経た上での好景気へと向かう景気循環過程の正常な軌道にのることができなかった。もちろん、景気循環過程内恐慌という契機をまったくもたなかったというわけではない。だが、むしろそれは、架空資本形態の一形態たる株式資本形態を基盤とする独占資本主義という、当時の世界資本主義の構造そのものがもたらした危機であったのである。世界大恐慌は、当時の世界資本主義の構造的危機の深刻な現われであったわけである。

資本の過剰かつ過少を「解消」する架空資本の新たな運動形態が、生み出されなければならないこととなる。

(4)
新たな段階である今日の資本主義について以下、ここでも箇条書き風に述べておこう。

① 帝国主義に内在する構造的矛盾を解決する、新たな資本の運動形態は、架空資本の運動のさらなる拡大と飛躍によって生み出される。

過剰かつ過少な資本の規模が飛躍的に拡大し、現実資本への転化がきわめて困難になっていた。かくして、〈いま・ここ〉において現実資本に転化することが困難になった過剰かつ過少な資本は、ひたすら〈未来〉に向かって「投下」されることになる。現実資本から完全に切り離された、彪大な架空資本の運動が生み出されるのである。この運動が、彪大な規模に膨れ上がった過剰かつ過少な資本という矛盾が展開する形態である。

② 架空資本は、本来、将来の生産に対する価値請求権である。その運動は負債の運動であり、その蓄積とは、負債の蓄積である。この点については、架空資本の運動の第一段階においても当てはまる。だが、その段階においては、〈未来〉は〈いま・ここ〉に結びつけられ、〈いま・ここ〉の資本の運動によって〈未来〉が確実に実現されうるように媒介されている。この段階における金融資本とは、まさしく〈未来〉を〈いま・ここ〉に結びつけ、媒介する運動である。この状態からの転位が、架空資本の運動の新たな段階への移行である。

架空資本の新たな段階への移行とは、〈未来〉が、〈いま・ここ〉に結び付

第Ⅷ章　今日の資本主義を批判するために

けられ、媒介されるのではなく、〈未来〉がそれ自体で、自立的に運動展開するにいたることである。架空資本は、〈未来〉を〈いま・ここ〉で取引するという意味において、すべて先物取引である。金融デリヴァティヴだけではなく、株式資本や国債も含めて、架空資本はすべて先物取引だと言って良い。第一の段階においては、先物取引は、現実資本の運動を補助し支えるものとしてあった。この状態を乗り越え、先物取引それ自体が自立的に運動する空間を創りだすこと、これが求められたのである。

そもそも〈未来〉とは、資本主義的生産様式にとって、決定的な〈外部〉をなす。決定的な、と言うのは、地理的空間的な外部と異なって、決して消滅しないばかりでなく、〈広さ〉や〈深さ〉の点などにおいて一切の制限がない、という意味においてである。ローザ・ルクセンブルクなどが、資本主義的生産様式にとって不可欠な〈外部〉という論点をこれまでしばしば提出してきた（『資本蓄積論』など）[23]。だが、そうした議論は、基本的に地理的・空間的なものとしての経済的外部を問題にしてきたか、あるいは地理的・空間的外部に付随的な〈内部〉空間的外部を考えてきたにすぎない。こうしてある種の人々は資本主義的生産様式の絶対的限界としての〈外部〉の不可避性を「論証」し、これにもとづく第三世界革命論を唱えることとなった。だがこうした議論は根本的に誤っている。まず第一に、資本主義的生産様式は、地理的・空間的な経済的外部を不断に内部に取り込み、外部としての在り様を消滅させる。レーニンが資本主義的帝国主義の定義として掲げた、五つの指標のうちの④と⑤が実現したとき、地球上に地理的・空間的な外部は最終的に消滅したのである。これ以降、地理的・空間的な外部を云々することは、時代錯誤でしかありえない。第二に、資本主義的生産様式は、不断に新たな内部空間的な外部（資本主義的生産様式それ自体の内部の深化や拡大によって創りだされる外部）を創り出すとともに、それらを資本主義化することによって外部性を消滅させる。そして第三に、資本主義的生産様式は、地理的・空間的、あるいは内部空間的な経済的外部ではない〈時間的〉外部を創出してきたのである。この時間的な外部は決して消滅することはなく、この生産様式にとって絶対的な限界と制限になるわけではないのである。まさしく、時間的な外部こそが、架空資本の本来的な運動空間であり、資本主義的生産様式それ自体の内部

を深化させ拡大させるのである。
④ 第一段階における株式資本や国債などは、〈未来〉への価値請求権の権利名義が今現在の権利である。他方、これらの架空資本の上に作り出される金融デリヴァティヴなどの架空資本（再証券化によるもの）においては、〈未来〉に対する価値請求権の権利名義までもが、将来に発生するものと規定されている。この意味において、架空性が途方もなく飛躍している。このような架空性が飛躍した架空資本の大量の形成こそが、資本主義の新たな段階を画するのである。飛躍した架空性をもつ架空資本が大量に形成されたことによって、第一段階の架空資本の運動において主要なものであった株式証券や国債などもまた、その架空性の水準が止揚され、架空資本の運動全体が質的飛躍を遂げる。それは、あれこれの平均株価指数先物取引が誕生したことや、これらもろもろの指数に株式証券や国債の運動が複雑に組み合わされた、種々様々の金融デリヴァティヴが生み出されたことに示されている。
⑤ 銀行資本と産業資本との融合である古い型の金融資本の運動〈場〉のいわば〈上〉に、第二段階にいたった厖大な架空資本の運動〈場〉が、文字通り全世界を覆う形で創り出され、そのことによって、古い型の金融資本の運動の質もまた飛躍したのである。

架空資本のこの新たな運動〈場〉が創出されることによって、厖大な過剰かつ過少な資本は、種々様々の証券や債券や金融デリヴァティヴの形で、〈未来〉において現実資本に転化されることを「約束」される。そしてさらに、この「約束」された〈未来〉の〈上〉に、さらなる「約束」が宣言されていくことになる。こうして、行き場を失っていた厖大な資本の過剰かつ過少な状態は、あたかも解消されたかのような様相を帯びることができる。

新たな〈場〉を得た架空資本の、このような運動が、まさしく運動が現実にあるということによって、全世界の生産と労働の分配を規定することになったのである。
⑤ 資本主義の新しい段階への移行は、アメリカによる世界支配体制と、ドルが世界的な決済通貨（いわゆる基軸通貨）としてほぼ唯一のものとなったことを前提とし、1971年の「ドル―金の兌換停止」を直接のきっかけとし

て生じた。この移行の諸指標は以下である。
ⓐ諸独占体のいわゆる自己金融化・直接金融化、ⓑ国際的産業諸独占の金融機関化、ⓒ単一の世界金融市場の形成、ⓓ産業と銀行の徹底した「グローバル化」、ⓔ各国民国家による恒常的で厖大な財政支出、ⓕ労働力編制構造の改編、ⓖ金融デリヴァティヴの大量形成と大量散布。

こうした現実は、(a)一連の金融制度改革が国際的に足並みをそろえて行なわれたこと、(b)金融工学などの架空資本の運動にかかわるテクノロジーが急速に発展したこと[24]、(c)大衆課税の強化と独占企業への優遇税制措置が実施されたこと、(d)労働関係諸法や雇用制度の「自由化」、などによって支えられ加速された[25]。

⑦ 新たな段階にいたった架空資本の運動は、基本的に〈いま・ここ〉の現実資本に転化することのない運動である。したがってそれは、〈いま・ここ〉の生産と労働を、それゆえ人間および人間社会そのものを必要としない運動である。〈いま・ここ〉なしに〈未来〉だけを希求する、完全に転倒した矛盾の運動である。

いまや資本主義は、〈生産―労働〉を、それゆえ〈人間―人間社会〉を全体として不要とし否定しようとする究極的な段階にいたっているのである。

(5)

資本は、価値の運動、しかも増殖することを目指す価値の運動である。そして価値は、対象化された労働によってその量が測られる。にもかかわらず、資本の運動は、このことを否定することによってそれを目指す矛盾の運動である。

まず、生産過程を労働過程として見た場合、自然科学にとどまらない社会科学や行動心理学などを最大限に駆使した科学や技術の応用・適用によって、不断に生産諸手段の高度化が図られ、〈価値〉の糸から見ても〈使用価値〉の糸から見ても、生きた労働の割合や意義が絶えず引き下げられる。とりわけ、20世紀後半から大量の産業ロボットが導入され、また最近では人工知能が効果的に利用されることによって、労働現場からの人間の直接的な排除、すなわち「工場の無人化」が、メインテナンス業務も含めて、文字通り目指されることになる。もちろん、ある工場の無人化の実現は、別の場所の労働現場において、大量の単純労働の形成となるが、しかし、労働過程における生きた労働の割合と役割を不断に低

減していこうとするのが、資本の本来の志向性である。

　こうした事態は、資本の運動から見た場合、不変資本に対する可変資本の価値構成を可能なかぎり縮退させることを意味する。こうして資本は、価値の大きさの唯一の規定要因である社会的労働時間を総体として減少させていくことを通じて、剰余価値の大きさを、したがって利潤を増大させようとする。資本の運動は、まさしく矛盾そのものなのだ。

　さらに、資本主義的生産様式は、既存の生産領域をつぎつぎと征服し、その生産の場を独自に資本主義的な生産様式に改編していくとともに、新たな生産領域を不断に創り出す。

　こうして、人間の精神的・内面的な活動や知的活動なども、資本主義的生産様式が支配するようになる。この部面における独自に資本主義的な生産様式の発展、すなわち、その部面での労働の資本の下への実質的な包摂(形式的な包摂に対するものとしての)がいかに困難であるとしても、それらの諸部面は、資本主義的な商品生産の過程に包摂されることになる。

　独自に資本主義的な生産様式の確立、すなわち資本の下への労働の形式的包摂から実質的包摂[26]への飛躍がもっとも困難なのは、本源的な生産条件、すなわち人間の根源的な生存条件である農業や漁業などの部面、および人間の労働力の質の部面である。農業が〈土〉に、漁業が〈漁場〉に、また労働力の質が人間という一つの自然に、根源的に制約されるかぎり[27]、これらの部面を独自に資本主義的生産様式が支配することはほぼ不可能である。農業や漁業、および労働力の生産・再生産過程の資本主義化においては、資本のもとへの労働の形式的包摂を超出することはほとんどないのである。もちろん、完全管理型野菜工場は、独自に資本主義的な生産様式が支配する農業の一典型例であり、養鶏・養豚やあれこれの養殖漁業もまたそれと同様のものになることを目指してはいる。しかし、完全管理型野菜工場などは農業を支える環境の〈周辺〉に位置する例外的なものにすぎず、養鶏・養豚や養殖漁業も新たなウイルス感染の発生、それに伴う大量の殺処分など、自然がもたらす絶対的な諸条件に限界付けられざるをえず、また労働力の生産・再生産過程も、人間という一自然たる生命体のもたらす絶対的な限界条件に規定されざるをえない。

　例えば、「農業の資本主義化」ということがこれまでずっと語られつづけてきた。だが、それが「独自に資本主義的な生産様式」としての確立を意味するかぎ

第Ⅷ章　今日の資本主義を批判するために

りでは、農業の全面的な資本主義化は幻想である。資本主義が、類的存在としての人間の存在に、根本的に敵対するものであることが、このことにも鮮やかに現われている[28]。

類的存在としての人間の存在に、根本的に敵対する資本の運動は、架空資本の運動が全面化し、それが全世界の生産と労働の分配を規定するにいたって、その敵対性が全面化することとなった。架空資本の運動は、本来、〈いま・ここ〉の価値生産を不要とする。ただもっぱら、〈未来〉に生み出されると期待される価値への請求権である。それは、〈いま・ここ〉の〈生産─労働〉、そして〈人間─人間社会〉にもともと無関心なのである。しかも今日では、厖大な架空資本の運動は、現実資本の運動から乖離して全世界を文字通り徘徊し、現実の生産と労働を撹乱し、現に生きる人間存在をどうでもよいものとして切り捨てている。

しかも、架空資本の運動が全世界を徘徊し、生産と労働の分配を規定することになったことによって、それは、独自に資本主義的な生産様式の確立が困難な諸部面に対する新たな特有の支配形態を創り出した。

まず、労働力の生産・再生産過程に関して言えば、人間の肉体的な（精神的・知的なものに対する限りでの）諸能力を中心とするものの管理・統制・育成、および直接の資本主義的生産過程の下への包摂からの飛躍として現われる[29]。すなわち、人間の知的・精神的諸能力までをも資本の下に包摂することが追求されることになるのである。この包摂は、架空資本の運動にリンクされる、もしくは直接にその運動の一環となる。すなわち、将来に実現されるものと期待される人間の知的・精神的諸能力を資本の運動が自己のもとに包摂するということである。

マルクスは、『資本論』第三部草稿の中で（エンゲルス版で言えば、第29章に当たる部分）、賃労働者の賃金が、ある架空資本の利子とみなされ、例えば、年間500万円の賃金は、利子率が5％だとして、この利子率で資本還元された1億円の利子とみなされ、この賃金労働者は1億円の資本をもつものだという、これ以上はないというほどばかげた考えを生むことを暴露している。

だが、架空資本の運動が全世界をおおっている現在では、このばかげた考えはさらに「深化」して、将来発揮されると期待される知的・精神的能力が架空資本として実現されるべく追求されているのである。

次いで、農業や漁業について述べよう。資本が、農業や漁業などの直接の生産

場面から離脱し、かつそれらの生産活動の急所をなす種々の特許や種子に対する支配権などを握ることによって、資本の下への包摂が追求されるのである。それらの特許や諸権利（種子産業の「知的所有権」のような）は、架空資本の運動にリンク可能である。こうして、実際の生産活動からは身を切り離した上で、それらの生産場面に対する資本主義的支配を確立するということである。例えば、巨大な国際的独占企業であるモンサント社は、遺伝子組み換え技術を生み出すための巨大な実験農場を保有しているが、実際の農業経営を行なっているわけではない。そうした直接の農業経営から切り離された場面の支配、とりわけ遺伝子組み換え種子の使用権・可変制限権などへの絶対的支配を通じて、全世界の農業の多くを支配するにいたっているのである。モンサント社は彪大な架空資本の運動の一端を担っているとともに、それに支えられているのである。ここで、遺伝子組み換え技術が、類的存在としての人間の歴史にとって、敵対的なものであることは言わずもがなのことである。

　今日の資本主義は、類的存在としての人間存在総体に敵対し、〈人間〉を全面的に否定するまでにいたっている。それゆえ喫緊の課題は、いかにして〈人間〉を取り戻すか、ということである。

第ⅴ節　イスラーム金融は資本主義のオルタナティブたりうるか

　今日の資本主義が利子生み資本形態をとって運動する彪大な架空資本であることに対する直観的・即自的な理解と批判が、対象を「金融資本主義」として措定した種々の議論だといえる。その端的な事例は、「強欲資本主義」、「マネーの暴走」などといった倫理的かつ修辞的な「批判」である。こうした議論の一切は、利子生み資本・架空資本という概念をもたないため、底の浅いものとしてしか登場しえない。それらの多くが、「現物経済」あるいは「実体経済」——現実資本の運動を主とする「健全な資本主義」——を展望し、過去への「回帰」を夢想するのは、架空資本の現実的運動から目を背けているからである。

　そしてこれらの議論の一部は、欧米中心主義を脱して「グローバルな状況」を押さえようとし、そのさいに「利子を禁止する金融」としてのイスラーム金融に「イスラーム中産階級」の「登場」による穏健化を組み入れつつ、想いを寄せるようになっている[30]。

第Ⅷ章　今日の資本主義を批判するために

　1960 年代半ば、マクシム・ロダンソンは、「イデオロギーとしてのイスラーム」＝「経済的後進性の原因」なるレイシスト定式をすでに批判していた。しかしながら、ロダンソンの資本主義原像は、フランスのマルクス主義による決定的なバイアスがかかった「産業資本主義」であり、われわれにとっては歴史的古典としての意味はあっても、現在のイスラーム金融の解明にはほとんど役に立たない[31]。

　イスラーム金融が、現下のグローバル金融資本主義において不可欠の構成要素となっていることについては、言を俟たない——この事実をまず確認しておかねばならない。だがそうであるなら、なぜイスラーム金融に期待を寄せる論者が引きも切らずに出現するのか？　それには、非イスラーム社会における金融危機と比較して、イスラーム社会のそれは相対的に軽度であったという事実が存在するからである。

　2009 年 11 月にアラブ首長国連邦の一角をなすドゥバイ政府が引き起こした金融不安＝「ドゥバイ・ショック」が、石油産出を背景としたアブダビ政府の即応的援助によって債務不履行回避に落ち着いた過程がその代表例である。このことは、イスラーム金融への期待を高める役割を果たした。さらに同時期が、サブプライム・ローン問題（2007 年 3 月）からリーマン・ショック（2008 年 9 月）へと悪螺旋を描くことで、金融商品価格の「予想変動率」という意味で用いられていた volatility という語の原義である「不安定さ」「揮発（するような揺らぎ）」の脆弱性を、欧米金融業界が露出させたときでもあった。こうした欧米における金融の脆弱性に対して、イスラーム金融は「危機に強い」というイメージを、投機的資本家を含む多くの投資家が抱いたのであった。

　ではイスラーム金融とは何なのか、利子を禁止するとは一体どういうことなのか、われわれの基本的な考えを簡単に述べておきたい。

　イスラーム社会における経済活動が、イスラーム法学＝神学[32]の原埋で日常的生活規範たる「シャリーア شريعة : sharia（shari'a ; shariah）」に適格的でなければならないことは周知の事実である。イスラーム法学を非理知的と決めつけ、自文化中心主義あるいはオリエンタリズムをア・プリオリに前提とする論調に、みごとな批判を展開しているイスラーム法理論研究者ワーイル・ハッラークの考察を、イスラーム金融を考える基調として踏まえておこう。ハッラークによる 1984 年公刊の記念碑的論文「イジュティハードの門は閉じたのか？」[33]での主張は、

293

こうである。「イジュティハード」とは「神の法を発見するために〔…〕〔イスラーム〕法律家が払う最大限の努力である」[34]。イスラームの法律家たち（同時に神学者でもある）は劇的に変容を遂げていく世界の中でイジュティハードに努め、聖典『クルアーン』で定められた、日常的生活規範たる「シャリーア」に適格する途を探ってきたのである。

　冷戦構造が崩壊し資本主義が凱歌を揚げたとされた1990年代初頭以降、シャリーアに全面適格するイスラーム社会の経済活動の様態の探究は困難を増したであろう。なぜならば、それらの活動の支配的な領域が——たとえ、経済活動が現実の生産物と結び付いている、換言すれば、「現物経済」すなわち現実資本の運動と密接に連関していても——、金融という架空資本の運動の場に置かれるようになったからにほかならない。

　付言しておかなければならないのは、イスラーム金融を互酬性に重きを置く「贈与と交換の共存」と捉える観点に、われわれは一切与しない、ということである。たとえば櫻井秀子は個人の次元での「信頼と関係性の保持」を下敷きとした「贈与と交換の混交市場」としてイスラーム金融を描こうとする[35]。経済人類学者カール・ポランニーの「経済人」的市場観に対する批判[36]ときわめて似通った櫻井の考察は、「現代イスラーム金融システム」の起点を1840年代に求めている（1847年のオスマン帝国によるコンスタンティノープル銀行設立）。

　しかし櫻井は、決済中心・通貨原理主義的になっているグローバル金融市場をつうじてもたらされる、厖大な——現世には存在しえない額の——利子をめぐって、イスラーム金融がシャリーア適格の途を必死になって求めていることを理解していない。とくに彼女の議論では、ドルが変動相場制に移行することで金兌換停止を宣言したいわゆる「第2次ニクソン・ショック（ドル・ショック）」の行き先が金融資本市場の決定的な変貌であること、つまり、シカゴ・マーカンタイル取引所の大車輪のごとき活躍によって金融市場が決定的に架空資本の運動の場に変貌を遂げたことなどは、第1次・第2次石油危機（1973年／1979年）という表層の政治的出来事に目を眩まされて、思考の外へと完全に追いやられてしまっている。

　櫻井は19世紀中葉の起点と並べて、1981年サウディアラビアによるイスラーム資産信託本部のジュネーヴでの設置を「国際市場におけるイスラーム資金の運用を可能にした」[37]とのみ述べている。だが、ジュネーヴに本部を設置すると

第Ⅷ章　今日の資本主義を批判するために

いうその判断の「資本主義的正しさ」は、〈ニューヨーク―ロンドン―東京〉を結ぶオフショア（金融）市場の創設をつうじて、一日24時間、一瞬の寸断もなくマネーが取引される場が誕生したという事態があってこそ可能であった。

　世界最大の投資持株会社バークシャー・ハサウェイの筆頭株主兼CEOであるウォーレン・バフェットの投資姿勢に似通った行動をとるがゆえに、「アラビアのバフェット」なる渾名を『タイム』誌から付けられた、サウード王家のアル＝ワリード・ビン・タラール・ビン・アブドゥルアズィーズ・アール・サウード王子の地位は、まさにイスラーム金融の賜物である[38]。自らがほぼすべてを仕切っている公的持株会社キングダム・ホールディング・カンパニーをつうじて、彼はamazon.com、apple、コカ・コーラ、ディズニー、eBay、ニューズ・コーポレーション（20世紀FOXの親会社）、Twitter等に継続的に投資している。2013年時点で個人所有の純資産23億ドルとされるアル＝ワリード・ビン・タラール王子の経歴は、まさにイスラーム金融の上げ潮に乗って厖大なマネーを獲得した、現代の『アラビアン・ナイト』的成功譚と言えよう[39]。1980年代に急速に投資家としての頭角を表した彼の存在こそ、サウード王家が一大投資マシーンとして機能しているという事実の端的な表現である。

　こうした歴史的変化を察知せずに1847年と1981年を直接に結びつける考えは、極端に言えば、古代ギリシャのミレトス学派の創始者タレースにまつわるよく知られたエピソードと同質である。そのエピソードとは、タレースが今でいう先物取引を指導してみせたというものである[40]。そのことをもって先物取引の起点であるかのように捉えて、現代まで連続的・通貫的歴史性を主張することはできない。資本主義は社会を変えた。そして資本主義社会自体もその世界化が惑星大のものとなるにつれ、自己変態を遂げたのである。

　そして、この決定的変態の力はイスラーム社会を例外としなかった。そればかりか自らの駆動力に組み込んでいった。今や架空資本（利子生み資本形態での資本様態）の運動が支配するグローバル金融市場の下に、グローバルという形容詞がいみじくも表現しているように、この惑星上の経済生活総体が置かれたことをもって、新たな歴史的段階をイスラーム社会を含めた地上のすべての人間が経験させられているのである。

　2012年という近年に刊行されたにも関わらず、今やすでに古典としての評価が定まったクレイグ・R・ネザーコットとデイヴィッド・M・アイゼンバーグの

編になる『イスラーム金融 Islamic Finance』[41]は、「イスラーム金融の進化 "The Evolution of Islamic Finance"」なる第1章の冒頭節で、イスラーム金融の時期区分を①初期（1974～1991年）、②グローバリゼーション期（1991～2001年）、③ポスト9・11期（2001年以降）としている[42]。

政治的事件（出来事）を区分の契機とする観点に対して、われわれは完全には同意できない。政治的事件が契機となって時期的展開が生起したのか、すでに潜勢的に準備され成熟していた力が表出したのか、と問われれば、後者の醸成があってこそ前者の表出が可能であったと考えるからである。とはいえ、ネザーコットらの区分は便宜的なものとしては受容できる。

しかし、この「古典」においてさえ、実践家の関心が濃い影を落としたのであろうか、イスラーム金融の仕組みやその飛躍的進化の内在的解明は叙述対象に入れられていない。イスラーム金融に関わる実践家が求める種々の「技法」は「倫理的に厳格なリスクヘッジ」の亜種としての「シャリーア適格」の方策として詳述されていても、イスラーム金融そのものの体制とその総体的ダイナミズム、さらに次々と新たな問題が生じてくる様態の「質的解剖」はなく、現象叙述に終始しているのである。

さて、イスラーム金融のもっとも際立った特徴とされているのが、利子（リバー ribā）の禁止である。

イスラーム金融において利子が禁止されるのは、利子が「労働に基づかないもの」・「不労所得」とみなされるからである。黒田壽郎の言に従えば、イスラーム教の教義であるタウヒードの理論、すなわち〈一化〉の理論に根底的に反すると考えられていることによる。利子が生み出されることは〈一〉が〈多〉に転化することと判断されるわけである[43]。だがここで、イスラームにおける労働は、相当に広く曖昧な概念であり、また、利子（リバー）それ自体が、ヨーロッパにおける利子（interest）・高利（usury）という、法理的には元本債権から派生するものとして捉えられるものよりも、理念上はるか広義に捉えられている点に目を向ける必要がある。結論を要約すれば、「取引における対価がそなえる等価性を逸脱するもの」が「リバー」と呼ばれ、包括的に禁じられるべきものと措かれるのである。

だがそもそも、イスラームの教義は商業を容認し、広くとられた労働に基づく利得・利潤もまた認めている。つまり、商品生産─資本主義的生産は認めている

第Ⅷ章　今日の資本主義を批判するために

のである。かくして、逸脱してはならない日常的生活規範（シャリーア）に適格であるように、つまりタウヒードの理論に適格するように、利子生み資本の運動をいかにして認めるのか、が問題になるわけである。小杉泰がいみじくも述べるように、イスラームの教義体系に経済行為が主要なメタファーとして用いられている、すなわち経済が宗教（普遍宗教であり生活戒律でもある）に入れ子構造のように組み込まれているのである[44]。じっさい、理念と現実の衝突は、イスラーム金融機関会計監査機関（AAOIFI）やシャリーア諮問評議会（シャリーア・ボード）などの金融諸機関において、現実主義的リバー限定容認論と理念主義的利子＝リバー否定論とが相半ばする状況として現われていると、気鋭のイスラーム研究者・長岡慎介は述べている[45]。さらに長岡はカール・ポランニーの言葉を転用して、イスラーム金融を「現物経済に埋め込まれた金融システム」と表現し、現代においては金融手法の「序列化」と「重層化」によって、信用創造をできるかぎりリバー禁止に抵触せずに可能にしているとする[46]。

　こうしてイスラーム金融なるものは、今日、資本主義的にもっとも有望な成長株の一つとみなされているのである。吉田悦章によれば、イスラーム金融の銀行資産は、この10年間で平均34％の伸び率となっている[47]。こうした銀行資産のきわめて高率な増殖が、たとえリバーと呼ばれなくとも、元本に対する利子以外の何からもたらされるのか？　ムスリムたちの預貯金が年々歳々銀行資産の伸び率に利していても、現実資本に根拠を求める限り、このような事態は決して生じない。

　H. G. ベーアは「イスラームは宗教といっよりもむしろ、史上初の巨大コンツェルンの定款である」[48]と述べているが、それはこの普遍宗教の歴史を鑑みれば、みごとに正鵠を射ている。しかし、今やこの惑星上の金融状況は、巨大コンツェルンが到達しうる範囲をはるかに凌駕してしまった。

　ところが、ベーアとほとんど変わらぬ地平の上で長岡慎介と小杉泰は、イスラーム金融あるいはイスラーム銀行業務を、欧米金融システムを相対化し、より望ましいオルタナティヴを提示するものと評価する[49]。だがしかし、その「根拠」は、①西洋中心主義を対象化してグローバルに問題をとらえなければならない、という時代的要請、②サブプライム・ローンからリーマン・ショックに至る悪影響の規模が、欧米の金融機関と比較して相対的に小さかったという結果論、の二つであるにすぎない。

①はグローバル金融市場の解明に必要なものではあるが、欧米金融と比較するという視座に束縛される限り、イスラーム金融は「棲み分け」の問題に切り縮められ、グローバルなレヴェルからする理論的解明のための内在性を欠落させている。さらに②については、悪影響が同じく相対的に小さかった南アフリカ共和国や中華人民共和国などの新興金融経済との比較がなされておらず、イスラーム研究者によるお手盛りの賛美に堕してしまっている。現実データの比較分析を欠いた賞賛は、イスラーム金融を解明する理論に結実しないばかりか、グローバル金融システム内に占めるイスラーム金融が有するトランスナショナルな位置づけの曖昧化以外の結果につながらない。

　さらに、欧米ほどとは言えないにしても、やはり金融危機の悪影響を被ったことは、比較しようが相対化しようが、まぎれもない事実なのである。

　さらにコモディティ・ファイナンスのイスラーム版ともいえる「コモディティ・ムラーバハ commodity *murābaḥah*」[50] の登場、金融商品（デリヴァティヴなど）のシャリーア適格の査定と格付けを行なう「会社」がイスラーム世界の只中に次々と設立されてきていることにも目を向ける必要がある。

　くわえて、イスラーム金融における金融デリヴァティヴをどのようにシャリーア適格なものとするのか、という議論は、二種のことなる位相の論説のキメラ的接合にほかならないという現実がある。その第一の議論は、実務上の問題でありイスラーム金融もまた金融工学や経済物理学といった「先端金融テクノロジー」と密接にかかわっている[51]。第二のものは、イスラーム金融であつかわれる厖大なマネーにかかわる。それらは経済上でのマネー概念ではないものとして扱われ、法学＝神学的言説における概念化に携わる、経済学的知見に乏しい論者たちによって主になされるために、つねに現実に生起する諸問題との齟齬を孕んでいる[52]。

　ここに言う諸問題は、イスラーム金融であるか否かを問わず、グローバル金融資本主義における架空資本の自己増殖運動（厖大なマネーの無限増殖）にこそ根拠をもつのであり、そうした問題にかかわる金融をとりあつかう言説が、イスラーム社会にあって経済の〈外部〉に措かれるのは、あくまで戒律上の理由以外のものではないのである[53]。これらをあわせて考えると、イスラーム金融は、グローバル金融市場を同質・単一なものとしないように機能する点で、みごとに欧米型システムとの間に相補性を構築してきていると言わざるをえない。

第Ⅷ章　今日の資本主義を批判するために

　近年欧米を中心に出版された一連のイスラーム金融をめぐる文献について、もう少しだけ述べておきたい。それらの出版物は基本的に三種類に分けられる。
　第一に、イスラーム金融を「利子を生まない銀行システム」を軸としてとらえた上で「西洋型金融システム改革のためのオルタナティヴ」と称揚したり[54]、利子を生むことなく投機を抑制する「倫理的に公正な金融システム」とみなすものがある[55]。この亜種には、決済時においてもたらされる利子をシェアするのでリバー禁止に適格であるだけでなく、厖大な利子が貧しい者たちに分け与えられることで善行へと悪が転化すると主張する、「シェアリング・エコノミー」の風潮に乗った論説も存在する[56]。この傾向は同時に、決済から逆算して理屈をたてるという質を有しているが、それは厖大なマネーの運動の圧力によって、一見可能なものと錯視される、決済中心・通貨原理主義的な「逆立ちしたパースペクティヴ」に含められるべきものにほかならない。言葉を換えれば、現実を否認し、あたかも利子を流産させているかのような解釈で世界を切り取らんとする観念論が、この第一のものと言っても差し支えない。
　第二のものは、きわめて実務的な問題設定の下でシャリーア適格な金融テクノロジーの方途を追求するものであり、前述のネザーコットらのものをはじめとした多数の書が世に出回っている[57]。いずれもがグローバル金融市場の変容過程と質的変態とを明確に意識している点で、上記の第一のものに看取される情感的なバイアスの内容をはるかに凌駕する質と内容とを備えている。さらに、イスラーム金融を資本主義の〈外部〉に措定するようなイデオロギー的論調が意識的に排除されていることは、十二分の評価に値しよう。
　第三に、近年の「スクーク Sukuk」[58]を経て前景化してきた、シャリーア基盤型金融（Sharia-Based Finance）の模索と導入に関するものである[59]。こうした提案を、アメリカ合衆国の経済学者ゴードン・タロックとアラン・ロッカードの編による以下の論集と比較してみると、きわめて興味深い「事実」が見出せる[60]。タロックは、厖大な余剰利潤という意味での「レント」なるものを考案することで「レント・シーキング」の概念を生み出し、その非効率性を明らかにした上で「公共選択」論を提唱した、ヴァージニア学派の中心的研究者である。上記論集では、いずれの論者も自己回帰型命題――いわゆる「嘘つきのパラドクス」――で袋小路に突き当たっている。ヴァージニア学派の錚々たる面々が「効率的レント・シーキング」の理論的探究に努めた挙句、みごとに挫折した結果をまとめた

299

上述書は、「失敗学」の模範といっても過言ではない。ちなみに「嘘つきのパラドクス」に対しては、ニール・ルフェーヴルとメリッサ・シェラインの「直覚的解決〔The Intuitive Solution〕」なるものが公表されている。そこでは、この「嘘つきのパラドクス」が社会的に許容される条件下で、論理哲学的に「じっくり考えることが可能」な人間的時間においてのみ意味を持つ、とされる[61]。だが「シャリーア基盤型」の場合、金融取引における「嘘つき」は絶対的に容認されない。また、金融取引は即決が肝要であり、熟考を排する。そのため、「嘘つきのパラドクス」は現実の取引においては「抹消」され、「シャリーア基盤型レント・シーキング」が見る見るうちに増殖することとなった[62]。とくに、この事態はスタンダード＆プーアズ社などによって全世界にリアル・タイムで報道されている[63]。歴史的展開を追うと、2001年9月にバーレーン政府が物産賃貸基盤型スクーク（Sukuk al-ijara）を発行したことが、発端となった。9・11テロのイスラーム社会に対する悪影響をよそに、その直後に、マレーシアを中心とする東南アジア・イスラーム圏で会社共同経営基盤型スクーク（Sukuk al-musharaka）が発行される。この二種類の「スクーク」が発行されたことを転機として、「シャリーア適格デリヴァティヴ（ムハーラーバ）」と並んで、しかし「ムハーラーバ」とはまったく異なる位相——すなわちシャリーア内在的活動——にイスラーム金融が「自己進化」をとげたのである。

　これらをあわせて考えると、繰り返しになるが、イスラーム金融は、グローバル・システムの単一性を同質・均一なものではない方向へと転換するように機能する点で、みごとに欧米型システムとの間に相補性を構築してきていると言わざるをえない。

　以上から、上記三種のいずれの文献も、架空資本の支配的運動によって人間を圧倒する利子がグローバルに生み出されるシステムとメカニズムへの批判を考察の対象としない点で、共通の根を有している。これらの文献の著者・論者たちは明言しないが、その研究・探求の結実たる書籍の群れが語り示しているのは、イスラーム金融が、グローバル市場ひいては資本主義への、批判・オルタナティヴとして存在するのではないという事実である。別の言葉にすれば、イスラーム金融は「ポスト資本主義」などでは決してない[64]。逆に、グローバル金融資本主義を洗練させ延命させる機能をその根幹に保持することで、欧米のみでは成し遂げられないグローバル金融市場における架空資本の運動の相対的安定性に、大き

く寄与している。つまりは、総体として貧困と絶望へと雪崩をうって動いているこの世界において、イスラーム金融は、貧困と絶望に苛まれる「現在奴隷制」を廃絶する力能の創出へと向かわず、それを思うさま扱えるイスラーム社会の支配階級に、その特権を満喫させるだけなのだ。

　以上から考えると、イスラーム経済——イスラーム金融に「想い入れた」種々の議論やイスラーム金融の「安定性・先進性」の理論探求は、利子生み資本形態をとる厖大な架空資本の運動に対して現実資本を対置する、ある種の倫理主義的批判、あるいは現状追認にすぎない。それゆえ、資本主義に対するイスラーム金融擁護者の「批判」は、無力で不毛なものに終始するしかないのである。

註
1) MEGA Ⅱ/5, S. 108-109.
2) MEGA Ⅱ/4-2, S. 849.
3) ebenda, S. 851.
4) ebenda, S. 461.
5) ebenda, S. 461-462.
6) ebenda, S. 462.
7) 二つの段階を画する架空資本の運動に関する本格的な分析・追究は今後の課題である。現時点でわれわれが論ずべき点については、本章第ⅳ節で述べた。なお、この議論の端緒として、次の論文を参照されたい。崎山「物象化と知識〈運用〉資本主義下におけるわれわれの課題」(『環境思想・教育研究』第6号、pp. 101-109, 2013 年)
8) 利子生み資本の形態をとって運動する架空資本の概念は、今日の資本主義的生産様式を理解する上でもっとも重要な概念である。この点については、本章第ⅳ節を読まれたい。ここでは次を指摘しておきたい。『資本論』第三部の草稿の第 5 章でマルクスは、〈利子生み資本—架空資本〉について突っ込んだ議論を展開し、当時の歴史段階にあって最大限の分析を行ない、最高の業績を残したが、そこで鍵概念となるのは〈monied Capital (moneyed Capital)〉という概念である。これは当時イギリスの金融関係者が自らの業務に関して用いていたいわゆる業界用語を、経済学批判体系の中の重要な概念として練り上げたもので、資本転態の一形態である貨幣資本(生産資本、商品資本に対するものとしての)と区別して、利子生み資本形態をとる貨幣資本を指すものとしてこの用語を指定したのである。だが、エンゲルスが『資本論』第 3 巻を編集したとき、これをほとんどすべて Geldkapital に変えてしまったのであり、そのためにマルクスの批判が大きく損なわれることになった。1980 年代前半に、この事実をマルクスの草稿自体にあたって詳細に分析・検証したのが大谷禎之介である。われわれは大谷のこの先駆的業績を高く評価すると

ともに、大谷が明らかにした成果を踏まえて、より深化し進展した究明を目指したいと思っている。尚、第三部草稿第5章からの引用の邦訳は大谷訳をベースとしている。

9）この点については、山本ひろ子『異神（上・下）』（ちくま学芸文庫、2003年）に述べられている中世秘教の神々や、呪物信仰を「原初的宗教」と描く、de Brosses, Charles, *Du cult des dieux fétiches, 1760*, Paris, Fayard, 1989. などが興味深い。

10）「資本は物［Ding］ではなく、一定の、社会的な、一定の歴史的な社会構成体に属する生産関係であって、この生産関係がある物［Ding］で表わされてこの物［Ding］に一つの独自な社会的性格を与えるのである。資本は、物質的な生産された生産手段の合計ではない。資本というのは、資本に転化した生産手段のことであって、生産手段それ自体が資本でないことは、金銀それ自体が貨幣でないのと同様である。〔…〕資本は、労働者の生産物が独立な力に転化したもの、それ自身の生産者の支配者および買い手としての生産物であるだけではなく、それはまた、この労働の社会的な諸力と［関連する］形態が労働の生産物の諸属性として労働者に相対するようになったものである。だから、ここには、一つの歴史的につくりだされた社会的な生産過程の諸要因の一つがもっている一定の、一見非常に神秘的な、社会的な形態があるのである。」（MEGA Ⅱ/4-2, S. 843）。

11）これは、日本社会でとりわけ顕著な「非宗教的」宗教性を否定するものではない。松尾剛次『葬式仏教の誕生』（平凡社新書、2011年）、木田砂雪『結婚式の解剖実習』（日本図書刊行会、1998年）、平山昇『初詣の社会史』（東京大学出版会、2015年）などを参照のこと。

12）以下を参照せよ。中沢彰吾『中高年ブラック派遣——人材派遣業界の闇』（講談社現代新書、2015年）；マイク・モラスキー『呑めば、都』（筑摩書房、2012年）；岸政彦『断片的なものの社会学』（朝日出版社、2015年）。

13）MEGA Ⅱ/4-2, S. 502-503. マルクスの草稿からわれわれが引用した部分は、エンゲルスが編集した『資本論』第三巻では、第27章に取り入れられている。次の引用についても同様。

14）ebenda, S. 503-504.

15）Hilferding, Rudolf, *Das Finanzkapital. Eine Studie über die jüngste Entwicklung des Kapitalismus*, Wien, Verlag der Wiener Volksbuchhandlung Ignaz Brand & Co., 1910.

16）*Ленин, В. И.*, «Империализм, как высшая стадия капитализма», в Полное собрание сочинений, 5-е., Т.-27, М., Издательство Политической Литературы, С. 299-426. 初版は1917年半ば（と推定される）に、メンシェヴィキが主導権を握るペトログラードの「生活と知識」出版所（Петроград, Книжий складъ и магазинь „Жизнь и Знаній".）から刊行された。現在の底本である上記『レーニン全集』第五版第27巻のテキストと比べると、240箇所以上の改竄がある。レーニンが初版序文で述べた「忌々しい奴隷の言葉 проклятым эзопвским」で書かなくてもよいようになり、後の原テキストとなるものを「帝国主義と資本主義」という題で共産主義インターナショナルの機関誌に発表したのは、西洋共通歴1921年10月8日のことである（*Ленин*, «Империализм и Капитализм», в Коммунистическнй Интернационал, №. 18. (8 октября, 1921.)）。

本節では、全集第五版のテキストに従った。

17) *Ленин*, «Империализм,...», С. 309. ここでレーニンが指摘している「資本主義の発展における最新の局面」という副題は、のちにロシア10月革命がなされた直後に財政担当臨時人民委員をつとめた、イヴァン・スクヴォルツォフ＝ステパーノフ（Скворцов-Степанови, Иван Иванович）が訳した『金融資本論』ロシア語版（1912年）につけられていた副題である。

ところで、「貨幣理論の問題における誤り」について、レーニンは具体的に何も述べていない。これについてわれわれから見れば、次のようにまとめられる。①価値形態論をこれ以上はないというほどに、歴史的発展過程論的に捉えている。すなわち、物々交換からまず流通手段としての種々の貨幣が生み出され、これが次第に発展して、支払い手段へと転化し、これが金貨幣へといたって完成される過程を理論的に解明するものが、価値形態論だと考えている。②等価形態の謎性について、ほぼまったく無自覚である。かくして、貨幣の秘密を捉えることができず、商品－貨幣の物神性についても捉えることができていない。③それゆえ、貨幣のもっとも重要な機能である支払・決済手段が、副次的に取り扱われる。かくして、一般的等価物の完成態としての貨幣が、社会的富の一般的存在形態であることが捉えられない。④貨幣の中心機能を流通手段としての機能であると捉えている。⑤以上から、せっかく架空資本概念を継承しているのもかかわらず、またさらに、創業者利得の概念を初めて規定することができたにもかかわらず、架空資本の運動のもつ、生産と労働の分配に対する決定的な力を捉えきれない。

ヒルファディングは貨幣について次のように述べている。「貨幣はあいかわらず価値尺度として現われる。しかし。この「価値尺度」の価値の大きさは、もはや価値尺度たる商品の価値によっては、つまり金や銀または紙［紙幣］の価値によっては、規定されていない。そうではなく、この「価値」は、現実には、流通されるべき商品の総価値によって規定されるのである（流通速度を一定とすれば）。現実の価値尺度は貨幣ではない。貨幣の「通用価値」は〔der „Kurs" des Goldes〕、わたしが社会的必要流通価値〔gesellschaftlich notwendigen Zirkulationswert〕と名付けたいと考えているものによって規定され〔…〕」（*Finanzkapital*, Zweites Kapitel, S. 29.）。また、マルクスの現行版の叙述さえ、「現実」を理由に「乗り越えた」（ヒルファディングは版の差異を意識している。たとえば第一章10ページの註2で「『資本論』第一巻第四版56ページ」と明記していることから判るように（ebenda., Erstes Kapitel, S. 10, Fußnote 2).）、明らかである）、ヒルファディングの貨幣観はすさまじい流通主義であり、まったき誤謬と言わざるを得ない。また、「マルクス主義を日和見主義と和解させようとする一定の傾向」については次のように指摘できるであろう。①ヒルファディングが（『金融資本論』執筆時はとりわけ）ドイツ社会民主党の主流派の領袖カール・カウツキーの盟友だったこと（「かつて「マルクス主義者」であり、今やカウツキーの戦友かつ「ドイツ独立社会民主党」内ブルジョア改良主義的政策の代表の一人であるヒルファディング」、と『帝国主義論』が改竄箇所を復元した後の「フランス語版およびドイツ語版への序文」（1920年）では明記されている。*Ленин*, "Империализм, ...", С. 307.）、②レーニンが『唯物論と経

験批判論』で主要な批判対象としたエルンスト・マッハの愛弟子であったこと（Smaldone, William, *Hilferding: The Tragedy of a German Social Democrat*, Northern Illinois University Press, 1998, p. 19.『金融資本論』中にも、「エルンスト・マッハによれば、自我とは、一つの網をなして世界像を形成する諸感覚の無限の糸で織りなされている一結節点にすぎないというが、それと同様、貨幣も、個々の交換行為の無数の糸で織りなされている商品生産社会の社会的関連の網における結節点のひとつなのである」（*Finazkapital*, Erstes Kapitel, S. 11.）と、肯定的言及がある）、③ヒルファディングがオットー・バウアーやマックス・アードラーらオーストロ・マルクス主義の中心メンバーであったこと、④「銀行制度の発展とともに、銀行と産業の交渉関係のさらなる密接な結合とともに、一方では銀行相互間の競争をますます排除し、他方では一切の資本を貨幣資本の形態で集積して銀行の媒介によってはじめてこれを生産的資本家に用立てる、という傾向が強まる。結局、この傾向は、一つの銀行または一つの銀行群が全貨幣資本の処理権を握るということに逢着するだろう。このような「中央銀行」は、かくして全社会的生産に統制を及ぼすことになるだろう」（ebenda., Zehntes Kapitel, S. 218.）、「独立の諸産業は、われわれが見たように、ますますカルテル化諸産業に依存を深め、ついにはこれによって併合される。この過程の結果として、次には総カルテルが生ずるだろう」（ebenda, Fünfzehntes Kapitel, S. 295.）、「かくして金融資本においては、資本の特別な性格は消失する。〔…〕社会経済の組織化の問題は、金融資本そのものの発展によって、ますますより良く解決されるのである」（ebenda, Sechzehntes Kapitel, S. 296.）といった、いわゆる「組織された資本主義〔organisierten Kapitalismus〕」へのある種の「期待」を暗示させる叙述傾向が見られること、などがレーニンによる批判の要因となったのではないだろうか。また、カール・カウツキーは、レーニンによって「最新の、しかも最も優れている」と評された、ロシア 1905 年革命の分析『権力への道 *Der Weg zur Macht*』（1909 年）を著わしている（Ленин, В. И, «Государство и революция», в Полное собрание сочинений, Т.-33, М., Издательство Политической Литературы, 1969, С. 110. カウツキーのこの書には、レーニンの名前は一度も登場しない）。カウツキーはこの書で「〔…〕すべての経済事象の原動力は、人間の意思であり〔…〕結局のところ、すべての経済の基礎となっている生きんとする意思にほかならない」（Kautsky, ebenda, S. 44.）という主意主義を披露している。その後彼は、党機関紙『新時代 *Die Neue Zeit*』において「超帝国主義〔Ultraimperialismus〕」についての論を――金融資本によって「好んで用いられる」政策として――展開するにいたる（Kautsky, Karl, „Der erste Mai und der Kampf gegen den Militarismus", in *Die Neue Zeit*, 30 Jahrgang (1912). Band ii, S. 107-108.）。カウツキーの親しい友であるヒルファディングが、その著作の出来具合とは別の政治的次元において、レーニンによる舌鋒鋭いカウツキー批判の巻き添えとなるのは必然であったといえよう。

18) ヒルファディングは、序文の最初のパラグラフにおいて、早くも「金融資本」という新概念にふれている。「ところで、「現代」資本主義の特徴をなすものは、かの集中過程であって、それは一面ではカルテルやトラストの形成によ

第VIII章　今日の資本主義を批判するために

る「自由競争の止揚」において、他面では銀行資本と産業資本との一層緊密になる関係において、現われる。この関係を通じて、資本は、後に詳述されるように、もっとも高度かつ抽象的な現象形態をなす、金融資本〔Finanzkapital〕という形態をとるのである」(Hilferding, a. a. O., S. Ⅶ .)。これをうけて彼は、金融資本の概念を次のように規定する。「産業資本のますます増大する一部分は、これを用いる産業家たちのものではない。彼らは銀行を介してはじめて、資本の処分権を与えられ、一方で、銀行は、その資本のますます増大する一部分を産業に固定せざるをえない。銀行は、ますます大きな範囲で資本家となる。こうした仕方で現実には産業資本に転化されている銀行資本、すなわち貨幣形態における資本を、金融資本とわたしは名付ける」(ebenda, S. 283.)。この規定に対してレーニンは、「もっとも重要な要素の一つ、すなわち生産と資本との集積が独占へとみちびきつつあり、またみちびいたほど強力に成長したことが指摘されていないというかぎりでは、不完全である」(Ленин, «Империализм,...», C. 343.) と批判した。この批判は重要である。ヒルファディングとレーニンとの理論上のこの立場の違いに、ヒルファディングが「最新の資本主義」についてきわめて広汎に、また個々の諸概念について突っ込んだ分析を成し遂げながらも、その「最新の資本主義」総体を的確に捉えることに失敗したことが鮮明に現われている。この点についてさらに言えば、ヒルファディングは、創業利得という新たな、重要な概念を定立しながらも、その概念内実においては、明らかにマルクスの架空資本についての分析から後退しているところがある。また、株式資本を中心とした架空資本の運動が全面化したことに照応する信用の新しい様相について、「流通信用」とか「資本信用」とかの概念用語を持ち出しているが、架空資本概念をさらに深めることにほとんど寄与していない。とりわけ「流通信用」なる概念用語は、彼の流通主義的立場をあからさまにするもの以外ではなく、ただ信用の概念を混乱させるだけである。

19)　*Ленин*, «Империализм,...», C. 386-387. ところで、『帝国主義論』には、架空資本という概念用語はいっさい出てこない。また、エンゲルス版『資本論』第三巻への言及もまったくない。だが、株式資本の運動にかんしてはきわめて多くの言及があり、レーニンが架空資本概念を知らなかったわけではもちろんない。では、なぜ、架空資本という概念用語をまったく用いなかったのであろうか？ レーニンは『帝国主義論』を執筆する際、J. A. ホブスンの『帝国主義論 *Imperialism: a Study*』とヒルファディングの『金融資本論』を、参照文献としてもっとも重視した。前者から「帝国主義」、後者から「金融資本」という概念をそれぞれ継承したが、著書のタイトルとして「資本主義の最高の段階としての金融資本主義」ではなく「資本主義の最高の段階としての帝国主義」を選んだ。ここに、鮮明に示されているが、レーニンは、ホブスンの書をより高く・好意的に評価した。これは、ホブスンに対する「この著者〔ホブスン〕は、ブルジョア社会改良主義と平和至上主義の立場に立ち、〔…〕にもかかわらず、帝国主義の基本的な経済的・政治的特徴を、きわめてみごとに、そして詳細に説明している」(*Ленин*, «Империализм,...», C. 309.) という評価によく現われている。『金融資本論』に対する、先に引用した「貴重な理論的分

析」と対比すれば明らかである。評価の分かれ目は、「政治的」ということであろう。レーニンにとっては、現実となっている世界戦争が問題であった。これにどのように政治的に対応するのか、レーニンにとって、この理論的な解明が最優先の課題であったということであろう。ヒルファディングの書もホブスンの書もいまだ世界戦争が勃発していない時期に出されている。その現実を踏まえた上でレーニンは、ホブスンの書の方が、現実のものとなった帝国主義戦争により理論的に迫りえたものと考えたのだ。架空資本に関する経済学的理論的追究よりは、銀行資本と産業資本との融合・癒着による金融資本の成立、金融寡頭制の支配という現実への批判がなによりも重要であったと判断したということであろう。

20) MEGA Ⅱ/4-2, S. 541. 原文では、「monied Capital」という用語が使われていることに注意が必要である。すでに、大谷禎之介の業績に依拠して指摘したように、マルクスはこの語を利子生み資本形態をとって運動する貨幣資本を指すものとして用いている。それゆえ、この「monied Capital」を「貨幣資本」と訳すと誤解が生じる可能性が大いにある。

21) レーニンは『帝国主義論』で次のように述べている。「生産の集中、それをもとに発展をとげる独占、銀行と産業との融合あるいは癒着——これが金融資本の発展史であり、金融資本という概念の内容である」(*Ленин, «Империализм,...»*, C. 344.)。また、「帝国主義の定義」として挙げられた「五つの基本的標識」の二、として「銀行資本と産業資本の融合と、この「金融資本」を土台とする金融寡頭制の成立」(Там же, C. 386.) と規定している。

22) Там же, C. 303-304.

23) マルクスの著作において、資本主義的生産様式が支配的な社会の外部について述べられたものと考えられてきたのは、何よりもまず、1881年3月8日付の「ヴェーラ・ザスーリチの手紙への返信」、およびその4通の草稿であろう。ダフィド・リャザーノフが1923年にようやく入手した返信とその草稿は、彼の編によってモスクワのマルクス・エンゲルス研究所の責任下、二巻本形式で刊行された「マルクス—エンゲルス—アルヒーフ」(1924年) の第一巻第Ⅲ部において、はじめて公開された (Zeitschrift des Marx-Engels-Instituts in Moskau, herausgegeben von D. Rjazanov, *MARX-ENGELS-ARCHIV*, Band I, Frankfurt am Main, Marx-Engels-Archiv Verlagsgesellschaft M. B. H., 1924.)。この第Ⅲ部「書簡集および諸記録 BRIEFE UND DOKUMENTE」に、ザスーリチからマルクスへの手紙とマルクスからの返信およびその草稿4通 (さらに一葉のファクシミリ復刻草稿) がおさめられている (ebenda, S. 307-342. 第四草稿の一部が欠落しているがその部分は崎山が2015年10月27日火曜日にアムステルダムの社会史国際研究所 (IISG) に収蔵されたものをもとに、内容を確認した)。1881年2月16日付で、ジュネーヴからマルクスに宛てられたザスーリチの書簡の肝要な部分は、以下の叙述である。「〔…〕しかし、ロシアにおける農業問題とわれわれの農村共同体〔notre commune rurale〕をめぐるわれわれの論争の中で、あなたの『資本論』が影響を及ぼしている役割について、あなたはおそらくご存じないでしょう。〔…〕われわれ革命的社会主義者たち個々の運命は、あなたがこの問題について述べた二つの手段のうちのいずれを採るかにかかって

第Ⅷ章 今日の資本主義を批判するために

います。二つの内の一方は次のようなものです。すなわち、この農村共同体が、税吏や領主ども、そして恣意的行政の桁はずれた要求から一度自由になりうるのなら、社会主義の途においてそれ自体を発展させ得るのか、換言すれば、集産主義的基盤の上に〔sur les bases collectivistes〕生産と生産物分配とを組織することができるか。〔…〕/もし、それとは対極的に、共同体が死滅する運命に置かれているのならば、社会主義者たちにとって残るのは、ロシア農民の土地が彼らの手からブルジョアジーのそれへ移るには何十年かかるのか、資本主義がロシアにおいて西ヨーロッパと似たような発展を遂げるにはおそらく何百年もかかるのでしょうが、それがいったいどれほど先のことなのかを予測するために、根拠を欠いた計算に精を出すこと、それのみです。〔…〕/最近のことですが、歴史すなわち科学的社会主義、この争う余地のないものが、農村共同体は死滅すべきものだと宣告している、一個の旧弊な形態である、と語るのを、われわれはしばしば耳にします。〔…〕/〔…〕お分かりでしょうが市民よ、この問題についてのあなたのご意見が、いかにわれわれの切実な関心の的となっているか、また、われわれの農村共同体が受ける可能性についての、さらには世界中のあらゆる国々にとって資本主義的生産の全局面が経過する歴史的必然に関する理論についての、あなたのご意見をあなたご自身で加持てくださることが、いかに大きな手助けとなるか。〔…〕」(Rjazanov (hrzg.), «Brief der Zasulič an Marx», ebenda, S. 316-317.)。これに対して、公開されることが予定されたマルクスからの返信は、次のような内容であった。要点の箇所のみ記す。「〔…〕しかし、わたしの学説と呼ばれるものについてのいっさいの誤解をあなたから一掃するには、数行で足りるでしょう。「すなわち、資本主義的体制の基礎には、生産者と生産手段の根本的な分離が存する。…この深化全体の基礎は、耕作民の収奪である。この収奪が徹底的に成し遂げられたのは、今なおイギリスのみである。…だが、西ヨーロッパの他のすべての国々も、同じ運動を通過する」(『資本論』フランス語版、p.315.)。/この運動の「歴史的宿命性〔La „fatalité historique"〕」は、西ヨーロッパ諸国に明確に〔expressément〕限定されています。その限定の理由は、第ⅩⅩⅩⅡ章の次の文章において示されています。/「自己労働にもとづく私的所有…は、他人の労働の搾取すなわち賃金制度にもとづく資本主義的私的所有に、取って代わられることになる」(『資』、p.340.)/こうした西ヨーロッパの運動においては、私的所有の一形態から私的所有の別の形態への転化が問題となるのです。これとは反対に、ロシア農民たちにあっては、彼らの共同的所有を私的所有に転化させるということなのでしょう。/『資本論』において与えられた分析は、したがって、農村共同体の活力を肯定するための理由も否定するための理由も提供していませんが、わたしがこの問題について特別な研究を行ない、その資料をオリジナルな典拠に求めてきた結果、この共同体はロシアにおける社会的な再生〔la régénération sociale en Russie〕での支点であると確信いたしましたが、しかし、そのようなものとしてそれ〔農村共同体〕が機能しうるには、何よりもまず、襲い来たるあらゆる側面からの有害な影響力を抹消し、それに続いて、自然発生的な発展の正常な諸条件を保証することが必要でしょう。〔…〕」(Rjazanov (hrzg.), «Brief des Marx an Zasulič», ebenda, S. 341-342.）。引用されている『資本論』フランス語版の当該箇所は1872-5年刊行の原書のものであるが、マルクスは引用ページを誤記している。フランス語版原書では p. 341 が正しい（MEGA Ⅱ/7 では順に、S. 632-633.；S. 678.）。また、返信中の強調は、フランス語版には付けられていない。このザスーリチへの返信に、平田清明は「非資本主義的発展」の可能性を見ているようだが、それは思い入れ以外のなにものでもない（平田「歴史における必然と選択——マルクスをこえるマルクス——」、『新しい歴史形成への模索』新地書房、1982年、pp. 179-285）。マルクスの返信を熟読すれば、①肯定に対しても否定に対しても十分な「理由」を示していないと断言していること、②「社会的再生の支点になりうる」が、③それには「何よりもまず、襲い来たるあらゆる側面からの有害な影響力を抹消し、それに続いて、自然発生的な発展の正常な諸条件を保証することが必要」という、当時のザスーリチらでは到底不可能なまでに厳しい制限条件を付していること、④ザスーリチが、フランス語に訳されたドイツ語初版序文中の「問題になるここでの論点は、資本主義的生産の必然的な諸法則から生ずる社会的敵対性の徹底した発展の高低ではなく、鉄の必然性をもって現れ出でて実現する傾向性を有した、これらの諸法則自体である。産業がもっとも発展した国は、産業段階がそれに続いている諸国に、それら自身の来たるべき姿を示しているにすぎない」（フランス語版原書 p. 10.；MEGA Ⅱ/7, S. 12. 強調はマルクス）、すなわちマルクス自身が「英国王の駐外代表者輩はその書〔英国の議会青書〕で、ドイツにおいて、フランスにおいて、一言で言えばヨーロッパ大陸の文明化されたすべての国々において、資本と労働との間に存在する諸関係の変容は、大ブリテンにおけるのと同様に感知可能であり不可避的であるという意見を伝えている。同時に、大西洋の彼岸では北米合衆国副大統領ウェイド氏が、いくつもの市民集会で、奴隷制廃止以降に議題に上っている問題は、資本と土地所有との関係の変容である、と公然と述べている。これこそ時代の徴候であり、紫衣〔王権〕も聖職の黒衣も押し隠すことのできないものなのだ」（原書 p. 11-12.；MEGA Ⅱ/7, S. 14. 強調はマルクス）とした叙述をめぐる質問を投げかけたのに対して、マルクスは「本源的蓄積」（第XXVI章）と「資本主義的蓄積の歴史的傾向」（第XXXII章）からの引用で回答をしていること、に気づかざるを得ない。つまり、『資本論』が「西ヨーロッパ諸国に明確に限定されている」というのは、たんに叙述上の事実を吐露したにすぎず、「農村共同体の活力を肯定するための理由も否定をするための理由も示していない」と、これもまた事実を示すにとどまっている。「非資本主義的発展」あるいは「飛び越え発展」の可能性をそこに読み取るのは、あまりに拙速と言わざるを得ない。さらに、小谷汪之が指摘しているように、「ザスーリチへの返信」は、インドの農耕共同体を主要にあつかったマクシム・コヴァレフスキー（1851-1916年）の『共同体的土地利用——その崩壊の原因・過程・結果』（1879年）をもとに「農村共同体」を一般化している（小谷汪之『マルクスとアジア』青木書店、1979年、pp. 135-161.；*Ковалевский, М. М.*, Общннное эемлевлаениы, причины, ход и последствия его разложения, М., Магистстерская диссертация, 1879. 日本貿易振興会アジア経済研究所所蔵のマイクロ・フィルムを利用した。記して感

第VIII章　今日の資本主義を批判するために

謝したい）。ここで何を問題にしているかというと、資本主義の「外部」への思い入れである。同様の「外部」設定は、たとえばローザ・ルクセンブルク『資本蓄積論』（1913年；Luxemburg, Rosa, *Die Akkumulation des Kapital : Ein Beitrag zur ökonomischen Erklärung des Imperialismus*, Berlin, Verlag Buchhandlung Vorwärts Paul Singer G. m. b. H, 1913.）やホセ・カルロス・マリアテギの『ペルーの現実解釈の七試論』（1928年；Mariátegui, José Carlos, *Siete Ensayos de Interpretación de la Realidad Peruana*, Lima, Editorial Amauta, 1928.）に端的に表現されている。前者は在外植民地（Luxenburg, *Die Akkumulation*..., S. 445-446.）を、後者は植民者の「半封建的」大土地所有者と被植民者の先住諸民族貧農との土地関係を「国内植民地（状況）」（Mariátegui, *op. cit*., pp. 50-104, 198-203.）として鋭く告発し批判した。だが、両者とも抽象的な「歴史」と地理的―空間的「外部」は取り上げてはいるが、そこに資本の時間性を組み入れられなかった。これら二つの傾向は1970年代のラテンアメリカとアフリカの解放闘争と結合した問題設定、さらに西欧人類学のパラダイム論争にまでつながった。市場経済＝資本主義というアンドレ・グンダー・フランクの世界資本主義観（Frank, André Gunder, *Latin America : Underdevelopment or Revolution*, New York, Manthly Review Press, 1969. ; idem, *Lumpenburguesía: Lumpendesarrollo, Dependencia, Clase y Política en Latinoamérica*, Santiago de Chile, Editorial Prensa Latinoamericana, 1972.）に「生産様式のレヴェル」と「経済体制のレヴェル」を弁別した上で「生産様式の接合」という問題設定が欠けている、という批判を投げかけたエルネスト・ラクラウ（Laclau, Ernesto, "Feudalismo, Capitalismo en América Latina", en Frank, André Gunder, Rodolfo Puiggros y Ernesto Laclau, *América Latina:¿ Feudalismo o Capitalismo ?*, Medellín, Editorial La Oveja Negra, 1973, pp. 119-162.）、「国内植民地主義とは、従属資本主義というグローバルな枠組みと低開発状況における、異なる歴史時期に対応した諸生産様式の併存を特質とする、構造的関係である」と主張するメキシコのロドルフォ・スタベンハーゲン（Stavenhagen, Rodolfo, "Comentario", en Raúl Benítez Zenteno (ed.), *Las Clases Sociales en América Latina*, México, Siglo XXI, 1973, pp. 277-285）、ラテンアメリカとは異なる「アフリカ的生産様式」を述べるカトリーヌ・コクリ＝ヴィドロヴィチ（Coquery-Vidrovitch, Catherine, „Recherche sur un mode de production africain", dans *La Pensée*, N°. 144（1969）, pp. 61-78.）、西アフリカにおける「家族的生産様式」を提起するクロード・メイヤスー（Meillassoux, Claude, *Femmes, greniers et capitaux*, Paris, Maspero, 1977.）、オセアニア先住民族の親族関係と生産様式との繋がりを主張するモーリス・ゴドリエ（Godelier, Maurice, *Horizon, trajets marxiste en anthropologie*, Paris, Maspero, 1973.）などが代表的な論者である。しかし、その誰もが、同時代の地理的―空間的な「外部」に論の的を絞ることに終始した。後発の利益を被るわれわれの批判的観点はそれらの人びとのおかげだが、彼ら彼女らの論は最終的にネグリとハートの『〈帝国〉』（2000年）における「内部化された外部」というような観点――生産様式への理論的配慮をまったく欠き、帝国主義という概念を放棄した微温的大風呂敷――に「回収」されてしまう羽目に陥ったのである。これは世界システム論を主張する人びとの中にあって、グローバルな性別役割分業を現地調査にもとづいて唱導し、「継続的本源的蓄積」――歴史的停滞を強制されて「その場で足踏みをしてい

る本源的蓄積」という、奇怪な観念——を強調するマリア・ミースも同様である（Mies, Maria, *Patriarchy & Accumulation on a World Scale: Women in the International Division of Labour*, New Edition (with a new preface), London and New York, Zed Books, 1998.)。問題の核心は今や、利子生み資本形態をとった架空資本の運動にこそ存しており、上記の論者はすべて、その核心を（意識的か無意識的かは問題ではない）避けている。

24) デリヴァティヴの「仕組み」を理解するには、1990年代には伊藤清の定理をもとにしたブラック＝ショールズの式、つまりは金融工学が理解できなければならず、リーマン・ショック以降は量子力学をも利用する経済物理学が必要となっている（Cf. Mehrling, Perry, *Fischer Black and the Revolutionary Idea of Finance*, Hoboken, NJ., John Wiley and Sons, 2005. ブラック＝ショールズの式を創り出したM. ショールズとR. マートンが役員であったLong-Term Capital Management社がロシア国債のデフォルトをきっかけに倒産する経緯については、次を参照。Lowenstein, Roger, *When Genius Failed: The Rise and Fall of Long-Term Capital Management*, New York, Random House, 2000.)。

しかし、金融工学の基礎の「生みの親」とはからずもされてしまった数学者・伊藤清は、次のように述懐している。「近年、私の数学の論文という「楽譜」から、私の予想しなかった響きを聞き取って、新しい発想を加え、あるいは独自の展開と飛躍による作曲や演奏をされる研究者が増えてきました。それは、抽象的な数学の世界と現実の世界との間に見事な橋を架ける新しい「楽譜」に違いありません。そのような「楽譜」が相次いで発刊されたことは、私の望外の喜びでした。しかし、それも、すべてが有機的につながっている「科学の世界」の「楽譜」である限りにおいてであって、私が想像もしなかった「金融の世界」において「伊藤理論が使われることが常識化した」という報せを受けたときには、喜びよりも、むしろ大きな不安に捉えられました。その報せは、最初は一九九七年の秋、アメリカの友人たちから、次には、同年の暮に私を訪れた東京のテレビ・チームからもたらされました。アメリカからの手紙の内容は思いがけないものでした。／"数学科の優秀な学生の進路がすっかり変わってしまいました。我々の時代には数学者のタマゴは、大抵、数学者になりましたが、今では、彼らは、経済戦争の勇敢な戦士になるのです。〔…〕"／〔…〕私は、「伊藤理論が常識化している金融の現場」というのを一度も見たことがありませんが、それは無数のコンピュータが伝える情報を前にして瞬時の判断を要求される戦場で、三十分どころか、時には三分、時には三秒でも遅れをとれば、億とか兆とか、いわゆる天文学的数字の利益を得たり、損失を蒙ったりするのだそうです。〔…〕／私は、如何なる時代の、如何なる名のもとに行われる戦争にも反対したいと思っておりますが、ここで「経済戦争」にも反対したいことを付け加えたいと思います。〔…〕①国を治めて人民を救うこと。②人間の共同生活の基礎をなす物質的財貨の生産・分配・消費の行為・過程、並びにそれを通じて形成される人と人との社会関係の総体〔…〕。「経済」の意味がこのように総合的なものである以上、「経済」の一部である「金融」から、更に派生したに過ぎない商品や、そのディーラーの名のもとに行われる戦争を一刻も早く終わらせて、有為の若者た

第Ⅷ章　今日の資本主義を批判するために

ちを故郷の数学教室に帰していただきたいと思うのは妄想でしょうか。たとえ彼らが志願兵であったとしても、あの杜子春でさえ、桃の花咲く田園に帰っていったのですから」（伊藤清『確率論と私』岩波書店、2010 年、pp. 135-140。この伊藤の述懐は、きわめて貴重で、重大な意義をもつものだとわれわれは考える。
このことに関連して、金融工学について、きわめて素朴な疑問を提示しておきたい。金融工学は、アンドレイ・コルモゴロフにはじまる近代的確率論を用いている。近代的確率論は、きわめて抽象的な確率空間をいわば「上」から導入し、そこに何らかの確率微分方程式で表現される確率過程があるとして、ルベーグ測度などを入れ、ルベーグ積分などを行なって確率微分方程式を解く、というものである。N. ウィナー、P. レヴィ、伊藤清らの確率論に関する業績は、皆、コルモゴロフの理論を基盤としている。問題なのは、ルベーグ測度などのある測度を入れる点である。この点で、金融工学は根源的な欠陥を抱えているのではないか、というのがわれわれの疑問である。というのは、株式証券にせよ、どんなに複雑きわまりない金融デリヴァティブにせよ、価格を伴なったものである以上、その価格はかならず有理数である。平均株価指数や為替レートなどを考慮しても、整数ではないとしても有理数の枠を越えることはない。1秒間にいかに厖大な取引がなされようが、その点で変わりはない。したがってそれらの価格の運動はあくまで離散的であって、絶対に連続ではない。にもかかわらず、連続な、何らかの確率密度関数を考え、あるモデルを構築し、ルベーグ測度などを入れるのである。すると現実の株価などを示す有理数はすべて測度 0 として捨てられることになる。この上で、構築されたモデルにしたがって積分をし、微分法定式を解くのだが、ここで構築されたモデルは、いったい現実の何を反映し捉えているのだろうか。いかにそのモデルが数学的に精緻であろうと、現実に対してはきわめて乱暴なものではないのか。しかも、金融工学が構築するモデルにおける確率密度関数は、すべての確率変数値において基本的に微分不可能な関数である。特異点（singularity）だけからなるこうした連続関数は、しかし、現実の特異点、たとえば、1929 年 10 月 24 日（「暗黒の木曜日」）や、2008 年の「リーマン・ショック」のような「特異点」にはまったく無力であったのである。ここを克服しようとして出てきたのが「経済物理学」である。統計物理学や、場合によっては量子力学の理論を用いて何とか「カタストロフィ」に対応できる理論の構築を目指しているようだが、現実に対して何らかのモデルを構築するという根本的な問題には触れるところがないのではないだろうか。

25) これらの諸指標について、いま少し敷衍しておこう。ⓐ諸独占体の自己金融化・直接金融化：アメリカから始まり、ヨーロッパ、日本へ波及した。内部留保を強化し増大させるとともに、銀行からの融資・借入金への依存度を低下させるべく、社債発行や種々の証券化商品の利用による金利負担・リスク軽減が目指される。ここでは従来の社債だけでなく、その社債をも組み込んだ種々の証券化商品（金融デリヴァティヴ）の意義が大きくなったことが重要である。ⓑ国際的産業諸独占の金融機関化：資本主義の独占段階の帝国主義の時代において、株式取引所の意義の低下と銀行自体の取引所化が指摘さ

れていた。事態はさらに進展し、産業諸独占までもが金融機関化するにいたっている。これは、全世界規模での、厖大な架空資本の運動の〈場〉抜きにはありえないことである。世界規模の大企業である GE、GM、トヨタなどは、完全子会社化した金融会社を保有しているだけではなく、金融制度改革(いわゆる「規制緩和と自由化」)を利用して広汎な金融活動を展開している。ⓒ 単一の世界金融市場の成立：これがもっとも重要な条件である。アメリカにおける金融の「自由化」とその全世界への拡大が現実化した(いわゆるグローバリゼーション。イギリスのサッチャー政権による金融ビッグバン、および日本の橋本政権によるその模倣政策と小泉政権による規制緩和と自由化、などの金融制度改革によって)。一連の国際的な通貨・金融危機(20世紀末のアジア、ロシア、ブラジルなどの通貨・金融危機)と EU 内法定通貨ユーロの誕生などによって、金融市場の諸々の「垣根」の撤去とドルを中心とした世界単一の金融市場が現実に成立することとなった。ⓓ産業と銀行の徹底した「グローバル化」：資本規模がこれまでにない飛躍を遂げ、文字通りの世界企業が実現した。EU 圏の成立や BRICS の台頭、アジア経済「圏」の急速な発展などによって、全世界的に拡大し密接に結びついた、生産・流通・金融の網目構造が形成され、その発展・深化が進行した。ⓔ各国民国家による恒常的で厖大な財政支出：今日、財政赤字に陥っていない主要な国民国家は存在しない。今日の諸国民国家は、大規模な大衆課税(これは〈未来〉の国民への課税を〈いま〉実行してさえいる)によるだけでなく、継続的な国債などの大量発行によって、恒常的で大規模な財政支出を可能にしている。今日、過剰かつ過少な状態に陥っている資本は、架空資本形態をとることによってこそ、自ら運動することができる。まさしくここに、恒常的で大規模な財政支出による大量の資金が合流することになる。ⓕ労働力の編成構造の改編：季節労働者・派遣労働者・種々の形態の臨時労働者などの非正規雇用の拡大によって、雇用形態が改悪されている。ここには大規模な外国人労働者の利用も含まれる。諸労働法制も改悪され、労働組合が弱体化・解体され、露骨な競争原理が導入されて、労働者の孤立化が著しく進行している。賃金格差が激烈に拡大し、労働者保護のあれこれの社会的制度や慣習もまた無効化され解体されている。一言でいえば、「労働の自由化」の進展である。ⓖ金融デリヴァティヴの大量形成と大量散布：いわゆるリーマン・ショックのあと、金融デリヴァティヴに対する規制強化が叫ばれ、若干の規制強化の動きがあったが、まもなくそれらは雲散霧消した。「強欲資本主義」を規制して無力化し、「健全な資本主義」を実現しようとする一切の試みは夢想にもとづくものであり、かならず挫折する。

26) 「資本のもとへの労働の形式的包摂」、「資本のもとへの労働の実質的包摂、あるいは独自に資本主義的な生産様式」という概念は、1863年〜1864年に執筆されたと推定される『資本論』のための草稿「直接的生産過程の諸結果」において規定されている(MEGA Ⅱ/4-1, S. 24-135.)。
　ところで、この草稿を、あらためて2017年に訳出した森田成也は、従来、「形態的」と訳出されてきた「formelle」を「形式的」と訳出している。われわれもこれに賛同する。Werthform を柄谷行人などは「価値形式」と訳出するが、

第Ⅷ章　今日の資本主義を批判するために

これは「価値形態」でなければならない。これと同じ理由で、formelle Subsumtion は「形式的包摂」と訳出すべきである。名詞 Form の形容詞は① formelle と② formale とがあるが、①は、「形式的」の意味の他に、「外形的な」、「うわべだけの」、「習慣的な」といった意味がある。他方②は、哲学史上の概念としての Form（形態）の形容詞である。「形態」はプラトンのイデアと同一視され、アリストテレスにおいては「質料（ヒュレー hylē）」と相関する「形相（エイドス eidos）」＝「事物の可能態としてのヒュレーを限定して現実なものたらしめる、本質的原理」と強い意味での観念である。①も②も、Form の形容詞として形式的・形態的の訳語を充当できるが、マルクスの概念は、デモクリトス‐エピクロスの差異について述べた学位論文以降、プラトン主義に反対しアリストテレスの立場に批判的であるから、①の方でなければならず、訳語としては「形式的」でなければならない。

ところで森田の訳語に関する意見と、彼の訳語に関して、われわれの見解を少し述べておく。

森田成也は Ding と Sache について、次のように述べている。「実際にそれらの単語が使われている文脈を見ると、マルクス自身が必ずしも両系列の諸単語を厳密に使い分けてはおらず、単なる使用価値的な意味での「物」や「物的」を指す場合も、しばしば「Sache」系列の諸単語を用いていることがわかる。／マルクスはおそらく、「Ding」系列の諸単語と「Sache」系列の諸単語とを厳密に区別していたわけではなく（もしそうなら、マルクス自身がどこかでそう説明しているはずである）、部分的に重なった意味の範囲を持った言葉として、それぞれの文脈において半ば無意識的にどちらかを選択していたにすぎないと思われる。／よく考えれば、自然に生まれた近接語というのは、どの言語にあってもそういうものであろう」（森田成也「訳者あとがき」、森田訳『マルクス 資本論第一部草稿 直接的生産過程の諸結果』光文社古典新訳文庫、2016 年、pp. 457-458）。

だが、本当にそう言い切ってよいのか。2016 年時において最新のドゥーデンの大辞典では、Ding の語源を中高ドイツ語の dinc あるいは古高ドイツ語の thing であり、おそらく dehnen からの派生とし、「近い意味をもたない対象 Gegenstand」「近い意味をもたないことがら Sache」とし、哲学用語として Etwas、何らかの規定を受けた形態としている。一方、Sache については、たしかに日常的に Ding, Gegenstand, Etwas を挙げているが、中高ドイツ語の sache、古高ドイツ語の sahha を語源とし、suchen の訛用ではないか、とする。語源が決定的に異なるのである。マルクスの同時代には、まだ統一ドイツ語が成立しておらず、森田の主張は弱い。

またマルクスが学生時代をすごした時期は、近代言語学の黎明期であったことも忘れてはならない。兄アレクサンダーの調査結果等をもとに、弟ヴィルヘルム・フォン・フンボルトが言語学に取り組み、その業績がベルリンのプロイセン王立アカデミーから出版されたのが 1835 年、ヤーコプとヴィルヘルムのグリム兄弟がアルファベット順の分冊で『ドイツ語辞書 Deutsche Wörterbuch』の第 1 巻を上梓したのが 1852 年である（マルクスはエンゲルス宛 1865 年 7 月 31 日付けの書簡で、グリム兄弟の辞典に触れ、『資本論』刊行は「ヤー

コプ・グリム的な方法をもってしては不可能」と述べている。MEW Band 31, S. 132. ちなみにこの書簡にも Sache が 3 箇所使われているが（S. 131. 第 3 パラグラフ、および S. 132. 最終パラグラフに 2 箇所）、すべて関係的な「ことがら」の意味である）。グリム兄弟の辞典も Ding と Sache の説明（前者は兄弟の生前後者は死後国家事業となった際の継承編集者による）に苦労している。
さらに、マルクスがヘーゲル左派の一員だったことを忘れるわけにはいかない。ヘーゲルの『精神現象学』（フェリックス・マイナー版）では単複両方をあわせて Sache は 168 箇所、Ding は 258 箇所、もちろん関係性の意味をもつ「物象」と「物」に峻別されている。同じく『エンツィクロペディ』第三版では単複あわせて Sache が 50 箇所、Ding は 94 箇所述べられ、これらもきちんと概念上の区別がある。マルクスの若書きである『ヘーゲル国法論批判のために』では Sache はわずかに一箇所、Ding は出てこない。『資本論』の場合、「物象化 Versachlichung」は、マルクス死後の刊行全 3 部を通じて 4 箇所であり、第一巻では初版からエンゲルス版まで同一表現で 1 箇所にすぎない。つまり、第一巻第 3 章 2 節 a）流通手段の最後から二つ目のパラグラフに「Personificirung der Sache und Versachlichung der Personen（物象の人格化と諸人格の物象化）」（現在の正書法では前者が Personifizierung）という組み合わせででてくるばかりである。それに対して「物化 Verdinglichung」はエンゲルス編による第三巻第七篇第 48 章「Die trinitarische Formal 三位一体的定式」において、「die Verdinglichung der gesellschaftlichen Verhältnisse 社会的諸関係の物化」、第 51 章「Distributionsverhältnisse und Produktionsverhältnisse 分配諸関係と生産諸関係」に「die Verdinglichung der gesellschaftlichen Produktionsbestimmungen und die Versubjektivierung der materiellen Grundlagen der Produktion 社会的生産諸規定の物化と生産の物質的基盤の主体化」として述べられるのみである。こうした事実を前に、「厳密な区別がない」と言い切れる根拠はどこにあるのだろうか。
さらにもう一点付け加えておく。森田は「訳者あとがき」でこう述べる。「同じく、「人格化」に関しても、マルクスは二種類の単語を用いている。「Personnificirung」と「Personnification」である（現代のドイツ語では前者は「Personifizierung」で後者は「Personifikation」）。激しい論争が行われている「Versachlichung」と「Verdinglichung」との区別論と違って、この二種類の「人格化」については、何らかの概念上の区別があるとする論者はほとんどいない。私の知るかぎりでは、ミヒャエル・ハインリッヒの『『資本論』の新しい読み方』（堀之内出版、二〇一四年〔Heinrich, Michael, *Kritik der politischen Ökonomie: Eine Einführung*, Zweiten Auflage, Stuttgart, Schmetterling Verlag, 2007.〕）があるが、二三〇頁の注で一言触れているだけである」（森田前掲訳書、p. 460）。まずハインリッヒの註を見ておこう。「Personifikation、Personifizierung そして Personalisierung という概念は、別々に精確にとらえられなければならない。*Personifikation* が意味するのは、ある物象の論理に、ある人格がたんに従うことであり（資本の人格化 Personifikation としての資本家）、ある物象の *Personifizierung* が意味するのは、ある人格の諸属性がその物象に付与されることであり（自立した主体として資本が現れる）、そして *Personalisierung* は社会的諸構造が諸人格による意識的活動に還元されることである」（Heinrich, a. a. O., S. 187, Fußnote

第Ⅷ章　今日の資本主義を批判するために

60.)。『資本論』現行版に必死に取り組もうとする初学者にとっては、鬼面人を威すような「註」だろう。だがなんとも奇妙なことに、ハインリッヒが言う第3番目のPersonalisierungなる概念は、いわゆるエンゲルス版全三部に一度も顔を覗かせない。英語版では、personalizationあるいはpersonalisationに翻訳されると推量しうる。だが、これもまた存在しない。フランス語では、personnalisationであろうと思われるが、1872-5年のジョゼフ・ロワ訳マルクス全面校訂フランス語版一巻（MEGA Ⅱ/7）にも、1950年にエディシオン・ソシアル社から出された第1巻をロワ訳としモスクワのマルクス＝レーニン研究所が監修した全三部にも、マルクス没後100周年を記念してジャン・ピエール・ルフェーヴル翻訳責任の下でエチエンヌ・バリバールらが委員会を組織して刊行した現行版第1巻（Marx, *Le Capital*, Paris, PUF, 1983.）にも見当たらない。現在刊行されているMEGA第二部の『資本論』の各版いずれにも、Personalisierungは見つからない。ハインリッヒがどこから、この「別々に精確にとらえなければならない」概念の（存在しない）ひとつを見出したのかについて、われわれは大いに関心を抱いている。だが、森田成也の「訳者あとがき」には、そのことについての記載はない。また、「Personnificirung」であるが、現行版ではまず最初に、第1巻第1篇第3章「貨幣または商品流通」の第二節「流通手段」の「a商品の変態」末尾の方に „n" をひとつ欠いた「Personificirung」として登場する（MEGA Ⅱ/10, S. 106.）。じつはこの表現は、初版以降（MEGA Ⅱ/5, S. 74.; MEGA Ⅱ/6, S. 138.）前後の文章を含めて、強調がなくなっている以外、まったく変更されていない。ロワ訳フランス語版では、この表現――「物象の人格化と諸人格の物象化」は削除されている。エンゲルス監修下でのエイヴリングらによる1887年の英訳では、「諸対象の人格化と諸人格の代理化 the personification of objects and the representation of persons」である。「Personnification」は、nを連ねたこの語の形で「直接的生産過程の諸結果」に登場する（MEGA Ⅱ/4.1, S. 78.; ebenda, S. 82, Fußnote 139.）。「人格化する」もnnの形でのpersonnificirenを使用している。だが、これは大問題とは言えない。エンゲルスはマルクスの叙述について次のように述べている。「マルクスは地域言語の言い回しや日常生活の表現を自在に用いた。そのうえ、彼は新造語を生み出し、学問のあらゆる分野から例証を選び取り、さまざまな言語で書かれた著作から彼の皮肉を引き出している」（Engels, „Wie man Marx nicht übersetzen soll", in MEW Band 21, S. 229.）。まるでボルヘスの「不死の人」の主人公、ヨーゼフ・カルタフィルスである――「彼は流暢かつ無造作に、いくつもの言語を操ってみせた。わずかの間に、フランス語から英語へ、さらに英語からテッサロニキ訛りのスペイン語とマカオ訛りのポルトガル語がまじりあった謎めいた言葉へと移っていった」（Borges, Jorge Luis, "El inmortal", en idem., *Obras completas* I, Buenos Aires, Emecé-Planeta, 2011, p. 723.）。付け加えると、マルクスが生を享けたトリーアは、彼の生誕当時、ドイツ語のみならずフランス語やルクセンブルク語が日常的に聞こえてくる都市であった（Duewell, Kurt, und Franz Irsigler (hrzg.), *Trier in der Neuzeit*, Trier, Spee-Verlag, 1988, S. 289, 341-343.）。
ところでプロイセンの国家事業となった*Deutsche Wörterbuchs*の歴史は、弟よりもわずかに生を長らえた兄ヤーコプがFruchtの項の執筆に執りかかろうとし

て凭れたことを伝えるが、この辞典は数多に分かれたドイツ語を統一した共通言語へとまとめ、国民国家の形成に深くたずさわっている（Siehe: Schares, Thomas, „Untersuchungen zu Anzahl, Umfang und Struktur der Artikel der Erstbearbeitung des *Deutschen Wörterbuchs* von Jacob Grimm und Wilhelm Grimm", Dissertation zur Erlangung des akademischen Grades der Doktorwürde am Fachbereich II der Universität Trier, 2005.）。特記されるべきは同辞典にかんして、『資本論』初版刊行の同年に、ドイツ―オーストリア戦争に勝利し北ドイツ連邦を形成したオットー・フォン・ビスマルクが「第一回連邦辞典評議会」を招集したことである。統一された正書法が評議会開催の目的であった。つまり、『資本論』初版刊行にいたるまでの時期は、マルクスが nn と連ねて書いた語が、社会的に受容されうるものであったのだ。

ところでハインリッヒが言及した残り 2 つの概念は、それぞれ語源をラテン語の personificatio: personificare にもっている。両者が緊密であることは言うを俟たない。*Deutschen Wörterbuchs* で引用されているヘルダーの 1818 年の詩の一行には「［3 世紀頃にいたと言われる、ケルト人の伝説的詩人］オシアンはヨブの兄弟の人格化なり」とあって、そこで用いられているのは n がひとつの personification である。personificiren も同様で、前者の c が k に固定され、後者の ci が zie になるのは、1901 年の第二回辞典評議会を待たなければならない。

Personifikation については、まず『資本論』初版からはじめたい。この語は、初版序文に強調つきで述べられている「経済的諸範疇の人格化 die Personifikation ökonomischer Kategorien」（MEGA Ⅱ/5, S. 14. 第二版以降は強調が消去されている。MEGA Ⅱ/6, S. 67.; MEGA Ⅱ/10, S. 9.）は、フランス語版では同義で強調つきの "*personification de categories économiques*"（MEGA Ⅱ/7, S. 14.）、英語版では強調なし複数形の "the personifications of economic categories"（MEGA Ⅱ/9, S. 17.）である。つづいて交換過程論の第 1 パラグラフ最後の文章の「経済的諸関係の種々の人格化 die Pesonifikationen der ökonomischen Verhältnisse」（MEGA Ⅱ/5, S. 52.; MEGA Ⅱ/6, S. 114.; MEGA Ⅱ/10, S. 83.）だが、フランス語版では同義で "les personnifications des rapports économiques"（MEGA Ⅱ/7, S. 64.）、英語版でも同様に "the personifications of the economical relations"（MEGA Ⅱ/9, S. 74.）となっている。第三版以降の各版にエンゲルスの手が入っていることは周知の事実だが、この箇所は変更されずに、フランス語訳も英訳もうまくドイツ語と同義を表現している。さてこの語は、例示したものを含めて、エンゲルス版では 10 箇所を数える。

それに対して、Personificirung は先に述べたもののほか、第三巻第 2 篇第 7 章第 48 章「三位一体範式」に「これら物象の人格化と生産諸関係の物象化 diese Personificirung der Sache und Versachlichung der Produktionsverhältnisse」（MEGA Ⅱ/15, S. 805.）、同第 51 章「分配諸関係と生産諸関係」中の「たんなる体化、すなわち資本と賃労働の諸人格化 nur Verkörperungen, Personificirungen von Kapital und Lohnarbeit」（ebenda, S. 852.）、同章「たんなる労働諸条件の人格化としての nur als Personificirung der Arbeitsbedingugen」（ebenda.）しか登場しない。こうした事実を踏まえると、ハインリッヒの「註釈」は、そもそも『資本論』現行版に拠りながら現行版に存在しない概念までを「引き合いに出して」、愚にもつ

かぬ妄説を飾り立てているにすぎない。
　草稿レヴェルでのマルクスの用語法についての森田の説（前傾「訳者あとがき」、460-461 ページ）にわれわれは一定同意する。だが、マルクスが、19 世紀半ばをまたぐ歴史過程を生きた亡命革命家であったことを忘れるわけにはいかない。彼が遺したドイツ語における名詞・名詞化の歴史をも考慮に入れなければ、十分に説得的な説とは言いがたいのである。
　最後に、森田は Verkörperung を「具体化」と訳する（森田前掲訳書、66 ページ）など、疑問を呈さざるを得ない諸点が存在することを言い添えておきたい。商品体あるいは商品の体（現行版冒頭商品論のみで 20 箇所）、価値体（同じく 6 箇所）、体化（同じく 3 箇所）といった概念は一体どうするつもりなのか？

27）ここで〈土〉とは、農業に不可欠な厖大な微生物を含みこんだもののことであり、同様に〈漁場〉とは、さまざまなプランクトンや魚種、そして種々の海藻などを含みこんだもののことである。
　〈3・11 福島原発事故〉によって、この〈土〉がいかに放射性物質によって壊滅的被害を被ったかについて、正確な調査はまったく何もおこなわれておらず、除染という名のこの被害の拡大・拡散・もみ消しだけが強行された。中西友子『土壌汚染――フクシマの放射性物質のゆくえ』（NHK ブックス、2013 年）は貴重な調査報告ではあるが、土壌汚染そのものについてはほとんど踏み込んだ調査になってはいない。

28）かつて農本主義という思想潮流・社会運動があった。これが今日、注目を集めるにいたっている。この動きの基底には、人々の、広い意味での環境問題への関心の広がりと高まりや、今日の農業や漁業の在り方への不安や危惧の広がりなどがある。こうした諸問題に対して、農本主義にもとづいた近代主義批判や商品経済批判、資本主義批判が試みられているということである（この動きについて整理した船戸修一「「農本主義」研究の整理と検討」『村落社会研究』No.1, Vol. 16, 2009、および正面から農本主義復権を訴えた宇根豊『農本主義のすすめ』ちくま新書、2016 年、を参照）。
　戦後すぐの時期には、農本ファシズムの元凶として否定されていた権藤成卿や橘孝三郎などが、今日再評価されること自体には、何の意義もない。ただ、権藤や橘などを援用して今日の資本主義を批判しようとする動きには、まことに素朴で即自的な自然主義と人間主義があり、このかぎりで、今日の資本主義に対する抵抗が見てとれる。しかし、今も昔も、農本主義者には、資本主義への即自的な反発だけがあって批判がない。農本主義は、資本主義の運動を、ただもっぱら現実資本の運動においてだけ捉え、これを排斥する。そして、このように捉えられた資本主義に対して、〈農〉を核とする理想郷を対置する。ここでは、独立自営農民（小農）が中心に据えられている。素朴な自然主義と人間主義にもとづく、〈農〉への過剰な思い入れが、この理想郷を生み出している。農本主義者は、架空資本の運動を理論的に捉えることがまったくできない。農本主義者は、架空資本の運動に、たんなる「マネーの暴走」を見てそこから貨幣経済、さらには貨幣そのものの排斥に向かう。それゆえ批判は、観念の上における拒否・否定であり、現実の資本主義の運動に

一指も触れることができない。現実資本に対する批判と貨幣の拒否、これが農本主義による批判のすべてである。

ところで、一つのイズムとしての農本主義は、日本に固有のものであるが、小農を中心におく同様の思想は、ヨーロッパやアメリカなどにも広く見られるものである。ある種のユートピアニズムであるそれらに対して、今日でさえ、アレクサンドル・ヴァシーリヴィチ・チャヤーノフ（Чаянов, Александр Васильевич 1888-1937）の思想が影を落としている。例えば、反グローバリゼーションの重要な一翼を担ったラテンアメリカの越境的農民運動ネットワーク Via Campesino（「農民の大道」とでも訳すべき）や、ラテンアメリカ諸国、カタルーニャ、フランスなどでチャヤーノフ路線を唱道する勢力などである（以下を参照。De van der Ploeg, Jan Douwe, *Nuevos campesinos: Campesinos e imperios alimentarios*, Barcelona, Icaria, 2010.; idem, *Peasant and the Art of Farming: A chayanovian Manifesto*, Rugby, U.K., Practical Action Publishing, 2014.; García, Renaud, *"Alexandre Chayanov,, pour un socialisme paysan*, Lyon, Le Passager Clandestin, 2017.)。

それゆえ、チャヤーノフの思想、すなわち彼の「小農経済論」について一言述べておきたい。

周知のように、レーニンの4月テーゼにおけるあらゆる土地の接収という要求は、第2回全ロシア・ソヴェト大会における「土地に関する布告」として、地主の土地の無償没収を含む土地私有権の廃絶へと内容が変更された。ボリシェヴィキが社会革命党左派に譲歩した結果である（社会革命党左派はケレンスキーら右派と決別して1917年11月に、左翼社会革命党を名乗った。チャヤーノフは左派ナロードニキを母体としたこの左翼社会革命党から離脱し、1918年以降も農業人民委員等を担当した。なお、左翼社会革命党については、以下の文献を参照。King, Francis (trans./compl.), *The Narodniks in the Russian Revolution: Russia's Socialist-Revolutionaries in 1917*, London, Socialist History Society, 2007, および、Isaac Nachman Steinberg (Штейнберг, Исаáк Захáрович 1888-1957), editded and translated by David Gwenda and Eric Mosbacher, *Spiridonova: Revolutionary Terrorist*, London, Ayer & Co. Publishers, 1935.; Häfner, Lutz, "The Assasination of Count Mirbach and 'July Uprising' of the Left Socialist Revolutionaries, 1918",in *Russsian Review* Vol. 50, No. 3 (July 1991), pp. 324-344.)。

この第2回全ロシア・ソヴェト大会中、チャヤーノフは、舞台裏で、八面六臂と形容してよい活躍を行なっていた（Kerblay, Basile, "A. V. Chayanov: Life, Career, Works", in Chayanov, A. V.; David Thomer, Basile Kerblay, R. E. F. Smith (eds.), *The Theory of Peasant Economy*, Manchester, Wisconsin, University of Wisconsin Press, 1986, pp. xxxvi-xxxvii.)。「土地に関する布告」には、チャヤーノフが発表してきた研究の成果が一定程度反映されている（Cf. Sorlin, Pierre, «Lénine et le Problème Paysan», dans *Annales. Économies, sociétés, civilisations*, Mars-Avril 1964, pp. 250-280.)。

その「研究の成果」とは、第一に、1912－1913年にモスクワにおいて全二分冊でタイプ出版された次の書である。Чаянов, А. В., Очерки по теории трудового хозяйства, ч. 1-2, М., Московское обшество сельского хозяйства, 1912-1913. ロシア語原題は、家族経営農民を分析対象とする『農民労役論概要』と訳しうる（磯邊秀俊訳で最初に邦訳・紹介されたチャヤーノフの著作の底本である独語

第Ⅷ章　今日の資本主義を批判するために

版は、次のものである。A. V. Tsjayanow, *Die Lehre von der bäuerlichen Wirtschaft: Versuch einer Theorie der Familienwirtschaft im Landbau*, Berlin, Verlagsbuchhandlung Paul Parey, 1923. この独語版は、モスクワで出版した若書きをそのままドイツ語にしたものではなく、論旨が整理されて構成が緻密になっており、完成度は高い）。そして第二に、1913年にモスクワの古儀式派正教会でおこなった農業協同組合にかんする短期講義の要録である。Чаянов, А. В., Краткий курс кооперации, М., Центральное товарищество „Кооперативное Нздательство"、1925. あえて訳すれば『協同組合短期講義録』とでもなろう。上記二つの著作においてチャヤーノフは、①農業部門はもっぱら家族経営によってまかなわれ、労働力市場が存在しない、②労働力市場の不在によって、「農場労働」と「それ以外」とに農民の活動が二分され「それ以外」の活動は家族の中でも散逸的になる、と主張した。つまり、彼の「論」は、農業労働による生産と家計維持のための支出による消費とが補完し合って、家族経営農民の生活のほとんどすべてを占める、という自己完結的な閉鎖系をとりあつかうものであり、それは、いかに協同組合を通じて労役と生活上の必要財との均衡を最大化するか、という問いに基づいていた。

反ボリシェヴィキ派マルクス主義者でベルリンに亡命していたチャヤーノフの親友のセルゲイ・ヨシフヴィチ・プロコポヴィチ（Прокопович, Сергей Николаевич; 1871-1955; 1871-1955）は、贈呈された著書の独語版について、不十分な「議論」でしかないと伝えてきた。これに対してチャヤーノフは、ハイデルベルクから投函された1923年6月（日付なし）の書簡で、自らの議論は、「［セルゲイ・ヨシフヴィチ・］ゲッセンや［ウィリアム・スタンリー・］ジェヴォンズの古い立論の論理的発展である」（Чаянов, В. А., А. В. Чаянов: Человек, Учёный, Гражданин, М., Пресс из МСХА, 1998, С. 104.）と述べている。また、同年8月21日付けで、チューリッヒの経済学者エルンスト・フェルディナント・ラウル（Laur, Professor Ernst Ferdinand; 1871-1964）宛に謹呈本とともに送った書簡において、チャヤーノフは、「スイス農務省で先生とともに働いていた1912年に、この本の中心となるアイディアをはじめて着想したのです」（Там же, С. 119.）とも記している。ゲッセンについては明瞭ではないが、ジェヴォンズの『経済学理論 *The Theory of Political Economy*』（初版1871年）の1911年版の第Ⅴ章「労働論 Theory of Labour」をチャヤーノフは自分の「論」に組み込み、ジェヴォンズが論じた「労働と生活上の欲求との均衡」をロシア農村分析にあてはめたのであった。その際用いられたのが、エルンスト・ラウルに指導・訓練された農民家計データ集計である（後にチャヤーノフはこの方法を非難するようになる）。だがジェヴォンズ自身は労働と欲求の均衡についての結論部で「この問題をア・プリオリな仕方で決定することは不可能である」（Jevons, William S., *The Theory of Political Economy*, 3rd edition, London, Macmillan, 1911, p. 180.）と断言しており、実際、チャヤーノフの「論」は誤っていた（Cf. Coleman, William and Anna Taitslin, "The Enigma of A. V. Chayanov", in Vincent Barnett and Joachim Zweynert (eds.), *Economics in Russia: Studies in Intellectual History*, London and New York, Routledge, 2008, pp. 99-101.）。

とはいえ、現実資本の運動が支配的であった産業資本主義の時代においては、

「第二世界」および「第三世界」の低開発状況におかれた地域に、閉鎖的・伝統維持型の家族経営農民共同体が存在するという意見が、それらはたんに萌芽的資本主義社会の一部であるという対立意見と並存することが可能であった。たとえば、グァテマラの農村について、同一の厖大なデータから、一方は萌芽的な "one penny capitalist communities" を、他方では歴史停滞的な "closed cooperate peasant communities" を結論づけた米国人類学の大家たち（ロバート・レッドフォードとエリック・ウルフ）の業績がある。ウルフはチャヤーノフを愛読していたと言われる（中田英樹『トウモロコシの先住民とコーヒーの国民』有志舎、2013年、第二章を参照）。しかし、実際には地理的・空間的「外部」は、チャヤーノフの同時代にあっても、ロシアの農村共同体の精確な規定たりえなかった。そのことを奥田央は、『ソヴェト経済政策史――市場と営業』（東京大学出版会、1979年）の第二章補論の補注「辺境の小工業について」において、チャヤーノフの名を他の研究者とともに挙げながら指摘している（同書、pp. 229-232.）。

自説が現実から乖離していたにもかかわらず、チャヤーノフは、土地私有制を推し進めようとして農民からの猛反発にあったあげく暗殺されたストルイピンの「強制移住団地改革」の挫折にも後押しされて、何らの変更をも行わなかった。それが可能だったのは、チャヤーノフの「論」が砂上の楼閣にとどまるものとはいえ、「閉鎖的自給自足型農民家族経営共同体」という想定に基礎をおく一貫性をもって「完結」していたからにほかならない。ある意味で、彼の「論」は、人類学や社会学のモノグラフの次元にとどまるものであった。とはいえ、まさにそうであるがゆえに、その「完結性」が現実のものとして保証されてもいた。

チャヤーノフの「論」は、帝国主義とも階級編成とも、レーニンの農村手工業論ともスターリンの悪意が染み通った「政治」とも、無縁な「位相」にある。もちろん、ある種の「呼びかけ」や「姿勢の宣言」としてチャヤーノフの「論」に言及することはできよう。だが、当の「論」はきわめて静的なもの――より精確に言えば、観念的な理想状態に「停滞保持」されたもの――であり、さらなる内在的理論的展開は望むべくもない。

だが、今日の厖大な架空資本の運動は、巨大な独占資本である多国籍アグリビジネスの活動の下に、農業にたずさわる「かつての小農」を、直接に組み込み隷属させるにいたっている。たとえ、「小農」側の意識が「かつて」のままにとどまっているにしても、この直接的な組み込み・隷属は急速に、しかも全世界的に進行している。それは、1990年代に前景化してきた、世界各地の生物資源の有効活用が、「現地住民の歴史的かつ伝統的な経験知」の知的所有権という「普遍的」な法的権限に転化され、かくして全世界を徘徊する架空資本の運動にリンクされることが可能となったことによっている。従来、国民経済の枠組みによって一定程度規制されてきた、巨大な多国籍資本による直接的生産者（＝農民）への直接的アプローチが、自由貿易の名の下で無効化されているのである。たとえばモンサント社などの多国籍バイオーアグリビジネスにとっては、農民の存在それ自体はいわばどうでもよい（無関心な）ことなのであり、重要なのは（関心があるのは）、「生物資源」や「遺伝

資源」にかかわる「知的所有権」とその「所有者」なのである。多国籍バイオ・アグリビジネスは、それらの「権限」とその「所有者」と関係するだけである。たとえば、遺伝子操作された換金作物の種子を完璧に支配下におくことだけが関心事なのである。それらの遺伝子組み換え種子は、生産者から切断されて特別に囲い込まれた生産過程——"R & D"と略称される過程でもある——で産出され、完全な支配下にある流通過程に投げ込まれる。それゆえ、実際に農業に携わる全世界の「小農」たちにとっては、それらの種子を従属的に買いつづけ、まったく見ず知らずの他者の消費に回される主食を生産しつづけなければ、自らの主食も手にすることのできないということなのである。別言すれば、「小農」たちは、あますところなく多国籍資本の経済的な奴隷と化しており、そのような存在であるように強制されているのである（ex. Laird, Sarah (ed.), *Biodiversity and Traditional Knowledge: Equitable Partnerships in Practice*, London and Sterling, VA., Earthscan, 2002.; Hayden, Cori, *When Nature Goes Public: The Making and Unmaking of Bioprospecting in Mexico*, Princeton, NJ., Princeton University Press, 2003.; Quezada, Fernando, *Status and Potential of Commercial Bioprospecting Activities in Latin America and the Caribbean*, New York, United Nations Publishers, 2007.; Purkayastha, Jubilee, *Bioprospecting of Indigenous Bioresources of North-East India*, Singapore, Springer Science + Business Media, 2016.; Laird, Sarah, and Rachel Wynberg, *Biodiversity Research, Bioprospecting and Commercialization: Science, Markets and Benefit-sharing*, London and New York, Routledge, 2016. etc.）。

かつては、各国の種子保護法などの環境関連諸法が関税と相俟って障壁や緩衝のための諸過程となって、建前ではあっても農民とりわけ農法を保持する小農への「保証」があった。だが、今ではグローバルな、商品価値をもたらすと期待される潜在可能性の探究という名目で、現地住民をグローバル企業に、すぐさま直接に対面させることを強制する仕組みが出来上がっている。それゆえ、全世界の「小農」たちは、いまや、この仕組みの下に完全に従属させられているのである。

現在、チャヤーノフ派を自称する「かつての小農」たちは、こうした状況への抵抗の糸口を、チャヤーノフがイヴァン・クレムネーフなる偽名で出版した『わが兄弟アレクセイの農民ユートピアの土地への旅行 Путешествие моего брата Алексея в страну крестьянской утопии』（М., Государственное издательство, 1920. 邦訳は和田春樹・和田あき子訳『農民ユートピア国旅行記』平凡社ライブラリー、2013 年）中で描いた、きわめて実現困難な「可能態」——つまりは農民ユートピアという夢——に見出し、ある種の信仰対象としているにすぎないのである。

29）『資本論』においてマルクスは、「労働者階級の不断の維持と再生産も、やはり資本の再生産のための恒常的な条件である。資本家はこの条件の充足を安んじて労働者の自己維持本能と生殖本能とに任せておくことができる。彼は、ただ、労働者たちの個人的消費をできるだけ必要物に制限しておくように取り計らうだけである」（MEGA Ⅱ/5, S. 463; MEGA Ⅱ/6, S. 528）と述べている。つまりこの段階の資本主義は、労働力の生産・再生産過程に直接的関与をなさないということである。むしろ、労働力ばかりでなく労働者の生命そのも

のの、大量の摩滅・消尽が遂行されたのである（エンゲルス『イギリスにおける労働者階級の状態』、および『資本論』第一巻の労働日に関する部分から本源的蓄積を論じた部分を参照）。これが変化するのは、19世紀の後半以降、すなわち資本主義の帝国主義段階への移行期においてである。賃労働の現場の、より緻密でトータルな支配・制御・統制ばかりでなく、労働力の生産・再生産過程そのものに資本が直接に関与するようになっていくのである。この事態は、第一に、産業の重化学工業化、それに伴う科学・技術の発展とその飛躍的な重要性の増大、また、それまでになかった新しい一連の学問、すなわち、心理学、精神分析学、言語学、社会学、社会政策学、経営学、労働法学、近代経済学、等々の出現と照応している。資本の運動にとって労働力の質の管理・統制・育成がきわめて重大な問題となったということである。そしてこれは、帝国主義軍隊の兵士の質の管理・統制・育成とも深く連関している。ただこの段階の労働力の質の管理・統制・育成は、産業と銀行の癒着、それにもとづく独占の成立に見合ったものであり、あくまで現実に発現される生きた労働にかかわったものである。これがさらに、架空資本の運動の第二段階への飛躍に応じて変化することになる。〈いま・ここ〉の労働力だけでなく、将来発揮されると期待される労働力の質の管理・統制・育成である。これこそが今日、新しい現実なのだ。

30) そのさいのプロト・イメージとしては、以下を参照のこと。ムハンマド・バーキルッ＝サドル、黒田壽郎・岩井聡訳『イスラーム経済論』未知谷、1993年；同『無利子銀行論』未知谷、1994年。 また、両角吉晃『イスラーム法における信用と「利息」禁止』羽鳥書店、2011年、pp. 55-69、も参照のこと。

31) Rodinson, Maxim, *Islam et capitalisme*, Paris, Seuil, 1966. 岩波書店から邦訳が出ているが、現在のイスラーム研究の地平から見ると、翻訳の水準がけっして褒められたものではないため、ここでは原書を示した。

32) イスラーム法学は、ローマ法と同じ意味での「法学」ではない。「イスラーム法学＝神学」と等号で神学とつないだ様に、イスラーム社会での法学は日常的規律を律する神学的規範と不可分である。そのため、西洋的体系性を有しておらず、絶えず「新たに」状況に対応を即応していく必要がある。日本における比較法学研究――この場合、「法学」とは西洋的意味において体系だった完結する法体系（インディアス法をはじめとする植民地法は行政法に他ならず、総体において体系をもっていないために、近代法学的には法体系と看なされ得ないが、ポスト植民地期においても法思想の主要な淵源である）――の言説では、現代イスラーム法の歴史を無視した謂いが罷り通っている（五十嵐清『比較法ハンドブック 第2版』（勁草書房、2015年、pp. 249-251. インディアス法も法史上では存在していないかのような扱いであるのは、噴飯ものとしか評しようがあるまい。なお、インディアス法の宗主国側の論争については、松森奈津子『野蛮から秩序へ』（名古屋大学出版会、2009年）を、トランスアトランティックな「地域史」については、例えばラス＝カサスが大司教を務めたチアパスに関する、Lenkersdorf, Gudrun, *Repúblicas de Indios. Pueblos Mayas en Chiapas, Siglo 16*, México, D. F., Plaza y Valdes, 2010. を参照のこと）。ちなみに、千葉正士『世界の法思想入門』結論部第2節（講談社学術文庫版、2007

年）では、五十嵐とは全く対極的な学知の不十分性を明らかにしたうえで、今後の学究に求めるくだりがあるが、日本語における現時点での理論法学的文献はそれ以外のことを十分にとりあつかってはいない。

33）Hallaq, Wael B.,"Was the Gate of Ijtihad Closed?", in *International Journal of Middle East Studies*, Vol, 16, No. 1, 1984, pp. 3-41.
34）ibid., p. 3.
35）櫻井秀子『イスラーム金融——贈与と交換、その共存のシステムを解く』新評論、2008 年。
36）たとえば、Polanyi, Karl, *For a New West: Essays, 1919 1958*, London, Polity , 2014 , Part Ⅰを見よ。
37）前掲櫻井、108 ページ。
38）Kahn, Riz, *Alwaleed: Businessman, Billionaire, Prince*, London, William Morrow, 2005.
39）Russell, Jesse, & Ronald Cohn, *Al-Waleed bin Talal*, Books on Demand, 2013.
40）ディオゲネス・ラエルティオス、加来彰俊訳『ギリシア哲学者列伝（上）』岩波文庫、1984 年、p. 31。そこではこう述べられている。「また、ロドスの人ヒエロニュモスは『覚書雑纂』第二巻のなかで、タレスは金持になることがいかにたやすいことであるかを示そうとして、オリーブが豊作になることを見こした上で、すべてのオリーブ搾油機を借り占めて、そのようにして莫大な財産をためこんだという話を伝えている」。同じエピソードがアリストテレス『政治学』第一巻第十一章にもある（アリストテレス、牛田徳子訳『政治学』京都大学学術出版会、2001 年、pp. 38-39.）。われわれが驚きをもって考えをめぐらせるべき対象は、タレースが「オプション取引」を行なったことではない。搾油機の所有者でもなく、オリーヴの栽培者でもないにもかかわらず、ヘラクレイデスの述べるところでは「国事から超然として世捨て人としてひとり孤独に暮らした」彼が、すべてのオリーヴ搾油機を収穫期以前に借り占める契約を結ぶことができた点である。
41）Nethercott, Craig R., & David Eisenberg（eds.）, *Islamic Finance: Law and Practice,* Oxford, U. K., Oxford, University Press, 2012.
42）*ibid*., p. 2; 1.05.
43）黒田壽郎『イスラームの構造——タウヒード・シャリーア・ウンマ』書肆心水、2004 年。
44）小杉泰『現代イスラーム世界論』名古屋大学出版会、2006 年、p.99。
45）長岡慎介『現代イスラーム金融論』名古屋大学出版会、2011 年、第 2 章、第 3 章。
46）同上、pp. 200-204。櫻井もそうだが、長岡も「イスラーム金融システム」と表現し、「システム」なる語を深く考察せずに使用している。だがイスラーム金融は、現実とイスラーム法学＝神学との間に、新たに生まれる齟齬を「シャリーア適格」とするために変質をたえまなく反復しつつ膨張する運動であり、われわれは安易にそれを「システム」と呼ぶべきではないと考える。あえて言うならば、「クラウド・ソーシング」に近いものであり、絶え間ない多数の金融取引の動的な「群れ」である。
47）吉田悦章『イスラム金融はなぜ強い』光文社新書、2008 年、p. 34。

48) Behr, Hans-Georg, *Söhne der Wüste. Kalifen, Händler und Gelehrte*, Wien/Düsseldorf, 1975, S. 82.
49) 小杉泰・長岡慎介『イスラーム銀行』山川出版社、2010 年、pp. 107-114。「イスラーム銀行」と題されているが、註 24) で指摘したようにイスラーム金融はシステムではなく、「銀行」とされるものも corporation(s) たる bank(s) ではなく、同時かつ多数的な banking である。
50) 2009 年第 4 四半期における、「コモディティ・ムラーバハ」を介した英国資本の短期銀行間貸付および協調融資 syndicated loans のマネー・フローは、他のいかなる金融機関にもまして大規模であった。Ercanbrack, Jonathan, *The Transformation of Islamic Law in Global Financial Markets*, Cambridge, U.K., Cambridge University Press, 2015, p. 144.; Oakely, David, "London Leads in Race to Be Western Hub", *Financial Times*, December 7, 2009, p. 4. この場合の「コモディティ」とは、一般名詞の商品のことではない。彼女の名前のイニシャルが冠せられた "CGMY" 独立増分過程（レヴィ過程）分析で知られる、フランスの経済数学者エリエッテ・ジュマンの規定では以下のようになっている。「コモディティとは、もっとも安定的なものを含めたすべての通貨の volatility が所与である際、ポートフォリオの諸価値がそれをもって測られる、代表例たる基準財をさす」（Geman, Hélyette, *Commodities and Commodity Derivatives: Modelling and Pricing for Agriculturals, Metals and Energy*, Chichester, U. K., John Wiley and Sons, 2005, p. xv.）。つまりは、帝国主義を軸とした諸国通貨の「平均値」を金重量価格の「基準財 numéraire」＝「共通尺度 common denominator」として用いることで、大規模な金融活動をおこなう対象物のことである。なお、ジュマンの書はリーマン・ショック前に刊行されたため、彼女の言う「コモディティ」がグローバルな金融危機においてどのような様態を示したかについては、シカゴ・マーカンタイル取引所（CME）がシカゴ商品取引所（CBOT）を買収して世界最大のデリヴァティヴ取引所になった際、CBOT のマネージング・ディレクターだったエリカ・オルソンの以下の書を参照のこと。Olson, Erika S., *Zero-Sum Game: The Rise of the World's Largest Derivatives Exchange*, Chichester, U. K., John Wiley and Sons, 2010. こうした金融技術それ自体は、シャリーアに抵触せず、却ってリスク・ヘッジの可能性を高めるため、「イスラーム金融諸機関会計監査機構（AAOFI）」をはじめとした裁定では「よきもの」とされている。
51) 金融工学については、Luenberger, David G., *Investment Science*（Second Edition）, Oxford, U.K., Oxford University Press, 2013. を、経済物理学については、青山秀明・家富洋・池田裕一・相馬亘・藤原義久『経済物理学』共立出版、2008 年を参照のこと。
52) Kuresi, Hussain, Mohsin Hayat & Septia Iriani Mukhsia, *Financial Engineering in Islamic Finance: The Way Forward, A Case for Shariah Compliant Derivatives,* Singapore, Partridge, 2015.
53) Iqbal, Munawar, & David T. Llewellyn（eds.）, *Islamic Banking and Finance: New Perspective on Profit-Sharing and Risk*, Cheltenham, U.K., Edward Elgar Publishing, 2002.; Ayoub, Sherif, *Derivatives in Islamic Finance: Examining the Market Risk Management Framework,* Edinburgh, U.K., Edinburgh University Press, 2014, p. 161f.

54) Kuhn, Michelle, *Islamic Banking: Das zinslose Bankmodell als Alternative zur ökonomischen Reformierung westlicher Finanzstrukturen,* Hamburg, Diplomica Verlag, 2015.
55) Mansouri, Tatjana, *Islamic Banking: Das ethisch korrekte Finanzsystem ohne Zinsen und Spekulationsgeshäfte,* Hamburg, Diplomica Verlag, 2013.; Alrif, Tariq, *Islamic Finance and the New Financial System: An Ethical Approach to Preventing Future Financial Crisis,* Singapore, John Wiley & Sons, 2015. etc.）
56) Iqbal, Munawar, & David T. Llewellyn（eds.）, *op. cit.* ただしこの論集は 2000 年代後半の金融危機以前に編まれたものである点に注意を払わなければならない。
57) Ayoub, Sherif, op. cit.; Askari, Hossein, Zamir Iqbal & Abbas Mirakhor, *Globalization & Islamic Finance: Convergence, Prospects, & Challenges,* Singapore, John Wiley & Sons（Asia）, 2010.; El-Gamal, Mahmoud, *Islamic Finance: Law, Economics, and Practice,* Cambridge, U.K., Cambridge University Press, 2006. ; etc.
58)「スクーク」はしばしば「イスラーム債券 Islamic Bonds」と呼ばれるが、実際にはシャリーアの規定内で発行され、①資産譲渡がスクーク発行者からスクーク保有者へなされなければならない、②スクークは抵当資産の所有権からもたらされる利益を代理表象する、という二点において、いわゆる「債権証書 bonds」とは異なる。Nethercott and Eisenberg（eds.）, *op. cit.*, 10.10-10.53.（pp. 258-270）
59) たとえば、以下の書を見よ。シャリーアに対して適格（compliant）か否か、という外在的判断による金融（派生）商品の提示・供与ではなく、シャリーアそのものに基づいたイスラーム圏発祥の金融（派生）商品の多数かつ多様な事例が挙げられている。Almarzoqi, Raja, Noureddine Krichene and Walid Mansour, *A Sharia-Based Economic and Financial Model: An Islamic Approach to Efficient Government, Macroeconomic Stability, and Full-Employment,* Palgrave Macmillan, 2017. サウディアラビア王国の経済顧問団のメンバーでありイスラーム金融研究者である著者たちは、「欧米型諸国の「大きな政府」が、私企業にとって障壁物となっている現下、経済的諸条件は制御不能に陥っている」とし、それへの対案としてシャリーア基盤型経済政策運営に特化した「小さな政治体制」を「利子基盤型負債（国債）の抹消 the elimination of interest-based debt（national bond）」によって形成することで、効率的統治・経済安定性・完全雇用の達成が成り立つとする。だがこの言い分は圧倒的な石油資源を背景にしたものであり、サウード王家への権力集中の合理化・正当化の現在的根拠となるものである。こうして見ると、「S＆P社などの外部からのシャリーア適格デリヴァティヴ」→「スクークに見られる内発的なシャリーア適格デリヴァティヴ」→「適格性をもはや問わないで投資可能となる「内在的」なシャリーア基盤型（sharia-based）デリヴァティヴ」とイスラーム金融のテクノロジーが展開してきていることが分かる。しかしその展開は、イスラームに根拠をおくものではなく、あくまでグローバルに運動する架空資本に依拠していることが、早晩襲うであろう危機において明らかとなるであろう。
60) Cf. Lockard, Alan, and Gordon Tullcock（eds.）, *Efficient Rent-Seeking: A Chronicle of an Intellectual Quagmire,* Dordrecht, The Netherlands, Kluwer Academic Publishers, 2001.
61) Lefebvre, Neil, and Melissa Schehlein, "The Liar Lied", in *Philosophy Now,* issue 51（2005）,

pp. 12-15.
62) Hussain, Mumtaz, Asghar Shahmoradi, and Rima Turk, "An Overview of Islamic Finance", *IMF Working Paper* (WP/15/120), 2015.
63) Standard & Poor's, "Sukuk Market Picks Up Pace Despite Gloomy Conditions" (19 September, 2008); "Credit Crunch: A Chance to Develop the Islamic Finance Market in Germany?" (13 March, 2009); "*Sukuk* Market Grows Despite Roadblocks, Part 1" (11 September, 2009)., all in *Islamic Finance News*.
64) 小杉泰『9・11以降のイスラーム政治』岩波書店、2014年、pp.197-207.

第Ⅸ章

『資本論』冒頭商品論へのさまざまな所説について

第ⅰ節 ハンス-ゲオルク・バックハウスの問題提起、およびそれをめぐる議論について

　従来の『資本論』解釈のほとんどすべてが、時系列にそった発展論的な立場からなされている。すなわち、時間的に後に生み出されたテキストが、より完成度が高い、との判断にもとづいて、解釈がなされているのである。そのため、初版（1867年）→ 第二版（1872-1873年）→ 第三版（1883年）→ 第四版（1890年）へとテキストの完成度が高まり、第四版（エンゲルス版・現行版）こそがテキストとしてもっとも高い水準を画している、とされるわけである。
　これは決定的かつ致命的なドグマである[1]。
　このドグマはこれまで『資本論』にかかわるほぼすべての論者を拘束してきた。そして今なお強力に拘束しつづけている。われわれもかつてはこのドグマから自由ではなかった。だが、テキスト群を詳細に分析し、比較を行ない、子細に検討を加えることによって、このドグマから脱することができた。われわれの立場はこれまでの行論によってすでに明らかであろう。だがここで、今一度あらためて、冒頭商品論に焦点をあててまとめておきたい。

（1）冒頭商品論を含む経済学批判体系全体におけるマルクスの目的は、資本主義的生産様式が支配する社会の経済的運動法則の解明である。マルクスの探求は、この目的実現に焦点を絞って行なわれた。諸々の草稿、メモ、諸著作、とりわけ『資本論』初版、同第二版、同フランス語版は、彼の知的

苦闘の結実である。だがしかし、それらの諸著作においても、彼の目的が完全に達せられたわけではない。第一部のみが完成し、第二部、第三部は草稿として遺されたということだけをもって、目的の「未達成」とするにとどまらない[2]。われわれは、マルクスの叙述が完璧でない、と考えている。その執筆が困難きわまるものであり、彼がもっともエネルギーを注がざるをえなかった冒頭商品論は、人類の学的歴史上、圧倒的で画期的な水準を画したものである。それでもなお、完成された論理に貫かれ、完璧に叙述されたテキストとなってはいない。価値形態論においては、初版本文のそれから第二版のそれへの書き換えによって論理上の後退が明らかに生じており、かの目的へ向けた首尾一貫性が崩れている。

(2) 資本主義的生産様式が支配する社会は高度に発達した商品生産の社会であり、資本もまた商品の一形態である。商品は〈商品―貨幣―資本〉という形態転化を遂げつつ運動するものであり、資本は（自己）増殖運動する価値である。それゆえ、資本主義的生産様式が支配する社会の運動法則の解明は、商品の解明ぬきにはありえない。商品の解明を基底として、『資本論』体系全体、すなわち経済学批判体系全体がそれによって支えられ、一貫性と統一性を持たなければならない。マルクスは1857-1858年草稿（『経済学批判要綱』）の段階では、そのことについて、まだ明確な認識をもってはいなかった。その後の『経済学批判』第一分冊執筆過程においてはじめて、商品の解明こそが不可欠でもっとも重要であることに自覚的になり、以降それを深めていくことになる。

(3) 商品が何であるのかの解明は、1861-1863年草稿における、サミュエル・ベイリーのリカードゥ批判に対する検討・批判を通じて飛躍し、『資本論』初版本文の価値形態論として結実する。

(4) 『資本論』初版本文価値形態論は、初版付録はもちろん、第二版のそれに対しても、論理的に優位にあり、マルクスの最高の理論的到達地平を示している。そこで開示された世界は、論理的思惟による抽象化・分析・判断・推論・概念化等の世界――これは人間が用いるいわゆる自然言語（人間語）によるのであるが――とは異なっている。これについてマルクスは、第二版では商品語という用語によってその特異性を語ろうとした。かくして、冒頭商品論はその出だし部分（第二版以降で言えば、第1章第1節お

第Ⅸ章 『資本論』冒頭商品論へのさまざまな所説について

よび同第 2 節）が人間語による分析世界であるのに対して、価値形態論および物神性論の部分（同じく第二版以降で言えば、第 1 章第 3 節および第 4 節）は商品語の〈場〉の世界として捉えられる。

商品語という用語を措定したことは理論的画期であった。だが、商品語の〈場〉の在り様については、第二版の価値形態論よりも初版本文において、はるかに精確かつ深く解き明かされ叙述されている。しかしそれにもかかわらず、商品語の〈場〉の解明は、マルクスの叙述においては、その端緒が開かれたにすぎない。

(5) 『資本論』初版の冒頭商品論にも欠陥がないわけではない。第二版後記でマルクス自身が述べていることだが[3]、冒頭商品論の出だし部分における、人間語による価値の分析的導出が厳密になされておらず、価値が仮言的に措かれてしまっている点に、その欠陥は集約的に現われている。この欠陥は初版本文価値形態論にも影響を与えている。

(6) 初版から第二版への書き換えの一つとしてマルクスは、冒頭商品論出だし部分における人間語による価値の分析的導出を厳密に遂行することを目指した。しかし、彼はその取り組みに成功していない。叙述上の混乱が生じているのである。具体的に述べれば、異種の二商品の等置関係において、「共通な（の）もの」＝価値と、「第三のもの」＝価値実体（＝商品に表わされた抽象的人間労働）との叙述上の区分が明確でないのである。

(7) 価値形態論の初版本文から第二版への書き換えは、明らかに論理的後退を示している。それは、価値形態Ⅳを貨幣形態としてしまっている箇所に集約的に現われている。価値形態論の課題が、誤った方向へ転換させられたのである。価値形態論の本来の課題は、労働生産物がどのようにして現実的に商品に転化するのかを解く、すなわち、「あらゆる商品の貨幣存在」を解くところにある。初版本文の価値形態論でマルクスは、この課題をほぼ解決している。だが、価値形態Ⅳを貨幣形態とした第二版では、「貨幣形態の生成を示す」という誤った課題を解くものへと「改訂」してしまった。マルクス没後にエンゲルスが編集した『資本論』第三版、第四版（現行版）はこの誤りを踏襲したばかりでなく、固定化し普及させた。

(8) 『資本論』初版本文、同付録、第二版の各価値形態論は次のように位置付けられなければならない。

初版本文：価値形態論として論理的に一貫しており、交換過程論との論理的接続において、問題がなく整合的である。価値形態論のテキストとして最高の水準を示している。ただし、価値形態論に先立つ冒頭商品論出だし部分において、価値を人間語によって分析的に厳密に導出することなく、価値を仮言的に措いた上で議論しているという欠陥が、価値形態論にも影を落としている。

初版付録：価値形態Ⅳを貨幣形態とした点で、本文との齟齬をきたしているのみならず、論理的に問題を生じさせている。しかしこれは、あくまで「平易化」を目的としたことによって論理的一貫性を犠牲にした結果である、と考えることができる。しかも附録はあくまで附録であり、本文を前提とするものであって、論理上の瑕疵は、小さな影響を及ぼす程度に抑えられている。

第 二 版：「貨幣形態の生成を示す」ことが価値形態論の課題である、と宣言した上で価値形態Ⅳを貨幣形態としたことは、単なる「平易化」の域を越え、論理的誤謬に陥っていることを示している。この誤謬によって交換過程論との論理的接続が整合性を欠くこととなった。全体として、第二版の価値形態論は論理的に破綻している、と言える。とはいえ、第二版に、初版本文に比べて論理的厳密さが増したところや、叙述上の改善がなされたことによって明晰さが増した部分があることは当然である。

(9) 初版付録の価値形態論は単純に「平易化」を目的としたものとみなしうるが、第二版のそれは価値形態論の課題を誤ったものに転化させてしまっている。だが、なぜ、マルクスはこの誤った書き換えを敢えて行なったのであろうか。いまだ完璧な確証をえているわけではないが、以下の４点をその理由として挙げることができるとわれわれは考えている。①エンゲルスは、価値形態論を貨幣の歴史的生成過程論として理解しており、その考えにマルクスも影響あるいは圧力を受けたこと、②初版刊行後になされた種々の書評や批判の水準が、毀誉褒貶のいずれを問わず、あまりにも低く、

第Ⅸ章 『資本論』冒頭商品論へのさまざまな所説について

とりわけ冒頭商品論、なかでも価値形態論に関してはまったく理解されなかったこと、そのため、これらへの応接において、批評の側の低水準にマルクスがひきずられたこと、③当時の共産主義運動の現状（パリ・コミューン敗北直後の時代）に対するマルクスおよびエンゲルスの分析と評価が、自派（国際労働者協会内のマルクス・エンゲルス派）の運動と組織にとって好都合な諸条件が生み出されているものとしてなされたこと、④とりわけパリ・コミューン敗北直後の時代にあって、理論の重要性を押し出すための好条件、すなわち、自派の理論の国際的な普及がなされうる条件が生み出されていると考えられたこと。以上である。こうしてマルクスは、むしろ積極的に理論上の後退をも辞さない叙述の改変を行なったのではないだろうか。だがそれは、敢えて言えば、共産主義運動の現状への追随・拝跪だったのではないか。

以上が『資本論』冒頭商品論に関する諸々のテキストに対するわれわれの立場である。この立場からみるかぎり、第二版以降の叙述を根拠とするドグマを問題にした論者は、ごく僅かしかいない。その数少ない一人がハンス-ゲオルク・バックハウス Hans-Georg Backhaus である。彼は後に、『価値形態の弁証法 *Dialektik der Wertform*』（1997年）[4)] として一冊にまとめられる諸論文において、かのドグマに挑戦した。

この書の中心をなすのは、「マルクス価値論の再構成のための諸資料〔»Materialien zur Rekonstruktion der Marxschen Werttheorie«〕」と題される長大な論文である。これはもともと1974年から1978年にかけて公表された三編の論文に、1978／1979年に執筆した草稿を基にした未公表論文一編を加えたものである[5)]。第一・第二論文と第三・第四論文との間に『資本論』解釈における断絶があり、その叙述も、しばしば迂路に入り込み婉曲な論述が頻出するという、非常に読みづらいものである。だが、第三・第四論文においてバックハウスは、いわゆる論理主義を徹底させる立場（論理主義の立場を継承しつつそれを超克するものと彼自身が自負する、いわば「ポスト論理主義」とでもいうべきもの）から、従来の『資本論』解釈の三つの立場、すなわち、〈論理―歴史〉派・〈論理〉派・〈プラトン的範型解釈〉派を批判している[6)]。

この「ポスト論理主義」的立場からバックハウスは、上記の第四論文に至って、『資本論』初版は正しく論理を徹底しているが、同第二版は論理＝歴史主義の立

場に移行しており「卑俗化〔Vulgarisierung〕」の弊を犯している、つまり、第二版は初版にくらべて論理的に後退している、と批判したのである。彼は次のように述べている。

　『資本論』初版のテキスト以来この方、ただ相互連関〔「「価値論と貨幣論の間の相互連関」のこと」〕の箇所のみが校訂されているのだが、初版の価値形態分析の致命的な改訂を介して、改変の末に不明瞭なものに至るまでになっている。言い換えれば、そのことは、現在では容易に認識できるものとなっている訳だが、それはマルクス自身による彼の価値論の卑俗化〔Vulgarisierung〕がもたらした、「D) 貨幣形態」と呼ばれている節による、初版「形態Ⅳ」の代補を介しての、初版価値論のあらゆる成果のリカードゥ理論への後退なのである。7)

　価値形態論に関するかぎり、初版本文のそれから第二版のそれへ、論理的後退が生じていることは事実であり、これを指摘するかぎり、バックハウスはまったく正しい。だが問題なのは、論理主義を徹底して解くべきものは何なのか、という点である。

　バックハウスは、冒頭商品論を、貨幣の方に重点が置かれた〈商品—貨幣〉論として、つまり貨幣形態を解くことを目的にしたものだと解読している。そして、その枠組みの中で、第二版以降で言えば、第1章「商品」の第1節・第2節を貨幣論の基礎論としての商品論、第3節（第4節はその補節）を本論としての貨幣論と捉えている。

　この思考の枠組みは、彼においては一貫しているように思われる。バックハウスは論理主義の立場からこの枠組みを『資本論』解釈に当てはめ、上記第二論文までは現行版も純粋に論理的に貨幣形態が導出されていると述べていた。だが、第三論文への過程で、現行版（すなわち第二版以降）は論理主義が徹底されず、〈論理—歴史〉主義に陥って価値形態論が書かれていることに気付いたのであった。第三論文は彼の困惑を如実に示している。だが、第四論文にいたって、初版本文価値形態論の意義をバックハウスは「発見」し、初版から第二版への書き換えについて、マルクスは「卑俗化」の弊を犯した、と批判するにいたったのである。

　彼は価値形態論をあくまで貨幣形態を純論理的に解くべきものと考え、貨幣形

第Ⅸ章　『資本論』冒頭商品論へのさまざまな所説について

態生成の歴史的展開過程として価値形態論を解くものを〈論理的―歴史的〉立場、また単純商品生産社会をモデルとしてそれを解くものを〈プラトン的範型的〉立場と呼び、両者を「先貨幣価値論〔prämonetäre Werttheorie〕」[8]を展開するものだと批判し、そうした議論は「思惟不可能なもの〔Denkunmöglichkeit〕」だと強調するのである。そして従来自分自身がそうであった〈論理主義的〉立場にある論者は、その「思惟不可能なもの」に足をすくわれて途方にくれていると論断する。

　［貨幣と貨幣以前の商品との］連関における、われわれの問題提起は、さしあたり関心の在りどころをただ確認すること、すなわち、マルクスの価値形態分析に照らして、マルクス経済学のもとでは何らかの思惟不可能なもの〔Denkunmöglichkeit〕として顕わになっていることの確認のみである。とはいえ、このことは次のように表現できる。つまり諸生産物あるいは価値以前の諸商品による「直接的交換取引」は、たんに意味を有する一個の概念にすぎない、と。「交換過程」にある貨幣以前の諸商品なる概念構築は、逆に、必ず挫折する。[9]

こうした確認の上でバックハウスは述べる。

　当該部［第二版の第1章第3節のC「一般的価値形態」のこと］で商品分析は明らかになったのか？」／第1章のテキストが取り換えられるや否や、すなわち、1867年の初版にもともと書かれていた一節が第二版の改定された節に取って代わられるや否や、この謎は解かれることとなる。この部分は事実上「商品分析」の性格をもたされており、貨幣形態に至る以前の諸商品の交換過程は思惟不可能なもの〔Denkunmöglichkeit〕になる訳である。[10]

彼の言う〈論理―歴史〉派、すなわちスターリン主義派（いわゆる「正統派」）のように、価値形態Ⅰ（単純な価値形態）を直接的生産物交換（物々交換）に重ね合わせ、そこから価値形態のⅡ、Ⅲ、Ⅳを貨幣形態へといたる歴史的発展過程として価値形態論を理解する立場や、〈プラトン的範型的解釈〉派のように、貨幣ぬきに単純商品生産社会をモデル化して価値形態論を理解する立場は、まったく誤った理解である。

　バックハウスが言うように、貨幣形態の生成は商品の生成と時間的には同一で

あろうし、歴史過程的に徐々に貨幣が生成してくるという事実はなかったであろう。だがしかし、そうした誤った解釈を「先貨幣価値論〔prämonetäre Werttheorie〕」だと規定することは別として、冒頭商品論を、貨幣形態を解くことを目的とした〈貨幣―商品〉論として理解することは誤っている。冒頭商品論はあくまで商品論である。われわれが論じてきたように、資本主義的生産様式が支配する社会の商品全体の集合をいわば考えたうえでの議論であって、冒頭商品論では、現に存在する貨幣を貨幣としては捨象・抽象しているのである。こうして価値形態論では、労働生産物がいかにして現実的に商品になるのか、すなわち、貨幣との関係で言えば、「すべての商品の貨幣存在」を解くことを課題とするのであって、貨幣形態を解くことを目的とするのではないのである。

　バックハウスは貨幣を、「すべての商品の貨幣存在」としてではなく、貨幣形態、すなわち一般的価値形態と区別されるものとしての貨幣形態を純論理的に解くべきだと考えているのである。こうして彼は、初版本文価値形態論の形態IVの等価物商品を貨幣だと理解すべきであると言うのである。すなわち、マルクスが交換過程論で、現実の貨幣の歴史的発展過程に関して述べた次のくだり（初版から引用するが、第二版にほぼそのまま引き継がれているもの）――「この一般的な等価形態は、それを生み出した一時的な社会的接触とともに発生し消滅する。かわるがわる、そして一時的に、一般的な等価形態はあれやこれやの商品に付着する」[11]――を純論理的に解いたものが初版の形態IVだと理解するわけである。

　　今や容易に認識できることは、価値形態の〈発展〉は「論理的」に構想されたものとしてあり、さらに以下のように構想されなければならない。すなわち、「第１章の諸商品は事実上、ただ貨幣としてある」。[12]

このようにバックハウスの議論をたどってみてわかる、その議論の最大の問題は次の点に存する。彼は、価値形態には論理的概念的に区分されるものが本来四つあると考えている、すなわち、単純な価値形態、展開された価値形態、一般的価値形態、そして貨幣形態、と。だが、われわれが何度も強調してきたように、本来、論理的概念的に区分される価値形態は三つであり、三つしかない。貨幣形態は入ってこない。ところがバックハウスは論理的概念的に解かれるべき本来の貨幣形態を初版本文の形態IVだと理解している。詳細に読み解けば分かるはずだ

第IX章　『資本論』冒頭商品論へのさまざまな所説について

が、初版本文価値形態論の形態Ⅳは形態Ⅱおよび Ⅲをあらためてわかりやすく説明するためのものであって、論理的概念的に形態Ⅰ、Ⅱ、Ⅲと区分されるⅣではない。初版本文価値形態論の形態Ⅰ、Ⅱ、Ⅲでマルクスは、リンネルなどの具体的な商品種を持ち出して議論しているが、それらはすべて任意の商品を示しているのであって、決して特定の商品を示しているのではない。論理的にそれ以外ではありえない。だからこそ、形態Ⅳにおいて、その任意性を誤解のないように改めて強調したのである。バックハウスは、等置される商品のこの任意性について論理的に詰めて考えていないのである。彼が形態Ⅳを、交換過程論における貨幣の歴史的生成過程に照応する純論理的な貨幣生成を示すものと言うのは、文字通り純論理的に無理な「読解」であり、結局のところ、第二版〜現行版に引きずられ、そこから脱却できていないことを示している。彼には、論理的概念的に区分される価値形態はいくつありうるか、という問いがそもそもないのである。

　かくして、バックハウスの主張がわれわれのものと一致しているかのように思われるのは、ただ表面上のことにすぎない。彼が初版本文価値形態論の形態Ⅳを評価し、貨幣形態としてある第二版以降の形態Ⅳを批判して、「第1章の諸商品は事実上、ただ貨幣としてある」と考えなければならないと言うとき、それは、価値形態論の目的が「すべての商品の貨幣存在」を明らかにするところにあるとの理解を示しているかに見える。そしてそれは、マルクスが述べた、「困難は、貨幣は商品であるということを理解するところにあるのではなく、どのようにして、なぜ、なにによって、商品は貨幣であるのかを理解することにある」ということの正確な理解を示しているかのように思われるかもしれない。だがしかし、決してそうではない。バックハウスはあくまで貨幣形態にこだわり、冒頭商品論（第二版以降で言えば第1章）を、商品を主体とした議論と捉えず、貨幣形態を明らかにすることを目的とした〈貨幣―商品〉論と理解しているのである。

　要するに、冒頭商品論を商品論ではなく、貨幣形態を明らかにすることを目的とした〈貨幣―商品〉論だとして、貨幣形態を純論理的に解くことをバックハウスは目指しているわけである。だが、貨幣形態を純論理的に解くことは不可能である。純論理的に解くことができるのは「すべての商品の貨幣存在」なのである。その点を踏まえて現実的・歴史的諸条件を入れることによって、はじめて貨幣・貨幣形態を解くことができる。この困難な論理の道筋をたどることなくして、純論理的に貨幣・貨幣形態を解こうというのは、夢想でしかない。繰り返すが、価

値形態はⅠ、Ⅱ、Ⅲの三つだけであって、貨幣形態を含めた四つではないのである。にもかかわらず、バックハウスは、価値形態は貨幣形態を含めて四つあるとし、論理的概念的に貨幣形態を解きうるものだと考え、初版本文の形態Ⅳがその貨幣形態だと捉え、この第Ⅳ形態の等価形態に位置する諸商品を貨幣と理解すべきであると言う。そのように初版本文価値形態論を解釈することによって、交換過程論への論理的接続が正しく理解されると言うのである。すなわち、交換過程論で歴史的現実の諸条件を入れることによって、貨幣が金に固定されることが示されると言うわけである。価値形態論は純論理的な世界であり、交換過程論になってはじめて歴史的現実的な諸条件が入ってくるという主張は正しいとしても、貨幣形態を純論理的に解こうと固執することは間違っている。バックハウスは第二論文までの自己の『資本論』解釈の間違いに気づいた。だが、その誤読からの離脱をはたすための作業は中途半端なものに終わっており、それまでの議論の超克は不徹底である。

バックハウスの不徹底さは、上記第三・第四論文からは自己批判的に取り扱われなければならない第一・第二論文をほぼそのままにして一つの論文にまとめ、それを含めた著作として刊行していることにも現われている（一冊にまとめるにあたっても、すでに刊行されているMEGAではなく、論文初出当時のMEWに言及しMEGAについては何も語っていない註を残したままである）。

価値の形態は本来いくつあるのかという問いをたてることができず、貨幣形態を含めた四つの形態にとらわれ、貨幣―貨幣形態を解くことが価値形態論の目的であると誤解しているという根本的な欠陥があったにせよ、バックハウスの議論は従来の議論の水準を超えておりそれゆえ多くの批判・議論を呼び起こした。ヴィンフリート・シュヴァルツ Schwarz, Winfried やロルフ・ヘッカー Hecker, Rolf、またミヒャエル・ハインリッヒ Heinrich, Michael、ナージャ・ラコヴィッツ Rakowitz, Nadja、ディーター・ヴォルフ Wolf, Dieter、ヤン・ホフ Hoff, Jan、クリスティアン・イーバー Iber, Christian 等による議論である[13]。

これらの研究者が傾注する問題の核心は、当然ながら、初版本文の形態Ⅳをいかに捉えるかにある。しかし論者たちすべてが、初版本文価値形態論と第二版以降のそれとを、とりわけ初版本文の形態Ⅳと第二版以降の形態Ⅳ（貨幣形態）とを、いかに整合的に捉えるのかを目指して腐心している（ハインリッヒのように「断絶〔Bruch〕」を見ることによって抽象的な論理レヴェルでの整合性をはかる

第Ⅸ章　『資本論』冒頭商品論へのさまざまな所説について

という「外挿的」議論——これは古代ギリシアの Deus ex machina と変わりがない——もあるが)。

こうした論者の中で、バックハウスと直接議論のやりとりをした W. シュヴァルツは、相当に皮肉を込め、バックハウスの言明をあげつらいつつ[14]、自らが陥ってきたいわゆる正統派＝スターリン主義派のドグマからの脱却を、相手の議論を梃子になそうとする様子が見える。しかしシュヴァルツは、残念ながら、結局はドグマからの脱却に成功していない。というのは、彼の論理の道筋を見てみればよい。シュヴァルツは一貫して、諸価値形態を発展や移行・転化の観点から（歴史主義的観点から、しかもそれを弁証法的と称する観点から）把握するというドグマ、そして、初版から第二版、さらには第三版、第四版へとテキストとしての完成度が高まっていくとするドグマの陥穽に深く囚われたままなのである。彼の議論には結局のところ見るべきものはない。

では、このシュヴァルツの立場に対して、あくまでバックハウスの議論を継承しようとする M. ハインリッヒ等はどうか。

ハインリッヒらは、いわゆる正統派＝スターリン主義派に対する批判の文脈のなかで、価値の実体主義的把握の克服と価値の関係論的把握への傾斜を強めた。そしてここで彼らは、バックハウスの「先貨幣価値論〔prämonetäre Werttheorie〕」批判に依拠し、「貨幣価値論〔monetäre Werttheorie〕」なるものを主張することとなった。ハインリッヒは言う。

> マルクスの価値論は貨幣価値論〔monetäre Werttheorie〕である。諸商品は、価値形態なしには価値として互いに関わることができないのであり、貨幣形態は、ようやく価値にふさわしい価値形態をなす。それにたいして、個々の物において価値を固定しようとする「実体主義的な」価値の把握は、先貨幣価値論である。そうした把握は、価値を貨幣との関連なしに展開できると考えている。[15]

価値は貨幣抜きにありえない、——これがハインリッヒの主張の論理的槓桿であり、その誤謬の核心である。商品生産の発展は、歴史的には貨幣の生成・発展と同一の歩調をとってきたに相違ない。だが、その現実認識にもとづいて、価値は貨幣抜きにはありえない、と言うのは論理的には根本的な誤謬でしかない。論の対象、すなわち商品—貨幣をまったく分析しないということになるからである。

その必然的帰結として、商品とは何か、が明らかにされないばかりでなく、貨幣とは何かということも明らかにされないこととなる。

　マルクスの理論は、ハインリッヒなどの貨幣価値論者のものと根底的に違っている。マルクスは、「どのようにして、なぜ、何によって、商品は貨幣であるのか」と問い、「すべての商品の貨幣存在」を冒頭商品論において明らかにすることによって、商品とは何かを明らかにし、かつ貨幣―貨幣形態の原理的な基底を解いたのである。そしてその理論的基底のうえに立って、交換過程論において歴史的現実的諸条件を考慮することによって現実の貨幣―貨幣形態を解いたのである。

　さて、ハインリッヒは貨幣価値論を次のように論証している。

　商品が価値対象性を持つのは、具体的労働の対象化としてではなく、抽象的労働の対象化としてである。しかしもし〔…〕、抽象的労働が交換にあたってのみ存在する社会的通用関係であるならば〔…〕、商品の価値対象性も、交換において初めて存在することになる。そればかりではない。価値対象性は、個々の物がそれ自身として持ちうる属性では、まったくないのである。価値実体はこの対象性を基礎づけているが、それは、商品に個別に属するのではなく、交換において共同的にのみ認められる。[16)]

　価値実体である、商品に表わされた抽象的人間労働は、交換において「初めて存在する」ものだというのである。だから、商品の属性たる価値対象性もまた、交換においてはじめて存在する、ということになる。

　〔…〕価値対象性が諸物に属するのは、物が交換において互いに関連させられる場合のみであり〔中略〕こうして価値対象性は、文字通りの意味において「幽霊のような」対象性なのだ。[17)]

　このようなハインリッヒの説においては、1861年－1863年草稿においてマルクスが相当に力を注いで成し遂げた、〈リカードゥ―ベイリー〉への双対的批判が忘れられており、ベイリーに足をすくわれることになる。労働でも価値でもなく、また単なる労働生産物でもなく、あくまで商品が主体である以上、諸商品は

第Ⅸ章　『資本論』冒頭商品論へのさまざまな所説について

その社会的属性として価値対象性をもつのであって、それは諸商品が実際の交換過程に入るかどうかとは別問題である。

　ハインリッヒの議論は二重に誤ったものである。まず第一に、ハインリッヒは冒頭商品論における諸商品の等置を現実に交換関係がなされるものとして捉えている。だが、すでに第Ⅳ章で述べたように、価値形態論も含めて冒頭商品論における諸商品の等置は、実際に交換が行なわれるのかどうかを問題にしてはいない。いずれの商品も適切に量を調節すれば相互に等置されうるということを示しているにすぎない。それゆえ、そこにおける議論では貨幣を必要としない。バックハウスもハインリッヒもそのことがわかっていない。さらに第二に、資本主義的生産様式が支配する社会においては、ごくごく例外的なものを除いて労働生産物はおしなべて商品として生産される。だからそれらは、実際の交換過程に入るかどうかにかかわりなく生まれながらにして価値であり、価値対象性をもつ。ただ、その価値が、現実的に表現されていないだけである。価値は価値形態によって表現される。だが、価値形態によって労働生産物が価値になるのでも、価値対象性を獲得するのでも、価値という属性を得るのでもない。

　マルクスは、価値対象性とそれが現実的に表現されることとをはっきりと区別し、その連関について次のように明確に述べている（この叙述は初版にはなく第二版で登場するものである）。

商品の価値対象性は、どうにもつかまえようのわからないしろものだということによって、マダム・クィックリーとは違っている。商品体の感覚的に粗雑な対象性とは正反対に、商品の価値対象性には一原子も自然素材は入っていない。〔…〕諸商品は、ただそれらが人間労働という同じ社会的な単位の諸表現であるかぎりでのみ価値対象性をもっているのだということ、したがって商品の価値対象性は純粋に社会的であるということを思い出すならば、価値対象性は商品と商品との社会的な関係のうちにしか現われえないということもまたおのずから明らかである。[18]

　なぜ、諸商品は現実の交換過程に入るかどうかとは無関係に価値であり、「どうにもつかまえようのわからないしろもの」でしかないにもかかわらず、明らかに価値対象性をもつと言えるのか？　それは、この論理的思考のさなかにあって

339

は、商品生産社会・資本主義的生産様式が支配する社会が厳然として前提されているからである。つまり、当の社会における人々の社会諸関係が前提されているからにほかならない。マルクスが「1857年－1858年草稿」で述べたように、「理論的方法の場合でも、主体である社会が、前提としていつでも表象に思い浮かべられていなければならない」[19]のである。

だが、ハインリッヒは、この重要な前提を「忘れて」いる。それゆえ彼は、商品があくまで主体であることを置き去りにして、自説を開陳する。彼は商品とは言わず、物〔Ding〕と言う。だが、資本主義的生産様式が支配する社会においては、物・労働生産物はそれ自体として剥き出しには決して現われない。もし諸物・諸労働生産物がそれ自体として、剥き出しに現われるのであれば、諸物は商品になる必要がない。人びとはそれらの諸物を諸商品としてではなく、たんに諸労働生産物として取り扱い、処理するであろう。

再度、確認しておこう。

たんなる諸物・諸労働生産物ではなく、あくまで商品が主体である。ハインリッヒはこれを思考の途中で「忘れて」しまう。そのため彼は、価値対象性が「幽霊のような対象性」であると勘違いするのである。マルクスが述べたのは、商品から使用価値を捨象・抽象する、すなわち商品の諸自然属性と商品に表わされた労働から具体的有用的側面を捨象・抽象すると、商品は抽象的人間労働の凝固体として幽霊のような対象性になり、そういうものとして価値だと言ったのである。労働生産物である商品が幽霊のような対象性になると言ったのであって、価値対象性がそうだと言ったのではない。価値対象性として、商品は幽霊のような対象性だということである[20]。あくまで主体・主語は商品であることが、マルクスにおいては貫かれている。

ハインリッヒは、「抽象的労働の「凝固体」として、商品は「価値」である」[21]と正しく捉えていた。しかしながら、スターリン主義派の説をはじめとする実体主義的価値論を批判しようとするあまり、「純粋関係至上主義」的価値論とでも言うべき誤った途に入り込み、その結果、正しい把握を捨て去ることになったのである。

こう見てくると、ハインリッヒらの言う「貨幣価値論」なるものは、結局のところ、貨幣価格論なのである。これは、マルクスが乗り越えた、かのベイリーと同様の立場に逢着していることを示している以外ではない。彼らの言う「マルク

第Ⅸ章　『資本論』冒頭商品論へのさまざまな所説について

スの新しい読み」とは、すでに批判され尽したものへの、一種の先祖帰りでしかなく、先「温故知新」的認識に滞留するほかないであろう。

ところで、ハインリッヒは自らの主張を補強するために、マルクスの草稿「『資本論』第1巻への補足と改訂」（1871年－1872年）を持ち出している。彼はそこから引用しつつ次のように述べている。

上着とリンネルが交換されるならば、それらは「人間的労働の対象化へと端的に還元される」と言われている。しかし、その際忘れられてはならないのが、「どちらもそれだけでは、そのような価値対象性ではなく、それが両者にとって共通の対象性である限りにおいてのみ、両者は価値対象性である。両者相互の関連――両者が等しいものとして通用する関連――の外では、上着もリンネルも、価値対象性を、すなわち人間労働そのものの凝固体としての両者の対象性をもたない。」（MEGA Ⅱ/6, S. 30.）[22]

引用されているところだけ見ると、マルクスがあたかも純正な「貨幣価値論」者であるかのようである。だが、ハインリッヒのように自分に都合の良いように細切れにした断片のみを取り上げるのではなく、草稿全体を取り上げて検討してみれば、まさしくハインリッヒはマルクスによって批判されなければならないことが判然とする。というのは、ハインリッヒが言及する草稿の大部分は、冒頭商品論、とりわけ価値形態論に関するものであるからだ。この事実が意味するところは、価値の表現、すなわち、商品（決して単なる諸物・諸労働生産物ではない）の社会的属性である価値がどのようにして表現されるのかを述べた草稿である、ということにほかならない。

ハインリッヒは、「B 一般的価値形態」なるタイトルで括られた部分からの引用を自説に結びつけている[23]。まず何よりも、引用部分が価値形態論の中にあることに留意する必要がある。ここでマルクスは、この一般的価値形態が他の二つの形態、すなわち単純な価値形態および展開された価値形態に対して、価値がたんに一般的に表現されるだけではなく、価値形態一般の性格を決定的に示すものだと述べ[24]、次のように言う。

諸商品は価値表現（価値形態）を互いの関係のなかでのみ獲得する。したがっ

て、一商品の価値表現はつねに、その商品の他の商品との価値関係においてのみ与えられる。これはどこからそうなるのか？商品のすべての価値形態に共通な独自性はどのようにして価値概念から発生するのか？[25]

マルクスは「商品のすべての価値形態に共通な独自性はどのようにして価値概念から発生するのか」と述べている。価値が論理的に先行してあり、それが価値形態によってどのように表現されるのか、を問題にしていることが鮮明に述べられているではないか。この言明は、初版における次の言明をそのまま引き継ぐものである。

決定的に重要なことは、価値形態と価値実体と価値の大きさとの関係を発見するということ、すなわち、観念的に表現すれば、価値形態は価値概念から発していることを論証するということだったのである。[26]

「価値形態は価値概念から発している」のであり、価値形態において、しかも貨幣によって価値が「初めて存在する」のではない。

以上見てきたように、バックハウスも、彼を批判するシュヴァルツも、またバックハウスを継承しようとするハインリッヒやその係累も、先に示したテキストに関するドグマから自由ではない。そしてまた、そのドグマに照応した議論を展開して見せるが、貨幣主義、すなわち、価値形態論の課題は貨幣形態を解くことである、というドグマの桎梏から自由ではない。しかし、まさしくそのイデオロギーの枷から解放されなければ、『資本論』が目指した目的に接近することはできないのだ。

第ⅱ節　久留間鮫造の所説について──〈宇野─久留間〉論争を軸に

（1）
久留間鮫造の所説について捉え直しておきたい。久留間の所説は有名な〈宇野─久留間〉論争[27]を通じて鍛えられ明確なものになったと言えるので、まず当該の論争について見ておこう。まさしくこの論争とそこにおける久留間の議論によって、価値形態論に関する『資本論』解釈の地平は一挙に飛躍したのである。

第Ⅸ章　『資本論』冒頭商品論へのさまざまな所説について

　では、〈宇野―久留間〉論争の中心テーマは何であったか。

　商品所有者とその欲望は、価値形態論の展開にとって内在的に不可欠なものであるのかどうか――これがテーマであった。宇野弘蔵は商品所有者とその欲望の存在を不可欠とし、久留間鮫造はそれらを不要とした。この論点について言えば、完全に久留間が正しい。宇野はまったく不要かつ外在的な「疑問」を『資本論』に対して抱き、無用な議論を開陳しているのである。その議論はただもっぱら宇野とその弟子筋、つまりはいわゆる「宇野派」の閉じた内部で通用するものでしかない[28]。『資本論』を前にして宇野、久留間両者の議論を読み比べれば、直ちに久留間の優位が解る体のものである。

　そもそも宇野は、価値形態論における諸商品の等置関係と、諸商品の交換過程との概念上の区別をつけることができていない。なぜ、価値形態論においても商品所有者とその欲望が考慮されなければならないのか。この点に関して宇野は例えば次のように述べている。

　リンネルが相対的価値形態にあって上衣が等価形態にあるという場合、リンネルは何故上衣を等価形態にとるに至ったか、それにはリンネルの所有者の欲望というものを前提しないでもよいだろうか、そういう関係を離れて斯ういう形があり得るだろうか。[29]

　これはまったく的外れで無意味な問題提起である。宇野はマルクスが挙げた価値形態Ⅰの例：20エレのリンネル＝1着の上衣 におけるリンネルも上衣のいずれも、任意の異なる二商品であることが解っていない。数学用語でいうところの「任意・すべて any, all; $\forall$」と「ある・存在する some, exist; $\exists$」の区別をつけることができていない、ということである。

　第Ⅳ章第ⅲ節、および第Ⅵ章第ⅲ節で詳しく述べたが、価値形態論における諸商品の等置式はいずれも任意の異種の商品の間でのものであり、ただ、等置式の両辺のどちらにあるのかによって役割が異なるというだけのものである。リンネルの方はさておき、宇野は、リンネルにとって上衣は特有の等価物だと考え、なぜほかでもなく上衣がその位置に座すのか、と「問題」を「提起」しているわけである。そのように立てた「問題」から彼は、上衣に対するリンネル所有者の欲望がこの等置式成立に不可欠だと言う。明らかに、議論の出発点がまったく的外

れであり、そもそも取り上げることさえ無意味であると言って過言ではない。価値形態論の課題は、あらゆる商品について、なぜそれが商品であるのか、一体どのようにして商品になるのか、を解くことであり、だからたんに、「特定の一商品であるリンネルが商品である」ことを示すだけでは不十分なのだ。リンネルはあくまで商品の代表例として取り上げられているのである。初版以来変わらぬ表現で、マルクスは述べている——「二商品、たとえば一着の上着と 10 エレのリンネルをとってみよう」と[30]。「たとえば」という語の意味、すなわちここでは任意の二商品がたまたま名指されたということが、宇野には理解できていないのだ（！）。つまり、リンネルにおいて言えたことは、リンネル以外のすべての商品についても言えることなのだ。リンネルにとって上衣は特有の等価物では決してない。相手が上衣である必要はまったくない。異種の商品であれば何であっても良いのである。

宇野がいかに「任意 any」と「ある some」という論理的区分に疎いか、次の言明に見事に出ている。

> リンネルの所有者を抽象してリンネルそのものを考えるとすると何故相対的価値形態にあるリンネルは、等価形態に上衣をもってきたかということは分らない、抽象してしまっているから何をもってきてもいいということになると已に拡大された価値形態になって来る。[31]

これに対してさすがに久留間は、「「抽象されてしまっているから何をもってきてもいいということになると已に拡大された価値形態になって来る」といわれると、なぜそうなるのか、理解に苦しまざるをえないのである」[32]と嘆いている。われわれは、宇野の愚にもつかない言い分を一所懸命に理解しようと努めた久留間に、心から同情せざるをえない。

ところで宇野がこのような形で商品所有者とその欲望を考えるということは、使用価値の視点に囚われ、使用価値の位置から事態を見ていることを示している。冒頭商品論はあくまで商品が対象だが、そうである以上、商品の二要因のうち、使用価値ではなく価値の視点こそが軸点になる。労働生産物が商品という特殊な社会的形態を取ること、その内実を明らかにすること——これらの課題解決が目的だからである。商品は〈体〉＝使用価値を〈忘れてしまう〉ものであり、それ

ゆえ、徹頭徹尾一貫して、価値の視点が軸になるからである。使用価値はあくまでも、価値の素材的担い手としてのみ意義をもつのである。ところが宇野は、この対象に向かう際、必要不可欠な視軸から逸脱していく。彼は、マルクスの論理に逆らうかのように、価値ではなく使用価値の方から対象に接近するのである。しかも事態をそのように捉えているため、宇野は、ある個的な位置、そこからさらに欲望をもった個的で消費者的な位置へと逸れていった挙句、そこからもの言いすることになるのである。

(2)
　宇野の的外れで無意味な議論に対して、久留間が、価値形態論では商品所有者もその欲望も共に捨象されなければならないと主張したことはまったく正しい。しかしながら、久留間の立論にもろ手を挙げて賛成、というわけにはいかない。なぜなら、久留間もそれほど明瞭かつ統一的なパースペクティヴをもって自論を展開し得たわけではないからである。久留間はたとえば、下記のようなぶれを示している。「[宇野が言うように]「リンネルが何故上衣を等価形態にとるに至ったか」はリンネル所有者の欲望を考慮に入れないでは理解されえない、ということには疑問の余地がない」[33]、あるいは「[宇野の問題提起は]それ自体としてはいかにも尤もなことである。「そういう関係を離れて斯ういう形がある」などとはわたくしも決して考えはしない」[34] などというように。
　なぜこういう言い分が出てくるのか？ 実は久留間もまた、価値形態論における諸商品の等置関係と、諸商品の交換過程との概念上の区分を、明確に付けることができていないからである。価値形態論においては、じっさいに交換関係が成立するという事態や、現実に交換が行なわれるといった状態は、まったく問題になっていない。このことを久留間は理解していない。久留間は初版ではなく現行版をテキストとして採用し、価値形態論において貨幣形態を論じることを是とする。そのうえで、価値形態論から交換過程論までを一括りにして貨幣生成論だと考え、その考え方を徹底しようとする。久留間は宇野と同様に、価値形態論における等置関係をじっさいに成立した交換関係と捉えているが、宇野と違って、価値形態論では商品所有者とその欲望は一旦捨象した上での議論がなされなければならない、とする。
　彼は、「簡単な価値形態において、ある特定の商品が等価形態に置かれている

のはなぜかという問題と、等価形態に置かれている商品の使用価値が相対的価値形態に立つ商品の価値を表現しうるのは如何にしてかという問題とは、はっきり区別して考えられうるし、また区別して考えられねばならない二つの異なった問題である」35)と言う。つまり、前者の問題は商品所有者とその欲望を考慮しないと解けない問題であるがそれは交換過程論の課題であり、それに対して後者の問題は商品所有者とその欲望を考慮外にして解くことができる問題であり、これが価値形態論の課題だというのである。

　一応「説明」としては理屈が通っている。だがこの「説明」では、根本的な宇野批判になってはいない。再度強調しておくが、価値形態論における等置関係は異種の諸商品がたんに等置されうるということを示すだけのものである。そこにおける諸商品は、あくまで任意のものである。かくして価値形態論では、じっさいに交換関係が成り立つ事態や、現実に交換が行なわれる状態はまったく問題になっていない。それゆえにこそ、そこでは商品所有者もその欲望もまったく考慮されないのである。このことを把握していない久留間の議論は、必然的に不徹底なものにならざるをえないのである。

(3)
　久留間の論理的な挫折は、価値形態論から交換過程論までを一括りにして、それを貨幣生成論として捉えてしまっているところからきている。この理解にもとづいて、交換過程論にある「どのようにして、なぜ、何によって、商品は貨幣であるのか」というマルクスの言明（第Ⅵ章第ⅱ節に引用した。第Ⅵ章の註11)を付したもの）を誤読して、久留間は有名なテーゼを提出していた。

　わたくしは、この「如何にして」と「何故に」と「何によって」とが、それぞれ、［第二版〜現行版の］第一章の第三節［価値形態論］と第四節［商品の物神性論］と第二章［交換過程論］とで答えられているものと解するわけである。36)

　これは、久留間の完全な誤読である。
　そもそも、マルクスのこの言明は、次の二つの前提、すなわち、①「どのようにして、なぜ、何によって、商品は貨幣であるのか」という課題を初版本文価値形態論で完全に解決したこと、②さらに交換過程論において、歴史的現実的諸条

件を考慮することによって貨幣形態を解いたこと、——これら二つを前提として それまでの議論を総括し、貨幣が商品であることを解くことが困難なのではなく、 逆に、困難は商品が貨幣であることを解くところにある、と述べたものであった。 初版本文価値形態論では貨幣形態を解かず、交換過程論ではじめて貨幣形態を解 いたがゆえに、この言明がなされたのである。だからこそ、初版本文価値形態論 から交換過程論への文脈においてこそ、その意義は明確なものであったわけであ る。ところが、第二版（～現行版）では価値形態論で貨幣形態を解いてしまった がゆえに、初版からそのまま残されたこの言明は、曖昧なものにならざるをえな かったのである。

ところが、久留間は初版ではなく現行版をテキストとして採用してしまったが ゆえに、このマルクスの言明の意義を捉え損なったのである。彼は、「困難は、 〔…〕どのようにして、なぜ、何によって、商品は貨幣であるのか、ということ を理解することにある」というマルクスの交換過程論における言明が、そもそも 初版でなされ、それが初版本文価値形態論をうけたもの、つまり、貨幣形態を論 じていない初版本文の価値形態論をうけてのものであることを、過小に評価して しまった。かくして久留間は、その言明が、価値形態論で貨幣形態を論じてしま った第二版（～現行版）の交換過程論にそのまま引き継がれ、そのことによって、 第二版（～現行版）では価値形態論と交換過程論を論理的に接続させるうえで無 理が生じていることを、厳密に追究しなかったのである。久留間の誤読とマルク スの「改訂」がもたらした論理的無理との「接続」のうえに、かの久留間テーゼ が生み出されたわけである。

久留間は現行版に依拠することによって、価値形態論をあくまで貨幣生成論と して読んでいる。しかも彼は、その読みを徹底しようとする。だから、かの「ど のようにして、なぜ、何によって、商品は貨幣であるのか」という言明を、商品 から貨幣が「どのようにして、なぜ、何によって」生成してくるのかという課題 として、しかもそれを突き詰めて捉えようとしたのである。

だが、価値形態論の課題はこれまで強調してきたように、商品というものが内 在的にもつ貨幣性についての課題、すなわち「すべての商品の貨幣存在」の解明 を求めるところにあるのであって、商品からの貨幣生成を解くところにあるので はない。これは、第一に初版本文の価値形態論では貨幣形態を論じていないこと、 第二にこれをうけて交換過程論ではじめて貨幣生成を、歴史的現実的諸条件を考

慮して解いていることを踏まえて、かの言明をすなおに読めば明らかである。そこでマルクスは、「商品は貨幣である〔Waare ist Geld〕」と端的に述べているのだから。

　久留間は、初版と現行版との、いわば一対一的比較対照における相違については、きわめて精確に把握していた。しかも、その内容や相互関係について、他の誰よりも深く追求した、と言ってよい。そうした真摯さや精確さにもかかわらず、上述した誤読を犯したのはなぜなのか。その理由は、第一に現行版をテキストとすることによって価値形態論を貨幣生成論として捉えたこと、第二に、第二版（〜現行版）の第1章第3節「価値形態または交換価値」から第4節「商品の物神的性格とその秘密」を経て第2章「交換過程」までの議論全体をもって貨幣生成過程論として捉えたこと、第三に、その立場を徹底して、マルクスにあっては存在しない、久留間独自の「論理的首尾一貫性」を、無理を犯してまでも追求したこと、これであろう。

　第一の点は、マルクス自身が第二版の価値形態論を貨幣生成論として叙述したことにもとづいている。第Ⅴ章で詳しく論じたように、初版本文の価値形態論と第二版（〜現行版）の価値形態論はその目的を異にしている。初版本文価値形態論の目的が、労働生産物はどのようにして現実的に商品になるのか、したがって「すべての商品の貨幣存在」を解き明かすことに存するのに対して、第二版（〜現行版）価値形態論の目的は、「貨幣形態の発生を示すこと」[37]に存するのである。後者、すなわち現行版へとつづく第二版の叙述に依拠するかぎり、価値形態論を貨幣生成論として読むことは、必然的であるとともに不可避的である。だがそうすると、初版からの書き換えを本質的に行なっていない交換過程論との論理的接続に関する問題が当然出てくる。

　この難点を克服しようとして久留間は第二、第三の点に進まざるをえなくなり、かの誤読が生み出されることになったのであった。初版本文にせよ、第二版にせよ、いわゆる物神性論のところまでは「商品」をタイトルとして括られているのであり、主体はあくまで商品である。このうちの価値形態論と物神性論、それらに加えて交換過程論までを一括して「貨幣生成過程論」として捉えることはできない。だが久留間は、「貨幣の成立という観点から第一、二章でのマルクスの叙述を見る」[38]という立場を明確に宣言している。この点は、彼が編纂した、全15巻にもおよぶ原典と訳文を対照させた『マルクス経済学レキシコン』[39]のうち、

第Ⅸ章　『資本論』冒頭商品論へのさまざまな所説について

冒頭商品論から貨幣論までを主対象とする部分が「貨幣」をタイトルとした全5冊となっている点からもうかがえる。久留間は、『マルクス経済学レキシコン』の編纂方針について次のように述べている。

> 全体を二つに分けて、第一篇ではマルクスが『資本論』第一部第一篇「商品と貨幣」の第一章「商品」の第三節「価値形態または交換価値」と、第四節「商品の物神的性格とその秘密」と、第二章「交換過程」とで論じていることを、貨幣の成立という見地から独自の表題を設けて採録し、第二篇では、第三章「貨幣または商品流通」の基本的な内容を、いろいろな下位項目を設けて紹介することにし、それらの項目の適宜な個所に、〔…〕第二部および第三部（ときには『資本論』以外のもの）からの引用を付け加えることにした。[40]

そしてこの立場のうえで、第三の点が追求される。すなわち、久留間は「貨幣生成過程論」の観点をより徹底し、「どのようにして、なぜ、何によって、商品は貨幣であるのか」の解明は、「商品の価格形態を分析」[41]すること、つまり、商品が「どのようにして、なぜ、何によって」価格形態をとるのかを解明することだと捉えたのである。これについては久留間の弟子である大谷禎之介が「ドイツ語原文での「商品は貨幣である」という部分の意味が、先生のおっしゃるように、商品が価格形態をもつということ」[42]であるとは「どうにも納得できない」[43]と異議を唱えているが、久留間はそれに同意してはいない[44]。

だが、ここまでくると誤読はあまりにもはっきりしている。

そもそも初版本文では交換過程論までの叙述では、価格という用語は一切出てこない。それゆえ、価格の概念が規定されているわけではない。第二版では、形態Ⅰから形態Ⅱへの移行を論じた個所に、「単純な価値形態、すなわち一連の諸変態を経てはじめて価格形態にまで成熟するこの萌芽形態の不十分さは、一見して明らかである」[45]なる一文があって、価格という用語が出てくる。だが、これは明らかに第三章「貨幣または商品流通」における議論の先取りとして述べられているのであり（この先取りによって第二版の価値形態論が貨幣生成論として叙述されていることがより一層鮮明になっている）、ここでも価格―価格形態の概念規定がなされているわけでは決してない。

そもそも貨幣形態と価格形態とは概念として同一ではない。

349

貨幣形態においては本質的には量的規定が量一般に抽象されたものとして捉えて良いものであって、つまり〈商品＝貨幣〉という形態である。だが他方、価格形態は一定の具体的量規定を絶対に要請する。つまり、〈a量の商品 A ＝ x量の貨幣商品〉である。第二版（〜現行版）においても、交換過程論までで貨幣形態の方は概念として規定されているが、価格形態は概念規定されてはいないのである。それは次の「貨幣または商品流通」のところでなされることとなる。ところが久留間は、この違いを無視している。久留間は「商品が価格の形態をもつのはつまり、商品＝貨幣 という形態をもつのは、ある一商品が貨幣になった結果ですね」[46]と述べているが、その言説に彼の固執が滲み出ている。ともあれ、このような概念規定上の無理を犯してまでも「貨幣生成過程論」を一貫して押し通すことが、かの有名なテーゼを金科玉条のものとして押し出すことと結び付いているのである。

（4）
　ところで、久留間の前掲『貨幣論』には、上述の「どのようにして、なぜ、何によって、商品は貨幣であるのか」の部分のフランス語版での表現をめぐる、林直道との論争が収められている。ドイツ語版（初版、第二版）では、「wie, warum, wodurch Waare Geld ist.」であるが、フランス語版では、「comment et pourquoi une marchandise devient monnaie」となっている点をめぐる議論である。
　問題点は三つある。
　第一のものは、ドイツ語版では「wie, warum, wodurch」と三つの疑問副詞があるのに対して、フランス語版では「comment et pourquoi」と二つになっている点である。第二のものは、無冠詞の Waare に対して、フランス語版では、une という不定冠詞または数詞が付されている点である。そして最後の第三のものは、ドイツ語版の ist に対してフランス語版では devient という動詞に変えられている点である。まず第一の点は、wie, warum, wodurch を『資本論』の三箇所に振り分けて議論する久留間にとっては大変悩ましいものであったに違いない。林はまさしくこの点を逆に問題化して突いたのである。疑問詞の数を題材として、林はフランス語版をドイツ語版よりも重視する立場から、久留間に迫ったのだった[47]。この批判に対して大谷禎之介はフランス語 comment のうちにドイツ語 wodurch の意味が含まれており、それをあえて別に、wodurch に対応する疑問詞、たとえば、

par quoi を用いた文章にすると、フランス語の文章としてはかえって異様なものになるので対応を犠牲にした表現にしたのではないかと述べ、久留間もそれに同意している[48]。ドイツ語からフランス語への翻訳という点にかぎって言えば、大谷の主張は正しいと思われる。

　だが、この解釈によって、久留間／大谷が林の批判に応えたことになりはしない。なぜなら、論争の発端は、久留間の主張がそもそも間違っていたからである。「どのようにして、なぜ、何によって、商品は貨幣であるのか」というマルクスの言明は、価値形態論の課題について述べたものであり、初版本文価値形態論でその課題に十全に解決を与えている以上、そのあとの交換過程論で「wie, warum, wodurch」を「comment et pourquoi」にすることになんの問題もないのである。

　こうして簡単に応答できる第一の問題に比して、第二、第三の問題は枢要な論点を孕んでいると考えられる。ドイツ語版の「商品は貨幣である〔Waare ist Geld〕」（下線は引用者）がフランス語版では「ある商品が貨幣になる〔une merchandise deviant monnaie〕」（下線は引用者）とされたことは翻訳の限界を越え、別の表現になっていると思われても当然だからである。なぜなら、フランス語版のこの一文は、価値形態論の課題が、諸商品の中から「あるなんらかの商品」が、どのような過程をへて、貨幣として生成してくるのかを明らかにすることなのだ、と明示するものになっているからである。このフランス語版の叙述は、たんなる平易化とはまったく位相を異にする「改変」である。だが、ドイツ語版第二版と同時並行的に刊行作業が遂行されていたフランス語版のこの決定的な改変は、ひるがえって、フランス語版のみならずドイツ語版第二版もドイツ語版初版と決定的にその目的を異にする価値形態論をもつことになったことを鮮明に示しているのである。

　ドイツ語版第二版では、この言明は初版とまったく同一である。さらに、マルクスの死からわずか9ヶ月後にエンゲルスによる校訂のうえで出版されたドイツ語版第三版でも、この部分の叙述にまったく変更はなく、マルクス自身による第三版のための草稿「『資本論』第一巻のための補足と改訂」および第二版自用本、フランス語版自用本への書き込みにもこの部分の改訂の指示はない。

　だが、それにもかかわらず、貨幣生成論として叙述された価値形態論をうけた第二版（〜現行版）でのその文章は、初版とは違った内容を伝えるものとなったと言ってよい。それは、久留間のように、「wie, warum, wodurch Waare Geld ist（どのようにして、なぜ、何によって、商品は貨幣であるのか）」を、初版とまったく

同一の文章であるにもかかわらず、改変後のフランス語版と同じ意味に、すなわち「どのようにして、なぜ、何によって、商品から貨幣が生成されるか」として理解する論者が、少なからず存在することに示されている。第二版（〜現行版）をテキストとするかぎり、久留間のような解釈の方が論理的には筋が通ったものとみなされても仕方がないのである。

こうして、フランス語版と第二版（〜現行版）とは違った文章をもちながらも相違ではなくてむしろその同一性、したがって逆にまったく同じ文章でありながら初版と第二版（〜現行版）との意味内容の相違を示し、それをマルクス自身が積極的に容認していたのではないかと判断させるものである。

(5)

以上、〈宇野─久留間〉論争の中心テーマとなった、商品所有者とその欲望を価値形態論は必要とするか、という論点について久留間が正しいことを検証したそのうえで、この論争における久留間の批判が不徹底であり、なぜそうなったのかについて、久留間の有名なテーゼへの批判をとおして検討してきた。ここで再度、〈宇野─久留間〉論争に立ち戻り、そこで派生した論争点について検討しておこう。これは先に第Ⅳ章第ⅵ節で触れた論点であり、価値形態論にとって、商品所有者とその欲望に関する問題よりは、こちらの方が決定的に重要であり価値形態理解の核心に触れるものである。

それは、何らかの労働生産物Aが現実的に商品になるために異種の商品Bとの間に形成される等置関係＝価値関係、すなわち、商品A＝商品Bについての理解をめぐるものである。この等置を、久留間は正しく、Aが自分にBを等置する、と捉えた。これに対し、宇野は、Aが自分にBを等置すると言おうと、Aが自分をBに等置すると言おうとどちらでもかまわない、とした。この理解の食い違いは、いわゆる「価値表現の廻り道」の理解とも直結しており、価値形態論の核心をなしている。ここでも久留間がまったく正しく、宇野が価値形態を全然理解していないことが明らかになった。久留間は以下のように基本的に正しい主張を展開している。

ここでわれわれが何よりもまず注意しなければならないことは、20エルレのリンネル＝1枚の上衣　あるいは、20エルレのリンネルは1枚の上衣に値する、

第Ⅸ章　『資本論』冒頭商品論へのさまざまな所説について

という価値方程式において、リンネルはいきなり自分を上衣に等置することによって価値形態を得ているのではなくて、まずもって上衣を自分に等置することによって上衣に価値物としての、すなわち抽象的人間的労働の直接な体化物としての、形態規定性をあたえ、そうした上ではじめて、この価値物としての定在における上衣の自然形態で、自分の価値を表現しているのだということである。こういう廻り道をしないでは、商品は価値形態をもつことができないのである。リンネルは、いきなり自分を上衣に等置することによって、すなわち自分は上衣に等しいのだと自称することによって、自分を価値物にすることはできない。それでは単なる独りよがりになってしまう。他面において、リンネルが上衣の自然形態でその価値を表わしうるためには、すなわち上衣の自然形態そのものを自らの価値の形態にしうるためには、あらかじめ上衣が価値物としての定在をあたえられていなければならぬ。言葉をかえていえば、上衣の自然形態がそのまま抽象的人間的労働の体化物を意味するものとされていなければならぬ。そしてそれは、リンネルが上衣を自らに等置することによって行われるのである。リンネルは、自分は上衣に等しいのだと自称することによって自分を価値物にすることはできないが、上衣は自分に等しいのだと宣言することによって上衣を価値物〔…〕にすることはできる。そこでリンネルは、かようにして上衣を価値物にした上で、自分は価値としては上衣と同じなのだ、ということによって、上衣の形態おいて、自分自身の価値性格を表現するのである。すなわち、その使用価値の形態であるところの自然形態から〔…〕区別された、価値形態をもつことになるのである。[49]

ところでこの論点は先に見たように、『資本論』の翻訳問題とも絡んでいた。たとえば、初版の次の文章 "Qualitativ setzt sie den Rock gleich, indem sie sich auf ihn bezieht als Vergegebständlichung gleichartiger menschlicher Arbeit, …" において、sich と Rock のいずれを3格とし、いずれを4格として訳出するのか、という問題があり、長谷部文雄、宮川実は、3格と4格とを逆にして訳出していた。つまり、ひどい誤訳を犯していることを、久留間は指摘する。それとともに、宇野弘蔵も『価値論』の文章で、同様の間違った表現をしていることを久留間は指摘したのである[50]。

この指摘は宇野には相当こたえたに違いないが、しかし宇野は「どちらでもよ

353

いのだ」と居直ったのである。この問題に関しては、宇野弘蔵『資本論五十年』中に、彼らの「学派」の外から見れば、まことに滑稽で醜悪とさえ言っても過言ではない、宇野と弟子たちとのやりとりがあけっぴろげに示されており[51]、久留間はその劣悪さにたいして、真正面から嘲笑をあびせかけている[52]。先に述べた開き直りと、それに追従をすることを恥じない弟子たちの徒党を見れば、宇野―宇野派の腐敗は明らかである。

(6)
〈宇野―久留間〉論争から離れる問題だが、久留間は価値形態論における形態Ⅰから形態Ⅲについて、そこに弁証法的発展や移行の論理を見出すという誤った理解[53]、例えば尼寺義弘の見解に対して次のように批判している。

第一形態から第二形態への移行は当然のことであって、この移行になんらかの「動力」が必要であるとは考えられません。第二形態から第三形態への移行にしても、〔…〕第二形態における所与の等式をただ反対側から見たものに過ぎないとすれば、この移行になんらかの「動力」が必要であるとは考えられません。／〔…〕価値形態の発展も理論的構想のなかでの発展なのだから、その発展の背後に「動力」を想定することが、そもそも必要であるかどうか？ ぼくには必要であるとは思えないのです。必要でないばかりでなく、へたをするといろいろな誤解をまねくおそれがあるように思われます。たとえば、価値形態論での形態発展を歴史上での発展と思いちがえたり、ヘーゲル流の「概念の自己発展」をこの場合に見いだそうとする試みのような。[54]

これが、弁証法などの言葉をもてあそぶ、一部の論者に対する重大な警告になってることは明らかである。

第ⅲ節　榎原均『価値形態・物象化・物神性』について

榎原のこの著作[55]はきわめて高い水準にあり、われわれも多くをこの書から学んだ。ここでは１点だけ疑問を呈しておく。
この書では、「人格の物象化と物象の人格化」という対が、何度も繰り返され

第IX章 『資本論』冒頭商品論へのさまざまな所説について

強調されている。榎原の物象化論における鍵概念と言ってもよい。われわれが問題にしたいのは、この対である。「物象の人格化」の方は、マルクスが初版序文で述べた「経済的諸関係の人格化」と同一の概念なのかどうかという問題がある。だがこれについては、概念として明確に規定されうるものと、われわれは考えている。しかし他方の「人格の物象化」は、それほど明確な概念ではない、とわれわれは判断している。その二つを対にして、しかも「人格の物象化」を先にして提示される対は、一体いかなる内容をもつ概念対なのか。

さらに——これがここでの中心問題だが——、「物象の人格化」という語句（概念）も、「人格の物象化」という語句（概念）も、冒頭商品論では、初版にも第二版にもいっさい出てこない。ただし、交換過程論の叙述に、「諸人格の経済的扮装は、ただ、経済的諸関係の人格化でしかない」という一文がある。事実はこうであるにもかかわらず、榎原は価値形態の理解に、かの対が鍵になると主張している。そうであれば当然のこと、その主張は正しいか否かという問題が生まれる。榎原はたとえば次のように言っている。彼の書では上記の対が頻出するため、ここでは二つのみ引用するにとどめる。

> マルクスにあっては、物象化は人格の物象化及び物象の人格化の問題として把握されているという基本的な設定自体、多くの物象化論者にあっては、見すごされている。[56]

> 商品の物神的性格は、等価形態の謎性につきるものではない。すでに相対的価値表現において、人格の物象化と物象の人格化が見いだされる。[57]

榎原のこうした主張を直接検討する前に、まずマルクスがその対をどのように用いているのかを確認しておこう。マルクスがこの対を書いているのは、以下の三つのテキストだけである。

① 「1861－1863年草稿」のいわゆる『剰余価値学説史』と呼ばれている部分[58]。
　Schon dieß Verhältniß in seiner Einfachheit ist eine Verkehrung, Personnificirung der Sache und Versachlichung der Person,
　すでにこの関係は、その単純性において、一つの逆転、すなわち物象の人

格化であり人格の物象化である。

② 「1863-1867年草稿」の第1部第6章「直接的生産過程の諸結果」の部分[59]。

Schon dieß Verhältniß in seiner Einfachheit Personnificirung der Sachen und Versachlichung der Personen.

すでに、その単純性におけるこの関係、すなわち諸物象の人格化と諸人格の物象化。

③ 『資本論』初版の第1章の（3）「貨幣または商品流通」の「B 流通手段」の部分[60]。

Der der Waare immanente Gegensatz von Gebrauchswerth und Tauschwerth, von Privatarbeit, die sich zugleich als unmittelbar gesellschaftliche Arbeit darstellen muß, von besondrer konkreter Arbeit, die zugleich nur als abstrakt allgemeine Arbeit gilt, von Personificirung der Sache und Versachlichung der Person – dieser immanente Widerspruch erhält in den Gegensätzen der Waarenmetamorphose seine entwickelten *Bewegungsformen.*

商品に内在する使用価値と交換価値からなる対立、私的労働が同時に、直接的に社会的労働として現われなければならないという対立、特殊な具体的労働が同時に、抽象的な一般的労働としてしか認められないという対立、物象の人格化と諸人格の物象化からなる対立――この内在的な矛盾は、商品変態の諸対立において、それの発展した運動諸形態を受け取る。

以上のマルクスの用法を分析してみよう。

まず、①と②はその前後の文章も含めてほとんど同一の文章からなっている。両者を比較すると、①の方がより丁寧で、詳細に説明されているので、①を検討しよう。まず①の直前の文章で重要なところを抜粋しておく（長文の引用のためドイツ語原文は省略する）。

資本家自身は、ただ、資本の人格化として支配者であるにすぎない。〔…〕／資本の生産性とは、資本のもとへの労働の形式的包摂だけを見ても、なによりもまず、剰余労働の強制に、すなわち直接の必要を超える労働の強制にある。

第IX章　『資本論』冒頭商品論へのさまざまな所説について

〔…〕／こうしたたんなる形式的な関係〔…〕を見ただけでも、生産諸手段すなわち物象的労働諸条件〔…〕が労働者に従属するものとして現われるのではなく、それらに労働者が従属するのである。労働者が生産諸手段を充用するのではなく、生産諸手段が労働者を充用する。そしてそのことによって、生産諸手段は資本なのである。資本が労働者を充用するのである。生産諸手段は、それらが直接的生活手段の形態であろうと、交換手段としてであろうと、諸商品としてであろうと、労働者にとっては諸生産物を生産するための手段なのではない。労働者が生産諸手段にとっての手段なのであって、一面では生産諸手段の価値を保存するための、他面ではそれらの価値を増殖させすなわち増大させ、剰余労働を吸収するための、手段なのである。[61]

次に①直後の文章では、こう述べられている。

なぜならこの形態を以前のすべての形態から区別するのは、資本家がなんらかの人格的資格で労働者を支配することではなく、彼が「資本」であるかぎりにおいてのみ、こうした支配があるということだからである。資本家の支配は、生きた労働にたいする対象化された労働の支配、労働者自身にたいする労働者の生産物の支配にすぎないのである。[62]

一方の物象の人格化については、「資本家自身は、ただ、資本の人格化として支配者であるにすぎない」と言われているように、第Ⅰ章で引用した『資本論』初版序文にある「ここで人格が問題とされるのは、ただ、人格が経済的諸範疇の人格化〔*die Personifikation ökonomischer Kategorien*〕であり、一定の階級関係や利害関係の担い手〔*Träger*〕であるかぎりのことである」と同じ内容を指している。つまり、資本家は資本という物象の人格化としてのみの人格であるにすぎない、ということである。

だが、これが他方の人格の物象化と対になっている点をどう考えればよいのか？　①の前後の文章からすると、人格の物象化については、賃労働の資本の下への従属ということを指しているかに思われる。つまり、「労働者が生産諸手段を充用するのではなく、生産諸手段が労働者を充用する」こと、「生産諸手段は、〔…〕労働者にとっては諸生産物を生産するための手段なのではな」く、「労働者

が生産諸手段にとっての手段なの」だということである。生産諸手段は資本の定在でありあくまで諸物象である。たんなる労働諸手段等ではない。すなわち機械や工場、原材料等々ではない。それらはすべて資本であり、そのかぎりで諸物象である。だが、賃労働者が主体として、機械や原材料等々を生産のための諸手段として活用するのではなく、これらの諸物象にとっての手段になるからといって、賃労働者が物象になるわけでは決してない。

さらに、人格（Person）なる用語を、そのカント的概念やヘーゲル的概念をマルクスが当然踏まえて用いているに違いない以上、自立した自由な主体、法的かつ人倫的な主体ということを批判的に踏まえているはずである。そうであるとすれば、榎原が強調する対で言われていることは、現に生きている人間ではなく、資本である諸物象の方が主体として立ち現われているという事態を指していることになる。つまり資本である諸物象の方が、それらの物象の単なる人格化でしかない資本家たちを通して、主体として、すなわち内実ある人格として、社会─人々を支配している、ということを述べていることになる。ということは、ここでは、物象の人格化が二重の形で述べられているということである。第一に、資本家たちは資本という諸物象のたんなる人格化でしかないこと、そして第二に、その物象のたんなる人格化でしかない資本家たちを通して、諸物象が人格＝主体として立ち現われ、社会─人々を実際に支配している、ということである。

この点から言って、かの対はきわめて気の利いたものではあるが、精確な概念として定立されるものではない。「物象の人格化」はよいとしても、「人格の物象化」はある種の比喩として、物象化を括弧でくくって用いるべきものではないだろうか。ちなみに、われわれはここで、「諸物象」と述べた。だが、原文を見れば明らかなように、物象も人格も単数である。これはそれぞれの単数形名詞をつうじて、諸物象と諸人格とを代表させている、と考えてよいだろう。

②にうつろう。②は『資本論』第一部の最後にまとめとして置くことを予定して書かれたものである。結果としてそれは採用されなかったが、あくまで第一部のまとめとして草稿は作成されている。資本と賃労働の関係総体をここで総括しようとしているのである（①もまた、そのような意図の下でかかれているに相違ない）。そうした文脈を精確にふまえたうえで、この草稿全体とその中の概念対を捉える必要がある。この文章では、①での単数形が、複数形に変わっており、①よりは精確な叙述であるかもしれない。だが、表現が可算的なものとなってい

第Ⅸ章　『資本論』冒頭商品論へのさまざまな所説について

るため、とりわけ物象にかんして、抽象性の次元で①より低いものになっている。

では次に③を検討しよう。

これはそのまま第二版以降でも用いられている。この文章は、単純な商品流通でさえ、「独立して相対する諸過程が一つの内的な統一をなし」[63]ているものであり、それゆえ「これらの過程の内的な統一が外的な諸対立において運動することを意味している」[64]以上、恐慌の可能性をもつ、ということを述べたなかにある。〈内的な統一と外的な諸対立〉なる弁証法を駆使して、商品（＝資本）の運動について、恐慌という事態を──いささか先取りに過ぎる形で──述べているのである。それゆえ二つの事柄が統一と対立の関係にあるものとして述べられなければならなかった。③にあげられた統一かつ対立の二項のうちで、「物象の人格化と諸人格の物象化」だけが異質である。「使用価値と価値」、「私的労働と社会的労働」、「具体的労働と抽象的一般的労働」という二項はすべて、冒頭商品論で概念規定がなされている。「物象の人格化と諸人格の物象化」だけが、何らの規定もなしに、唐突に顔を出すのである。だが、恐慌という事態に言及する以上、①、②にみた〈資本─賃労働〉関係の総体に関わるそれが必要だったと考えることはできる。だが、統一かつ対立という二項としては、先に述べた、物象の人格化それ自体の二重化として述べるべきであったのではないか。

さらに次の点にも注意を払っておきたい。「使用価値と価値」・「私的労働と社会的労働」・「具体的労働と抽象的一般労働」の対で用いられている概念名詞は、すべて単数形である。このことで、それらの概念を代表した表現として考えることができる。それに対して、「物象の人格化と諸人格の物象化」は、「物象」の単数形と「諸人格」と複数形とが混在した表現である。①と②のキメラのような表現と言い換えてもよい。概念規定なしに突如登場する叙述という事実に加えて、このキメラ的表現は、はたして十分に意を尽くしたものであったのだろうか。

以上が、マルクスのかの対の用例とその分析である。では、榎原はどのように この対を用い、その概念を規定しているのか。

先に引用した榎原の二つの文章にもあるように、彼はこの対を述べるにあたって、必ず「人格の物象化」を先にもってきて、「人格の物象化と物象の人格化」とする。これに対してマルクスの方は、先の三つの用例にあるように、位置関係が逆である。つまり「物象の人格化と人格の物象化」・「諸物象の人格化と諸人格の物象化」・「物象の人格化と諸人格の物象化」である。この転倒に留意して検討

359

をすすめていこう。この書の目次から「人格の物象化と物象の人格化」に直接関係した項目を拾い出してみると、次のようになる。①第二章第二節「人々の社会的関係の解読」の十「人格の物象化と物象の人格化」、②第三章第三節「「人格の物象化と物象の人格化」」、③同、二「物象の人格化の仕組み」、④第六章「価値形態と物象化」の第一節「人格の物象化の原理」、⑤同第二節「人格の物象化の現実性」、⑥同第三節「物象の人格化」、⑦第七章「資本と物象化」の第一節「資本の人格化」、⑧同第二節「生産過程での人格の物象化過程」、である。これを見ると、榎原にとっては、「物象の人格化」よりも「人格の物象化」の方が、より重点をおいて説明されなければならないものだ、ということがわかる。このことは第六章にはっきりと現われている。目次のタイトルにもあるが、彼が「人格の物象化の原理」と言っていることに注意を払う必要がある。「原理」というきわめて強い範疇で、榎原は「人格の物象化」を前景化しているからである。この「人格の物象化の原理」なるものについて、榎原は次のように言う。ここでは二つだけ引用することにしたい。

人格の物象化の原理は、簡単な価値形態の分析において、商品の価値形態を物象相互の社会的関係として解明し、さらにこれを労働の社会的関係として把えかえすことにもとづいて析出させられた。／〔…〕／人格の物象化の原理について、まず確認しておこう。マルクスは簡単な価値形態を分析したところで次のように述べていた。／〔『資本論』初版からの引用を省略〕／リンネルの上着への連関という物象相互の社会的関係の背後にリンネルの裁縫労働への連関を読みとること、ここに人格の物象化の原理が開示されている。このリンネルの裁縫労働への特定の仕方での連関に価値形態の秘密の内実があり、使用価値と価値とが反照しあう関係を成立させる根拠があったのだが、さらにまたこの連関こそが人格を物象化させる原理をなしていたのであった。[65]

簡単な価値形態の分析から導き出された人格の物象化の原理は、具体的なものである人格的力能が、抽象的一般的なものを実現する手段となり、個々の人格は、この抽象的一般的なものを生成させる仮のものとなってしまっている、という事態として把えかえすことが可能となるだろう。[66]

要するに、榎原の言う「人格の物象化」とは、マルクスの言葉で言えば、次のことである。『資本論』初版にはこうある。

> 私的生産者たちにとっては彼らの私的労働の社会的な諸規定が労働生産物の社会的な自然被規定性として現われるということ、人々の社会的な諸生産関係が諸物象の対相互的および対人的な社会的な諸関係として現われるということ〔…〕。社会的総労働にたいする私的労働者たちの諸関係は、彼らに対立して対象化され、したがってまた彼らにとっては諸対象の諸形態において存在するのである。[67]

一言で言えば、社会的生産における人々相互の諸関係が、諸物象相互の諸関係として現われるということである。この事態を榎原は「人格の物象化」というのである。では、榎原は「物象の人格化」についてどのように述べているのか？ 先に結論を言えば、「人格の物象化」が生じることによって、人々に対して諸物象の方が人格化することで人々を制御・支配し、人々の意志を支配する事態にまで至る、つまり諸物象が主体＝人格化する、として榎原は「物象の人格化」を規定するのである。彼は、「商品における人格の物象化という事態は、生産者たち自身の社会的運動が諸物象の運動という形態をとり、なおかつ、生産者がこの諸物象の運動を支配している諸法則に制御される、という関係を生みだすことが示された」[68]として、物象の人格化について次のように言う。

> 人格的な力の物象化を意味する価値形態が、物神性によって人々の眼には物化するが、そうすると、諸物に超自然的な力が宿ることとなり、物神崇拝が発生する。物象の人格化はここに見いだすことができるが、しかしそれはまだ一般的である。物神性の解明は物象による人間の社会的意識に対する支配の解読であった。ここからさらに進んで、物象による意志の支配にまでゆきつかねば物象は人格化しない。[69]

> 物象の人格化を解明する際に問題となるのは、いかにして物象が人格の意志を支配するか、ということであることがわかる。[70]

人格に対する意志支配にいたる、人々に対する諸物象の支配という事態を、榎原は「物象の人格化」というのである。以上のことから、彼が「人格の物象化」を「物象の人格化」より先にもってこなければならなかった理由がはっきりする。「人格の物象化」にもとづいて「物象の人格化」が生じる、と榎原は考えているからである。つまり彼は、初版本文の価値形態論で、とりわけ形態Ⅰで「人格の物象化」の原理が明らかにされ、これをうけて交換過程論において「物象の人格化」が解かれると考えているのである。

> 交換過程論では、物象が人格化してくる仕組みが明らかにされているとすれば人格の物象化はすでに価値形態論で展開されているのだ、ということにならざるをえない。／そしていわゆる物神性論も含め、相対的価値表現の視点から展開されている初版本文価値形態論を見れば、その単純な価値形態のところですでに人格の物象化について解明されていることがわかる。[71]

　こうして彼は、「人格の物象化と物象の人格化」という対概念の深化・発展として貨幣から資本、そして利子生み資本における物象化を語るのである。
　だがここでふたたび問わねばならない。この対概念、とりわけ「人格の物象化」なるものは概念としてきちんと定立されているであろうか？　なぜ、「社会的生産における人々相互の諸関係が、諸物象相互の諸関係として現われる」ということが、人格の物象化なのだろうか？　相互に独立して私的労働を営む商品生産者たちは、物象相互の社会的諸関係の人格化としてのみの諸人格でしかない。とはいえ、それらの人格が物象化するわけではない。そうであるならば、人格の物象化なる概念が規定されているとはとても言えない。
　榎原はまた次のようにも言う。

> 商品所有者の人格的力能の支出が社会的に評価される際には、商品相互の関係という物象相互の社会的関係によってなされる。人格的力能の社会的評価が物象相互の関係によってなされるとすれば、そこでは人格は物象化している。[72]

　「人格的力能の社会的評価が物象相互の関係によってなされる」ということと、「人格の物象化」とが結び付けられている。だが、その結合をもって「人格の物

第Ⅸ章　『資本論』冒頭商品論へのさまざまな所説について

象化」とされても、到底納得するわけにはいかない。ここでも「人格の物象化」は概念として定立されてはおらず、何かしらの「雰囲気」を示す語句以上のものではない。

　端的に言って、彼の対概念は肥大化している。というよりも、それは確たる概念になっていない。概念になっていないという事態については、次のことを考え合わせるとよいだろう。「物象化」あるいは「人格化」というときの基体は何であるのか、という根本的な問いである。つまり、「物象化」および「人格化」を担うものは何か、である。まず、概念としてきちんと成立している「物象の人格化」について、その基体を考えてみよう。交換過程論にある「諸人格〔Personen〕の経済的扮装は、ただ経済的諸関係の人格化〔Personifikationen〕でしかない」という叙述における複数形での「人格化」の基体は、当然「諸人格」である。つまり、商品所有者や資本家などである。また、諸物象が人格＝主体として、人々をその意志をも含めて支配し統制するという場合の「人格化」の基体は、諸物象自体である。「人格化」の基体がこのように異なっているが、いずれも「人格化」の基体、つまり担い手は明確である。

　それでは、「人格の物象化」の場合はどうなっているのか？　この語句で言われているのは、「私的生産者たちの私的労働の社会的な諸規定が労働生産物の社会的な自然被規定性として現われるということ、人々の社会的な諸生産関係が諸物象の対相互的および対人的な社会的な諸関係として現われるということ」であった。一方に、諸人格としての私的生産者たちの社会的諸関係があり、これが他方の、諸物象相互の諸関係として現われる、というのである。ここでは「物象化」の基体は何か、などと問うことさえ無意味である。「人格の物象化」なるものが概念としてきちんと成立していないというのは明らかではなかろうか。

　さらに、先に述べた物象と人格という概念名詞の単数・複数の問題が存在する。引用から判るように、榎原が「人格の物象化」「物象の人格化」を語るさい、結論における「人格」も「物象」も、ともに高い抽象性の次元での概念のようにあつかわれている。ところが、先に①〜③に見たようにこの概念対は、その表現における抽象性の変化をへた上で、『資本論』初版において、一方が単数の「物象」、他方が複数の「諸人格」の「〜化」という、対としてすわりの悪い表現にたどりついている。それも——繰り返しになるが——「諸人格の物象化」が十分に概念規定がなされていないため、抽象度の違う対象（「物象」「諸人格」）が転化・逆

363

転されて統一的対立をなすという、ゆがんだ組み合わせとなっているのである。

　結局、榎原の説における鍵概念とされた対は、彼が無理矢理にその対を諸事態にあてがった結果としての標語のようなものであり、ある種の「雰囲気」を表わすだけのものでしかない。その対を適用することによって、何らかの内実が概念的に解明され、理解が深められたわけではないのである。逆に、その対によって、雰囲気的な覆いをかけられただけである。彼が諸事態の内実について分析し解き明かしたところは、じつに精確であり高い水準を示している。ところが、残念なことに、その解明に不要な対を充てて、理解に覆いを被せているのである。かの対をすべて取り除いたとしても、彼の著書は高い水準をたもち、大きな意義をもつであろう。むしろかの対によってその水準と意義とを損なっているのである。

　結論を述べよう。物象の人格化は先にわれわれが述べたように、二重性において規定される明確な概念である。だがしかし、この概念でさえも、少なくとも交換過程論を前提とする。冒頭商品論においては、物象の人格化は、概念として定立できない。他方、「人格の物象化」は概念として成り立たない。かくして、「人格の物象化と物象の人格化」なる対は概念としては無効である。むろん、鍵概念などになりようもない。マルクスが先に示した三つの用例で、概念として明確な〈物象の人格化〉を先にもってきたのは、おそらくこのような理由があったためであろう。

第ⅳ節　佐々木隆治『マルクスの物象化論』について

（1）佐々木の議論で検討すべき点

　佐々木のこの著書[73]については第Ⅰ章で取り上げた。そこで述べたように、この著書は、商品語に正面から取り組むことをつうじて、物象化について論じたものである。この点だけでも、貴重な労作だと言えよう。だが、結局彼は、人間語の世界とは決定的に異なる一対象として、商品語の〈場〉を措定することができなかった。商品語をたんなる比喩として捉えるところから抜け出すことができなかったからである。どのような形であれ、比喩として捉えるかぎり、人間語の世界内の話にならざるをえないからである。

　商品語を捉えることに失敗したとはいえ、物象化論としての佐々木の議論の水準は高く、商品語の問題も含めていくつかの論点について検討しておきたい。論

第Ⅸ章　『資本論』冒頭商品論へのさまざまな所説について

じるべき点は以下である。
　① 商品語について
　② ①との関係で、『資本論』初版本文価値形態論と同第二版価値形態論の扱いについて
　③ 人格の物象化について
　④ 価値について

(2) 商品語について
佐々木は、商品語の重要性について次のように語っている。

> 「商品語」の比喩は難解であり、それゆえ既存の価値形態論研究においても少数の例外を除いてほとんど検討されてこなかった。だが、その比喩の解釈は、価値形態と価値実体の必然的連関、ひいては価値形態全体の理解にとって決定的な重要性を持っている。[74]

「比喩」と、十分なテキスト批判もせずに断定してしまうところに、彼の限界のすべてが現われている。だが、商品語についての理解が、「価値形態と価値実体の必然的連関、ひいては価値形態全体の理解にとって決定的な重要性を持っている」と述べていることは正しい。だからこそ、冒頭商品論の出だし部分を人間語の世界の問題、それに対して価値形態論を商品語の〈場〉の問題、と明確に区分して捉えることが求められるのである。だが、たんに比喩として商品語を捉えるかぎり、その区分に進むことはできない。なぜならば、比喩である以上、人間語の世界内部の問題にとどまるからである。人間語の世界における比喩としてではなく、人間語の世界の外部にあるものとして商品語の〈場〉を措定することによってはじめて、冒頭商品論の出だし部分と価値形態論との決定的な次元の違いを捉えることができる。

この決定的な違いを認識できないため、佐々木は、この比喩がいかなるものの、どのような種類の比喩であるのか、それをいかに解釈すればよいのか、ということをめぐって、苦心することになる。彼の労苦の跡を辿ってみよう。

「商品語」という比喩は何を意味しているのか。商品語で語られるのは、価値

表現関係による媒介であり、その媒介をつうじてリンネルの価値存在および織布の価値形成性格が実際に成立するということである。〔…〕リンネルはこのとき上着と関係することによって語るのであるが、その内容を上着にたいして語るのではない。むしろリンネルは上着によって語るのである。〔…〕リンネルが自らの価値表現のために能動的に上着に関係することで、上着はリンネルにとって自らの価値存在を表現するための「言語」となる。リンネルは自らの「思い」を「思い」のままに表出することはできない。あくまで上着と関係し、上着を「言語」にすることによってしかそれを語れないのである。〔…〕／だが人間と違って、商品にあっては関係を取り結ぶ相手自体が自分にとっての「言語」になるのであり、それゆえ、さしあたりそれは「自分だけ」にしか意味をもたない。[75]

佐々木にとって商品語は比喩であった。その「比喩」に「上着を「言語」にする」といった比喩が重ねられる。彼の苦心惨憺はよく解るが、これではなぜマルクスが商品語ということを言ったのかは解らない。ある対象xの比喩として商品語を考えるのではなく、その対象そのものを商品語の〈場〉として明確に措き、その概念を練り上げることを目指さなければならない。商品語そのものは対象とすることはできず、われわれ人間にとっては、その〈場〉を措定することができるだけである。だが、あくまで対象として措く必要があるのだ。ただし注意を払うべきは、人間語が〈場〉における言語であるのに対して、商品語は〈場〉そのものの言語である、という違いである。

人間語は、何らかの人間語の〈場〉を前提とし、その〈場〉において成り立つ。たんなる独り言や夢の中の言葉も例外ではない。「空気を読む」という、まさしく比喩以外の何物でもない言い方を例にとってみよう。「空気を読む」のは、〈場〉が「読む」ことに先んじて存在する、つまり「読む」ことの前提として在るからにほかならない。

これに対して、商品語は〈場〉それ自体が言語である。そのようなものとしてしか、人間語の世界にとっては商品語を捉えることができない。人間語にとって前提となる〈場〉に相当するのは商品〈場〉だが、商品語の〈場〉は商品〈場〉を基底とし、その上に開きだされる〈場〉ということになる。

価値形態Ⅰは自らを現実的に商品として示そうとする商品が、自分とは異種の

第Ⅸ章 『資本論』冒頭商品論へのさまざまな所説について

商品を等価物として自分に等置するというものであり、だから相対的価値形態にある商品が作り出す等置関係・価値関係であり、それに照応してそこにおける商品語の〈場〉がある。だからこそ、マルクスは第二版の叙述で、次のように〈聴き取り、人間語に翻訳し、註釈を加える〉のである（これまで何度か引用した）。

〔…〕商品価値の分析がさきにわれわれに語ったいっさいのことを、リンネルが他の商品、上着と交わりを結ぶやいなや、リンネル自身が語るのである。ただ、リンネルは、自分だけに通じる言葉で、すなわち商品語で、その想いを打ち明ける。

リンネルが「自分だけに通じる言葉で」、一方的にしゃべるからといって、それをモノローグだと捉えてはならない。なぜならそれは、商品という物象の言語、すなわち関係性そのものの言語だからである。人間語の世界のモノローグとはまったく別のものであるし、モノローグという比喩は誤解を与えかねない。ところが佐々木は次のように言う。

かくして、商品語は「自分だけ」にしか通じないのであり、それによる語りはモノローグでしかない。ここでは、商品語は、リンネルが自らの価値を現出させ、織布労働の人間的労働としての価値形成的性格を成立させるためにだけ語られる私的言語なのであり、それ以外の意義を持たないのである。[76]

佐々木はこのように、いったん「モノローグ」だと規定する。そのうえで、ただちに註66）において、「これはあくまで個別的な価値形態においてのことであり、これが一般的価値形態へと発展すれば、事情は異なる」[77] と言う。彼は第一版から「一般的価値形態は商品世界の共同事業としてのみ成立する」[78] という文章を含む一節を引用し、次のように述べる。

ここでは、価値表現はモノローグではなく、同時に他の商品が同じ等価物によって価値を表現するという「共同事業」となり、あらゆる商品は一般的等価物を媒介して互いに価値として関係しあう。しかしながら、純粋に相対的価値形態と等価形態の関係をみるならば、前者の商品の主体的な働きによって一方的

に他商品に後者の規定性が与えられるという事情については変わらないのであり、個別的な価値形態についてはさしあたりこの事情が強調されるのである。[79]

　佐々木がマルクスから引いた一節は、彼も確認しているように、第二版のものであり初版本文には存在しないものである。この一節は、第二版の形態Ⅲ（一般的価値形態）が貨幣形態である形態Ⅳに「移行」するものであるからこそ、書かれたものである。商品世界全体の「共同事業」なるものは、本来、価値形態論においてではなく、交換過程論で語られるべきものである。初版本文の価値形態論の形態Ⅳにおいては、一般的等価物はあらゆる商品がそれに位置しうるものとされており、形態Ⅲから形態Ⅳへの移行など考えるべくもない。むしろ、第二版の「共同事業」に対して、初版本文では「一般的等価物はまだけっして骨化されてはいない」と述べられてさえいるのである。たんなる比喩として商品語を捉え、その比喩の上にさらに、モノローグという比喩を重ねるがゆえに、こうした弁解じみたことを言わざるを得なかったのである。形態Ⅰにおけるリンネルが語るところは、決してモノローグではないのである。

　さらに、モノローグと考えてしまうからこそ、「私的言語」だという誤った認識がつづくことになる。これはよりいっそう問題である。商品語の〈場〉として相対的価値形態に位置する商品の個々の言葉としてはいろいろあるかもしれないマルクスも、「商品語も〔…〕もっと多くの、あるいはより正確な、あるいはより不正確な、地方言語をもっている」と述べているのだから。だが、商品語という〈言語〉が問題である以上、リンネルの語りは「私的言語」であるはずがないいかに「リンネルだけに通じる」ものだとしても、リンネルは価値形態Ⅰの代表として取られた商品である以上、その場で語られる言語が私的言語であるはずはないのである。だからこそ、第Ⅰ章でも問題にしたが、マルクスは商品語に対して人間語を「方言（地方言語）〔Mundart〕」という表現で対比したのである。すでに述べたように、「方言」ではなく「地方言語（あるいは地域言語）」という訳語が、より相応しい。だが、商品語を問題にしつつも、佐々木が「方言」の訳語をその著書で用いているため、ここでは「方言」としておくこととしよう。さて佐々木はこの「方言」の問題について、次のように言っている。

第Ⅸ章　『資本論』冒頭商品論へのさまざまな所説について

価値形態の展開は、単純な価値形態においては「リンネルだけに通じる言語」にすぎなかった商品世界の言語が、人間世界の言語を方言としてしまうようなコスモポリタン的言語（「商品の一般的言語」）へと生成する論理的過程にほかならないのである。80)

彼は、価値形態の形態Ⅰから貨幣形態である形態Ⅳへの過程を論理的なものとして見てはいる。だが、それを「発展」の過程として捉えるがゆえに、商品語も私的言語からコスモポリタン的言語＝一般的言語へと比喩として発展させられる、というわけである。商品語について、「商品語という比喩」だと考えるから、幾重にも比喩を——それも不格好な比喩を——言わなければならないのだ。先に述べたように、価値形態はただ三つの形態があるだけであり、社会性の水準を別とすれば、それらの間に発展などはまったくない。それゆえ、商品語の〈場〉にも、価値形態に応じた発展などはない。ただそれが在る、というだけのことである。さらに言えば、そもそもこの〈商品語—方言〉について述べたマルクスの言明は、価値形態Ⅰに関するところにある。佐々木はこの事実をいったいどのように考えているのだろうか。

こうして佐々木は折角商品語に注目したうえで、「商品語はマルクスの価値形態論の到達点」81) とまで高く評価しながらも、結局は、次のように語る——というよりも、「語るにたらぬ」と言う方が精確であろう——ことになる。

価値の実体と形態の連関を必然化する構造、すなわち人間の意識的な諸実践が構築するにもかかわらず、あたかも人間にとって「客観的」に作用するかのような「商品世界」固有の論理を強調して表現するために、マルクスは「商品語」という奇妙な比喩を採用したのである。リンネル生産者は商品交換において自ら「思い」を語ることができず、リンネルに上着を等置することでリンネルに「思い」を語らせることを強制される。だが、このようにリンネルに語らせることを彼は無意識のうちに行うのであり、それを聴き取ることはできない。「商品語」の比喩はこのようにして、私的労働にもとづく社会的分業を前提とする限り、意識的な人間の活動が無意識のうちに人間の意志からは独立した価値の実体と形態の必然的な構造、すなわちあたかも商品を主体とするような「商品世界」固有の論理を作り出し、ここにおいて主体と客体の転倒が起こる

ことを表現するものに他ならない。／それゆえ、「商品語」という比喩に賭けられているのは、たんに生産物が人間から独立に運動し、人間を支配するという意味での転倒ではない。〔…〕むしろ、そこで言われるのは、人間の意識的行為が、人間の行為を規制し制御する実践的構造を無意識的に成立させるという逆説なのである。[82]

商品語の〈場〉をあくまで「商品語という比喩」だと捉え、それが何の比喩であるか、またその比喩の働きを語ろうと苦心するために、文章があちらこちらで破綻を来さざるをえなくなっている。以下、三つの問題を指摘しておこう。

① 「リンネル生産者」＝リンネル所有者は「商品交換において自らの「思い」を語ることができ」ないと佐々木は言うが、それは本当だろうか？ 「思い」の中身が問題だが、マルクスが、諸商品の語るところを〈聴き取り・翻訳し・註釈を加えた〉事柄であるなら、それは商品所有者にとって「語ることができないこと」ではなく「語る必要がないこと」である。それ以上でも以下でもない。『資本論』を真摯に読み。そこから必要なことを学びさえすれば、語ることさえ可能である。むしろ商品所有者は「商品には欠けている、商品体の具体的なものにたいする感覚を、自分自身の五つ以上もの感覚で補うのである」[83]。この商品所有者の評価には、価格に対する真剣で厳格な、またときには皮肉にみちたものも含まれる。だから、およそ商品所有者は、十二分に自分の「思い」を語るのである。

② 商品所有者は「それ［リンネルの語るところ］を聴き取ることはできない」と佐々木は言うが、人間は学習することができるので、「聴き取る」ことはできるのである。ただ問題は、聴き取ったからといって事態は何も変わらない、つまり商品交換の現実をその認識によってはどうすることもできないということである。

③ 「あたかも商品を主体とするような」と佐々木は言うにいたった。これまで何度も強調してきたことだが、まさしく文字通り、商品が主体であり、諸個人は主体ではない。冒頭商品論の意義を佐々木は否定するところにまでいたっている。

商品語の〈場〉について「商品語という比喩」としてしか捉えられないために佐々木は人間語の世界（人間の言語活動）と、その意識的・意志的活動に引きず

られ、そこでその比喩を説明しようとすることになるのである。その欠陥からくる文章の混乱を無視すれば、佐々木の言わんとすることは、物象による諸人格の意識・意志に対する支配にいたる制御・支配・拘束という事態のことである。この事態について語るために、マルクスは商品語という比喩を用いたのだ、と彼は言いたいのだ。だが残念ながら、これは牽強付会の議論である。諸物象による諸人格に対する支配（意志支配にまでいたる）を解くために商品語なる比喩が必要であるという根拠なき断定によっては、事柄がよりよく深く解明でき、理解できるようになる、などということはまったくない。たんなる比喩でしかないのであれば、マルクスの叙述に「商品語という比喩」なるものはまったく不要である。『資本論』の読者にとって、商品語なる耳慣れない語句に遭遇することで、むしろ事態の理解が妨げられるだけであろう。

　ではなぜ、マルクスは「商品語」とあえて述べたのか。それは、第Ⅳ章で詳しく述べたように、人間語では理解できない現実が商品〈場〉で生じているからである。「リンネルは、ひとたたきでいくつもの蠅を打つ」という現実、人間語の世界における分析的抽象化とはまったく違った、現実における「抽象化」（抽象化という言葉を用いることにさえ疑問を抱かせる）という事態、またヘーゲル的実体なるものが現実に立ち現れるという事態等々——商品〈場〉の摩訶不思議で人間語による接近を拒む、この現実に対してどのように人間語によって対処したらよいのかを、マルクスは徹底して考え抜いたのである。人間語による分析的論理的抽象化と概念化の途ではなく、「商品語」と、その異様な「言語」の〈場〉を考え、諸商品自体の「話す言葉」を〈聴き取り・翻訳し・註釈を加える〉ことへと根源的な転換をはかったのである。われわれが考えるに、マルクスにはそうするより他はなかったのであり、その根源的転換をなすことで、対象に、つまり商品〈場〉により一歩接近できたのである。あくまで可算有限世界にあり、線形時空をなしている人間語の世界からその世界を超え出た対象により一歩でも接近するために、「商品語という比喩」ではなく、商品語の〈場〉を是が非でも考える必要があったのである。

(3)『資本論』初版本文価値形態論と同第二版価値形態論の扱いについて
　商品語に注目しながらも、それを捉えることに失敗した佐々木は、価値形態論のテキストについて、初版本文のそれではなく、第二版のそれを主テキストとす

べきだという誤った判断に陥っている。彼は、「「商品語」の比喩は、『資本論』第1巻第二版において初めて登場する」[84]と指摘し、次のように言う。

> 商品語の論理は、『資本論』第1巻第2版においてはじめて確立されたものである。もちろん、無意識のうちに必然的に形成される形態的論理については初版においても強調されている。だが、まだ商品語としてそれを特別に強調する叙述の仕方にはなっていない。[85]

ここから彼は、初版から第二版への書き換えのための草稿「『資本論』第1巻にたいする補足と変更」を初版付録と付き合わせて検討し、初版から第二版への歩みを次のように評価する。

> いずれにしろ、マルクスが極めて意識的に商品語の比喩を採用し、無意識のうちに形成される形態的論理を強調する叙述へと進んでいったことは明らかである。その意味で、商品語はマルクスの価値形態論の到達点であり、その核心をなすものだと言って良い。[86]

このように佐々木は、商品語という用語そのものが第二版ではじめて登場したものであり、その比喩（佐々木にとってはあくまで比喩でしかないが）を意識的に用いることによって、初版本文の価値形態論よりも第二版の価値形態論の方がより高い水準に至っていると判断しているのである。

たしかに、商品語という用語は初版にはなく、第二版ではじめて用いられたことは事実である。だが、だからと言って、初版が第二版より商品語について、より正確に言えば、商品語の〈場〉について無自覚であったということはできない。第Ⅰ章に引用したものだが、初版付録の一文（第Ⅰ章の註13）を付したもの）は、人間である「私」＝マルクスの下す判断と「リンネルそのものが〔…〕語っている」こととが、きわめて鮮明に対比されていた。商品語という言葉こそ使われてはいないものの、商品語を問題にしていることは明らかである。また初版本文価値形態論も、普通の人間の言葉の世界、なかんずくその論理の世界では処しきれない世界のことを扱っているという点が、はっきりと示されている。「リンネルは、ひとたたきでいくつもの蝿を打つ」というのだから（『資本論』でしば

第Ⅸ章　『資本論』冒頭商品論へのさまざまな所説について

しば引用される『新約聖書』でも、すがりついてくる民びとのあらゆる依願の——多言語ではないが、多声的な——声に、イエスは一挙同時に対応できてはいない！）。商品語そのものはわれわれには感覚的に捉えられないものではあるが、取り敢えず商品語の〈場〉というものを措き、諸商品が語る言葉を〈聴き取り・翻訳し・註釈を加える〉という、対象に向かう際の立場における根本的転換が初版本文価値形態論で、はっきりと果たされているのである。商品語という用語をまったく用いていない初版本文価値形態論の方がむしろ、第二版のそれよりも商品語の〈場〉の特質を鋭く描き出している言える。それゆえ、前者の方に弁証法がより鮮やかに現われ出ている、と言い得るのである。

また、これは微妙な問題なのだが、商品語という用語を用いることによって、対象の特質・在り様がより鮮明になったということは明らかであろうが、同時に逆に、その言葉に引きずられ、人間語の世界とはまったく次元の異なった商品語の〈場〉を人間語の世界の方に引き寄せて理解してしまう危険性もまた生じることとなったのである。第Ⅰ章においてわれわれは、ラングとパロールの比喩を用いてマルクスの表現について述べた。このような比喩については、われわれはその危険性を十分意識しているつもりだが、注意を要することなのではある。

さらにこれまで何度も強調してきたように、初版付録、第二版では貨幣形態を価値形態Ⅳにすることで論理的破綻があるのであって、これによって商品語の〈場〉をもあやふやなものにしてしまっているのである。

ともあれ、商品語という用語を用いているかどうかだけで、内容の進展があったか否かを判断することはできないのである。

また佐々木の叙述では、先にあげた草稿「『資本論』第1巻にたいする補足と変更」の検討を通じ、第二版で商品語の比喩が確立されたと捉えることによって、相対的価値形態にあるリンネルが過程の主体であることが、第二版においてより明確になったと判断しているように読み取れる。だが、初版本文が相対的価値形態の方から見ているという点で第二版より商品語の〈場〉にそくしたものになっており、過程の主体が相対的価値形態にあるリンネルであることがより明確に語られているのである。

繰り返しになるが、こうした佐々木の誤った判断の基礎には、商品語を比喩としてしか捉えないことがあるのである。

（4）人格の物象化について

「人格の物象化」なるものが、概念としてはきちんと定立されるものではないことは前節で述べた。これを佐々木に向かっても言っておかなければならないが佐々木はこれについてどのように言っているか。

> 商品生産関係においては、労働をめぐる諸関係が物象の諸関係として現れ、物象の運動が人間たちの行為を規定する、という転倒が現実に存立する。このような事態をマルクスは、端的に「人格の物象化」と表現したのである。ここではたんに人格的な関係が物象の関係によって覆い隠されているだけではなく、物が物象となって実際に社会的力を持ち、人間の行為を制御する。そのような意味で、物が物象となり、人格が物象化されることこそが、マルクスの物象化論の根本なのである。[87]

「このような事態を」、「端的に「人格の物象化」と表現」することは本当に概念規定したことになるのか、と問わなければならない。これはむしろ、「物象の人格化」の内容を述べたものだと言った方が良い。人格はあくまで物象化するわけではないのであり、「労働をめぐる諸関係が物象の諸関係として現れ」る事態はまさしくそれとして語られるべきことであり、「人格の物象化」という単なる言葉の覆いをかけるべきではない。

（5）価値について

価値について佐々木はどのように捉えているだろうか。

> 諸個人の具体的有用労働が直接に社会性をもつのではなく、むしろ生産物という物 Ding が物象 Sache として社会的力を獲得するのである。言い換えれば、人間たちは私的諸個人へと分裂しているために、自らの生産物に社会的な力を与えることによって社会的な関係に入るほかない。このとき生産物に与えられる社会的属性のことを価値と呼び、価値という属性を持つに至った物を商品と呼ぶのである。〔…〕／すなわち、価値とは、分裂した私的諸個人が物に社会的な力を与えないでは、相互に関連しあうことができないという、商品生産関係において人間の意志や欲望とかかわりなく必然的に成立せざるをえない実践

的関係を示すために要請される概念なのである。[88]

　「人間たち」が「自らの生産物に社会的な力を与える」とか「私的諸個人が物に社会的な力を与え」る、といった表現には大いに問題を感じざるをえない。だが、われわれの関心は佐々木の表現をこきおろすことにあるわけではないので、ここでは眼をつぶることにしよう。問題にしたいのは次のことだ。

　上の引用中の「価値」と佐々木が書いたところを、記号 a に変えてみよう。このとき、a が価値であると佐々木は示すことができているだろうか？ 生産物がもつ社会的な力、その社会的属性がなぜ他のなにものでもなく価値なのか、佐々木がその理論的根拠を説明できているとは到底言えない。佐々木は記号 a を直ちに価値だとするわけだが、事はそう簡単ではない。というのも、価値というものには、その概念として歴史が背負わされており、そこに刻み込まれた重みがあるからである。マルクスは商品価値とは言わず、ほぼすべての場合に端的に価値と言っている。マルクスが措定した価値、すなわち商品の二要因の一方である価値は、それまでの歴史上のすべての価値を集約したものである。もっとも普遍的で一般的な、しかし抽象性の極みにあるものとして、最高かつもっとも通俗的・日常的な価値であり、あらゆる人々の社会的行為と意識とを拘束し制御し、しかも人々にそれと意識されることさえない、圧倒的な水準にある価値なのである。

　マルクスが交換価値の概念から価値の概念を明確に分離し、異種の諸商品の等置関係を価値という社会的属性におけるものだ、と喝破したとき、彼は価値概念をまったく新たに発見したのである。つまり、まったく新たにそれを措定し直したのである。マルクスの価値概念は、スミスやリカードゥ等の諸々の価値概念への批判であったばかりではなく、それまでの歴史上のすべての価値の諸概念への批判的措定である。そして同時に、自ら措定した当の価値に対する根源的批判でもあった。当時、価値にまつわる種々様々な用語・概念が飛び交っていたが、マルクスはこれらを批判的に総括し、商品の二要因としての価値と使用価値、価値の現象形態としての交換価値、と価値に関する諸概念を措定した。これは画期的なことであった。

　以上のように、マルクスの価値概念は価値への根源的批判として措定されているのだが、この点をより明確にするためには、〈富―価値―商品〉というトリアーデを考える必要がある。このトリアーデについては、第Ⅲ章冒頭で問題を提

起し、前章の第Ⅷ章で総括した。ここでは、一点だけ注意を喚起しておきたい。

というのも、佐々木には富についての考察が完全に欠落しているからである。『資本論』は、「資本主義的生産様式が支配的に行なわれている諸社会の富は、一つの「巨大な商品の集積」として現われ、一つ一つの商品は、その富の基本形態として現われる」という言葉から始まることは周知のことであろう。その冒頭におかれた商品論は、資本主義的生産様式が支配する社会の富が商品集積になってしまっており、価値がこれらの商品の価値になってしまっている、という様態の解剖学にほかならない。マルクスは冒頭商品論において、資本主義への根源的批判の基底をまず措いたのである。そしてその前提としてマルクスは、富を一方では物象として、他方で価値として措定していたのである。「物質的生産物として現実化」[89]される物象に対して、価値については、「価値としては、富は、支配を目的とするのではなくて私的享楽等々を目的とする、他人の労働に対するたんなる指揮権〔Commando〕である」[90]と、彼は述べている。「他人の労働に対する指揮権」というのは相当に強い意味を込めた表現である。交換価値から価値の概念を分離したとき、この強い表現で語られた内実が込められていないわけがないのである。

こうした観点から言えば、マルクスの価値概念は、『資本論』に表わされる理論体系の、対象世界（—自然・社会）に向かって開かれた〈口〉としてある。数学の公理系における公理のようなものである。それはその理論体系内部では証明不能なものであり、資本主義的生産様式が支配する社会においては、人々は労働生産物を価値として、したがって商品として互いに等置している、しかも無意識のうちにそのように行為している、とマルクスは言い切ったのである。

佐々木もこのマルクスの言を引き継いで価値と言ってはいるのだが、商品価値ではなく価値だという点について徹底して思考を巡らせてはいない。佐々木の価値概念はじつに中途半端であり、その必然的結果として、価値批判がまったく中途半端なものにとどまっている。これは、富についての考察が欠落していることに、みごとなまでに照応している。こうして、彼の言う「素材的世界」への思い入れ——精確に言えば、問題回避の「乗り移り」である——が生じるのである。彼は言う。

価値が主体化し、資本へと発展するならば、価値の運動は抽象的人間的労働を

第Ⅸ章　『資本論』冒頭商品論へのさまざまな所説について

媒介として現実の素材的世界を編成していく。というのは、資本とは価値増殖の運動にほかならないのであり、その価値に反映されるのは素材的世界そのものではなく、素材的世界の一契機をなすにすぎない抽象的人間的労働であるからだ。逆に言えば、素材的世界は抽象的人間的労働の現実的土台としての意義しかもたず、むしろ価値—抽象的人間的労働という一面的な論理にしたがって編成されていくのである。価値は労働という現実の実践に裏打ちされているが、しかし抽象的人間的労働という一面的な契機しか反映しない。自然や有用労働という素材的世界はこの一面的な運動の手段として編成されるだけである。この一面的な論理による素材の編成は、素材的世界のなかに様々な軋轢と矛盾を生み出していく。このような物象と素材との矛盾、軋轢を明らかにし、そこに変革のエレメントをさぐるのがマルクスの価値概念の意義なのである。[91]

佐々木の価値批判は価値に使用価値を対置するものとなっている。上の引用に述べられた言明から判断するかぎり、彼の批判と変革の射程はせいぜい「自然必然性の国〔das Reich der Naturnothwendigkeit〕」にしかない。それゆえに、佐々木の論は、決して「自由の、ほんとうの世界〔das wahre Reich der Freiheit〕」[92]に届くことはないのである[93]。

第ⅴ節　正木八郎の所説について

第Ⅳ章第ⅹ節で、正木八郎の所説を検討したさい、正木は抽象的人間労働を社会的実体としての価値実体とする考えを捨て、社会的労働なるものを実体とする「価値・実体・貨幣の相互前提的同時存在性」なる見解をもつに至ったと述べておいた。

まず、正木の転回点となった論文「マルクス価値論の再検討　　実体概念の転回に向けて——」を見ておこう。正木は『資本論』冒頭商品論が、単純商品生産社会を対象とするものではなく、あくまで資本主義的生産様式が支配する社会を対象とするものであることを、徹底して主張しようとする。きわめて明確に歴史的に限定された社会が対象である、と強調しているわけである。この対象設定に関する正木の議論はまったく正しい。

だが、そこから彼の「転回」が始まる。正木は、いわゆる「人間労働力の生理

学的支出」という超歴史的規定を、なぜマルクスは与えたのかを問題とする。そのうえで、そもそもマルクス自身の労働概念に問題があると考えるのである。すなわち、マルクスには「〈労働—人間の本質〉把握」[94]があり、これが冒頭商品論の場を徹底して歴史的に限定された場として捉え規定することを妨げ、超歴史的規定を忍び込ませる原因になっている、と言うのである。それゆえ、「〈労働—人間の本質〉把握」からもたらされた、抽象的人間労働（正木はこれを「抽象的な〈人間労働〉的規定」と表現している）を価値実体とする規定を拒否することとなる。そして抽象的人間労働に換えて、社会的労働を価値実体とする商品論を構築すべきであると主張するに至る。しかも彼は、いわゆる「体化労働価値」説を徹底して拒否しようとするあまり、「超越的抽象としての「社会的労働」」[95]なるものを実体として、「価値・実体・貨幣の相互前提的同時存在」を解く商品論の構築を目指そうとすることになる。

　問題は、正木が労働から接近する点に集中的に現われている。彼は、冒頭商品論があくまで商品論であることを貫こうとする（これ自体はまったく正しい）。だが彼は、抽象的人間労働とは何かと問いつづけ、その結果、労働論に陥ってしまうのである。批判対象である〈人間労働力の生理学的支出〉論に足をすくわれている、と言ってもよい。労働を労働として問題にするかぎり、労働は、具体的な生きた労働にならざるをえない。たとえ対象化された労働を問題にしようとしても、労働として対象設定するかぎり、生きた具体的労働の議論が混入せずには済まない。これはマルクス自身をも捉えた現実であった。第Ⅳ章第x節ですでに検討したように、第二版の第1章第2節のいわゆる労働の二重性に関する議論には、両者が混在している。だからわれわれが行なったように、対象化された労働なのか生きた労働なのかを、そのつどきちんと確認しなければ、思わぬ論理の陥穽に落ちることになるのである。

　冒頭商品論においては、あくまで商品が主体であると同時に、商品が対象でもある。マルクスの理路は、商品から自然的諸規定性と商品に表わされた労働の具体的有用的諸規定性を捨象するのである。決してたんに対象化された労働だけからその具体的有用的側面を捨象するわけではない。あくまで商品からの捨象による抽象化なのである。マルクスは、初版においても第二版においても、商品から使用価値を捨象し、そうすることによって素材としての自然的諸規定性、および使用価値に表わされたかぎりでの労働の具体的有用的諸規定性を抽象している。

第IX章　『資本論』冒頭商品論へのさまざまな所説について

だからこそ、その商品が「幽霊のような対象性」しかもたないものになってしまう、とマルクスは言ったのだ。

　第IV章第x節で正木が廣松の議論に引きずられている点を指摘したが、抽象的人間労働とは何か、と問う点でも正木は廣松に引きずられている。ただ、抽象的人間労働なるものがあって、それが対象化されるのではない、と考えている点においてのみ、廣松・正木は正しかったにすぎない。労働から立論すると、まさしくこの点が非常に微妙なものになるのである。あれこれの商品を見れば、それらに厖大な人々の労働が対象化されていることは直ちに解ることである。だがその場合、諸労働はあくまで生きた具体的な労働として捉えられているし、論の必然的な要請として、そうである他はない。諸商品が、それらの具体的で生きた労働の結実である、と把握されるということだ。商品に表わされた抽象的人間労働という言葉があり概念がある以上、それについて語ることは可能ではある。だが、商品から切り離され別に取り出された、その抽象的人間労働自体についての議論は、ほぼ例外なく、生きた労働の抽象的人間労働の側面の議論との混在状態に陥ってしまう。

　そもそも、抽象的人間労働を商品から切り離して議論することに意義があるとは考えられない。価値実体としての抽象的人間労働は、商品から使用価値を捨象してえられる概念であって、基体である商品からそれ自体を切り離して取り出すことに、いかなる意義があるのだろうか。労働から立論すると、いつの間にかこのことを忘れて議論することになり、誤謬に陥る可能性がむしろ大きいのである。ルービンしかり、正木しかり。だから逆に、ルービンも正木も、「人間労働力の生理学的支出」を生きた労働の規定だとは捉えない。それを対象化された労働の規定だと考え、そのような規定は間違っている、と判断する。そして、誤って捉えたその規定を批判・拒否することに、懸命の努力を費やすことになる。

　いかにも不明瞭な、こうした議論の果てに、正木は社会的労働をもちだす。それは私的労働に対するものだが、そこにも混乱がある。〈自然的―社会的〉関係における社会性と、〈私的―社会的〉関係における社会性という、二重の社会性を区別できていないことからくる混乱である。まず『資本論』冒頭商品論の出だし部分では、思惟による分析的抽象が行なわれている。つまり、商品から使用価値が捨象されて抽象的人間労働が析出され、商品がその抽象的人間労働の凝固物として価値だと規定される。〈自然的―社会的〉関係における社会性が思惟抽象

によって導かれるわけだ。ここではまだ〈私的―社会的〉関係における社会性はきちんと導かれてはいない。そのため、社会的実体としての価値の実体は、いまだ十全に概念規定されてはいない。なぜならば、〈私的―社会的〉関係における社会性は、思惟による分析的抽象化によって導かれるものではないからである。

次いで価値形態論においてマルクスは、諸商品の語る言葉、すなわち商品語を〈聴き取り・翻訳し・註釈を加える〉。異種の二商品の等置関係そのものが現実的な抽象化――思惟による分析的抽象化とはまったく別次元の、物象としての商品が自ら主体として行なう抽象化である――を実現する。それとともに、等価形態にある商品が相対的価値形態にある商品に対して直接的交換可能性の形態となることによって、その等置関係自体が、等価形態にある商品の私的労働そのものを社会的労働の実現形態にするのである。ここではじめて、社会的実体としての価値実体概念が十全に規定される。

ところで、私的労働を社会的労働の実現形態にすることは、決して抽象化なのではない。等置関係が、相対的価値形態にある商品によって異種の商品を自らに等置するものである以上、等価形態に置かれた商品が直接的交換可能性の形態になるのである。つまり、その関係自体によって、等価形態にある商品に表わされた私的労働が、そのままの姿で社会的労働の実現形態になるのである。ここでは、抽象ではなく、端的に転倒が生じている。だが正木は、抽象化の延長上でこの事態を捉えようとする。だから混乱が生じるのである。こうした二重の社会性について正木は精確に把握できていないので、社会的労働について次のような説――ある種の形而上学――を語ることになる。

> ブルジョア社会に独自の経済的な社会的諸関連と経済的諸形態を構成する原理を実体のレヴェルでとらえるとすれば、それは、「個体性」と自然性への還元の傾動をいっさい断ち切った、そしてただ単純流通という部面のみを固有の成立圏域とする超越的抽象としての「社会的労働」でしかないだろう。[96]

> 「社会的労働」は無規定な〔…〕個別的労働が私的形態をとって現象する部面で、その「反対物」としてのみ、それゆえ個々の「私的労働」からもその単純な総和や平均からも超越したものとして成立する。[97]

第Ⅸ章　『資本論』冒頭商品論へのさまざまな所説について

　正木の言う、「超越的抽象としての「社会的労働」」は、このままでは、それこそ「幽霊のような」ものである。だが、それではやはり、論として自立しえない。そのために正木は、「社会的労働」の実現形態・存在形態として、貨幣をもちだすのである。

　　「社会的労働」という抽象的な関係性は、一般的等価物として「直接に社会的な形態にある労働」を物的に体現する貨幣の存在を前提するであろう。つまり「一つの実在物としては把握されない」抽象である価値が社会の「統合」の「原理」になっているということは、貨幣を前提としてはじめていえることであり、「社会的労働」も、貨幣の普遍的な「直接的交換可能性」において物的に直接体現されることによってはじめて価値の実体として成立すると考えられる。[98]

　このようにして正木は「価値・実体・貨幣の相互前提的同時存在」なる主張をするわけである。だが、それはほとんど修辞の開陳でしかない。いうなれば、資本主義的生産様式が支配する社会のたんなる表面を、「超越的抽象としての「社会的労働」」なる言葉によって軽く粉飾したものでしかない。なぜなら、資本主義的生産様式が支配する現実の社会においては、厳然として貨幣が存在し、貨幣は富の一般的存在形態だからである。信用貨幣を度外視するかぎりにおいて、貨幣もまた労働生産物としての商品である。ただ、特別の労働の生産物であり、特別な商品である。すなわち、貨幣に表わされた労働はそれ自体で社会的労働として、したがって超越的抽象的なものとして現われているからである。正木はこの厳然たる現実をたんに承認したにすぎない。

　正木は、彼のいわゆる「超越的抽象としての「社会的労働」」なるものがなぜ社会的実体であり、しかも価値の実体であるのかを、少なくともわれわれが対象とした論文においては解いていない。それだけではなく、価値についても解いてはいない。彼は、「貨幣と商品価値との相互前提的同時存在性という枠組のなかで与えられる下向の限界点としての「社会的労働」を実体概念の内容として把握するとともに、「貨幣形成」を論理的に展開することは必ずしも不可能ではないと考える」[99]と主張する。だが、それはいかにも不可能であろう。結局のところ、正木の議論は、貨幣から出発して商品を解く、という奇態なものにならざるをえ

381

ない。[100]

第ⅵ節 『資本論を読む *Lire* le Capital』における冒頭商品論解釈について（ジャック・ランシエールおよびピエール・マシュレーの所説について）

(1)『資本論を読む』を対象とするための準備作業

『資本論を読む』全2巻（1965年）の第1巻冒頭におかれた「序文：『資本論』からマルクスの哲学へ」において、ルイ・アルチュセールは次のように述べている。

> しかしながら、いずれはきっと、忠実に〔à la lettre〕、『資本論』を読む必要がある。テキストそのものを、四巻全体を、行をたどって〔ligne après ligne〕読むこと、第二巻の無味乾燥で平坦な高原から利潤・利子・地代からなる約束の地へ到達する前に、冒頭の数章を、あるいは単純再生産図式と拡大再生産図式を、何度も繰り返し読むこと。そればかりではない。『資本論』をフランス語訳（たとえ、マルクスが修正以上のことをほどこした、つまり根本的に改訂した、ロワの訳による第一巻に対してさえ）だけではなく、少なくとも、ドイツ語のテキストで、根本となる理論的な諸章と、マルクスの根幹的な諸概念の発現たるすべての文章とを読む必要があるのだ。[101]

また、「序文」につづく「緒言」において、読者に注意を呼びかけている。

> 『資本論』は、エディシオン・ソシアル社版（8冊）から引用している。〔…〕／〔…〕／われわれは、ロワによる『資本論』第一巻をふくめて、参照したフランス語版を、理論的意味の密度がとりわけ高かったり、理論的意味が重要ないくつかの文章を、ドイツ語のテキストをできるかぎり厳密に検討することで、しばしば修正している。われわれの読解においては、全般にわたって、ディーツ社（ベルリン）のドイツ語テキストを参照した。[102]

ここで言及されているディーツ社版の『資本論』および『剰余価値学説史』は、前者がMEWに収録されたもの、後者は1956年に全三巻で刊行されたものである[103]。さらに、エディシオン・ソシアル社版全8冊の『資本論』第一巻（全3

第IX章　『資本論』冒頭商品論へのさまざまな所説について

冊）は、ジョゼフ・ロワ訳の『資本論』であり、第一巻第1分冊冒頭の「編集部註」には、こうある。

　しかし、マルクス―エンゲルス―レーニン研究所の監修によるドイツ語版（1932年）およびロシア語版（1937年）に見出される指示が精確なものであるにせよ、それらの版は、フランスの読者に供するためのテキストという条件をみたすようには、われわれには思われず、ドイツ語・英語・ロシア語で出されているそれらの精確な諸版の『資本論』のテキストに対するに、必然的にフランス語を母語とするロワ訳を選んだわけである。104)

つまり、本書の対象である冒頭商品論にかんしては、『資本論を読む』での主テキストは、エディシオン・ソシアル社から『資本論』の書名で刊行された1872年のロワ訳（マルクス全体監修）第一巻を含むフランス語版であり、MEWに収められた『資本論』すなわちドイツ語現行版（エンゲルス版）は副テキストなのである。この事実をまずはふまえなければならない。

　さて、『資本論を読む』の「序文」でアルチュセールは次のように述べる。

　われわれは『資本論』を哲学において読み解き、それゆえに『資本論』に対して〔経済学的でも歴史学的でも文学的でも論理学的でもない〕別の問いを投げかけたのである。〔…〕つまり、われわれは、『資本論』の対象との関係についての問い、それゆえ同時に、その対象の種差性について問いを立てたわけである。そして、種差性についての問いは、その対象との関係である。〔…〕／〔…〕／『資本論』を哲学において読むということは、まさしく種差性をそなえた対象・種差性をそなえたある言説・その言説の対象に対する種差性をそなえた関係についての問いを位置づけることであり、したがってそれは、『資本論』が知の歴史に占める位置にかかわって、対象―言説の統一性を描くさいに、その統一性を他の対象―言説の諸形態とまさしく区別する、認識論的権原〔titres épistémologiques〕についての問いなのである。105)

だがここで、われわれははっきりと想起しなければならない――『資本論』初版序言で、マルクスが「私がこの著作で研究しなければならないのは、資本主義

383

的生産様式と、これに照応する生産および交易の諸関係である」106)と述べていることを。経済学批判という副題は、支配の学としての経済学を資本主義とともに根底から批判する意図をもっていたこともまた、考慮に入れなければならない

　むろん、「哲学において読み解く」ことは、そうしたいと望むアルチュセールのような読者の自由であり権利である。だが、『資本論』を読むことは、マルクスの学的精華を読むことであり、「他の対象――言説の諸形態」と『資本論』を「まさしく区別する、認識論的権原」を探ることとは、異なる次元にある。「いずれはきっと、忠実に、『資本論』を読む必要がある」、「行をたどって読むこと」は、いったいどこに消え失せたのだろうか？ ロワ版に依拠することで、アルチュセールらは「忠実に〔…〕読む」、「行をたどる」ことから、すでに遠ざかっている。それに加えて、『資本論』を忠実に読む「いつか」が到来するはるか手前で、『資本論』を特権化する「認識論的権原」を問うという不正出発（フライング）が、「『資本論』を哲学において読む」なる自己正当化をつうじてなされているのではないか「罪のない読み方はない」107)といった、いかにもカトリック的な告解では、『資本論を読む』が抱えもつ「罪」は赦免されはしない。

　アルチュセールは、『資本論を読む』に収録された諸論考が「その［『資本論』の］読解のさまざまな個人的実施記録〔les protocoles personnels variés〕」であると述べさらにその「個人的実施記録」を「この書が有する計り知れない森のなかを斜めに横切る固有の道筋」と表現する108)。では、冒頭商品論という「計り知れない森」のもっとも困難な径を「横切る」ことを試みた「固有の道筋」は、論考のなかに見出せるのだろうか？ その答えは、半ば否であり、半ば諾である。わずか二つの論文が、冒頭商品論に触れている。J. ランシエールの論文「1844年の『草稿』から『資本論』までの批判の概念と経済学批判」、および P. マシュレーの論文「『資本論』の叙述過程について」である109)。

　それでは彼らが、冒頭商品論をどのように解釈しているのかを検討していこう

(2) ジャック・ランシエールの冒頭商品論理解について

　ランシエールが『資本論を読む』に寄せた論考「1844年の『草稿』から『資本論』までの批判の概念と経済学批判 "Le Concept de Critique et la Critique de l'économie politique des *Manuscrits* de 1844 au *Capital* "」のなかで、われわれが主要な批判対象とするのは、その第2章「『資本論』における批判と科学」である。

まず、ランシエールは「2.1 理論的前提〔Preliminaire〕」において、ガルヴァーノ・デッラ・ヴォルペの説に拠りながら[110]、『ヘーゲル国法論批判』中の叙述をもとにして、一個の図式〔schéma〕を提示してみせる。
　まず、その図式の典拠となった、マルクスの叙述を引いておこう。

　ヘーゲルは諸述語すなわち諸客体を自立させるが、彼はそれら〔諸述語すなわち諸客体〕の現実的自立性〔wirklichen Selbständigkeit〕すなわち主語＝主体から分離して、それらを自立させるのである。それゆえ、現実的な主体になるのは神秘的実体であり〔Zum wirklichen Subjekt wird daher die mystische Substanz〕、じっさいの主体は、他の何らかのものとして、つまり神秘的実体の一契機として現われ出る。ヘーゲルは、実存的なエンス Ens〔存在物〕（ὑποκείμενον〔ヒュポケイメノン〕、主語＝主体）から出発するかわりに、一般的規定の諸述語からまさしく出発するが、しかしこの規定のなんらかの担い手〔ein Träger〕が存在しなければならないため、神秘的理念がその担い手となるのである。〔…〕／そのため、ここでは国家の本質である主権が、まず最初に、ある自立的な本質〔ein selbstständige Wesen〕としてみなされ、対象化される。そのさい、この客体的なものが、当然のこと、主体にもう一度ならなければいけない。しかしその場合、この主体は、主権の一個の自己体化として〔als eine Slbstverkörperung der Souveränität〕姿を現わすが、それは国家主体の対象化された精神としてのものにほかならない。／〔…〕ヘーゲルにとって肝要なことは、現実の「神人たち」としての諸君主、つまり理念の現実的体化としての〔als *wirkliche Verkörperung* der Idee〕諸君主を表現することである。[111]

　このマルクスの言明が、デッラ・ヴォルペから借りてきた図式[112]に照応する、とランシエールは言う。
　だが、子細に検討すると、大きな違いがあることが判る。「対象化」が「実体化」に、「自立」が「自律」に、「体化」が「受肉」にされているのである。
　まずもっとも簡単な区別から始めよう。すでに繰り返し指摘してきたように、「体化 Verkörperung」はラテン語の corpus（単数主格）由来のものであり、生死にかかわらず「体（軀体）」を意味する。ラテン語の carō（単数主格）に由来するキリスト教的な「受肉 incarnation」とは、まったく別なのだ。フランス語版でも、

corpus 由来の語が用いられていることを、ここで確認しておこう [113]。

En effet, nous avons vu que dès qu'il est posé comme équivalent, l'habit n'a plus besoin de passeport pour constater son caractère de valeur. Dans ce rôle sa propre forme d'existence devient une forme d'existence de la valeur ; cependant l'habit, le corps de la marchandise habit, n'est qu'une simple valeur d'usage ; un habit exprime aussi peu de la valeur que le premier morceau de toile venu.

じっさいのところ、われわれがすでに見てきたように、等価物として置かれるやいなや、上着はもはやその価値の性格を証明するパスポートを必要としなくなる。こうした役割において、その実存形態そのものが、価値の実存形態になるのである。だが上着のそうした形態にもかかわらず、上着商品の体は、たんなる使用価値にすぎない。つまり、一着の上着は、リンネルの任意の一片と同様に、価値を表現するものではない、ということである。

次に、「自立化 Verselbständigung」と「自律化 autonomisation」とを同一視していることは、さらに大きな問題を孕む。前者は初版の第1章第3節「貨幣あるいは商品流通」第2項 a)（第二版以降では第3章第2節 a)）、「商品の変態」の最後から二つ目のパラグラフの次の文章である [114]。

Geht die äußerliche Verselbständigung der innerlich Unselbständige, weil einander ergänzenden, bis zu einem gewissen Punkt fort, so macht sich die Einheit gewaltsam geltend durch eine —— Krise.
互いに補い合っているために内的に非自立的なものの外的な自立化が、一定の点まで進行すると、統一が暴力的に自己を貫徹する——恐慌をつうじて。

この箇所のフランス語版は、次のようになっている [115]。

Si la séparation des deux phases complémentaires l'une de l'autre de la métamorphoses des marchandises se prolonge, si la scission entre la vente et l'achat s'accentue, leur liaison intime s'affirme par une —— crise.

第Ⅸ章　『資本論』冒頭商品論へのさまざまな所説について

商品の変態の互いに補い合っている二局面の分離が長引けば、つまり販売と購買との間の分裂が増大すれば、それらの内的連結は自己を貫徹する――恐慌によって。

いずれにせよ、autonomisation はデッラ・ヴォルペから借りてきたものであり、エディシオン・ソシアル社版8冊本『資本論』には、一回も出てこない。また、この語に関連する用語 autonomie はフランス語版第一巻には出てこない。初出は、スターリン主義の圧倒的影響下にあったマルクス―エンゲルス―レーニン研究所の監修を受けてエディシオン・ソシアル社が刊行した、第二巻第一分冊（現行版第二部第一篇「資本の諸変態とその循環」）の第4章「循環過程の三つの図式」中のベイリー批判の引用においてである。

以下、現行版の原文と訳を示し、つづいてエディシオン・ソシアル社版の当該箇所の文と訳を示す[116]。

„Value", sagt Bailey gegen die Verselbständigung des Werth, welche die kapitalistische Produktionsweise charakterisiert, und die er als Illusion gewisser Ökonomen traktiert, „value is a relation between contemporary commodities, because such only admit of being exchanged with each other".
「価値は」――資本主義的生産様式を特徴づける価値の自立化を、ベイリーは、ある種の経済学者たちが幻想としてあつかっているとして、述べている――「価値は、現代の諸商品間の一関係である。というのは、そうした諸商品のみが互いに交換されうるからである」。

«Value», dit Bailey, se prononçant contre l'autonomie de la production capitaliste, et qu'il trait d'illusion de certains économistes, « value is a relation between contemporary commodities, because such only admit to being exchanged with each other ».
「価値は」――資本主義的生産の自律性に反対の立場をとり、それを幻想とあつかう、ある種の経済学者たちに対して、ベイリーは述べている――「価値は、現代の諸商品間の一関係である。というのは、そうした諸商品のみが互いに交換されうるからである」。

autonomie に「自立」という意味がないわけではないが、「自立化」の意味はない。こうした文献上の検討から明らかになったのは、現行版第二巻のスターリン主義訳において、Verselbständigung に autonomie の訳語が充てられたことである。マルクス自身は、autonomie はおろか autonomisation なる語を、Verselbständigung という重要な概念に与えなかったのだった。

　そして最後に、「対象化 Vergegenständlichung」と「実体化 hypostasisation」の同一視の問題である。ランシエールは臆面もなく、「対象化」を「この運動はマルクスによって実体化〔hypostasisation〕と呼ばれる」[117]と述べる。ところが、ドイツ語各版にも、フランス語版にも、エディシオン・ソシアル社版にも、この語は見当たらない。さらに、「実体化」なる用語は、ネオ・プラトニズムの「祖」と呼ばれる「ギリシア古典哲学の最後の巨人」プロティノス（西洋共通歴 204 ？－270 年）が措定した、観念の本質あるいは実体を指す hypostase からの造語である[118]。なるほどたしかに感知可能な実体は対象となるが、感知可能なものへの観念の実体化は、そのままでは対象化とはいえない。いかにプロティノスが「理性 nous；νους」を実体化の働きとしても、また、カントがそれをもととして「物自体」と同義に「ヌーメノン noumenon；νουμενον」すなわち「思考されたもの」を措定したのであっても、マルクスの「対象化」概念とは疎遠というしかない。第二版以降の表現だが、商品から「感性的性状がすべて消し去られ」た「残りのもの」は対象化された抽象的人間労働の凝固物として「幽霊のような対象性」しかもたないものとなっていると、マルクス表現はしている。どう転んでも、「対象化 Vergegenständlichung」が「実体化 hypostasisation」なのではない。マルクスが述べたのは、商品に表わされた（対象化された）労働は、商品が使用価値と価値との二重物であるかぎり、二重の労働として現われ、その一方の抽象的人間労働が価値の実体になっている、と述べたのである。ここでは、実体という哲学用語を用いて価値実体への根源的な批判が遂行されている。つまるところ、ランシエールの「実体化」は、『資本論』の読解というにはあまりに粗雑で即物的であり、ひるがえって、あまりに観念的に茫漠としているのである。

　さて、ランシエールは自らの図式をもとに次のように述べる。

　古典派経済学は経済的諸範疇を、ある一定の社会であるその主体から分離し、それらの諸範疇を実体化して〔hypostasie〕、生産の一般的条件、すなわち生産の

第Ⅸ章 『資本論』冒頭商品論へのさまざまな所説について

永遠なる諸法則のなかに作り上げる。その後で、それら［生産の永遠なる諸法則］は思弁〔spéculation〕から経験に移行し、資本主義的生産様式の歴史的に限定を受けた諸範疇を、あらゆる生産の一般的諸範疇のたんなる受肉にしてしまうのである。[119]

「受肉」がここにも登場していることにも注意を向けておかなければならない。「あらゆる生産の一般的諸範疇」、つまり歴史性を欠いた観念の「諸範疇」に「限定された歴史的諸範疇」が「受肉」される！ 先の註で見たように、「あらゆる人間労働」の「直接的具現」が、いつの間にか「あらゆる生産の一般的諸範疇」にこっそり変更され、その「たんなる受肉」が生じる、とランシエールは言うのである。

「思弁から経験」への「移行」なる哲学的外挿を行なっても、彼の解釈は馬脚を露わしている、としか評しようがない。マルクスが述べたことは、ランシエールの図式とはまったく別物である[120]。我田引水とは、こうした一知半解の悪質な側面を指す。早くもこの時点で、ランシエールが、「哲学において」『資本論』を読む作業を、当の『資本論』を置き去りにしたまま進めているのかが、よく理解できようというものだ。

では、われわれの主題である冒頭商品論にかんするランシエールの解釈を見てみることにしよう。

マルクスが、リカードゥをいかなる点で超えたのかに関して、『剰余価値学説史』を参照項として、ランシエールは次のように述べている。

リカードゥは二つのことを規定する——労働という価値の実体、労働時間によって計られる価値の大きさ。しかし彼は第三の項を無視する。つまり「リカードゥは形態を　　　交換価値を創り出す、あるいは交換価値において自らを表示する、労働の特殊な規定である——この労働の特性に関心をいだかない」。／それゆえ、リカードゥの科学的出発点である価値分析においては、第三項が不在なのである。マルクスは『資本論』第１章において、この不在の項を復活させる。[121]

リカードゥが無視したとされている「第三の項」とは一体何か？ これを「復

活」させたことこそが、マルクスの理論の特質であり、ここでマルクスはリカードゥを超出した、とランシエールは言うのである。ランシエールはフランス語版『資本論』から「いまや、価値の実体と価値の大きさが規定された。残るは、価値の形態の分析である」[122)] を引用し、「第三の項」が価値の形態であることを示した上で次のように述べる。

> リカードゥにとって、価値とは労働価値である。この実体が現象する形態がいかなるものなのかは、どうでもよいのである。マルクスにとっては、労働は価値において表示され、それは諸商品価値の形態を呈するのである。[123)]

マルクスは、価値形態を「復活」させたのではなく、まったく新たに「発見」したのだ、という点を指摘しておかなければならない。マルクスは、価値の形態を見出したことについて、科学の発見者にだけ許された誇りにみちて、次のように述べている。

> 古典派経済学の根本欠陥の一つは、それが、商品の分析、とくに商品価値の分析から、価値をまさに交換価値にする価値の形態を見つけ出すことに成功しなかったことである。A. スミスやリカードゥのようなその最良の代表者においてさえ、古典派経済学は、価値形態を、まったくどうでもよいものとして、あるいは商品そのものの本性にとって外的なものとして、取り扱っている。[124)]

リカードゥを最良の代表者の一人とする古典派経済学が、価値形態論を展開することができなかったという点については、『資本論』から何ごとかを真剣に学び取ろうとする読者にとっては、常識の範囲に属することである。それゆえ、ランシエールがこのことを強調するのは間違いではない。だが、ここでは、リカードゥの理論に欠落しているものが、価値形態論だけなのか、という問いこそが提出されなければならない。

われわれが何度も強調してきたように、リカードゥの欠陥は、価値形態論の欠落のみにあるのではない。彼が、価値形態論を展開できなかったことの根底には、交換価値から価値それ自体を明確に概念区分できなかったということが存在しているのである。リカードゥは商品を分析し、そこに労働を見出し、その労働の量

第Ⅸ章　『資本論』冒頭商品論へのさまざまな所説について

によって商品の交換価値の大きさが規定される、と捉えた。その議論においては、価値の形態だけでなく、価値そのものが欠落している。ランシエールはこのことを捉えない。ランシエールにおいても、価値それ自体が不在なのだ。

あらためて、先に引用したランシエールの主張を見よう。そこで彼は、「リカードゥにとっては〔…〕この実体［労働］が現象する形態はどうでもよい」と述べている。価値実体である労働、すなわち商品に表わされた抽象的人間労働が現われる形態が、価値形態だと捉えていることになる。つまり、実体が形態に現われる、と理解している。致命的な誤謬である。価値が彼の思考において欠落しているがゆえに、そうならざるをえないのである。

ランシエールは、二つの命題——①価値の内容（実体）が労働である、②その内容が現われる形態が価値形態である——を主張している。だが、そこで用いられている「価値」という概念は問われないままである。価値という語が使われているが、その概念規定がまったくなされていない。

価値（商品価値）は、純粋に社会的で極度に抽象的である。価値それ自体に量の契機が内在しておらず、価値自体は、交換価値の背後に隠れている。それゆえ、「個々の商品を、どんなにいじりまわしてみても、それは、価値としては、依然としてつかまえようがないのである」[125]。だからこそ、感覚的には捉えられない価値が、感覚的に捉えられうるものとして現われる（現象する）形態が必要なのである。それが価値の形態である。いまさら言うまでもないが、価値形態は価値の形態、すなわち価値の現象形態であって、価値実体である労働の現象形態ではない。

商品は労働生産物であり、そこに労働を発見することはきわめて容易である。ほぼ誰の目にも、商品は労働生産物であり、それに種々様々な労働が対象化されていることは疑いようのないものである。問題は、商品が価値という社会的属性をもつというところにある。資本主義的生産様式が支配する社会においては、当の社会が、労働生産物である商品を価値とする（価値として社会的に認める）のである。しかし、人々はそれを意識しておらず、商品をただちに交換価値にするのである。

ランシエールは、フランス語版『資本論』から次の文章を引用している。

上着の生産においては、実際に、人間の体力が、ある特殊な形態のもとで支出

された。それゆえ、人間労働がそのなかに蓄積されている。この観点からすれば、上着は価値の担い手だが、この質〔qualité〕は、上着がどんなに擦り切れていても、透いた糸目を通して見えるものではない。[126]

フランス語版の「qualité」はドイツ語版（第二版〜第四版）では「Eigenschaft」である。つまり商品の属性のことであり、それは価値にほかならない。この価値が「見えるものではない」とマルクスは指摘しているのである。商品に対象化された労働が「見えない」と述べているわけでは、決してない。

ともあれ、ランシエールは、価値を精確に理解することができなかったのである。先の引用にある「労働は価値において表示され、それは諸商品価値の形態を呈する」という叙述（「命題」）は、価値に関する無知と無理解とを隠蔽するための、たんにペダンティックで無内容な言い訳にすぎない。いったい誰がこの「命題」を理解できるだろうか？ 商品は、価値という社会的属性をもつものとして、資本主義社会によって措定される。そうであるのは、商品が、抽象的人間労働の凝固体としてあるかぎりにおいてである。この現実を、上の「命題」は、なにがしかでも解き明かしているであろうか？

ランシエールの命題は、商品・商品価値・価値実体（商品に表わされた抽象的人間労働）について、またそれらの間の関係や構造について、いっさい何ものも語っていないばかりではなく、読者を誤読へと誘う悪しき言明と言うほかないものである。

価値を理解しそこなったランシエールは、「価値形態Ⅰ（単純な価値形態）」について、次のように述べている。

> x 商品 A = y 商品 B という方程式をとりあげよう。／リカードゥは単純に A の価値実体は B の価値実体に等しいと言うことで、この方程式〔équation〕を解く〔résout〕。マルクスは、この方程式がまったく特殊な用語でもって提起されていることを明らかにする。両項のひとつは使用価値としてのみ、他の項は交換価値または価値形態としてのみ、現われる。／したがって次のように提起しなくてはならない。／A の価値形態 = B の自然的形態／B は自分の身体、その自然的形態を A の価値表現に貸しあたえる。だから価値は B の自然形態のなかにその実在形態をもつのでなくてはならない。[127]

第Ⅸ章　『資本論』冒頭商品論へのさまざまな所説について

　まず指摘しておかなければならないことは、「価値形態Ⅰ」の等置式は、方程式（éqution; equation）では決してない、という点である。さらに言えば、普通の意味での等式（égalité; equality）でさえない。冒頭商品論の出だし部分における異種の二商品の等置式においては、左右両項は交換可能であり、それゆえ等式と言いうる。だが、価値形態論におけるすべての等置式は左右両項を交換すると、式の意味が異なることになり、等式とも言えないものである。だからこそ、マルクスは、冒頭商品論の出だし部分における等置式については、「等式〔Gleichung〕」という用語で語っているが、価値形態論では、基本的に「等式〔Gleichung〕」という用語を用いておらず、丁寧に、かつ精確に「価値形態〔Werthform〕」・「価値表現〔Werthausdruck〕」・「価値関係〔Werthverhältniss〕」という用語を使用しているのである。

　これに対して、ランシエールは「価値形態Ⅰ」について、「方程式」だと捉えるだけでなく、それを「解く」ことについてさえ云々する始末である。等置式（あるいは等式）とその意味ということと、方程式とその解ということとは、まったく異なる世界に属する。ランシエールは、いささか物識りを装ったがゆえに、はしなくも自らの無知をさらけ出すことになったのである。

　さらに、ランシエールは「価値形態Ⅰ」に関して、相対的価値形態にある商品はただもっぱら使用価値として、他方、等価形態にある商品はただ価値として現われる（認められる）、と捉えてしまっている。商品語の〈場〉と人間語の世界との区分について、まったく無自覚であることによって生み出された、完全な誤読といえよう。

　《商品〈場〉──商品語の〈場〉》においては、等置関係の成立自体が、価値表現の一挙的で全面的な実現である。この商品世界の〈現実〉を、人間語の世界は、線形な時間順序にしたがった一連の諸過程として捉える以外にはない。この一連の諸過程の、ある一断面を、あたかも価値表現の全体であるかのように主張しているのが、ランシエールである。価値表現の等置はあくまで異種の二商品の等置であって、ランシエールが誤読したように、「一方のリンネルはただ使用価値として、他方の上着はただ価値として現われる（認められる）」というわけでは決してない。自分を価値として、したがって現実的に商品として示そうとするリンネルも、そのための媒介物・材料として役立つ上着も、双方ともに商品である。この基底を忘れて、価値表現の一断面を取り出し、あたかもそれが全体であるか

のように主張することは、価値形態をまったく理解しないことに等しい。

　人間語によっては、次のように線形な時間順序にしたがって語るしかないのである。すなわち、相対的価値形態にある商品リンネルは、まずは使用価値として商品上着に向き合う。このとき、商品上着は、その使用価値が価値の実現形態として商品リンネルに向き合っている。さらに、価値表現の廻り道、すなわち、価値における廻り道と、労働における二重化された廻り道（〈具体的有用労働―抽象的人間労働〉と〈私的労働―社会的労働〉との）を経て、商品リンネルは、現実的に商品として、価値として、社会的に認められている。この一連の諸過程全体を、人間語の論理としては、述べなければならない。

　ところで、ランシエールの以上のような誤読の背景には、第二版以降の『資本論』（フランス語版も含めて）に次のくだりがあり[128)]、それを彼が誤読したということなのである。フランス語版とドイツ語版（現行版）の当該箇所を示しておく。

　Un examen attentif de l'expression de la valeur de A en B, a montré que dans ce rapport la forme naturelle de la marchandise A ne figure que comme forme de valeur d'usage, et la forme naturelle de la marchandise B que comme forme de valeur. L'opposition intime entre la valeur d'usage et la valeur d'une marchandise, se montre ainsi par le rapport de deux marchandises, rapport dans lequel A, dont la valeur doit être exprimée, ne se pose immédiatement que comme valeur d'usage, tandis que B au contraire, dans laquelle la valeur est exprimée, ne se pose immédiatement que comme valeur d'échange. La forme valeur simple d'une marchandise est donc la simple forme d'apparition des contrastes qu'elle recèle, c'est-á-dire de la valeur d'usage et de la valeur.
　BによるAの価値表現の注意深い検討は、この関係では、商品Aの自然形態が使用価値形態としてのみ現われ、商品Bの自然形態が価値形態としてのみ現われる、ということを示す。このように、一商品の使用価値と価値との内的対立は、二つの商品の関係によって現われるが、この関係では、価値が表現されるべきAは、使用価値としての地位のみを直接に得るが、これに対して、価値を表現するBは、交換価値としての地位のみを直接に得るのである。したがって、一商品の単純な価値形態は、この商品が包み込んでいる対立の、す

第Ⅸ章　『資本論』冒頭商品論へのさまざまな所説について

なわち使用価値と価値との対立の、単純な現象形態である。

ドイツ語版では、次のようになっている[129]。

Die nähere Betrachtung des im Werthverhältniß zur Waare B enthaltenen Werthausdrucks der Waare A hat gezeigt, daß innerhalb die Naturalform der Waare A nur als Gestalt von Gebrauchswerth, die Naturalform der Waare B nur als Werthform oder Werthgestalt gilt. Der in der Waare eingehüllte innere Gegensatz von Gebrauchswerth und Werth wird also dargestellt durch einen äußeren Gegensatz, d. h. durch das Verhältniß zweier Waaren, worin die eine Waare, *deren* Werth ausgedrückt werden soll, unmittelbar nur als Gebrauchswerth, die andre Waare hingegen, *worin* Werth ausgedrückt wirt, unmittelbar nur als Tauschwerth gilt. Die einfache Werthform einer Waare ist also die einfache Erscheinungsform des in ihr enthaltenen Gegensatz von Gebrauchswerth und Werth.

商品Bにたいする価値関係に含まれている商品Aの価値表現を立ち入って考察してみると、この価値表現の内部にあっては、商品Aの自然形態はただ使用価値の姿態としてのみ意義をもち、商品Bの自然形態はただ価値形態あるいは価値姿態としてのみ意義をもつことがわかった。したがって、商品の内に包み込まれている使用価値と価値との内的対立は、一個の外的対立によって、つまり二つの商品の関係によって表わされ、この関係においては、それの価値が表現されるべき一方の商品は、直接的にはただ使用価値としてのみ意義をもち、それに対するに、それで価値が表現される他方の商品は直接的にはただ交換価値としてのみ意義をもつ。それゆえ、一商品の簡単な価値形態は、その商品に含まれている使用価値と価値との対立の簡単な現象形態なのである。

フランス語版よりもドイツ語版の方が、論理的により緻密な表現がなされているが、ここではその点は問わずにおこう。ともあれ、フランス語版でもドイツ語版でも、マルクスの説明からすれば、ランシエールの主張は正しいものと判断されて当然だと思われる。だが、問題は、フランス語版の「としてのみ現われる」、ドイツ語版の、「としてのみ意義をもつ」と叙述されているところについての理

395

解にある。人間語による線形な時間順序にしたがった把握からすれば、これは価値関係成立の冒頭、および価値関係の表層における事態に関する認識と言いうる。それ以上ではなく、価値関係全体、つまり価値関係の広がりと深度とをトータルに捉えたものではない。人間語による叙述に刻印される、このような制約に対して、ランシエールは、無邪気なまでに理論的意識を向けようとしない。

さらに、このマルクスの叙述は、初版本文には存在しない、という点に注目する必要がある。初版付録に同様の叙述が登場し、これが第二版以降、引き継がれていくことになったのである。だが、初版本文にはこれに相当する叙述は存在しない。人間語による分析と叙述という点に、より意識的になったがゆえのものだということである。それとともに、叙述における平易化さらには通俗化への傾きが、そこにも見て取れるということなのだ。

こういう点でも、『資本論』を読み解く場合の注意が必要なのである。

こうした人間語による認識に不可避な制約に無自覚であるところからくる誤読を、ランシエールはさらに拡大させる。彼自身が先に示した誤った表現、すなわち、「Aの価値形態＝Bの自然的形態」に関連して、次のような主張がなされる。

> x商品A＝y商品Bの関係を立ててみよう。両項のひとつが使用価値としてだけ、他方の項が価値としてだけ現われるという点で、この関係は矛盾しているといえる。この矛盾は商品に内在する矛盾、使用価値と交換価値への商品の二重化から生まれる。この矛盾はわれわれを対立物の同一性へと送り戻すが、それは商品の価値形態に表現される労働を特徴づける。それが具体的労働と抽象的労働の同一性である。[130]

ランシエールは、ここで、矛盾と対立を混同しているのである。彼が、両者を混同していることは、次の言明によりあからさまな形で示されている。

> 『資本論』の最初の諸章のなかでマルクスが、あるときは矛盾（Widerspruch）と、あるときは単純に対立（Gegensatz）と呼ぶものは、何をさしているのであろうか。[131]

対立は対立であり、矛盾は矛盾である。両者を混同することは許されない。あ

る二つのものが対立の関係にあり、その対立がある段階にいたって、対立する両者は矛盾となる。対立と矛盾とはまったく別次元に属する。対立は関係概念であり、矛盾は存在概念である。

商品リンネルと商品上着との等置関係が価値形態Ⅰとしてあるとき、双方の商品はそれぞれ矛盾として存在している。しかも、等価形態に位置する商品上着において、矛盾はより一層深く鋭く表われている。なぜなら、上着においては、その現物形態（使用価値形態）がそのままで価値の現象形態、すなわち価値の実現形態になるからであり、また、上着に表わされた具体的有用労働がそのままで抽象的人間労働の実現形態に、さらに、上着をつくる私的諸労働がそのままで社会的諸労働の実現形態になるからである。他方、リンネルにあっては、等価形態に位置する上着との等置という媒介関係を経たうえで、価値であり、それに表わされた労働が抽象的人間労働として、またその私的諸労働が社会的諸労働として認められることになるのであり、かくして現実的に商品であると認められるのである。それゆえ、矛盾としての水準が、上着にくらべて低いわけである。

弁証法の核心は矛盾概念にあるとしばしば主張される。その主張は正しい。だが、矛盾について、数多くの論者は、それを対立概念から明確に区分できていない。ランシエールもその一人である。それゆえ、彼の議論において、矛盾概念は何の意義ももちえておらず、ただひたすら、読者の目を眩ます以外のものではないのである。

ランシエールの冒頭商品論に関する理解から、汲み取るべきものは何もない[132]。

(3) ピエール・マシュレーの冒頭商品論理解について

ピエール・マシュレーが冒頭商品論に真剣に取り組んだことを、われわれは認める。とくに価値概念をどのように精確に把握すればよいのかをめぐって、彼は大いに格闘している。そのことは、次の言明によって明らかである。

叙述にかんする一連の過程の問いを描くことは〔Poser la question du processus d'exposition〕、したがって、以下のように換言できる。すなわち、第一巻第一篇第一章の冒頭のテキスト（エディシオン・ソシアル社版のフランス語テキストの51-56ページ）の子細な読解をおこなうこと〔faire une lecture détaillée du début du texte I,

1, 1（p. 51-56 du texte français des Éditions Sociales）〕、である。[133]

　この後につづくマシュレーの文章からは、価値の捉えどころのなさと、ある意味での「奇妙さ」に困惑していることが、如実に伝わってくる。価値概念の把握がいかに困難なことであるのかに、彼は気づくことができたわけである。
　だが、結果として彼は、価値概念の把握に失敗している。それは、彼が、冒頭商品論の出だし部分のみを基本的に対象とし、価値形態について、ほぼまったく取り上げていないところによく示されている。価値形態について言及することがあっても、彼は、その内容について立ち入った考察を全然行なっていない。
　われわれが幾度も強調してきたように、冒頭商品論の出だし部分だけでは、価値の概念も価値実体の概念も十全には規定されえない。価値形態論が不可欠である。ある何らかの商品が、どのようにして、価値として、したがって商品として現実的・社会的に認められるのか、という問への解答は、価値形態論こそが与えるのである。冒頭商品論出だし部分における、思惟による分析的抽象化だけでは、その解明は不可能なのだ。なぜなら、出だし部分の人間語による論理的概念的分析と、価値形態論で展開される、商品語の〈場〉に生じている事態を人間語によって〈聴き取り・翻訳し・注釈を加える〉こととは決定的に違った次元のことだからである。マシュレーの論考は、彼がこのことに徹底して無自覚であるということを明示している。
　では、マシュレーの冒頭商品論解釈を具体的に見ていこう。
　マシュレーはわれわれと同様に、冒頭商品論における〈富―価値―商品〉範式に注目しているかに見える。彼は次のように述べている。

『資本論』第1巻第1篇第1章のテキストを逐語的に説明する、とすでに述べたが、それは比類のない重要性をもつ三つの部分に分解できる〔peut être décomposé en trois parties d'inégle importance.〕。〔…〕全体的にみて、マルクスは、三つの対象に順次適用する、ひとつの分析をすすめている、と言えよう。すなわち、富の分析（最初の4行）、商品の分析（エディオン・ソシアル社によって刊行されたフランス語版においては、52ページの終わりまで）、そして価値の分析である。[134]

第Ⅸ章　『資本論』冒頭商品論へのさまざまな所説について

　このマシュレーの言明は、われわれに、きわめて大きな期待を抱かせる。だが、いささか気になることがないわけではない。「富の分析」、「商品の分析」、「価値の分析」と三つを並列にしている点である。商品は明らかに分析対象であって、マルクスは冒頭商品論で、他でもなく商品を分析している。

　だが、富と価値は商品と同じような分析対象ではない。とりわけ価値は、商品と同じように分析できる対象ではない。価値の概念は措定しなければならないが、分析の結実として、論理的分析的にその措定がなされるわけではない。ここに、価値概念把握の困難さがある。マシュレーはこの困難さに戸惑い、悪戦苦闘をつづけることとなった。ともあれ、彼の議論をつづけて辿ってみよう。

　まず、富に関して、マシュレーはこう述べている。

　　最初の概念、そこから他の諸概念が《生じる》概念は、富の概念である。明らかに、これは一個の科学的抽象ではなくて、具体的と見紛うばかりの経験的な一概念であり、あの『序説』〔『1857年－1858年草稿』の「序説」〕が非難するように教えたものに近い（例えば、「人口」の概念への批判を見よ）。富は一個の経験的抽象である。つまり、それはひとつの観念なのである。だが、具体的（経験的）と見紛うばかりに、それ自体では不完全である（それは自律的な意味はもたないが、それを拒む諸概念の総体との関係によって、はじめて意味をもつ）。富はイデオロギー的な一概念であり、一目見ただけで導出できるものは何一つない。一連の探究過程（科学的な探究作業）の観点からすれば、それは最悪の出発点である。[135]

　このようにマシュレーは、これ以上はないと言ってよいほどに、『資本論』冒頭の一句と、そこにある富概念に悪態をついている。だが彼は、直ちに言い訳めいたことを言う。

　　だが明らかに、叙述の一連の過程にとっては、これ［最初の概念、つまり富の概念］から出発して、マルクスは彼の理論の基本的諸概念を提示するがゆえに、ことはそうはいかない。この冒頭部分〔ce début〕をどう考えたらよいのだろうか。[136]

ではマシュレーは「この冒頭部分をどう考えるべき」というのだろうか。悪態をつく以外で、彼にとって、何か意義あるものを取り出しているだろうか。じつは、悪態はなおつづくのである。それについてはもはやここでは触れない。マシュレーが取り出しているのは、ただひとつ、禅問答のような以下の「問い」である。

> マルクスはその観念〔富の観念〕を、そのいわゆる豊饒性のゆえに利用するのではなく、逆に、その不毛性のゆえに利用する。彼は、それに込められたものをそれに精確に語らせるが、〔…〕〔それは〕その観念が語るべきこと、すなわち、それに与えられた意味を問うためである。[137]

マルクスが、資本主義社会の富の概念を措いたのは、それを問うため、すなわちそれを批判するためである、と述べているかぎりで、マシュレーは正しい。だが、彼の批判の射程はあまりにも短く、その深度は著しく浅い。彼は、A. スミスなどの古典派経済学と経済学的領域に限定されたそれらの学説批判の枠に囚われている。そのことは、『資本論』冒頭の資本主義社会における〈富―商品〉に関する断言的な命題に関して、次のように述べているところによく示されている

> 富の観念は、この観念にそなえられた、マルクスがしばしば「慣習」と名づけるものに似た、きわめて経験的な知識から得たもの以上の何ものも教えてくれない。つまり、富とは商品の集積であるというものである。[138]

マルクスは、マシュレーが考えるような、「慣習」に囚われた社会意識批判のレヴェルで、〈富―商品〉について、かの命題を措いたのではない。われわれが、これまた何度も強調してきたように、マルクスは〈富―価値―商品〉の根源的な批判を遂行するために、かの命題を措いたのである。第Ⅶ章第ⅰ節で既に引用したが、『1857年‐1858年草稿』で、マルクスは富に関する根源的な再措定を行なっている。

> 偏狭なブルジョア的形態が剥ぎ取られれば、富は、普遍的な交換によってつくりだされる、諸個人の諸欲求、諸享楽、生産諸力、等々の普遍性でなくてなん

第Ⅸ章　『資本論』冒頭商品論へのさまざまな所説について

であろう？〔…〕富は、先行の歴史的発展以外にはなにも前提しないで、人間の創造的諸素質を絶対的に表出することでなくてなんであろう？〔…〕そこで人間は、自分をなんらかの規定性において再生産するのではなく、自分の総体性を生産するのではないのか？　そこで人間は、なにか既成のものにとどまろうとするのではなく、生成の絶対的運動の渦中にあるのではないのか？139)

資本主義的生産様式が支配する社会にあっては、富が商品集積に、そして価値が商品価値になってしまっている、とマルクスは『資本論』冒頭で喝破した。このマルクスの断言的な命題に、〈富—価値—商品〉への根源的批判を、マシュレーは読み取ることができない。なぜならマシュレーは、〈富—価値—商品〉に対して、いま引用した『1857年-1858年草稿』に示されたような、徹底した水準での考察を積み重ねることがないからである。

マシュレーは、「富の分析」を、「商品の分析」と同様な並列的に捉えうるものと考え、それに「挑戦」し、それゆえ、当然にも挫折した。マシュレーは、次いで、「価値の分析」なる、ますます深まる混迷へとつきすすみ、論として完全に破綻をきたすことになる。

いま引用した富についての言明の前提として、マルクスは、「富は物象〔Sache〕」140) であり、「あらゆる形態において、富は、物象であれ、物象によって媒介された関係であれ、個人の外部に存在する、あるいは偶然的に個人と並んで存在する、物的な姿態〔dingliche Gestalt〕をとって現われる」141) と述べる一方で、富は「他方で価値」142) だと述べている。富が商品集積としてある場合でさえも、富は明らかに「物的な姿態」をとって現われる。そうである以上、それは思惟による分析的な対象だと言ってよい。だがそれは、商品とは著しく異なる分析対象である。富が商品集積であることは、『資本論』冒頭で断言的に・陰伏的に述べられたうえで、少なくとも第一部全体をとおして、その結実として、分析的に概念が措定されるわけである。

だが、価値は、まず陰伏的に措かれた上で、一定の論理的分析過程の結実として定立される概念でさえもない。価値は、純粋に社会的で極度に抽象的であり、量の規定性を内的契機としてもたない。価値は物的なものではまったくない。資本主義的生産様式が支配する社会にあっては、その社会それ自体が、人々の無意識的行為・活動をつうじて、商品を価値とするのである。日々その現実が実現さ

れているのである。この事態を思惟によって、論理的分析的に明らかにするということはできない相談である。「社会がそうしている」と言うしかない、現実世界 Wirklichkeit なのだ。

　資本主義的生産様式が支配する社会が、発達した商品生産の社会であり、人々の一切の諸活動が商品生産とその諸関係として現われている以上、「人間の創造的諸素質の絶対的創出」である富は、商品集積として、いわば完璧な残骸の形態で、またまったく転倒した形態で現われざるをえない。だから、価値もまた商品価値として、完全な転倒として現われざるをえないのである。

　マシュレーの価値に対する考察は、このずっと手前で右往左往しているだけである。だが、彼は、価値というものの捉えどころのなさ・奇妙さには気づいている。例えば彼は、次のように述べている。

　　価値を規定するのは、価値が自己を示さない、現われないということである〔…〕。価値概念は経験的にはごくささやかなものである。つまり透明なのだ。[143]

「自己を示さない、現われない」、つまり見えない、だから「透明なもの」というのは、下手なダジャレを聞かされている感があるが、価値把握の困難さに気づいていることは事実である。気づいている点で、マシュレーは、それにまったく無自覚なランシエールなどよりはるかにましだと言えるかもしれない。

　マシュレーの当惑ぶりをもう少し見ておこう。彼は唐突に次のようなことを言う。

　　——物は商品の形態である。／——商品の交換は価値形態である。／——物は価値の物質的な支えである。／これらの規定の接合から〔Du rapprochement de ces définitions〕、価値という概念〔la notion de valeur〕がはじけるように表出する。[144]

　価値概念を把握したいという願望の強さゆえに、マシュレーは幻を見たにちがいない。引用にある三つの「規定」なるものから、「価値という概念が、はじけるように表出する」などということが決してありえないことは言うまでもない。価値が「はじけるように表出する」ほどに「エネルギッシュ」なものであるなら

第Ⅸ章　『資本論』冒頭商品論へのさまざまな所説について

ば、それははっきりと掴まえられるものに違いないはずである。だが、現実はそうなってはいない。マシュレーも一向に「エネルギッシュ」な価値を捉えられない。マシュレーにはお気の毒なことだが、価値は依然として交換価値の背後に隠れたままである。かくして、マシュレーは苛立って、次のようないささか荒唐無稽なことを口にする。

商品とは、同時に二つの物なのである。商品それ自体が、〔…〕物と呼ばれる。商品は、交換という商品にとっての決定的経験のなかで、それ自身と、あるいはむしろその分身と直面させてみれば、無関係で奇妙な何ものか〔chose d'étranger et d'étrange〕に宿られていることがわかる。その何ものかが商品に属するのではなくて、商品のほうがそれに属するのであって、それが価値と呼ばれるのである。[145]

価値は商品の属性であって、商品が価値の属性ではない。価値を属性として担う基体・主体は商品である。主体・基体である商品が、その属性でしかない価値に属するとは、マシュレーはいったい何を言いたかったのであろうか。もしかすると、彼は、資本の運動を考えていたのかもしれない。次々と姿態（使用価値としての姿態）を取り換えつつ運動する資本は、確かに価値の運動ではある。だがその場合も、資本はあくまで商品なのである。さらに言えば、これまで幾度も強調してきたことだが、商品は自分の〈体〉＝使用価値を「忘れてしまう」。だがそのとき、物象としての商品は、まさしく自己の姿を剥き出しにしているのであって、商品が価値に属しているわけではない。

こうした彷徨の末に、マシュレーは次第に従来の誤った価値概念に接近していく。「共通なもの」と「第三のもの」とを混同し、その一方の誤読、すなわちそれを価値と考えるのである。

a＝bはひとつの形態である（価値の現象形態）。〔…〕／〔…〕この関係はそれ自体でひとつの現象形態である。だから、[価値]表現という直接的意味では、価値は関係のなかには存しない。価値は、aにおいても、bにおいても、存しない。〔…〕そうではなく、関係の総体が価値を示すのである。[146]

ここでマシュレーはあたかも価値形態を問題にしているかに見える。だが、決してそうではない。価値表現の構造を問題にすることなく、冒頭商品論出だし部分における等置式についてマルクスが述べたと同じく、「等式の意味」を問題にしているからである。冒頭商品論の出だし部分の議論を問題にしているのである。そうして、aでもbでもない「第三者」こそが価値であるというのである。

　交換の直接的素材をなす「二つの物」の背後に、「それ自体が、一方でもなく、他方でもない」何らかの第三者を探さなくてはならない。[147]

　価値は［等式の両項とは］別のもの、すなわち第三の「対象」であるばかりでなく〔…〕。[148]

　相当に苦労をつづけた結果としては、あまりにもお粗末である。しかも、マシュレーにとっては困ったことに、「第三者」が等式の両項でない「第三者」である以上、それは何らかの存在物であり、物的なものであるほかない。

　交換の分析での逆説は、価値が交換の両項のなかにも、両項の関係のなかにもないということである。価値は与えられるのではなく、抽出されるのでもなく、また明らかにされるのでもない。そうではなく、価値は概念として構築されるのである。〔…〕／〔…〕価値はそれぞれの対象に同時に存在するのでなければ、二つの対象に共通する内容であることはできない。ところが価値は、それを支える対象から独立しており、別個に「それ自体で」実在する。〔…〕価値は、他の何らかの本性をもつ対象、すなわち一個の概念である。[149]

　価値は、等置関係におかれた諸商品とはまったく別に「「それ自体で」実在する」ものだ、とマシュレーは言い切っている。二つの商品から切り離されて「実在する」、この「第三者」こそが価値である、とマシュレーは言いつつ、同時にそれは、概念構築物だと言う。この奇妙な「実在」である「概念構築物」は、概念であるにもかかわらず、実在物である以上、マシュレーは、それを生み出す「労働」を考えざるをえなくなる。

価値の否定的規定もまた、〔…〕新たな質の探求に通じていく。すなわち、周知のように、労働の産物であるという質である。[150]

　価値を考える以上、価値の実体である労働(商品に表わされた抽象的人間労働)も考えなければならないのは、言うまでもない。だが、マシュレーの議論は、ここで、たんなる捩じれを通り越した化け物じみたものになっている。これは、「共通なもの」=価値と「第三のもの」=抽象的人間労働とを、ただ混同するだけでなく、混然一体化したことの結果である。
　こうしてマシュレーは、価値なる実在を生み出す労働を規定する。

　価値というものは、「対象」から出発して、その個別性を捨象して、しかも交換が作り出す特別の状況のおかげで得られるといった概念ではない(これは経験的抽象になるだろう)。概念は交換の状況によって産出されるものではない。価値概念は、明確な特性をそなえた(特徴づけ、理解を生じさせる)関係において、まさに止揚をとげる、認識労働の産物〔le produit du travail de la connaissance〕である。[151]

　「価値概念は認識労働の産物である」——これこそ、珠玉の名言(迷言)である！ 価値は、元の商品から切断されて浮遊したのではなく、新たに「認識労働」なる労働の生産物となって、元の商品と肩を並べて実在することとなった。資本主義的生産様式が支配する社会にあっては、それは商品である。すると、この価値なる商品の価値もまた問題にしなければならず、その価値の実体である労働もまた、問わなければならない。そしてさらにまた、と同じ問題が問われていく。ヘーゲル的悪無限が生み出される。
　こうしたとんでもない結論が、マシュレーが戸惑い、苦労しつつ巡りついた到達点なのである。
　言うまでもなく、価値(商品価値)は「認識労働の産物」ではない。それは、資本主義に先行する諸社会の種々さまざまの価値を総括した価値であり、資本主義社会が、社会として認めるただ一つの価値、すなわち、唯一普遍性をもった価値である。それは、資本主義的生産様式が支配する社会の富をなす商品の属性、しかも核心をなす属性であり、純粋に社会的で極度に抽象的なものである。それ

は、労働の産物ではなく、労働の諸産物に資本主義社会が与える刻印である。資本主義的生産様式が支配する社会自身が、日々現実に、そのように措定しつづけるもの以外ではない。しかも人々はそのことに無自覚であり、商品を直ちに交換価値にする。もし、個々人がそれを認識したとしても、事態はまったく変わらない。資本主義的生産様式が支配する社会の価値は、商品価値以外にはない。それ以外の種々様々な価値は、あくまで個別的な、たんなるエピソードとしての意義しかもちえない。商品価値は、それほどに強固で普遍的で、人々の日常生活・意識の全体に深く浸透した価値なのである。

第vii節　ジャック・デリダの商品物神性論理解について

　ジャック・デリダにかんしては、その言語観について、第Ⅱ章第iii節で検討した。彼は、対象世界（―自然・社会）に対して人間語の世界が抱える絶対的な隔絶を、人間語世界への不全感という形で直観する。デリダはこの不全感に悩まされつづけ、言語世界内の操作、すなわち、「脱構築」などによって、この不全感を解消しようとする。しかしそれは当然うまくいかない。なぜなら、「脱構築」などの彼固有の「言葉の戦術」は、人間語の世界内に閉塞しているからである。
　こうしたデリダにとって、マルクスの宗教批判―物神性論は、彼の挫折を克服する格好の素材だと捉えられた。もちろんそれは、『マルクスの亡霊たち』最終章の副題（「現象学的「手品」〔l'«escamotage» phénoménologique〕」）に書かれているような「ごまかし〔escamotage〕」によって――宗教も物神性もすべからく「亡霊憑依学〔hantologie〕」に集約させることで、それらの謎も秘密も観衆の眼前で「消え失せた」かのようにみえる、という技法によってである。この「消失マジック〔escamotage〕」によって、無効化されたかに見えた「脱構築」が復活し、彼固有の「言葉の戦術」が機能しつづける、とデリダは考えたのであろう[152]。デリダにとって、この起死回生の策は、ニューヨークのカルドーゾ・ロー・スクールでヴァルター・ベンヤミンの「暴力批判論」をとりあつかった「法の力：「権威の神秘的根源」」（1992年）を経て、『マルクスの亡霊たち *Spectres de Marx*』（1993年）[153]で遂行された。それゆえここでは、この『マルクスの亡霊たち』、とりわけ商品の物神性を中心的に取り上げた最終章を検討する。だがもちろんわれわれは、彼の「消失マジック」にうかうかと誤魔化されるわけにはいかない。その

第Ⅸ章　『資本論』冒頭商品論へのさまざまな所説について

「マジック」の種は、彼の商品物神性論理解にある。デリダが、いかにマルクスの物神性論を誤読しているか——その浅薄さを暴露するのがわれわれの務めである。そしてそれは、彼がいかに〈商品—価値〉を理解できなかったかを暴露することにほかならない。

　第Ⅱ章第ⅲ節で検討したデリダの「私の立場」は 1989 年の刊行である。ここでデリダは「脱構築」という「言葉の戦術」が無効化していると嘆き、愚痴をこぼし、「脱構築」という語を「できるだけ使わないようにして」いるとさえ述べていた。ところが、これから 4 年後の 1993 年には、再び「脱構築」が有効だと考えるようになった。マルクスのおかげである。彼は次のように述べている。

　ここではたとえば、脱構築とよばれるもののいくつかの特徴に、〔…〕すなわち〈固有なもの〉、ロゴス中心主義、言語至上主義〔linguisticisme〕、音声（中心）主義〔phonologisme〕といったものの形而上学の脱構築言語の自律的ヘゲモニーの脱神秘化ないしは脱-沈殿化〔dé-sédimentation〕に話を限定することにしよう。〔…〕そのような脱構築は、前-マルクス主義的な空間では不可能かつ思考不可能であっただろう。少なくとも私の目には、脱構築はある根源化としてしか、ということは同様に、ある種のマルクス主義の伝統のなかでしか、ある種のマルクス主義的精神のなかでしか、意味も重要な価値も持たなかった。脱構築と呼ばれる、マルクス主義の根本化の試みがおこなわれたのだ。[154]

　「脱構築」の「再現前化」がなぜ可能だと、デリダには思われたのか？ 理由は相当に単純といえるだろう。それは、マルクスの物神性論に出会ったからである。だがこの「出会い」については、デリダに即したいささか尋常でない説明が必要になる。デリダにとって、商品の物神性批判は、宗教全般への批判、すなわち宗教において完成されるイデオロギー全般への批判に結びつき拡張されると考えられたのである。そしてそれらの批判全体を貫くものとして、「亡霊憑依学」があると思われたのであった。そうすると核心となるのは、彼にとっての「亡霊」である。では、この「亡霊」とは何か？ デリダは次のように答える。

　幽霊の生産、幽霊効果の構成とは、たんなる精神化＝霊化〔une spiritualisation〕ではなく、ヘーゲルの観念論においてすぐれて生産されるような、精神、観念

もしくは思惟の自律化でさえない。そうではなく、いったんそうした自律化が、それに相当する収奪や疎外とともにおこなわれ、おこなわれてからのみ、幽霊的な契機〔le moment fantomal〕がその上にやってきて、それに代補的な一つの次元を、さらにある模擬物を、ある疎外を、もしくはある収奪をつけ加えるのだ。すなわち、ある身体を〔À savoir un corps〕！ある肉体〔Leib〕を！というのも、少なくとも肉体の仮象なしに幽霊などありえず、精神＝霊の亡霊化などけっしてないからだ。〔…〕幽霊的なものがあるためには、身体への回帰が、ただしかつてなかったほど抽象的な身体への回帰が必要である。亡霊生成の一連の過程は、したがって、逆説的な体内化＝憑依〔une incorporation paradoxale〕に対応している。いったん観念や思惟〔la pensée（Gedanke）〕を、その基底から引き離した後で、それらに身体を与えて幽霊的なものを産み出すわけである。観念や思惟は生きた身体から引きはがされたわけだが、そこに戻ることによってではなく、観念や思惟を、何らかの別の人工的な身体〔un autre corps artefactuel〕に、すなわち一個の義体〔un corps prophétique〕に、精神の幽霊〔un fantôme d'esprit〕に受肉させる〔en incarnant〕ことによってである。[155]

　自然的身体でない「抽象的な身体」、「人工的な身体」——これこそが、デリダに「光明」を抱かせたものである（そしてここでも、「受肉」が叫ばれる）。この抽象的身体という点で、商品物神もまた、デリダにとっては、亡霊なのだ。商品はたんに使用価値ではなく、価値である。この価値が、デリダの「救いの神」なのだ。ただ、デリダは価値をまったく理解できなかったので、価値ではなく、交換価値でしかないのだが。ともあれ、デリダにとって、交換価値としての商品は、自然的身体ではない抽象的身体をもつものとして「亡霊」なのである。
　つまり、デリダにとって商品物神とは、抽象的身体をもつ、ある亡霊であり、したがって、「亡霊憑依学」が、宗教全般─イデオロギー全般への批判、すなわちデリダ固有の「脱構築」を可能にし、かつ可能にしつづける「打ち出の小槌」なのである。
　「脱構築」というデリダ固有の「戦術」は、人間語の世界への不全感を言語世界内で解消しようとするものであった。だが、これでは〈批判〉は何ら物的なものに支えられず、したがって、自然に支えられた思想へと高まることは決してない。〈批判〉は、無力なものに堕し、たんなる観念世界を浮遊し、観念世界に閉

塞せざるをえない。かくして、「脱構築」は無効化せざるをえない。これを突破する鍵が、「抽象的な身体」というデリダにとっての「物的なあるもの」であった。商品物神という「亡霊」こそが、この「物的なもの」であったわけである。
　だがもちろん、これはデリダの「誤魔化し」にすぎない。
　「脱構築」という言説のテクネーが、対象世界に対するある認識とその言語表現に向けて、有意義な効果をもった瞬間があったことは確かであろう。しかしそれは、あくまで瞬間のことである。「脱構築」は持続的なものとしてはありえず、それゆえに持続性を求める者たちによる、デリダが嘆いた「方法化」は不可避であった。「脱構築」を「再現前化」しようとデリダが目論んだ「亡霊憑依学」では、「脱構築」は完全に「方法化」されている。そして、「方法化」された「脱構築」は、もはやテクネーではありえず、デリダ風に言うならば、たんなる「技-論〔thechno-logie〕」でしかない。『マルクスの亡霊たち』全体が、そうした技法の叙述に「体内化＝編入」されており、しかも、「抽象的身体」に支えられているがゆえに、その技-法はより巧妙である。
　デリダは、商品物神、宗教全般、イデオロギー全般を「亡霊（たち）〔spectre(s)〕」によって集約する。そのとき、亡霊と商品物神とが「抽象的身体」なるものをもっている、と措くことによって、それらを二つの極としてデリダ特有の言説空間、すなわち「脱構築」空間を築く。そしてその「空間」に、esprit、spirit、Geist などが、Gespenst を介して粉飾され配置されるわけである[156]。
　では、デリダの商品物神性論理解を検討しよう。
　『資本論』第二版以降で言えば、第1章第4節「商品の物神的性格とその秘密」の冒頭のパラグラフにある次のくだり（これは初版からそのまま引き継がれたものである）を、デリダは問題にしている。

　たとえば、木材でテーブルがつくられれば、木材の形態は変えられる。にもかかわらず、テーブルは相変わらず木材であり、ありふれた感性的な物である。ところが、テーブルが商品として登場するやいなや、それは感性的でありながら超感性的な物に転化する。それは、その脚で床に立つだけでなく、他のすべての商品に対しては頭で立ち、そしてその木の頭から、テーブルがひとりで踊りだす場合よりもはるかに奇妙な妄想を展開する。[157]

このくだりは、フランス語訳現行版では、次のようになっている。

たとえば、木材という形態が、一台のテーブルに実際に変えられたとしよう。そのテーブルは木以外の何物でもなく、ありふれた感性的な物である。だがしかし、それが商品として登場するやいなや、それは超感性的で感性的な物に転化する〔elle se transforme en une chose sensible suprasensible〕。それは脚で地面の上に立つのみならず、他のすべての商品に対しては頭で立ち、その取るに足らない木の頭で、人に何も求めることもなしに、それが不意に踊り出すようになるよりもはるかにわれわれをびっくりさせるような一連の異形な考えを繰り出すのである。[158]

ちなみに、1872年のフランス語版第一巻第一分冊では、下記のとおりである。

テーブルを木材で作るとすれば、木材の形態は変化させられたのである。それにもかかわらず、テーブルはありふれた物である木のままであって、五感のもとにある物である。ところが、それが商品として現われるやいなや、まったく異なった事態となる。それは感知可能であると同時に感知不可能なものとなり、床の上に立つその脚をもつだけでは十分ではない。つまり、それは、他のすべての商品に対して、その木の頭でいわば逆立ちし、踊り出すよりもはるかに奇怪な専横に身をゆだねるのである。[159]

ここで注目すべきであるのは、いずれのテキストにおいても、「〔商品テーブルは〕他のすべての商品に対しては頭で立つ」という箇所である。いま引用したくだりを、デリダはどのように「脱構築」するであろうか。とくに、われわれが注目すべきであると指摘した個所を、どのように理解したであろうか。
デリダは次のように述べている。

テーブルはただ立っているばかりではなく立ち上がり、高みへとのぼり、ふたたび立ち上がり、頭を持ち上げ、起き上がってみずからに言葉をかける。他の者たちに向かい、そして第一に他の商品たちに向かって、そう、テーブルは頭を持ち上げるのである〔et la voici debout, qui non seulement se tient mais se lève, s'élève et se

第Ⅸ章 『資本論』冒頭商品論へのさまざまな所説について

relève, relève la tête, se redresse et s'adresse. Face aux autres, et d'abord aux autres marchandises, oui, elle dresse la tête.〕。〔…〕この木製のテーブルにとって、地面に足をつけて立っているだけでは十分ではない〔*Er steht nicht nur*〕。それはまた立ち上がる〔*sondern er stellt sich*〔…〕〕。それはまた頭で、すなわち木の頭で立つ。というのも、それは立った状態で他の商品に面と向かう〔*er stellt sich allen andren Waren gegenüber auf den Kopf*〕一種の頑固な、強情な、執拗な動物となったのである。それは他の者たち、すなわち自分の同類の面前で立ち向かう、奇妙な被造物の出現である。同時に《生命 Vie》であり《物 Chose》であり《獣 Bête》であり《対象 Objet》であり《商品 Marchandise》であり《自動機械 Automate》であるような――すなわち一言で言えば《亡霊 Spectre》である。[160]

　これほど見事に核心をはずした、その上、饒舌きわまりない、無意味な言葉の羅列には、めったにお目にかかることはないであろう。ただ、デリダは、彼の「消失マジック」だけはやり遂げるべく、「〔商品テーブルは〕一言でいえば《亡霊》である」なる断定は忘れない。ともあれ、「脱構築」の成れの果て、「技-論」の純粋結晶がここにある。

　テーブルは、「他のすべての商品に対しては頭で立つ」という核心について、デリダは意義ある何かを述べているだろうか？ ただその言葉があるだけである。見事に韻を踏むことで「脱臼」した呂律が存在するだけであり、その核心についての理解は何一つ語られていない。むしろ逆に、「〔テーブルは〕他の商品たちに向かって、そう、テーブルは頭を持ち上げる」と言っている。この部分に日本語版訳者・増田一夫は、「「ふたたび立ち上がり、頭を持ち上げ」の原語は、se relève, relève la tête である。relever は、デリダがヘーゲルの aufheben「止揚する」のフランス語訳として提案した言葉であるが、ここでも木の物体としてのテーブルがみずからを止揚し、商品もしくは交換価値へと変身するという過程を示唆していると思われる」[161]と訳註を付している。この訳註がデリダの意図を正しく伝えているとしても、その意図自体が『資本論』の解釈として、まったくの誤りである。

　先に述べたが、木のテーブルのくだりは、初版にある。それが第二版以降もそのまま引き継がれたものである。この点に注意を払う必要がある。貨幣形態を論じていない初版の価値形態論を受けて、商品の物神性を論じようとする冒頭にこれがある。ここでテーブルは、一般的等価物として措定されているのである。も

ちろん、テーブルはたんなる一例であり、他のどんな商品も一般的等価物となりうる。そうした代表例としてのテーブルである。テーブルは、使用価値として床に脚で立つだけでなく、一般的等価物としては、「他のすべての商品に対しては頭で立つ」というのである。等価形態に位置する商品にまといつく謎性が、一般的等価物になるや、はるかに大きく深いものになる。この一般的等価物にまとわりつく巨大な謎性を、「頭で立つ」とマルクスは言い表したのだ。しかも、この「頭で立つ」という表現は、商品物神性論末尾の、次のくだりに精確に照応している。われわれが何度も引用し問題にしてきたものである。

　もし諸商品がものを言うことができるとすれば、こう言うであろう。われわれの使用価値は人間の関心を引くかもしれない。それは物としてのわれわれには属さない。そうではなくて、われわれに物的に属しているものは、われわれの価値である。商品物としてのわれわれ自身の交わりがそのことを証明している。われわれは、ただ交換価値としてのみ自分たち自身を互いに関連させ合うのだ、と。[162]

デリダが使用した現行版フランス語訳では、これは次のようになっている。

　もし諸商品が語れるとすれば、それらはこう言うだろう。われわれの使用価値は、人びとの関心を引くかもしれない。しかしそれは物たるわれわれにはほとんど関わらない。われわれの物としての観点からすれば、われわれに帰属するのは、われわれの価値である。商品物として保たれている商取引が、そのことを証明している。われわれは交換価値として互いに自らを関わらせるのだ、と。[163]

フランス語訳現行版は明らかに異なっている箇所があるが、このくだりも初版にあり、そのまま第二版以降に引き継がれたものである。ここで言われていることは、商品は、商品であるかぎり、自らの〈体〉、すなわち使用価値を〈忘れてしまう〉ということである。だからこそ、諸商品は、頭だけになって「頭で立つ」のである。そのことが、等価形態に位置した商品において、とりわけ一般的等価物において、きわだって現われ出るということである。ただし、ここではま

第Ⅸ章 『資本論』冒頭商品論へのさまざまな所説について

だ貨幣形態は措定されていない。だから、テーブルは、一般的等価物ではあるが、貨幣ではない。一般的等価物の代表例にすぎない。にもかかわらず、一般的等価物として、すっかり自らの〈体〉＝使用価値を〈忘れ去ってしまった〉ものとして、「他のすべての商品に対しては頭に立つ」のである。

　この点の理解こそが、商品の物神性を理解する上での鍵である。デリダは、あまりにも見事にこの核心を取り逃し、商品物神を亡霊に結び付けて得々としている。デリダによれば、亡霊とは、たんなる観念ではなく、身体――しかも自然的身体ではない抽象的身体――をまとったものである。だが、等価形態にある商品は、その使用価値そのもの、その自然的形態そのものが、価値の現象形態・実現形態になる。つまり、自然的形態そのもの、自然的身体そのものが、価値の実現形態になるのである。自然的形態・自然的身体とは別の何か抽象的な身体・人工的な身体が自然的身体に取って代わるのではない。そういう意味では、等価物商品は、亡霊ではない。それよりはるかに不思議な・神秘的なものとして現れ出ているのである。

　繰り返すが、この点の理解がとりわけ重要である。デリダは、まことに軽佻浮薄にも、自然的身体ではなく、抽象的・人工的身体をまとうものこそが、亡霊であり、その亡霊が、宗教全般、イデオロギー全般に対する理解と批判を可能にすると考えている。だが実は、それでは、宗教やイデオロギーへの批判は底の浅い水準にとどまらざるをえないのである。

　自然的身体そのものが、純粋に社会的で極度に抽象的な価値の実現形態になること――これこそが、最高の宗教性の実現である。それこそが、宗教性の完成である。すなわち、商品という宗教こそが、人類の歴史上、完成された宗教なのだ、とマルクスは主張しているのである。

　デリダの「亡霊憑依学」がいかに杜撰なシロモノであるかは、次の言明にもはっきりと表われている。

物神的幽霊性一般〔La fantomacitité fétichiste en général〕と『資本論』におけるその位置。商品価値の登場と木のテーブルの舞踏術以前からして、マルクスは労働の残余的産物〔le produit résiduel〕を幽霊的な対象性〔objectivité fantomatique〕（gespenstige Gegenständlichkeit）として規定していた。[164]

これは、『資本論』第二版以降の第1章第1節の次のくだりに関して述べられたものである。商品から使用価値を捨象すると、労働生産物である商品は「幽霊のような対象性」以外のなにものでもない、と叙述されているくだりに対して、デリダはかようなわけのわからないことを平然と言ってのけるのである。

　マルクスはここで、等置された二商品に、人間語による分析的抽象化を施した結果について述べている。思惟抽象の結実として、等置された二商品はともに「幽霊のような対象性」しかもたないものになり変わっている、と規定したのだ。それゆえ、それらの二商品は、思惟抽象による抽象的身体性しかもたないという意味で、人間の思惟にとって幽霊のようなものである。だがそれは、あくまで人間語の世界における話である。現実の諸商品の等置関係、すなわち価値関係における話ではない。デリダはその厳然たる区別についてまったく何の観念ももっていない。それゆえ彼は、「労働の残余的産物」なるわけのわからないものが、「幽霊のような対象性」をもつ、と捉えているのだ。

　人間語による思惟抽象と、諸商品の価値関係自体による現実的「抽象」（すでに第Ⅳ章でこれを普通の意味での抽象ということはできない、と述べておいた）との相違について、マルクスは『資本論』初版で、まことにみごとに、対比的に述べている。第Ⅳ章第iv節で引用の上解説したが、いま一度引用しておこう。

　価値としてはリンネルはただ労働だけから成っており、透明に結晶した労働の凝固をなしている。しかし、現実にはこの結晶体は非常に濁っている。この結晶体のなかに労働が発見されるかぎりでは〔…〕その労働は無差別な人間労働ではなく、織布や紡績などであって、これらの労働もけっして商品体の唯一の実体をなしているのではなく、むしろいろいろな自然素材と混和されているのである。リンネルを人間労働のたんに物的な〔dinglich〕表現として把握するためには、それを現実に物〔Ding〕としているところのすべてのものを無視しなければならない。それ自身抽象的であってそれ以外の質も内容もない人間労働の対象性は、必然的に抽象的な対象性であり、一つの想出物〔Gedenkending〕である。こうして亜麻織物は頭脳織物〔Hirngespinnst〕となる。ところが、諸商品は諸物象〔Aber Waaren sind Sachen〕である。諸商品がそれであるところのもの、諸商品は物象的に〔sachlich〕そういうものでなければならない。言い換えれば、諸商品自身の物象的な〔sachlichen〕諸関係のなかでそういうものであることを

第Ⅸ章　『資本論』冒頭商品論へのさまざまな所説について

示さなければならない。リンネルの生産においては一定量の人間労働力が支出されている。リンネルの価値は、こうして支出されている労働のたんに対象的な反射〔gegenständliche Reflex〕なのであるが、しかし、その価値はリンネルの物体において反射されているのではない。その価値は、上着に対するリンネルの価値関係によって、顕現するのであり、感覚的な表現を得るのである。リンネルが上着を価値としては自分に等置していながら、他方同時に使用対象としては上着とは区別されているということによって、上着は、リンネル―体〔Leinwand-Körper〕に対立するリンネル―価値〔Leinwand-Werth〕の現象形態〔Erscheinungsform〕となり、リンネルの現物形態〔Naturalform〕とは違ったリンネルの価値形態〔Werthform〕となるのである。[165]

　自らを現実的に商品として示そうとするリンネルは、上着を等価物として自分に等置する。リンネルを価値として、すなわち、抽象的人間労働の凝固体として、人間の思惟が捉えるためには、思惟抽象によってリンネルの使用価値を捨象せざるをえない。こうして、リンネルは「頭脳織物」になってしまう。だが、現実の商品の価値関係においては、リンネルは「頭脳織物」になってしまうわけにはいかず、自らの価値対象性を使用価値という〈体〉をもったものとして示さなければならない。上着の現物形態そのものが価値の実現形態となり、その反射として、リンネルもまた価値であることが示される。
　リンネルも上着も、幽霊ではけっしてなく、「亡霊」でもないのである。幽霊は人間の思惟・観念が産み出すものである。だが、諸商品は思惟の産物ではない。ましてや、マシュレーの言うような「認識労働の産物」でもない。人工的な抽象的身体ではなく、自然的身体自体が価値の実現形態になっていることこそが、商品の物神性の根拠であり、商品という宗教の根である。デリダの「亡霊憑依学」は完全に破綻している。"Dans ce mond-ci il est bon dénocher un coup à tuer un bœuf de temps en temps à le penseur de déconstruction pour encourager les autres."
　ヘーゲル法哲学批判から始まり、『経済学・哲学草稿』、そして『ドイツ・イデオロギー』を経て、経済学批判の仕事に取組み『資本論』に至って、宗教への批判は、完成された至上の宗教たる商品への批判として結実したのだ。マルクスの宗教への批判は、商品という宗教への批判として、最高の水準に達したのである。
　デリダは、『ドイツ・イデオロギー』のシュティルナー批判に「亡霊」という

ことで飛びつき、これを『資本論』の商品物神性論に強引に結び付けている。だがそれは、まったく的外れで、超絶的な我田引水でしかない。「亡霊憑依学」として集約されるものとしてのデリダの商品物神性批判─宗教性批判─イデオロギー批判の水準は、マルクスによる商品という宗教への批判の前では、あまりにもみすぼらしいものでしかない。

　デリダは、自然と観念との間に「抽象的身体」なる中間物を措いて「脱構築」を救おうとした。しかしそれは、悪しき折衷主義であり、思想の袋小路である。

　すべからく思想の名に値するものは、自然に根をもつ。その事実を抜きにして思想の言葉を、世界変革のための礎に変えられるはずもない。荘子が名家（詭弁家）の恵施を評した一文が、これほどよくあてはまる存在は滅多に見当たらない「逐萬物而不反、是窮響以聲、形與影競走也（あらゆる物を追いかけて帰ってこない。それでは響きをとめようとして大声を出すようなものであり、自分の影と競って走るようなものだ）」（『荘子』雑篇「第三十三　天下」第七）。

第ⅷ節　ディヴィッド・ハーヴェイ『『資本論』読解必携 *A Companion to Marx's* Capital』について

　D. ハーヴェイの『『資本論』読解必携 *A Companion to Marx's* Capital』[166]については、すでに第Ⅲ章で取り上げた。本節では、ハーヴェイの根本的誤謬を再確認しておこう。

　価値としての商品は使用価値を捨象したものであるが、その価値としての商品についてマルクスは、「幽霊のような対象性〔gespenstige Gegenständlichkeit〕」という規定を与えた。ところがハーヴェイは、主体としての商品を忘れ、価値そのものが「幽霊のような対象性〔phantom-like objectivity〕」であるとか、価値実体──すなわち商品に表わされた抽象的人間労働──が「幽霊のような対象性」であるといった、定見のない妄説を述べていた。主体である商品を忘れること、また価値と価値実体とを混同することは、多くの論者にしばしば見られることではある。その意味では、ハーヴェイもたんにその一人と言ってよいかもしれない。しかし、ハーヴェイの場合、そのように片づけるだけでは済まないところがある。マルクスの用語に対する取り扱い方が、あまりにも杜撰なのだ。これは、ハーヴェイが概念をきわめて乱暴に取り扱っていること、自分勝手な思い込みによる間違った概念把握をし、しかもそれを場違いな場面で用いていることを示している。以下

第Ⅸ章　『資本論』冒頭商品論へのさまざまな所説について

でそれらの例を今少し取り上げ、彼の『資本論』冒頭商品論への理解がいかに浅薄であるだけでなく、誤りにみちたものであるのかを示しておこう。

　商品は、一方で使用価値であるが、その使用価値は、商品においては交換価値の素材的担い手になっている、とマルクスは述べる。ところがハーヴェイは、この「素材的担い手」という用語について、驚くばかりの非論理的思考を展開する。彼の所説は以下のようにすすめられる。

　まず商品の使用価値について、ハーヴェイは、現行版『資本論』からの引用を交えて、それは商品のもつ有用性のことだと述べる。そのうえで、マルクスの命題——「使用価値は交換価値の素材的担い手である」——を飛び越して、「(資本主義においては)、諸商品は「同時に交換価値の素材的担い手〔material bearers〕でもある」」[167]と言うのである。すなわち、次の命題 (本節では、命題1とする。以下命題2、同3も同様) に飛び移る。

命題1：商品は交換価値の素材的担い手である。

　マルクスの命題における主語、すなわち使用価値が、まずは商品に取って換えられた。そののち、ハーヴェイは、「諸商品は、いまだ定義されていない別の何かの、種々なる担い手である。そうすると、商品が担い手であるのは何なのかを、われわれはいかにして発見するのか？」[168]とつづける。今度は、マルクスの命題における述語、すなわち交換価値の素材的担い手が、「いまだ定義されていない別の何かの、種々なる担い手」に取って換えられた。かくしてハーヴェイは、命題2に飛び移ったわけである。

命題2：商品は、いまだ定義されていない別の何かの、種々なる担い手である。

　こうして、マルクスの命題は跡形もなく消し去られた。ほとんど「瞬殺」といっても過言ではない。そのうえでハーヴェイは、唐突に、次のような問いを発する。

　ある商品がその所有者を変えていくさい、その商品自体の質のみならず、すべての商品のさまざまな質に関する何かを、つまり、相互に共約可能〔commensurable〕であるという質を表現する。では、それらはなぜ共約可能なのか、そしてその共約可能性はどこから来るのだろうか？[169]

　ここまで何度も述べてきた、「共通なもの」＝価値と「第三のもの」＝価値実

体とを、まぎれもなく混同しているのである。その混同にもとづく「問い」に対して、次のような回答を、彼は導く。「〔…〕諸商品はすべて人間労働の生産物である。諸商品に共通しているのは、諸商品がそれらの生産において体化された人間労働の担い手だということである」[170]。つまり、「いまだ定義されていない別の何か」は人間労働だとされるわけである。こうして命題 3 への跳躍がなされた。

命題 3：商品は人間労働の素材的担い手である。

以上が「素材的担い手」という用語を杜撰極まりなくあつかった、ハーヴェイの「思考」過程であり、みごとな非論理性の清華である。

マルクスは、他でもなく商品を分析し、商品の使用価値は交換価値の素材的担い手であるととりあえず措定する。ここを起点として、交換価値を分析的に追究していくのである。その追究は執拗とさえ表現可能な周到さをもって遂行され、その結果としてマルクスは、使用価値が担っているのは交換価値ではなく価値であることを明らかにする。他方、ハーヴェイは「素材的担い手」という用語だけを抱えて、まっとうな理路をもたないままに、命題から別の命題へと軽々と跳躍してみせる。ひとつの用語をもてあそび、次々と非論理的飛び移りを行なうのである。

その推移から見て取れるものは、混乱以外のなにものでもない。しかし、ハーヴェイの思考の非論理性はなかなかに「強靭」で、この程度では済まない。命題 3 のあと、彼は、「この抽象的なる人間労働〔this human labor in the abstract〕とは何なのか？」[171] と問いを発する。そしてそれに答えて、「諸商品は「労働生産物の」さまざまな残留物〔residues〕であり」[172] とつづける。いったいこれは何だろうか？ 珍奇な自問自答としか言いようがない。ここで得られた新たな命題、すなわち、「諸商品は労働生産物の残留物である」なる命題はまったく奇妙奇天烈なものだ。なぜと言えば、その命題は以下のことを意味しているからだ。すなわち労働生産物を一対象として措定し、それを分析的思惟によって抽象化し何らかの諸属性を捨象していくと、商品なるものが残留物として析出される、と。この命題を理解できる人がこの世に居るだろうか。善意で考えるに、おそらくハーヴェイは、理論的思惟に依拠することなく、シュルレアリスムの自動書記のごとくにこれらの文を書いたのだろう。

「労働生産物の残留物」という句は、たしかに『資本論』（第二版以降現行版までの）にある。本書末尾に掲げた第二版の文章のパラグラフ⑦である。マルク

第Ⅸ章　『資本論』冒頭商品論へのさまざまな所説について

スはそこで、商品から使用価値を捨象すると、その労働生産物である商品に残ったものは何か、と問題を提起している。だが、われらがハーヴェイは、用語をお手玉のように手に取ることから、かのチンプンカンプンな命題を捏ね上げたのである。彼の著書が『『資本論』読解必携』と題されたものでなく、『『資本論』不解必携 An Unpleasant Companion to Marx's Capital』とでも題されていたならば、この笑劇をさぞや楽しめたにちがいない。

ところがハーヴェイは、まだまだ芸を見せようとする。このチンプンカンプンにつづけて、「幽霊のような対象性」に関する問題に跳び移り、第Ⅲ章でみたように混乱を披歴するのである。われわれもそろそろ飽きを感じてきたが、彼の混乱芸にもう少しつきあおう。批判的読者としての最低限のマナーだからである。

ともあれ、こうした叙述の推移の結果として、下記のことが主張される。

すべての商品を交換可能にしているものは何かという謎は、価値と呼ばれるこの「幽霊のような対象性」の現象〔appearances〕の世界として、いまや理解される〔…〕。交換価値は、商品に体化された人間労働の必然的な一表現〔a necessary representation〕である。〔…〕／〔…〕価値は商品のうちに「対象化〔…〕あるいは〔…〕物質化された抽象的人間労働〔abstract human labor〕」である。[173]

ここでは次の二つが主張されていることになる。
①幽霊のような対象性たる価値は、商品のうちに対象化された抽象的人間労働である。
②価値、すなわち商品に対象化された抽象的人間労働が交換価値に表現される。

つまり、価値と価値実体とが同一視され、価値実体が交換価値という形態に表わされる、と主張していることになる。A.ヴァーゲリーによるマルクス解釈と、ほとんど同じである。つまり実体が形態に現象するという解釈だ。したがって、ハーヴェイはマルクスによって批判されなければならないことになる。もつれにもつれた理論的混乱の糸玉がここにある。だが、もつれはこの程度ではおさまらない。ハーヴェイは価値と価値実体との同一視からさらに、それを社会的必要労働時間に同一視する。

このこと〔「同質な労働の諸単位〔units of homogenous labor〕」への還元〕が、彼〔マルクス〕をして、「価値」の決定的な規定を「社会的必要労働時間」として定式化せしめ〔…〕るのである。[174]

「価値」は「商品に表わされた抽象的人間労働（すなわち価値実体）」と同一であり、かつ、それは「社会的必要労働時間」とも同一なのである！この主張が意味するところは、こういうことだ。すなわち、ハーヴェイは、価値を量概念から分離してそれ自体を規定することができず、彼にとって価値は最初から量だ、ということである。しかもその「量」が時間なのである。

結局のところ、ハーヴェイは、価値、価値実体（商品に表わされた抽象的人間労働）、価値の大きさ、価値の大きさを測る〈ものさし〉とその単位、といった諸々の概念、それらの概念の区別と連関について、ほとんど何一つ理解していないことがわかる。たんに無理解とか混乱といった言い方ではとても済まされない。意図的にそうしているのなら、スタンディング・オベーションを受けるべき、みごとな道化芸である。

これでは商品語の〈場〉を相手にしなければならない価値形態論をまえにして、ハーヴェイがまったくのお手上げ状態になることは必定である。だから彼は嘆息して言う。

私見では、この節には退屈な材料がたくさん含まれており、議論の重要性があまりに容易に覆い隠されてしまう。〔…〕木を見て森を見ないという問題は、マルクスの著作にしばしば現われることだが、その最悪なものがここであ［る］。[175]

冒頭商品論においてもっとも重要度が高く、『資本論』全体をその基底において支え規定している『資本論』体系全体の核心である価値形態論について、めったに出会うことのない見解である。「退屈」であり、「議論の重要性があまりに容易に覆い隠されてしまう」、「木を見て森を見ない〔…〕最悪」の例だと、ハーヴェイは主張しているのだ。いかにハーヴェイが『資本論』を理解できなかったか、いかに無内容・無意義な議論をしているのかが、この言明にあますところなく露呈している。

第IX章　『資本論』冒頭商品論へのさまざまな所説について

　ではハーヴェイは価値形態論に関して具体的にどのようなことを述べているのか。
　彼は現行版——それも英訳版——をテキストとしているので、「マルクスの目標は、貨幣形態の起源を説明することである」[176]と主張する。「マルクスの著作」にどれほど彼が通じているのか（通じていないのか）が明らかな言い分である。それでもまだここまでのハーヴェイは、マルクスという知的大陸の涯のぎりぎりの縁に立ってはいるだろう。だが、そこからさらに、ハーヴェイは歩をすすめる。禅であれば「百尺竿頭進一歩」（『無門関』[177]）ということなのかもしれないが、ハーヴェイはマルクスの徒のはずである。彼は次のように述べる。

　　価値は非物質的であり、ある叙述方法〔a means of representation〕がなければ存在しえない。それゆえ、価値（社会的必要労働時間としての価値）をして交換諸関係の調整者となさしめるものは、貨幣制度の出現、すなわち、触知可能な表現方法〔a means of tangible expression〕としての貨幣形態そのものの出現である。[178]

　純粋に社会的で極度に抽象的な価値を一つの対象性として捉えうることが可能であるのは、価値が表現される形態、すなわち価値が自らの現象形態をもつからである。価値形態——、これこそが価値を一つの対象性として現わす形態である。ところがハーヴェイは、価値形態ではなく貨幣形態、と言っている。価値形態の内容把握を抜きに貨幣形態（貨幣制度）へ一挙に飛び移っているのだ。つまり、彼の価値形態論理解は、その核心が完全に欠落している。価値形態の理解なしに貨幣形態そのものも、その秘密も捉えることはできない。解読しなければならないことを脱落させて、いかなる「『資本論』読解必携」があるだろうか。
　ところで、ハーヴェイは先に引用したところ（註番号173）を付した引用）で、「すべての商品を交換可能にしているものは何かという謎」と言い、この謎が解かれたものを「価値〔…〕の現象の世界」だと言っている。この箇所で杜撰な扱いを受けている用語は「謎」であるが、だがその杜撰さによって、なぜハーヴェイが「謎」という用語にここで飛びついたのかという謎が明らかになる。
　マルクスは、「商品交換を可能にする謎」なるものについて述べたことは、一度もない。マルクスが述べたのは「貨幣の謎」である。ハーヴェイの念頭に、こ

のマルクスの言葉があった、と考えるのが妥当だろう。

　「貨幣の謎」とは、そもそも、等価形態にまとわりつく謎性を基礎にしたものである。等価形態に位置する商品は、まさしくそこに位置することによって非媒介的・直接的交換可能性という社会性をもつ。だがその事態が、人々の目には、その商品の自然的属性としてその社会性が備わっているかのように映る。この等価形態に位置する商品にまとわりつく謎性が、一般的等価物においては発展し深化し、さらには貨幣になると完成して、貨幣に固着し骨化する。こうして貨幣は、富の一般的存在形態となる。これが「貨幣の謎」である。だから、「貨幣の謎」を解くためには、価値形態の秘密を暴露すること、価値形態が何であるのかを解き明かすことが必要である。それゆえ、「すべての商品の貨幣存在」を解くことこそが価値形態論の課題であることを、しっかりと把握し理解することが求められたのだった。

　だが、ここまでの行論で明らかにしたように、ハーヴェイは価値形態論をまったく理解できなかったのである。「価値〔…〕の現象の世界」とは本来価値形態の世界以外のなにものでもない。しかしハーヴェイは、それを貨幣形態・貨幣制度のことだと捉えている。さらにその誤認に加えて、貨幣制度があるがゆえに諸商品は交換可能になるのだ、と主張しているわけだ。これでは解明も分析も何一つしたことにはならない。ハーヴェイは現実の表層にすぎない現象世界をただ追認しているだけであって、何らの分析も考察も加えてはいない、ということだ。貨幣の謎を解き明かすことができず、まったく違ったものを謎だと捉え、場違いで誤った用語の扱いをしているのである。

　ハーヴェイがいかに価値形態論と無縁な世界をさまよっているのかを、今少し見ておこう。

　彼は、価値形態Ⅰ、すなわち、単純な価値形態について次のような理解を披歴する。

　　彼〔マルクス〕はこの課題〔「貨幣形態の起源を説明すること」〕を一連の不器用な歩みを通じて遂行するのだが、まずは単純な物々交換の状況〔a simple barter situation〕から出発する[179]。

　いかに現行版をテキストとしているからといっても、これはあまりにもひどい。

第Ⅸ章 『資本論』冒頭商品論へのさまざまな所説について

完全な誤読である。価値形態Ⅰは決して物々交換ではない。マルクスは、価値形態Ⅰ（単純な価値形態）を、x量の商品A＝y量の商品Bと規定し、物々交換（「直接的生産物交換」）については、価値形態Ⅰと概念的にはっきりと区分されるものとして次のように規定している。冒頭商品論の叙述においてではなく、交換過程論における叙述である。

> 直接的生産物交換は、一面では単純な価値表現の形態をもっているが、他面ではまだそれをもっていない。この形態は、x量の商品A＝y量の商品Bであった。直接的生産物交換の形態は、x量の使用対象A＝y量の使用対象Bである。AとBという物はこの場合には交換以前には商品ではなく、交換によってはじめて商品になる。[180]

そもそも冒頭商品論は、資本主義的生産様式が支配する社会における商品を分析対象としている。未だ商品ではない、たんなる使用対象である労働生産物それ自体は、冒頭商品論の分析対象ではない。これは、「たんなる使用対象である労働生産物がどのようにして歴史的に商品に転化するのか」を一般的に問うこと自体、無意味であるとする判断を含んでいる。ただし、初版付録の価値形態論には、形態Ⅰのところに、たんなる物々交換を例にした次の件がある。単純な価値形態の「(1) 価値表現の両極。相対的価値形態と等価形態」の「b 両形態の対極性」における叙述である。

> そこでわれわれはリンネル生産者Aと上着生産者Bとのあいだの物々交換を考えてみよう。彼らが取引で一致するまえには、Aは、20エレのリンネルは2着の上着に値する（20エレのリンネル＝2着の上着）、と言い、これにたいして、Bは、1着の上着は22エレのリンネルの値する（1着の上着＝22エレのリンネル）、と言う。最後に、長い間商談したあげく、彼らは一致する。Aは、20エレのリンネルは1着の上着に値する、と言い、Bは、1着の上着は20エレのリンネルに値する、と言う。この場合には、両方とも、リンネルも上着も、同時に相対的価値形態にあるとともに等価形態にある。だが、注意せよ、それは二人の別々の個人にとってのことであり、また、二つの別々な価値表現においてのことなのであって、それらがただ同時に現われるだけのことなのである。

Aにとっては、彼のリンネルは、——というのは彼にとってイニシアティブは彼の商品から出ているのだから——相対的価値形態にあり、これにたいして、相手の商品、上着は、等価形態にある。Bの立場からすれば、これとは逆である。だから、同じ商品はどんな場合にも、この場合にもやはり、同じ価値表現において両方の形態を同時にもっていることはないのである。[181]

まさしく、平易化を目的とした「付録」だからこそ、ありえた例示である。しかしながら、これによって平易化が果たせたかと言うと、いささか疑わしい。なぜなら、この例は、ハーヴェイの誤解と似たような珍説・奇論を誘引することになったからである。そればかりでなく、交換過程論で初めて対象とすべき商品所有者を登場させることによって、無用の論理上の混乱を持ち込んだと言えそうである。さすがに問題のある叙述だとマルクスも判断したのであろう、第二版への書き換えにさいしては、この叙述は採用されなかった。このように否定的に評価せざるをえない例示ではあるが、主張されていることは明白である。相対的価値形態と等価形態の対極性、すなわち、両形態が、互いに相手を排除し合う両極であることを、よりはっきりとさせようとしたものである。ハーヴェイが主張しているような、「価値形態Ⅰが物々交換である」ことを示すものでは、決してないのである。

ともあれ、価値形態Ⅰは物々交換ではない。だが、価値形態Ⅰを物々交換とする主張から、ハーヴェイは誤読をさらに深化・拡大させていく。

私はある商品を持っている。あなたもある商品を持っている。私の商品の相対的価値は、あなたが持っている商品の価値（労働が投入されているもの）によって表現されることとなる。そしてあなたの商品は、私の商品の価値尺度となる。[182]

価値形態論（価値表現）にとって、商品所有者はまったく不要である。それどころか、商品所有者を価値形態論に取り込むことは価値形態論の核心を捉え損なう結果となる。この点については、宇野弘蔵—宇野派の議論の検討ですでに見たとおりである。ハーヴェイも同様の誤りを犯している。彼は、相対的価値形態に位置する商品の価値が、「あなたが持っている商品の価値（労働が投入されてい

第Ⅸ章　『資本論』冒頭商品論へのさまざまな所説について

るもの）の観点から表現される」と述べているが、これは明らかに間違いである。

　等価形態に位置させられた商品そのもの、その商品それ自体において、相対的価値形態にある商品の価値が表現されるのである。等価形態にある商品の体自体が、つまり使用価値そのものが、価値の現象形態になるのである。この奇妙な事態に対してマルクスは、初版本文において、「われわれは、ここにおいて、価値形態の理解を妨げるあらゆる困難の噴出点に立っているのである」[183]と述べていた。わがハーヴェイは「価値形態の理解を妨げ」られたままに突き進む。より精確に言うならば、彼の叙述には、価値形態を理解しようと努力した形跡が一切ないのである。混乱がサルガッソーのように絡みつく「靄のかかった〈論〉の海」の只中でハーヴェイが彷徨いつづけるのも、至極当然と言わざるをえない。価値形態の理解という海図も、概念の厳密な使用という羅針盤ももたず、そのうえに商品所有者という余計な密航者をすすんで乗せている、無能な船長なのだから。

　さらに、彼の誤謬はつづく。ハーヴェイは、価値形態論において、等価形態に位置する商品が「価値の尺度になる」と規定する。この規定も、まったく誤っている。なぜなら、価値形態論では、価値尺度を問題にすることはできないからである。それは第二版以降で言えば、第3章「貨幣または商品流通」における課題である。価値尺度があくまで尺度の一つである以上、まず第一に、ただ一つではなく多くのものの共通の属性に対して、それらの相対的な度量関係を測り位置づけるものでなければならない。言い換えれば、それは一定の〈ものさし〉であって、多くのものを統一的にしかも一意的に、相対的位置づけを行なうものである。それゆえ、少なくとも価値形態Ⅰに価値尺度を持ち出すことはまったく場違いと言うしかない。さらに第二に、〈ものさし〉はただ一つである絶対的必要性はないが、多くの〈ものさし〉が入り乱れることがあってはならない。尺度をあてること自体に混乱が生ずるからである。可能ならば、それはただ一つであるべきものだ。二つであってさえ、それら二つの〈ものさし〉の間の相互変換のための関数が定義されていなければならない。そうなると、尺度機能が著しく低下せざるをえない。一例を挙げるならば、金・銀二本位制は、金本位制に比べて尺度の社会性の水準が低いと言わざるをえない、という事態にそのことがよく示されている。

　以上の二点から言って、価値尺度は貨幣の存在を前提するのであり、貨幣の一

属性として価値尺度機能があるのだ。価値尺度は、貨幣ではない「何かあるもの」の属性などではない。価値形態Ⅲ（一般的価値形態）における一般的等価物は、「多くのものを、統一的かつ一意的に、その相対的位置を測る」という第一の要件をみたすが、「多くの尺度が入り乱れてはいけない」という第二の要件はみたさない。価値形態Ⅲにおいては、あらゆる商品が一般的等価物になりうるものとされているからである（初版本文価値形態論ではこれを形態Ⅳとして明示している）。

　このように、価値形態論で、価値尺度について論じるのは論理上の混乱以外のなにものでもない。

　ハーヴェイは以上に見てきたように、種々の用語の扱い（用法）がきわめて杜撰であるにとどまらず、どのような概念も大切に扱うことをまったくしていない。マルクスの概念や用語を借りて、『資本論』を論じ解明したふりをしているにすぎない。最後に、もうひとつだけ例を示しておこう。彼は言う。

　　さて、マルクスが示している、使用価値・交換価値・価値という三つの基本概念の重要性〔status〕をしっかり熟考させていただきたい。〔…〕／〔…〕マルクスがすでに圧倒的なまでに示したように、諸価値は交換価値がなくては存在できず、交換は使用価値がなければ存在できない。この三つの概念は相互に弁証法的に統合されている。[184)]

　「諸価値は交換価値がなくては存在しえない」？　このような理解の仕方が「弁証法的」？　こういうときにこそ、「寝言は寝て言え」、「馬鹿も休み休みにしろ」と指弾しなければならない。まさしく論理的思考の完全な喪失の純粋結晶と呼ぶべきものである。

　交換価値はあくまで価値の現象形態であって、逆ではない。もちろん価値は極度に抽象的かつ純粋に社会的であり、交換価値の背後に隠されている。だからと言ってこの事態を、価値が交換価値なしに存在できないと言うことは論理的考察・分析をまったく台無しにすることであり、これを弁証法という用語で取り繕うことはもってのほかである。こういう混濁した「用語法」が可能なのは、現実の商品世界の存在を抜きに、たんに思弁のなかだけで、諸々の概念ならぬ用語の相互関係を考えるからである。

第Ⅸ章 『資本論』冒頭商品論へのさまざまな所説について

ところで、ハーヴェイはここで、「基本概念」や「弁証法」などと述べている。これはこの引用箇所にかぎったことではない。彼の著書には、「概念」や「弁証法」という語句が、読者を押し流さんばかりに氾濫している。いたるところで「概念」の強調があり、ことあらばすぐさま「弁証法」への注意が語られる。だが、この事実は、ハーヴェイが概念の何たるかをはっきりと理解していること、また弁証法の何たるかをきちんと捉えていることとはまったく無関係である。これまで述べてきたように、ハーヴェイは概念を知らず、用語を丁寧に扱うすべを知らない。つまり彼は、弁証法とは無縁なのだ。なぜなら、弁証法は概念的把握を前提とし、用語を精確に用いることを要請するものだからである。概念を確定せずにそれをたんなる語句として曖昧に使いまわすことは、言葉への安易で邪まなもたれ掛りである。言葉の意味を恣意的にずらすことを「移行」や「転化」と称して、それを「弁証法」だとハーヴェイは強弁するが、そうした振る舞いは彼の無理解と無知の度合いの大きさを露呈しているのである。

「概念」の横溢は、例えば、「彼［マルクス］は商品という概念から出発し」[185]と言っているところにもうかがえる。マルクスはA. ヴァーグナーを批判して、以下のように述べていた。

> まず第一に〔De prime abord〕、私は「概念」からは、したがって「価値概念」からも、出発してはいない〔…〕。私が出発点とするものは、いまの社会で労働生産物がとるもっとも簡単な社会的形態であり、そしてこれが「商品」である。[186]

マルクスにとっては、商品概念からではなく、商品そのもの、商品という社会的形態が出発点であった。

マルクスと比べてみれば、いかにハーヴェイが「概念」という語句に固執しているかが、しかし概念というものの概念にまったく無知であるのかが、よくわかる。マルクスは、ゲーテの『ファウスト』の言葉を転用し、プルードンの一派を揶揄して、こう述べている[187]。「ちょうど概念のないところへ、うまく言葉がやってくる」（第一部「書斎の間」でのメフィストーフェレスの科白の言い換え）と。だが、ハーヴェイに概念はなく、さらに悲しいことに、その欠落を埋め合わせるために、うまく言葉がやってきてもくれないのである。

第ix節　フレドリック・ジェイムソン『資本論』を再現前化する──第一巻の読解 Representing Capital: A Reading of Volume One』について

　F. ジェイムソンのこの書[188]は、D. ハーヴェイの『〈資本論〉読解必携』と同様に、『資本論』への手引書である。とともに、D. ハーヴェイの書と同様、手引書としてはまったく失格の書である。また、「弁証法」という用語がいたるところにちりばめられており、しかも、弁証法の何たるかを、まったく理解していないという点でも共通している。

　ただし、文体はまったく対照的である。ハーヴェイが愚かなまでの素直さで、でたらめきわまりない珍説を披瀝しているのに対して、ジェイムソンの方は、いかにもペダンティックな物謂いによって、底なしの無理解ぶりを隠蔽しようとしている。

　例えば、ジェイムソンは、『資本論』読解にとって「弁証法的な同義性の原理に慣れる必要がある」[189]として、次のようないかにも高踏的な言明をすることによって、読者の目を眩ます。

> 批判は、複数の意味の水準で同時に遂行される過程であり、方程式〔equation〕の批判は〔…〕、同一性の批判へと導かれていく。ここで批判される同一性とは、ヘーゲルの同一と非同一の同一、つまり〔…〕同一と差異の弁証法と同類のものである〔…〕。〔…〕等価性もしくは同一性の拒否は、差異を肯定することによってのみなされるのではない。というのは、まさに互いに異なる諸対象を等価性のうちに置くというその行為が、すでに差異そのものを前提しているからである。むしろ、これからわれわれが見ていくように、同一性と差異の交替そのものが、別の（もっと弁証法的な仕方で）不安定化されなければならないのである。[190]

　ヘーゲル哲学読解もどきとでも言うべき言説が披瀝され、読者を煙にまく。こうした一般的な哲学的視軸から『資本論』を読むべきだ、という説教である。ここからジェイムソンは、『資本論』について、次のような「計り知れない真理」を導く。

第Ⅸ章　『資本論』冒頭商品論へのさまざまな所説について

計り知れないほどの双対性もしくは二項対立〔an immense duality or binary opposition〕が、この書物〔『資本論』〕を貫いている〔…〕。そしてそれは、〈質〉と〈量〉との大きな対立である〔and that is the great opposition between Quality and Quantity,〕。それはときに、それよりはずっと疑わしい〈身体〉〔Body〕と〈精神〉〔Mind〕、もしくは〈身体〉と〈魂〉〔Soul〕との対立に姿を変えたりもする（しかしこれは、唯物論哲学である。〔…〕それゆえわれわれは、〈身体〉や〈質〉などが肯定的な用語であり、他方〈量〉や〈精神〉もしくは〈魂〉が否定的な用語、まったく観念的な用語であることが明らかになっても、驚く必要はないのである）。[191]

　『資本論』から読み取るべきことは、こうした二項対立、すなわち、〈質〉なるものと〈量〉なるものの二項対立なのだ（そしてそれは、ときに、〈身体〉と〈精神〉、あるいは〈身体〉と〈魂〉との対立として現われる）——そうジェイムソンは断ずるのである。
　もし、『資本論』を理解するために、こうしたミシュラン・ガイドじみた「高級」な視軸とそこからもたらされる結実が要請されなければならないとするならば、『資本論』を否定する論者が主張するように、『資本論』など読む必要など一切ないであろう。あるいはまた、ジェイムソンの言う「弁証法」なるものの理解が、『資本論』読解に不可欠だとするならば、反弁証法論者が主張するごとく、弁証法は、無用の長物であろう。ジェイムソンの語る「弁証法」なるものが、「同一性と差異」なるもの、あるいは「〈質〉と〈量〉との二項対立」なるもの、といった程度のものであるならば、いっそのこと九官鳥にでもしゃべらせておく方が、よほど愛嬌があるというものだ。
　では、こうしたペダンティックな煙幕の背後に、ジェイムソン固有の主張が控えているのだろうか？　それとも、彼にはただ煙幕だけがあって、固有の主張などまったくないのだろうか？　この問いへの解答を、冒頭商品論に対する彼の言説から探ってみよう。
　『資本論』の冒頭商品論について、ジェイムソンは次のように述べている。

われわれは、いつものように、二元論から始めよう——この『資本論』の冒頭部における、商品と呼ばれるそれらの対象の、使用価値と交換価値のあいだで

の振動から。[192]

　「弁証法の碩学」たるジェイムソンとしては、何はさておき、二元論なる視軸から始めなければならない、という次第である。この「弁証法」的視軸からすると、商品は「使用価値と交換価値のあいだでの振動」なのである。「振動〔oscillation〕」！　この深遠なる「弁証法的文学」的表現を味わいつくす程度には、『資本論』の読者は「成熟」していなければならないわけだ。マルクスに倣ってわれわれが述べたように、「商品は価値と使用価値との統一物である」などと言い切ることは、無粋きわまりない、ということなのだ。マルクスの論理的に精確な論定をそのままに把握し、再提示してはいけないのである。Represent（Darstellen）されるべきは、ジェイムソンの『資本論』読解にあっては、深遠で高級な「文学」的香りに満ちたものでなければならない。それを読み取り（より精確に言えば、「薫芳高き徴を感じ取り」というところだろうか）、味わいつくすことができないといけないのである。
　ところで、ジェイムソンには気の毒なことだが、彼のこの香しい言明には、論理的な不備がある。ジェイムソンは、「使用価値と交換価値」と言っている。だが、正しくは「使用価値と価値」である。この論理的不備をとり繕うために、ジェイムソンは直ちに煙幕を張る。いま引用したところに、次のように付記する。

> ここでは「価値」という語のもつ傾向が、文脈から切り離されると、交換価値そのものを意味することは、注目に値する。価値概念なるものが、われわれが使用価値と交換価値という二つのアンチテーゼ的意味のあいだでどちらかを選ばねばならないときに、はじめてこの世に登場するかのようである。その選択肢がまだ存在しないのであれば、あるいは選択肢たることをやめたときには、おそらく価値そのものの概念が、まさしく、そうした事態とともに消え失せるだろう。[193]

このペダンティックきわまりない煙幕によって、「価値」は、うやむやのうちに消し去られ、『資本論』のフーディーニたるジェイムソンは、自ら陥った「論理」（？）の罠から、みごとに脱出をはたす。つまりジェイムソンは価値について、まったく何も理解できなかったのだ。彼には、価値の概念は不要であったわ

第Ⅸ章　『資本論』冒頭商品論へのさまざまな所説について

けである。

　マルクスが、価値を交換価値から概念的に明確に区分し導出するために、いかに苦闘を重ねたのか——われわれは、『資本論』各版、およびその準備労作に対するテキスト分析によって、この苦闘を跡付けた。いわば、マルクスの苦闘を、われわれもまた辿り直したのだ。これに対して、ジェイムソンは、『資本論』理解に不可欠なこの作業とまったく無縁なところにいる。縁なき衆生としてジェイムソンは、ただただ無闇に「難解」な煙幕づくりに精を出しているにすぎない。

　ジェイムソンが、いかに価値を理解できなかったのかは、「商品、すなわち使用価値それ自体がいかにして交換価値に転化したのか」[194]とか、「交換価値の対象の「幽霊のような対象性〔phantom-like objectivity〕」」[195]とか、「交換価値がまさしく霊的でなければ精神的であるのに対して、使用価値は物質的かつ物理的〔material and physical〕、すなわち肉体的かつ質的〔carnal and qualitative〕なものである。つまり言うなれば、交換価値は、内容ではなくむしろ純粋な形態なのである」[196]といった一知半解に、よく示されている。

　価値が理解できなかったということは、価値がどのようにして交換価値として表現されるのかもまた、理解できなかったということだ。つまり、価値形態論をまったく理解できなかったということだ。ジェイムソンにとって、価値形態論とは、貨幣形態論のことなのだ。彼は、価値形態論を素通りして、直ちに貨幣形態論に議論を移している。彼は貨幣に関して次のように言う。

　　〔…〕われわれの眼前にあるものは、ひとつの決定的な中心的パラドクスにおいて、方程式〔equation〕の不可能性の謎〔riddle〕（いかにして一つのものが他のものの「等価物」となりえるのか）と、貨幣形態という究極的な「結晶化」（そのさいに、貨幣形態の統一性が、労働の多様な「諸結晶」を結合する）における、〔方程式の〕謎の解ではないにしても、解決である。／「形態」という語についてのマルクスの強調は、注目に値する。ただこの語だけが、貨幣をそれ自身の物化〔thingification〕、もしくは物象化〔reification〕から救うべく運命づけられている。[197]

　これは貨幣についてのたんなる無内容な喋々にすぎない。そして、貨幣にたいする煙幕である。ジェイムソンは、商品—価値を理解できず、価値形態を理解で

きず、それゆえ、貨幣形態もまた理解できない。だが、ジェイムソンの、貨幣にまつわる現状追認の駄弁はつづく。彼は言う。

　　［ここまでの行論の後で］『資本論』第一篇とそれ以前の『経済学批判』双方における、第三の、広く認められているクライマックスが残っている。それは、市場そのもの、もしくは交換についての議論の論理的な限界(テルミヌス)であり、すなわち貨幣論にほかならない。〔…〕貨幣は矛盾の結晶化であり、矛盾の削除ではない〔…〕。貨幣は矛盾が機能するようにする。〔…〕貨幣は、方程式の謎——そもそもいかにして異なった二つのものが同一のものとなるのか——を解いてはいない。しかし貨幣はこのなぞなぞを法貨へと変換し、われわれはそれについて忘れ、ビジネスにとりかかることができる。〔…〕／しかし貨幣とは、言ってみれば、物象化論の対立物でありながら、物象化論の現実化でもある。というのは、貨幣はそれ自体が純粋に物象化されたものであり、一つの物体となったためにもはやわれわれに物象化過程における逆説を突きつけることはないからである。[198]

ここでジェイムソンは、貨幣論を物象化論に拡張したかに見せているが、物象化論としての内容は何もない。彼は、物象化論と言っているが、ルカーチ主義者である彼にとっては、物象化（Versachlichung）ではなく物化（Verdinglichung）を考えているのであろう。しかし、彼には、両者の区別がそもそも理解できないことであろう。一つ先の引用で、「この語〔「形態」という語〕だけが、貨幣をそれ自身の物化、もしくは物象化から救う」と言っているところに、彼の無知があからさまに示されている。

さらに、ジェイムソンは、「貨幣はそれ自体が純粋に物象化されたもの」と述べているが、明らかに誤った言明である。「貨幣はそれ自体が」物象なのであって、「物象化されたもの」では決してない。ここでも彼は「比喩形象」の煙幕を張っているだけなのだ。

ところで、ジェイムソンは、価値を理解せず、交換価値と貨幣をしか考えるところがなかった（しかも、きわめて曖昧に）。それゆえ彼は、価値の実体を捉えることができなかった。すなわち、彼は、商品に表わされた抽象的人間労働と生きた労働における単純労働とを混同することになった。価値という純粋に社会的

で極度に抽象的なものを理解できなかったがゆえに、使用価値と生きた労働の在り様に引きずられているということだ。ジェイムソンは、次のように述べている。

この身体不在の持続性、すなわち肉体的労働および肉体活動の実存的質が不在である持続性が、テキスト［『資本論』のこと］全体を貫いて、それ［身体不在の持続性］が正式に抽象的労働、単純労働（マルクスが教えてくれるところでは「イギリスの経済学者たちは、これを「不熟練労働」と呼んでいる」）、すなわち時間的持続によって計測できる労働によって置き換えられる場面においてさえ——その場面においてとりわけて——充ち満ちている。『資本論』では、それゆえ、抽象化の道具としての単純労働というこの概念が、言葉の綾のような仕方でさらに展開されている。その仕方とはつまり、抽象的労働が、二つの等価な商品が何らかのかたちで共有している「第三のもの」となる、ということである。[199]

価値の実体、すなわち、商品に表わされた抽象的人間労働は、生きた労働における単純労働とか不熟練労働といったものとは、絶対に何の関係もない。ジェイムソンは、「抽象化」ということを完全に取り違えているわけだ。これでは、価値を、さらに商品を理解することができなかったことは、あまりにも当然であった。

ジェイムソンの『『資本論』を再現前化する』には固有の主張は何もない。あるのはただ、自らの無知と無理解を隠蔽するための、ペダンティックな用語が横溢する「ポストモダンな文字の舞踏」だけである。

第x節　吉沢英成『貨幣と象徴』、および塩沢由典『近代経済学の反省』について

（1）吉沢英成『貨幣と象徴』について

この書[200]で吉沢が目指すのは、貨幣をたんなる経済学的範疇から解放すること、である。すなわち、人間—社会にとって貨幣が、起源を問うことのできない不可避・不可欠なものであることを示し、貨幣を象徴として把握することである。彼は、「本書が明らかにするであろう基本的なところを三つほど記しておこう」として、その目するところを次のように語っている。

第一に貨幣は、人々が貨幣だと思うから貨幣でありうる、集合表象だということである。〔…〕人々に貨幣だと思わせるなにものかが貨幣の側にも蔵されている。そしてこの思い思わせる関係の根底には象徴の型式がある。集合表象としての貨幣とはこの型式のあらわれだということである。／第二に、貨幣は経済の手段なのでなく、むしろ、経済の方が貨幣を前提にして、貨幣のもとでなされる物質代謝の営みなのである。〔…〕経済にまとまりをもたせる方が効率的だから、あるいは有利だからということで、貨幣が発明されたのではない。むしろ貨幣を中心にまとまりがあり、そのもとで経済関係が営まれている。貨幣は経済社会の原型なのである。／第三に、〔…〕貨幣は人間社会とともにあったし、またありつづける。貨幣はどこからも生まれなかったし、どこへも消えて無くなりはしない。人間は貨幣からは逃れられないのである。[201]

吉沢の主張は明確である。だから彼は、次のようにも言う。

貨幣が交換の媒介手段として生じ、効率化の手段として進歩し、経済の手段となっているとする貨幣論は、現実の推移が生んだ相対的な観念内容を絶対的なものと正当化しようとする貨幣のイデオロギーなのである。〔…〕われわれは貨幣の原型が生成したものでないこと、経済はそのもとで営まれる物質代謝であることを知ることによって、貨幣のイデオロギーとユートピアが形成されざるをえぬ構造を自覚できるのである。[202]

では、彼はこうした目的を達成するために、どのような理論展開を行なったのか？
『貨幣と象徴』の中では、多くの論者が参照されるが、批判対象の中心はマルクスである。吉沢は、マルクスに依る形で、まず貨幣と言語とを対比する。マルクスがあたかも貨幣と言語を正面から対照させる形で問題とし、その類似性と相違性とを論じたかのように吉沢は述べる。だが、マルクスの理論、とりわけ『資本論』においては、そのような事実はまったく存在しない。この点に注意が必要である。貨幣と言語を直接に対照させるというのは、あくまで吉沢の読解でしかない。彼がその読みをマルクスの考えとして主張する箇所は、どれひとつとして、

マルクスの引用で裏付けされてはいない。そもそもそれは可能ではないのである[203]。この点に留意して、吉沢の言うところを見よう。

吉沢は、「マルクスの貨幣をみる眼に、しばしば言語との類比の光が影をおとしている」[204]と述べる。そして、「貨幣と言語の類比を否定する『要綱』」[205]に対して「『資本論』で価値形態論を構想するに至り、様相は一変し、貨幣と言語の類比は逆光としてでなく、正面からの順光として意識されることになった」[206]として、マルクスが貨幣を言語と次のように対比したと言う。

言語が人間の社会的産物であるように、貨幣は商品の社会的産物であり、互いに「社会的産物」だという点において類比された。言語が人間関係のなかから生まれ、人間関係を媒介し、人間のあいだを流通するものとすれば、貨幣は商品関係のなかから生まれ、お互いの商品のあいだの関係を媒介する、特殊な言語、「自分（商品）だけに通ずる言葉」なのである。商品世界の言語が貨幣だというのが、この類比の成果である。[207]

こうした「類比」をマルクスがさも行なったように吉沢は言う。だが、それは事実にまったく反している。類比をしているのは吉沢自身であり、ここで語られていることは、彼の思考過程である。〈貨幣─商品世界〉が〈言語─人間社会〉と対照され、並記されているが、そのときの〈ものさし〉、すなわち類比される両者に共通の属性が「社会的産物」だと述べられている。これではあまりにも一般的にすぎる属性というべきだろう。その内容を吉沢は次のように規定する。すなわち、言語は、人間社会内を流通し人間関係を媒介する人間社会の「社会的産物」である。これに対して、貨幣は、商品世界内を流通し商品関係を媒介する商品世界の「社会的産物」だ、と。

このように「類比」の内容が規定されたからと言って、その論理が確たるものとして厳密に構成されたわけではまったくない。「類比」の論理としてあまりにも脆弱すぎるからである。吉沢の主張は、まったく表面的な類比にとどまっており、類比を介した論理的解析とはほとんど言えない。論理的にはまったく脆弱なこの類比から、突如として「商品世界の言語が貨幣だ」という結論が導かれている。しかし、これは論理的飛躍以外のなにものでもない。吉沢の説は、「気の利いた」（？）〈せりふ〉以上でも以下でもなく、その主張に在るのは漂う「雰囲

気」だけである。

　さらに彼の説では、〈言語―人間社会〉と〈貨幣―商品世界〉がパラレルに類比されていることに目を向けよう。「商品世界の言語が貨幣だ」と主張するのであれば、それとパラレルに、「人間社会の貨幣が言語だ」ということが考えられなければならないであろう。だが、この考察はなされない。何となれば、この命題が明らかに不備だからであろう。人間社会においては、貨幣は貨幣であり、言語は言語である。「人間社会の貨幣が言語だ」という命題を恣意的に措いたとしても、人間社会の何か新しい現実が明らかにされることがないことは、言うまでもないからである。

　要するに、吉沢の「類比」は言葉の上だけのものであり、内容上のものではないのである。言語と貨幣とを並列させ、両者に類似点を見る「議論」はよくあるものだが、それらは往々にして、たんなる言葉の上でだけ類比を行なっているものでしかない。吉沢がマルクスに託けて行なっている主張も、その例にもれず、無力な有象無象の説のひとつである。

　また、上に引いた吉沢の文章中の「自分（商品）だけに通ずる言葉」というマルクスからの引用に擬せられたものは、正確な引用ではない。マルクスは商品語について語ったところで、「リンネルは、自分だけに通じる言葉で、商品語でその思いを打ち明ける」と述べたのであり、吉沢とマルクスはまったく別の内容を述べていることになる。

　こうした主張にくわえて、「結論」として、「商品世界の言語が貨幣だというのが、この類比の成果である」と彼は述べる。もちろん、マルクスがそうした「類比の成果」をあげたわけでは、まったくない。それは吉沢が下した結論である。類比を行なったのは吉沢であり、「商品世界の言語が貨幣だという」、「この類比の成果」を主張しているのはマルクスならぬ当の吉沢なのである。

　ところで吉沢は、マルクスに託けて行なってきた主張に対して、マルクスの欠陥を指摘する装いをもって、「こうしたかたちでの貨幣と言語の対応づけは上首尾とはいえない」[208]と言う。そして、〈貨幣―言語〉の類比――より正確に言うならば、〈貨幣―商品世界〉と〈言語―人間社会〉との類比――から、〈貨幣と商品からなる商品世界―言語体系〉の類比へと転位する。この転位の理由を吉沢は二点あげている。一つは、「いずれの商品にも内在する同質の価値が」[209]、特別の商品である「貨幣という客体によって表現される」[210]、つまり「貨幣も他の

諸商品と同じレヴェルに属するが、そのレベル上で特別な位置を占める」[211]という点である。そして二つ目は、「言語体系中、同じ要素でありながら、特別の位置を占める要素の存在することにわれわれは気づく」[212]という点である。

この転位によって、議論は吉沢固有のものになったはずである。だが、それはなかなか微妙なものだ、と言うしかない。マルクスの主張、それに対する吉沢の評価と批判、そしてその批判にもとづく吉沢固有の主張、という論理展開の流れが本来存在するはずである。しかし、それら三つの言説の境界が、きわめて不分明なのだ。その理由は明白である。そもそもマルクスがまったく主張してはいない「欠陥のある論」を、吉沢はマルクスの名のもとに恣意的に措定し、それを評価し批判して議論するからである。つまり、欠陥があるのは吉沢の考えであり、それをめぐる自作自演を行なっているのだ。

だがともあれ、二つの点を理由に転位が行なわれた。

ではここから吉沢はどのように議論をつづけるか。

貨幣と言語を類比することによる貨幣把握は、われわれに商品世界と言語世界の同型性の存在を予想させる結果となった。この型を他に還元できない原型、あるいは最も単純なかたちでとりだすとすれば、その端的な一例を、いわゆる相補的な概念である「全体」と「部分」の二語およびその関係にみることができる。〔…〕全体は部分を包括するが部分は少なくとも一個の部分としては全体を包含することはない。しかも全体と部分とは並立し、相合して空虚でない一形式の全体をつくっている。その面では「全体」も「部分」も型を構成する要素であって、「全体」も部分となる。[213]

これはもはや明らかに吉沢自身の考えである。「吉沢のマルクス」は何処ともなく消え去ってしまった。だが、「吉沢のマルクス」とともに、「欠陥」は消え去ってくれなかったのである。かえって吉沢の説の問題が前景化することとなった。この一文には、その多くが露出している。

第一に、先には「商品・貨幣からなる商品世界と言語体系との対応」[214]と言っていたのに、ここでは「商品世界と言語世界」と変わっている。吉沢は貨幣商品説を拒否しているのだが、「商品世界と言語世界」と言ってしまうと、一体貨幣はどこにあるのかが問題となる。順当かつ論理的に推察すれば、商品世界のな

かに貨幣が入ってしまわざるをえない。貨幣商品説を拒否する吉沢にとっては、貨幣と商品とはあくまで異質なもののはずである。しかし、貨幣と商品とからなる世界をいくら「商品世界」と名づけようと、その世界の中で商品と貨幣とが、同質の要素になるわけではない。吉沢が、貨幣商品説を拒否する自らの立場に忠実であろうとするかぎり、あくまで商品全体の世界の外部に貨幣があるのであって、吉沢が商品と貨幣の双方に共通する何らかの属性を見出さないかぎり、双方を合わせた世界を措定することはできないであろう。

　それゆえ第二に、異質なものを含むものについて「部分」と「全体」という範疇を当てはめることには、論理的な無理がある。

　第三に彼は、商品世界と言語世界には「同型性」があるとして、その同型性を〈部分─全体〉として捉える。そのうえで、部分も全体も「型を構成する要素」だから「「全体」も部分となる」と言うのである。しかし、同型性から全体もまた一部分だと言うのであれば、部分もまた全体（ただし、違った位相における全体）であるかどうかを検討しなければならない。ところが、吉沢はこちらの方は、無視する。じつに吉沢の「論理」は、彼に対して優しく都合のよいようにできている。さらに、全体もまた部分であるとすれば、その新たな部分を含む全体とは何か。これについても吉沢は語らない。

　じつはここで吉沢は、集合論でいう「ラッセルのパラドクス」として有名になった問題と同様の表現をしていることになる[215]。「ラッセルのパラドクス」は、自分自身を要素としてもつ集合を考え、その否定の集合、つまり自分自身を要素としてもたない集合全体の集合なるものを考えたところから導かれたものである。吉沢が言う「全体もまた一つの部分である」という命題は、まさしくラッセルが問題として描いた集合の一変形と見ることができる。

　ラッセルのパラドクスが示された後に、エルンスト・ツェルメロ（Zermelo, Ernst）、アードルフ・フレンケル（Frankel, Adolf）などは、公理論的集合論を定式化し（Z-F公理系、あるいはそれに選択公理を加えたZFC公理系）、ラッセルのパラドクス、リシャールのパラドクス、ブラリ＝フォルティのパラドクスなどが生じないように公理系を創りあげた。このZFCの下では、ラッセルが考えたような集合は構成されない。全体自身が部分として自分に含まれるような全体なるものを措定する吉沢の議論は、集合論の歴史の中で問題になったものである。ところが吉沢は、集合論の歴史をまったく無視するのである。

第Ⅸ章　『資本論』冒頭商品論へのさまざまな所説について

　集合論の歴史を踏まえれば、「全体」とか「部分」といった用語あるいは概念を、明確に定義しておく必要が生じる。ラッセルのパラドクスが出てきた理由は、考えられた集合とその要素が well-defined でなかったからである。吉沢の言う「部分」や「全体」なる語もきちんと定義されておらず、ただ抽象的で曖昧な言葉がつながれていくだけになっている。吉沢は、ここでの議論についてローマン・ヤコブソンの著作を参照文献としているが、吉沢の考える全体なるものはいかなる全体なのか。ヤコブソンに責任を押しつけるわけにはいかない。問題を解決する任務は、吉沢が果たさなければならないのである。そうなると、次のような疑問が起こることとなる。

　集合論における種々のパラドクスは、もちろん考えられている集合が無限集合であることを前提とする。では、吉沢がきわめて一般的・抽象的に「全体」や「部分」について述べる際、彼の念頭にあるものは、無限集合の全体―部分なのか、それとも有限集合のそれなのか。もし、有限集合ならば、はじめに指定した全体をあらためて部分とする、そこまでの行論における「全体」とは異なる、より上位の全体を考える、という一択しかなくなってしまう。これでは、途轍もなくばかげた議論の連鎖に逢着するだけである。つまりは、吉沢のようなもの言いや「議論」は成り立たないか、無意味なものである、ということである。

　そもそも貨幣と言語から出発したのだった。だが、貨幣と商品という吉沢にとっては異質なものをひとからげにして「商品世界」とし、そのうえで〈貨幣―言語〉から〈商品世界―言語世界〉へと横滑りしたのである。そしてそれらに「同型性」を見出し、それを〈部分―全体〉という型であるとした。そのように自分にとって都合のよい行論をすすめてきたにもかかわらず、部分と全体というその抽象的な形式だけを〈貨幣―言語〉あるいは〈商品世界―言語世界〉から切り離して議論することとなってしまっている。このことこそが最大の問題である。だが、吉沢にとっては、抽象的形式論議こそが必要であり、それによって横滑りを重ねることが必要だった。先に引用したところにつづけて、彼は言う。

　　だが、たんなる部分ではない。われわれは一要素としての全体、部分としての
　　全体を「中心」と呼んで、全体と部分がたんに並立する二要素であるだけでな
　　く、包含・被包含・相属関係等のハイラーキー[ママ]関係をも内包していることを示
　　す。[216]

部分化した全体がここでは中心だとされる。しかし、一部分となった全体がなにゆえ中心であるのか？　この当然の問いはまったく解かれない。部分としての全体が中心ならば、最初の諸部分は「周縁」ということになるはずである。ところが吉沢は、中心と部分、と言い、周縁に触れるところがない。〈部分─全体〉から〈周縁─中心〉への横滑りがじっさいには行なわれたのだが、中心と部分と用語を替えることで、その横滑り──それも飛び飛びの──を隠蔽している。

　吉沢が黙して語らない抽象的形式の内実を敢えて入れて、彼のいうところを改めて考えてみよう。例えば、日本語という言語世界をとってみる。このとき、その全体とはいったい何であろうか。集合論から考えた場合、日本語という言語世界全体がなす集合は、可算有限であろうか、それとも可算無限であろうか、はたまた非可算無限であろうか。要素として、種々様々な言葉、語や句、連語等々が考えられる。この場合は明らかに可算有限である。また、これまでの歴史上、発話された、もしくは書かれた日本語を要素として考えることもできる。しかし、この場合も可算有限でしかない。可算無限集合になるような要素を考えることは不可能に思われる。それに対して、言語活動を類的存在としての人間の生命活動の一環として捉え、それをマルクスの言う〈富─価値〉概念にそくして捉えたとすれば、非可算無限を考えることができる。だがその場合、要素をどのように定義するのか途方に暮れざるをえないであろう。いずれにしても、〈部分─全体〉を措定することはすこぶる困難であり、ほぼ不可能だと言ってもよいだろう。ましてや、そこに中心などを考えることは決してできない。にもかかわらず、吉沢は平然と次のように言う。

　ともかく、ここで問題としている型──商品世界や言語世界、あるいはおそらくは世界と呼ぶにふさわしいひとつの次元を画しうる領域、これらすべてに通ずる、最も単純な型──は、全体を体現する中心という要素をもっている。〔…〕／二要素をもったこの型式は、それ以外の他の型式に還元できない原型であるといったが、二要素間の関係からすれば、このことはつぎのように表現される。「部分」から「全体」が導出されたり、生起するものではない。全体は部分に還元されえないのであり、中心のない型式から中心のある型式を生起させることはできない。〔…〕全体は部分によって生成させられない。むしろ、

第Ⅸ章　『資本論』冒頭商品論へのさまざまな所説について

全体と部分は、精神作用にとってのア・プリオリな二契機であって、精神作用が全体・部分という契機をつくりあげたというより、全体と部分からなるこの型式は精神作用の発展する枠組となっている。[217]

　ここでも再び吉沢は「商品世界や言語世界」と言っている。貨幣と商品という吉沢にとって異質なものを一緒にした商品世界において、「部分」と「全体」を考えることに、もはや論理を逸脱した無理があるのだ。百歩ゆずってその点を一旦おいたとしても、その全体を一部分として含む世界を、しかも部分化した全体が中心となる世界を見ることはとても可能だと思われない。ここには、吉沢の没論理的な「断定」を示す言葉だけが存在している。
　貨幣もまた商品であり、しかも特別な商品であると考えるマルクス――そしてわれわれ――にとっては、当然、商品世界に貨幣が含まれる。しかも、一般的等価物が貨幣に骨化した後では、貨幣は特別な商品として商品世界の中心だと言っても間違いとは言えない。その段階にあっては、貨幣は諸商品に還元されえず、諸商品からもはや貨幣を生み出すことはできない。だがしかし、こうした商品世界の現実について、〈部分―全体〉という型式を用いる必要はまったくない。そうした議論はただただ混乱や夾雑物を持ち込むだけである。たとえ、〈中心としての貨幣―周縁としての諸商品〉と言ったところで、じつのところ何も語ったことにはならない。だが、吉沢の横滑りはさらにつづくのである。論理空間のはるか「斜め上」を「滑空」している、と言っても、もはや過言ではない。

　人間はこの型式の外部に存在するのではない。この型式以外に動機をもつ主体があって、この型式を操作するのではない。むしろ人間はこの型式にすべて埋めこまれており、この型式から能動性をうけとっているといえよう。どのようにしてかというと、この型式における全体の要素、中心の機能にかかわってである。部分との関係でいえば、部分が部分となるためには全体のなかに位置づけられなければならない。部分は全体との関係において部分となる。部分は中心との関係において部分である。〔…〕中心とそれと関係づけられた部分とからなる全体を、体系とよぼう。もともと、中心は体系の要素でありながら全体であり中心であるという関係にあるところから、部分を超越した部分、存在を超越した存在、すべての象徴を象徴する象徴、という性格をもつ。この関係に

よって、中心は部分を位置づけ、部分に意味を与えるかたちで、自分自身の意味をあらわす一方では、これのみでは充実されつくさない、これ以上のものをつねに残す。中心という項にみられるこの余剰を、レヴィ＝ストロースは意味内容部に対する過剰な意味作用部、意味作用部と内容部のギャップとよび、このギャップをもつ中心項を「ゼロ記号」、「純粋シンボル」と名づけている。[218]

このように、「ゼロ記号」なるものまで、彼の主張は滑っていってしまった。こうして貨幣は「ゼロ記号」だと規定されることになる。

財の領域も貨幣をゼロ記号とし中心とする象徴体系である。[219]

　吉沢の議論ははじめに「結論」ありきである。もちろん、仮説としての結論を描いたうえで議論することは普通のことである。だが、結論を導く論理的な展開がなされなければならないのは言を俟たない。彼がその主張を開陳するときに持ち合わせているのは、抽象的で雰囲気だけを醸し出す、たんなる滑りのよい言葉の一群のみである。主張の混乱がその粗さをどんどん露出させていくのを見ると、結論の論理的説明ができなかったからこそ、ラッセルの集合のようなきわどい議論に拠らざるをえなかったのではないか、という疑惑さえ感じてしまう。ともあれ、吉沢の説はその結論も含めて空虚である。
　ところで、彼の説の出発は貨幣と言語との類比であり、それに相応する言語世界と商品世界との類比であった。では、言語における「ゼロ記号」とは一体何であろうか。吉沢はこの概念について明示的に語ってはいない。だが、「ラングとしての貨幣」[220]という言い方が幾度か出てくるところからすると、ラングを「ゼロ記号」とみなしているように思われる。ラングとはソシュールの言うラングだとし、言語世界の部分と全体を考え、その上で、部分化した全体＝中心＝ゼロ記号なるものを、ラングだと指定するのははっきり言って無理であろう。
　ところで吉沢は、「象徴という点から貨幣を眺めることによって、われわれは、いわばアナロジーという論理（？）を十分に駆使する条件を手に入れる」[221]と言っている。「アナロジーという論理」に「（？）」を付しているが、「類比」が彼の手段——方法でも方法論でもない——であるのだから、クエスチョン・マークは吉沢にとっては不要でなければならない。ちなみに、アナロジーは一般には認

知過程であって論理ではなく、言語的な面からすれば比喩である。これまで見てきたように、彼の論はただアナロジーによってひたすら横滑りが行なわれているのであって、論理がそこに存在しているわけではない。

　吉沢は、「貨幣は象徴である」ことを論理的に解くことを自らに課したが、結局は無論理なアナロジーによる横滑りをするだけに終わった。それは彼が、貨幣を一般的等価物として捉えることができなかった（あるいは、捉えることを拒否した）からであり、また、本来の貨幣と信用貨幣とを概念的に区分することができなかったからである。貨幣が一般的等価物であるということは、貨幣が富の普遍的な存在形態、富の抽象化され集約された体化物であるということである。この点で貨幣には、社会的な〈力〉が集約されている。この〈力〉は、いったん貨幣が一社会に確立されてしまえば、信用貨幣であっても、信用が社会によって与えられつづけられている限り、代替的に担うことができるのである。これは、その社会の貨幣制度が兌換制か不換制かにかかわらない。吉沢は、本来の貨幣と信用貨幣とを概念的に区別しないので、なぜたんなる〈紙〉が富としての〈力〉を揮うのかが理解できず、それに幻惑され、貨幣をたんなる象徴と捉えるにいたったのである。それゆえ、貨幣をたんに象徴と捉えるということは、そこに集約された社会的な〈力〉を抜き去って、たんなる抽象的形式的な一般性に還元された、いわば抜け殻として捉えることでしかない[222]。

(2) 塩沢由典『近代経済学の反省』について
　塩沢はこの著書の「まえがき」で次のように書いている。

わたしはマルクスの価値論と新古典派の価格論とを比較対照し、両者の差異を強調することから出発した。だが、価値論はやはりつまずきの石であった。わたしは価値と価格の二重生活になやみ、なんとかその両者を調和させようと長いこと努力した。〔…〕別の回路をへて知りあったスラッファは、マルクスの生産価格にあたるものをたんに価値あるいは価格と呼ぶところからかれの経済学を出発させており、対象分析の科学としてはそれだけで十分なのであった。／こう考えると、わたしの関心は自然にふたつの点に集中していった。第一は、マルクスにおいてなぜ価値概念が必要であり、それは一体どのような機能をはたしているかという疑問であった。〔…〕第二の問題は、新古典派とマルクス

の対立を労働価値説の有無にとらないとすると、いったい両者の基本的な争点は何であるかという疑問であった。[223]

われわれが関心をもつのは当然だが、塩沢がいだいた第一の疑問点である。塩沢はこの疑問を解くことができたであろうか？

『資本論』冒頭商品論出だし部分の議論について塩沢は、「価値の実体としての抽象的人間労働を抽出してくる論理」[224] 過程だと捉えている。この議論においてマルクスは、諸商品の交換関係という二項関係を価値実体という一項関係に還元している、と塩沢は述べ、「この転換をマルクスはどのように論証しているか」[225] が問題だとする。これを検討するさいに塩沢は、同値関係─同値律という数学上の概念を用いる。この塩沢の議論の過程について、少し丁寧に考えてみたい。

塩沢は、商品交換関係を同値関係として捉える。同値関係の定義に関して、塩沢は次のように述べる。

ある集合 M に二項関係 R が定義されるとしよう。すなわち M の二元 x と y について、xRy が成立するか成立しないかが定まっているとする。いま、M の任意の三元 x, y, z について、つねに／(1) xRx ……反射律／(2) xRy ならば yRx ……対称律／(3) xRy, yRz ならば xRz ……推移律／が成立するとき、関係 R は同値関係であるという。関係 R が同値関係であるとき、M は同値類に〈類別〉される。[226]

ここで類別とは以下のことである。

ある添数集合 A をもつ M の部分集合の族 H_α $(\alpha \in A)$ が存在して、／(1) $\cup_{\alpha \in A} H_\alpha = M$, ／(2) $\alpha, \beta \in A, \alpha \neq \beta$ ならば、$H\alpha \cap H\beta = \phi$, ／(3) xRy が成立するのは、ある α が存在して $x \in H_\alpha, y \in H_\alpha$ となるとき、かつそのときにかぎる、／という命題が成り立つ［ことである。］[227]

では、ここで言う同値関係に商品交換関係は当てはまるだろうか。

『資本論』冒頭商品論出だし部分の異種の二商品の等置式においては、左右両

項は交換可能である。それゆえ上の定義（2）、（3）は一見すると、成り立つように思われる。だが、定義（1）は成り立つとは言えないであろう。どんな商品も自分と同じ商品との交換関係には、決して入らないからである。また、価値形態論では、（1）はもちろん成り立たず、（2）も成り立たず、したがって（3）も成り立たない。等置関係の両項は、一方（左項）が相対的価値形態、他方（右項）が等価形態であって、これらの両項は入れ換えができないからである。これまで何度も述べてきたように、価値形態論における等置式は、非対称的なのである。

塩沢が考えているのは現実の商品交換関係である。その前提からすれば、当然価値形態論は彼の議論において、もっとも中心的な位置を占める。それゆえ、同値関係を持ち出すことには、論理的な無理がある。さらに塩沢の観念においては、定義の x や y が商品と考えられているのであろうが、その量的規定についてはどうなっているのだろうか。上の定義によるかぎり、同値類による類別は、交換価値の大きさによる類別にならざるをえない。つまり、異なる交換価値の値全体の集合が、類別の定義にある添数集合 A にあたる、ということになる。そのうえで、異なる添数に対応する各集合に対し、ある一つの商品は、いずれかの部分集合のただ一つに属し、かつ二つ以上の部分集合に属してはならない（類別の定義による）。とすれば、各商品の量規定を考慮したうえで、定義にもとづく限定を、どのように保障するのであろうか。

例えば、同じ商品 A について、「a 量の商品 A $=$ b 量の商品 B」と「c 量の商品 A $=$ d 量の商品 D」（ただし、a, b および c, d はそれぞれ互いに素である正の整数、および $a \neq c$）が成り立つ場合（これはほぼ必ず成り立つ）を考えてみよう。この場合、交換価値としては違った値をもつので、同値関係としては違った類別になり、類別の定義に抵触することになる。

だがそもそも、この混乱と密接に関係しているのだが、最初の集合 M に当たるものをどのようにして定義するのであろうか。M は、「ある社会における商品全体の集合」ということなのか。かりにそうだとすると、同種の商品がほぼ必ず複数存在するので、交換関係における量的規定の問題を適切に処理しなければ、類別がうまく行なわれなくなる。では集合 M は、「互いに異なる商品をそれぞれ1個とる商品全体の集合」であろうか。だがこの場合でもまた、別の問題が生じる。次の問題である。

各商品に何らかの数量上の一単位を考え、このような単位数量をもつ相異なる

商品を一つの要素とする商品全体の集合を考え、これを M と措く。この M の二つの要素に、交換可能かどうかによって二項関係 R を入れる。このとき R は同値関係であり、M は R によって類別される。類別された同値類への添数の付与は容易であり、添数集合 A も決定される。これでめでたしめでたし…のように思われるかもしれないが、そうは問屋が卸さない。なぜなら、商品交換関係のもっとも重要な要件が満たされなくなってしまうからである。というのは、そのままでは、類別された異なる部分集合に属する商品同士の交換が可能にならないからである。具体的に言うと、こうなる。

添数 a, b について $a=2b$ としよう。すると、添数 a の商品 1 単位と添数 b の商品 2 単位が交換可能である。だが、2 単位以上の商品は集合 M の要素にはなっていないので、このままでは二項関係を入れることができない。類別を維持しようとするかぎり、添数 a の商品と添数 b の商品とは交換することができないわけである。商品は他のどんな商品とも交換可能だというのが原則である。このもっとも基本的で最重要な原則がみたされていない以上、このモデルは採用できない。

では、次のようにしたらどうか。一社会のある一定の時点における商品全体の集合 M を考え、それを同じ商品ごとにまとめた部分集合に分ける。これを B_1、B_2、…、B_n とする。これらの各部分集合をそれぞれさらに、商品 1 単位だけ含む集合、2 単位の商品を含む集合、…、m 単位の商品を含む集合という具合に部分集合に分ける。こうして B_i から要素を一つ取る。これが p 単位の商品からなるものとして、B_i と異なる各 B_j ($j=1, 2, …$, かつ $i \neq j$) のいずれの要素と交換可能かどうかを考える。こうして交換価値の大きさによる M の類別を考えるわけである(こうすれば、同じ商品同士の交換という現実離れした事態も避けられる)。

だがこれも少々問題がある。B_i の要素が k であるとすると、$1+2+\cdots+m \leq k$ であって、この右辺―左辺の差が 0 でない場合、その残余をどうするかという問題である。また、m に制限がつくので、交換価値の小さな商品は交換価値の大きな商品と交換するための数量が不足する可能性が生じる。これらの問題に対する適切な処理が施されなければ、塩沢の主張する同値関係と、その同値関係による類別は、まったく可能ではない。

こうした論理の袋小路を考慮して、われわれは、第Ⅳ章第ⅲ節において集合概念を用いたが、数学上の概念によって議論全体を押し切ろうとはしなかったので

第Ⅸ章 『資本論』冒頭商品論へのさまざまな所説について

ある。先に第Ⅳ章第ⅲ節で述べたように、集合論は、無限集合を扱うものである。集合論を有限集合に対して用いようとする場合は、この点の自覚が必要である。塩沢はこの点に無自覚であるか、商品全体の集合を乱暴にも無限集合として考えているのではないだろうか。

　以上の検討からすれば、結局のところ塩沢は、同値関係 R による類別を考えようとする起点とも言えるところで、すでに一般的等価物である貨幣を前提としているとしか考えようがないのである。貨幣よる価格付けを考え、それにもとづいて、同値関係—類別を入れていると思わざるをえない。つまり商品全体の集合を M とし、それら1単位当り同じ価格をもつ諸商品に、同値関係 R を入れる。これによって M を類別しているのである。1単位当りの同じ価格が添数であり、この添数全体の集合が、先述した A ということになる。しかも貨幣による価格付けがすでに（そしてつねに）なされている以上、あらゆる商品は、量の規定を適当に調整すれば、必ず交換可能になる。こうして二項関係 R が一項関係である添数 a に還元される、——これが正しい諸商品の交換関係の把握である、というわけである。

　だが、ここでも、2単位以上の諸商品の交換関係は、導入された同値関係およびその同値関係による類別の世界の内部の事象ではない。貨幣による価格付けがなされている以上、交換は行われうる。だがそれは、塩沢が導入した数学・論理学の世界とは、まったく別の世界でのことがらなのである。

　それはともかくとしても、この塩沢モデルによる把握が、商品交換—交換価値の分析であり「正しい理解」とされるとすれば、大いに戸惑わざるをえない。なぜなら、塩沢モデルは、商品交換の現実を何も分析してはいないからである。ただ数学的用語や概念のヴェールを、商品関係の現実にかぶせただけだからである（しかも相当に杜撰なやり方で）。

　塩沢は、われわれが指摘した諸商品の量的規定について、また出発にあたる集合 M をどのように定めるのかという点について、一言たりとも語っていない。彼は数学上の概念を用いて、商品交換という乱麻を断ち切るように分析する、快刀のごとくに振りかざす。だがそのじつを言えば、数学上の概念を商品交換分析の世界に導入するにあたって、ぜひとも必要とされる困難を避けているのだ。そもそも、こういうモデルをあえて提示することに、ほとんど意味はない。なぜなら、冒頭商品論の出だし部分はともかく、価値形態論では同値関係の定義全体が

みたされないからである。塩沢が行なってみせた、二項関係—同値関係という数学上の概念を用いた、商品交換関係の「解析」はただ無用な論理上の混乱をもたらしたにすぎない。世間では通常、こういったことを「蛇足」と呼ぶ。

だが、「蛇足」で終わることなく、論理が破綻したところから塩沢はさらに歩をすすめ、マルクスの議論を批判して次のように言う。

> マルクスが語っている第三の共通物とは何であろうか。それが小麦でも鉄でもなく、また他のいかなる商品でもないことは明らかである。もはや商品次元の、二項関係としての交換価値ではなく、一項関係としてのそれが語られているのである。したがって、われわれの考察によれば、第三の共通物とは個々の商品の属する同値類にほかならないと考えられる。ところがマルクスはここで奇妙な転倒を導入する。共通物が小麦のなかにも鉄のなかにも存在するというのである。〔…〕かれは素朴実在論者にちがいない。上位の類の存在は個々の要素にたがいに共通なあるものの内在を意味すると考えているからである。[228]

塩沢も例にもれず、「共通なもの」と「第三のもの」とを合体させ、「第三の共通物」と言っている。異種の二商品の等置において、その等置が両商品に共通するいかなる属性に関するものなのかを示しているのが「共通なもの」、すなわち価値である。だが価値は純粋に社会的で極度に抽象的なものであり、もともと量を契機としてもたない。しかし、価値が商品価値としてあるかぎり、それは量に頽落せざるをえない。その大きさを規定し、等置を物的に支えるものとして、等置関係におかれた二つの両商品か還元される「第三のもの」が存在する。その「第三のもの」が、それぞれの商品に表わされた抽象的人間労働であり、それゆえそれは価値の実体である。「共通なもの」＝「価値」と、「第三のもの」＝「商品に表わされた抽象的人間労働」とを混同することは、価値と価値の実体とを混同することに等しい。換言すれば、価値を商品に表わされた抽象的人間労働に重ね合わせ、両者を混同すること以外のなにものでもない。

塩沢の『資本論』解釈は、価値と価値実体である商品に表わされた抽象的人間労働とを混同し、価値を抽象的人間労働の側に重ね合わせるという点で、スターリン主義派とさして変わりはない。違いは次の点にある。一方のスターリン主義派は、その誤謬を梃桿としてマルクスを擁護する。マルクスにとっては、はなは

第IX章　『資本論』冒頭商品論へのさまざまな所説について

だ迷惑なことである。他方、塩沢は、彼の誤謬をマルクス批判のための鉄槌にしようとする。これまたマルクスにとってお門違いの災難である。両者の『資本論』解釈に共通して欠けているのが、マルクスによる価値に対する批判、価値実体に対する批判、資本主義的富に対する批判、総じて、労働価値説批判である。

『資本論』解釈の上記の点についてはすでに繰り返し強調してきたところであった。だがここで問題にしたいのは、塩沢が、交換関係という二項関係から同値類という一項関係にいたるにもかかわらず、マルクスは両項に内在するものを探究しており、マルクスは素朴実在論者だ、と批判している点である。マルクスが一項関係として両項に内在する労働を導いたとして塩沢は次のように述べている。

　　めでたく交換価値に「内在」する実体＝社会的必要労働すなわち価値がとらえられたわけであるが、社会的関係であるべき価値が商品に「内在」し、「対象化」され、「物質化」されたものとして、すなわち「実体」としてとらえられている点が問題である。すでに指摘したごとく、これはマルクスの素朴実在論によるものであって、それ以上のものではない。形式論理学が今ほど整備されていなかった時代にあって、気づかぬところでマルクスが素朴実在論に汚染されていたとしてもそれほど非難すべきことではないかもしれない。[229)]

塩沢は数学上の概念を用いて形式論理学を駆使できたことを誇り、マルクスを素朴実在論者だと言うのであるが、この点はきちんと考えてみなくてはならない。だがこの詳しい検討に入る前に、価値に関してやはり次のことは言っておかなければならない。そもそも塩沢の『資本論』をめぐる当の議論は、「マルクスにおいてなぜ価値概念が必要であり、それは一体どのような機能をはたしているかという疑問」を解くことを目指すものであったからである。問題にするのは引用の冒頭部分である。

塩沢は、「交換価値に「内在」する実体＝社会的必要労働すなわち価値」と言っている。ここには『資本論』の正しい解読はただの一つもない。塵埃の堆積にも似た、大いなる誤読である。理由を以下に列挙しよう。

① マルクスは、何かが「交換価値に「内在」する」などと述べたことは一度もない。精確には、「商品に内的な、内在的な交換価値（valeur intrinsèque）というものは、一つの形容矛盾〔contradictio in adjecto〕であるように見える」

と述べ、そこから分析をはじめている。
② 「交換価値に「内在」する実体」という叙述における「内在」については先に述べた。交換価値は価値の表現形態すなわち現象形態であり、この形態が実体に還元されることは決してない。この点については、すでに検討したマルクスのヴァーグナー批判に明らかである。
③ 価値実体は「商品に表わされた抽象的人間労働」であって、塩沢が言うような「社会的必要労働」ではない。商品に表わされた労働は二重性をもち、一方では具体的有用労働であり、他方では抽象的人間労働である。この後者が価値の実体である。「社会的必要労働」は価値の大きさを決定するさいに、価値実体である「商品に表わされた抽象的人間労働」がとらなければならない形態である。
④ 「社会的必要労働すなわち価値」と塩沢は言うが、価値は商品の社会的属性、純粋に社会的で極度に抽象的な属性であって、実体ではない。商品に表わされた抽象的人間労働の凝固として、商品が価値なのであって、価値と価値実体とはまったく次元を異にする。商品があくまで主体であって、価値や実体、商品に表わされた労働などが主体ではない。

ところでまた、塩沢は、「社会的関係であるべき価値」と言っている。いわゆる体化労働価値説に対する〈価値＝関係〉説である。交換価値という、あくまで相対的な関係概念から価値の概念を区分するときに、価値を労働に重ね合わせてしまうのがスターリン主義派などであり、これに反発して、価値を実体ではなく関係だ、と捉えようとするのが、すでに検討した廣松や、次節で検討する柄谷行人などである。だが〈価値＝関係〉説は、結局、価値の概念をきちんと指定できなかったと言ってよい。その最大の理由は、〈価値＝関係〉説をとる論者が、マルクスの根源的な価値批判というもっとも重要な論点を見逃しているからである。塩沢もこの点では同一と言ってよい。だが彼の場合は、価値を交換価値から概念的に区分することが、まったくできていないのである。「社会的関係であるべき価値」と彼が言う場合、価値は、社会的関係である交換価値に明らかに重ね合わせられたうえで、捉えられている。

ともあれ塩沢は、マルクスの言う価値を捉えることがまったくできなかった、ということだ。しかももっとも重要な点、マルクスの価値批判を、彼は考慮に入れるどころではなく、ちらとでも脳裏に思い浮かべてさえいない。これでは価値

第Ⅸ章 『資本論』冒頭商品論へのさまざまな所説について

に関する疑問を解くことにいかに努力をかたむけようと、成果は決してえられないであろう。

さて、このように山積した誤読の上に塩沢は、二項関係から導かれる一項関係を、二項に内在するものとして探求したマルクスの立場に対して、「素朴実在論」だと批判している。この批判は的を射ているだろうか？ まず塩沢の議論をふりかえっておくと、次のような行論であった。

まず、何らかの商品の集合を考える。すでに述べたように塩沢は、議論の初発の時点で、もっとも重要なこの集合の定義を明示的に与えていない。その定義が明示されていない集合に、交換関係という二項関係を入れる。この二項関係が同値関係であるとして、同値類による類別を、添数を与えることで行なう。すると、各同値類に与えた添数の集合が考えられ、任意の二商品の交換関係は添数集合のある要素に一意的に対応する（もちろん逆は成り立たない）。こうして、交換関係という二項関係は同値類、正確に言えば、同値類を表わす添数という一項関係に還元される。

このとき当然だが、この一項、つまり、ある同値類＝添数が、交換される二商品に内在するものであるわけではない。商品の集合というある類から、交換価値という同値類へとより上への類が導かれたのであり、二項のそれぞれに内在する労働を導くというのは論理的な転倒というほかない。

以上の行論において塩沢の言うように、交換関係という二項関係から同値類（添数）という一項関係を導いたとき、二項である二商品に内在する「何ものか」を求めたのでないことは、火を見るよりも明らかである。だがこの点で、塩沢はマルクスを完全に誤読している。というのは、彼は、交換関係という二項関係から、交換価値の値という一項を導くことが課題である、と考えているからである。これは、まったく的外れの議論である。マルクスが問題にしたのは、第一に、異種の二商品が等置関係・交換関係に入るという場合、それは一体いかなることにおいてなのか、すなわち、二商品に共通ないかなる属性においてなのか、ということである。そして第二に、異種の二商品が等置関係に入ることが可能となる物的な根拠は何か、ということであった。つまり、マルクスは、「諸商品は交換関係を、つねに相対的なものとして表わされる交換価値において実現するが、なぜそうなるのか」を問うたのである。この問いへの解答としてマルクスは次のことを導き出した。

異種の二商品が等置されるとき、それは双方の商品に共通する社会的属性である価値における等置である。だが価値は純粋に社会的で極度に抽象的な属性であり、それが交換価値として現われ出るのだが、価値は量の契機をもたない。それゆえ、価値における等置が可能になるということは、「価値を量化するものが外的に存在している」ということである。その「価値の量化をおこなう外的に存在するもの」が、双方の商品とは区別される「第三のもの」としての、商品に表わされた抽象的人間労働である。別の言い方をすれば、抽象的人間労働の量の多寡が、価値の大きさを外的に規定するのである、とマルクスは明らかにしたのであった。それに対して塩沢は、数学的概念の粗雑な理解にもたれて、マルクスが問題にしたこととはまったく別の何か、を述べているに過ぎない。問題設定そのものが誤っており、解かれるべき課題が、マルクスとはまったく違っているのだ。
　さらに言えば、塩沢の議論にそくしたとしても、なぜ同値関係の定義（1）〜（3）が成り立つのかを問うことは可能である。彼が二項関係―同値関係とそれによる類別の例としてあげている、整数から有理数を構成する例を見よう。
　整数全体の集合から二つの整数の組をとり、その組に関する二項関係を考えて有理数を構成することになる。この場合、添数として有理数そのものをとることにすると、有理数全体の集合が添数集合になる[230]。そのさい当然のことだが、二項関係として取られた二個の整数の組を、二つとったものそれぞれに、「有理数なるもの」が内在するわけではない。だが、整数には約数なる属性がある。まさしく、この約数という属性において、「共通のもの」が存在する。このことによって、有理数という同値類が考えられうるのである。つまり、有理数が整数から構成されうるのは、整数の内的な属性である約数にもとづいているのである。マルクスが問題にしたのは、この例における整数の属性たる約数に当たるものである。
　ところが塩沢は、上の類を導くときに、下位の類の二項の属性を探るのは論理的転倒であると言っている。だが、これは論理的な混乱である。彼はこの混乱に関して、先に引用したもの（註番号228）を付したもの）に自註して次のように言う。

　　上位の類が個々の要素である「属性」にもとづいて作られることは大いにあることである。しかし、逆はかならずしも正しくない。マルクスのごとく主張す

第Ⅸ章 『資本論』冒頭商品論へのさまざまな所説について

るためには、たんなる論理（あるいは概念）分析以上にすすんで、商品の「分析学」を展開し、「体化された労働量」の測定法を確立して、その測定結果が交換関係からえられる同値類の指標となることを証明しなければならない。[231]

これこそ転倒した議論の典型例ではないか。

純粋な形式論理学の範囲においては、すなわち、現実の自然や社会における何らか対象でも、さらには数学における何らかの対象でもなく、純粋に形式化された基礎のうえに成り立つ、抽象的言語と化された対象を相手にするかぎりにおいては、ある類から「上の類」を二項関係によって導く場合、それが同値関係であるかどうかは、純粋に形式上のことである。だが、いま、塩沢が対象としているのは現実の社会における商品交換関係であって、純粋に形式化され抽象化された言語形式上の対象ではない。彼はあくまで経済学者として議論をしているのであって、形式論理学者として議論しているのではないのである。

それゆえ、経済的・社会的な現実の方が先にあり、それに形式論理学を当てはめることが可能かどうかが問題であって、形式論理学に現実が当てはまるのかどうかが問題なのではない。転倒しているのはどう見ても塩沢の議論の方である。この転倒の中で彼は、計量化ということを指標にしている。彼は、属性として正確な計量化が可能かどうかを問題にしているのであろうか？　もしそうであるならば、きわめて高尚な冗談である。言うまでもないことだが、自然的属性と違って、社会的属性は往々にして正確な計量化が困難である。ある人が別のある人と、何らかの社会的属性において等置されるとしよう。身分、資格、職業、等々における等置を考えるとすると、それらの社会的属性はその在り方からして量的ではなく、量化されることを拒否するだろう。また例えば、ある社会と別のある社会とを等置するとして、その社会的属性として資本主義社会かどうかをとるとする。これも計量化は大変難しい。GDP、ジニ係数、産業構成率、国債利回りといった指標は、資本主義社会の発展と一定の相関性をもつかもしれないが、資本主義社会の「度合い」を精確に示すものではない。

塩沢が問題にしている交換関係においては、商品の社会的属性である価値が、共通する社会的属性である。彼はこれを把握することに完全に失敗しているが、この価値も、量を契機としてもたない。もし計量化を同値関係の必要条件とするなら、最初から交換関係に同値関係としての二項関係を入れることが、決定的な

間違いなのだ。塩沢は価値ではなく、かならず量として表わされる交換価値だけを対象としている。だからこそ、形式論理学にのっかって議論することが可能となっているのである。彼は、価値の把握に向かうことがまったくできない。彼がいかに交換価値に因われているのかは、次のような言明に露骨に現われている。

> すでに見たように交換価値は二項間の同値関係であり、その類別の結果として個々の対象にひとつの指標が割りふられるにすぎない。しかるにマルクスはこの論理を逆転させ、最初は比喩的であったであろう「商品に内在的な交換価値」を「実体」として、それ自身に量をもったものとして措定してしまう。[232]

交換価値という形態を労働という実体に還元する、などということをマルクスが述べてはいないことは、マルクスのヴァーグナー批判にもとづいてすでに何度か指摘した。しかしここでは、そのような次元に塩沢はとどまってはいない。彼は、交換価値それ自体を「実体」だとマルクスが措定していると、はっきり述べている。ここまで来ると、歪曲というよりも捏造と呼ぶべきである。「実体」への拒否感・嫌悪感がこうまでさせるのであろうか。

すでに述べたが、マルクスは実体概念への批判として、価値実体を措定しているのである。こうした批判の意義を読み取らないかぎり、『資本論』の解読・理解は決してありえないであろう。

ところで塩沢は、一方における実体への拒否・嫌悪と対照的に、形態について思い入れをもっているように読み取れる。ただし、これまで述べてきたように、価値形態においては、二項関係はまったくなりたたない。そもそも相対的価値形態と等価形態は、非対称であり、入れ替えが不可能だからである。こうした根本的な点を無視して議論する塩沢の価値形態への思い入れには、大いに疑問を感じざるをえない。しかし今のところは、その疑問については目をつぶることにして、彼の議論をもう少し追いかけてみよう。

> わたしは「形態」という語が（未分化なかたちで）マルクスに孕まれた新しい科学――観念学ないし社会意識の運動学ともいうべきものの鍵概念ではないかと考えている。しかし、「実体」についていえば、それは価値と価格の一致をいうべく導入された擬似概念にすぎないように思われる。[233]

第Ⅸ章 『資本論』冒頭商品論へのさまざまな所説について

　柄谷行人などに典型的な精神を塩沢もまた共有しているようである。この引用部につづく部分で塩沢は、形態という語のマルクスによる用法を解析し、次のような概念に関する表を掲げている[234]。

系列Ⅱ		系列Ⅰ
価値	（交換関係）	（生産）価格
労働力価値	（支払形態）	労賃
剰余価値	（超過分）	利潤
労働	（価値形成者）	前貸資本
可変・不変	（資本区分）	固定・流動
可変資本	（測定尺度）	総資本
剰余価値率	（参照基準）	利潤率
社会的必要	（発現形態）	競争

　この表に関して塩沢は次のように解説している。

　『資本論』体系は前掲の表に代表される二重の概念系を系統的に作り出し、系列Ⅰの概念系の機能に系列Ⅱの概念系の機能を対置させることだった。マルクスはこうした理論構成により、ひとつの秘密を暴露し、かつその秘密が秘密としていかに保持されていくか、を示そうとしたのである。だが、なお、ひとつの疑問が残ろう。ここにいう秘密が科学の秘密ならば、系列Ⅱの概念系を構成しおわった段階で、系列Ⅰの諸概念は前科学の概念として消滅して当然であろう。しかし、それらはマルクスによって維持されるばかりか、積極的な分析装置として運用させられてもいるのである（利潤率、生産価格、流動資本・固定資本、等々）。ここに、マルクス自身がはじめてぶつかった、他の諸科学（数学あるいは物理的諸科学）にない、新しい理論的構造の問題がある。それをマルクスは「形態論」という形で考えようとしたのだとわたしは思う。「形態」が第一義的には「実体」と対をなす哲学範疇であるのに、「形態」概念によるマルクスの多彩な言説をただちに哲学的修辞として切りおとさないできたのはそのためである。[235]

この解説はとても興味深い。マルクスの理論の特質のある点をうまく捉えていると言ってよいだろう。だがしかし、上の表には決定的に欠けているものがある。系列Ⅲが必要である。すなわち、諸概念批判の系列――価値批判、実体批判、資本主義的富批判、商品批判、労働価値説批判、等々である。これらはマルクスの主張の表面には出てはこないが、例えば、「資本主義的生産様式が支配する諸社会の富は商品集積として現われる」と述べられるや、その富が商品集積になってしまっているという事態への批判がそこに込められているのである。この系列抜きに、マルクスの諸概念、とりわけても『資本論』の諸概念は、根本的には理解不能となる。その文脈からすれば、マルクスの諸概念批判の系列を系列0、塩沢の系列Ⅲを系列Ⅰ、同じく系列Ⅰを系列Ⅱとする三層構造として考えた方が、きわめて図式的ではあるが、マルクスの意図をよりよく捉えることになるであろう。
　ところで、塩沢は『リカード貿易問題の最終解決』[236]（2014年）において、労働価値説、価値実体などへの拒否を従来通り繰り返しつつ、「価値論は、第一義的には交換価値を研究する理論である」[237]と言い切っている。表題に「最終解決」をうたう精神に対して、ある種の敬意にも似た感慨を覚えるが、われわれの関心に論点を絞れば、彼は自らの観念世界で、『近代経済学の反省』に記した迷いや悩みなどを、もはや完全に払拭したということなのだろう。その意味で、塩沢への批判は、すでに完了しているのである。

第xi節　柄谷行人の所説について

　柄谷の文体には独特のものがある。それはきわめて強い政治性である。もちろん、彼の主張する内容がいわゆる「政治的なもの」であると言っているわけではない。文体として政治的なのである。断定があり、論証がない。そしてそれは、いわゆる接続詞の使い方に、如実に表われている。この文体のゆえに、ある種の読者層に対して、知的な枷とでも呼ぶべき強い影響力をおよぼしているのである。
　本節で取りあげるのは、『マルクスその可能性の中心』と『トランスクリティーク』である。いずれも初出と比べると、その後に出た版は大きく書き換えられている。それゆえ、正確を期すために、前者は講談社学術文庫版（1990年）を、後者は『定本　柄谷行人集　3』岩波書店（2004年）に所収のものを対象とし、

第IX章　『資本論』冒頭商品論へのさまざまな所説について

引用はこれらのテキストから行なうこととする。

　まず、『マルクスその可能性の中心』を取り上げる。価値形態論に注目する柄谷が、『資本論』冒頭商品論を、同書においてどのように理解し、彼固有の主張を展開しているのかを見てみよう。そのうえで、彼の文体の政治性と、そこに表われている精神様式について、考察を加えることにしたい。

　『資本論』冒頭商品論の出だし部分に関して柄谷は次のように述べている。

　周知のように、マルクスは、『資本論』の冒頭で、二つの相異なる商品が等価であるためには、なにか「共通の本質」がなければならない、そしてそれは商品に対象化された人間的労働だといっている。だが、それは貨幣をいいかえたものでしかないし、古典経済学をすこしもこえるものではない。彼は等価の秘密を諸商品の「同一性」に還元する。しかし、そのような同一性は貨幣によって出現するのだ。貨幣形態こそ、価値形態をおおいかくす。238)

　異種の二商品が等置されるためには、双方に「共通の本質」が必要だと、あたかもマルクスが述べているかのごとく、柄谷は主張する。だがこれは、柄谷の創作以外の何ものでもない。ここで早くも柄谷は、「共通の本質」なるものを創出した。「共通の本質」は、これまで見てきた多くの論者に共通している「共通の第三者」や「第三の共通物」といったものよりも、はるかに強い表現である。
　そのうえで柄谷は、「それ［「共通の本質」］は商品に対象化された人間的労働だと」マルクスは述べた、と断言する。まったくの虚偽である。しかも、自らが創り出したこの「命題」を、柄谷は「古典経済学をすこしもこえるものではない」と自ら侮蔑してみせる。みごとな道化ぶりだが、そのおどけた姿はなかなか見えづらい。というのは、マルクスの主張とはまったく関係のない——そのため読者も初見であるだろう——その命題を、「周知のように」という言葉で括ってみせるからである。柄谷以外に知る者はいない、「周知」の「マルクスの言明」！「周知」のものであるから、読者はその命題をすでに熟知している——そのようなやり方で、読者を「共犯者」に仕立て上げて自論に巻き込むところに、彼の強い政治性が現われている。
　柄谷にだけ「周知」である言明によって、「古典経済学をすこしもこえるものではない」限界や至らなさを、彼はマルクスになすりつけた。では、「マルクス

の限界や至らなさ」を超えるはずの、彼の積極的主張は何か。それは柄谷固有のものなどではない。ハインリッヒや、本章の註100）で触れた向井公敏が主張したのと同様の「貨幣価値論」である。向井と並べるのが、向井にとって侮辱となりそうなほどに粗雑な言い分、すなわち、諸商品の同一性なるものは、はじめから諸商品に内在するものではなく、貨幣によって現われるものだ、という理屈である。

> すべての商品と関係しあう一中心としての商品、すなわち貨幣によって、すべての商品は「質的同一性と量的比率」によって存在させられる。それは最初からあったのではない。それゆえに、「共通の本質」とは、潜在的な貨幣形態にすぎないのである。[239]

> 貨幣の成立によってはじめて各商品は"共通の実体"をもつかのようにみえる〔…〕。[240]

貨幣によってこそ、諸商品に「共通の本質」があるかのように見え、また諸商品の同一性が現われると言うわけである。では、貨幣形態が「価値形態をおおいかくす」という事態は、いったいどういうことを表わしているのか。この問いは、柄谷が価値をどのように捉えているか、という問題である。

> 貨幣は、それぞれの商品にあたかも貨幣量で表示さるべき価値があるかのような幻影を与える。すなわち、貨幣形態は、価値が価値形態、いいかえれば相異なる使用価値の関係においてあるという事実をおおいかくす。[241]

価値は、「価値形態においてある」もの、すなわち、「相異なる使用価値の関係においてある」ものだ、と柄谷は言う。そして、その価値形態を貨幣形態が覆い隠すと言うのである。抽象的人間労働の凝固として、商品はそれぞれが価値であることを、われわれはマルクスに拠りつつ、繰り返し述べてきた。だが、柄谷はそれを否定する。つまり、価値は個々の商品の社会的属性である、ということを柄谷は否定し、価値は諸商品の関係、使用価値同士の関係においてある、と言うのだ。

第Ⅸ章　『資本論』冒頭商品論へのさまざまな所説について

　言い換えれば、柄谷は、個々の商品が価値であることを拒否するのである。それゆえ、価値形態は価値としての諸商品の関係ではなく、使用価値同士の関係にならざるをえない。価値は価値形態においてあるもの、と柄谷は言う。だが、使用価値同士の関係がなにゆえ価値関係なのか、柄谷は何も語らない。ともあれ、使用価値同士の関係が突如として、価値関係へと跳躍するわけだ。なぜ、そういう超絶技巧的と言っても過言ではない類の、論の跳躍が、突然行なわれるのであろうか。

　マルクスにあっては、商品は価値と使用価値との統一物であった。柄谷はこれに対し、商品は最初から価値なのではないと言う。すると商品は使用価値にイクォールになってしまい、なぜ生産物が商品であるのか、を解かなければならない。生産物は使用価値として交換関係に入る。すると、この使用価値同士の関係において、突如、価値が現われる、と柄谷は主張している。価値が登場することで、生産物はめでたく商品なのだ、ということなのであろう。

　彼は、リンネルの上衣に対する価値関係、すなわち、リンネル＝上衣　という等置関係に関して、「ここには、たんに亜麻布と上衣という「相異なる使用価値」があるだけなので、その関係のなかから「価値」が出現するのである。／この関係が価値形態」[242]　である、と言う。柄谷は、生産物の使用価値としての関係、すなわち、彼にとっての「価値形態」から「出現する」ものが「価値」だというのであるが、これは現実とまったく食い違っている。この主張がかりに現実のことだとすると、交換関係において価値が現れ出ているのだから、人々は、生産物を価値だと捉えることができるわけである。そうすると人々は、諸商品を価値として扱うことができることになるが、決してそうではないからである。人々は商品を交換価値として捉えあつかっているのであって、価値としては、決して捉えていないからである。

　だからマルクスは、商品の価値は交換価値として現われ、価値は交換価値の背後に隠れている、と述べたのだ。柄谷の主張は、すさまじく断裂しながら転倒している。価値形態から（あるいは価値形態において）価値が現われるのではない。ことはまったく逆であって、価値の現われる形態が、価値形態なのである。人々は現実世界では、諸商品をあくまで交換価値においてしか捉えてはいない。

　ところで柄谷は、『トランスクリティーク』で、次のようにも述べている。

> 生産物を価値たらしめるのは、価値形態、いいかえれば、商品の関係体系である。[243]

ここでは価値が「出現する」とは言っておらず、「価値たらしめる」である。いまだ現われてはいないとしても、潜在態としては「在る」ものは分析的に明らかにすることができる。だが、当の関係においてはじめて「ある」とされるもの、潜在態としてさえ「ある」ものではないもの、しかもいまだ現われてもいないものを分析によって析出させることはできない。結局のところ、柄谷の言う「価値」はたんなる語句以上のものではない。それはまったく無規定であり、概念として措定されていない。それゆえ、「交換価値」と言おうと「相対価値」と言おうと「関係価値」と言おうと、すべて同じことである。そもそも価値という言葉を用いる必要さえないものである。

要するに、柄谷の「価値」は交換価値以外の何ものでもない。価値に対する根源的批判が欠如しているからこそ、このような道化た台詞を平然と発してしまうのである。彼は次のようにも言っている。

> マルクスが「商品Ａの"価値"はＢの使用価値によって意味される」というとき、すでにありもしない"価値"が文法的に出現している。だから、この表現は、それ自身において、すでに意味されるものとしての価値をあらかじめ前提してしまう。[244]

「ありもしない"価値"」と柄谷は言わざるをえない。それも不可思議な「文法的に出現する」それである。これでは、永遠に不明なままの在らざる「何ものか」としての"価値"でしかない。「理論」的な、あまりに「理論」的な"価値"！彼が示しているのは、じっさいにはは交換価値でしかない"価値"、である。また別の箇所で柄谷は、次のように言う。

> 商品はそれぞれに内面的な「価値」をもつかのようにみえるが、すでに、それらは貨幣形態が与えた形而上学にすぎない。商品の根底に価値があるのではない。根柢そのものが不在なのであり、そこにあるのはシニフィアンのたわむれなのだ。[245]

第IX章　『資本論』冒頭商品論へのさまざまな所説について

　価値は、使用価値同士の関係においてあるもの、価値形態においてあるものと、と言いつつ、なぜそれが価値なのかを、柄谷は述べることができなかった。そしてその無能力さをふりはらうべく、彼は、「ありもしない"価値"」と結局は言わざるをえなかった。だが、ここでは、あるのはただ、「シニフィアンのたわむれ」なのである。あえて反復するが、価値に対する批判という観点をもたないから、こういうあり様に陥るのだ。ともあれ、柄谷につきあって、その行く先を見ておきたい。

　上に述べた事態からたちもどって、問い直そう。「使用価値同士の関係である価値形態を、貨幣形態が覆い隠す」というのは一体どういうことなのか。彼は言う。

　一つの商品の"価値"は、内在的にあるのではなく、他のすべての商品との価値関係としてあるにすぎない。だが、貨幣形態をとると、それは数量的に表示される。同じ商品が一地域で安く、他の地域で高いのは、それぞれの地域において、他の商品との関係がちがうということ以外ではない。ところが、この関係が貨幣形態によって消去されると、まるでその商品に単独に内在的価値が存在するかのようにみえる。すなわち、関係の体系としての差異が、貨幣によって、量的な差異としてあらわれる。[246]

　使用価値同士の関係が、なぜ価値であるのか？　この問いは解かれないままである。"価値"は関係性だというのだが、それはあくまで不明なものxでしかない。より明確に言えば、それをxと措くことができるかどうかさえ解らないものなのである。だが、この不明なものxが、貨幣によって数量化される、と柄谷は言う。なぜ数量化されるのか？　なぜ数量化が可能なのか？　それらの当然の疑問に対しても、いっさい説明はなされない。数量化は必ずそれを可能ならしめる、何らかの根拠にもとづいている。だが、そうした根拠があり、その根拠は何ものであり、それがなぜ根拠たりうるのか？　これらを、柄谷は説明すべきである。しかし彼は、その論理上の責務を、行論のなかで回避しつづけることで、事実上拒否するだけである。なぜならば、柄谷には、説明は絶対に不可能だからだ。論証抜きの断定に断定が重ねられているだけなので、論理的説明は、はなから無理な

461

のだ。だが——というべきだろうが——、その無理を跳びこえて、この貨幣による数量化という事態が、価値形態の貨幣形態による隠蔽だ、と彼はまたもや断定する。

　ここで、柄谷にとっては非常に都合の悪い現実が立ちはだかる。地域による価格差という事態は、諸商品間の関係が相違していることを隠蔽しているのではない、という現実である。そうではなく逆に、価格差は、相違をあらわにしているものにほかならない。同種の商品が、地域によって異なった価格をもつのは、まさしくそれが置かれる一定の社会における諸商品間の関係の相違にもとづくからである。マルクスの概念で言えば、社会的必要労働の単位が、一定の社会の相違によって違ってしまう、ということである。同種の商品の価格が異なる地域においても同一であるとすれば、地域社会間に上下関係があり、経済的に支配的な地域と従属的な地域とが存在し、この〈支配—従属〉関係にもとづく市場価格の均一化が強く作用しているということであろう。この場合こそが、社会的関係の相違の隠蔽であろう。

　ところで、柄谷の命題、すなわち、「貨幣形態は価値形態を覆い隠す」は、われわれが第Ⅴ章で指摘した『資本論』初版から第二版への書き換えにおける問題箇所の、柄谷による、「さらなる書き換え」である。初版の叙述は次のものであった。

　　価値形態について言えば、この形態こそは、まさに、私的労働者たちの社会的な諸連関を、したがってまた私的諸労働の社会的な諸被規定性を、顕示するのではなくて、それらを物象的におおい隠すのである。[247]

この叙述にある「価値形態」を「貨幣形態」に、マルクスは第二版で書き換え、それが現行版にも踏襲されたのであった。そしてさらに、現行版からの柄谷的「書き換え」によって、先の奇天烈な命題が導かれたのである。マルクスの書き換えは論理的後退であり通俗化の弊を犯すものであった。この書き換え、つまり、「価値形態」（初版）から「貨幣形態」（第二版〜）への書き換えがあったからこそ、柄谷的「書き換え」も可能であった。マルクスを「古典経済学をすこしもこえるものではない」、いわゆる体化労働価値説を唱える論者に仕立て上げたがゆえに、こうした無理な「書き換え」が、新たになされねばならなかったのである。

第Ⅸ章　『資本論』冒頭商品論へのさまざまな所説について

　以上、柄谷が"固有に"主張したところを検討した。そこに積極的なものは何もない。スターリン主義派に特徴的な、商品に内在的な価値が物的にあるかのような考えを斥けることを主張する点においてだけ、柄谷は正しい。しかし、それは諸商品が価値であること、すなわち商品が価値を社会的属性とすることを斥けることに、論理的に帰着するものではない。価値が商品価値になってしまっていること、商品に表わされた抽象的人間労働が価値の実体になり、それが現実の世界では貨幣の姿をとって人々を支配していること——こうした事態への根源的批判を『資本論』から読み取らない（あるいは読み取ることができない）からこそ、柄谷の、一見したところ理路をもつかのように吐き出された言葉は、概念としてまったく措定されず、宙に浮き、断定に断定を多重反復することになるのである。
　さて、ここまで、主に『マルクスその可能性の中心』を対象として検討してきた。次に『トランスクリティーク』から一点だけ問題にしておきたい。柄谷の使用価値概念についてである。彼は言う。

　　マルクスが『資本論』で「価値形態」として論じたのは、一商品は他の商品と交換されることによってしか価値たりえないということである。それは、別の観点からいえば、彼が使用価値を重視したということである。〔…〕『資本論』のマルクスは、商品は先ず他人にとって使用価値でないならば価値たりえないということを強調したのである。[248]

　冒頭商品論においては不要であって、持ち出してはならない議論——すなわち、「商品は先ず他人にとって使用価値でないならば価値たりえない」という商品所有者の欲望をめぐる議論——に、宇野派の影響を顕著に看て取ることができる。柄谷に認められる、このような宇野派的思考は、「一商品の価値は他の商品の使用価値で表現される」という点を強調するところに、しかもこの価値表現の問題を冒頭商品論の出だし部分から持ち出すところに、よく現われている。だが、「使用価値を重視した」というマルクスへの評価は、宇野派的思考の枠内につきるものなのだろうか。彼は次のようなことを述べている。

　　金が貨幣であるのは、それが貨幣形態（一般的等価形態）におかれているからである。むろん、それは金でなくてもよい。マルクスが発見したのは、物を貨

幣たらしめる形式、あるいは、物を商品たらしめる形式なのである。〔…〕古典経済学では、〔…〕物と使用価値が区別されていないということでもある。〔…〕物は使用価値ではない。価値形態において、一商品の価値は他の商品の使用価値によって示される、その場合、使用価値とは価値の素材的形式である。[249]

　宇野派的見解を通して柄谷は、使用価値が価値と対であることを強調していることになる。価値と使用価値との双対性、あくまで価値と使用価値とが対であることを明確にすることは、意義あることである。というのも、価値に対して使用価値を、また逆に使用価値に対して価値を押し出し、それらの一方を価値化する議論があとを絶たないからである。とりわけ使用価値を価値化する議論は、価値の運動が現実的に貨幣—資本の運動としてあるがゆえに、とりわけ執拗なまでに存在しつづけている。資本主義に対する即自的で未熟な批判意識が、スターリン主義派（ここには、スターリン主義に反対する旗を掲げながら内実としてスターリン主義派であるものを含む）の剰余価値理論＝〈搾取の仕組〉論と結びつき、現物形態＝使用価値を抽象的形態＝価値に対置する俗流唯物論として根強く残りつづけているからである。使用価値は、価値と対立的でありながらもあくまで一対のものである。それゆえ批判は価値と使用価値の対への批判、すなわち商品批判でなければならない。かかる視座からすれば、価値も使用価値も、ともに価値ではない。マルクスの批判の眼目はそこにある。
　この点から考えると、柄谷の主張はじつに曖昧で不鮮明と言うしかない。しかもそれは、宇野派の枠内での議論のように思われる。柄谷の主張には明確な概念規定がない、という宇野派と共通する問題があるからだ。柄谷にあっても、価値が概念として明確に規定されていないために、せっかくの〈使用価値—価値〉の対も曖昧なままに終わったのである。
　では最後に、柄谷の文体の強い政治性とそこに現われた精神様式に関して見ておこう。
　ソシュールの学説（と柄谷が考えたもの）がマルクスの理論（と柄谷が考えたもの）に対する参照項として取り上げられ、「言語を言語たらしめるものはなにか。同じ問いを商品に向けなければならない」[250]という問いが立てられる。そのうえで、言語と商品との対比から、次のような「回答」がなされる。この「回

第Ⅸ章　『資本論』冒頭商品論へのさまざまな所説について

答」を例として、柄谷の文体の政治性について見ていこう。

　マルクスのいう商品のフェティシズムとは、簡単にいえば、"自然形態"つまり対象物が"価値形態"をはらんでいるという事態にほかならない。だが、これはあらゆる記号についてあてはまる。したがって、マルクスも、つねに、それを言語とのアナロジーにおいて語ってきた。[251]

　ここに一例として引用した言明は、全体として解析・検証を拒否していると言って良い。その全体を受け入れるか、そうでないかの踏み絵を迫っているのである。ここには論理がないばかりか、明確な概念規定もない。断定に断定が根拠をいっさい示されぬままに重ねられているだけである。商品物神性が、「簡単にいえば」という一言で、マルクスの論と無関係な柄谷の勝手な説に要約されており、それが「だが」と「したがって」、「つねに」、「あらゆる」といった修辞で粉飾されているにすぎない。この無-論理にしたがうか否か——、これがわれわれの言う文体の政治性である。しかもその政治性は相当に強い影響力を有している。だがあえて、この言明に解析を加えそこに現われた精神様式を見ておこう。

　柄谷はこの言明で、「商品」から「あらゆる記号」、そして「言語」へと語句の跳躍を繰り返す。だが、その跳躍—転変のための論理は一切ない。こうした無-論理を、「だが」と「したがって」という、通常は論理的接続を表わす接続詞によって粉飾することで、隠蔽しようとしている。ここで一言、付け加えておこう。隠蔽という事態は、柄谷がその無-論理を意識せずに叙述したのだ、と考えたとしても、まったく変わらない。詳しく見ていこう。

　まず、「マルクスのいう商品のフェティシズムとは、簡単にいえば、"自然形態"つまり対象物が"価値形態"をはらんでいるという事態にほかならない」という文章についてである。

　柄谷はここで、「商品のフェティシズム」について語っていることになっている。だがじつは、ここで述べられている「商品」は無規定である。というのは、労働生産物が抽象的人間労働の凝固物として、その幽霊のような対象性として価値であり、それゆえ商品であること、交換関係に入る以前から価値であること——このことを柄谷は否定しているからである。そうするとここで、「労働生産物がどのようにして商品になるのか」という問いを、柄谷は解かなければならな

い。だが彼は、その解明から逃避し、この不可避的な問いに答える作業から顔をそむける。だからここで言われている「商品」なるものはまったく無規定なままであるほかない。柄谷の「商品」は、いまだ商品ではなく、たんに労働生産物でしかないはずのものである。

だからであろう、柄谷は「商品」を「対象物」と言い換え、さらに「自然形態」という語句を持ち出す。だがこの言葉の「言い換え」は、目眩ましとしてあまり出来のよいものではない。自然形態とは使用価値の形態、つまり現物形態ということである。しかし、この概念規定は、商品を主体として捉えてはじめて、有効になる。主体たる商品が使用価値と価値との統一物であり、現実的にそれとして現われるのは、一方で使用価値の形態を、他方で価値の形態をもつ、と把握する場合においてである。

つまり、あくまで商品を主体として捉え、しかもそれを二重性において捉えた場合においてはじめて、使用価値の形態、すなわち自然形態という規定は意義をもってくるのである。ところが柄谷は、労働生産物があらかじめ価値であることを否定している。それゆえ、彼の言う「自然形態」なるものもまた、無規定でしかない。そして労働生産物があらかじめ価値であることを否定するために、商品を労働から切り離すという詐術を弄する。労働生産物という言い方を避け、「対象物」と言うのである。「対象」ではなく「物」の付いた「対象物」である。

この「物」としての「対象物」から「自然形態」という「形態」への論理的足場をもたない跳躍が行なわれ、そのうえで、「自然形態が価値形態をはらむ」という、いささか技巧的な語用にもたれかかった物言いがでてくる。自然形態というある一つの形態が、価値形態という別の一形態を「はらむ」、というのは一体どういうことであろうか。ここでもいっさい概念規定がなされてはいない。より精確に言えば、柄谷の修辞表現で示されているはずの事態は、概念規定できないものである。

つまるところ、柄谷が言っているのは、宇野派がしきりに強調する「価値形態の核心」なるもの、ある商品の価値は他の商品の使用価値で表現されるということに過ぎない。それにやたらと飾りを付け、しかも凡庸に述べたにすぎない。そしてこれが商品のフェティシズムだというのだ。「曲解された一つの教義集」[252)]にさえも届かない、断裂した寸劇(コント)と呼んでも差し支えあるまい。

ところで宇野派が、価値も価値の実体も、また価値の形態も理解しそこなった

のと同じように、柄谷は価値も価値の形態も理解しそこなっている。その必然的帰結として、商品のフェティシズム（物神崇拝）をとらえそこなっている。彼がわざわざ持ち出した「はらむ」という動詞は、そのとらえそこないの不様さを、みごとに示すものである。等価形態にある商品にあっては、その自然形態（＝使用価値形態＝現物形態）そのものが、価値の存在形態であり定在様式なのだ。自然形態が価値形態を「はらむ」のでは、決してない。自然形態、すなわち現物形態そのものが、価値の定在様式になるのであって、この事態を言い表わすのに「はらむ」という動詞を当てることは、不適切というよりも蒙昧の顕示と言うべきだろう。現物形態そのものが価値の定在様式になるという事態そのものが、商品の呪物的性格であり、これに基づいて商品のフェティシズムが生まれるのである。柄谷は一つ一つの概念をまったく大事にせず——概念規定はできないが根拠なき跳躍が得意な無-論理の叙述では仕方がないのかもしれないが——、そのことを衒学的な用語をちりばめ霧に包むことで隠蔽している。

さて、商品のフェティシズムの文につづけて、「だが」という論理的接続を表わす接続詞がおかれている。これについては後に述べることとして、「これはあらゆる記号についてあてはまる」なる命題を検討しよう。まず「これ」とは何を指しているのか。少しばかり理性的に考えれば、「これ」を明示することができないことは、すぐにわかる。「シニフィエを欠いた、だらしのないシニフィアン」（ソシュール的な意味では、当然、そのような記号は存在しない）とでも言おうか、きわめて反啓蒙的な用語法としての、「これ」である。この「これ」が、「あらゆる記号にあてはまる」と断言されているわけである。「これ」が曖昧である以上、より精確に言えば無内容である以上、この命題自体、曖昧で無内容なままである。だがあえて、「これ」を無理やりではあるが「自然形態が価値形態をはらむという事態」としてみよう。すると、「あらゆる記号は、その自然形態が価値形態をはらむ」となる。

ここで記号の一例、横断歩道の信号を考えてみよう。それが表示する青（英語風に捉えれば緑）、赤、黄という色のある特定に規定された在り様（大きさ、位置、形、等々）は、明らかにある特定の意味をもつ。ただそれだけのことであるが、この事態を「信号機としての記号においては、その自然形態が価値形態をはらむ」というものとして捉えることができるのだろうか？　揶揄しているわけではなく、われわれは真剣に問うている。ここで問題になるのは「価値形態」であ

る。たとえば、青（あるいは緑）という色の特定の在り様は、「横断歩道を渡ってよい」という意味内容＝意義をもつ。だが、その青色（または緑色）の特定の在り様が価値形態なるものをもつだろうか。価値を意味あるいは意義と捉えることはできないわけではないので、そう理解したとしよう。しかしその場合でも、価値でなく価値形態と言われると、とたんに意味不明となる。「あらゆる記号が価値形態をもつかどうか」という問いから、柄谷は議論すべきであった。悲しいかな、柄谷は決してそのように問いを立てることはない。ただ「これ」と言うのみである。ここにも言葉の詐術がある。結局、この命題は曖昧・不明確であるだけではなく、そもそも成立不能なものであった。

こうして、二つの命題、きちんと規定されておらず不明確きわまりない——あるいは成立不可能な——二つの命題が、「だが」の一言で、見た目には「論理的」に接続される。ここで注意を払うべきは、接続が逆説であることにある。だが、この点を検討する前に、二つの命題が関係付けられていること自体に関してまず検討しておこう。

命題P：商品にあっては、自然形態が価値形態をはらむ
命題Q：あらゆる記号にあっては、自然形態が価値形態をはらむ
集合M：ある存在で、その自然形態が価値形態をはらむもの全体の集合

とすると、柄谷の主張は次を意味している。——あらゆる商品は集合Mの要素であり、あらゆる記号もまたMの要素である、つまり、Mの部分集合として商品全体の集合があり、かつまた記号全体の集合もMの部分集合であり、これら二つの部分集合は、二つの命題P、Qについて、「PだがQ」が成り立つ関係にある。

柄谷の主張は、このように整理することができる。とはいえ、柄谷の主張はなおも霧の中にある。先に検討した結果として述べたように、命題Pは偽であり、また命題Qも偽であった。偽である命題から出発すれば、どんな命題でも導くことができる。柄谷の主張は、その典型例である。

では、接続詞「だが」を検討しよう。この「だが」は柄谷の反啓蒙的「啓蒙的精神」の端的な表われなのだ。

どういうことかと言えば、およそ人は、これら二つの命題をまったく論理的関係のないもの・論理的につながったものと考えないであろうが、そうではなく、明確な論理的関係があり接続可能なのだ、と柄谷は教示を賜ってくださるのだ。

第Ⅸ章　『資本論』冒頭商品論へのさまざまな所説について

それゆえ柄谷にとっては、「だが」に込められた論理的接続は、順接（例えば「それゆえ」）なのである。そこをあえて「啓蒙的」に逆説を使ったのである。すなわち、「教えを垂れる」ための「だが」なのだ。ここでまさしく、だが、と言いなくなるが、今は控えておこう。柄谷流「啓蒙」の「だが」で接続されようが、すなおに順接で接続されようが、柄谷の主張にまったく中身はなく、それゆえ無-論理の霧は晴れることはない。

　さて今度は、順接の接続詞、しかもかなり強勢の「したがって」がくる。接続される命題は「マルクスも、つねに、それを言語とのアナロジーにおいて語ってきた」である。「それ」は商品である。だから、「マルクスは、つねに、商品を言語とのアナロジーにおいて語ってきた」という命題になる。「したがって」で接続される、その前後におかれた二つの命題を、百歩ゆずって認めるとしよう。その場合でも、なぜ、「したがって」なる強い論理的な意味をふくむ順接で、あとの命題をつづけることができるのだろうか。しかもはっきりしていることは、ここで接続される命題は、明らかに間違ったものである。これはまぎれもない文献学的・歴史的事実である。マルクスは「つねに」、商品を「言語とのアナロジーで語ってきた」わけでは、全然ない。柄谷は「マルクスがつねに商品を言語とのアナロジーで語ってきた」ことを実証していないが、それは不可能である。マルクスは、われわれが主張してきたように、「商品語」というまったく新しく概念規定されなければならない「特別の言語」について考えていたのだ。「つねに」商品を言語に類比させて（アナロジー）、考察をつづけたのではない。先には反啓蒙的な「啓蒙的」逆説による空虚な断定、そしてここでは強い順接による、やはりまた空虚で無根拠な断定である。

　結局、柄谷のやっていることは、曖昧・不明確できちんと概念規定していない諸命題を順接接続でつぎつぎと断定的につなげていくということである。

　以上、柄谷の言明を敢えて解析し、その言明に込められた柄谷の精神様式を明らかにしてみた。ここから、ある種の人々——というよりも知的権威主義者と言うべきだろうが——が、なぜ柄谷の言うところに強く惹かれるのかが、理解できる。

　柄谷は基本的に順接の人である。逆接の接続詞によって順接を述べるという、知的曲芸の達人といえる。「だが」、と彼のすぐれた頭脳が到達した結論にほかならぬ「真なる命題」を、その思考過程を凡俗たるわれわれに明かすことなく、示

してみせる。論証抜きに順接によってあれこれの命題を、しかも少しずつ言葉を変換し、ある主張から別の主張へと跳躍する、というのが彼の手法である。凡俗な読者に論証など不要、というわけである。

結果として、彼の著述のただなかから出現するのは、曖昧模糊として不可解な、それでいて「難解な問題を解明した」かのような雰囲気をまとった、「命題」の群れである。柄谷はそれらの「命題」を、根拠も出典も示さず、次々と断言をすることで処理していく。この順接によってつながれ、断定された諸命題全体を、読者のそれぞれは、自らの知識や了解事項に応じて論証することを求められることとなる。

読者が知的権威主義者ならばなおさらのこと、論証と解明に必死になることだろう（論証不可能でも、論証できたようにふるまうスノビズムも、ひとはその姿勢としてとることは可能である）。なぜなら——理由や根拠は示されないが——柄谷は、それらの命題を、解明し理解しているはずなのだから、読者の一部は柄谷の理解に到達すべく力を注ぐ。福本イズムの、俗悪・無-論理ヴァージョンのようなものだ、とも言えよう。柄谷と同じ「理解」に達する苦労が（あるいは「理解した」と誤認するにいたることが）、それらの読者にとって、きわめて大きな知的意義をもつものになる。こうしたある種の知的決意主義が陶酔をもたらすことは、すでにスターリン主義が歴史的に示しているのは、言うまでもないことだ[253]。

第xii節　岩井克人『貨幣論』について

岩井の『貨幣論』に関しては、すでに一度、第IV章第vi節でとりあげた。諸商品の等置関係においては、等価形態にある商品である等価物が、直接的・非媒介的交換可能性の形態にあり、それに対して、相対的価値形態にある商品は、間接的・媒介的交換可能性の形態にある。この一対性を岩井は捉えず、直接的交換可能性の方だけを対から切り離して取り出し、それを、〈与え・与えられる〉ものと考えてしまっていた。このことをわれわれは批判した。直接的交換可能性を、〈与え・与えられる〉ものと考えることによって、岩井は彼固有の「貨幣形態Z」を「発明」することができたのである。本節では別の角度から、すなわち彼の実体論批判を検討するところから、彼の「発明」を照射したい。

第Ⅸ章　『資本論』冒頭商品論へのさまざまな所説について

岩井はマルクスを「徹底的な「労働価値論」」[254]者に仕立て上げている。

> マルクスの労働価値論が言葉の真の意味での実体論であることは、いくら強調しても強調しすぎることはない。なぜならば、まさにこのように価値の「実体」が超歴史的に確定されることによって、マルクスの思考のなかに、「実体」と「形態」とのあいだの対立関係を軸として展開するあの強力な弁証法が作動しはじめることになったからである。[255]

この主張は、岩井の強い思い込みによる、完全に誤ったマルクス理解である。「このように」とある、この誤読の根拠として引用されたのは、1868年7月11日付ルートヴィヒ・クーゲルマン宛手紙からである。長い引用だが、本節での議論にどうしても必要なので、岩井が引いたままに、ここでも引用しておく。

> どの国民も、もし一年とは言わずに数週間でも労働をやめれば。死んでしまうであろう、ということは子供でもわかることです。また、いろいろな欲望量に対応する諸生産物の量が社会的総労働のいろいろな量的に規定された量を必要とするということも、やはり子供でもわかることです。このような、一定の割合での社会的労働の分割の必要は、けっして社会的生産物の特定の形態によって廃棄されうるものではなくて、ただその現象形態を変えうるだけだ、ということは自明です。自然法則はけっして廃棄されうるものではありません。歴史的に違ういろいろな状態のもとで変化しうるものは、ただ、かの諸法則が貫かれる形態だけです。そして、社会的労働の関連が個人的労働生産物の私的交換として実現される社会状態のもとでこのような一定の割合での労働の分割が実現される形態、これがまさにこれらの生産物の交換価値なのである。／科学とは、まさに、どのようにして価値法則が貫かれるか、を説明することなのです。もし外観上法則と矛盾する現象をすべてはじめから「解明」しようとするならば、科学以前に科学を提供しなければならないことになるでしょう。リカードの誤りは、まさに、かれが価値にかんするかれの最初の章のなかでこれから展開されるべきあらゆる可能な範疇を与えられたものとして前提して、それらが価値法則に適合していることを論証しようとしている、ということにこそあるのです。[256]

このマルクスの手紙をもとにして、岩井は、「マルクスの労働価値論が言葉の真の意味での実体論」であり、「価値の「実体」が超歴史的に確定され」たのだと言う。われわれには、その断定の正当性が、まったく理解できない。いったいどんな読み方をすれば、このような断定をくだすことができるのだろうか？
　まず、マルクスの手紙を精確に解読しておく必要がある。しかし、解読に入る前に、留意すべきことが二つある。第一に、引用されたマルクスの言明が私信のなかで述べられたものであるということ、第二に、その私信の相手がクーゲルマンであること、これら二つである。手紙――なかんずく私信――では、公表されることを前提とした論文や著書などと違って、精確な論証や詳細な説明を省略することが往々にしてある。また、送付する相手に応じて、相互に了解していることは省いたり、直観的な論理上の飛躍や、逆に不要なまでの微細な言明をなすこともしばしばである[257]。書簡という形で残されたテキストにかんしては、それらの点に注意しなければならない。さらに岩井が引用した書簡は、クーゲルマンという、マルクスにとって生活上も理論上もきわめて近しい友人に宛てられたものであった。つまり、両者のあいだですでに了解済みのことは、わざわざ言及して詳しく説明を行なう必要もなく、述べられていないのである。
　クーゲルマンは、『資本論』初版価値形態論に付録をつける必要性を、マルクスに納得させた当人である。そのことを忘れてはならない。岩井は無視しているが、初版刊行直前の 1867 年 7 月 13 日付けで、マルクスがクーゲルマンに出した書簡には、次のように書かれている。

　〔…〕私の著作は約 50 ボーゲン強になります。〔…〕つまり、私はその大きさを非常に誤算していたわけです。数日前に、・価・値・形・態、・第・1・章・第・1・節・へ・の・付・録、と題する付録をライプツィヒ〔出版社であるマイスナー社の印刷所の所在地〕に送りました。あなたもご存じのこの・プ・ラ・ン・の・創・案・者〔クーゲルマンのこと〕には、ここで彼の示唆にたいして感謝の意を表明します。[258]

　念を押しておこう。『資本論』初版刊行後の反応はかんばしいものではなかった。そのため、エンゲルスとクーゲルマンは――ときにマルクスをさしおいて――何度も書簡のやりとりを行ない、宣伝につとめている。エンゲルスからクー

第IX章　『資本論』冒頭商品論へのさまざまな所説について

ゲルマンに宛てられた 1867 年 11 月 8 日および同月 20 日の書簡には、次のように書かれている。

〔…〕しっかり者の俗流経済学者たちは、この本〔『資本論』初版〕にたいして警戒し、やむをえない場合でなければけっしてそれについて語らない、というだけの分別はつねにもっています。そして、われわれは彼らがそれについて語ることを余儀なくされるようにしなければならないのです。〔…〕このような論文［『資本論』の書評］を、しかもできるだけ同時に、新聞雑誌に、ことにヨーロッパのそれに、そしてまた反動的なそれにさえも、載せるということは、いやでもわれわれに負わされた責任なのです。[259]

マルクスがクーゲルマンに宛てた 1868 年 3 月 6 日付書簡の中では、「私の事情は非常に苦しくなっています。というのは、金になる副業をすることができなかったのに、いつも、子どもたちのために、ある程度の体面を保たなければならないからです」[260] と、同志である親しい友人にしかもらせないような、情けない懐事情の暴露さえ行なっている。そのような位置にいる存在に宛てられた書簡という点を十分に考慮した上で、岩井の引用した内容をできるだけ精緻かつ詳細に解読を行なう必要がある。

では、以下に解読と注釈をしよう。

① 冒頭から「ただその現象形態を変えうるだけだ、ということは自明です。」の部分について。

人間が社会を形成し維持し、社会生活を営んでいる以上、社会的労働がなされ社会的に必要な諸々の生産物が生み出されなければならず、その必要に応じて社会的労働の分割・配分がなされなりればならない。これはどんな社会的形態、どんな社会的生産様式の下でも当てはまる普遍的なことである。変化するのは、この社会的労働の分割・配分の歴史的に規定される仕方・形態である。社会的労働と生産がどんな社会でも必要であり、そのために、それぞれの社会の在り様に応じた社会的な労働と生産の分配が必要だ、ということである。

② 「自然法則はけっして廃棄されうるものではありません。」について。

前項で述べられた生産と労働の分配があらゆる社会においてなされるかぎり、それは自然法則と同じように社会に貫徹されるものであり、そのかぎりで法則と言ってもよいものである。それは自然法則そのものではないが、社会的な自然法則と言ってよいものである[261]。ここでマルクスは、少々説明を省いている。クーゲルマンは有能な医学者であり、ハノーファーでは最先端と目される、知的なサロンを領導する位置にいた[262]。わざわざ屋上屋を重ねるような説明を開陳する必要は、まるでなかったのである。

③「歴史的に違ういろいろな状態のもとで変化しうるものは、ただ、かの諸法則が貫かれる形態だけです。」の部分について。

どのような社会にあっても、それぞれの社会に応じた社会的な生産と労働の分配が、これまでもなされてきたし、今後もなされる、そして、それぞれの社会に応じた社会的な生産と労働の分配がなされるということ自体は、自然法則と同じような普遍性と通用性をもつのに対して、これが現実に現われる形態は、それぞれの社会において異なってくる。

④「そして、社会的労働の関連が個人的労働生産物の私的交換として実現される社会状態のもとでこのような一定の割合での労働の分割が実現される形態、これがまさにこれらの生産物の交換価値なのである。」について。

社会的労働が、「相互に独立して営まれる私的諸労働」、として分割され、その下で諸生産物が商品として生み出される社会にあっては、その社会的労働の分割と連関は、労働生産物相互の私的な交換関係において現われる。すなわち、商品交換関係、言葉を換えれば、諸商品の諸交換価値において現われる。そして、この私的交換関係＝商品交換関係、つまり諸交換価値という形態を規制するものが、商品の価値・その大きさである。この現実を「法則」として捉えれば、価値法則ということになる。ゆえに、価値法則は、どんな歴史的時代にあっても貫かれる社会的自然法則の、ある特定の歴史的な現実形態にほかならない。価値法則自体が、超歴史的なものであるわけではないのである。

⑤「科学とは、まさに、どのようにして価値法則が貫かれるか、を説明することなのです。」の部分について。

ここでパラグラフが変わったことに十分注意が払われねばならない。直前のパラグラフでは、超歴史的な法則とそれが実現される歴史的な形態とが

第Ⅸ章　『資本論』冒頭商品論へのさまざまな所説について

問題にされていた。だが、このパラグラフでは、「社会的労働の関連が個人的労働生産物の私的交換として実現される社会状態」に絞って、議論がなされる。この社会においてはじめて、政治経済学という一つの科学が成立する。マルクスが「科学」とここで言っているのは、一個の分野として自立的な科学となった、政治経済学のことである。すなわち、アダム・スミス、デイヴィッド・リカードゥたちの古典派経済学以降の経済学である。マルクスは、それらの経済学が達しえた最高の成果への批判、という科学——科学批判の科学——を構成したのだった。マルクスがそれまでの経済学への批判をつうじて根源的な批判対象とした社会においては、社会的労働の生産物が商品として現われる。そして、社会的労働は相互に独立して営まれる私的諸労働という労働の分割・配分の形態をとる。この社会的な支配様態を規定し制御するのが〈価値—価値法則〉である。そうである以上、科学となった経済学の課題は、この価値法則が、一体どのようにして社会に貫徹するのかを説明することである。

⑥「もし外観上」から引用の最後までの部分について。

これまで述べてきたこと、とりわけ⑤で述べられたことに基づいたリカードゥ批判である。これについては解読・註解を省略する。ただ一言っておけば、リカードゥが『経済学および課税の原理』の第1章「価値について」で述べていることは、当然だが、資本主義的生産様式が支配する社会における事態についてであって、決して超歴史的な事柄を述べているのではない。

マルクスは、この手紙で、超歴史的な自然諸法則と言ってもよいものと、それが特定の歴史的被規定性をおびた時代・社会において現われる特定の形態とを、明確に区別している。それは、「社会的労働の関連が個人的労働生産物の私的交換として実現される社会」においてとる、「特定の実現形態」が価値法則である、と述べていることからも明らかである。このことは、まさしく「子どもでもわかること」ではないのか。それが岩井には解らない、というのはどうしたことだろうか。

要するに、岩井はきわめて異様な読みをしているのである。この手紙を引いた上で、価値法則を超歴史的法則だとマルクスが規定していると読む。それは次の

ような岩井の言から、鮮明に浮き上がってくる。

> ここでのべられている「価値法則」とは、いろいろな欲望に応じていろいろな労働を抽象的な人間労働として社会的に分配する法則のことである。マルクスは、この「法則」が「子供にもわかる」自明性をもっており、歴史に存在したどのような人間社会においても成立する「自然法則」にほかならないといっている。[263]

もし大学受験生が国語や小論文でこんな読みをすれば、「そそっかしいのをどうにかしなさい」とか「早とちりもいいかげんにしろ」とか「おっちょこちょいはそろそろやめるべきだ」といった叱責を受けるにちがいない。だが、東京大学教授・岩井克人は、称賛されこそすれ、早とちりの受験生が被る目には決してあわない。じつに奇妙なことではある。それはともあれ、彼は価値法則を超歴史的なものと読み、その上で述べている。

> マルクスの資本主義社会にかんする科学（＝資本論）の目的とは、超歴史的な価値の「実体」がまさにどのようにして商品の交換価値という特殊歴史的な「形態」として表現されるのかをしめすことにあることになる。[264]

岩井の「読解」は、要するに、次のようなものだ——どんな歴史的時代にあっても、労働生産物は価値物であり、それゆえ、人間が社会を形成し維持し生活していくかぎり必ずなされなければならない社会的労働は、「超歴史的な価値の「実体」」である、とマルクスは言っている。そしてその「読解」に重ねて、「超歴史的な価値の「実体」」である超歴史的な社会的労働が、「商品の交換価値という特殊歴史的な「形態」として表現される」と読むのである。深読みの類ではない、この異様な読解において欠落しているのは、他でもなく価値である。岩井は価値を超歴史的なものとして読んだが、さすがにそれについて何であるのかを読み取ることは、まったくできなかった。

確認しておこう。岩井は、「超歴史的な価値実体である労働」が特殊歴史的形態である交換価値に現われる、と読んでいる。だが、マルクスは、実体が形態に現われるというような主張を、一度たりともしたことがない。岩井も引用してい

第IX章　『資本論』冒頭商品論へのさまざまな所説について

るが、アードルフ・ヴァーグナーへの批判——われわれが先に引用したそれ——に、「実体が形態に現われる」とマルクスが考えていないことは、明らかである。マルクスは、価値という純粋に社会的で極度に抽象的な商品の社会的属性が、交換価値に現われる、と述べたのである。価値実体である抽象的人間労働、すなわち商品に表わされた社会的実体としての抽象的人間労働が、交換価値に現れる、などとは一切主張してはいないのだ。

ところで、岩井の主張において、価値がなにゆえに宙に浮いてしまうのか？それは岩井が、『資本論』冒頭商品論では商品が主体として述べられていることを、把握できていないからである。岩井は、労働生産物を超歴史的に価値物と読んでいる。では、その超歴史的な価値物である労働生産物は、商品であるのか否か。岩井は、彼の解釈から必然的に派生するこの問いを、ちらとも思い浮かべることができていない。

冒頭商品論においては、商品は本来の商品、すなわち労働生産物である。そして、その商品の自然的属性が使用価値であり、社会的属性が価値である。価値はあくまで主体としての商品の社会的属性であり、商品を忘れれば、当然価値は宙に浮くことになる。いかに岩井が価値を宙に浮かせることになっているかは、マルクスからの次を引用に、岩井がいかなる注釈を施しているのか、に端的に示されている。マルクスからの引用は、以下に見られるように、ベイリーらへの批判である。

> S・ベイリーのように価値形態の分析に携わってきた少数の経済学者たちが少しも成果をあげることができなかったのは、一つには彼らが価値形態と価値を混同しているからである。[265]

これへの岩井の注釈は、次である。

> ベイリーをはじめとする「俗流経済学者」の誤謬とは、かれらが価値の形態を分析しながらその実体がなんであるかを明らかにしえなかったこと〔…〕にあると、マルクスはいっているのである。[266]

開いた口が塞がらない、というのは、まさにこのことを指す。異様な読み、と

477

これまで岩井の解読を呼んできたが、これはもはや立派な妄説である。マルクスは、ベイリーたちは「価値形態と価値を混同している」と書いている。それなのに、岩井はその一文を、ベイリーたちは「価値の形態を分析しながらその実体がなんであるかを明らかにしえなかった」と言うのだ。寝言は寝てから言わなければならない、ということを岩井は心に刻むべきである。ともあれ、少なくとも批判的な論理性が残っている部分からわかることは、商品を忘れた岩井が、いかに価値を理解できなかったか、ということである。

さらに、マルクスのアードルフ・ヴァーグナー批判からの引用をいかに岩井が読んでいるのかも見ておこう。「水に落ちた犬は打て（打落水狗）」（魯迅）。

岩井はヴァーグナー批判から次の箇所を引用している。

> 商品の〈価値〉は、他のすべての歴史的社会形態にも、別の形態ではあるが同様に存在するもの、すなわち労働の社会的性格──労働が〈社会的〉労働の支出として存在するかぎりでの──を、ただ歴史的に発展した一形態で表現するだけだ。[267]

これにつづけて岩井は、「という言葉が明らかにしているように、商品の交換価値とは超歴史的な価値の「実体」の特殊歴史的な「形態」であるという立場を、マルクスはその晩年まで変わらずもちつづけていたのである」[268]と言ってのけるのである！虚説に虚説をつぎ、妄誕に妄誕をかさねているのだ。「読みの自由」があるとしても、ここまでの逸脱は許されない。何でも書きちらかせばよい、というわけではない。そのことを岩井は心に刻むべきである。

ところで岩井はもう一つ、マルクスのヴァーグナー批判からの引用をしている。次のものである。

> ロートベルトゥス氏は、価値の大きさの尺度をリカードから取りいれた。しかし、リカードと同じように、価値そのものの実体を、──たとえば相結合した労働力の共同有機体としての原始共同体における［労働過程の］「共同的」性格を、したがってまた彼らの労働、すなわちこれらの力の支出の「共同的」性格を研究しなかったし、または理解しなかったのである。[269]

第Ⅸ章　『資本論』冒頭商品論へのさまざまな所説について

　このマルクスの言明は、一見すると、価値実体を超歴史化しているかに見える。岩井の引用箇所は、ロートベルトゥスについて述べた部分の最後にあるが、その前の文章をきちんと読めば、そうではないことがわかる。
　マルクスは、「次に暗い人の保証人であるロートベルトゥスに移ることにしよう」270)としてロートベルトゥスの主張の検討に入っている（ここで「暗い人」とはヘラクレイトスのことではなくて、ヴァーグナーのことである）。さて、「暗い人の保証人」であるロートベルトゥスの論には、マルクスによれば、ただ一つの価値である使用価値があるだけである。ロートベルトゥスの論では、この超歴史的な価値たる使用価値は個人的なものか、社会的なものかのいずれかである。そして、交換価値なるものは、論理的なものである社会的使用価値の歴史的な外皮・付属物でしかない、とロートベルトゥスは主張する。だから彼は、価値をその現象形態である交換価値においてのみ捉えていることになる。これに対してマルクスは、現実の商品から出発しないで、価値の概念から出発して論理的概念と歴史的概念との対立を云々するロートベルトゥスを嘲笑し、そのうえで、自らの主張をストレートに対置している。下の引用の最後の部分が、岩井が引用したものである。全体を引用する。

　ロートベルトゥスが〔…〕すすんで商品の交換価値を分析したとすれば、〔…〕彼はこの現象形態の背後に「価値」を発見したはずである。彼がさらにすすんで価値を調べたとすれば、彼はさらに、価値においては物〔Ding〕、「使用価値」は人間労働のたんなる対象化、等一な人間労働力の支出と見なされ、したがってこの内容が物象の〔der Sache〕対象的性格として、商品自身に物象的に〔sachlich〕そなわった［性格］として表示されていること、もっともこの対象性は商品の現物形態には現われないということ、こういうことを発見したことであろう。つまり、商品の「価値」は、他のすべての歴史的社会形態にも別の形態でではあるが、同様に存在するもの、すなわち労働の社会的性格——労働が「社会的」労働力の支出として存在するかぎりでの——を、ただ歴史的に発展した一形態で表現するだけだということを発見したことであろう。このように商品の「価値」があらゆる社会形態に存在するものの特定の歴史的形態にすぎぬとすれば、商品の「使用価値」を特徴づける「社会的使用価値」もやはりそうである。ロートベルトゥス氏は、価値の大きさの尺度をリカードから取りい

479

れた。しかし、リカードと同じように、価値そのものの実体を、——たとえば相結合した労働力の共同有機体としての原始共同体における［労働過程］の「共同的」性格を、したがってまた彼らの労働、すなわちこれらの力の支出の「共同的」性格を研究しなかったし、または理解しなかったのである。[271]

岩井は、引用（註番号269））の直前の文章、すなわち「このように商品の「価値」があらゆる社会形態に存在するものの特定の歴史的形態にすぎぬ」を引用しない。これでも岩井は「マルクスの資本主義社会にかんする科学（＝資本論）の目的とは、超歴史的な価値の「実体」がまさにどのようにして商品の交換価値という特殊歴史的な「形態」として表現されるのかをしめすこと」だ、と強弁するつもりなのだろうか。

さて、ロートベルトゥスの言う「社会的使用価値」は、マルクスにとっては、端的に使用価値にほかならない。だが、その使用価値もまた、価値と同様に、歴史的社会的な規定性のうちにある、とマルクスは述べている。「商品の「使用価値」を特徴づける「社会的使用価値」もやはりそうである」というのは、使用価値にかんする、そうした歴史的社会的な規定性のことである。この上で、問題の文章がくる。「価値そのものの実体」、これが問題である。

これを岩井が「読んでいる」ように、使用価値に対する「商品の価値」の「実体」だととると、まったく意味が通じなくなってしまう。だが他方で、「使用価値の実体」と考えるわけにもいかない。「使用価値の実体」という概念は、一定の曖昧さを含まざるをえず、厳密に措定できないからである。というのは、商品の使用価値は、商品の自然素材と商品に表わされた労働の具体的有用的側面を契機とし、たんに労働だけから措定されるものではないからである。あるいは、商品に表わされた具体的有用的労働を、使用価値の実体だ、と言えなくもない。だが、これも概念としては明確ではない。ではマルクスの言う「価値そのものの実体」とは一体何か。

岩井が引用した部分より前に述べられている文章を、よく検討しなければならない。ロートベルトゥスは商品から出発するのではなく、価値から出発している。

> ただ一種類の価値があるだけであり、それは使用価値である。これは個人的使用価値であるか、社会的使用価値であるか、どちらかである。[272]

第Ⅸ章　『資本論』冒頭商品論へのさまざまな所説について

　このように、ロートベルトゥスは、価値なるものの概念から出発し、これらの論理的概念に対して「交換価値は特定の歴史的時代における社会的使用価値の歴史的な外被および付属物にすぎない」[273]とする。だから、ロートベルトゥスは、「「価値」（商品の使用価値と区別しての経済的価値）をその現象形態、交換価値においてのみとらえる」[274]ということになるわけである。

　これに対してマルクスは、商品の価値を問題にし、それは「他のすべての歴史的社会形態にも〔…〕存在する〔…〕労働の社会的性格〔…〕を、ただ歴史的に発展した一形態で表現する」ものだと言う。明確に商品価値の歴史的被規定性をそう述べたうえで、マルクスは、「このように商品の「価値」があらゆる社会形態に存在するものの特定の歴史的形態にすぎぬとすれば、商品の「使用価値」を特徴づける「社会的使用価値」もやはりそうである」として、リカードゥ―ロートベルトゥスの欠陥を指摘している。両者は価値の大きさ――リカードゥの場合は交換価値の大きさ、ロートベルトゥスの場合は社会的使用価値――交換価値の大きさ――の尺度を共に労働だとした。しかし、他でもなく価値の大きさの尺度たる労働の社会的性格については、両者はともに、まったく考察するところがなかった――、そのようにマルクスは批判をしていることになる。

　社会的労働が商品を作る労働としてあり、それゆえに労働生産物が商品として現われる特定の一歴史時代においては、当の労働の社会的性格は、相互に独立して営まれる私的諸労働ということである。相互に独立して営まれる、この私的諸労働が、社会的労働として社会的に認められる仕組みが、まさに価値形態であった。リカードゥもロートベルトゥスも、この社会的な仕組みをまったく研究せず、理解しなかった、とマルクスは指摘しているのである。

　だからここでマルクスが言う「価値そのものの実体」とは、商品生産社会における社会的労働の編成の様態、すなわち、相互に独立して営まれる私的諸労働の在り様のことである。これが商品に表わされると、商品が価値とみなされるかぎりにおいてその労働は、具体的有用性が捨象・抽象されて、商品に表わされた抽象的人間労働として、価値実体として社会に認められ、人々はまったく意識しないでそういうものとして扱い処理していくことになるのである。

　ここでマルクスは労働のきわめて特殊な歴史的な在り様を問題にしているのであって、岩井が考えたような「超歴史的」な労働の性格を問題にしたのではない。

岩井のもの言いは、捻転し変性を生じた「いちゃもん」と呼ぶしかないものだろう。

以上、岩井の何とも強引で異様な「読解」を検討してきた。そこから得られたものからすると、岩井は、まことにもって奇妙な「色眼鏡」ごしに、マルクスの理論書を「見ている」と言えよう。その「色眼鏡」をとおしてマルクスの叙述を「見る」と、岩井の視野からどうもある種の文字が消えてなくなるか、違った文字にすっかり変わってしまうようである。

こういう「仕方」でマルクスを「読む」ことによって、岩井はマルクスを徹底した実体論者に仕立て上げたのである。そのうえで、岩井は柄谷と同様、徹底した関係論者かつ貨幣価値論者として立ち現われ、「貨幣形態Z」へと猛進していくのである。このときの鍵概念が、〈与え・与えられる〉ものとしての直接的交換可能性なる概念である。これについては、すでに批判を行なった。

ただしここで、一点だけ、付け加えておく必要がある。それは、直接的・非媒介的交換可能性に関する、岩井の主張の陥った論理的矛盾についてである。

直接的・非媒介的交換可能性は、間接的・媒介的交換可能性と一対になったものであり、まさしく関係の概念だと言える。だが、マルクスに対して徹底した関係論者である（はずの）岩井が提示する、対から切り離された直接的交換可能性概念は、〈与え・与えられる〉ものとなっている（サーチ理論——人間主体が商取引のパートナーを探す際に行なう選択の、最適解 optimal stopping を導こうとする理論——に基づく貨幣論の探究という、自分の研究テーマを用いて、「マルクスがおこなう選択の最適解」を見つけ出そうとしたわけでは、まさかあるまい）。この〈与え・与えられる〉ものという設定によって、直接的・非媒介的交換可能性にかんする岩井の概念は、みごとに実在論的なものになっているのである。

この問題については、少し後で述べるが、価値実体を徹底して拒否する岩井は、価値を捉えることに結局は失敗しているという点を指摘してくことが重要である。柄谷もそうであったが、岩井もまた、価値が何であるのかを考察していないため、価値を理解できていない。彼の議論にあっては、マルクスの「読み」においても、それをもとにした彼自身の主張においても、価値は不在であり、たんに交換価値のみが存在する。また、岩井は、価値が商品の社会的属性であることを否定し、価値を物的に支える価値実体を否定する。その必然的帰結として、労働生産物がなぜ商品であるのかを解くことができない。「商品とは何か？」という問いへの

第Ⅸ章　『資本論』冒頭商品論へのさまざまな所説について

彼の解答は、「商品とは交換に供せられるものである」という定義であり、「なぜ交換に供することが可能なのか？」という問いに対しては、「それが商品であるからである」という、循環論とならざるをえない。循環論としては、完璧このうえない、みごとなものである。

その循環論を保証し正当化するのが、他でもなく「貨幣形態Z」という循環論である。そして、この「貨幣形態Z」を成り立たせているのは、〈与え・与えられる〉ものとしての直接的交換可能性なる、現物化された――つまり実在論的な――ある種の「もの」である。直接的交換可能性が間接的交換可能性と一対のものであるかぎり、一般的価値形態の完成形態である貨幣形態は、展開された価値形態に再転倒することができない。岩井の言う「貨幣形態Z」なるものにおいては、それが循環論であるため、貨幣形態から展開された価値形態への再転倒があたかも可能であるかのように見えるのである。〈与え・与えられる〉直接的交換可能性なる何かしらの実在的なものこそが、循環を可能にする動力でありエンジンなのである。

最後に、岩井が自らの創造性を誇る「貨幣形態Z」なる循環論について、いま一言、注釈を加えておこう。「貨幣形態Z」は次のようなものであった[275]。

この循環過程について岩井は、「この貨幣という存在をめぐって無限にくりかえされる全体的な価値形態Bと一般的な価値形態Cとのあいだの「循環論法」そのもの」[276]だと述べた上で次のように言っている。

ひとたび無限の「循環論法」としての貨幣形態Zが成立してしまうと、貨幣という存在はまさにその「循環論法」を現実として「生き抜く」存在となる。それは、ほかのすべての商品に直接的な交換可能性をあたえることによって、

ほかのすべての商品から直接的な交換可能性をあたえられ、ほかのすべての商品から直接的な交換可能性をあたえられることによって、ほかのすべての商品に直接的な交換可能性をあたえている。[277]

〈与え・与えられる〉実在的なものである、「直接的交換可能性なるもの」こそが、「貨幣形態Z」の原動力であり、生みの親でありかつその子である。そのことを上の引用で、岩井は自信たっぷりに語っている。だがじつは、彼の「創造」した「循環過程」は、じっさいには存在しない。「生き抜く」と岩井は言っているが、生きるもなにも、この「循環過程」は、そもそもこの世に存在しないものだ。この循環過程は、彼の観念の中にだけ、そしてそれを書き記した紙の上でだけ、存在するものなのだ。

というのは、現実に貨幣が生み出され、一般的等価物がそれへと固定され骨化した後では、展開された価値形態は、もはや成立しないからである。すべてが貨幣形態であって、いかに貨幣を等置式の左辺に、観念の中や紙の上で配置したとしても、それは相対的価値形態に位置しているのではないのである。貨幣は、それが貨幣であるかぎり、等置式の左辺にあろうと右辺にあろうと、等価形態にあるのであって、あくまで一般的等価物である。それゆえ、この等置式は、展開された価値形態では、決してない。それは貨幣形態なのである。相対的価値形態と等価形態とはあくまで対極であり、決して取り換え可能ではないからである。

しかも拙いことが、はっきりと顔を覗かせている。岩井が観念の中や紙の上で、等置式の左辺に貨幣を位置させ、それを展開された価値形態だと主張するや、それが何を意味することになるのか？ 貨幣ではなく諸商品が、等価形態に位置する等価物になってしまう。そうなると、諸商品によって貨幣を買うことができる、ということになる。素晴らしき新世界の到来！ だが岩井にとってまことに残念なことに、商品によって貨幣を買うことはできない。ただ一方的に貨幣によって、諸商品を買うことができるだけだ。

もちろん、今日あるような信用貨幣がその信用を喪失し、貨幣として機能しなくなることはありうるし、過去しばしばあったことである[278]。だがその場合、生じることは、商品で貨幣を買うという事態ではない。物々交換というべき事態である[279]。

岩井ご自慢の貨幣形態Zなるものは、彼の頭の中や彼が書き散らした紙など

第IX章　『資本論』冒頭商品論へのさまざまな所説について

の上にのみ存在するしろものなのだ。

　岩井は、価値形態論について議論し、貨幣形態Zなるものを「創造」するにあたって、『資本論』から、かの有名な言明の引用——「困難は、貨幣が商品だということを理解することにあるのではなく、どのようにして、なぜ、なにによって、商品は貨幣であるかを理解することにあるのである」——を行ない、「商品は貨幣であるか」の前に「〔金銀という〕」という限定句を挿入している[280]。岩井が彼独自の限定句を挿入した上で引用した元のマルクスの言明は、久留間鮫造が彼のテーゼを導き出した文章である。すでに述べたように、これは初版の交換過程論にあり、そのまま第二版に引き継がれたものである。第二版の価値形態論が貨幣生成論に「改訂」されたために、第二版においては、この言明は、きわめて不鮮明なものになってしまった。しかし、初版本文をもとに、繰り返しわれわれが強調してきたように、このフレーズは、貨幣が商品であることを理解することが困難だと言っているのではない。どのような商品であれ、すべての商品が「貨幣存在」、つまり貨幣性を契機としてもつ、ということを理解することが困難だ、と端的に述べているのだ。「すべての（任意の）商品の貨幣存在」を解くことの困難、それゆえその課題を解いた価値形態論理解の難しさを、価値形態論の理路を受けて展開される、交換過程論のほぼ最後にあたって、あらためて述べたのである。

　ところが、マルクスがすべての商品を念頭において書き下ろした「商品」に対して、岩井は、「金銀という」なる、手前勝手な限定を付したわけである。マルクスの本意を根底からくつがえし、その画期的な意味を全面的に損なう、「論理的害毒の注入」である。価値、価値実体を徹底して拒否したために、商品のなんたるかを捉えることができず、商品を貨幣によって解き、貨幣を貨幣によって解くことになったことの欺瞞が、ここによく示されている。岩井の貨幣論は、貨幣とは貨幣であるからこそ貨幣であるもののことである、というトートロジーにつきる。そしてそのトートロジーを、彼は、先にわれわれがとりあげた現実には決してありえない「循環過程論」によって、「証明」してみせたのである。一刻も早く歴史のくずかごに捨てられるべき、みごとな貨幣観念論と言うほかはない[281]。

註
1) このドグマに深く囚われたままであるのが、スターリン主義派の論者である。その一人である不破哲三『『資本論』全三部を読む（第一冊）』（新日本出版社、2003年）を見てみよう。これは、日本共産党主流派の論者が自党派政治のために、『資本論』をいかに都合よく道具化しているかを、よく表現している。われわれが本書において繰り返し述べてきたことだが、『資本論』第一巻について、初版から第二版・フランス語版を経て、マルクス没後にエンゲルスの手によって出された第三版へと、何らかの発展や進化、あるいは進歩的移行があったわけではない。事実は逆である。いわゆる新MEGA第二部の刊行によって、そのことをわれわれも学ぶことができるようになった。ところが不破は、上述の書で、大月書店から訳出された日本版マルクス・エンゲルス全集の底本であるMEWに全面的に拠りかかっている。社交辞令のように、初版・第二版・フランス語版および『資本論』草稿の存在にふれるのみで、現行版を何らの留保もなしに、テキストとしている（同上書、pp. 51-64.）。さらに、『資本論』の「筋道」を、「単純なものから複雑なものへの〔…〕展開」だとし（同上書、p. 93.）、その「展開」を重要な問題であるとして、次のように述べる。「単純なものから複雑なものへのこの発展は、論理的な発展であると同時に、多くの場合、歴史的な発展——それが表現している経済的な諸関係の歴史のうえでの形成過程に対応している、という問題です。つまり、価値論のところで、単純な価値形態から貨幣形態への論理的な発展が、単純商品交換から貨幣関係への歴史的な発展に対応している〔…〕」（同上書、p. 94.）。スターリン主義派の面目躍如、といったところである。
2) 『資本論』第1巻のロシア語訳がサンクト・ペテルブルグでポリヤコフ書店から出版されることになった。これに関して、ニコライ・フランツェヴィチ・ダニエリソーンは、「種々の外部事情のために、第一巻と同時に第二巻をも出版することが望ましいのです」（MEW 32, S. 747, Anm. 209）と1868年9月30日付の書簡でマルクスに依頼した。これに対してマルクスは、同年10月7日付の返信で次のように書いている。「第二巻をお待ちになるわけにはいきません。第二巻の出版はまだ六ヶ月ほど遅れることになるかもしれないのです。〔…〕それに、第一巻は、それだけで完結した完全なものです」（ebenda, S. 563.）。つまり、全プランの実現がなければ、『資本論』が「未達成」とする考えを、マルクス自身が否定しているわけなのだ。さらに「ロシア語版のすぐれた訳が、1872年の春にペテルブルグで刊行された」と、ドイツ語「第二版あと書き」で述べているが（MEGA II/6, S. 704.）、それは時期的に見て、初版の訳である。つまり、初版の統一性と完結性を主張しているのである（Eaton, Henry, "Marx and the Russians", in *Journal of the History of Ideas*, Vol. 41, No.1 (Jan.-Mar., 1980), p. 89.; 不破哲三『レーニンと資本論①』、新日本出版社、1998年、p. 50（ただし、不破はロシア語版第一巻へのレーニンの書き込みの箇所を述べたのち、「はじめて『資本論』を手にしたレーニンが、商品論、貨幣論の展開の節目々々をおさえ、価値論を中心に、マルクスの理論展開の道筋をおさえながら読みすすんでゆく様子がわかります」（同書、p. 51.）としている。レーニンの読みがどうであれ、この短かな一文からさえも、不破が「商品論」と「貨

幣論」とを「価値論」のくくりのなかで分けているという誤謬が明らかである。レーニンによる『資本論』読解をめぐる議論は、本書の主旨とは異なるため、別の機会に譲りたい)。その一方で、マルクスは準備していた第二版との比較で、初版ロシア語訳については何も語っていない。他方、同年のフランス語版出版にさいして、「読者への注意」と題された短い後書きにおいて、「いったんこの改訂の仕事［J. ロワのフラン語版訳文原稿のマルクスによる校正］をやりだしてから、底本とした原本（ドイツ語第二版）にも改訂を加えることになってしまった。〔…〕このフランス語版は、どんな文章上の欠点があるにしても、原本とはまったく別な一つの科学的価値をもつものであって、ドイツ語のできる読者によっても参照されてしかるべきである」（MEGA II/7, S. 690.）と自賛している。初版を底本としたロシア語版に対する高い評価と、第二版を底本としたフランス語版への自賛とに齟齬があるように思われる。しかし、いずれにせよ、こうしたマルクスの言明が、彼の生前に自ら叙述した版のテキストが時系列にそって発展をしている、というドグマの種子となり、マルクス没後にあってはエンゲルス（および「協力者」オスカー・アイゼンガルテン）──カウツキーとつらなる、「マルクス主義の教皇座」の影響下で、われわれをも拘束することになったのである。以下も参照のこと。長谷部文雄「『資本論』初版以降とその各国における普及状況」、『立命館経済学』第16巻第3・4合併号、1967年、pp. 1-25.

3) 第Ⅲ章第ⅰ節に註番号2）を付して引用した。
4) Backhaus, Hans-Georg, *Dialektik der Wertform:Untersuchungen zur Marxschen Ökonomiekritik,* Ça ira-Verlag, 1997.
5) Backhaus, »Materialien zur Rekonstruktion der Marxschen Werttheorie«, Nr. 1, 2, 3, in *Gesellschaft. Beiträge zur Marxschen Theorie* 1, 2, 11, Frankfurt am Main, Suhrkamp Verlag, 1974, S. 52-77; 1975, S. 122-159; 1978. S. 16-117.
6) Backhaus, a. a. O., S. 136. ここでバックハウスは皮肉交じりに次のように述べている。「三大学派──〈論理─歴史〉派、〈論理〉派、そして〈プラトン的範型解釈〉派──の間では、［論争が起こるどころか］むしろ反対に、共存のための無言の流儀が存在している。研究対象の設定、問題提起、および研究方法についての提示は、そうした事情にもかかわらず、きわめて対立的に対置されており、そのことはまさに、意見が食い違うそれらの学派の解釈に関する努力が、マルクスの『資本論』という主題に対して、さして変わらぬ成果をあげていることを、信じてもらいたくないと言わんばかりである」。ところで、「プラトン的範型的 modellplatonisch」なるバックハウスの規定は、もちろんプラトンのイデア論を意識してのことだろうが、そこには platonisch という形容詞がもつ「無内容な」という侮蔑の意味も同時に込めているのであろう。
7) ebenda, S. 293.
8) ebenda, S. 130, ff.
9) ebenda, S. 286.
10) ebenda, S. 288.
11) MEGA II/5, S. 55.
12) Backhaus, a. a. O., S. 290.

13) 以下の諸論文・著作を参照のこと。Schwarz, Winfried, »Die Geldform in der 1. und 2. Auflage des „Kapital"«, in *Marxistische Studien Jahrbuch des IMSF* Nr.12, 1/1987, S. 200-213. Heinrich, Michael, *Die Wissenschaft vom Wert. Die Marxsche Kritik der politischen Ökonomie zwischen wissenschaftlicher Revolution und klassischer Traditios*, 2. Aufl., Münster, 1999.; Rakowitz, Nadja, *Einfache Warenproduktion. Ideal und Ideologie*, Freiburg, 2000.; Wolf, Dieter, *Der dialektische Widerspruch im Kapital*, Hamburg, VSA Verlag, 2002.; Fineschi, Roberto, »Nochmals zum Verhältnis Wertform – Geldform – Austauschprozess«, in *Beiträge zur Marx-Engels-Forschung*. Neue Folge 2004（hrsg., C.-E.Vollgraf/R.Spert/R.Hecker）, Hamburg, Argument Verlag, 2006. S. 115-133.; idem., *Un nuovo Marx*, Roma, Carocci, 2008, pp. 23-67.; Arthur, Christopher, "Money and the Form of Value"; Taylor, Nicola, "Reconstructing Marx on Money and the Measurement of Value", both in Riccardo Bellofiore & Nicola Taylor（eds.）, *The Constitution of Capital: Essays on Volume* I *of Marx's* Capital, Hampshire, U. K. and New York, Palgrave Macmillan, 2004, pp. 35-62, pp. 88- 116. Hamburg, Argument Verlag, 2006. S. 115-133.; ibid., *Un nuovo Marx*, Roma, Carocci, 2008, pp. 23-67.; Reichelt, Helmut, *Neue Marx-Lektüre. Zur Kritik sozialwissenschaftlicher Logik*, Hamburg, VSA Verlag, 2008.; Iber, Christian, »Die Bedeutung der Differenz in der Entwicklung der Wertformen zwischen der ersten und zweiten Auflage des *Kapital*«, in Jan Hoff / Alexis Petrioli / Ingo Stützle / Frieder Otto Wolf（Hrsg.）, *Das Kapital neu lesen. Beiträge zur radikalen Philosophie*, Münster, Verlag Westfälisches Dampfboot, 2006, S. 189-199.; Bonefeld, Werner, und Michael Heinrich（Hrsg.）, *Kapital & Kritik. Nach der »neuen« Marx-Lektüre*, Hamburg, VSA Verlag, 2011.; Haug, W. F., *Das »Kapital« Lesen Aber Wie?*, Hamburg, Argument Verlag, 2013, Kapitels 5-7.

なお、〈Backhaus－Schwarz〉論争を含めた価値論論争について、その歴史と内容とをかなり詳細に紹介したものに次がある。Elbe, Ingo, »Wertformanalyse und Geld－Zur Debatte über Popularisierungen, Brüche und Versteckspiele in der Marxschen Darstellung«, in Ingo Elbe, Tobias Reichardt und Dieter Wolf, *Gesellschaftlicher Praxis und ihre wissenschaftliche Darstellung: Beiräge zur „Kapital"-Diskussion*（Berlin, Argument Verlag mit Ariadne, 2008.）, S. 210-240.; Elbe, Ingo, *Marx im Westen. Die neue Marx-Lektüre in der Bundesrepublik seit 1965*, 2. korrigierte Auflage, Berlin, Akademie Verlag, 2010, Kapitel 1. エルベ自身の見解には見るべきものはないが、論争の概観を知るうえで意義がある。以下、いくつかの議論を当書によって紹介しておこう。

　①ヴィンフリート・シュヴァルツは、価値論の初版から第二版への改訂に関してバックハウスが唱えた、方法論的に衰退した経過およびマルクスが構想に確信をもてていなかったというテーゼへ対抗を試みた。しかしながら、彼はまずはじめに、バックハウスの［第二版価値形態論叙述の］歴史記述化テーゼを次のように取り上げている。すなわち、価値形態分析の主題が初版では「イデー的価値形態」でなされつづけており、逆説的な形態Ⅳ——概念的に貨幣形態を一般的等価形態へと凝固せしめない——の否定的なありようの精査の結果、「歴史的—社会的に凝固された（…）」（Schwartz, Winfried, "Die Geldform in der 1. Und 2. Auflage des "Kapital". Zur Diskussion um "Historisierung"der Wertformanalyse.", in Marxistische Studien, Jahrbuch des IMSF 12, Frankfurt am Mein, 1987, S. 204.）貨

幣形態が挿入されたのであろう。したがって、第1章では明らかに、抽象概念的な区分（つまり純然たる思惟的な諸商品の相互関連）から述べられており、「現実的—歴史的価値形態」(ebenda.) たる貨幣の生成の分析としての第2章に明示的に導かれている。ここでは、商品所有者の組み込みのもとで、交換の初期条件における形態Ⅳの逆説が繰り返されている。それにもかかわらず、証明されているのは、現実の問題が貨幣なしでの交換では決してないということであるが、価値形態分析における抽象的なるものが展開されており、'商品の自然法則'が自然発生的な貨幣の本来的性質の基礎となっている—こうして、不可避的に証明されたものとしての現実的なものが突如として表出するのである、（「交換過程にあっては、現実的なものがじっさいには存在するのみであり、なぜそれ以前に理念的「価値形態」節が分析されるかといえば、すなわち諸商品の一般的な価値の相互連関が、間接的に排除された第3の商品の使用価値に対する連関を可能にするからなのである。理念的な価値連関は現実的な価値連関となり、理念的な一般的等価物は現実物—貨幣になる」(ebenda, S. 206.)。それゆえ現実の一般的等価物は、常に、これに反して貨幣ではなく、歴史的上の時期に見合った等価物に置かれることとなる。)

②ミヒャエル・ハインリッヒは（…）、バックハウスによって『資本論』に看取されたのは、マルクスの方法論的不確実性に起因する歴史記述的な形態の経過ではなく、外面上の通俗化の意図であるが、じっさいにはテキスト中に生じた問題をはらむ両義性であるとした ((Heinrich, Michael, *Die Wissenschaft vom* Wert. *Die Marxsche Kritik der politischen Ökonomie zwischen wissenschaftlicher Revolution und klassischer Traditions*, 2. Aufl., Münster, 1999, S. 226.)。その際にとりわけ、貨幣形態の挿入が意味しているのは、「価値形態の弁証法的表現における断絶」なのである（ebenda, S. 227.)。一般的等価形態と貨幣との間には形態上の相違は存在せず、ある特殊な商品と結合された等価物が「社会的慣習によって」(MEGA Ⅱ/6, S. 101.) たんに貨幣形態となる。こうしてハインリッヒは、この問題を、「商品所有者の諸行為」に向かう「形態の概念上の展開」による、まさしく水準の転換だとするのである（Heinrich, a. a. O., S. 227.)。価値形態分析における相互に続く諸段階としての［前の段階を次の段階が］取り込むあり方と諸段階をともに、マルクス自身によって見通しを立てられた通俗化であり（ebenda. S. 228.)、それが初版・第二版双方の第1章の抽象的次元の相違点を消去し、交換の章の意味についての伝統的見解がかかえてきた袋小路の基礎を取り去れと述べる。(ebenda. 同時に、これは以下のものにもあてはまる。Heinrich, "Über „Praxeologie", „Ableitungen aus dem Begriff" und die Lektüre von Texten", in *Das Argument*, Nr. 254, Berlin, S. 101.)。

③ナージャ・ラコヴィッツは、その著作での価値形態論の再構築にかんする簡潔な註釈において、ハインリッヒの形態分析と彼の構造—〔商品所有者の〕諸行為—概念化を批判している。ただその際、彼女は初

版の立場を貫いており、初版付録や第二版での改訂を取り上げてはいない（それに加えて、ラコヴィッツが問題を精緻に追求していることが明らかな唯一の脚註は、『資本論』の他の版における文章変更の問題について立ち入る際のものしかない。以下を見よ。Rakowitz, Nadja, *Einfache Warenproduktion. Ideal und Ideologie,* Freiburg, 2000, S. 299, Anm. 54.）。ラコヴィッツは、ハインリッヒによって現実として消去されたものではなく、まず第一に二つの章の抽象的局面をはっきりと区別し、形態Ⅳの機能を位置づける。価値形態で――ハインリッヒのように――描出・強調されているのは、交換過程の章における諸商品の「現実的」諸関係にかんする自らの理論的性格なのである（ebenda, S. 117）。「対自的に、貨幣という表現において、今や一商品が交換に入る。必然的に、現実の貨幣はつねに価格をつけられた諸商品による交換の前提にとどまるのである」。）〔…〕しかし、ラコヴィッツの異議は明確さを欠いたままであり、彼女の主題は問題を同定しそこねているように見える。すなわち、ハインリッヒによる弁証法的叙述における断絶という範疇は、さしあたり価値形態論および〔商品所有者間の交換〕行為理論にもとづいて〔両版の〕相違点を調べているのではなく、それ自体が第1章（その章そのものではまだ触れられていない）、価値形態叙述における行為理論によって、看過しえない論点の取り込みを適用しているからである。

④ディーター・ヴォルフは、委曲を尽くしてハインリッヒとは異なる立場を述べている。すなわち、彼の著書『商品と貨幣 Ware und Geld』の中でも、一般的価値形態に関しては、展開された価値形態からの「交換過程における諸商品の現実の相互活動」（Wolf, Dieter, *Ware und Geld,* Hamburg, VSA. Verlag, 1985, S. 163.）への思惟上での反転でなければならないことを指摘する。ここで彼はそのことをもとに結論に向かうのではなく、貨幣はそれゆえに価値形態分析に含まれるようになるとして、次のように言う。まず第一にたしかなことは、形態Ⅱと形態Ⅲとの関係それ自体をめぐっては論理的内含関係があつかわれている。形態Ⅲは論理的帰結によって、「それゆえ、ある価値形態に続く他の価値形態に、その価値形態が再帰的に取り込まれる」（ebenda, S. 165.）。一個かつ同一の商品は、すべての他の諸商品においてその価値――単一の・簡単な・社会的に有効な価値――を表現し、それゆえ暗黙裡に示されている所与の展開された価値形態への移行の準備がととのう。「そのことは、展開された価値形態に固定された一商品が見合い、さらにすべての他の諸商品に当該商品の価値を表現する、という学的意識である」（ebenda.）。しかし、ここでの展開された価値形態は、あらゆる任意の商品にまだ到達してはいない。なるほど、交換過程の最終条件において、その商品はまだ存在してはいないのである。その商品の状態は分析的な「対自的」存在性である。ヴォルフによれば、展開された価値形態の理論的反転を介して、一般的等価物の生成発展が説明されうるのであり、あらゆる商品がその価値を他の諸商品において表現する状

態を呈するまでにはなっていない。だがそれゆえに、すべての商品が"ある同一の"作用をすることを根拠づけることはできない。すなわち、その事態は、諸商品が相互的・社会的接触なしに当該の一商品を排除しうることを解明してはいないのである（ebenda, S. 167.）。ヴォルフがはっきりと指摘しているが、この事態が、初版の形態Ⅳおよび交換過程の挫折した初期局面において、説明されるのである。諸商品の価値の孤立した'小商品的'表現（展開された価値形態）の総体が、展開された'一般的'価値形態とまったく同様に、再帰的に明らかにされる。つまり、「すべての展開された価値形態の反転を介して、一個の局面が、"台無しになったもの"によって、獲得された種々の一般的等価形態をそれぞれ互いに、思惟の中で止揚するのである」（ebenda.）。それと同時に証明されるのは、現実の一般的等価物は、形態Ⅱの理論的反転によるものでも、個々の商品の「小商品的振る舞いの結果としてでもない」（ebenda.）ことが解明されるようになるのである（初版の形態Ⅳは、それゆえ、形態Ⅲからの帰結であり、「事実として後の版では形態Ⅲに逆戻りされて」いて、形態Ⅳが維持されていないことからすれば、価値分析の第二版以降のヴァージョンでの貨幣形態を介した形態Ⅳの補完が本質的に根拠づけられる、とするクリスティアン・イーバーのテーゼときわめて近い（Iber, Christian, *Gruntzüge der Marx'schen Kapitalismustheorie*, Berlin, Paerga Verlag, 2005, S. 61.）。イーバーの主張は、「一般的等価物として明らかにされた」（ebenda, S. 59.）商品に結合されているあらゆる他の諸商品によって、初版の形態Ⅲによる主題化が唯一の概念ではないという理由で、マルクスは第二版で貨幣によって形態Ⅳを補った、というものである。そのとおり、この主張は、価値形態分析では生じうることではある。現に彼がこのことを他の方法であつかっているのなら、イーバーは結局のところ、重複した貨幣問題解明のもたらす古典的常套句にまたもや振り回されているにちがいない（ebenda, S. 48.）。

⑤フィネスキ：ロベルト・フィネスキは以下のテーゼを主張する。すなわち、一般的等価物（他のすべての商品から排除されたひとつで独自の商品としての、したがって社会的に有効な価値を表現する商品としての）（Roberto Fineschi, "Nochmals zum Verhältnis Wertform − Geldform -Austuschprozess", in *Beiträge zur Marx-Engels-Forschung.* Neue Folge 2004（hrzg. Vollgraf/Sperl/Hecker）, Berlin/Hamburg, 2006, S. 123.）は、「展開された」価値形態の分析の枠の内でのみ、それも「諸商品が社会的にはたした成果」（(141) ebenda, S. 129.）としてのみ存在する。そうした機能が商品を満たし、「一般的等価物であり適当な自然形態として」（ebenda, S. 131.）、それぞれ別個の商品体が示すものとして、貨幣を決定するまでには、この段階では到達しえない。わたしが見るところでは、フィネスキは概念を区別する範囲の列挙について失念しており、価値形態分析においては、ひとつで独自の商品が一般的等価物として生じ出ることの解明もその段階にあっては導き出すことはできない。何らかの「諸商品が社会的にはたした成果」はまず第一に――文字どおりに用いられれ

ば——何らかの無意味な物（諸商品は自分で市場に出掛けはしないし、自分自身を他の物と交換しないのだから）として姿を現し、第二に、ここでの価値表現は、最終的にいまだその時その時の「私的商品の行為」であるがゆえに、価値形態分析においては現存するものではないのである。

14) Schwarz, Winfried, »Die Geldform in der 1. und 2. Auflage des „Kapital"«, in *Marxistische Studien Jahrbuch des IMSF* 12, 1/1987, S. 200-213.
15) Heinrich, Michael, *Kritik der politischen Ökonomie: Eine Einführung*, Stuttgart, Schmetterling Verlag, 2004, S. 62.（ミヒャエル・ハインリッヒ、明石英人・佐々木隆治・斉藤幸平・隅田聡一郎訳『『資本論』の新しい読み方――21世紀のマルクス入門』堀之内出版、2014年、p. 83。ハインリッヒがポスト冷戦体制期のドイツで興隆した「『資本論』の新しい読解」派の領袖の一人であるゆえに、こうした邦題がつけられたのだろう。だが、ハインリッヒの読みは現行版に拠るものであり、何ら「新しく」はない。原書の主タイトルが『資本論』の副題そのものということから、ハインリッヒの「位置」を推量することができる。しかし、どのようにふんぞり返っても誤謬が真理に転じはしないのである）。
16) ebenda, S. 51.
17) ebenda, S. 51-52.
18) MEGA Ⅱ/6, S. 80.
19) MEGA Ⅱ/1-1, S. 37.
20) そもそも価値というものは、〈真―善―美〉などをもちだすまでもなく、つねに抽象的なものである。だから価値についてわざわざ「幽霊のような対象性」などという規定を与えることはないのである。労働生産物という純然たる物（Ding）はほとんどすべて手に取り目で確かめられる物的存在なのであるが、商品という物象（Sache）になるや、「非常にへんてこなもので形而上学的な小理屈や神学的な小言でいっぱいなもの」（MEGA Ⅱ/6, S. 102）に転化するのであり、だから、価値としては商品は「幽霊のような対象性」と規定せざるをえないものなのである。
21) Heinrich, a. a. O, S. 47.
22) ebenda, S. 51. ハインリッヒはマルクスの原文の強調を「超え出して」、「どちらもそのような」と「ではなく」までも強調しているが、その点についての言及はない。
23) 次の引用もある。「それゆえ、労働生産物は、それだけで切り離されて考察された場合には、それが商品でないのと同様に、価値ではない。労働生産物は、他の労働生産物との統一性においてのみ価値になる」（MEGA Ⅱ/6, S. 31.）。
24) MEGA Ⅱ/6, S. 28.
25) ebenda, S. 29-30.
26) MEGA Ⅱ/5, S. 43。
27) 論争に関する主要文献は以下である。――向坂逸郎／宇野弘蔵編『資本論研究――商品及交換過程――』河出書房、1948年、久留間鮫造『価値形態論と交換過程論』岩波書店、1957年、同『貨幣論――貨幣の成立とその第一の機能（価値の尺度）――』大月書店、1979年、宇野弘蔵『価値論』青木書店、

1965 年、同編『資本論研究 I 商品・貨幣・資本』筑摩書房、1967 年。
28) 宇野の『経済原論』が、1980 年にトーマス・T・セキネ（関根友彦）の英訳で刊行されたこと（Kozo Uno, Thomas T. Sekine (trans.), *Principles of Political Economy: Theory of a Purely Capitalist Society*, Brighton, U.K., Harvest, 1980.）、および宇野の孫弟子である伊藤誠の Makoto Itoh, *Political Economy for Socialism*, London & New York, Palgrave Macmillan, 1995 などの出版が大きく与かって、「体系だったマルクス経済学」に触れたことのない欧米圏の一部マルクス派は、Kozo Uno に言及するようになった。フランスで国際マルクス研究学会を共同主催するジャック・ビデ（Bidet, Jacques）の *Que faire du* Capital ?, Paris, Éditions Klincksieck, 1985.（今村仁司／竹永進／山田鋭夫／海老塚明訳『資本論をどう読むか』法政大学出版局、1989 年）の今村による「訳者あとがき」には、次のようにある。「ビデは近年、日本の宇野弘蔵の理論に多大の関心を持っている。彼は関根友彦氏が英訳した宇野『経済原論』を読んで、かなり宇野理論派に近づいている。〔…〕こういう次第で、ビデは他の知人（日本語に通じたフランス人など）と共に、岩波全書版『経済原論』を仏訳する企画をすすめている。こうしてついにフランスにも「宇野学派」が誕生することになった！」（ビデ同訳書、p. 426.）。私事で恐縮だが、2007 年 10 月 5 日にビデの勤務先であるパリ第十大学（ナンテール校）で開催された国際マルクス研究学会の場でビデと議論する機会を崎山はもったが、たしかに宇野の理論に対する親近感を持っていることが言葉の端々から感得できた。そうした宇野理論に対して、むろん批判もなされている。Lebowitz, Michael A., *Following Marx: Method, Critique and Crisis*, Leiden, Brill, 2009. では、"A Critique of Uno-ism" と題して、一章を宇野資本主義論批判に割いている。レボウィッツの批判の眼目は、基本的に流通主義批判である。久留間の『価値形態論と交換過程論』および『貨幣論』を一冊にあわせた英訳（E. Michael Schauerte (trans.), *Marx's Theory of the Genesis of Money: How, Why and Through What is a Commodity Money?*, Albuquerque, Outskirt Press, 2008.）への若干の言及はあるが、残念ながら、日本での論争の水準にはるかにおよばない。
ところで、最近の宇野派の著作としては、伊藤誠『「資本論」を読む』（講談社学術文庫、2006 年）、および奥山忠信『貨幣理論の形成と展開』（社会評論社、1990 年）、がある。伊藤は、宇野の忠実な使徒よろしく、冒頭商品論の出だしの解説においてさえ、マルクスが商品所有者とその欲望をないがしろにして議論していると、「苦言」を呈している（前掲伊藤、p. 35）。伊藤は、冒頭商品論の出だし部分と価値形態論との区別を理解していない。つまり、冒頭商品論（『資本論』初版では第 1 章の（1）「商品」、第二版以降では第 1 章「商品」の部分）では、諸商品の等置関係が、実際に商品が交換される過程を示してはいないということがまったく解っていない。まさに宇野派である。冒頭商品論ではただ、諸商品は、量の規定を調整すれば、どんな商品も互いに等置されうる（交換されうる）ということを示しているだけであり、実際に交換が成立する・交換がなされる、ということはまったく度外視されているのである。一方、奥山は、著書のサブタイトルが「価値形態論の理論史的考察」となっている点に示されているように、きわめて詳細にマルクスの理論的な足取りを辿っており、また、後に見る『資本論』の翻訳をめぐる〈3格、4格〉

問題について、久留間の主張を事実上受け容れている（奥山、p. 194）。これはよいとしても、問題なのは、奥山の価値に関する議論である。彼は、価値を「他の商品に対する交換可能性」と規定し、それを「労働［「価値の実体」］を容れうる形態」と考える（同上、pp. 245-246）。しかも奥山は、この交換可能性たる価値は、「直接的交換可能性」を〈与え／与えられる〉ことによって生じるとする（同上、p. 274）。第Ⅳ章第vi節で見た岩井克人と同様の議論である。価値が、労働という「実体を容れうる形態」であるとするなら、この形態がいったいどのようにして交換価値という形態に現象するのかを、奥山は解かなければならないが、それをなしてはいない。当然ながらそれは不可能だからだ。また、岩井と同様の、直接的交換可能性を〈与え／与えられる〉ものと考えることの誤謬も明らかである。奥山の価値論は完全に破綻している。また彼は、宇野派として忠実に、商品所有者を冒頭商品論に入れて議論している（同上、pp. 274-275）。

29) 向坂逸郎／宇野弘蔵編『資本論研究——商品及交換過程——』河出書房、1948年、p. 157。
30) MEGA Ⅱ/5, S. 22. ただしフランス語版では長さの単位エレがメートルになっている。
31) 前掲向坂／宇野、p. 160。
32) 前掲久留間鮫造『価値形態論と交換過程論』、p. 75。
33) 同上、p. 51。
34) 同上、p. 51。このような久留間の中途半端さを、武田信照は批判している（武田信照『価値形態と貨幣』梓出版社、1982年、pp. 311-319）。だが、武田の指摘自体が中途半端である。彼は、久留間が「思惟の中だけでの捨象」と「現実の捨象」とを明確に区分していないと言っているが、この対比による批判自体が説得的でなく、中途半端なのである。当然にも久留間から手厳しい反批判を受けている（前掲久留間『貨幣論』pp. 146-158）。
35) 前掲久留間『価値形態論と交換過程論』、p. 54。
36) 同上、p. 41.
37) MEGA Ⅱ/6, S. 81.
38) 前掲久留間『貨幣論』、p. 13。
39) 久留間鮫造編『マルクス経済学レキシコン』全15冊、大月書店、1968年～1985年。
40) 前掲久留間『貨幣論』、p. 7。
41) 同上、p. 21。
42) 同上、p. 59。
43) 同上、p. 59。
44) 同上、p. 63。
45) MEGA Ⅱ/6, S. 93.
46) 前掲久留間『貨幣論』p. 58。
47) 林直道「いわゆる《貨幣の謎》について——いかにして、なぜ、何によっての問題——」、『経済学雑誌』（大阪市立大学経済学会）第73巻第5・6号（1975年12月）、pp. 103-123.

48) 前掲『貨幣論』、pp. 46-50。
49) 前掲『価値形態論と交換過程論』pp. 56-57。ここで久留間が、リンネルが上着に価値物としての形態規定性を与える、としたことについて、武田信照等から批判があり（前掲武田『価値形態と貨幣』pp.370-373）、久留間は価値物を価値体に訂正している（前掲『貨幣論』pp.93-100）。ところで武田は、廻り道に関して、久留間批判をさらに展開している。だが、武田のその批判は、〈商品語—人間語〉の違いについて無自覚であることからもたらされていると言える。この点では久留間もその批判者である武田も同一の欠陥をかかえているのである。
50) 前掲宇野『価値論』、pp. 136-137、久留間『価値形態論と交換過程論』、pp. 60-62。
51) 宇野弘蔵『資本論五十年』下、法政大学出版局、1973 年、pp. 713-716。
52) 前掲久留間『貨幣論』pp. 107-114。ところで、3 格・4 格問題に関して武田信照は、『資本論』初版本文価値形態論から以下の文章を引き、岡崎次郎訳を援用して、「リンネルは自分を上衣に関係させる」と訳している（前掲武田信照『価値形態と貨幣』p. 377）。こうして武田は、マルクスはこういう言い方もしていると、3 格・4 格問題を価値表現のメカニズムに結びつける久留間に疑問を呈している。この原文は以下である。「Ihr eignes *Werthsein* zeigt sie zunächst dadurch, daß sie sich auf eine *andre* Waare, den Rock, als *ihr Gleiches bezieht.*」（MEGA Ⅱ/5, S. 29）。この原文を見ると、auf の後ろの Rock が dem Rock ではなく、den Rock と 4 格になっているのだから、ここも「リンネルが自分に上着を関係させる」と訳すべきである。そもそもこの文章は、久留間が 3 格・4 格問題で指摘した文章とセットになった一連の文章の一つであり、beziehen と gleichzetzen とを対応させて用いていることは明らかであり、訳も対応させて、「リンネルが自分に上着を関係させる」、「リンネルが自分に上着を等置する」とすべきである。
53) 尼寺義弘『価値形態論』（青木書店、1978 年）、『ヘーゲル推理論とマルクス価値形態論』（晃洋書房、1992 年）、前掲武田『価値形態と貨幣』、米田康彦「価値形態論と交換過程論における矛盾の外化」（米田康彦編『講座・資本論の研究』第 2 巻、青木書店、1980 年）、富塚良三『増補　恐慌論研究』（未来社、1975 年）などを参照のこと。このうち、とりわけ尼寺と武田は、典型的な「悪しきヘーゲル主義者」である。例えば、武田は、「価値概念とその定在様式とが照応していない」（前掲武田、p. 206）と言い、そのうえで、「価値概念とその定在様式とに矛盾がある」（同上）とする。だが、「価値概念とその定在様式」との矛盾なるものがあるはずがない。彼らは、矛盾と対立とを混同しているのである。もちろん、ヘーゲルもそのようなところに矛盾を見ているわけでは決してない。
54) 前掲『貨幣論』、pp. 144-145。
55) 榎原均『価値形態・物象化・物神性』資本論研究会、1990 年。
56) 同上、p. 116。
57) 同上、p. 31。
58) MEGA Ⅱ/3-6, S. 2161. マルクスのノート全 23 冊中の第 21 冊にあり、ノート頁数 1317。マルクス自身によって「資本の生産性、生産的および不生産的労働」

と表題が付されたものの中にある。
59）MEGA Ⅱ/4-1, S. 121.
60）MEGA Ⅱ/5, S. 74.
61）MEGA Ⅱ/3-6, S. 2161.
62）ebanda.
63）MEGA Ⅱ/5, S. 74.
64）ebanda.
65）前掲榎原『価値形態・物象化・物神性』p. 191。
66）同上、p. 196。
67）MEGA Ⅱ/5, S. 47.
68）前掲榎原、p. 203。
69）同上、p. 204。
70）同上、p. 207。
71）同上、p. 117。
72）同上、pp. 190-191。
73）前掲佐々木隆治『マルクスの物象化論』社会評論社、2011年。
74）同上、p. 152。
75）同上、p. 174。
76）同上、p. 175。
77）同上、p. 176.
78）MEGA, Ⅱ/6, S. 97.
79）前掲佐々木、p. 176.
80）同上、p. 186（註72））。
81）同上、p. 184。
82）同上、pp. 178-179。
83）MEGA Ⅱ/5, S. 52, MEGA Ⅱ/6, S. 114.
84）前掲佐々木、p. 152。
85）同上、p. 182。
86）同上、p. 184。
87）同上、p. 148。
88）同上、p. 323。
89）MEGA Ⅱ/1-2, S. 392.
90）ebanda.
91）前掲佐々木、p. 337。
92）マルクスは『資本論』のための1863年－1865年草稿中にある第三部草稿の「第7章　諸収入（所得）とそれらの源泉」「1　三位一体的定式」において、資本主義的生産様式の発展はそれ自体、資本制生産社会を止揚してより高度な社会を創出するための諸条件を生み出し育むと述べさらに次のように書いている。「社会の現実の富〔Reichthum〕も、社会の再生産過程を不断に拡張していく可能性も、剰余労働の長さにではなく、社会の生産性にかかっており、また社会の再生産過程が遂行されるための、より豊かであるか、より貧弱であるか、という生産諸条件にかかっている。実のところ、自由の世界〔das

第IX章　『資本論』冒頭商品論へのさまざまな所説について

Reich der Freiheit〕は、窮乏や外的合目的性によって定められた労働がなくなるときにはじめて始まる。つまりそれは、事の本性上、本来の物質的生産の領域のかなたにある。未開人は自分の欲望を充足させるために、また自分の生活を維持し再生産するために、自然と格闘しなければならないが、それと同じように文明人もまたそうしなければならない。人はどんな社会形態においても、また考え得るかぎりのどんな生産様式の下でも、そうしなければならない。人の発達につれて、自然必然性の国〔das Reich der Naturnothwendigkeit〕は高まる。人の欲望が高まるからである。しかしその欲望を充たす生産力もまた同時に高まる。この領域における自由はただ以下のところにのみあり得る。すなわち、社会化された人間〔der vergesellschaftete Mensch〕、すなわち結合された生産者たち〔das associirten Producenten〕が、自然との物質代謝を合理的に調整し共同的な統制の下に置くというところに、つまり、盲目的な力たる自然との物質代謝に支配されるようになることによってではなく、最少の力の消費によって、人間の本性にふさわしく、また、それにもっとも適合した条件の下で遂行するというところに、である。だがそれは未だなお、必然性の国〔ein Reich der Nothwendigkeit〕に留まっている。この国の彼岸で、自己目的とみなされる人間の力の発展が、自由の、ほんとうの世界〔das wahre Reich der Freiheit〕が始まる。しかしそれはただかの必然性の国を基礎としてその上にのみ開花しうるのである。労働日の短縮が土台である」(MEGA II /4-2 S. 837-838.)。

自由という概念を、このような極北の地点にまで引っ張り得た論客はマルクスをおいて他にない。この地平からすれば、次のようなエンゲルスの議論はいかにも常識的で穏当なものに見える。

「ヘーゲルは、自由と必然性の関係を正しく叙述した、最初の人である。彼にとって、自由とは必然性の洞察である。〔…〕自由は、夢想された自然法則からの独立に存しているのではなく、これらの法則の認識に存するものであり、そしてそれ［認識］によって、これらの法則を特定の目的のために計画的に作用させるような可能性を得ることにある。これは、外的自然の法則、および人間そのものの身体的および精神的な定有を規制する法則の、どちらにもあてはまる〔…〕。したがって、意志の自由とは、専門的知識によって決定を下す能力たるもの以外の何ものでもない。だから、ある特定の問題点についてのある人の判断がより自由であればあるほど、この判断の内容はそれだけ大きな必然性をもって規定されるわけである。他方、知識の欠如にもとづく不確実さは異なり相矛盾する、さまざまな決定可能性のうちから、外見上自らの意志によって選択するように見えても、まさにそのことによって、みずからの不自由を、すなわち、それが支配するはずの当の対象にみずから支配されていることを、証明する。だから、自由とは、必然性の認識にもとづいて、われわれ自身ならびに外的自然を支配することである。したがって自由とは、必然的に、歴史的発展の一産物なのである」(Engels, „Herrn Eugen Dürings Umwälzung der Wissenschaften (Anti-Düring)", MEGA I /27, S. 314.)。

ところで、マルクスの草稿からの引用の訳語について付言しておく。「wahre」はゲーテの『わが生涯から。詩と真実 *Aus meinem Leben. Dichtung und Wahren-*

heit』（1811 年）に倣ってか、それとも辞書的な使用頻度のためか、何らの躊躇もなく「真の」と訳されることがほとんどである。だがわれわれは、日本語のニュアンスとしては、宮澤賢治がたびたび用いた「ほんとうの」という言葉に近いものと考え、この語を充てた（むろん日蓮宗－國柱會との連関から遠く離れて、北上川の河原に生徒たちを連れて行き、ともに楽しむ宮澤賢治の精神をもととしている。矢野智司『贈与と交換の教育学——漱石、賢治と純粋贈与のレッスン』東京大学出版会、2008 年を参照）。また「Reich」についても、邦訳の歴史的背景からか二つの重要な箇所がひとしく「王国」と訳されてきた。しかし文脈からすれば、「王」はもはや不要であるばかりか、害悪でしかない。そこで、自然の物質代謝が有する「必然性」に拘束される、という条件下のものは「国」と訳出し、それよりもいっそう発展した「彼岸」の「Reich」は「世界」と訳した。この「Reich」は「富 Reichthum」との連関にあることは明瞭であり、同時にキリスト教をはじめとする宗教的精神への批判でもあろう。

93) 佐々木は『私たちはなぜ働くのか』（旬報社、2012 年）の最終章「労働の自由を目指して」の最後で「労働の自由をこえて」と題して突然、現行版『資本論』第三部、第 48 章「三位一体的定式」から「自然必然性の国」と「真の自由の国」とを対比したマルクスの言葉（エンゲルスによって少し手を加えられた）を引いているが、彼がそれをどのように理解しているのか、彼の二著からは不明である。

94) 正木八郎「マルクス価値論の再検討（1）」大阪市立大学経済学会『経済学雑誌』第 90 巻第 1 号（1989 年 5 月）、p. 2。

95) 同「マルクス価値論の再検討（2）」同上、第 90 巻第 2 号（1989 年 7 月）、p. 58。

96) 同上、p. 58。

97) 同上、p. 51。

98) 同上、p. 52。

99) 同上、p. 57。

100) 正木八郎の議論を徹底したのが向井公敏である（『貨幣と賃労働の再定義』ミネルヴァ書房、2010 年）。向井の議論は、正木、およびすでに検討したバックハウスの主張を徹底することによるものである。正木が労働価値説をまがりなりにも継承していたのに対して、向井はこれをも拒否して〈価値＝関係〉説を徹底し、バックハウスの主張を継承して、端的に「労働価値論から貨幣的価値論へ」と主張するのである。向井の議論で核心になるのは、「直接的交換可能性の形態」なるものを、やはり〈与え／与えられる〉ものとするところにある（同上、p. 138）。「直接的交換可能性」ではなく「直接的交換可能性の形態」である。「直接的交換可能性の形態」なる「形態」を「与える」などという荒唐無稽なことが現実に可能であるかどうかさえ、向井は考えもしていないのであろう。論理的破綻がますます露わになっている。彼は、貨幣が全面的に機能している資本主義の現実から出発して、その現実が一体何であるのかを明らかにしようとするのだが、種々の論者の議論を検討した結果、立ち至った場所は、まさに最初の場所でしかないのである。彼は結局、

何も論理的な作業をしてはいないのである。
101) Althusser, Louis, Jacques Rancière, et Pierre Macherey, *Lire* le Capital, tome 1, Paris, François Maspero, 1965, p. 12.『資本論を読む』に対しては、アルチュセールが「この読み方をわれわれはあえて、「徴候的」読解と呼びたい〔Une lecture que nous oserons dire « *symptômale* »〕」(*ibid.*, p. 31.) と述べた、この有名な「読解」について、われわれの見解を明らかにしておくべきだろう。アルチュセールは、次のように述べている。「そして、きわめて特殊な一定の危機的事情にあっては、問題設定によってつくりだされた問いの展開が〔…〕、現存の問題設定の可視的な場において、その不可視のものの現前そのものを生産するまでにいたるとき、――この生産物は不可視のものであるほかはない。というのは、その場の光はそれ〔不可視の生産物〕に反射することなく、無分別にそれを横切っていくからである。この不可視のものは、問題設定に基盤をもつ分析活動によって、その無分別状態から脱してあらわになるにせよ、理論的な誤謬・不在・欠如もしくは徴候の質をそなえて、身を隠すのである」。「哲学において」読む作業とは、アルチュセールらにとっては、まさしく「徴候的」読解であった。だが、われわれは彼らの読みの「特有性」に、きわめて懐疑的である。それはわれわれが、①『資本論』の忠実な訳を読むことができたこと、②これまでの『資本論』研究の重要な蓄積を活用できたこと、③ MEGA の第二部をはじめとした原典にあたって精確な読みをすすめることができたこと、という条件に裏打ちされているからである。だが、それだけではない。アルチュセールらに特有な「読み」は、徹底した合理主義の立場に自らを置かないからである。恣意的に設定された「可視的なもの」の視野から、いかにして「不可視のもの」を――「理論的な誤謬・不在・欠如あるいは徴候」によって身を隠しているそれを――見出そうというのか？『資本論』という「計り知れない森」を「横切る道」の「個人的記録」の集積が、いかにして、その課題を果たしたのか？ これらの問いへの答えは『資本論を読む』にはない。誤謬も不在も欠如も徴候も、合理的なものと呼ぶべきものではない。ましてやそれは、アルチュセール自身が言うよりに、「不可視のもの」であり、当の論者（共著者）たちが混乱のさなかにいるのだから、「徴候」は彼らにこそ見出されるべきだった。結論として言えることは、『資本論を読む』にあっては、「個人的記録」の群れが、「無分別」にテキストを「横切っていく」だけだ、ということである。われわれは、加藤正が「合理主義の立場」の「五」末尾において述べた次の言を、われわれの立場とする。「対象的現実的なもの、客観的なものが新しく開かれ得なければ、非合理的なものはそれを開き出した合理的なものとともに残る。そして別の新しい現実が展開してそれらを過去のものとして置き去り、遠い記憶の中に没せしめ、非現実化した後まで残る。しかし、もし非合理の限界において、その要請する客観が開かれ得たならば、非合理的なものがその新しい客観的合理的なものの中に解消されるのみならず、自己の限界においてその非合理を開き出した始めの合理的なものもその中に止揚される。これらのことから、次のように言える。合理的な限定は、現実の一限定として、自己の中に越えらるべき限界をもつが、この限界において開かれるものは一方において非合

理的なもの、他方においてこの限界を止揚する新しい合理的なものである。この限界を一つの解決を要する問題と見れば、非合理的なものは問題を解決せず、単にそれを開き立てるにすぎない。それはただ合理的なものの展開においてのみ解決され止揚される。従って合理と非合理との相関において、合理的なものは常に非合理的なものを制約し、かつその帰趨を示すと言える。この両者のいずれが現実に深く喰い入り、それをより根本的に開示するかということは無意味な問である。しかし両者の相関において決定的、基準的、足場的なのは合理的な限定である」(「加藤正著作集」刊行委員会編『加藤正著作集』第二巻、ユニテ、1990 年、p. 13. ただし、原文の漢字はいわゆる旧字を用いている)。

102) *ibid.*, pp. 91-92.
103) この判断は、École normale supérieure への著者からの収蔵年月日の電子メールでの質問に対する、同校図書館閲覧課からの回答にもとづいている。
104) Note des éditeurs', dans *Le Capital*; Livre Premier, Tome I, Paris, Éditions Sociales, 1950, p. 12. パリ・コミューンそしてフランス語版第一巻刊行から 80 年近くたっても、フランスの読者気質は変わらなかったというわけである。Vive la France !
105) *Lire* le Capital, pp. 12-13.
106) MEGA Ⅱ/ 5, S. 12.
107) *Lire* le Capital, p. 12.
108) *ibid*.
109) Rancière, Jacques, 'Le Concept de Critique et la Critique de l'économie politique des *Manuscrits* de 1844 au *Capital*'; Macérer, Pierre, 'A Propos du Processus d' Exposition du *Capital*', dans *ibid.*, pp. 93-210. ; pp. 213-256.
110) Della Volpe, Galvano, *Chiave della dialettica storica*, Roma, Samonà e Savelli, 1964, Capitolo 4. なお、次も参照のこと。Rinzivillo, Guglielmo, *Karl Marx: Dialettica e Memoria*, Roma, Armando Editore, 2013, pp. 85-87.
111) Marx, „Kritik des Hegelschen Staatsrechts", MEGA I /2, S. 23.
112) ランシエールはこの図について、「デッラ・ヴォルペによれば、マルクスは『経済学批判』と『資本論』において、このモデルを使ったとのことである」と述べている。Rancière, *op. cit.*, p. 126.; Della Volpe, *op. cit.*
113) MEGA Ⅱ/7, S. 34.; *Le Capital*, Livre Premier, Tome Ⅰ (Édisions Sociales), pp. 65-66. 下線は引用者。ちなみに、他の版では出てこない「パスポート」という比喩が使われていることは、興味深い。これは、1793 年、すべてのフランス人に対して、旅行時に居住地の警察署が発行したパスポートの携帯・提示が義務づけられた後、1848 年 2 月革命への反動を経て管理が強化され、ナポレオン三世支配下で普仏戦争が勃発するまでその管理体制がつづいた、という歴史的事実にもとづいている。次を参照のこと。Torpey, John, *The Invention of the Passport : Surveillance, Citizenship and the State,* Cambridge and London, Cambridge University Press, 1999. ところで、「受肉」にかんしては、語源たる carō について、ウルガタ版『聖書』「ヨハネ福音書」第 6 章第 56 節には、次のようにある。"Caro enim mea vere est cibus et sanguis meus vere est potus"「わたしの肉はまことの食物、わたしの血はまことの飲み物である」(Fischer, B., H. I. Frede, H. F. D.

第Ⅸ章　『資本論』冒頭商品論へのさまざまな所説について

Sparks et W. Thiele, *Biblia Sacra Iuxta Vulgatam Versionem*（editionem quartam emendatam）, Stuttgart, Deutsche Bibelgesellschaft, 1994, p. 1669. 下線は引用者）。この「肉 caro」こそが「受肉 incarnation」の肉なのである。それに対して、「コリント人への手紙Ⅰ」第12章第27節はこう述べている。"vos autem estis corpus Chiristi et membra de membro"「あなた方はキリストのからだであり、一人ひとりはその四肢である」（*ibid.*, p. 1783. 下線は引用者）。磔刑に処されたキリストのこの「からだ corpus」が、Körper（独）；corps（仏）にあたる。とはいえ、マルクスが全面校訂したロワ訳フランス語版『資本論』第1巻に、incarnation が用いられていないわけではない。冒頭商品論では、価値形態論につづく第4節「商品物神性とその秘密」において、ロビンソン物語の事例が述べられる3パラグラフ前に、一回使われている。訳と原文を以下に示す。

> Quand je dis que du froment, un habit, des bottes se rapportent à la toile comme à l'incarnation générale du travail humain abstrait, la fausseté et l'étrangeté de cette expression sautent immédiatement aux yeux. Mais quand les producteurs des ces marchandises les rapportent à la toile, à l'or ou à l'argent, ce qui revient au même, comme à l'équivalent général, les rapports entre leurs travaux privés et l'ensemble du travail social leur apparaissant précisément sous cette forme bizarre.
>
> 小麦や上着や長靴は抽象的人間労働の一般的具現としてのリンネルに関連している、とわたしが言うならば、この表現の誤謬と異常性は、ただちに明らかである。そうではなく、これら諸商品の生産者たちが、それらを、リンネル、金、あるいは銀に関連させるとしたら、つまり結局は同じことなのだが、一般的等価物に関連させるとしたら、彼らの私的諸労働と社会的労働の総体との関係は、彼らに対して、まさにこうした奇妙な形態のもとに現われるのである。
>
> （MEGA Ⅱ/7, S. 57.; *Le Capital*（Éditions Sociales）, Livre Premier, Tome I, p. 88. 下線は引用者）

上記引用での incarnation は、宗教性をそなえたものではなく、抽象的なものの現象形態であるのだから、「受肉」ではなく「具現」である。このほか、フランス語版第一巻第一部「商品と貨幣」では、第2章「交換」の末尾に一箇所、第3章「貨幣または鋳貨」で五箇所用いられているが、それらすべてが「受肉」という訳語を充てるには不適当と判断するしかない。なお、第2章末尾での使用は、「商品体」と併記になっているので、引用しておく。

> Les marchandises trouvent,〔…〕, leur propre valeur représentée et fixée dans le corps d'une marchandise qui existe à côté et en dehors d'elleS. Ces simples choses, argent et or, telles qu'elles sortent des entrailles de la terre, figurant aussitôt comme incarnation immédiate de tout travail humain.
>
> 諸商品は、〔…〕それら自身の価値が、それらの傍らかつ外側に実存する一商品体において、表示され固定されていることを見出すのである。これらの単純な諸物、すなわち銀と金とは、大地の母胎から取り出されたそのままで、あらゆる人間労働の直接的具現としてただちに姿形をなす。
>
> （MEGA Ⅱ/7, S. 71.; *Le Capital*（Éditions Sociales）, Livre Premier, Tome I, p.

501

103. 下線は引用者）

だが、ランシエールにおいては、デッラ・ヴォルペの図式を借用していること、その図式の典拠が『ヘーゲル国法論批判』（§.279への批判）であることから、incarnation はまぎれもなく「受肉」と捉えるべきである。にもかかわらずランシエールは次のように述べる。「抽象的理念と具体的な経験的現実との紐帯は、神秘的な仕方で、受肉〔incarnation〕によってのみ作り出されうる」。(Rancière, *op. cit.*, p. 125.)、と。ここでわれわれは次のように問わなければならない——ある商品の「体 corps」が「あらゆる人間労働」の「直接的具現 incarnation immédiate」である、というマルクスの叙述のどこに Verkörperung ＝ incarnation という図式の根拠があるというのか？

114) MEGA Ⅱ/5, S. 74.; MEGA Ⅱ/6, S. 138.
115) MEGA Ⅱ/7, S. 89. ; *Le Capital* (Editions Sociales), p. 122. ただしエディシオン・ソシアル版では、文末が次のように変更されている。"leur liaison intime s'affirme —— par une crise."
116) MEW Band 24, S. 110. 下線は引用者。*Le Capital* (Éditions Sociales), Livre Deuxième, Tome I, p. 96. 下線は引用者。
117) Rancière, *op. cit.*, p. 126.
118) プロティノスは、プラトンが『パルメニデス』で説いた「一者〔to hen〕」から、その一者の働きが溢出〔aporrhoē〕あるいは流出〔emanatio〕して、一者以外のすべての存在物・事象を産み出すとしている（プロティノス、水地宗明訳『エアネデス抄Ⅰ』中央公論社、1986年、第1章）。そのさいに産み出される感覚的なもの、感知可能なものが実体である。こうした一元論は、スピノザの能産的自然（＝神）Natura naturans と所産的自然 Natura naturata の措定にもつながるものといえよう（Spinoza, Baruch, „Korte Verhandling van God", in Carl Gebhardt（Hrsg.）, *Spinoza Opera* I, Heidelberg, Carl Winters Universitäts Verlag, 1927, S. 47.）。
119) Rancière, *op. cit.,* p. 126. 下線は引用者。
120) 図式や図解というものが、論理展開の代わりをなすことは決してありえない。論理がまずあって、その理解を容易にするためというのならば、図式などはありうる。しかし、図式などによって論理展開の代替をなそうというのは、論理の力が鈍っているからである。図式などを用いることからもっとも遠くにあるのが、マルクスその人であった。マルクスの語るところは、往々にして難解である。だが、それを図式や図解によって理解できるということは、ありえないことなのだ。
121) *ibid.,* p. 128.「 」内は、フランス語訳の『剰余価値学説史』第二巻第十章第二節からの引用である。当該箇所は、ディーツ版では、次のようになっている。„Die Gestalt nun —— die besondere Bestimmung der Arbeit als Tauschwert schaffend oder in Tauschwerten sich darstellend ——, den *Charakter* dieser Arbeit *untersucht Ric*（ardo）*nicht.*"「したがって、姿態——創造的な交換価値としての労働の、あるいは諸交換価値において自らを表示する労働の特殊な規定——、すなわちそうした労働の特性をリカ（ードゥ）は研究しないのである」。MEW Band 26, Teil 2, S. 161. 原文では、形態〔Form〕ではなく、姿態〔Gestalt〕である。このことを

第IX章　『資本論』冒頭商品論へのさまざまな所説について

はじめとして、フランス語訳文に問題なしとはしない。
122) MEGA Ⅱ/7, S. 30.; *Le Capital*（Éditions Sociales）, p. 62. ちなみにランシエールは「『資本論』第一巻」とのみ書いており、出典ページはまったく書いていない。
123) Rancière, *op. cit.,* p. 129.
124) MEGA Ⅱ/5, S. 43, Anm. 24).; MEGA Ⅱ/6, S. 111. Anm. 32).; MEGA Ⅱ/7, S. 52, Anm. 25.
125) MEGA Ⅱ/6, S. 80.
126) MEGA Ⅱ/7, S. 34.; *Le Capital*（Éditions Sociales）, p. 66.
127) Rancière, *op. cit.,* p. 129.
128) MEGA Ⅱ/7, S. 43.; *Le Capital*（Éditions Sociales）, pp. 74-75. ところで、『資本論』現行版の同じ個所に依拠して、ランシエールと同様の誤読をしている論者に武田信照がいる。彼は前掲『価値形態と貨幣』で、「価値表現に際しては、リンネルと上衣とはたがいに価値の点で等しいとして等置されるのではなく、使用価値としてあらわれるリンネルに対して上衣だけが価値として等置されるのである」（同、p.374）と述べている。
129) MEGA Ⅱ/10, S. 61-62.
130) Rancière, *op. cit.,* p. 141.
131) *ibid.* 先に註128）で述べた武田信照もまったく同様に、矛盾と対立を混同している。彼は、価値形態Ⅰ（単純な価値形態）では「価値概念」と「その定在様式とに矛盾」があると主張している（前掲『価値形態と貨幣』p.206）。
132) その他にも、ランシエールは彼の論考の第三章のB「関係の外面化〔*La Veräusserlichung du rapport*〕」において、次のような惨憺たる「理解」を示している。「ここで作用している諸概念の意味を精確にさせておく必要がある。まずはじめに、物象化〔*chosification*〕（物象化 *Versachlichung* あるいは物化 *Verdinglichung*）の運動を考察しよう」（*ibid.*, p. 193.）。開いた口が塞がらない。精確な意味の考察など、まったくできていないではないか！
　だが、このような完全な誤りの後で、ランシエールが社会（思想）史と哲学とが交差するすぐれた仕事を公刊していることを、われわれは評価する。たとえば、フランスの1830年革命を、生の選択肢を「あらかじめ奪われた」無産者の反乱として、残された諸史料から再解釈した *La nuit des prolétaires : Archives du rêve ouvrier*, Paris, Fayard, 1981.（邦訳なし）や19世紀の「無知な教師」ジョゼフ・ジャコトによる革命的教育をモデルにした人間解放論 *Le maitre ignorant : Cinq leçons sur l'émancipation intellectuelle*, Paris, Fayard, 1987.（梶田裕・堀容子訳『無知な教師』法政大学出版局、2011年）などである。
133) Macherey, Pierre, *op. cit.*, p. 214. マシュレーが指示しているエディシオン・ソシアル社版の当該テキストは、第一章第一節「商品の二つの要因——使用価値と交換価値あるいは厳密な意味での価値（価値の実体。価値の大きさ。）」である。ロワ訳版と異なるのは、当該箇所の最後から二番目の文に脚註番号1. がふられ、以下の註釈がつけられている点のみである。
　1. フリードリッヒ・エンゲルスはドイツ語第4版において、この箇所のテキストに、括弧をつけて、次のように述べた文章を挿入している。「しかも、ただたんに他人のためというだけではない。中世の農民は、封建領主のため

に年貢の穀物を生産し、僧侶のために十分の一税の穀物を生産した。しかし、年貢の穀物も十分の一税の穀物も、それらが他人のために生産されたということによっては、商品とならなかった。商品になるためには、生産物は、それが使用価値として役立つ他人の手に、交換手段によって移されなければならない」。／エンゲルスは註で加筆して、次のような指摘をおこなっている。「私が括弧内の文章を挿入したのは、この一文がないために、生産者以外の何らかの他人によって消費される生産物がすべて、マルクスによって何らかの商品と考えられているかのような誤解が、あまりにしばしば生じたためである。(F. E.)（追記)」。(*Le Capital* (Editions Sociales), note au bas de p. 56.) なお、当該テキストは以下も参照のこと。MEGA Ⅱ/7, S. 19-24.

134) Macherey, *op. cit.*, p. 223.
135) *ibid.*, p. 226. 「富」に傍点をつけたが、原文では RICHESSE とすべて大文字で記されている。
136) *ibid.*
137) *ibid.*, p. 228.
138) *ibid.*「集積」と強調をつけて訳した語は、ランシエールの表現では collection だが、ロワ訳（すなわちエディシオン・ソシアル社版）では accumulation である。MEGA Ⅱ/7, S. 19.; *Le Capital* (Editions Sociales), p. 51.
139) MEGA Ⅱ/1-2, S. 392.
140) ebenda, S. 392.
141) ebenda, S. 392.
142) ebenda, S. 392.
143) Macherey, *op. cit.*, p. 231.
144) *ibid.*, pp. 235-236.
145) *ibid.*, p. 236.
146) *ibid.*, p. 241.
147) *ibid.*
148) *ibid.*, p. 249.
149) *ibid.*, p. 244.
150) *ibid.*, p. 248.
151) *ibid.*, p. 250.
152) デリダはマルクスが行なった escamotage の暴露を、「ある追撃の戦略〔la stratégie d'une chasse〕」と呼んでいる。しかし、それは彼のいう、たんなる「技-論〔thechno-logie〕」以上の何ものでもないにもかかわらず (Derrida, Jacques, *Spectres de Marx,* Paris, Galilée, 1993, p. 202. ; 増田一夫訳『マルクスの亡霊たち』藤原書店、2007 年、p. 264。ただし改訳した)。デリダは「聖マックス」の „es spukt" や „spukte" がお気に入りのようだが、「聖マックス」中にそうした表現は 3 箇所しか出てこない。一方、Spuk は 32 箇所を数えるが、その中では „einen neuen Begriff, fixe Idee, Spuk, Gespenst"、つまり「ある新たな概念、固定観念、妖怪現象、幽霊」と等置並列されている。Gespenst に相当する Spectre(s) にのみ優位性があるわけではないのである。
153) Spectre は、『共産党宣言』の冒頭に置かれた、かの一文からとられたもので

第Ⅸ章　『資本論』冒頭商品論へのさまざまな所説について

あろう。念のため、ドイツ語原文（1848年）、エンゲルス監修のもとでエドワード・エイヴリングとサミュエル・ムーアが英訳版『資本論』を出版した翌年に、エンゲルスの協力によってムーアが訳した『宣言』冒頭（1888年）、マルクス没後10周年（1893年）に次女のローラ・ラファルグがフランス語に訳した『宣言』冒頭を、訳とともに並べておこう。

　　Ein Gespenst geht in um Europa : das Gespenst des Kommunismus.
　　一匹の幽霊がヨーロッパに出没している――共産主義という幽霊が。
　　A spectre is haunting Europe : the spectre of communism.
　　一匹の幽霊がヨーロッパに出没している――共産主義という幽霊が。
　　Un spectre hante l'Europe : le spectre du communisme.
　　一匹の幽霊がヨーロッパに出没している――共産主義という幽霊が。

なお、『マルクスの亡霊たち』最終章副題に見られる escamotage (Eskamotage) なる用語もデリダはお気に入りのようだが、この語は、ドイツ語『資本論』諸版では、初版・第二版にはなく、マルクス没後の第三版から「いわゆる本源的蓄積」に一箇所現われるのみである。フランス語版では、超過労働を強いられる労働者たちの休息の工夫にこの語があてられ（MEGA Ⅱ/7, S. 202.）、その次は第28章「15世紀以来の被収奪者にたいする流血の立法――賃金にかんする諸法」で、資本家による収奪の説明において、escamotage と出てくる（ebenda, S. 658.）のみである。たとえ Eskamotage という用語が『ドイツ・イデオロギー』中の「聖マックス」に多出していた（10箇所）にしても、なにゆえデリダが『資本論』での商品物神性論解釈において強調したのか、理解に苦しむところである。

ところで、デリダは、マルクスの物神性批判をとりあつかうにあたって、ほとんど「現象形態」の概念に言及していない。この事実は、彼の「亡霊憑依学 hantologie」にとって、きわめて奇妙なことだと言えよう。というのは、デリダが用いている、ジャン・ピエール・ルフェーヴルを中心としてエチエンヌ・バリバールやエスパーニュ夫妻ら20人の協同訳で出された『資本論』現行版フランス語訳には、冒頭商品論だけで11箇所 forme phénoménale という訳語で「現象形態」が用いられているからである（Marx, *Le capital. Critique de l'économie politique* (Quatrième édition allemande), Livre Ⅰ, ouvrage publié sous la responsabilité de Jean-Pierre Lefebvre, Paris, Messidor/Éditions Sociales, 1983, pS. 60, 64 (2 passages), 65, 67, 69, 70, 73, 74 (2 passages), 77.）。ちなみに、マルクス全面校訂のロワ訳フランス語版（1872年）においては、註17「したがって彼［フィレテ］には、皮膚と休毛をそなえた、〔自分以外の〕この他者が、人間という類〔genre homme〕の現象形態〔la forme phénoménale〕であるかのように見える」（MEGA Ⅱ/7, S. 35, Fußnote 17.）、および、第三節 A の d)「単純な価値形態の総体」の第一パラグラフにおける叙述「商品は、その価値が、その自然形態とは区別される、一個の固有な現象形態〔une forme phénoménale propre〕、すなわち交換価値という形態をとるや否や、二重の物〔chose double〕そのものとして現われる」（ebenda, S. 42.）の2箇所のみである。後者の二つ後のパラグラフでは、「したがって、一商品の単純な価値形態は、この商品が包蔵する対立、つまり使用価値と価値との対立の、単純な現象形

態〔la simple forme d'appriton〕である」(ebenda, S. 43.) となっている。こちらの表現の方が、より Erscheinungsform に相応しいだろう。その他の現行版フランス語訳で「(諸)現象形態 forme(s) phénoménale(s)」と訳されているドイツ語表現は、異なるフランス語表現に変更されている。なお、ムーアとエイヴリングによる英訳現行版（1887年）では、Erscheinungsform はすべて "form of appearance" となっており、『マルクスの亡霊たち』が刊行された1993年時点で英訳の「決定版」というあつかいを受けていたベン・フォークス訳もそれを受け継いでいる。「仮象」および古語として「幽霊」の意味をもつ appearance は、たしかに的確な訳語といえよう。この「現象形態」との関連で、次の点に注意を向ける必要がある。デリダの「亡霊憑依学」におけるマルクス物神性論の解釈にとっては、出現（apparition）という言葉がきわめて重要なはずだという点である。なぜなら、その解釈が展開されるのは "Apparition de l'inapparent"、「［外に］現われざるもの［あるいは " 見えざるもの "］の出現」という主タイトルをもつ章だからである（あるいは、apparent のもつ「仮象的な」「現象的な」という意味を用いて、l'apparent に「仮象的ならざるもの［現象的ならざるもの］」と読むことも可能かもしれない）。だが、彼は「現象形態」に forme d'appriton という訳を充てているマルクス全面校訂ロワ訳フランス語版（アルチュセールらが『資本論を読む』で用いたエディシオン・ソシアル社版の底本）には、いっさい頓着しない。もちろん、初版・第二版などに対しては、言うを俟たない（現時点で初版・第二版のフランス語訳は存在しない）。1983年すなわちマルクス没後百周年という時期をねらって刊行された現行版フランス語訳に、デリダは理由を明示せずに執着する――まるで、現行版フランス語訳に憑りつかれたかのように。だが、『マルクスの亡霊たち』がカリフォルニア大学リヴァーサイド校で1993年に開催されたコロキウムでの講演をもとにしている以上、デリダは、form of appearance という英訳を参照することが十二分に可能だったはずである。彼がこだわっている apparition と英語の appearance あるいはフランス語の apparence が同じ語源をもち、apparence がフランス語にあっては哲学的文脈で「仮象」を意味することを理解できていたはずなのである。ここで付言すれば、『マルクスの亡霊たち』に対する解釈をデリダのコメント付きで集成した『マルクスの息子たち』に、若きデリダの同時代を風靡した『資本論を読む』において「現象形態 forme d'apparition」、「現象 apparition」にこだわったピエール・マシュレーが寄稿していることにも、われわれは注意を向ける必要もあるだろう。デリダが『マルクスの亡霊たち』を講演する直前に、ニューヨーク市のユダヤ系大学であるイェシヴァ大学カルドーゾ・ロー・スクール（Benjamin N. Cardozo School of Law, Yeshiva University）で講じた、ヴァルター・ベンヤミンの「暴力批判論」を題材にとった「法の力：《権威の神秘的根源》」のメアリー・クアインタンスによる英訳を了諾していることからも（Derrida, Jacques, "Force of Law : The "Mystical Foundation of Authority"", in Cornell, Drucilla, and Michel Rosenfeld（edS.）, *Deconstruction and the Possibility of Justice*, New York and London, Routledge, 1992, pp. 3-67.）、フォークス訳『資本論』を読めなかった訳ではあるまい。ならば、すでに定評あるベン・フォークス訳英語版への言及

第Ⅸ章　『資本論』冒頭商品論へのさまざまな所説について

を避け、訳語でも意味の取り方においてもさまざまに問題を指摘されているジャン・ピエール・ルフェーヴルらの現行版フランス語訳を「最もよい翻訳——それはもっとも新しい翻訳である la meilleure traduction, qui est aussi la plus récente」(*Spectres*, p. 241.；邦訳 315 ページ) などと、不要な褒辞をつけて言及するのは、なにゆえなのか？ 理由の一端として、彼が論じる対象である「テーブル」がドイツ語（男性名詞）とフランス語（女性名詞）で性が異なる——「性別不明の神人同型姿態である Figure, théo-anthropomorphe au sexe indéterminé」(*ibid*.；邦訳 314 ページ、ただし改訳した)——ものであったことが考えられる。現行版では「世界の残りの部分がすべて静止したように見えたときに、陶磁器〔「中国」の意味もある〕とテーブルたちが踊り出したことが思い出されよう——後進ヲ育テルタメニ。Man erinnert sich, dass China und die Tische zu tanzen anfingen, als Welt still zu stehen —— pour encourager les autres.」(MEGA Ⅱ/10, S. 71, Fußnote 25).) となっているところが、ジャン・ピエール・ルフェーヴルらの訳では、"On se souvient que la Chine et les tables se mirent à danser quand tout le reste du monde semblait rester immobile —— *pour encourager les autres.*" と、最後のヴォルテール『カンディード』第 23 章からの引用に強調がつけられて訳出されており、デリダはこの強調を自論にも持ち込んでいる。ところがこの註は、1872 年フランス語版第一巻第一分冊には存在しないのである。その上でデリダは、「机の舞踏」や「木頭（鈍い頭）への憑在」を、延々と『亡霊たち』の最終部分で述べている。だが、マルクスが机 Tisch を引き合いに出したのは、物神 Fetisch と同じ男性名詞である上に、脚韻を踏んでいた——つまりはわかりやすい地口だった——からである、ということにデリダは気がつかなかったのだろうか？

ちなみに、『カンディードまたは性善説』第 23 章の pour encourager les autres の箇所を以下に引いておく。

> Il demanda qui était ce gros homme qu'on venait de tuer en cérémonie. « C'est un amiral, lui répondit-on. Et pourquoi tuer cet amiral ? C'est, lui dit-on, parce qu'il n'a pas fait tuer assez de monde, il a livré un combat à un amiral français, et on a trouvé qu'il n'était pas assez près de lui. Mais, dit Candide, l'amiral français était aussi loin de l'amiral anglais que celui-ci l'était de l'autre ! Cela est incontestable, lui répliqua-t-on ; mais dans ce pays-ci il est bon de tuer de temps en temps un amiral pour encourager les autreS. » (Voltaire, *Candide ou L'optimisme*（sous la direction de Frédéric Deloffre）, Paris, Folio, 2015, p. 135.)

彼は、いましがた勿体をつけて殺された太った男はだれかと尋ねた。「あれは提督ですよ」と、だれかが答えた。「それで、なぜあの提督を殺すのです？」「それというのも」と、相手は答えた。「彼が兵士たちにたくさんの人間を殺させなかったからですよ。彼はフランスの提督と一戦を交えましたが、充分に敵に接近していなかったと思われたのです」「しかし」とカンディードは言った。「フランスの提督だって、あのイギリスの提督と同じように敵から離れていたことになりますね！」「それは議論の余地がありません」と、相手はすかさず言った。「でも、この国では、他の僚友たちの士気を鼓舞するにはだれか一人の提督をときどき殺すのがよいので

す」(植田祐次訳『カンディード 他五編』岩波文庫、2005 年、405 ページ。ただし部分的に改訳した)。

銃殺された提督のモデルとなったのは、ジョン・ビング (Byng, John, 1705-1757 年) であり、ヴォルテールは彼の助命のために奔走したが、無駄に終わったという (Bates, Stephen and Richard Norton-Taylor, 'No pardon for Admiral Byng. The MoD don't want to encourage any others', *The Guardian*, 15 March, 2007.)。

また、しばしば pour encourager les autres を、その直前の文章に出てくる China が定冠詞を欠いているため、「陶磁器」と「(当時の) 中国」とをかけているとしたうえで (これは正鵠を射ているだろう)、「太平天国の乱」に言及しているとする訳註が散見される。1848 年革命敗北後の頽廃風潮のなかにあったヨーロッパとりわけフランスのブルジョアジーのあいだで、陶磁器やテーブルがひとりでに動く「心霊術」が流行していたことは事実である (Sharp, Lynn L., *Secular Spirituality : Reincarnation and Spiritism in Nineteenth Century France* (2nd edition), New York and Lanham, Lexinton Books, 2006, ch. 3-5.)。それとの掛け合わせで China が使われたのだろう。しかし、マルクスは 1862 年 7 月 7 日付けの *Die Presse*, Nr. 185. へ寄稿した「中国関連問題 Chinesisches」で、「恐怖を吹き込むことが、太平団の全戦術である。〔…〕太平団員たちの道化じみた乱雑な服装こそ、恐怖をあたえる最大手段なのだ」と、「太平天国の乱」を厳しく批判している (MEW Bd. 15, S. 515.)。さらに、英国博物館図書室に収蔵された、太平天国軍を訓練・指揮した英海軍士官オーガスタス・F・リンドリーの書 (Lindley, Augustus F., *Ti-Ping Tien-Kwoh : The History of the Ti-Ping Revolution*, London, Day & Son, Lithographers & Publishers, 1866.) にも、マルクスは批判的だったという。つまりは pour encourager les autres は「他者の歓待」を重視したデリダにとって残念なことに、頽廃を増す西欧情勢、および「他者」への残虐と不寛容を露わにする「太平天国」の顛末への、マルクス一流の皮肉が込められた引用なのである。

154) *ibid*, p. 151.
155) *ibid*, pp. 202-203. この書の邦訳者増田一夫は expropriation に「脱固有化」という訳語を充てているが、マルクス(主義)を論じているのだから、これは「収奪」である。
156) 『マルクスの亡霊たち』には、Geist がたびたび出没する一方で、ほとんど ghost は出現しない。わずかに目立つのは、『ハムレット』からの、息子ハムレットに亡霊の父ハムレットが語りかける科白の引用である (*ibid.*, p. 153.)。英語の引用ではイタリックでまず ghost と書かれているが、その直後のフランス語訳からは、それが消えうせてしまう。そして論はすぐに「この世にもどってきた幽魂 revenant」(増田は「再来霊」としている) に移る (その後 ghost とイタリック体で「再来」するのは、p. 261 のみである。何と哀れな *ghost*!)。デリダが ghost という語を避けたのは、-vent つまり -venir (来たる、由来する) の意をもたないためではないか、と思われる。また、古高地ゲルマン語に端を発する Gespenst と Geist (さらに ghost) に親和性はあるが、そこにラテン語に源泉をもつ esprit や spirit を並べることには無理がある。それとも無理を道理とするのが、マルクス(へ) の「脱構築」だったのだろうか。

157) MEGA Ⅱ/6, S. 102, MEGA Ⅱ/5, S. 44.
158) Marx, *Le Capital*, Livre Premier（Ouvrage publié sous la responsabilité de Jean-Pierre Lefebvre）, Paris, Messidor/Editions Sociales, 1983, p. 81.
159) MEGA Ⅱ/7, S. 53. ; *Le Capital*（Editions Sociales）, 1950, p. 84.
160) Derrida, p. 241-242.
161) 邦訳、p. 409. 註 14）。
162) MEGA Ⅱ/5, S. 50, MEGA Ⅱ/6, S. 112.
163) *Le Capital*, Livre Premier（Ouvrage publié sous la responsabilité de Jean-Pierre Lefebvre）, Paris, Messidor/Editions Sociales, 1983, pp. 94-95.
164) Derrida, p. 264.
165) MEGA Ⅱ/5, S. 30.
166) Harvey, David, *A Companion to Marx's* Capital , London and New York, 2011.；邦訳は森田成也・中村好孝訳『〈資本論〉入門』作品社、2011 年。本書では、森田らの書名訳を用いない。"An introduction（入門）" ではなく、"A companion（必携）" とした Harvey の増上慢を取り扱うからである。
167) *ibid*, p. 16.
168) *ibid*, p. 16.
169) *ibid*, p. 17.
170) *ibid*, pp. 17-18.
171) *ibid*, p. 18. 同上、p. 43。
172) *ibid*. ちなみに邦訳者たちは、residues を「蒸留物」としているが、これは誤訳である。『資本論』第二版（〜現行版）では、Residuum である。
173) *ibid*, pp. 18-19.
174) *ibid*, p. 20. また、ハーヴェイは「同質な〔homogeneous〕」という形容詞を用いているが、この語はハーヴェイが引用元としたベン・フォークス訳には一回も出てこない。ちなみに、現行版第一巻で homogen が使われているのは、第 12 章「分業とマニュファクチュア」一箇所であり（MEGA Ⅱ/10, S. 312）、同義語の gleichart は冒頭商品論では二か所にとどまり、初出は第 1 章第 2 節「商品に表わされる労働の二重性格」における、以下の叙述においてである。「価値としては、上着とリンネルは同じ実体をもつ諸物であり、同等の労働の客観的表現である Als Werth sind Rock und Leinwand Dinge von gleicher Substanz, objektive Ausdrücke gleichartiger Arbeit.」（MEGA /10, S. 45）。
175) *ibid*. p. 30.
176) *ibid*.
177) 宗代の禅僧、無門慧開（1183-1260 年）の公案の一つ。古徳和尚が「百尺の竿の頭に座り込んでいる者は、一応そこまでは行けたとしても、まだそれが真実というわけではない。百尺竿頭からさらに歩を進めて、あらゆる世界において自己の全体を発露しなければならない」と述べたのに対して、無門は「一体どうやって百尺竿頭から歩を進めるのか、言ってみろ。ああ（開いた口がふさがらない）！」と応じた。西村恵信訳注『無門関』（岩波文庫、1994 年、pp. 171-173.）
178) Harvey, *op. cit*., p. 33.

179) *ibid*, p. 30.
180) この部分はドイツ語版では、初版から現行版までほぼ同じである。初版のみ、「直接的生産物交換」が強調され、「単純な価値表現の形態〔die Form des einfachen Werthausdrucks〕」が「単純な相対的価値表現の形態〔die Form des einfachen relativen Werthausdrucks〕」と記され、最初の等置式の前にコロンが付されている。MEGA Ⅱ/5, S. 54.; MEGA Ⅱ/6, S. 116.; MEGA Ⅱ/8, S. 114.; MEGA Ⅱ/10, S. 85. なお、フランス語版は初版と同じ内容である。MEGA Ⅱ/7, S. 66. しかし、英語版には問題があると考えざるを得ない。エンゲルスの監修のもとでサミュエル・ムーアとエドワード・エイヴリングが訳出した 1887 年刊行の『資本論』第一巻における当該箇所は次のようになっている。"The direct barter of products attains the elementary form of the relative expression of value in one respect, but not in another. That form is x Commodity A ＝ y Commodity B. The form of direct barter is x use-value A = y use-value B. The articles A and B in this case are not as yet commodities, but become so only by the act of barter."（MEGA Ⅱ/9, S. 76. 下線は引用者）。この英訳で問題なのは、use-value である。Ben Fowkes 訳版でも、use-value となっている（Ben Fowkes（tranS.）, *Capital*, with preface by Ernest Mandel, vol. 1, London, Pelican Books in association with New Left Review,, 1976, p. 181.）。しかし、初版から現行版にいたるまで（さらにフランス語版を含めて）、この語は「使用対象（あるいは「有用性をそなえた諸対象」）Gebrauchsgegenstand; objets d'utilité」である。「使用価値 use-value」を「使用対象」の代わりに引用文に入れてみれば、まったく無意味なものとなってしまうことは判然としている。ちなみにデイヴィッド・マクレラン編のオックスフォード大学出版局合冊版では、ムーア—エイヴリング訳に回帰した表現になっており、use-value が訳文に用いられている（McLellan, David（ed.）, *Capital*（a new abridgment）, Oxford, U. K., Oxford University Press, 1995, p. 53.）。英語がグローバルなヘゲモニー言語となっている現在、『資本論』の英訳文を精査する必要がある。
181) MEGA Ⅱ/5, S. 628.
182) Harvey, *op. cit.*, pp. 30-31.
183) MEGA Ⅱ/5, S. 31.
184) Harvey, p. 37. 同上、p. 69。
185) *ibid*, p. 25. 同上、p. 52。
186) MEW Band 19, S. 368-369.
187) MEGA Ⅱ/5, S. 41, Anm. 23; MEGA Ⅱ/6, S. 100, Anm. 24.
188) Jameson, Fredrick, *Representing* Capital: *A Reading of Volume One*, London/New York. Verso, 2011. 邦訳は野尻英一訳『21 世紀に、資本論をいかによむべきか？』作品社、2015 年。本書では、野尻訳の書名も訳も用いない。なぜなら、野尻は書名の根本的変更について、訳者解説で一言たりとも触れていないからである。野尻、あるいは邦訳担当編集者・福田隆雄が、翻訳権交渉を委任された The English Agency（Japan）をつうじてジェイムソンから許可を得たのならば、そのことが明記されてしかるべきである。訳者解説にトマ・ピケティの来日中に解説執筆がなされている、と述べられているが（邦訳、pp. 265-266）、ピケティのミリオンセラーにあやかったのではないか、という疑いを、われわれ

は払拭できなかった。ジェイムソンの初期の著作である *Marxism and Form*（1972. 荒川幾男訳『弁証法的批評の冒険』晶文社、1980 年、ただし邦訳での書名改変は──メルロ＝ポンティの著作のもじりであったためだろう──ジェイムソンからの許可を得た旨、訳者あとがきに書かれている）、*The Prison-House of Language*（1972. 川口喬一訳『言語の牢獄』法政大学出版局、1988 年）、*The Political Unconsciousness*（1983. 大橋洋一・木村茂雄・太田耕人訳『政治的無意識』平凡社、1989 年）から、近年の *Archaeologies of the Future*（2007. 秦邦生訳『未来の考古学 1』作品社、2011 年、秦邦生・河野真太郎・大貫隆史訳『未来の考古学 2』作品社、2012 年）まで、「気の利いた」原書のタイトルどおりの邦訳書名になっている。それに比して野尻訳の邦題がいかに異様かは明らかである。また野尻は representing を Darstellung とし（これは、表現、描写の意味で正しい）、その上で「表象」と解している。序文にも「表象」ととれる箇所があり、さらにジェイムソンが英語圏での文学批評の大家で、「表象」批判で知られる学術誌 *Social Text* の責任編集者という点からのみ考えれば、「表象」と取るのもあながち的外れではないだろう。だが、われわれは、『資本論』第二巻「後記」に述べられた有名な一節での Darstellung の強い意味をもとにジェイムソンの思考を忖度して、representing を「再現前化する」と訳することとした。ちなみに、第二巻「後記」で、マルクスは次のように述べている。「もちろん、叙述方法〔Darstellungsweise〕は、形式的には、研究方法〔Forschungsweise〕と区別されなければならない。研究は、素材を詳細にわがものとし、それの多様な発展諸形態を分析し、そしてそれら諸形態の内的なつながりを見出さなければならない。この作業を完遂した後にはじめて、現実の運動をそれに相応しく叙述できるのである」（MEGA Ⅱ/6, S. 709.）。

189) *ibid*, p. 17.
190) *ibid*, pp. 17-18. 同書の邦訳者・野尻は equation にここでは方程式という訳語を充てている。ところが、この後では「方程式」と「等式」という訳語が入り乱れている。Gleichung の訳として equation は間違いとは言えないが、Gleichung にはほとんど必ずと言ってよいほど、「等置する gleichsetzen」が付随している。フランス語版（1872 年）、英語版（1886 年）で équation、equation が用いられたことが、現在にまで影響しているのだろうが、ドイツ語諸版の Gleichung の文脈からすれば、「等置式」あるいは「等式」とすべきである。数学の語彙としても、「方程式」と「等式」はまったく異なり、英語・フランス語で前者は équation; equation だが、後者は égalité; equality が常識である。ところで、ジェイムソンの奇妙な数学観が垣間見える文を、この書の第一章に見ることができる。「〔…〕第一篇全体を、方程式そのものの、すなわち数学的抽象化としての一形態たる方程式の計り知れぬほど巨大な批判として読むことが可能であるように思われる」（*ibid.*, p. 22.）。「そうではなく〔唯名論に見られるようなものではなく〕、この〔マルクスの〕論法〔polemic〕は〔…〕思考と言語の慣習的一形態──方程式──に対して遂行されている」（*ibid.*）。本書で論じたように、『資本論』における等式式には、両項が代替可能なものと、価値形態論におけるように、相対的価値形態（左項）と等価形態（右項）の非対称性をそなえ、両項が交換不可能なものとの二種類がある。

博覧強記のわがジェイムソン教授は、その決定的な差異を「数学的抽象化の一形態」に無理矢理に〔gewaltsam〕還元する、と言明しているのである。

191) *ibid*, p. 19.
192) *ibid*., p. 21.
193) *ibid*., p. 21.
194) *ibid*., p. 42.
195) *ibid*., p. 26.
196) *ibid*., p. 35. また、ジェイムソンは、「肉体的〔carnal〕」としているが、商品の「体」という語は、ラテン語の carō に語源をもつものではなく、あくまで corpus から発した Körper であり、それに対応して英語版で定訳となっている body は incarnation（受肉）する肉体ではない。こうした点にも、ジェイムソンの読みの粗さが顕れている。
197) *ibid*., p. 35.「等価形態の謎的性格」の「謎」は "riddle" ではなく、原語表記では mystischen Charakter であり、英語の一語にするならば、mystery である。たしかに riddle と mystery は類語だが、何の配慮もなく言い換えが許されるテキストとして『資本論』があるわけではない。ジェイムソンのこの著作で最初に「謎」のことばがでてくるのは「市場についての古くからある種々の謎のひとつ〔one of the age-old mysteries of market〕」という箇所である（*ibid*., p. 12.）。このように mystery を使っておきながら、軽々に言い換えを行なうのは、いかに「比喩形象」を本旨とすると主張していようとも、脇が甘いとしか言いようがない。ちなみに第二版以降の第一章第 4 節「商品物神性とその秘密」の「秘密」は " Geheimniss " であり、英語で mystery と言えなくもないが、定訳は secret である。マルクスの語用法が、いかに一貫性をたもっているかを、ジェイムソンは（訳者・野尻も）十分考慮に入れるべきであった。また、彼は物化と物象化を用語的に区別するために、前者に thingification という造語を充て、後者には reification という従来から使用されてきた語を使っている。thingification はフランス語の chosifikation に倣ったのだろうが、いかにも不格好な造語である。だが、thing(s) に「ことがら」の意味がある以上、thingification を Versachlichung に充てたならば、一定の意味をもっただろう。それに対して、従来からの用語である reification を Verdiglichung に充てる不用意さは、まったくいただけない。具象化の意味が強いこちらこそが、物化 Verdinglichung に近いからである。これもまた不格好な造語だが、たとえば articlization（»article）を「物化」とする、といった工夫をジェイムソンは凝らすべきであった。
198) *ibid*., p. 45.
199) *ibid*., p. 25.
200) 吉沢英成『貨幣と象徴——経済社会の原型を求めて』日本経済新聞社、1981 年。ちくま学芸文庫、1994 年。
201) 同上、p. 12。
202) 同上、p. 208。
203) 『資本論』冒頭商品論から交換過程論までにおいて、商品語というものについては別とすれば、言語に関して言及している箇所は、初版（付録も含め

て）も第二版（〜現行版）もただの一箇所、商品の物神性論のところにあるだけである。以下である。初版：「ある物〔eines Dings〕の価値としての規定は、言語と同じように、彼ら〔「人間たち」〕の所産だ」（MEGA Ⅱ/5, S. 46）。第二版：「使用対象の価値としての規定は、言語と同じように、人間の社会的な産物だ」（MEGA Ⅱ/6, S. 105）。商品でも貨幣でもなく、価値が言語にアナロジーされているのである。これらは共にたんなるアナロジーであって、商品世界あるいは貨幣を言語体系と対照して何か重要な構造を取り出そうとしているのではない。こうしたことから言えば、商品語を、ある特別な言語として対象化することなくたんなる比喩として捉えるがゆえに、吉沢などのような議論がなされることになるのである。

204) 前掲『貨幣と象徴』、p. 132。
205) 同上、p. 133。
206) 同上、p. 134。
207) 同上。
208) 同上、p. 135。
209) 同上。
210) 同上。
211) 同上、p. 136。
212) 同上。
213) 同上、pp. 150-151。
214) 同上、p. 136。
215) ラッセルのパラドクスというのは次のものである。：自分自身を元（要素）としてもたない集合を「普通の集合」と定義する。このとき、普通の集合全体の集合（これを A とする）が普通の集合であるのか、普通の集合でないのかを考える。次の矛盾した命題①、②がそれぞれ証明できる。命題①：A は普通の集合である。：（証明）A が普通の集合でないと仮定して矛盾を導く。A は普通の集合ではないので、A 自身を元にもつ。だが A の定義によって A の元 A は普通の集合である。これは仮定に反する。よって、集合 A は普通の集合である。命題②：A は普通の集合ではない。：（証明）A を普通の集合だと仮定して矛盾を導く。定義によって、A は A 自身を元にもたない。しかし A 自身は仮定によって普通の集合なので、A の元でなければならない。これは矛盾である。よって仮定が誤っており、集合 A は普通の集合ではないことが示された。以上によって、普通の集合全体の集合は、普通の集合であり、かつ普通の集合ではない、という矛盾が導かれた。
216) 前掲吉沢『貨幣と象徴』、p. 151。
217) 同上、p. 152。
218) 同上、pp. 153-154。
219) 同上、p. 156。
220) 同上、pp. 188, 189, 192, など。
221) 同上、p. 20。
222) 貨幣を一般的等価物として捉えることを拒否したために理路を見失っている一つとして、本山美彦『ノミスマ（貨幣）』（三嶺書房、1993 年）がある。本

山は、マルクスがアリストテレス『ニコマコス倫理学』から「引用」したものを対象として取り上げ（第Ⅴ章の註13を参照のこと。この「引用」について、マルクスは一切典拠を示していない。これはきわめて異例のことであるが、理由は定かではない）、アリストテレスとマルクスとを対照させながら、20世紀末以降しばしば生じている、いわゆるマネーの暴走をいかにすれば抑制・制御できるかを考えようとする。本山は、一般的等価物としての貨幣に宿ると人々がみなす神秘的な力と、それに引き寄せられる人々の貨幣欲望を一方では認めている。しかし他方で、貨幣を一般的等価物とは認めようとしない。本山もまた吉沢と同様に、一般的等価物として貨幣を捉えることを拒否するので、本来の貨幣と信用貨幣との概念的な区分を把握することができないのである。こうして本山は理路を見失うのである。

ところで、中沢新一『緑の資本論』（集英社、2002年、ちくま学芸文庫、2009年）という本がある。中沢は、一般的等価物である貨幣に宿る社会的〈力〉を把握するための、絶対的な前提条件である等価形態の謎性について、一定の理解を示している。だが、イスラームへのロマン主義的というよりも情緒的な思い入れによって、その貴重な理解をまったく台無しにしている。彼は、イスラームの社会は、貨幣は認めるが利子は認めない社会であると固く信じ、その己の信仰心を正当化するために、まったく奇妙奇天烈な〈貨幣―商品―資本〉論を展開する。彼は、「カトリック的貨幣論とイスラーム的貨幣論が存在」（同上ちくま学芸文庫、p.78）するとし、さらに、貨幣は本来商品ではなく、「貨幣はそのままでは資本にならない。つまり貨幣は不妊なのである。ところが、貨幣がいったん商品に姿を変えるや、そこには不思議な産出力が宿るようになる」（同上、p.107）とか、「貨幣が貨幣であるうちは、自己増殖はできない。商品という「キリスト教徒」にならなければ、身に産出性を帯びることなどはできないのである」（同上、p.108）などと言う。この主張を裏付けるために中沢は、マルクス『資本論』現行版からある引用をする（同上、pp.106-107。マルクスの原文はMEGA Ⅱ/10, S. 141-142）。だが、それは詐術と呼ぶしかない代物である。中沢はまさしく、学に対する唾棄すべき蹂躙を行なっている。つまり、自己の主張に都合の悪いところを省略して「つまみ食い」をすることで、自説を「根拠」づけるのである（しかも、それがすぐにばれてしまう程度のものである）。これは「換骨奪胎」というような生易しいものではなく、部分的剽窃による原典内容の「改変」である。中沢が行なった、このような所業に対して、『クルアーン』第63章「偽信者たち」の3節は、次のように述べている。「〔…〕だがかれら［偽信者たち］は、（何の知識もなく何を言っても分らない）壁に寄りかかっているただの材木のようなものである。かれらはどの叫びも、自分たちのことをいっていると考えている。かれらは敵である。用心しなさい。〔…〕」（オマール三田了一訳・注解『聖クルアーン――日亜対訳・注解（改訂版）』日本ムスリム協会、1982年、p.534.）。

223）塩沢由典『近代経済学の反省』1983年、日本経済新聞社、p. iii。句読点に関して、塩沢はピリオド、カンマを用いているが、引用に際しては、日本語表記のものを用いた。以下同様。

224) 同上、p. 231。
225) 同上。
226) 同上、p. 233。
227) 同上。
228) 同上、pp. 234-235。
229) 同上、p. 235。
230) 同上、p. 234。塩沢が次のように述べている。整数域 Z に関して、「$M=\{(n,m) \mid n, m \in Z, m \neq 0\}$ とおいて、〔…〕関係 R を次のように定義する：$(n, m) R (n', m') \Leftrightarrow nm' = n'm$」として、$(n, m)$ は分数 n/m のあらわす有理数に属する」。
231) 同上、p. 235。
232) 同上、p. 241。
233) 同上、p. 231。
234) 同上、p. 248。
235) 同上、p. 253。
236) 塩沢由典『リカード貿易問題の最終解決』岩波書店、2014年。
237) 同上、p. 6。
238) 柄谷行人『マルクスその可能性の中心』講談社学術文庫、1990年、p. 32。
239) 同上、p. 36。
240) 同上、p. 49。
241) 同上、p. 32。
242) 同上、p. 33。
243) 柄谷行人『定本 柄谷行人集 3 トランスクリティーク』岩波書店、2004年、p. 360。
244) 前掲『マルクスその可能性の中心』p. 143。
245) 同上、p. 120。
246) 同上、pp. 55-56。
247) MEGA Ⅱ/5, S. 47.
248) 前掲『定本 柄谷行人集 3 トランスクリティーク』、pp. 295-296。
249) 同上、p. 312。
250) 前掲『マルクスその可能性の中心』、p. 27。
251) 同上、p. 29。
252) 『資本論』第2版あとがきより。MEGA Ⅱ/6, S. 701.
253) 佐藤正則『ボリシェヴィズムと〈新しい人間〉』水声社、2000年、第4章を参照のこと。また、柄谷のような政治主義への強力な批判として、加藤正「合理主義の立場」、「加藤正著作集」刊行委員会『加藤正著作集』第2巻、ユニテ、1990年、所収を見よ。
254) 前掲岩井克人『貨幣論』ちくま学芸文庫、p. 20。
255) 同上、p. 21。
256) 引用は同上の、pp. 19-20。岩井は岡崎次郎訳を引いている（MEW, Bd.32, S. 552-553.）。
257) 書簡は19世紀後半までの欧米知識人にとっては当然の文化であった。たと

えば、ヴィルヘルム・フォン・フンボルトの兄である、環境生態学の祖と言われる博物学者アレクサンダーは、トーマス・ジェファーソン、ラテンアメリカ解放の英雄シモン・ボリーバル、オーストラリアにはじめて歩を踏み入れたヨーロッパ人にして英王立協会会長であるサー・ジョセフ・バンクス、フランスの探検家の雄といえるエメ・ボンプラン、同じくフランスの物理学者・科学者ジョセフ・ルイ・ゲイ＝リュサック、そしてゲーテら、同時代の錚々たる人々と親しく書簡を交わしている。むろん、その多くが私信である。アレクサンダーと彼の友人とのあいだに交わされた書簡は、そのまま読んで理解するには困難な、友人同士の渾名や暗号、共通経験をもとにした感想など、厖大で多様な文脈を背景に書かれている。そのため、彼の個々の書簡を、それぞれが有している文脈を抜きに、たんに独立したテキストとして理解することは、ときにきわめて困難であり、また不可能なこともしばしばである。次を参照のこと。Wulf, Andres, *The Invention of Nature: Alexander von Humboldt's World*, New York, Knopf, 2015.

258) MEW 31, S. 552.
259) MEW 31, S. 567-568. 次も論文もあわせて参照のこと。Hundt, Martin, »Der Beitrag Louis Kugelmanns zur Propagierung des "*Kapitals*" in Deutschland 1867 bis 1869«, in *Beiträge zur Marx-Engels-Forschung*, Berlin, Institus für Marxismus-Leninismus beim ZK der SED, 1968, S. 86-90.
260) MEW 32, S. 539.
261) マルクスが『資本論』初版を、その8年前に刊行された『種の起源』の著者チャールズ・ダーウィンに献呈していることも忘れるわけにはいかない。
262) Hundt, Martin, »Louis Kugelmann. Zum 65. Todestag des Korrespondenzpartners von Karl Marx«, in *Beiträge zur Geschichte der Arbeiterbewegung*, Heft 2., Berlin, Dietz Verlag, S. 294-300.
263) 前掲岩井克人『貨幣論』、pp. 20-21。
264) 同上、p. 23。
265) 引用は同上、p. 24。岩井は岡崎次郎訳『資本論』第1分冊、国民文庫、p. 97から引用している。MEGA Ⅱ/5, S. 29, Anm. 17; MEGA Ⅱ/6, S. 82, Anm. 17.
266) 前掲岩井、p. 24。
267) 引用は同上の、p. 22。岩井は杉本俊朗訳、『マルクス＝エンゲルス全集』第19巻、大月書店、1968年。p. 377から引用している。ただ岩井が〈 〉で括った二つは邦訳では「 」である。MEW. Band. 19, S. 375.
268) 前掲岩井、p. 22。
269) 引用は同上、p. 26。前掲の『マルクス＝エンゲルス全集』第19巻、p. 377から引用。MEW.Bd.19, S. 376.
270) 前掲『マルクス＝エンゲルス全集』第19巻、p. 374。MEW.Bd.19, S. 373.
271) 同上、pp. 376-377。引用中、「 」で括った語はMEWでは、„ "で括られたものである。MEW. Band.19, S. 375-376.
272) マルクスがロートベルトゥスの論文から引いたもの。同上、p. 374。MEW. Band. 19, S. 373.
273) 同上、p. 375。ebenda, S. 374.

第Ⅸ章 『資本論』冒頭商品論へのさまざまな所説について

274）同上、p. 376。ebenda, S. 375.
275）前掲岩井、p. 60。
276）同上。
277）同上、p. 61。
278）アルゼンチンが2001年12月に経験した事態が、その好例である。次を参照のこと。Moro, Beniamino, and Victor A. Beker, *Modern Financial Crisis: Argentina, United States and Europe*, Berlin, Springer, 2015, Part Ⅱ . especially see pp. 35-41.
279）このさいの物々交換は、観念上のものでも、先史的な想定のものでもない。高度に発展した資本主義社会の経験をへた上での、周辺化された人々の生きる術としての、それである。次を参照。Gisbert Quero, Julio, *Vivir sin empleo: trueque, bancos de tiempo, monedas sociales y otras alternativas*, Barcelona, Los Libros del Lince, 2010.
280）前掲岩井、p. 40。
281）岩井と同様に、貨幣によって〈価値‐商品〉を解き、ひいては貨幣によって貨幣を解く論者たち、いわゆる「貨幣価値論」者などの論者たちは、すべからく、貨幣を一般的等価物として把握していないと言ってよい。こうした論者たちは、価値実体を否定し、かくして商品に表わされた労働が二重のものとして現われることを捉え損なう。かくして、等価形態に位置する商品、すなわち等価物の現物形態＝使用価値形態そのものが、価値の現象形態になっていることを捉えることができない。等価形態の謎性が理解できず、それゆえ、一般的等価物が貨幣に骨化することによって、等価形態の謎性が、生まれながらに貨幣がもつ神秘的な力として人びとの眼に映り人々を支配する現実を捉えることができないわけである。こういった論者たちに、夏目漱石の「金」（『永日小品』中の一編）を読むことをぜひとも勧めたい。そのごく短い一編に、商品に表わされた労働が二重のものとして現われること、この二重性にもとづいて、一般的等価物が貨幣へと骨化し、かくして貨幣が、富の一般的存在形態として存在し君臨することが、きわめて鋭く簡潔に述べられているからである。
　この作品が、『資本論』冒頭商品論読解のための最適なサブ・テキストであることに気付いたのは、本書の著者のひとり・井上であるが、もうひとりの著者・崎山は、学生時代、この作品の意義を思わぬかたちで示唆されている。ヴァルター・ベンヤミンやベルトルト・ブレヒトの研究で知られる故・野村修さんに、「君、夏目漱石の「金」という短編を読んだことがありますか？『資本論』の内容と密接に関係していると思いますよ」と、にこやかに、柔らかい口調で話しかけられたのだった。
　野村さんは、作品に込められた重要性に気がついておられたのだ、とわれわれは確信している。
　さて、夏目は、その短編の中で、「自分」の友人「空谷子」に、次のように語らせている。
　「金は魔物だね」／〔…〕／「これが何にでも変化する。衣服にもなれば、食物にもなる。電車にもなれば宿屋にもなる」〔…〕／「此の丸［金、つまり貨幣のこと］が善人にもなれば悪人にもなる。極楽へも行く、地獄へも行

く。あまり融通が利き過ぎるよ。まだ文明が進まないから困る。〔…〕」／「金はある部分から見ると、労力の記号だろう。所が其の労力が決して同種類のものぢやないから、同じ金で代表させて、彼是相通ずると、大変な間違いになる。例へば僕がこゝで一万噸の石炭を掘ったとするぜ。其の労力は器械的の労力に過ぎないんだから、これを金に代へたにした所が、其の金は同種類の器械的の労力と交換する資格がある丈ぢやないか。然るに一度此の器械的の労力が金に変形するや否や、急に大自在の神通力を得て、道徳的の労力とどんへ引き換へになる。さうして勝手次第に精神界が攪乱されて仕舞ふ。不都合極まる魔物ぢやないか。〔…〕」／「器械的の労力で道徳的の労力を買収するのも悪からうが、買収される方も好かあないんだらう」／「さうさな。今の様な善知善能の金を見ると、神も人間に降参するんだから仕方がないかな。現代の神は野蛮だからな」（夏目金之助『漱石全集』第12巻「小品」、岩波書店、1994年、pp. 200-202、原文では漢字にすべてルビがつけられているが、この引用では、漱石独特のルビに限ってある）。

岩井たち論者は、まがりなりにも資本主義社会の現実を理論的に解析しようとする人びとである。その明確な目的にもかかわらず、文学者・夏目が見事に描き出した、一般的等価物である貨幣の現実の姿を、論者たちはまったく解析することができない。夏目が持ちえた、〈富－価値－商品〉に対するきわめて鋭く精確な〈社会的－文明的〉批評精神に、ほんの少しでも近づくことを、論者たちに切に望みたい。

『資本論』初版（ドイツ語）、同第二版（ドイツ語）、同フランス語版各冒頭商品論出だし部分の対照表と各邦訳

1867年 ドイツ語初版

①　Der Tauschwerth erscheint zunächst als das *quantitative Verhältniss*, die Proportion, worin sich Gebrauchswerthe einer Art gegen Gebrauchswerthe anderer Art austauschen, ein Verhältniss, das beständig mit Zeit und Ort wechselt. Der Tauschwerth scheint daher etwas Zufälliges und rein *Relatives*, ein der Waare innerlicher, immanenter Tauschwerth (valeur intrinsèque) also eine contradictio in adjecto. Betrachten wir die Sache näher.

交換価値は、まず第一に、ある一つの種類の諸使用価値が他の種類の諸使用価値と交換される**量的な**関係、すなわち割合として現われるのであって、それは、時と所とによって絶えず変動する関係である。それゆえ、交換価値は、偶然的なもの、純粋に**相対的な**ものであるように見え、したがって、商品に内的な、内在的な交換価値（valeur intrinsèque）というものは、一つの形容矛盾であるように見える。このことをもっと詳しく考察してみよう。

②　Eine einzelne Waare, ein Quarter Weizen z. B. tauscht sich in den *vershiedensten Proportionen* mit andern Artikeln aus. Dennoch bleibt sein Tauschwerth *unverändert*, ob in x Stiefelwichse, y Seide, z Gold u. s. w. ausgedrückt. Er muss also von diesen seinen verschiedenen *Ausdrucksweisen* unterscheidbar sein.

ある一つの商品、たとえば1クォーターの小麦は、他の諸物品ときわめてさまざまに**違っている**割合で交換される。それにもかかわらず、この小麦の交換価値は、x量の

『資本論』初版（ドイツ語）、同第二版（ドイツ語）、同フランス語版各冒頭商品論出だし部分の対照表と各邦訳

1872年 ドイツ語第二版

① Der Tauschwerth erscheint zunächst als das quantitative Verhältniss, die Proportion, worin sich Gebrauchswerthe einer Art gegen Gebrauchswerthe anderer Art austauschen, ein Verhältniss, das beständig mit Zeit und Ort wechselt. Der Tauschwerth scheint daher etwas Zufälliges und rein Relatives, ein der Waare innerlicher, immanenter Tauschwerth（valeur intrinsèque）also eine contradictio in adjecto. Betrachten wir die Sache näher.

交換価値は、まず第一に、ある一つの種類の諸使用価値が他の種類の諸使用価値と交換される量的な関係、すなわち割合として現われるのであって、それは、時と所とによって絶えず変動する関係である。それゆえ、交換価値は、偶然的なもの、純粋に相対的なものであるように見え、したがって、商品に内的な、内在的な交換価値（valeur intrinsèque）というものは、一つの形容矛盾であるように見える。このことをもっと詳しく考察してみよう。

② Eine einzelne Waare, ein Quarter Weizen z. B. tauscht sich in den verschiedensten Proportionen mit andern Artikeln aus. Dennoch bleibt sein Tauschwerth unverändert, ob in x Stiefelwichse, y Seide, z Gold u. s. w. ausgedrückt. Er muss also einen von diesen verschiedenen Ausdrucksweisen unterscheidbaren Gehalt haben.

ある一つの商品、たとえば1クォーターの小麦は、他の諸物品ときわめてさまざまに違っている割合で交換される。それにもかかわらず、この小麦の交換価値は、x量の

1872年 フランス語版

① La valeur d'échange apparaît d'abord comme le rapport *quantitatif*, comme la proportion dans laquelle des valeurs d'usage d'espèce différente s'échangent l'une contre l'autre, rapport qui change constamment avec le temps et le lieu. La valeur d'échange semble donc quelque chose d'arbitraire et de purement relatif ; une valeur d'échange intrinsèque, immanente, intrinsèque à la marchandise, paraît être, comme dit l'école, une *contradicto in adjecto*. Considérons la chose de plus pres.

交換価値は、まず第一に、**量的**な関係として、相異なる種類の使用価値が、一方の他方への交換における割合として現われるのであって、それは時と所によって不断に変化する関係である。それゆえ、交換価値は、気まぐれで純粋に相対的なものであるかのように見える。すなわち、商品に固有で内在的な交換価値（valeur d'échange intrinsèque）というものは、スコラ学派が言うように、一つの**形容矛盾**であるように見える。このことをもっと詳しく考察してみよう。

② Une marchandise particulière, un quarteron de froment, par exemple, s'échange dans les proportions les plus diverses avec d'autres articles. Cependant sa valeur d'échamge reste immuable, de quelque manière qu'on l'exprime, en *x* cirage, *y* soie, *z* or, et ainsi de suite: Elle doit donc avoir un contenu distinct de ces expressions diverses.

ある特定の一商品、たとえば一クォーターの小麦は、他の諸物品ときわめてさまざまな割合で交換される。それにもかかわらず、その交換価値は、x量の靴墨、y量の絹、

521

靴墨、y量の絹、z量の金などで表現されようと、**不変**のままである。だから、それは、それの、このようないろいろな**表現様式**からは区別されうるものでなければならない。

③　Nehmen wir ferner zwei Waaren, z. B. Weizen und Eisen. Welches immer ihr Austauschverhältniss, es ist stets darstellbar in einer Gleichung, worin ein gegebenes Quantum Weizen irgend einem Quantum Eisen gleichgesetzt wird, z. B. 1 Quarter Weizen = a Ctr. Eisen. Was besagt diese Gleichung? Dass *derselbe Werth* in *zwei verschiednen Dingen*, in 1 Qrtr. Weizen und ebenfalls in a Ctr. Eisen existirt. Beide sind also gleich einem *Dritten*, das an und für sich weder das eine, noch das andere ist. Jedes der beiden, soweit es Tauschwerth, muss also, unabhängig von dem andern, auf diess Dritte reducirbar sein.

あらためて、二つの商品、たとえば、小麦と鉄とをとってみよう。それらの交換関係がどうであろうと、この関係は、つねに、ある与えられた量の小麦がどれだけかの量の鉄に等置される、という一つの等式で表わすことができる。たとえば、1クォーターの小麦＝aツェントナーの鉄、というように。この等式はなにを意味しているのであろうか？　**同じ価値が二つの違った物**のうちに、すなわち1クォーターの小麦のなかにもaツェントナーの鉄のなかにも、存在するということである。したがって、両方とも**ある一つの第三のもの**に等しいのであるが、この第三のものは、それ自体としては、その一方のものでもなければ他方のものでもないのである。だから、それらのうちのどちらも、それが交換価値であるかぎり、他方のものからは独立に、この第

『資本論』初版（ドイツ語）、同第二版（ドイツ語）、同フランス語版各冒頭商品論出だし部分の対照表と各邦訳

靴墨、y量の絹、z量の金などで表現されようと、不変のままである。だから、それは、それの、このようないろいろな表現様式とは違った内容をもっているのでなければならない。

③　Nehmen wir ferner zwei Waaren, z. B. Weizen und Eisen. Welches immer ihr Austauschverhältniss, es ist stets darstellbar in einer Gleichung, worin ein gegebenes Quantum Weizen irgend einem Quantum Eisen gleichgesetzt wird, z. B. 1 Quarter Weizen = a Ctr. Eisen. Was besagt diese Gleichung? Dass ein Gemeinsames von derselben Grösse in zwei verschiednen Dingen existirt, in 1 Quarter Weizen und ebenfalls in a Ctr. Eisen. Beide sind also gleich einem Dritten, das an und für sich weder das eine, noch das andere ist. Jedes der beiden, soweit es Tauschwerth, muss also auf diess Dritte reducirbar sein.

あらためて、二つの商品、たとえば、小麦と鉄とをとってみよう。それらの交換関係がどうであろうと、この関係は、つねに、ある与えられた量の小麦がどれだけかの量の鉄に等置される、という一つの等式で表わすことができる。たとえば、1クォーターの小麦＝aツェントナーの鉄、というように。この等式はなにを意味しているのであろうか？　同じ大きさの一つの共通なものが、二つの違った物のうちに、すなわち1クォーターの小麦のなかにも、aツェントナーの鉄のなかにも、存在するということである。したがって、両方ともある一つの第三のものに等しいのであるが、この第三のものは、それ自体としては、その一方でもなければ他方でもないのである。だから、それらのうちのどちらも、それが交換価値であるかぎり、この第三のものに還

z量の金などで表現されようと、不変のままである。だから、それは、このようないろいろな表現とは違った内容をもっていなければならない。

③　Prenons encore deux marchandises, soit du froment et du fer. Quel que soit leur rapport d'échange, il peut toujours être représenté par une équation dans laquelle une quantité donnée de froment est réputée égale à une quantité quelconque de fer, par exemple : 1 quarteron de froment = *a* kilogramme de fer. Que signifie cette équation ? C'est que dans deux objets différents, dans 1 quarteron de froment et dans *a* kilogramme de fer, il existe quelque chose de commun. Les deux objets sont donc égaux à un *troisième* qui par lui-même n'est ni l'un ni l'autre. Chacun des deux doit, en tant que valeur d'échange, être réductible au troisième, indépendamment de l'autre.

あらためて、二つの商品、小麦と鉄とをとってみよう。それらの交換関係がどうであろうと、この関係は、つねに、ある与えられた量の小麦がどれだけかの鉄に等置される、という一つの等式で表わすことができる。たとえば、1クォーターの小麦＝aツェントナーの鉄というように。この等式はなにを意味しているのであろうか？　それは、二つの違った物のうちに、すなわち1クォーターの小麦のなかにもaツェントナーの鉄のなかにも、ある共通なものが存在するということである。したがって、両方とも**ある第三のもの**に等しいのであるが、この第三のものは、それ自体としては、その一方でもなければ他方でもないのである。それらのうちのどちらも、交換価値として、他方のものにかかわりなく、第三のものに還元できるのである。

523

三のものに還元されうるものでなければならないのである。

④　Ein einfaches geometrisches Beispiel veranschauliche diess. Um den Flächeninhalt aller gradlinigen Figuren zu bestimm-en und zu vergleichen, löst man sie in Dreiecke auf. Das Dreieck selbst reducirt man auf einen von seiner sichtbaren Figur ganz verschiednen Ausdruck – das halbe Produkt seiner Grundlinie mit seiner Höhe. Ebenso sind die Tauschwerthe der Waaren zu reduciren auf ein *Gemeinsames*, wovon sie ein Mehr oder Minder darstellen.

簡単な幾何学上の一例が、このことをもっとわかりやすくするであろう。あらゆる直線図形の面積を確定し比較するためには、それらをいくつかの三角形に分解する。その三角形そのものを、目に見えるその形とはまったく違った一表現――その底辺と高さの積の二分の一――に還元する。これと同様に、諸商品の諸交換価値は**一つの共通なもの**に還元されるのであって、諸交換価値はこの共通なものの、あるいはより多くを、あるいはより少なくを、表わしているのである。

⑤　Dass die Substanz des Tauschwerths ein von der physisch-handgreiflichen Existenz der Waare oder ihrem Dasein als *Gebrauchswerth* durchaus Verschiednes und Unabhängiges, zeigt ihr Austauschverhältniss auf den ersten Blick. Es ist charakterisirt eben durch die *Abstraktion vom Gebrauchswerth*. Dem Tauschwerth nach betrachtet ist nämlich eine Waare grade so gut als jede andre, wenn sie nur in richtiger Proportion vorhanden ist.

『資本論』初版（ドイツ語）、同第二版（ドイツ語）、同フランス語版各冒頭商品論出だし部分の対照表と各邦訳

元されうるものでなければならないのである。

④　Ein einfaches geometrisches Beispiel veranschauliche diess. Um den Flächeninhalt aller gradlinigen Figuren zu bestimmen und zu vergleichen, löst man sie in Dreiecke auf. Das Dreieck selbst reducirt man auf einen von seiner sichtbaren Figur ganz verschiednen Ausdruck – das halbe Produkt seiner Grundlinie mit seiner Höhe. Ebenso sind die Tauschwerthe der Waaren zu reduciren auf ein Gemeinsames, wovon sie ein Mehr oder Minder darstellen.

④　Un exemple emprunté à la géométrie élémentaire va nous mettre cela sous les yeux. Pour mesurer et comparer les surfaces de toutes les figures rectilignes, on les décompose en triangles. On ramène le triangle lui-même à une expression tout à fait différente de son aspect visible, – au demi-produit de sa base par sa hauteur. – De même les valeurs d'échange des marchandises doivent être ramenées à quelque chose qui leur est commun et dont elles représentent un plus ou un moins.

簡単な幾何学上の一例が、このことをもっとわかりやすくするであろう。あらゆる直線図形の面積を確定し比較するためには、それらをいくつかの三角形に分解する。その三角形そのものは、目に見えるその形とはまったく違った一表現――その底辺と高さの積の二分の一――に還元する。これと同様に、諸商品の諸交換価値は一つの共通なものに還元されるのであって、諸交換価値はこの共通なものの、あるいはより多くを、あるいはより少なくを、表わしているのである。

初等幾何学から借用する一例が、このことをもっとわかりやすくするであろう。あらゆる直線図形の面積を確定し比較するためには、それらをいくつかの三角形に分解する。その三角形そのものを、目に見えるその形とはまったく違った一表現――その底辺と高さの積の二分の一――に還元する。これと同様に、諸商品の諸交換価値は一つの共通なものに還元されるはずであり、それらはこの共通なものの、あるいはより多くを、あるいはより少なくを、表わしているのである。

⑤　Diess Gemeinsame kann nicht eine geometrische, physische, chemische oder sonstige natürlich Eigenschaft der Waaren sein. Ihre körperlichen Eigenschaften kommen überhaupt nur in Betracht, soweit selbe sie nutzbar machen, also zu Gebrauchswerthen. Andrerseits ist aber das Austauschverhältniss der Waaren augenscheinlich charakterisirt durch die Abstraktion von ihren Gebrauchswerthen. Innerhalb desselben gilt ein Gebranchswerth grade so viel wie jeder andre, wenn er nur in gehöriger Proportion vorhanden ist. Oder, wie der alte *Barbon* sagt : „Die eine Waa-

⑤　Ce quelque chose de commun ne peut être une propriété naturelle quelconque, géométrique, physique, chimique, etc., des marchandises. Leurs qualités naturelles n'entrent en considération qu'autant qu'elles leur donnent une utilité qui en fait des valeurs d'usage. Mais d'un autre côté il est évident que l'on fait abstraction de la valeur d'usage des marchandises quand on les échange et que tout rapport d'échange est même caractérisé par cette abstraction. Dans l'échange, une valeur d'utilité vaut précisément autant que toute autre, pourvu qu'elle se trouve en proportion convenable.

525

交換価値の実体が商品の物理的な手でつかめる存在または**使用価値**としての商品の定在とはまったく違ったものであり独立なものであるということは、商品の交換関係がひと目でこれを示している。この交換関係は、まさに**使用価値**の**捨象**によって特徴づけられているのである。すなわち、交換価値から見れば、ある一つの商品は、それがただ正しい割合でそこにありさえすれば、どのほかの商品ともまったく同じなのである。

⑥　Unabhängig von ihrem Austauschverhältniss oder von der *Form*, worin sie als *Tausch*-Werthe *erscheinen*, sind die Waaren daher zunächst als *Werthe* schlechthin zu betrachten.

『資本論』初版（ドイツ語）、同第二版（ドイツ語）、同フランス語版各冒頭商品論出だし部分の対照表と各邦訳

rensorte ist so gut wie die andre, wenn ihr Tauschwerth gleich gross ist. Da existirt keine Verschiedenheit oder Unterscheidbarkeit zwischen Dingen von gleich grossem Tauschwerth". Als Gebrauchswerthe sind die Waaren vor allem verschiedner Qualität, als Tauschwerthe können sie nur verschiedner Quantität sein, enthalten also kein Atom Gebrauchswerth.

Ou bien, comme dit le vieux Barbon; «Une espèce de marchandise est aussi bonne qu'une autre, quand sa valeur d'échange est égale; il n'y a aucune différence, aucune distinction dans les choses chez lesquelles cette valeur est la même.» Comme valeurs d'usage, les marchandises sont avant tout de qualité, différente ; comme valeurs d'échange, elles ne peuvent être que de différente quantité.

この共通なものは、商品の幾何学的とか、物理学的とか、化学的、またはその他の自然的な属性ではありえない。およそ商品の物体的な属性は、ただそれらが商品を有用にし、したがって使用価値にするかぎりでしか問題にならないのである。ところが、他方、諸商品の交換関係は、まさに諸商品の使用価値の捨象に明白に特徴づけられているのである。この交換関係のなかでは、一つの使用価値は、それがただ適当な割合でそこにありさえすれば、ほかのどの使用価値ともちょうど同じだけのものと認められるのである。〔…〕使用価値としては、諸商品は、まずなによりも、いろいろに違った質であるが、交換価値としては、いろいろに違った量でしかありえないのであり、したがって一分子の使用価値も含んではいないのである。

この共通なあるものは、商品の幾何学的とか、物理学的とか、化学的などというような自然的な属性ではありえない。およそ商品の自然的な属性は、ただそれらが商品を、使用価値を生む有用なものにするかぎりでしか、問題にならないのである。ところが、他方、商品の交換において、諸商品の使用価値は捨象され、いかなる交換価値も、まさにこの抽象に明白に特徴づけられているのである。交換においては、ある一つの使用価値は、それが適当な割合でありさえすれば、ほかのどの使用価値ともちょうど同じだけの価値がある。〔…〕使用価値としては、諸商品は、なによりもまず、いろいろに違った質であるが、交換価値としては、ただいろいろに違った量でしかありえない。

⑥ Sieht man nun vom Gebrauchswerth der Waarenkörper ab, so bleibt ihnen nur noch eine Eigenschaft, die von Arbeitsprodukten. Jedoch ist uns auch das Arbeitsprodukt bereits in der Hand verwandelt. Abstrahiren wir von seinem Gebrauchswerth, so abstrahiren wir auch von den körperlichen Bestandtheilen und Formen, die es zum Gebrauchswerth machen. Es ist nicht länger Tisch oder Haus oder Garn oder sonst ein nützlich Ding. Alle seine sinnlichen Beschaffenheiten sind ausgelöscht. Es ist auch nicht länger das Produkt

⑥ La valeur d'usage des marchandises une fois mise de côté, il ne leur reste plus qu'une qualité, celle d'être des produits du travail. Mais déjà le produit du travail lui-même est métamorphosé à notre insu. Si nous faisons abstraction de sa valeur d'usage, tous les éléments matériels et formels qui lui donnaient cette valeur disparaissent à la fois. Ce n'est plus, par exemple, une table, ou une maison, ou du fil, ou un objet utile quelconque ; ce n'est pas non plus le produit du travail du tourneur, du maçon, de n'importe quel travail productif déter-

それゆえ、諸商品は、それらの交換関係からは独立に、またそれらが**諸交換‐**価値として現われる場合の**形態**からは独立に、まず第一に、たんなる**諸価値**として考察されるべきなのである。

⑦　Als Gebrauchsgegenstände oder Güter sind die Waaren *körperlich verschiedne* Dinge. Ihr *Werth*sein bildet dagegen ihre *Einheit*. Diese Einheit entspringt nicht aus der Natur, sondern aus der Gesellschaft. Die *gemeinsame gesellschaftliche*

『資本論』初版（ドイツ語）、同第二版（ドイツ語）、同フランス語版各冒頭商品論出だし部分の対照表と各邦訳

der Tischlerarbeit oder der Bauarbeit oder der Spinnarbeit oder sonst einer bestimmten produktiven Arbeit. Mit dem nützlichen Charakter der Arbeitsprodukte verschwindet nützliche Charakter der in ihnen dargestellten Arbeiten, es verschwinden also auch die verschiednen konkreten Formen dieser Arbeiten, sie unterscheiden sich nicht länger, sondern sind allzusammt reducirt auf gleiche menschliche Arbeit, abstrakt menschliche Arbeit.

miné. Avec les caractères utiles particuliers des produits du travail disparaissent en même temps, et le caractère utile des travaux qui y sont contenus, et les formes concrètes diverses qui distinguent une espèce de travail d'une autre espèce. Il ne reste donc plus que le caractère commun de ces travaux ; ils sont tous ramenés au même travail humain, à une dépense de force humaine de travail sans égard à la forme particulière sous laquelle cette force a été dépensée.

そこで商品体の使用価値を問題にしないことにすれば、商品体に残るものは、一つの属性、すなわち労働生産物という属性だけである。しかし、この労働生産物も、われわれの気がつかないうちにすでに変えられている。労働生産物の使用価値を捨象するならば、それを使用価値にしている物体的な諸成分や諸形態をも捨象することになる。それは、もはや机や家や糸やその他の有用物ではない。労働生産物の感覚的性状はすべて消し去られている。それはまた、もはや指物労働や建築労働や紡績労働やその他の一定の生産的労働の生産物でもない。労働生産物の有用性といっしょに、労働生産物に表わされている労働の有用性は消え去り、したがってまたこれらの労働のいろいろな具体的形態も消え去り、これらの労働はもはや互いに区別されることなく、すべてことごとく同じ人間労働に、抽象的人間労働に、還元されているのである。

諸商品の使用価値がひとたびわきに片づけられると、諸商品にはもはや一つの特質、つまり労働生産物であるという特質しか残らない。しかし、労働生産物そのものが、われわれの気がつかないうちにすでに、変態されている。労働生産物の使用価値を捨象するならば、労働生産物に使用価値を与えているあらゆる物体的な諸成分や諸形態も同時に消滅することになる。それは、もはや机や家や糸やその他の有用物ではない。それはまた、糸織り女工や石工の労働生産物、すなわちいかなる特定の生産的労働の生産物でもない。労働生産物の個々の有用性といっしょに、労働生産物に含まれている労働の有用性も、ある種類の労働を他の種類の労働から区別するさまざまな具体的形態も消え去る。したがって、もはや、これらの労働に共通な特性しか残らない。これらの労働は、すべてことごとく同じ人間労働に、人間労働力の支出に、人間労働力が支出された個々の形態にかかわりなく、還元されているのである。

⑦　Betrachten wir nun das Residuum der Arbeitsprodukte. Es ist nichts von ihnen übrig geblieben als dieselbe gespenstige Gegenständlichkeit, eine blosse Gallerte unterschiedsloser menschlicher Arbeit, d. h. der Verausgabung menschlicher

⑦　Considérons maintenant le résidu des produits du travail. Chacun d'eux ressemble complètement à l'autre. Ils ont tous une même réalité fantômatique. Métamorphosés en *sublimés* identiques, échantillons du même travail indistinct, tous ces

529

Substanz, die sich in verschiednen Gebrauchswerthen nur verschieden darstellt, ist – *die Arbeit*.

諸使用対象または諸財貨としては、諸商品は**物体的に違っている**諸物である。これに反して、諸商品の**価値**存在は諸商品の**統一性**をなしている。この統一性は、自然から生ずるのではなくて、社会から生ずるのである。いろいろに違う諸使用価値においてただ違って表わされるだけの、**共通な社会的実体**、それは――**労働**である。

⑧　Als *Werthe* sind die Waaren nichts als *krystallisirte Arbeit*. Die Masseinheit der Arbeit selbst ist die *einfache Durchschnittsarbeit*, deren Charakter zwar in verschiednen Ländern und Kulturepochen wechselt, aber in einer vorhandenen Gesellschaft gegeben ist. Komplicirtere Arbeit gilt nur als *potenzirte* oder vielmehr *multiplicirte* einfache Arbeit, so dass z. B. ein kleineres Quantum komplicirter Arbeit gleich einem grösseren Quantum einfacher Arbeit. *Wie* diese Reduktion geregelt wird, ist hier gleichgültig. *Dass* sie beständig vorgeht, zeigt die Erfahrung. Eine Waare mag das Produkt der komplicirtesten Arbeit sein. Ihr *Werth* setzt sie dem Produkt einfacher Arbeit gleich und stellt daher selbst nur ein bestimmtes Quantum einfacher Arbeit dar.

諸価値としては、諸商品は**結晶した労働**よりほかのなにものでもない。この労働そのものの度量単位は**単純な平均労働**であっ

『資本論』初版（ドイツ語）、同第二版（ドイツ語）、同フランス語版各冒頭商品論出だし部分の対照表と各邦訳

Arbeitskraft ohne Rücksicht auf die Form ihrer Verausgabung. Diese Dinge stellen nur noch dar, dass in ihrer Produktion menschliche Arbeitskraft verausgabt, menschliche Arbeit aufgehäuft ist. Als Krystalle dieser ihnen gemeinschaftlichen gesellschaftlichen Substanz sind sie – Werthe.

objets ne manifestent plus qu'une chose, c'est que dans leur production une force de travail humaine a été dépensée, que du travail humain y est accumulé. En tant que cristaux de cette substance sociale commune, ils sont réputés valeurs.

そこで今度はこれらの労働生産物に残っているものを考察してみよう。それらに残っているものは、同じ幽霊のような対象性のほかにはなにもなく、無差別な人間労働の、すなわちその支出の形態にはかかわりのない人間労働力の支出の、ただの凝固物のほかにはなにもない。これらの物が表わしているのは、ただ、その生産に人間労働力が支出されており、人間労働が積み上げられているということだけである。このような、それらに共通な社会的実体の結晶として、これらの物は――諸価値なのである。

そこで今度はこれらの労働生産物に残っているものを考察してみよう。それぞれの労働生産物は、他の労働生産物に完全に類似している。どの労働生産物にも、幽霊のような同じ実在が存している。これらすべての事物は同じ**昇華物**、同じ無差別な労働という原器に変態されて、もはや一つのことしか表わさない。それは、これらのものの生産には人間労働力が支出されており、人間労働が積み上げられていることだけである。このような共通な社会的実体の結晶として、これらのものは価値とみなされる。

⑧ Im Austauschverhältniss der Waaren selbst erschien uns ihr Tauschwerth als etwas von ihren Gebrauchswerthen durchaus Unabhängiges. Abstrahirt man nun wirklich vom Gebrauchswerth der Arbeitsprodukte, so erhält man ihren Werth wie er eben bestimmt ward. Das Gemeinsame was sich im Austauschverhältniss oder Tauschwerth der Waaren darstellt, ist also ihr Werth. Der Fortgang der Untersuchung wird uns zurückführen zum Tauschwerth als der nothwendigen Ausdrucksweise oder Erscheinungsform des Werths, welcher zunächst jedoch unabhängig von dieser Form zu betrachten ist.

⑧ Le quelque chose de commun qui se montre dans le rapport d'échange ou dans la valeur d'échange des marchandises est par conséquent leur valeur ; et une valeur d'usage, ou un article quelconque, n'a une valeur qu'autant que du travail humain est matérialisé en lui.

諸商品の交換関係そのもののなかでは、商品の交換価値は、その使用価値にはまったくかかわりのないものとしてわれわれの前

したがって、交換関係のうちに、すなわち諸商品の交換価値のうちに現われる共通なものは、それら諸商品の価値なのである。

531

て、その性格は、国や文化が違っていれば違っているには違いないが、しかし、ある現存の社会においては与えられている。より複雑な労働は、ただ、単純な労働が**数乗されたもの**、またはむしろ**数倍されたもの**とみなされるだけであって、したがって、たとえば、より小さい量の複雑労働はより大きい量の単純労働に等しいのである。このような換算がどのようにして調整されるか、ということはここでは問題ではない。それが絶えず行なわれているということは、経験の示すところである。ある商品はきわめて複雑な労働の生産物であるかもしれない。その**価値**は、その商品を単純労働の生産物に等置するのであって、したがって、それ自身はただ一定量の単純労働を表わしているだけなのである。

⑨　Ein Gebrauchswerth oder Gut hat also nur einen *Werth*, weil *Arbeit* in ihm *vergegenständlicht* oder *materialisirt* ist. Wie nun die *Grösse* seines Werthes messen? Durch das *Quantum* der in ihm enthaltenen „werthbildenden Substanz", der Arbeit. Die Quantität der Arbeit selbst misst sich an ihrer *Zeitdauer* und die *Arbeitszeit* besitzt wieder ihren Massstab an *bestimmten Zittheilen*, wie Stunde, Tag u. s. w.

こういうわけで、ある使用価値または財貨がある**価値**をもつのは、ただ、**労働がそれに対象化されている**、または**物質化されて**いるからにほかならない。では、それらの価値の**大きさ**はどのようにして計られるのであろうか？ それらのなかに含まれている「価値形成実体」の、労働の、量によってである。労働の量そのものは労働の**継続時間**で計られ、**労働時間**はまた時間や日などというような**一定の時間部分**をその尺度としている。

に現われた。そこで、じっさいに労働生産物の使用価値を捨象してみれば、ちょうどいま規定されたとおりの労働生産物の価値が得られる。だから、商品の交換関係または交換価値のうちに現われる共通なものは、商品の価値なのである。研究の進行は、われわれを、価値の必然的な表現様式または現象形態としての交換価値につれもどすことになるであろう。しかし、この価値は、さしあたりまずこの形態にはかかわりなしに考察されなければならない。

こういうわけで、使用価値または財貨は、人間労働がそのうちに物質化されているかぎりにおいてのみ、価値をもつのである。

⑨ Ein Gebrauchswerth oder Gut hat also nur einen Werth, weil abstrakt menschliche Arbeit in ihm vergegenständlicht oder materialisirt ist. Wie nun die Grösse seines Werths messen? Durch das Quantum der in ihm enthaltenen „werthbildenden Substanz", der Arbeit. Die Quantität der Arbeit selbst misst sich an ihrer Zeitdauer und die Arbeitszeit besitzt wieder ihren Massstab an bestimmten Zeittheilen, wie Stunde, Tag u. s. w.

⑨ Comment mesurer maintenant la grandeur de sa valeur? Par le *quantum* de la substance «créatrice de valeur» contenue en lui, du travail. La quantité de travail elle-même a pour mesure sa durée dans le temps, et le temps de travail possède de nouveau sa mesure dans des parties du temps telles que l'heure, le jour, etc.

こういうわけで、ある使用価値または財貨がある価値をもつのは、ただ、抽象的人間労働がそれに対象化されている、または物質化されているからにほかならない。では、それらの価値の大きさはどのようにして計られるのであろうか？　それらのなかに含まれている「価値形成実体」の、労働の、量によってである。労働の量そのものは労働の継続時間で計られ、労働時間はまた時間や日などというような一定の時間部分をその尺度としている。

では、その価値量はどのようにして計られるのであろうか？　それらに含まれている「価値形成」実体の分量、すなわち労働の分量によってである。労働の量そのものは、労働の継続時間を尺度とし、労働時間はまた時間や日などというような一定の時間部分をその尺度としている。

あとがき

　われわれは、商品―商品語について考察をつづけてきた。これは別言すれば、価値について考察をつづけてきたということである。というのは、商品が商品語で語る、とされた内容を、マルクスは次のように述べていたからである。「人びとは使用価値に関心があるかもしれないが、使用価値は自分たち商品に属するものではない。自分たち商品に属するのは価値である」と。商品一般から貨幣、そして資本、さらには利子生み資本―架空資本へと、商品の運動の深化・拡大に応じて、商品語に関する探究も深化させなければならず、それゆえ価値と価値批判に関する議論もまた、より一層深めなければならない。それはとても困難な作業である。本書でわれわれは、この作業に没頭したが、まだまだ十分ではない。だが、確かな礎は築けたのではないか、と考えている。

　ところで、商品―商品語―価値について考えつづけてきたのは、やはり、人間の解放について考えつづけてきたからである。人間の解放について、われわれは次のように考えてきた。人間が自らの社会性を種々様々な共同体や共同体的諸組織として〈外部〉に疎外することなく、ひとりひとりの人間（諸個人）がそれ自体で社会になること、と。

　この考えに変わりがないが、最近、世界的に急速に広がってきた思考、すなわち、人間それ自体を考えない諸々の思考に抗して、人間の解放について、われわれは次のようにも考えている。人間の解放とは、類的存在としての人間と個々の個人の間に、宗教、民族、国家、などなどを措くことの一切が不要となること、と。

　ある地域のある勢力は、女性や子ども、それも 10 歳にも満たない子どもや、赤ちゃんを背負った女性を、恐らく遠隔操作によって、「敵」に対する自爆攻撃の兵器に直接仕立て上げつづけている。こうした行為は、絶対に許しえない行為である。しかし、これらの決定的に反人間的な行為は、これらの地域の人びとの〈生〉を完全に無視し抹殺しつづけてきた、最高度の「文明」諸国民（民族）国家による、決定的に反人間的な行為の結果でもあるのだ。そして今、これらの

「文明」諸国民（民族）国家、そしてそのもとにある多くの国民は、「テロとの闘い」と称して、数百年にわたる決定的に反人間的行為の記憶を思い起こすことなく、ひたすら「文明」を振りかざして反人間的行為を非難し断罪し、それを「正そう」とすることに必死なのである。

　こうした今日の世界史的な動き全体を主導する人びと、あるいはそれに無批判的に同調する人びとは、類的存在としての人間と個々の人間の間に、宗教や国家などを描き、宗教や国家などに自己を一体化させ、それら自体を価値だとしている。それゆえ、そうした人びとは、人間それ自体への思考・考察・想像力・共感を失っているのである。

　類的存在としての人間と個々の人間の間に、宗教や民族や国家、などなどを描くあらゆる思考に、丁寧に徹底的に抗していくことが求められているのではなかろうか。これは別の角度から言えば、類的存在としての人間（人類）にしても人間にしても、未だそれらの「ことば」だけがあるといった程度にとどまっており、それゆえ、それらの内実を創り出し、豊かなものとして確立していくことが切実なものとして問われているということである。

　本書は、立命館大学文学部紀要『立命館文学』の第632号（2013年7月）、第633号（2013年11月）、第635号（2014年2月）、第638号（2014年7月）に連載された共著論文「商品語の〈場〉は人間語の世界とどのように異なっているか――『資本論』冒頭商品論の構造と内容――」をベースとしている。ただ、それをかなりの程度まで組み替え、大幅に加筆・訂正し、さらに相当の分量を新たに書き下ろした。とはいえ、主張しようとする核心については、初出時と何らの変更もない。

　本書を世に問うにあたって、社会評論社編集部の新孝一氏には大変お世話になった。また、本書の装幀およびカット絵は、友人の画家・春日井誠氏の作品である。

　商品・商品語について考察し議論するために、われわれは、「商品と言語」研究会と名付けた研究会を組織し、長期にわたって議論を重ねてきた。同研究会に参加してくださった実に多くの方々から、誠に貴重な意見や批評などを賜った。心から感謝の意を表したい。

　『資本論』初版刊行150年、『帝国主義論』刊行100年という年に本書を刊行できることに深い感慨をもつ。

あとがき

　最後に、本書の完成を見ずに幽明境を異にした、しかし本書の完成を喜び真剣な批評を行なってくれたに違いない友人・知人たちにも、感謝の念を表したく思う。

2017 年 10 月　著者

参照文献

　本書の参照文献を、アルファベット表記のもの、キリル文字表記のもの、日本語表記のものの順に、それぞれ固有の順序にしたがって掲げる。アルファベット表記およびキリル文字表記のもので、＊印を付した文献からの引用は、原典から直接著者が邦訳した。

　ところで、本書の初出である『立命館文学』連載論文で、鬼界彰夫氏の著作名を誤記するなどの誤りがいくつかあった。ここに記して読者および関係者の方々に深くお詫びする。

［欧文文献］

A

Almarzoqi, Raja, Noureddine Krechene and Walid Mansour, *A Sharia-Based Economics and Financial Model: An Islamic Approach to Efficient Government, Macroeconomic Stability, and Full-Employment*, London, Palgrave Macmillan, 2017.

Alrif, Tariq, *Islamic Finance and the New Financial System: An Ethical Approach to Preventing Future Financial Crisis*, Singapore, John Wiley and Sons, 2015.

Althusser, Louis, Jacques Rancière, et Pierre Macherey, *Lire* le Capital, tome I, Paris, Maspero, 1965.（今村仁司訳『資本論を読む（上）』ちくま学芸文庫、1996 年）＊

Andreau, Jean, *Banque et affaires dans le monde romain*, Paris, Seuil, 2001.

Arendt, Hanna, "Karl Marx and the Tradition of Western Political Thought", in *Social Research*, Vol. 69, No. 2.（Summer 2002）, pp. 275-319.（佐藤和夫編、アーレント研究会訳『カール・マルクスと西欧政治思想の伝統』大月書店、2002 年）＊

Aristotelēs（Ἀριστοτέλης）, *Nicomachean Ethics*, trans. by H. Rackham, Cambridge, MA., Loeb Classical Library 73, Harvard University Press, 1926.（朴一功訳『ニコマコス倫理学』京都大学学術出版会、2002 年）

―――――――――――, *Politics*, trans. by H. Rackham, reprinted with corrections, Cambridge, MA., Loeb Classical Library 264, Harvard University Press, 1944.（牛田徳子訳『政治学』京都大学学術出版会、2001 年）

Asher, Marcia, *Ethnomathematics: A Multicultural View of Mathematics*, New York, Chapman & Hill, 1995.

Askari, Hossein, Zamir Iqbal and Abbas Mirakhor, *Globalization & Islamic Finance: Convergence, Prospects & Challenges*, Singapore, John Wiley and Sons, 2010.

Arthur, Christopher, *The New Dialectic and Marx's* Capital, Leiden, Brill, 2002.

――――――――, "Money and the Form of Value", in Ricardo Bellofiore and Nicola Taylor (eds.), *The Constitution of Capital: Essays on Volume I of Marx's* Capital, London, Palgrave Macmillan, 2004, pp. 35-62..

Ayoub, Sherif, *Derivatives in Islamic Finance: Examining the Market Risk Management Framework*, Edinburgh, U.K., Edinburgh University Press, 2014.

B

Backhaus, Hans-Georg, »Materialien zur Rekonstruktion der Marxchen Werttheorie«, Nr. 1, 2, 3 in *Gesellschaft. Beiträge zur Marxschen Theorie*, Hefte 1, 2, 11, Frankfurt am Main, Suhrkamp Verlag, 1974 (Heft 1), S. 52-77.; 1975 (Heft 2), S. 122-159.; 1978 (Heft 11), S. 16-117.

――――――――, *Dialektik der Wertform: Untersuchungen zur marxschen Ökonomiekritik*, 2. durchgesehene Auflage, Freiburg im Breisgau, Ça ira-Verlag, 1997.

Badiou, Alain, *L'Être et L'Événement*, Paris, Seuil, 1988.

Bailey, Samuel, *Questions in Political Economy, Politics, Morals, Metaphysics, Polite Literature, and Other Branches of Knowledge*, London, R. Hunter, 1823.

――――――――, *A Critical Dissertation on the Nature, Measures, and Causes of Value; Chiefly in Reference to the Writings of Mr. Ricardo and his followers. By the Author of Essays on the Formation and Publication of Opinions*, London, R. Hunter, 1825.（鈴木鴻一郎訳『リカアド価値論の批判』日本評論社、1941 年）*

――――――――, *A Letter to a Political Economist; Occasioned by An article in* the Westminster Review *on the Subject of Value. By the Author of the Critical Dissertation on Value therein reviewed*, London, R. Hunter, 1826.

――――――――, *Money and Its Vicissitudes in Value as They Affect National Industry and Pecuniary Contracts: With a Postscript on Joint-Stock Banks*, London, Effingham Wilson, 1837.

――――――――, *Defence of Joint-Stock Banks*, London, Effingham Wilson, 1840.

Baker, Robert, *Curcus osteologicus*, London, printed and sold by T. Leigh and D. Midwinter, 1699.

Balibar, Étienne, *La Philosophie de Marx*, Paris, La Découverte, 1993.（杉山吉弘訳『マルクスの哲学』法政大学出版局、1995 年）*

Basile, Giovanni Pietro, *Kants »Opus postumum« und Seine Rezeption*, Berlin und Boston, Walter de Gruyter GmbH, 2013.

Bates, Stephen, and Richard Norton-Taylor, 'No pardon for Admiral Byng. The MoD don't want to encourage any others', *The Guardian*, 15 March, 2007.

Baudrillard, Jean, *Pour une critique de L'économie politique du signe*, Paris, Gallimard, 1972.（今村仁司・宇波彰・桜井哲夫訳『記号の経済学批判』法政大学出版局、1982 年）*

Behr, Hans-Georg, *Söhne der Wüste. Kalifen, Händler und Gelehrte*, Wien und Düsseldorf, EconVerlag, 1975.（金森誠也訳『商業帝国イスラムの謎――世界最古の「多国籍コンツェルン」神話』アリアドネ企画、1998 年［抄訳］）*

Bellofiore, Ricardo e Roberto Fineschi, *Marx in questione: Il dibattito "aperto" dell'International Symposium on Marxian Theory*, Napoli, Edizioni La Città del Sole, 2009.

――――――――――――――――（eds.）, *Re-reading Marx: New Perspective after the Critical Edition*, London, Palgrave Macmillan, 2009.

Bellofiore, Ricardo and Nicola Taylor（eds.）, *The Constitution of Capital: Essays on Volume I of Marx's Capital*, London, Palgrave Macmillan, 2004.

Benjamin, Walter, »Die Aufgabe des Übersetzers«, in idem, unter Mitwirkung von Theodor W. Adorno und Gerschom Scholem, herausgegeben von Rolf Tiedemann und Hermann Schweppenhäuser, *Walter Benjamin. Gesammelte Schriften*, Bd. IV-1, Frankfurt am Main, Suhrkamp Verlag, 1972.（野村修訳「翻訳者の課題」、野村編訳『暴力批判論 その他十篇 ベンヤミンの仕事1』岩波文庫、1994年所収）

――――――――, »Über Sprache überhaupt und über die Sprache des Menschen«, in *Walter Benjamin. Gesammelte Schriften*, Bd. II-1, Frankfurt am Main, Suhrkamp Verlag, 1977.（細見和之訳「言語一般および人間の言語について」、細見『ベンヤミン「言語一般および人間の言語について」を読む』岩波書店、2009年所収）

――――――――, herausgegeben und mit Anmerkungen versehen von Gerschom Scholem und Theodor W. Adorno, *Briefe*, Zweite Aufgabe, Bd. I, Frankfurt am Main, Suhrkamp Verlag, 1993.

Benkhadra, M./Salomon, C./Bressanutti, V./Genelot, D./Trost, O./Trouilloud, P., "Joseph-Guichard Duverney（1648-1730）. Docteur, professeur et chercheur dans les 17e et 18e siècles", dans *Morphologie*, vol. 94, no. 306（août 2010）, pp. 63-67.

Benson, Linda and Ingvar Svanberg, *China's Last Nomads: History and Culture of China's Kazaks*, New York and London, Routledge, 1998.

BIBLIA SACRA. IUXTA VULGATAM VERSIONEM, vierte verbesserte Auslage, Stuttgart, Deutsche Bibelgesellschaft, 1994.（共同訳聖書実行委員会訳『中型引照つき聖書 旧約続編つき 新共同訳』日本聖書協会、2012年）*

Bidet, Jacques, *Que faire du «Capital» ?*, Paris, Klincksieck, 1985.（今村仁司・山田鋭夫・竹永進・海老塚明訳『資本論をどう読むか』法政大学出版局、1989年）

Bloch, Ernst, *Das Prinzip Hoffnung*. in *Ernst Bloch. Gesamtausgabe*, Bd. 5, Frankfurt am Main, Suhrkamp Verlag, 1959.（山下肇・瀬戸鞏吉・片岡啓治・沼崎雅行・石丸昭二・保坂一夫訳『希望の原理』第三巻、白水、2013年）*

Bonefeld, Werner, und Michael Heinrich, *Kapital &Kritik: Nach der »neuen« Marx-Lektüre*, Hamburg, VSA Verlag, 2011.

Boolos, George S., "The Consistency of Frege's Foundations of Arithmetic", in Judith Thompson（ed.）, *On Being and Saying: Essays for Richard Cartwright*, Cambridge, MA., The MIT Press, 1987, pp.3-20.

――――――――, *The Logic of Provability*, Cambridge, U. K., Cambridge University Press, 1994.

――――――――, *Logic, Logic, and Logic*, Cambridge, MA., Harvard University Press, 1998.

Borges, Jorge Luis, "El Inmortal", en *Obras completas de Jorge Luis Borges*, Edición crítica（anotada por Rolando Costa Picazón e Irma Zangara）, Tomo I, Buenos Aires, Emecé-Planeta, 2011, pp. 720-735.（鼓直訳『アレフ』岩波文庫、2017年；木村榮一訳『エル・アレフ』平凡社ライブラリー、

2005 年)＊

C

Cantor, Georg, »Beiträge zur Begründung der transfiniten Mengenlehre«, in *Mathematische Annalen*, Bd. 46., Berlin/Heidelberg, Springer Verlag, 1895, S. 481-512.; Bd. 49, 1897, S. 207-246.（正田健次郎・吉田洋一監修、功力金二郎・村田全訳／解説『超限集合論』共立出版、1979 年）＊

Celan, Paul, „Der Meridian", in idem, herausgegeben von Bela Allemann und Stefan Reichert unter Mitwirkung von Rolf Bücher, *Paul Celan. Gesammelte Werke in sieben Bänden*, Bd. 3, Frankfurt am Main, Suhrkamp, 2000.

Cézanne, Paul, Émile Bernard, sous la direction de Peter Michael Doran, *Conversation avec Cézanne*, Paris, Macula, 1986.（高橋幸次・村上博哉訳『セザンヌ回想』淡交社、1995 年）

Chayanov, Alexsadr Vasil'evitch, David Thomer, Basile Kerblay, and R. E. F. Smith（eds.）, *The Theory of Peasant Economy*, Manchester, WI., University of Wisconsin Press, 1986.（→同時に Tsjayanow, A. W. および Чаянов, А. В. も参照のこと）

Cheal, David J., *The Gift Economy*, New York, Routledge, 1988.

Cislo, Amy Eisen, *Paracelsus's Theory of Embodiment: Conception and Gestation in Early Modern Europe*, London, Routledge, 2016.

Coleman, William and Anna Taitslin, "The Enigma of A. V. Chayanov", in Vincent Barnett and Joachim Zweynert（eds.）, *Economics in Russia: Studies in Intellectual History*, London and New York, Routledge, 2016, pp. 91-106.

Coquery-Vidrovitch, Catherine, „Recherche sur un mode de production africain", dans *La Pensée*, Nº. 144（1969）, pp. 61-78.

D

Davies, Glyn, *A History of Money: From ancient Times to the present Day*, Cardiff, U. K., University of Cardiff Press, 1994.

De Brosses, Charles, *Du cult des dieux fétiches, 1760*, Paris, Fayard, 1989.（杉本隆司訳『フェティシュ諸神の崇拝』法政大学出版局、2008 年）＊

Derrida, Jacques, *Schibboleth: pour Paul Celan*, Paris, Galilée, 1986.（飯吉光夫・小林康夫・守中高明訳『シボレート――パウル・ツェランのために』岩波書店、1990 年）

――――, Drucilla Cornell, Michel Rosenfeld and David Gray Carlson（eds.）, *Deconstruction and the Possibility of Justice*, New York & London, Routledge, 1992.

――――, «Des tours de Babel»（1985）, dans idem, *Psyché: Inventions de l'autre*, Paris, Galilée, 1987.（藤本一勇訳「バベルの塔たち」、同訳『プシュケー：他なるものの発明（1）』岩波書店、2014 年所収）

――――, *Spectres de Marx : L'État de la dette, le travail du deuil et la nouvelle Internationale*, Paris, Galilée, 1993.（増田一夫訳・解説『マルクスの亡霊たち――負債状況＝国家、喪の作業、新しいインターナショナル』藤原書店、2007 年）＊

―――――, *Le monolinguisme de l'autre, ou la prothèse d'origine*, Paris, Galilée, 1996.（守中高明訳『たった一つの、私のものではない言葉――他者の単一言語使用』岩波書店、2001 年）

―――――, *Judaïsme, question ouverte : conversation avec Jacques Derrida*, Paris, Éditions Balland, 2016.

De van der Ploeg, Jan Douwe, *Nuevos campesinos: Campesinos e imperios alimentarios*, Barcelona, Icaria, 2010.

―――――, *Peasants and the Art of Farming: A chayanovian Manifesto*, Rugby, U. K., Practical Action Publishing, 2014.

Dirac, Paul Adrien Maurice, *General Theory of Relativity*, London, John Wiley & Sons, 1975.（江沢洋訳『一般相対性理論』ちくま学芸文庫、2005 年）

E

Eaton, Henry, "Marx and the Russians", in *Journal of the History of Ideas*, Vol. 41, No. 1 (January-March, 1980), pp. 89-112.

Egan, Greg, "Luminous", in idem, *Luminous: A Collection of Stories*, London, Millennium, 1999.; idem, "Dark Integers", in idem, *Dark Integers and Other Stories*, Burton, MI., Subterranean, 2008.（山岸真訳「ルミナス」、同編訳『しあわせの理由』ハヤカワ SF 文庫、2003 年；山岸真訳「暗黒整数」、同編訳『プランク・ダイヴ』ハヤカワ SF 文庫、2011 年）*

Elbe, Ingo, »Wertformanalyse und Geld—Zur Debatte über Popularisierungen, Brüche und Versteckspiele in der Marxschen Darstellung«, in Ingo Elbe, Tobias Reicherdt und Dieter Wolf, *Gesellschaftliche Praxis und ihre wissenschaftliche Darstellung: Beiträge zur* Kapital*-Diskussion*, Hamburg, Argument Verlag, 2008, S. 210-240.

Elbe, Ingo, *Marx in Westen: Die neue Marx-Lektüre in der Bundesrepublik seit 1965*, 2. Korrigierte Auflage, Berlin, Akademie Verlag, 2010.

El-Gamal, Mahmoud, *Islamic Finance: Law, Economics, and Practice*, Cambridge, U. K., Cambridge University Press, 2006.

Erasmus of Rotterdam (DESIDERII ERASUMI ROTERODAMI), Felix Heinimann et M. L. Van Poll-van Lisdonc (eds.), *OPERA OMNIA* Ⅱ*-9* (*ADAGIORVM COLLECTANEA*), Amsterdam, Elsevier, 2005.

Ercanbrack, Jonathan, *The Transformation of Islamic Law in Global Financial Markets*, Cambridge, U. K., Cambridge University Press, 2015.

Eucleidēs (Εὐκλείδης), *Greek Mathematical Works: Vol. I, Thales to Euclid*, trans. by Ivor Thomas, Cambridge, MA., Loeb Classical Library 335, Harvard University Press, 1939.（中村幸四郎・寺阪英孝・伊東俊太郎・池田美恵訳／解説『ユークリッド原論』縮刷版、共立出版、1996 年）

Evans, David Morier, *History of the Commercial Crisis of 1857-1858*, London, Groombridge and Sons, 1859.

―――――, *Speculative Notes on Speculation: Ideal and Real*, London, Groomsbridge and Sons, 1864.

F

Fineschi, Roberto, »Nochmals zum Verhältnis Wertform-Geldform-Austauschprozess«, in C. E. Vollgraf, R. Spert, und R. Hecker（hrsg.）, *Marx-Engels-Forschung, Neue Folge 2004*, Hamburg, Argument Verlag, 2006, S. 115-133.

―――――――, *Un nuovo Marx: Filologia e interpretazione dopo la nuova edizione storico-critica (MEGA^{②})*, Roma, Carocci editore, 2008.

Förster, Eckart, *Kant's Final Synthesis: An Essay on the* Opus postumum, Cambridge, MA., Harvard University Press, 2000.

Foley, Duncan K., *Understanding* Capital*: Marx's Economic Theory*, Cambridge, MA., Harvard University Press, 1986.（竹田茂夫・原伸子訳『資本論を理解する――マルクスの経済理論』法政大学出版局、1990 年）＊

Frank, André Gunder, *Latin America: Underdevelopment or Revolution*, New York, Monthly Review Press, 1969.

―――――――, *Lumpenburguesía: Lumpendesarrollo, Dependencia, Clase y Política en Latinoamérica*, Santiago de Chile, Editorial Prensa Latinoamericana, 1972.（西川潤訳『世界資本主義とラテンアメリカ――ルンペン・ブルジョアジーとルンペン的発展』岩波書店、1978 年）＊

Frank, André Gunder, Rodolfo Puiggros, y Ernesto Laclau, *América Latina: ¿Feudalismo o Capitalismo?*, Medellín, Editorial La Oveja Negra, 1973.（横越英一訳『資本主義・ファシズム・ポピュリズム――マルクス主義理論における政治とイデオロギー』柘植書房、1985 年）＊

Frege, Gottolob, *Die Grundlagen der Arithmetik. Eine logisch-mathematische Untersuchung über den Begriff der Zahl*, Breslau, Verlag von Wilhelm Koebner, 1884.（野本和幸・土屋俊編『フレーゲ著作集〈2〉算術の基礎』勁草書房、2001 年）＊

G

García, Renaud, *"Alexandre Chayanov„ pour un socialisme paysan*, Lyon, Le Passager Clandestin, 2017.

Geman, Hélyette, *Commodities and Commodity Derivatives : Modelling and Pricing for Agriculturals, Metals and Energy*, Chichester, U. K., John Wiley and Sons, 2005.（野村證券・野村総合研究所事業リスク研究会訳『コモディティ・ファイナンス』日経 BP 社、2007 年）＊

Gisbert Quero, Julio, *Vivir sin empleo: trueque, bancos de tiempo, monedas sociales y otras altinativas*, Barcelona, Los Libros del Lince, 2010.

Godelier, Maurice, *Horizon, trajets marxiste en anthropologie*, Paris, Maspero, 1973.（山内昶訳『人類学の地平と針路』紀伊國屋書店、1976 年）＊

―――――――, *L'énigme du don*, Paris, Fayard, 1996.（山内昶訳『贈与の謎』法政大学出版局、2000 年）＊

Gödel, Kurt, »Über formal unentsheidbare Sätze der *Principia Mathematica* und verwandter Szsteme I«, in *Monatschefte für Mathematik und Physik*, Bd. 38, S. 15-62.（林晋・八杉満利子訳／解説『ゲーデル 不完全定理』岩波文庫、2006 年）

Goethe, Johann Wolfgang von, hrsg. von Ernst Beutler, *Johann Wolfgang von Goethe. Gedankausgabe der*

Werke, Brief und Gespräche, Bd. 17, Zürich, Artemis Verlag, 1966.（木村直司他訳『ゲーテ全集 14』潮出版社、1980 年；木村直司訳『ゲーテ形態学論集（動物篇）』ちくま学芸文庫、2009 年）*

Goux, Jean-Joseph, *Les monnayeurs du langage*, Paris, Galilée, 1984.（土田知則訳『言語の金使い――文学と経済学におけるリアリズムの解体』新曜社、1998 年）*

H

Häfner, Lutz, "The Assasination of Count Mirbach and the "July Uprising" of the Left Socialist Revolutionaries in Moscow, 1918", in *Russian Review*, Vol. 50, No. 3（July 1991）, pp. 324-344.

Hallaq, Wael B., "Was the Gate of Ijtihad Closed?", in *International Journal of Middle East Studies*, Vol. 16, No. 1, 1984, pp. 3-41.（奥田敦訳『イジュティハードの門は閉じたのか――イスラーム法の歴史と理論』慶応義塾大学出版会、2003 年）*

Hanssen, Beatrice, *Benjamin's Otjer History: Of Stones, Animals, Human Beings, and Angels*, Berkeley CA., and London, University of California Press, 1998.

Harvey, David, *A Companion to Marx's* Capital, London, Verso, 2010.（森田成也・中村好孝訳『〈資本論〉入門』作品社、2011 年）*

Hauk, Wolfgang F., »Wachsende Zweifel an der Monetären Werttheorie. Antwort auf Michael Heinrich«, in *Das Argument* 251, 45. Jahrgang, Heft 3, 2003, S. 424-437.

―――――――, *Neue Vorlesungen zur Einführung ins* »Kapital«, Hamburg, Argument Verlag mit Ariadne, 2006.

―――――――, *Das* »Kapital« *lesen—aber wie?: Materialien*, Hamburg, Argument Verlag mit Ariadne, 2013.

Hayden, Cori, *When Nature Goes Public: The Making and Unmaking of Bioprospecting in Mexico*, Princeton, NJ., Princeton University Press, 2003.

Hecker, Rolf（hrsg.）, *Marx und Russland（Beiträge zur Marx-Engels-Forschung Neue Folge 2012）*, Hamburg, Argument Verlag, 2014.

Hecker, Rolf, und Richard Spert（hrsg.）, *Zur den Studiematerialien von Marx und Engels（Beiträge zur Marx-Engels-Forschung Neue Folge 2011）*, Hamburg, Argument Verlag, 2013.

Hecker, Rolf, Richard Spert, und Carl E. Vollgraf, *Quellen- und Kapital-Interpretationen, Manifest-Rezeption, Erinnerungen（Beiträge zur Marx-Engels-Forschung Neue Folge 2009）* Hamburg, Argument Verlag, 2009.

Hegal, Georg Wilhelm Friedrich, Unter Mitarbeit von Udo Rameil, hrsg. Von Wolfgang Bonsiepen und Hans-Christian Lucas, *Gesammelte Werke*, Bd. 20, *Enzyklopädie der philosophischen Wissenschaften im Grundrisse*（1830）, Hamburg, Felix Meiner, 1992.（加藤尚武訳『ヘーゲル全集〈2-a/b〉自然哲学 上・下』岩波書店、1998-1999 年；長谷川宏訳『自然哲学‐哲学の集大成・要綱 第二部』作品社、2005 年）*

―――――――, auf der *Werke* von 1832-1845 neu edierte Ausgabe Redaktion Eva Moldenhauer und Karl Markus Michel, *Vorlesungen über die Geschichte der Philosophie* Ⅰ（Werke 18）,

Frankfurt am Main, Suhrkamp, 1986.（武市健人訳『ヘーゲル全集 11 哲学史（上）』岩波書店、1996 年；長谷川宏訳『哲学史講義（上）』河出書房新社、1992 年）*

Heinrich, Michael, *Die Wissenschaft vom Wert: Die Marxsche Kritik der politischen Ökonomie zwischen wissenschaftlicher Revolution und klassischer Tradition*, 2. Auflage, Münster, Westfälisches Dampfboot, 1999.

―――――――, »Über „Praxeologie", „Ableitungen aus dem Begriff" und die Lektüre von Texten«, in *Das Argument* 254, 46. Jahrgang, Heft 1, 2004, S. 92-101.

―――――――, *Kritik der politischen Ökonomie*, 3. Auflage, Stuttgart, Schmetterling Verlag, 2005.（明石英人・佐々木隆治・斎藤幸平・隅田聡一郎訳『『資本論』の新しい読み方：21 世紀のマルクス入門』堀之内出版、2014 年）*

Hilbert, David, *Grundlagen der Geometrie*, Siebte Auflage, Berlin, Julius Springer Verlag, 1930.（中村幸四郎訳『幾何学基礎論』ちくま学芸文庫版、2005 年）

Hilferding, Rudolf, *Das Finanzkapital. Eine Studie über die jüngste Entwicklung des Kapitalismus*, Wien, Verlag der Wiener Volksbuchhandlung Ignaz Brand & Co., 1910.（林要訳『金融資本論（改訂版）』大月書店、1961 年；岡崎次郎訳『金融資本論（上・下）』岩波文庫、1982 年）*

Hoff, Jan, *Marx global: Zur Entwicklung des internationalen Marx-Diskurses seit 1965*, Berlin, Akademie Verlag, 2009.

Horgenson, Jan, and Marion Johnson, *The Shell Money of the Slave Trade*, Cambridge, U.K., Cambridge University Press, 1986.

Humboldt, Wilhelm von, Hrzg. von der Königlich Preussischen Akademie der Wissenschaften, *Wilhelm von Humboldts Gesammelte Schriften*, Bd. Ⅱ, Berlin, B. Behr's Verlag, 1836.

―――――――, *Über die Verschiedenheit des menschlichen Sprachbaues und ihren Einfluss auf die geistige Entwicklung des Menschengeschlechts*, Bonn, Ferd. Dümmlers Verlag, 1960.（亀山健吉訳『言語と精神 カヴィ語研究序説』法政大学出版局、1984 年）

Hundt, Martin, »Louis Kugelman. Zum 65. Todestag des Korrespondenzpartners von Karl Marx«, in *Beiträge zur Geschichte der Arbeiterbewegung*, Berlin, Dietz Verlag, 1967, Heft 2, S. 294-300.

―――――――, *Louis Kugelman. Ein Biographie des Arztes und Freudes von Karl Marx und Friedrich Engels*, Berlin, Dietz Verlag, 1974.

Hunter, John, ed. by James F. Palmer, *The Works of John Hunter, F. R. S.*, with notes, Cambridge, U.K., Cambridge University Press, 2015.

Hussain, Mumtaz, Asghar Shahmoradi and Rima Turk, "An Overview of Islamic Finance", *IMF Working Paper*（WP/15/120）, 2015."

I

Iber, Christian, »Die Bedeutung der Differenz in der Entwicklung der Wertformen zwischen der ersten und zweiten Auflage des *Kapital*«, in Jan Hoff, Alexis Petrioli, Ingo Stützle, und Frieder Otto Wolf (hrsg.), *Das Kapital neu lesen. Beiträge zur radikalen Philosophie*, Münster, Verlag Westfälisches Dampfboot, 2006, S. 189-199.

―――, *Grundzüge der Marx'schen Kapitalismustheorie*, Berlin, Paerga Verlag, 2005.

Institut für Marxismus-Leninismus beim ZK d. KpdSU, Moskau, und Institut für Marxismus-Leninismus beim ZK der SED, Berlin, (hrsg.), *Marx-Engels-Jahrbuch*, Heft 1-Heft 12, Berlin, Dietz Verlag, 1978-1990.

Institut für Marxismus-Leninismus beim ZK d. KpdSU und Institut für Geschichte der Arbeiterbewegung, Berlin, (hrsg.), *Marx-Engels-Jahrbuch*, Heft 13, Berlin, Dietz Verlag, 1991.

Institut für Marxismus-Leninismus beim Zentralkomitee der SED Marx-Engels-Abteilung (hrsg.), *Beiträge zur Marx-Engels-Forschung*, 1 bis 13+14, 15 bis 18+19, 20+21, 22+23 bis 28, Berlin, Institut für Marxismus-Leninismus beim ZK der SED, 1968-1989.

Internationale Marxistische Studien und Forschung (hrsg.), *Internationale Marx-Engels-Forschung: Marxistische Studien Jahrbuch des IMES*, Heft 12, Frankfurt am Main, IMSF, 1987.

Internationale Marx-Engels-Stiftung (hrzg.), *Marx-Engels-Jahrbuch*, 2003 bis 2011, 2012/2013, 2014, 2015/2016, Berlin, Akademie Verlag.

Iqbal, Munawar, and David T. Llewellyn (eds.), *Islamic Banking and Finance: New Perspective on Profit-Sharing and Risk*, Cheltenham, U. K., Edward Elgar Publishing, 2002.

J

Jakobson, Roman, *Essais de linguistique général* (1 et 2), Paris, Minuit, 1963 (tome 1) et 1973 (tome 2).(川本茂雄監修・田村すゞ子・長崎善郎・村崎恭子・中野直子訳『一般言語学』みすず書房、1973 年)*

Jameson, Fredric, *Representing Capital: A Reading of Volume One*, London and New York, Verso, 2011.(野尻英一訳『21 世紀に、資本論をいかに読むべきか？』作品社、2015 年)*

Jevons, William S., *The Theory of Political Economy*, 3rd edition, London, Macmillan, 1911.(小泉信三・寺尾琢磨・水田清訳『経済学の理論』日本経済評論社、1981 年)*

K

Kahn, Riz, *Al-Waleed: Businessman, Billionaire, Prince*, London, William Morrow, 2005.(塩野未佳訳『アラビアのバフェット"世界第 5 位の富豪"アルワリード王子の投資手法』パンローリング、第二刷、2007 年)

Kant, Immanuel, hrsg. Von der Preussischen Akademie der Wissenschaften, *Kant's Gesammelt Schriften*, Bd. 5, Berlin, De Gruyter, 1968.(篠田英雄訳『判断力批判（上・下）』岩波文庫、1964 年；宇都宮芳明訳『判断力批判（上・下）』以文社、1994 年、他多数)*

Kantorowicz, Ernst H., *The King's Two Bodies: A Study in Medieval Political Theology*, with an introduction by Conrad Leyser and a preface by William Chester, Princeton, NJ., PrincetonUniversity Press, 1957.(小林公訳『王の二つの身体（上・下）』ちくま学芸文庫、2016 年)*

Kautsky, Karl, *Der Weg zur Macht*, Hamburg, Verlag von Erdmann Dubber in Hamburg, 1909.

King, Francis (trans./compl.), *The Narodniks and the Russian Revolution: Russia's Socialist-Revolutionaries in 1917*, London, Socialist History Society, 2007.

Klee, Paul, *Das bildnerische Denken*, Basel und Muttenz, Schwabe, 1956.(土方定一訳『造形思考

（上・下）』ちくま学芸文庫版、2016 年）

Kornbluh, Anna, *Realizing Capital: Financial and Psychic Economies in Victorian Form*, New York, Fordham University Press, 2014.

Kuhn, Michelle, *Islamic Banking: Das zinslose Bankmodell als Alternative zur ökonomischen Reformierung westlicher Finanzstrukturen*, Hamburg, Diplomica Verlag, 2015.

Kuresi, Hussain, Mohsin Hayat and Septia Iriani Mukhsia, *Financial Engineering in Islamic Finance: The Way Forward, A Case for Shariah Compliant Derivatives*, Singapore, Partridge, 2015.

Kuruma, Samezo, E. Michael Schauerte（trans.）, *Marx's Theory of the Genesis of Money: How, Why, and Through What Is A Commodity Money?*, Denver, CO, OutskirtOutskirt Press, 2008.（久留間鮫造『貨幣論──貨幣の成立とその第一の機能（価値の尺度）』大月書店、1979 年）

L

Lebowitz, Michael A., *Following Marx: Method, Critique and Crisis*, Leiden, Brill, 2009.

Laird, Sarah（ed.）, *Biodiversity and Traditional Knowledge: Equitable Partnership in Practice*, London and Sterling, VA., Earthscan, 2002.

Laird, Sarah and Rachel Wynberg, *Biodiversity Research, Bioprospecting and Commercialization: Science, Markets and Benefit-sharing*, London and New York, Routledge, 2016.

Larsen, Neil, Mathias Nilges, Josh Robinson, and Nicholas Brown（eds.）, *Marxism and the Critique of Value*, San Diego, CA., MCM´, 2014.

Ledger, Sally, *Dickens and the Popular Radical Imagination*, Cambridge, U. K., Cambridge University Press, 2007.

Lefebvre, Neil, and Melissa Schehlein, "The Liar Lied", in *Philosophy Now*, issue 51（2005）, pp. 12-15.

Lenkersdorf, Gudrun, *Repúblicas de Indios. Pueblos Mayas en Chiapas, siglo 16*, México, D. F., Plaza y Valdes, 2010.

Leroi-Gourhan, André, *Le Geste et la Parole*, vol. 1&2, Paris, Albin Michel, 1964-1965.（荒木亨訳『身ぶりと言葉』ちくま学芸文庫版、2012 年）＊

Lindley, Augustus F., *Ti-Ping Tien-Kwoh: The History of the Ti-Ping Revolution*, London, Day & Son, Lithographer & Publishers, 1866.

Lockhard, Alan, and Gordon Tullcock（eds.）, *Efficient Rent-Seeking:A Chronicle of an Intellectual Quagmire*, Dordrecht, The Netherlands, Kluwer Academic Publishers, 2001.

Lovecraft, Howard Phillips, *The Complete Fiction of H. P. Lovecraft*, New York, Chartwell Books, 2016.（大西尹明・宇野利泰・大瀧啓裕訳『ラヴクラフト全集』全 9 巻、創元推理文庫版、1974-2007 年）＊

Lowenstein, Roger, *When Genius Failed: The Rise and Fall of Long-Term Capital Management*, New York, Random House, 2000.（東江一紀・瑞穂のりこ訳『天才たちの誤算──ドキュメント LTCM 破綻』日本経済新聞社、2001 年）＊

Lukács, Georg（Lukács György）, hrsg. von Frank Benseler, *Georg Lukács Werke. Frühschriften II. Geschichte und Klassenbewußtsein*, Neuwied, Luchterhand Verlag, 1968.（城塚登・古田光訳『歴史と階級意

識（新装版）』白水社、1991 年；平井俊彦訳『歴史と階級意識（新装版）』未来社、1998 年）

―――, hrsg. und Nachwort von Rüdiger Dannemann, *Die Verdinglichung und das Bewußtsein des Proletariats*, Bielefeld, Aisthesis Verlag, 2015.

Luenberger, David G., *Investment Science* (2nd edition), Oxford, U.K., Oxford University Press, 2013.

Luxemburg, Rosa, *Die Akkumulation des Kapitals: Ein Beitrag zur ökonomischen Erklärung des Imperialismus*, Berlin, Buchhandlung Vorwärts Paul Singer, 1913.（『ローザ・ルクセンブルク選集』編集委員会訳『資本蓄積論（全三篇）』御茶の水書房、2011 ／ 2013 ／ 2017 年）*

M

McCarthy, George E. (ed.), *Marx and Aristotle: Nineteenth-Century German Social Theory and Classical Antiquity*, Savage, MD., Rowman and Littlefield Publishers, 1992.

Mansouri, Tatjana, *Islamic Banking: Das ethisch korrekte Finanzsystem ohne Zinsen und Spekulationsgeschäfte*, Hamburg, Diplomica Verlag, 2013.

Mariátegui, José Carlos, *Siete Ensayos de Interpretación de la Realidad Peruana*, Lima, Editorial Amauta, 1928.（原田金一郎訳『ペルーの現実解釈のための七試論』柘植書房新社、1988 年）*

Marazzi, Christian, *Capitale & linguaggio: Ciclo e crisi della new economy*, Soveria Mannelli, Rubbettino Editore, 2001.（翌年に書肆を変えて刊行された同内容の再版の邦訳は、水島一憲監修、柱本元彦訳『資本と言語――ニューエコノミーのサイクルと危機』人文書院、2010 年）*

Mathieu, Vittorio, *Kant Opus postumum*, Roma, Zanichelli, 1963.

Mather, Chandana, and Dermot Dix, "The Irish Question in Karl Marx Friedrich Engels's Writing on Capitalism and Empire", in Seamas ÓSíocháin (ed.), *Social Thought on Ireland in the Nineteenth Century*, Dublin, University College Dublin Press, 2009, pp. 97-107.

Maurer, Bill, "The Anthropology of Money", in *Annual Review of Anthropology*, vol. 35 (2006), pp. 15-36.

McLellan, David, *Karl Marx: his Life and Thought*, London, Palgrave Macmillan, 1973.（杉原四郎・重田晃一・松岡保・細見英訳『マルクス伝』ミネルヴァ書房、1976 年）*

Meillassoux, Claude, *Femmes, greniers et capitaux*, Paris, Maspero, 1977.（川田順造・原口武彦訳『家族制共同体の理論――経済人類学の課題』筑摩書房、1977 年）*

Mehrling, Perry, *Fischer Black and the Revolutionary Idea of Finance*, Hoboken, NJ., John Wiley and Sons, 2005.（今野浩・村井章子訳『金融工学者フィッシャー・ブラック』日経 BP 社、2006 年）*

Mehring, Franz, *Karl Marx. Geschichte seines Lebens*, Leipzig, Verlag der Leipziger Buchdruckerei Aktiengesellschaft, 1918.（栗原佑訳『マルクス伝』全 3 巻、国民文庫、1974 年）*

Mies, Maria, *Patriarchy & Accumulation on a World Scale: Women in the International Division of Labour*, New Edition (with a new preface), London and New York, Zed Books, 1998.（奥田暁子訳『国際分業と女性――進行する主婦化』日本経済評論社、1997 年（旧バージョンの翻訳））*

Minot, Charles Sedgwick, *Lehrbuch der Entwicklungsgeschichte des Menschen*, Leipzig, Verlag von Veit und Comp., 1894.

Mohun, Simon (ed.), *Debates in Value Theory*, London and New York, Palgrave Macmillan, 1994.

Moore, Wendy, *The Knife Man: Blood, Body and the Birth of Modern Surgery*, New York, Bantam, 2006.

Moro, Beniamino, and Victor A. Beker, *Modern Financial Crisis: Argentina, United States and Europe*, Berlin, Springer Verlag, 2015.

Most, Johann, *Kapital und Arbeit. Ein populärer Auszug aus „Das Kapital" von Karl Marx*, Chemnitz, G. Rübner, n.d. [1873.]

―――――, *Kapital und Arbeit. Ein populärer Auszug aus „Das Kapital" von Karl Marx*, zweite verbessert Auflage, Chemnitz, Genossenschafts-Buchdruckerei, 1876.（ヨハン・モスト著、カール・マルクス編、大谷禎之介訳『資本論入門』岩波書店、1986 年；ヨハン・モスト原著、カール・マルクス加筆・改訂、大谷禎之介訳『マルクス自身の手による資本論入門』大月書店、2009 年）

Musto, Marcello（ed.）, *Marx for Today*, New York, Routledge, 2012.

N

Nethercott, Craig R., and David Eisenberg（eds.）, *Islamic Finance: Law and Practice*, Oxford, U. K., Oxford University Press, 2012.

Nierenberg, Ricardo L., and David Nierenberg, "Badiou's Number: A Critique of Mathematics as Ontology", in *Critical Inquiry*, no. 37（summer 2011）, pp. 583-614.

O

Oakley, David, "London Leads in Race to Be Western Hub", *Financial Times*, December 7, 2009, p. 4.

Olson, Erika, *Zero-Sum Game: The Rise of the World's Largest Derivatives Exchange*, Chichester, U.K., John Wiley and Sons, 2010.

P

Pascal, Blaise, *Œuvres complètes* Ⅱ, édition présentée, établie et annotée par Michel Le Guern, Paris, Gallimard, 2000.（前田陽一訳・註『パスカル『パンセ』注解』全三巻、岩波書店、2016 年）*

Plutarchus（Πλούταρχος）, "Γ. ΚΑΙΣΑΡ", in *PLUTARCH LIVES* V, trans. by Bernardotte Perrin, Cambridge, MA., Loeb Classical Library 87, Haravarad University Press, 1917.（プルタルコス、城江良和訳「カエサル伝」、『英雄伝 4』京都大学学術出版会、2009 年）

―――――, "ΠΟΜΠΗΙΟΣ", in *ibid*.（同上「ポンペイウス伝」、同上訳書所収）

Polanyi, Karl, *Dahomey and the Slave Trade: An Analysis of an Archaic Economy*, in collaboration with Abraham Rotstein and with a Foreword by Paul Bohannan, Seatle, WA., and London, University of Washington Press, 1966.（栗本慎一郎・端信行訳『経済と文明――ダホメの経済人類学的分析』ちくま学芸文庫、2004 年）*

―――――, *For a New West: Essays, 1919-1958*, London, Polity, 2014.（福田邦夫・池田昭光・東風谷太一・佐久間寛訳『経済と自由――文明の転換』ちくま学芸文庫、2015 年）*

Poovey, Mary, *Genres of the Credit Economy: Mediating Value in Eighteenth- and Nineteenth Century Britain*, Chicago and London, The University of Chicago Press, 2008.

参照文献

Postone, Moishe, *Time, Labor, and Social Domination: A Reinterpretation of Marx's Critical Theory*, Cambridge, U. K., Cambridge University Press, 1993.（白井聡・野尻英一訳『時間・労働・支配──マルクス理論の新地平』筑摩書房、2012年）*

Prigogine, Ilya, and Gregoire Nicolis, *Self-Organization in Non-Equilibrium Systems*, London, John Wiley & Sons, 1977.（小畠陽之助・相沢洋二訳『散逸構造──自己秩序形成の物理学的基礎』岩波書店、1980年）

Prigogine, Ilya, *From Being to Becoming: Time and Complexity in the Physical Sciences*, London, W. H. Freeman & Co., 1980.（小出昭一郎・安孫子誠也訳『存在から発展へ──物理科学における時間と多様性』みすず書房、1984年）

Purcell, N, "Literate Games: Roman Urban Society and the Game of Alea", in *Past & Present*, No. 147 (1995), pp. 3-37.

Purkayastha, Jubilee, *Bioprospecting of Indigenous Bioresources of North-East India*, Singapore, Springer Science +Business Media, 2016.

Q

Quezada, Fernando, *Status and Potential of Commercial Bioprospecting Activities in Latin America and the Caribbean*, New York, United Nations Publishers, 2007.

R

Rakowitz, Nadja, *Einfache Warenproduktion: Ideal und Ideologie*, Freiburg im Breisgau, Ça ira-Verlag, 2000.

Reichert, Helmut, *Zur logischen Struktur des Kapitalbegriffs bei Marx*, Freiburg im Breisgau, Ça ira-Verlag, 2001.

─────────, *Neue Marx-Lektüre: Zur Kritik sozialwissenschaftlicher Logik*, 2. Auflage, Freiburg im Breisgau, Ça ira-Verlag, 2013.

Ricardo, David, Piero Sraffa (ed.) with assistance by Maurice Dobb, *The Works and Correspondence of David Ricardo*, Vol. 1, Cambridge, U. K., Cambridge University Press, 1951.（堀経夫訳『リカードゥ全集』第一巻、雄松堂書店、1972年）*

Riemann, Bernhard, *Über die Hypothesen, welche der Geometrie zur Grund liegen*, mit eine Einleitung und Erklärung von Hermann Wyle, Berlin, Julius Springer Verlag, 1919.（菅原正巳訳『幾何学の基礎をなす仮説について』ちくま学芸文庫版、2013年）*

Rjazanov, David (hrzg.), Zeitschrift des Marx-Engels-Instituts in Moskau, *Marx-Engels Archiv*, Bde. I und II, Frankfurt am Main, Marx-Engels Archiv Verlag G.m.b.H., 1926-1927.

Rodinson, Maxim, *Islam et capitalisme*, Paris, Seuil, 1966.（山内昶訳『イスラームと資本主義』岩波書店、1978年）*

Russell, Bertland (3rd Earl Russell), *Introduction to Mathematical Philosophy*, London, George Allen & Unwin, 1919.（平野智治訳『数理哲学序説』岩波文庫、1954年）*

S

Saad-Filho, Alfredo, *The Value of Marx: Political economy for contemporary capitalism*, London and New York, Routledge, 2002.

Sáenz-Badillos, Ángel, John Elwolde (trans.), *A History of the Hebrew Language*, Cambridge, U. K., Cambridge University Press, 1996.

Sahlins, Marchall David, *Stone Age Economics*, New York, De Gruyter, 1972.（山内昶訳『石器時代の経済学』法政大学出版局、2012 年）*

Saussure, Ferdinand de, *Cours de Linguistique Generale*, Tokyo, Collection Recherches Université Gakushuin, 1993.（前田英樹訳・注『ソシュール講義録注解』法政大学出版局、1991 年；小松英輔編、相原奈津江・秋津伶訳『一般言語学講義 第一回講義 リードランジェによる講義記録 付・エングラー版批判』エディット・パルク、2008 年：同『一般言語学講義 第二回講義 リードランジェ／パトワによる講義記録』エディット・パルク、2006 年、同『一般言語学講義 第三回講義記録 コンスタンタンによる講義記録 付・ソシュールの自筆講義メモ（増補改訂版）』エディット・パルク、2009 年）

Schares, Thomas, „Untersuchungen zu Anzahl, Umfang und Struktur der Artikel der Erstbearbeitung des *Deutschen Wörterbuch* von Jakob Grimm und Wilhelm Grimm", Dissertation zur Erlangung des akademischen Grades der Doktorwürde am Fachbereich II der Universität Trier, 2005.

Scholem, Gerschom, *Walter Benjamin — die Geschichte einer Freundschaft*, Frankfurt am Main, Suhrkamp, 1975.（野村修訳『わが友ベンヤミン』晶文社、1978 年）

―――――――, *Von Berlin nach Jerusalem*, Frankfurt am Main, Suhrkamp, 1977.（岡部仁訳『ベルリンからエルサレムへ』法政大学出版局、1991 年）

Schwarz, Winfried, »Die Geldform in der 1. Und 2. Auflage des „Kapital". Zur Diskussion um die „Historisierung" der Wertanalyse«, in Internationale Marxistische Studien und Forschung (hrsg.), *Internationale Marx-Engels-Forschung: Marxistische Studien Jahrbuch des IMES*, Heft 12, Frankfurt am Main, IMSF, 1987, S. 200-213.

Sharp, Lynn L., *Secular Spirituality: Reincarnation and Spiritualism in Nineteenth Century France* (2nd edition), New York and Lanham, Lexington Band, 2006.

Sorlin, Pierre, «Lénine et le Problème Paysan», dans *Annales. Économies, sociétés, civilisations*, Mars-Avril 1964, pp. 250-280.

Smaldone, William, *Hilferding: The Tragedy of a German Social Democrat*, DeKalb, IL., Northern Ilinois University Press, 1998.

Sperber, Jonathan, *Karl Marx: A Nineteenth-Century Life*, New York, Livelight, 2013.（小原淳訳『マルクス――ある十九世紀人の生涯（上・下）』白水社、2015 年）*

Stavenhagen, Rodolfo, "Comentario", en Raúl Benítez Zentero (ed.), *Las Clases Sociales en América Latina*, México, Siglo XXI, 1973, pp. 277-285.

Stederoth, Dirk, „Der Tod der Natur ist das Erwachen des Geistes", in Wolfdietrich Schmied-Kowarzik und Heinz Eidem (hrsg.), *Anfänge bei Hegel*, Kassel, Kassel University Press, 2008, S. 80-92.

Steinberg, Isaac Nachman (Исаак Захарович Штéйнберг), edited and translated by David Gwanda and

Eric Mosbacher, *Spiridonova: Revolutionary Terrorist*, London, Ayer & Co. Publishers, 1935.（蒼野和人／久坂翠訳・荒畑寒村解説『左翼エス・エル戦闘史——マリア・スピリドーノワ 1905-1935』鹿砦社、1970 年）*

―――――, *In the Workshop of the Revolution*, New York, Rinehart, 1953.（蒼野和人訳・松田道雄解説『左翼社会革命党 1917－1921』鹿砦社、1972 年）*

Suetonius（Gaius Suetonius Tranquillus）, *DE VIDA CAESARUM, XXXII*, in *SUETONIUS*, vol. 1, trans. by J. C. Rolfe, Cambridge, MA., Loeb Classical Library 31, Harvard University Press, 1951.

T

Taussig, Michael, *The Devil and Commodity Fetishism in South America*, Chapell Hill, University of North Carolina Press, 1980.

Taylor, Nicola, "Reconstructing Marx on Money and the Measurement of Value", in Ricardo Bellofiore and Nicola Taylor（eds.）, *The Constitution of Capital: Essays on Volume I of Marx's* Capital, London, Palgrave Macmillan, 2004, pp. 88-116.

Thompson, D. F. S., "Erasmus and Textual Scholarship in the Light of Sixteenth-Century Practice", in J. Sperma & Willem Th. M. Frijhoff（eds.）, *Erasmus of Rotterdam, The Man and the Scholar: Proceeding of the Symposium held at the Erasmus University, Rotterdam, 9-11 November 1986*, Leiden, Brill, 1988.

Torpey, John, *The Invention of Passport: Surveillance, Citizenship and the State*, Cambridge, U. K., Cambridge University Press, 1999.

Trabant, Jürgen, *Apeliotes oder Der Sinn der Sprache: Wilhelm von Humboldts Sprach-Bild*, München, Wilhelm Fink Verlag, 1986.（村井則夫訳『フンボルトの言語思想』平凡社、2001 年）*

Tsjayanow, Alexander Wassiljewitsch, *Die Lehre von der bäuerlichen Wirtschaft: Versuch einer Familienwirtschaft im Landbau*, Berlin, Verlagsbuchhandlung Paul Parey, 1923.（磯邊秀俊・杉野忠夫訳『チャヤノフ小農經濟の原理』刀江書院、1927 年）

Tuchscheerer, Walter, *Bevor „Das Kapital" entstand: Die Entstehung der ökonomischen Theorie von Karl Marx*, Köln, Pahl-Rugenstein Verlag, 1968.

V

Vitruvius（Marcus Vitruvius Pollio）, Frank Granger（trans.）, *On Architecture*, Vol. II, Books 6-10., Cambridge, MA., Loeb Classical Library 280, Harvard University Press, 1934.（森田慶一訳『ウィトルーウィウス建築書』東海大学出版会、1979 年）*

Vleeschauwer, Herman-Jan. de, *La Déduction transcendantale dans l'Œuvre de Kant*, Tome III, Paris, Anvers-Paris-La Haya, Librairie Félix Alcan, 1937.

Vollgraf, Carl E., und Richard Spert, *Geschichtserkenntnis und kritische Ökonomie*（Beiträge zur Marx-Engels-Forschung Neue Folge 1998）, Hamburg, Argument Verlag, 1999.

Vollgraf, Carl-Erich, Richard Spert, und Rolf Hecker（hrsg.）, *Geschichte und materialistische Geschichtstheorie bei Marx*（Beiträge zur Marx-Engels-Forschung）, Hamburg, Argument Verlag, 1996.

―――――, *Marx und Engels: Konvergenzen – Divergenzen*（Beiträge zur Marx-Engels-Forschung), Hamburg, Argument Verlag, 1998.

——————, *Marx' Ökonomiekritik im* Kapital (*Beiträge zur Marx-Engels-Forschung*), Hamburg, Argument Verlag, 2000.

——————, *Neue Aspekt von Marx' Kapitalismus-Kritik* (*Beiträge zur Marx-Engels-Forschung 2004*), Hamburg, Argument Verlag, 2006.

——————, *Das* Kapital *und Vorarbeiter: Entwürfe und Exzerpte* (*Beiträge zur Marx-Engels-Forschung Neue Folge 2010*), Hamburg, Argument Verlag, 2010.

——————, *Zum Wirken von Marx und Engels und zur Editions-geschichite ihrer Werke* (*Beiträge zur Marx-Engels-Forschung Neue Folge 2011*), Hamburg, Argument Verlag, 2013.

Voltaire (Arouet, François-Marie), *Candide, ou L'optimisme, traduit de l'allemand de M. Le docteur Ralph* (reproduction de livre original), Paris, LEN POD, 2017. (植田祐次訳『カンディード 他五篇』岩波文庫、2005 年)＊

W

Wagner, Adolf, *Allgemeine oder theoretische Volkswirtschaftslehre. Erster Theil. Grundlegung*, Zweite Auflage, Leipzig und Heidelberg, Schäffer-Poeschel Verlag, 1879.

Wellmon, Chad, "Goethe's Morphology of Knowledge, or the Overgrowth of Nomenclature", in Daniel Purdy and Catrina MacLeod (eds.), *The Goethe Year Book*, vol. 17, Suffolk, U. K., Boydell and Brewer, 2010, pp. 153-177.

Wittgenstein, Lutwig, »logisch-philosophische Abhandlung«, in Wilhelm Oswald (hrzg.), *Annalen der Naturphilosophie*, Bd. 14 (1919/1921), Leipzig, Unesma, 1921, S. 185-262.; idem, Charles K. Ogden (trans.) prepared with assistance from George Edward Moor, Frank Plumton Ramsey, and Wittgenstein, *Tractatus Logico-Philosophicus*, with an introduction by Bertland Russell, London, Routledge & Kegan Paul, 1922.; David Pears and Brian McGuinness (trans.), *Tractatus Logico-Philosophicus: German-English side-by-side translation edition*, London, Routledge, 1961. (藤本隆志・坂井秀寿訳『論理哲学論考』法政大学出版局、1968 年)

Wolf, Dieter, *Hegel und Marx. Zur Bewegungstruktur des absoluten Geistes und des Kapitals*, Hamburg, VSA Verlag, 1979.

——————, *Ware und Geld: Der dialektische Widerspruch im* »Kapital«, Hamburg, VSA Verlag, 1985.

——————, *Der dialektische Widerspruch* im Kapital. *Ein Beitrag zur Marxschen Werttheorie*, Hamburg, VSA Verlag, 2002.

Wolf, Frieder Otto, *Das Kapital neu lesen: Beiträge zur radikalen Philosophie*, Münster, Westfälisches Dampfboot, 2006.

Wulf, Andrea, *The Invention of Nature: Alexander von Humboldt's New World*, New York, Knopf, 2015. (鍛原多惠子訳『フンボルトの冒険：自然という〈生命の網〉の発明』NHK 出版、2017 年)＊

[ロシア語文献]

А

Академия наук СССР Институт экономики, Политическая экономия: учебник, М., Государственное издательство логической литературы, 1954.（経済学教科書刊行会訳『経済学教科書〈第1分冊〉改訂増補第4版』合同出版、1963年）

К

Ковалевский, М. М., Общщнное эемлевлаениы, причины, ход и последствия его разложения, М., Магистерская диссертация, 1879.

Л

Ленин, В. И., «Империализм, как высшая стадия капитализма（популярный очерк）», в Институт Марксизма-Ленинизма при Ц.К. К.П.С.С., В. И. Ленин Полное собрание сочинений, 5-е., М., Издательство Политической Литературы, Т.-27, 1963, С. 299-426.（聽濤弘訳『帝国主義論』新日本出版社、1999年；他翻訳多数）*

―――――, «Империализм и Капитализм» в Коммунистическнй Интернационал, №. 18.（8 октября, 1921), Там же, Т.-28, С. 651-662.

М

Мостепаненко, А. М., Пространство и время в макро-, мега- и микромире, М., Политиздат, 1974.（水戸巖訳『新しい空間と時間——物理学的世界像の変革』文一総合出版、1979年）

Р

Розенберг, Д, И., Комментарии к первому тому „Капитала" К. Маркса, Первое издание, Л., Экономическом институте, 1931.（直井武夫・淡徳三郎訳『資本論註解 第一巻』改造社、1933年）

Рубин, И. И., Очерки по теории стоимости Маркса: с новым дополнением к статье «Ответ критикам», йод. 4-е., М.- Л., Государственное Издательство, 1930.（竹永進訳『マルクス価値論概説』法政大学出版局、1993年）

Ч

Чаянов, А. В., Очерки по теории трудового хозяйства, ч. 1-2, М., Московское обшчество сельского хозяйства, 1912-1913.

―――――, Организация крестьянского хозяйства, М. 1925.（磯邊秀俊・杉野忠雄訳『小農経済の原理 増訂版』大明堂、1957年）*

―――――, Краткий курс кооперации, М., Центральное товарищество „Кооперативое Нздателъство", 1925.

―――――, Путешествие моего брата Алексея в страну крестьянской утопии, М., Государственное Издательство, 1920.（和田春樹・和田あき子訳『農民ユートピア国旅行記』平凡社ライブラリー、2013 年)*

Чаянов, В. А., А. В. Чаянов: Человек, Учёный, Гражданин, М., Пресс из МСХА, 1998.

Ш

Штейнман, Р. Я., Пространство и время, М., Гос. Изд-во физматгиз, 1962.（水戸巖訳『空間と時間の物理学』東京図書、1967 年）

［日本語文献］

青木淳一『土壌動物学――分類・生態・環境との関係を中心に（新訂版）』北隆館、2010 年

青山秀明・家富洋・池田裕一・相馬旦・藤原義久『経済物理学』共立出版、2008 年

朝尾直弘編『日本の近世　第 7 巻 身分と格式』中央公論社、1992 年

東浩紀『存在論的、郵便的――ジャック・デリダについて』新潮社、1998 年

足立恒雄『フレーゲ・デデキント・ペアノを読む――現代における自然数論の成立』日本評論社、2013 年

天野清『量子力学史』中央公論社、1973 年

新井敏康『数学基礎論』岩波書店、2011 年

飯沼二郎『思想としての農業問題――リベラリズムと農本主義』農文協、1981 年

五十嵐清『比較法ハンドブック 第 2 版』勁草書房、2015 年

池田浩士『ルカーチとこの時代』平凡社選書、1975 年

伊藤清『確率論の基礎（新版）』岩波書店、2004 年

―――『確率過程』岩波書店、2007 年

―――『確率論と私』岩波書店、2010 年

伊藤誠『『資本論』を読む』講談社学術文庫、2006 年

今村仁司『暴力のオントロギー』勁草書房、1982 年

―――『排除の構造――力の一般経済序説』青土社、1989 年、ちくま学芸文庫、1992 年

岩井克人『貨幣論』筑摩書房、1993 年、ちくま学芸文庫、1998 年

宇佐美圭司『絵画論――描くことの復権』筑摩書房、1980 年

―――『絵画の方法』小沢書店、1994 年

宇根豊『農本主義のすすめ』ちくま新書、2016 年

宇野弘蔵『経済学ゼミナール（1）経済学の方法』法政大学出版局、1963 年

―――『経済学ゼミナール（2）価値論の問題点』法政大学出版局、1963 年

―――『価値論』青木書店、1965 年

―――――『資本論五十年』上下、法政大学出版局、1970年／1973年
―――――『宇野弘蔵著作集』第1～10巻、別巻、岩波書店、1973年～1974年
宇野弘蔵編『資本論研究Ⅰ 商品・貨幣・資本』筑摩書房、1967年
江夏美千穂『『資本論』中の引用文献にかんする研究』第三出版、2003年
榎原均『『資本論』の復権――宇野経済学批判』四季社発行・鹿砦社発売、1978年
―――――『価値形態・物象化・物神性』資本論研究会、1990年
大谷禎之介『マルクスの利子生み資本論』全4巻、桜井書店、2016年
大野晃『山・川・海の流域社会学――「山」の荒廃問題から「流域」の環境保全へ』文理閣、2015年
大野一雄『舞踏譜　御殿、空を飛ぶ』思潮社　1992年、増補版1998年
大野一雄舞踏研究所編『大野一雄―稽古の言葉』フィルムアート社、1997年
大原雅『植物の生活史と繁殖生態学』海游舎、2010年、『植物生態学』海游舎、2015年
大村泉・宮川彰編著『マルクスの現代的探求』八朔社、1992年
大村泉『新MEGAと《資本論》の成立』八朔社、1998年
岡本賢吾・金子洋之編『フレーゲ哲学の最新像』勁草書房、2007年
奥田央『ソヴェト経済政策史――市場と営業』東京大学出版会、1979年、『コルホーズの成立過程――ロシアにおける共同体の終焉』岩波書店、1990年
奥山忠信『貨幣理論の形成と展開――価値形態態論の理論史的考察』社会評論社、1990年
小幡道昭『価値論批判』弘文堂、2013年
加藤正『加藤正著作集』全3巻、ユニテ、1989年、1990年、1991年
柄谷行人『マルクスその可能性の中心』講談社、1978年、講談社学術文庫、1990年、『内政と遡行』講談社学術文庫、1988年、『定本 柄谷行人集3 トランスクリティーク』岩波書店、2004年
河井寛次郎『手で考え足で思う』文化出版局、1981年
川那部浩哉／水野信彦監修、中村太士編『河川生態学』講談社、2013年
鬼界彰夫『ウィトゲンシュタインはこう考えた』講談社現代新書、2003年
菊地原洋平『パラケルススと魔術的ルネサンス』勁草書房、2013年
岸政彦『断片的なものの社会学』朝日出版社、2015年
木田砂雪『結婚式の解剖実習』日本図書刊行会、1998年
許萬元『ヘーゲル弁証法の本質』青木書店、1972年
熊野純彦『マルクス 資本論の思考』せりか書房、2013年
久留間鮫造『価値形態論と交換過程論』岩波書店、1957年
―――――『貨幣論――貨幣の成立とその第一の機能（価値の尺度）』大月書店、1979年
久留間鮫造編『マルクス経済学レキシコン』全15冊、大月書店、1968～1985年
黒田明伸『貨幣システムの世界史（増補新版）』岩波書店、2014年
黒田壽郎『イスラームの構造――タウヒード・シャリーア・ウンマ』書肆心水、2004年
経済史学会編『『資本論』の成立』岩波書店、1967年

小杉泰『現代イスラーム世界論』名古屋大学出版会、2006 年
―――『9・11 以降のイスラーム政治』岩波書店、2014 年
小杉泰・長岡慎介『イスラーム銀行』山川出版社、2010 年
小島憲之／西宮一民／毛利正守／直木孝次郎／蔵中進・翻訳『新編日本古典文学全集（4）日本書紀（3）』小学館、1998 年
小谷汪之『マルクスとアジア』青木書店、1979 年
好村冨士彦『ブロッホの生涯』平凡社選書、1986 年
近藤洋逸『新幾何学思想史』三一書房、1966 年、ちくま学芸文庫、2008 年
権藤成卿『権藤成卿著作集』第 1 巻 - 第 7 巻、別巻、黒色戦線社、1973-1991 年
櫻井秀子『イスラーム金融──贈与と交換、その共存のシステムを解く』新評論、2008 年
斉藤渉『フンボルトの言語研究──有機体としての言語』京都大学学術出版会、2001 年
向坂逸郎・宇野弘蔵編『資本論研究──商品及交換過程』河出書房、1948 年
佐々木隆治『マルクスの物象化論──資本主義批判としての素材の思想』社会評論社、2011 年
―――『私たちはなぜ働くのか──マルクスと考える資本と労働の経済学』旬報社、2012 年
佐藤金三郎（＋伊藤光晴）『マルクス遺稿物語』岩波新書、1989 年
―――『『資本論』研究序説』岩波書店、1992 年
佐藤文隆『量子力学のイデオロギー』青土社、1997 年
―――『量子力学は世界を記述できるか』青土社、2011 年
佐藤文隆・R. ルフィーニ『ブラックホール──一般相対論と星の終末』ちくま学芸文庫、2009 年
佐藤正則『ボリシェビズムと〈新しい人間〉──20 世紀ロシアの宇宙進化論』水声社、2000 年
椎名重明『農学の思想──マルクスとリービヒ』東京大学出版会、1976 年
塩沢由典『近代経済学の反省』日本経済新聞社、1983 年
―――『リカード貿易問題の最終解決』岩波書店、2014 年
司馬遷、小竹文夫・小竹武夫訳『史記　本紀』ちくま学芸文庫、1995 年
白川静『新訂・字統』平凡社、2004 年
白須五男『マルクス価値論の地平と原理』広樹社、1991 年
荘子、池田知久訳・解説『荘子（上・下）』講談社学術文庫、2017 年
互盛央『フェルディナン・ド・ソシュール〈言語学〉の孤独、「一般言語学」の夢』作品社、2009 年
高田和夫『近代ロシア社会史研究』山川出版社、2004 年
滝浦真人『日本の敬語論──ポライトネス理論からの再検討』大修館書店、2005 年
武田共治『日本農本主義の構造──労農農本主義、官僚農本主義、数学農本主義、社会運動農本主義、アカデミズム農本主義の比較検討を通して』創風社、1999 年

参照文献

武田佐知子『古代国家の形成と衣服制』吉川弘文館、1984 年
武田信照『価値形態と貨幣』梓出版社、1982 年
武満徹『音、沈黙と測りあえるほどに』新潮社、1971 年
─── 『樹の鏡、草原の鏡』新潮社、1975 年
─── 『音楽の余白から』新潮社、1980 年
─── 『音楽を呼びさますもの』新潮社、1985 年
─── 『遠い呼び声の彼方へ』新潮社、1992 年
─── 『時間の園丁』新潮社、1996 年
橘孝三郎『農村學.前編』建設社、1931 年
─── 『農業本質論』建設社、1932 年
─── 『皇道國家農本建國論』建設社、1935 年
─── 『土の哲学』建設社、1941 年
谷川雁『影の越境をめぐって』現代思潮社、1963 年
谷川健一・大和岩雄責任編集『民衆史の遺産 第八巻 海の民』大和書房、2015 年
種瀬茂・富塚良三・浜野俊一郎編『資本論体系 2 商品・貨幣』有斐閣、1984 年
千葉正士『世界の法思想入門』講談社学術文庫、2007 年
堤利夫『森林の生活──樹木と土壌の物質循環』中公新書、1989 年
綱沢満昭『近代日本の土着思想──農本主義研究』風媒社、1969 年
─── 『農の思想と日本近代』風媒社、2004 年
寺澤順『現代集合論の探検』日本評論社、2013 年
デリダ, ジャック、高橋充昭編訳『他者の言語──デリダの日本講演』法政大学出版局、1989 年
土肥美夫『抽象芸術探求』はる書房、1996 年
富塚良三『増補 恐慌論研究』未来社、1975 年
朝永振一郎『量子力学 II』みすず書房、1952 年
─── 『量子力学 I（第二版）』みすず書房、1969 年
─── 『スピンはめぐる──成熟期の量子力学』中央公論社、1974 年
長岡慎介『現代イスラーム金融論』名古屋大学出版会、2011 年
中沢彰吾『中高年ブラック派遣──人材派遣業界の闇』講談社現代新書、2015 年
中沢新一『緑の資本論』集英社、2002 年、ちくま学芸文庫、2009 年
中田英樹『トウモロコシの先住民とコーヒーの国民』有志舎、2013 年
中西友子『土壌汚染──フクシマの放射性物質のゆくえ』NHK ブックス、2013 年
中野正『価値形態論』日本評論新社、1958 年（『価値形態論（中野正著作集 1）』発行：森田企版、発売：日本評論社、1987 年）
夏目金之助（漱石）「永日小品」『漱石全集』第 12 巻「小品」、岩波書店、1994 年
尼寺義弘『価値形態論』青木書店、1978 年
─── 『ヘーゲル推理論とマルクス価値形態論』晃洋書房、1992 年
西島和彦『場の理論』紀伊國屋書店、1987 年

野崎昭弘『不完全性定理――数学体系のあゆみ』日本評論社、1996年
野尻英一「訳者解説」、モイシェ・ポストン、白井聡・野尻英一監訳『時間・労働・支配』筑摩書房、2012年
野村修『スヴェンボルの対話――ブレヒト・コルシュ・ベンヤミン』平凡社選書、1971年
―――『ベンヤミンの生涯』平凡社選書、1977年、平凡社ライブラリー、1993年
長谷部文雄「『資本論』初版以後とその各国における普及状況」、『立命館経済学』第16巻第3・4合併号（1967年10月）、pp. 1-25.
畠山重篤『森は海の恋人』北斗出版、1994年
浜野俊一郎・深町郁爾編『資本論体系　6 利子・信用』有斐閣、1985年
林晋・八杉満利子「解説」、林・八杉訳・解説『ゲーデル 不完全性定理』岩波文庫、2006年
林忠四郎、佐藤文隆編『林忠四郎の全仕事――宇宙の物理学』京都大学学術出版会、2014年
林直道「いわゆる《貨幣の謎》について――いかにして、なぜ、何によっての問題」、大阪市立大学経済学会『経済学雑誌』第73巻第5・6号（1975年12月）、pp. 103-123.
土方巽、種村季弘・鶴岡善久・元藤燁子編『土方巽全集 Ⅰ・Ⅱ（新装版）』河出書房新社、2016年
日山紀彦『「抽象的人間労働論」の哲学――二一世紀・マルクス可能性の地平』御茶の水書房、2006年
平田清明『市民社会と社会主義』岩波書店、1969年
―――『新しい歴史形成への模索』新地書房、1982年
平山昇『初詣の社会史』東京大学出版会、2015年
廣松渉『マルクス主義の地平』勁草書房、1969年
―――『青年マルクス論』平凡社、1971年、平凡社ライブラリー、2008年
―――『世界の共同主観的存在構造』勁草書房、1972年
―――『資本論の哲学』現代評論社、1974年
―――『資本論の哲学（増補新版）』岩波書店、1987年
廣松渉編『資本論を物象化論を視軸にして読む』岩波書店、1986年
船戸修一「「農本主義」研究の整理と検討」、『村落社会研究』第16巻第1号、2009年
不破哲三『レーニンと『資本論』』新日本出版社、1998年
―――『「資本論」全三部を読む』第一分冊、新日本出版社、2003年
別役実『言葉への戦術――別役実評論集』烏書房、1972年
―――『別役実の犯罪症候群』三省堂、1981年
―――『ことばの創りかた 現代演劇ひろい文』論創社、2012年
Hendry, Jon、並木美喜雄監修、宜野座光昭・中里弘道訳『量子力学はこうして生まれた』丸善、1992年
細見和之『ベンヤミン「言語一般および人間の言語について」を読む』岩波書店、2009年

堀越孝雄・二井一禎『土壌微生物生態学』朝倉書店、2003 年
前田英樹編・訳・著『沈黙するソシュール』書肆山田、1989 年
正木八郎「商品論と抽象的人間労働」、『現代思想』第 3 巻第 13 号（1975 年 12 月）、pp. 296-318.
─── 「マルクスの価値形態論と労働の抽象化」、一橋大学経済研究所『経済研究』第 33 巻第 1 号（1982 年 1 月）、pp. 83-89.
─── 「マルクス価値形態論の論理構造について」、大阪市立大学経済学会『経済學雑誌』第 83 巻第 6 号（1983 年 3 月）、pp. 31-51.
─── 「マルクス価値論の再検討（1）：実体概念の転回に向けて」、大阪市立大学経済学会『経濟學雜誌』第 90 巻第 1 号（1989 年 5 月）、pp. 1-34.
─── 「マルクス価値論の再検討（2）：実体概念の転回に向けて」、大阪市立大学経済学会『経濟學雜誌』第 90 巻第 2 号（1989 年 7 月）、pp. 24-62.
─── 「マルクスの貨幣商品説再考」大阪市立大学経済学会『経濟學雜誌』第 93 巻第 2 号（1992 年 7 月）、pp. 1-31.
─── 「マルクス商品・貨幣論研究の現段階」『経済学史学会年報』第 35 号、1997 年、pp. 125-132
松尾剛次『葬式仏教の誕生』平凡社新書、2011 年
松阪陽一編訳『言語哲学重要論文集』春秋社、2013 年
松中照夫『土壌学の基礎──生成・機能・肥沃度・環境』農山漁村文化協会、2004 年
松永勝彦『森が消えれば海が死ぬ──陸と海とを結ぶ生態学（第 2 版）』講談社ブルーバックス、2010 年
松森奈津子『野蛮から秩序へ』名古屋大学出版会、2009 年
水野一晴編『植生環境学──植物の生育環境の謎を解く』古今書院、2001 年
見田石介『資本論の方法Ⅰ（見田石介著作集第三巻）』大月書店、1976 年
─── 『資本論の方法Ⅱ（見田石介著作集第四巻）』大月書店、1977 年
宮澤賢治『校本宮澤賢治全集』第 1 巻～ 14 巻（全 15 冊）、筑摩書房、1973 年～ 1977 年
宮本常一『新農村への提言Ⅰ（宮本常一著作集 46）』未来社、2006 年
─── 『新農村への提言Ⅱ（宮本常一著作集 47）』未来社、2006 年
向井公敏『貨幣と賃労働の再定義──異端派マルクス経済学の系譜』ミネルヴァ書房、2010 年
無門慧開、西村恵信訳注『『無門関』』岩波文庫、1994 年
村山司編、東海大学海洋学部海洋生物学科著『海洋生物学入門』東海大学出版会、2008 年
本山美彦『ノミスマ（貨幣）──社会制御の思想』三嶺書房、1993 年
モラスキー, マイク、『呑めば、都』筑摩書房、2012 年
森田成也「解説」、「訳者あとがき」、マルクス、森田政也訳『資本論第一部草稿─直接的生産過程の諸結果』光文社古典新訳文庫、2016 年
両角吉晃『イスラーム法における信用と「利息」禁止』羽鳥書店、2011 年

矢野智司『贈与と交換の教育学——漱石、賢治と純粋贈与のレッスン』東京大学出版会、2008 年
山田鋭夫『経済学批判の近代像』有斐閣、1985 年
山本ひろ子『異神』上下、ちくま学芸文庫、2003 年
ヤンマー、M., 井上健訳『量子力学の哲学』上下、紀伊國屋書店、1983 年、1984 年
湯川秀樹『量子力学序説（増補改訂版）』弘文堂、1954 年
―――『最近の物質観』講談社学術文庫、1977 年
―――『物理講義』講談社学術文庫、1977 年
楊枝嗣朗『貨幣・信用・中央銀行——支払決済システムの成立』同文館出版、1988 年
―――「現代貨幣と貨幣理論」、信用理論研究学会編『現代金融と信用理論』大月書店、2006 年、第 2 章第 2 節
吉沢英成『貨幣と象徴』日本経済新聞社、1981 年、ちくま学芸文庫、1994 年
吉田洋一『零の発見——数学の生い立ち』岩波新書、1939 年
吉田悦章『イスラム金融はなぜ強い』光文社新書、2008 年
吉田秀和『現代音楽を考える』新潮社、1975 年
吉原泰助「第一編　商品・貨幣」『講座　資本論の研究 2　資本論の分析（Ⅰ）』青木書店、1980 年
米田康彦他『講座 資本論の研究　第 2 巻 資本論の分析（1）』青木書店、1980 年
良知力『マルクスと批判者群像』平凡社、1971 年、平凡社ライブラリー、2009 年

人名索引

「アルファベット表記の人名」、「キリル文字表記の人名」、「漢字表記の人名」に分けた。キリル文字表記の人名については、アルファベット表記から「→」で誘導した。当然のことだが、「Marx, Karl」の項はない。

A

Adler, Max（アードラー、マックス）304
Almarzoqi, Raja（アルマルゾーキ、ラージャ）325
Alrif, Tariq（アルリフ、タリク）325
Althusser, Louis（アルチュセール、ルイ）382, 383, 384, 499, 506
Al-Waleed Bin Talal Bin Abdulaziz al-Saud, Prince（アル＝ワリード・ビン・タラール・ビン・アブドゥルアズィーズ・アル＝サウード）295, 323
Andreau, Jean（アンドロー、ジャン）247
Arendt, Hanna（アーレント、ハンナ）76, 121
Aristotelēs; Ἀριστοτέλης（アリストテレス）230, 313, 323, 514
Arthur, Christopher（アーサー、クリストファー）15, 488
Asher, Marcia（アッシャー、マルシア）62
Askari, Hossein（アスカリ、ホセイン）325
Aveling, Edward（エイヴリング、エドワード）30, 123, 315, 505, 506, 510
Ayoub, Sherif（アユーブ、シェリフ）324, 325

B

Backhaus, Hans-Georg（バックハウス、ハンス・ゲオルク）15, 327, 331-337, 339, 342, 487, 488, 489, 498

Badiou, Alain（バデュウ、アラン）207
Bailey, Samuel（ベイリー、サミュエル）107, 108, 125, 127, 192, 328, 338, 387, 477-478
Baker, Robert（ベイカー、ロバート）208
Balibar, Étienne（バリバール、エチエンヌ）207, 315, 505
Banks, Sir Joseph（バンクス、サー・ジョセフ）516
Basile, Giovanni Pietro（バジーレ、ジョヴァンニ・ピエトロ）266-267, 318
Bates, Stephen（ベイツ、スティーヴン）508
Baudrillard, Jean（ボードリヤール、ジャン）265-266
Baudry, Jean-Louis（ボードリー、ジャン・ルイ）265
Bauer, Bruno（バウアー、ブルーノ）175, 206, 240
Bauer, Otto（バウアー、オットー）304
Behr, Hans-Georg（ベーア、ハンス・ゲオルク）297, 324
Bellofiore, Riccardo（ベッロフィオーレ、リカルド）488
Benjamin, Walter（ベンヤミン、ヴァルター）45, 51-56, 62-63, 65, 66, 406, 506, 517
Benkhadra, M.（ベンハードラ、M）208
Bidet, Jacques（ビデ、ジャック）493
Bismarck-Schönhausen, Otto Leopold Fürst von（ビスマルク、オットー・フォン）316
Black, Fischer（ブラック、フィッシャー）

563

310, 500
Bloch, Ernst（ブロッホ、エルンスト）51, 65
Boldyrev, Ivan（ボルディレフ、イヴァン）214
Bolívar, Simón（ボリーバル、シモン）516
Bonefeld, Werner（ボーネフェルト、ヴェルナー）488
Bonpland, Aimé Jacques Alexandre（ボンプラン、エメ）516
Boolos, George S.（ブーロス、ジョージ・S）61-62
Borges, Jorge Luis（ボルヘス、ホルヘ・ルイス）315
Bressanutti, V.（ブレッサヌッティ、ヴィットーリオ）208
Brosses, Charles de（ブロス、シャルル・ド）302
Büchner, Karl Georg（ビュヒナー、ゲオルク）63
Buffet, Warren E.（バフェット、ウォーレン）295
Burali-Forti, Cesare（ブラリ＝フォルティ、チェーザレ）438
Byng, John, Admiral（ビング、ジョン）508

C

Caesar [Julius Caesar, Gaius]（カエサル：ユリウス・カエサル、ガイウス）9-12, 14, 17
Candido（カンディード）507-508
Cantor, Georg（カントール、ゲオルク）39, 60
Carr, Edward Hallet（カー、エドワード・ハレット）12
Cartaphilus, Joseph（カルタフィルス、ヨーゼフ）315
Celan, Paul（ツェラン、パウル）63
Cheal, David（チール、デイヴィッド）246

Cislo, Amy Eisen（シスロ、エイミー・アイゼン）205
Cohn, Ronald（コーン、ロナルド）323
Coleman, William（コールマン、ウィリアム）319
Coquery-Vidrovitch, Cathrine（コクリ＝ヴィドロヴィッチ、カトリーヌ）309
Craik, Henry（クレイク、ヘンリー）30

D

Davies, Glyn（デイヴィーズ、グリン）246
della Volpe, Galvano（デッラ・ヴォルペ、ガルヴァーノ）385, 387, 500, 502
Democritus; Δημόκριτος（デモクリトス）313
Derrida, Jacques（デリダ、ジャック）45, 46-51, 62, 63, 64, 406-416, 504, 505, 506, 507, 508, 509
Diogenes Laërtius; Διογένης Λαέρτιος（ディオゲネス・ラエルティオス）323
Dirk, Stederoth（ダーク、シュテーデロート）210
Duncan, K. Foly（ダンカン、K・フォーリー）126
Duverney, Joseph-Guichard（デュヴェルネー、ジョセフ・ギシャール）208

E

Eaton, Henry（イートン、ヘンリー）486
Egan, Greg（イーガン、グレッグ）62
Eisenberg, David M.（アイゼンバーグ、デイヴィッド・M）295, 323, 325
Eisengarten, Oskar（アイゼンガルテン、オスカー）210, 487
Elbe, Ingo（エルベ、インゴ）15, 488
El-Gamal, Mahmoud（エル＝ガマル、マフムード）325
Engels, Friedrich（エンゲルス、フリードリヒ）

13, 14, 15, 30, 33, 71, 74, 75, 82, 83, 120, 121, 127, 128, 139, 175, 184, 203, 208, 210, 211, 215-218, 221, 222, 223, 228, 230, 231, 232, 234, 267, 282, 291, 301, 302, 305, 313, 314, 315, 316, 322, 327, 329, 330, 331, 351, 383, 472, 487, 497, 498, 504, 505, 510

Epikūros; Επίκουρος（エピクロス）313

Erasumus Rotterdamus（エラスムス（エラスムス・ロッテルダムス））10, 11, 13, 17

Ercanbrack, Jonathan（アーカンブラック、ジョナサン）324

Espagne, Geneviève et Michel（エスパーニュ夫妻）505

Eukleídēs; Εὐκλείδης（ユークリッド（エウクレイデース））205

F

Feuerbach, Ludwig Andreas（フォイエルバッハ、ルートヴィヒ・アンドレアス）30

Fichte, Johann Gottlieb（フィヒテ、ヨハン・ゴットリープ）505

Fineschi, Roberto（フィネスキ、ロベルト）15, 488, 491-492

Förster, Eckart（フェルスター、エッカート）267

Fowkes, Ben（フォークス、ベン）30, 506, 507, 509, 510

Fraenkel, Adolf Abraham Halevi（フレンケル、アードルフ）438

Frank, André Gunder（フランク、アンドレ・グンダー）309

Frege, Friedrich Ludwig Gottlob（フレーゲ、F. L. ゴットロープ）38, 42, 43, 46, 55, 61-62

G

Gay-Lussac, Joseph Louis（ゲイ‐リュサック、ジョセフ・ルイ）516

Gebhardt, Carl（ゲープハルト、カール）502

Geman, Hélyette（ジュマン、エリエッテ）324

Genelot, D.（ジュネロ、D）208

Gisbert Quero, Julio（ヒスベルト＝ケーロ、フリオ）517

Gödel, Kurt（ゲーデル、クルト）44-45, 49-51, 61, 62, 63-65

Godlier, Maurice（ゴドリエ、モーリス）309

Goethe, Johann Wolfgang von（ゲーテ、ヨハン・ヴォルフガンク・フォン）209, 212, 427, 497-498, 516

Goux, Jean-Joseph（グー、ジャン‐ジョセフ）265

Graeber, David（グレーバー、デイヴィッド）206

Grimm, Jacob Ludwig Carl（グリム、ヤーコプ・ルートヴィヒ・カール）313, 314, 315, 316

Grimm, Wilhelm Carl（グリム、ヴィルヘルム・カール）313, 314, 316

H

Häfner, Lutz（ヘフナー、ルッツ）318

Hallaq, Wael B.（ハッラーク、リーイル）293, 323

Hamlet（ハムレット）40, 508

Hanssen, Beatrice（ハンセン、ビアトリス）65

Hardt, Michael（ハート、マイケル）309

Harvey, David（ハーヴェイ、デイヴィッド）114-115, 129, 416-423, 424-427, 428, 509, 510

Haug, Wolfgang F.（ハウク、ヴォルフガング・F）488

Hayat, Mohsin（ハヤット、モシン）324

Hayden, Cori（ヘイドン、コリ）321

Hecker, Rolf（ヘッカー, ロルフ）336, 488

Hegel, Georg Wilhelm Friedrich（ヘーゲル、

ゲオルク・ヴィルヘルム・フリードリヒ）
25, 28, 37, 59, 60, 66, 93, 158, 175, 187, 188,
208, 209, 210, 212, 216, 217, 240, 241, 314,
354, 358, 371, 385, 405, 407, 411, 415, 428,
495, 497, 500, 502

Heidegger, Martin（ハイデガー、マルティン）48, 65

Heinrich, Michae（ハインリッヒ、ミヒャエル）15, 314, 315, 316, 336, 337-342, 458, 488, 489, 490, 492

Henri IV, Roy（アンリ4世、フランス国王）28

Heraclides Ponticus; Ἡρακλείδης ὁ Ποντικός（ヘラクレイデス（ヘラクレイデス・ポンティコス））323

Herder, Johann Gottfried von（ヘルダー、ヨハン・ゴットフリート・フォン）316

Hieronymos; Ἱερώνυμος（ヒエロニュモス）323

Hilbert, David（ヒルベルト、ダーフィト）205

Hilferding, Rudolf（ヒルファディング、ルドルフ）282, 283, 302, 303, 304, 305, 306

Hobson, John Atkinson（ホブスン、J. A.）305, 306

Hoff, Jan（ホフ、ヤン）15, 336, 488

Humboldt, Friedrich Heinrich Alexander, Freiherr von（フンボルト、アレクサンダー・フォン）29, 313, 516

Humboldt, Friedrich Wilhelm Christian Karl Ferdinand, Freiherr von　22, 28, 29, 30, 313, 516

Hundt, Martin（フント、マルティン）228, 516

Hunter, John（ハンター、ジョン）208

Hussain, Mumtaz（フサイン、ムムタズ）326

Husserl, Edmund（フッサール、エトムント）47, 55

I

Iber, Christian（イーバー、クリスティアン）15, 336, 488, 491

Ibn Baṭṭūṭah; ʾAbū ʿAbd al-Lāh Muḥammad ibn ʿAbd al-Lāh l-Lawātī ṭ-Ṭanǧī ibn Baṭūṭah（イブン・バットゥータ（アブー・アブド・アッ＝ラー・ムハンマド・イブン・アブド・アッ＝ラー＝ワーティー・アッ＝タンジー・イブン・バットゥータ）247

Ibn Juzayy; Muḥammad ibn Ahmad ibn Juzayy（イブン・ジュザイイ（ムハンマド・イブン・アハメド・イブン・ジュザイイ・アル＝カルビ・アル＝ガルナティ））247

Iqbal, Munawar（イクバル、ムナワール）324, 325

Iqbal, Zamir（イクバル、ザミール）325

J

Jacotot, Joseph（ジャコト、ジョゼフ）503

Jameson, Fredric（ジェイムソン、フレドリック）428-433, 510, 511, 512

Jefferson, Thomas（ジェファーソン、トーマス）516

Jesus of Nazareth（イエス）373

Jevons, William S.（ジェヴォンズ、ウィリアム・S）319

Johnson, Marion（ジョンソン、マリオン）247

K

Kahn, Riz（カーン、リズ）323

Kant, Immanuel（カント、イマーヌエル）22, 29, 208, 209, 210, 212, 266, 267, 358, 388

Kantrovich, Ernst H.（カントローヴィチ、エルンスト・H）213, 248

人名索引

Kaufmann, Walter（カウフマン、ヴァルター）209
Kautzky, Karl（カウツキー、カール）303, 304, 487
Kragh, Martin（クラーク、マルティン）214
Kripke, Saul Aaron（クリプキ、ソール・アーロン）39
Kugelmann, Ludwig (Louis)（クーゲルマン、ルートヴィヒ（ルイ））72, 74, 139, 215, 217, 228, 471, 472, 473, 474, 516
Kuhn, Michelle（クーン、ミシェル）325

L

Labienus (Titus Labienus)（ラビエヌス）9
Laclau, Ernesto（ラクラウ、エルネスト）309
Lafargue, Jenny Laura Marx（ラファルグ、ローラ（ラウラ））120, 233, 505
Laird, Sarah（レアード、サラ）321
Lamarck, Jean-Baptiste Pierre Antoine de Monet, Chevalier de（ラマルク、ジャン - バプティスト・ド・モネ）209
las Casas, Bartolomé de（ラス＝カサス、バルトロメー・デ）322
Lebesgue, Henri-Léon（ルベーグ、アンリ - レオン）39, 311
Lebowitz, Michael A.（レボウィッツ、マイケル・A）493
Ledger, Sally（レッジャー、サリー）233
Lefebvre, Jean-Pierre（ルフェーヴル、ジャン - ピエール）315, 325, 505, 507, 509
Lefebvre, Neil（ルフェーヴル、ニール）300, 325
Lenkersdorf, Gudrun（レンケルスドルフ、グドルン）322
Lévi, Paul（レヴィ、パウル）311
Lévi-Strauss, Claude（レヴィ＝ストロース、クロード）442

Lincke, Paul F.（リンケ、パウル・F）55
Lindley, Augustus F.（リンドリー、オーガスタス・F）508
Linné, Carl von（リンネ、カール・フォン）209
Llewellyn, David T.（ルウェリン、デイヴィッド・T）324, 325
Lockard, Alan（ロッカード、アラン）299, 325
Lovecraft, Howard Phillips（ラヴクラフト、ハワード・フィリップス）277
Lowenstein, Roger（ローウェンシュタイン、ロジャー）310
Lucas, Hans-Christian（ルーカス、ハンス - クリスティアン）209
Luenberger, David G.（リューエンバーガー、デイヴィッド・G）324
Lukács, Georg Bernhard; Szegedi Lukács György Bermát（ルカーチ、ゲオルク（ルカーチ・ジェルジ））432
Luxenburg, Rosa（ルクセンブルク、ローザ）287, 309, 315

M

Macherey, Pierre（マシュレー、ピエール）4, 126, 127, 382, 384, 397, 398, 399, 400, 401, 402, 403, 404, 405, 415, 499, 504, 506
Mach, Ernst Waldfried Josef Wenzel（マッハ、エルンスト）127, 304, 499, 504
Mansouri, Tatjana（マンスーリ、タチアーナ）325
Mansour, Walid（マンスール、ワリード）325
Marazzi, Christian（マラッツィ、クリスティアン）32-33
Mariátegui, José Carlos（マリアテギ、ホセ・カルロス）309
Marx, Jenny Julia Eleanor "Tussy"（マルクス、

567

エリナ）30
Mathiu, Vittorio（マチウ、ヴィットリーオ）266
Maurer, Bill（マウラー、ビル）246
Mauss, Marce（モース、マルセル）206
McLellan, David（マクレラン、デイヴィッド）29, 510
Mehring, Franz（メーリング、フランツ）29
Mehrling, Perry（メールリング、ペリー）310
Meillassoux, Claude（メイヤスー、クロード）309
Meiner, Felix（マイナー、フェリックス）209, 314
Menandros; Μένανδρος（メナンドロス）10, 11
Mephistpheles（メフィストフェレス）427
Merleau-Ponty, Maurice（メルロ＝ポンティ、モーリス）511
Merton, Robert Cox（マートン、ロバート）310
Michael Schauerte, E.（ミヒャエル・シャウエルテ、E）493
Mies, Maria（ミース、マリア）310
Minot, Charles Sedgiwick（ミノー、チャールズ・セジウィック）209
Molasky, Michael S.（モラスキー、マイク）302
Moldenhauer, Eva（モルデンハウアー、エファ）60
Moore, Samuel（ムーア、サミュエル）30, 123, 505, 510
Moore, Wendy（ムーア、ウェンディ）208
Most, Johann（モスト、ヨハン）75, 94, 121, 124, 125, 204
Muḥammad Bāqir al- Sadr（ムハンマド・バーキルッ＝サドル）322
Mukhsia, Septia Iriani（ムフーシャ、セプティア・イリアーニ）324

N

Napoléon III; Charles Louis Napoléon Bonaparte（ナポレオン三世（シャルル・ルイ・ナポレオン・ボナパルト））500
Negri, Antonio（ネグリ、アントニオ）309
Nethercott, Craig R.（ネザーコット、クレイグ・R）295, 296, 299, 323, 325
Nierenberg, David（ニーレンバーグ、デイヴィッド）207
Nierenberg, Ricardo L.（ニーレンバーグ、リカードゥ・L）207
Norton-Taylor, Richard（ノートン－テイラー、リチャード）508
Noureddine, Krichene（ヌールディヌ、クリシェーヌ）325

O

Oakely, David（オークリー、デイヴィッド）324
Olson, Erika S.（オルソン、エリカ）324
Ossian of Ireland（オシアン）316
Owen, Robert（オーウェン、ロバート）121

P

Pascal, Blaise（パスカル、ブレーズ）26, 33, 267
Peano, Giuseppe（ペアノ、ジュゼッペ）39, 41, 44
Petrioli, Alexis（ペトリオーリ、アレクシス）488
Piketty, Thomas（ピケティ、トマ）511
Platōn; Πλάτων（プラトン）261, 262, 313, 331, 333, 487, 502
Plutarchus; Πλούταρχος（プルタルコス）9, 10, 11, 17
Polanyi, Karl（ポランニー、カール）247,

人名索引

294, 297, 323
Pompeius（Gnaeus Pompeius Magnus）（グナエウス・ポンペイウス・マグヌス）） 9, 17
Postone, Moishe（ポストン、モイシェ） 76, 77, 121, 122
Puiggros, Rodolfo（ピグロス、ロドルフォ） 309
Purcell, Nicholas（パーセル、ニコラス） 17
Purkayastha, Jubilee（プルカヤスタ、ジュビリー） 321

Q

Quaintance, Mary（クアインタンス、メアリー） 506
Quezada, Fernando（ケサダ、フェルナンド） 321
Quine, Willard van Orman（クワイン、ウィラード・ファン・オーマン） 39

R

Rakowitz, Nadja（ラコヴィッツ、ナージャ） 336, 488, 489-490
Rancière, Jacques（ランシエール、ジャック） 127, 382, 384-385, 388-394, 396-397, 402, 499, 500, 502, 503, 504
Reichelt, Helmut（ライヒェルト、ヘルムート） 488
Reichert, Stefan（ライヒェルト、シュテファン） 488
Reichert, Tobias（ライヒェルト、トビアス） 488
Ricardo, David（リカードゥ、デイヴィッド） 107, 108, 125, 127, 132, 133, 134, 180, 207, 257, 267, 328, 332, 338, 375, 389-391, 392, 456, 475, 481, 515
Robinson; Crusoe, Robinson（ロビンソン（『ロビンソン・クルーソーの生涯と奇異極まりなき冒険』の）） 501
Rodinson, Maxim（ロダンソン、マクシム） 293, 322
Roy, Joseph（ロワ、ジョゼフ） 382, 383
Russell, Bertrand Arthur William, 3rd Earl Russel（ラッセル、バートランド） 38-45, 61, 62, 438, 439, 442, 513
Russell, Jesse（ラッセル、ジェシー） 323

S

Sáenz-Badillos, Angel（サエンス-バディージョス、アンヘル） 30
Sahlins, Marshall David（サーリンズ、マーシャル） 246
Salomon, C.（サロモン、C） 208
Saussure, Ferdinand de（ソシュール、フェルディナン・ド） 35-36, 39, 59, 442, 467
Schares, Thomas（シェアズ、トーマス） 316
Schelein, Melissa（シェライン、メリッサ） 300, 325
Scholem, Gerschom (Gerhart)（ショーレム、ゲルショム（ゲールハルト）） 54-56, 65, 66
Schroder, K. P.（シュローダー、K・P） 213
Schwarz, Winfried（シュヴァルツ、ヴィンフリート） 15, 336, 337, 342, 488-489
Scholes, Myron S.（ショールズ、マイロン・S.） 310
Sekine, Thomas T. (Tomohiko)（セキネ、トーマス・T（関根友彦）） 493
Shahmoradi, Ashgar（シャーモラーディ、アシュガル） 326
Smaldone, William（スマルドーン、ウィリアム） 304
Smith, Adam（スミス、アダム） 180, 257, 267, 318, 375, 390, 400, 475
Sorge, Friedrich Adolf（ゾルゲ、フリードリヒ・アードルフ） 124, 230

Sorlin, Pierre（ソルラン、ピエール）318
Sperber, Jonathan（スパーバー、ジョナサン）29
Spert, Richard（シュペルト、リヒャルト）488
Spinoza, Baruch (Benedictus de)（スピノザ、バルーフ（ベネディクトゥス・デ））502
Sraffa, Piero（スラッファ、ピエロ）443
Stavenhagen, Rodolfo（スタベンハーゲン、ロドルフォ）309
Steinberg, Isaac Nachman（スタインベルグ、イサーク・ナッハマン）318
Stützle, Ingo（シュテュツレ、インゴ）488
Suetonius (Gaius Suetonius Tranquillus)（スエトニウス）9, 10, 11, 17

T

Taitslin, Anna（テーツリン、アンナ）319
Taussig, Michael（タウシグ、マイケル）246
Thalēs; Θαλής（タレース）295, 323
Thiele, W.（ティーレ、W）501
Thomson, D. F. S.（トムソン、D・F・S）17
Trost, O.（トロスト、O）208
Trouilloud, P.（トルーヤール、P）208
Tullock, Gordon（タロック、ゴードン）299, 325
Turk, Roma（トゥルク、リマ）326

V

Vleeschoweer, Herman Jan de（ヴレーショヴェール、ヘルマン・ヤン・デ）266
Vollgraf, Carl E.（フォルグラーフ、カール・E）488, 491
Voltaire; a.k.a. François Marie Arouet（ヴォルテール）507

W

Wagner, Adolf（ヴァーグナー、アードルフ）14-15, 98-99, 100, 113, 127, 267, 419, 427, 450, 454, 477, 478, 479
Weiland, J. Sperma（ウェイラント、J・スペルマ）17
Wellmon, Chad（ウェルモン、チャド）209
Weston, John（ウェストン、ジョン）121
Whitehead, Alfred North（ホワイトヘッド、アルフレッド・ノース）44
Wiener, Norbert（ウィナー、ノーバート）311
Wittgenstein, Ludwig（ヴィトゲンシュタイン、ルートヴィヒ）45-46, 62
Wolf, Dieter（ヴォルフ、ディーター）336, 488, 490-491
Wolf, Eric Robert（ウルフ、エリック）320
Wolf, Frieder Otto（ヴォルフ、フリーダー・オットー）488
Wulf, Andrea（ウルフ、アンドレア）516
Wynberg, Rachel（ウィンバーグ、レイチェル）321

Z

Zēnōn of Elea（ゼノン）37
Zermelo, Ernst Friedrich Ferdinand（ツェルメロ、エルンスト）438

Д

Даниельсон, Н. Ф.（ダニエリソーン、ニコライ・フランツェヴィチ）230, 232, 233, 486

З

Затулин, В. И.（ザスーリチ、ヴェーラ・イヴァーノヴナ）234, 306-308

К

Ковалевский, М. М.（コワレフスキー、マクシム・マクシモヴィチ）308-309

人名索引

Колмогоров, А. Н.（コルモゴロフ、アンドレイ・ニコラエヴィチ））311

Л
Ленин, В. И.（レーニン、ウラジーミル・イリイチ）282-284, 302, 303, 304, 305, 306, 318, 320, 487

Р
Розенберг, Д. И.（ローゼンベルグ、ダフィト・イオヘレヴィチ）126, 184-185, 213
Рубин, И. И.（ルービン、イサーク・イリイチ）126, 128, 178, 188-192, 197, 213, 214, 379
Рязанов, Д. Б.（リャザーノフ、ダヴィト・ボリソヴィチ）306

С
Скворцов-Степанов, И.（スクヴォルツォフ=ステパーノフ、イヴァン）303
Сталин, И. В.（スターリン、ヨシフ）7, 29, 113, 122, 126, 128, 177, 178, 184, 185, 188, 191, 194, 197, 219, 221, 236, 258, 320, 333, 337, 340, 387, 388, 449, 450, 463, 464, 470, 483, 484, 486

Ч
Чаянов, А. В.（チャヤーノフ、アレクサンドル・ヴァシリーヴィチ）318, 319
Чаянов, В. А.（チャヤーノフ、ヴァシリー・アレクサンドロヴィチ）319

Я
Якобсон, Роман Осипови（ヤコブソン、ローマン・オシポヴィチ）439

あ行
青山秀明（Aoyama, Hideaki）324
明石英人（Akashi, Hideto）492
朝尾直弘（Asao, Naohiro）214
東浩紀（Azuma, Hiroki）63, 64
荒川幾男（Arakawa, Ikuo）511
飯吉光夫（Iiyoshi, Mitsuo）63
家富洋（Ietomi, Hiroshi）324
五十嵐清（Igarashi, Kiyoshi）322, 323
池田美恵（Ikeda, Mie）205
池田裕一（Ikeda, Yūichi）324
石丸昭二（Ishimaru, Shōji）65
伊藤清（Itō, Kiyoshi）310, 311
伊東俊太郎（Itō, Shuntarō）205
伊藤誠（Itō, Makoto）493
伊東光晴（Ito, Mitsuharu）120
今村仁司（Imamura, Hitoshi）202, 203, 204, 493
岩井克人（Iwai, Katsuhito）164-165, 206, 470-473, 475-485, 494, 515-518
岩井聡（Iwai, Satoshi）322
植田祐次（Ueda, Yūji）508
牛田徳子（Ushida, Noriko）323
宇根豊（Une, Yutaka）317
宇野弘蔵（Uno, Kōzō）32, 145, 161, 197, 243, 342-346, 352-354, 424, 492, 493, 494, 495
江夏美千穂（Enatsu, Michiho）120, 203
榎原均（Ebara, Kin）92, 123, 125, 354, 355, 358, 359, 360, 361, 362, 363, 364, 495, 496
海老塚明（Ebidzuka Akira）493
太田耕人（Ōta, Kōjin）511
大谷禎之介（Ōtani, Teinosuke）125, 211, 232, 301, 302, 306, 349, 350, 351
大貫隆史（Ōnuki, Takashi）511
大橋洋一（Ōhashi, Yōichi）511
大村泉（Ōmura, Izumi）121, 203
岡崎次郎（Okazaki, Jirō）31, 203, 495, 515, 516

571

奥田央（Okuda, Hiroshi）　320
奥山忠信（Okuyama, Tadanobu）　493, 494
小幡道昭（Obata, Michiaki）　92, 126

か行

加来彰俊（Kaku, Akitoshi）　323
梶田裕（Kajita, Hiroshi）　503
片岡啓治（Kataoka, Keiji）　65
片岡卓三（Kataoka, Takuzō）　228
加藤正（Katō, Tadashi）　499, 500, 515
亀山健吉（Kameyama, Kenkichi）　30
柄谷行人（Karatani, Kōjin）　64, 266, 312, 450, 455-470, 482, 515
川口喬一（Kawaguchi, Kyōichi）　511
鬼界彰夫（Kikai, Akio）　46, 62
菊地原洋平（Kikuchibara, Yōhei）　205
岸政彦（Kishi, Masahiko）　302
木田砂雪（Kida, Sayuki）　302
木村茂雄（Kimura, Shigeo）　511
許萬元（Kyo, Mangen; Ho Manong; 허만원）　66, 67
国原吉之助（Kunihara, Kichinosuke）　17
熊野純彦（Kumano, Sumihiko）　92, 126
蔵中進（Kuranaka, Susumu）　124
久留間鮫造（Kuruma, Samezō）　161, 243, 342-354, 485, 492, 493, 494, 495
黒田明伸（Kuroda, Akinobu）　247
黒田壽郎（Kuroda, Yoshio）　296, 322, 323
高祖岩三郎（Kōso, Iwasaburō）　206
河野真太郎（Kōno, Shintarō）　511
小島憲之（Kojima, Noriyuki）　123
小杉泰（Kosugi, Yasushi）　297, 323, 324, 326
小竹武夫（Kotake, Takeo）　213
小竹文夫（Kotake, Fumio）　213
小谷汪之（Kotani, Hiroyuki）　308
古徳和尚（Kotoku Oshō）　509
小林康夫（Kobayashi, Yasuo）　63
権藤成卿（Gondō, Seikei）　317

さ行

斉藤幸平（Saitō, Kōhei）　492
斉藤渉（Saitō, Shō）　29
坂井秀寿（Sakai, Hidetoshi）　62
向坂逸郎（Sakisaka, Itsurō）　492, 494
櫻井秀子（Sakurai, Hideko）　294, 323
佐々木隆治（Sasaki, Ryūji）　25, 32, 364-377, 492, 496, 498
佐藤金三郎（Satō, Kinzaburō）　15, 120
佐藤正則（Satō, Masanori）　515
塩沢由典（Shiozawa, Yoshinori）　4, 259, 267, 433, 443, 444, 445, 446, 447, 448, 449, 450, 451, 452, 453, 454, 455, 456, 514, 515
始皇帝（Shi-huang-di）　213, 249
司馬遷（Si-ma Qian）　213
白川静（Shirakawa, Shizuka）　249
白須五男（Shirasu, Itsuo）　92, 125
城江良和（Shiroe, Yoshikazu）　17
杉本俊朗（Sugimoto, Toshirō）　516
隅田聡一郎（Sumita, Sōichirō）　492
関根友彦（Sekine, Thomas T.）　493
瀬戸鞏吉（Seto, Kyokichi）　65
荘子（Zhuang-zi）　416
相馬亘（Sōma, Wataru）　324

た行

高橋充昭（Takahashi, Mitsuaki）　63
滝浦真人（Takiura, Masato）　60
武田佐知子（Takeda, Sachiko）　124
武田信照（Takeda, Nobuteru）　92, 125, 494, 495, 503
竹永進（Takenaga, Susumu）　128, 213, 214, 493
武満徹（Takemitsu, Tōru）　36, 59, 60
橘孝三郎（Tachibana, Kōzaburō）　317
谷川雁（Tanigawa, Gan）　267
種瀬茂（Tanese, Shigeru）　126
千葉正士（Chiba, Masaji）　322

人名索引

土屋俊（Tsuchiya, Shun）　61
寺阪英孝（Terasaka, Hidetaka）　205
富塚良三（Tomidzuka, Ryōzō）　495

な行

直木孝次郎（Naoki, Kōjirō）　123
長岡慎介（Nagaoka, Shinsuke）　297, 323, 324
中沢彰吾（Nakazawa, Shōgo）　302
中沢新一（Nakazawa, Shin'ichi）　514
中西友子（Nakanishi, Tomoko）　317
中野正（Nakano, Tadashi）　201
中村幸四郎（Nakamura, Kōshirō）　205
中村好孝（Nakamura, Yoshitaka）　509
夏目金之助（漱石）（Natyume, Kin'nosuke (Sōseki)）　517, 518
尼寺義弘（Niji, Yoshihiro）　354, 495
西宮一民（Nishimiya, Kazutami）　123
沼崎雅行（Numazaki, Masayuki）　65
西村恵信（Nishimura, Eshin）　509
野尻英一（Nojiri, Ei'ichi）　122, 510, 511, 512
野村修（Nomura, Osamu）　65, 66, 517
野本和幸（Nomoto, Kazuyuki）　61

は行

橋本元彦（Hashimoto, Motohiko）　32
長谷部文雄（Hasebe, Fumio）　161, 203, 353, 487
秦邦生（Hata, Ikuo）　511
林晋（Hayashi, Susumu）　61, 62
林直道（Hayashi, Naomichi）　350, 351, 494
日山紀彦（Hiyama, Michihiko）　92, 125, 126
平田清明（Hirata, Kiyoaki）　308
平野智治（Hirano, Tomoharu）　61
平山昇（Hirayama, Noboru）　302
廣松渉（Hiromatsu, Wataru）　25, 29, 32, 92, 115, 125, 126, 129, 145, 177, 178, 193-196, 197, 198, 199, 212, 214, 258, 259, 267, 379, 450

福田隆雄（Fukuda, Takao）　510
藤本一勇（Fujimoto, Kazuisa）　62
藤本隆志（Fujimoto, Takashi）　62
藤原鎌足（Fujiwara, Kamatari）　123
藤原義久（Fujihara, Yoshihisa）　324
船戸修一（Funato, Shūichi）　317
不破哲三（Fuwa, Tetsuzō）　486
別役実（Betsuyaku, Minoru）　267, 268
保坂一夫（Hosaka, Kazuo）　65
細見和之（Hosomi, Kazuyuki）　65, 66
堀容子（Hori, Yōko）　503

ま行

前田英樹（Maeda, Hideki）　59
牧野紀之（Makino, Noriyuki）　203
正木八郎（Masaki, Hachirō）　197-199, 214, 377-381, 498
増田一夫（Masuda, Kazuo）　411, 504, 508
松尾剛次（Matsuo, Kenji）　302
松森奈津子（Matsumori, Natsuko）　322
水嶋一憲（Mizushima, Kazunori）　32
水地宗明（Mizuchi, Muneaki）　502
見田石介（Mita, Sekisuke）　92, 125, 126, 185-188, 197, 213
三田丁一（Mita, Ryōichi）　514
宮川彰（Miyakawa, Akira）　121, 203
宮川実（實）（Miyakawa, Minoru）　161, 203, 353
宮澤賢治（Miyazawa, Kenji）　498
向井公敏（Mukai, Kimitoshi）　158, 198
無門慧開（Mumon-Ekai; Wu-men Hui-kai）　421, 509
毛利正守（Mōri, Masamori）　123
本山美彦（Motoyama, Yoshihiko）　513, 514
森田成也（Morita, Seiya）　312-315, 317, 509
守中高明（Morinaka, Taka'aki）　62, 63
両角吉晃（Morozumi, Yoshiaki）　322

573

や行

家島彦一（Yajima, Hikoichi）247
八杉満利子（Yasugi, Mariko）61, 62
矢野智司（Yano, Satoji）498
山内昶（Yamauchi, Hisashi）246
山岸真（Yamagishi, Makoto）62
山下肇（Yamashita, Hajime）65
山田鋭夫（Yamada, Toshio）493
山本ひろ子（Yamamoto, Hiroko）302
楊枝嗣朗（Yōji, Shirō）247
吉沢英成（Yoshizawa, Hidenari）433-443, 512, 513, 514

吉田悦章（Yoshida, Etsuaki）297, 323
吉田洋一（Yoshida, Yōichi）61
吉原泰助（Yoshihara, Taisuke）92, 125
米田康彦（Yoneda, Yasuhiko）495

ら行

良知力（Rachi, Chikara）13

わ行

和田あき子（Wada, Akiko）321
和田春樹（Wada, Haruki）321

事項索引

　事項索引の冒頭に、「Ⅰ商品に関する項」、「Ⅱ貨幣に関する項」、「Ⅲ資本に関する項」の三つを措き、その上で、50音順で各事項を掲げた（50音順の表記から冒頭の三つの表記へは「→」によって誘導した）。これによって、本書の目的と内容・構成をより鮮明にし、索引として利用しやすいものとした。ただし、「商品」、「貨幣」、「資本」、「価値」など本書で頻出するものについては項をたてていない。

Ⅰ商品に関する項

商品語　3, 4, 14, 16, 21, 22, 23, 24, 25, 26, 27, 28, 29, 30, 31, 32, 33, 35, 45, 56, 57, 58, 59, 63, 67, 73, 117, 119, 120, 131, 135, 136, 137, 139, 144, 145, 148, 149, 152, 153, 155, 161, 167, 169, 173, 177, 180, 197, 201, 223, 228, 244, 245, 246, 251, 252, 261, 263, 264, 265, 268, 277, 279, 280, 328, 329, 364, 365, 366, 367, 368, 369, 370, 371, 372, 373, 374, 380, 393, 398, 420, 436, 470, 495, 513, 535, 536

商品体　97, 111, 117, 150, 153, 158, 168, 172, 179, 194, 240, 317, 339, 370, 415, 492, 502, 529

労働凝固体　109, 155, 170

商品生産　128, 129, 142, 160, 184, 196, 198, 213, 241, 248, 251, 256, 271, 290, 296, 304, 328, 333, 334, 338, 340, 362, 374, 375, 378, 402, 482

商品生産社会　160, 196, 241, 256, 304, 333, 334, 340, 378, 482

商品世界　24, 25, 26, 31, 77, 134, 164, 180, 225, 239, 241, 245, 246, 249, 251, 255, 261, 277, 368, 369, 370, 394, 427, 435, 436, 437, 438, 440, 441, 443, 513

商品の物神性　26, 2　3, 85, 86, 87, 92, 94, 96, 97, 98, 99, 100, 101, 102, 103, 104, 105, 106, 107, 109, 111, 115, 116, 124, 125, 126, 151, 258, 404, 405, 418, 448, 449, 453, 523, 524, 525, 527, 531, 533

共通な（の）もの　85, 86, 87, 92, 94, 96, 97, 98, 99, 100, 101, 102, 103, 104, 105, 106, 107, 109, 111, 115, 116, 124, 125, 126, 151, 258, 403, 405, 417, 448, 452

第三のもの　3, 87, 91, 92, 93, 94, 96, 97, 99, 100, 101, 104, 105, 106, 107, 109, 110, 111, 115, 125, 126, 258, 329, 350, 404, 405, 418, 433, 448, 449, 452, 522, 523

価値対象性　21, 114, 117, 118, 179, 248, 338, 339, 340, 341, 415

価値の大きさ　72, 88, 98, 99, 105, 107, 108, 110, 117, 120, 126, 127, 149, 152, 172, 200, 231, 237, 240, 290, 303, 342, 390, 391, 420, 445, 447, 450, 452, 479, 480, 481, 504, 532, 533

価値の尺度　24, 425, 493

相対的価値形態　31, 136, 137, 138, 146, 147, 149, 152, 161, 163, 164, 167, 168, 171, 173, 200, 202, 237, 243, 245, 343, 344, 346, 367, 368, 373, 374, 380, 393, 394, 423, 424, 425, 445, 455, 471, 484, 485, 512

等価形態　3, 136, 137, 138, 146, 147, 152, 159, 160, 161, 162, 163, 164, 165, 166, 167, 168, 169, 170, 171, 173, 174, 176, 200, 201, 214, 220, 225, 230, 237, 239, 240, 241, 243,

271, 303, 334, 336, 343, 344, 345, 346, 355, 368, 380, 393, 397, 412, 413, 422, 423, 424, 425, 445, 455, 464, 467, 471, 484, 485, 489, 490, 491, 512, 514, 517

直接的・非媒介的交換可能性─間接的・媒介的交換可能性　160, 161, 162, 163, 471, 482, 483

等価物　123, 136, 137, 138, 150, 152, 159, 161, 162, 163, 166, 167, 168, 174, 175, 176, 200, 201, 207, 212, 224, 226, 227, 232, 237, 238, 239, 245, 247, 248, 303, 334, 344, 367, 368, 381, 386, 412, 413, 415, 422, 426, 432, 441, 443, 447, 471, 484, 485, 489, 490, 491, 492, 501, 514, 517, 518

一般的等価物　136, 138, 166, 176, 212, 224, 227, 232, 238, 239, 245, 247, 248, 303, 368, 381, 412, 413, 422, 426, 441, 443, 447, 484, 489, 491, 492, 501, 514, 517, 518

価値形態Ⅰ（単純な価値形態）　243, 333, 343, 367, 368, 369, 392, 393, 397, 423, 424, 426, 503

価値形態Ⅱ（展開された価値形態）　135, 136, 147, 164, 172, 201, 219, 229, 231, 334, 341, 483, 484, 490, 491

価値形態Ⅲ（一般的価値形態）　200, 240, 426

価値形態Ⅳ（初版本文の）　72, 139, 329, 330, 373

価値形態Ⅳ〈初版付録以降の〉→貨幣に関する項→貨幣形態

価値形態の秘密　136, 226, 360, 422

価値表現の「廻り道」　139, 150, 151, 152, 155, 161, 228, 352, 353, 394, 495

価値物　22, 66, 118, 151, 152, 154, 156, 162, 163, 167, 170, 179, 231, 353, 477, 495

価値体　29, 156, 157, 162, 254, 256, 317, 495

価値増殖過程　→資本に関する項→値の増殖

価値法則　129, 472, 475, 476

労働価値説　4, 76, 107, 108, 122, 176, 251, 257, 260, 444, 449, 451, 456, 463, 499

社会的必要労働時間　72, 213, 420, 421

幽霊のような対象性　29, 111, 112, 113, 114, 115, 117, 180, 194, 198, 340, 379, 388, 414, 417, 419, 420, 431, 466, 492, 493, 531

Ⅱ 貨幣に関する項

貨幣形態　4, 24, 72, 134, 136, 138, 139, 140, 145, 147, 163, 171, 190, 201, 207, 208, 215, 218, 219, 220, 221, 222, 223, 224, 225, 226, 227, 229, 230, 232, 235, 236, 238, 239, 240, 241, 244, 248, 274, 278, 305, 329, 330, 332, 333, 334, 335, 336, 337, 338, 342, 345, 347, 348, 350, 368, 369, 373, 412, 413, 421, 422, 423, 431, 432, 457, 458, 459, 461, 462, 463, 464, 471, 482, 483, 484, 485, 486, 489, 490, 491

貨幣の謎　171, 223, 422, 423, 495

流通手段（としての貨幣）　245, 249, 274, 303, 314, 315, 356

支払・決済手段（としての貨幣）　246, 249, 303

貨幣名　24, 244, 245

貨幣の物神性、貨幣の神秘性　271, 303

貨幣論　4, 33, 206, 332, 349, 350, 432, 434, 471, 483, 486, 487, 493, 494, 495, 496, 514, 516, 517

蓄蔵貨幣　284

貨幣価値論　333, 334, 337, 338, 341, 458, 482, 517

信用貨幣　236, 248, 249, 381, 443, 485, 514

Ⅲ 資本に関する項

資本関係　211, 273, 274

資本の物神性　274

資本の一般的定式　271

資本蓄積　287, 309
資本の下への労働の形式的包摂　290, 312, 356
資本の下への労働の実質的包摂　290, 312
生産資本　78, 211, 285, 301
商品資本　78, 285, 301
貨幣資本　78, 274, 279, 284, 301, 304, 306
遊休貨幣資本　284
過剰かつ過少な資本　284, 286, 288
価値の増殖　271, 377
利子生み資本　4, 7, 16, 33, 66, 143, 170, 210, 211, 212, 264, 266, 273, 274, 275, 276, 277, 280, 292, 295, 297, 301, 306, 310, 362, 535
架空資本（擬制資本）　4, 16, 28, 32, 33, 66, 143, 170, 212, 264, 266, 276, 277, 278, 280, 281, 282, 283, 284, 285, 286, 287, 288, 289, 291, 292, 294, 295, 298, 300, 301, 303, 305, 306, 310, 312, 317, 320, 322, 325, 535
　株式証券　280, 281, 282, 288, 311
　株式資本　280, 281, 283, 284, 285, 286, 287, 288, 305
　国債　276, 280, 282, 287, 288, 310, 312, 325, 454
　公共債、私債　276
　金融デリヴァティヴ　276, 280, 288, 289, 298, 300, 310, 311, 312, 324, 325
現実資本（機能資本）　273, 280, 284, 285, 286, 287, 288, 289, 291, 292, 294, 297, 301, 317, 318, 319
総資本　211, 273, 455
株式資本　280, 281, 283, 284, 285, 286, 287, 288, 305
産業資本　280, 283, 284, 288, 293, 305, 306, 319
銀行資本　280, 283, 284, 288, 305, 306
金融資本　282, 283, 285, 286, 288, 292, 293, 294, 298, 300, 303, 304, 305, 306

資本の集中、資本の集積　264, 281, 282, 283, 284

[あ行]

生きた労働　122, 179, 181, 182, 183, 185, 191, 197, 199, 258, 272, 289, 322, 357, 378, 379, 433
イスラーム金融　16, 292-301, 323, 324, 325, 326
一般的価値形態→商品に関する項→価値形態→価値形態Ⅲ
一般言語学→言語学
一般的等価物→商品に関する項→価値形態
宇野派　126, 148, 206, 463, 464, 466

[か行]

階級　9, 11, 25, 122, 211, 273, 278, 292, 301, 320, 321, 322, 357
価格　24, 28, 30, 66, 75, 78, 91, 94, 121, 141, 143, 204, 218, 219, 244, 258, 267, 275, 293, 311, 324, 341, 349, 350, 370, 444, 447, 455, 456, 462, 490
化学　104, 147, 284, 322, 527
科学　58, 72, 76, 121, 128, 208, 231, 233, 266, 289, 307, 310, 322, 385, 390, 399, 444, 455, 456, 472, 475, 476, 480, 487, 516
架空資本→資本に関する項
確率過程、確率密度関数、確率微分方程式、近代的確率論　311
過去の労働→対象化された労働
可算無限　37, 38, 39, 44, 46, 54, 60, 142, 204, 205, 280, 440
可算有限　31, 37, 38, 39, 45, 46, 54, 204, 280, 371, 440
過剰かつ過少な資本→資本に関する項
過剰生産　285
価値規定　81, 123, 163
価値形態Ⅰ→商品に関する項

価値形態Ⅱ→商品に関する項
価値形態Ⅲ→商品に関する項
価値形態Ⅳ→商品に関する項
価値形態の秘密→商品の項
価値請求権　276, 286, 288
価値増殖→資本に関する項
価値増殖過程→資本に関する項
価値体→商品に関する項
価値対象性→商品に関する項
価値の大きさ→商品に関する項
価値の源泉→生きた労働
価値の尺度→商品に関する項
価値物→商品に関する項
価値法則→商品に関する項
株式（株式証券）→資本に関する項→架空資本
株式会社　281
株式資本→資本に関する項→架空資本
株式取引　281, 311
株式発行　281
貨幣価値論→貨幣に関する項
貨幣形態→貨幣に関する項
貨幣市場→貨幣に関する項
貨幣資本→貨幣に関する項
貨幣主義　12, 342
貨幣の謎→貨幣に関する項
貨幣の神秘性→貨幣に関する項
貨幣の物神性→貨幣に関する項
貨幣名→貨幣に関する項
貨幣論→貨幣に関する項
可変資本　290, 455
為替　311
汗牛充棟　12
間接的・媒介的交換可能性→商品に関する項
機械　50, 142, 210, 278, 358, 411
機械制大工業　142
企業利得　211, 273

記号　35, 38, 63, 188, 265, 266, 268, 375, 442, 443, 465, 467, 468, 469, 518
疑似商品　275
技術　61, 121, 249, 254, 289, 292, 322, 324
擬制資本→資本に関する項→架空資本
機能資本→資本に関する項→現実資本
技法　28, 31, 296, 407
教育　28, 57, 204, 301, 498, 504
協業　207, 253
恐慌　248, 285, 286, 359, 387, 496
競争　66, 67, 273, 304, 305, 312, 455
共通な（の）もの→商品に関する項
協同組合　109, 319
共同体　28, 30, 43, 230, 233, 234, 254, 255, 306, 307, 308, 320, 479, 480, 535
漁業　290, 291, 317
銀行資本→資本に関する項
金融寡頭制　280, 306
金融工学　31, 289, 298, 310, 311, 324
金融市場　289, 294, 295, 298, 299, 300, 312
金融資本→資本に関する項
金融資本主義　292, 293, 298, 300, 305
金融商品→資本に関する項→架空資本
金融デリヴァティブ→資本に関する項→架空資本
クルアーン　294, 515
経済物理学　31, 298, 310, 311, 324
限界と制限　287
言語学　23, 28, 29, 35, 36, 313, 322
現実資本→資本に関する項
現実的抽象　156, 157, 158
現象学　29, 47, 314, 406
現物形態（商品の）　98, 150, 155, 156, 157, 158, 159, 162, 166, 168, 169, 170, 174, 221, 223, 237, 240, 397, 415, 464, 466, 467, 480, 517
交換過程　4, 31, 66, 138, 139, 192, 198, 199, 217, 221, 222, 225, 235, 236, 237, 238, 242,

243, 244, 248, 316, 330, 333, 334, 335, 336, 338, 339, 340, 343, 345, 346, 347, 348, 349, 350, 351, 355, 362, 363, 364, 368, 423, 424, 485, 489, 490, 491, 493, 494, 495, 496, 513
公共債→資本に関する項→架空資本
工場　57, 289, 290, 358
公理・公理系　39, 41, 44, 50, 64, 142, 204, 205, 376, 439
国債→資本に関する項→架空資本
国際労働者協会　121, 331
国民　7, 22, 30, 203, 280, 289, 312, 316, 471, 517, 535, 536
国民国家　22, 280, 289, 312, 316
骨化　176, 200, 203, 207, 208, 209, 210, 211, 212, 239, 245, 248, 368, 422, 441, 484, 517, 518
国家語　22
古典派経済学（古典経済学）　132, 134, 153, 176, 256, 257, 389, 390, 400, 475
コモディティ・ムラーバハ　298, 324

[さ行]
再生産　192, 253, 254, 260, 261, 263, 281, 290, 291, 321, 322, 382, 401, 497
債務　247, 276, 293
債務証書　276
搾取　273, 307, 464
産業資本→資本に関する項
思惟抽象　133, 135, 156, 157, 180, 183, 380, 414, 415
自己労働　307
私債→資本に関する項→架空資本
自然科学　58, 289
自然言語　23, 33, 64, 328
自然数、自然数論　39, 41, 42, 43, 44, 51, 64
自然数論　39, 44, 51
私的所有　307
私的労働　3, 119, 129, 131, 132, 133, 134, 135, 156, 160, 161, 162, 166, 170, 172, 174, 181, 225, 226, 238, 240, 356, 359, 361, 362, 363, 370, 380, 381, 394, 463
支払・決済手段（としての貨幣）→貨幣の項
資本関係→資本に関する項
資本主義社会　14, 23, 25, 86, 88, 189, 263, 278, 295, 320, 392, 400, 406, 454, 476, 480, 517, 518
資本主義的生産様式（資本制的生産様式）　23, 24, 31, 32, 56, 57, 75, 77, 88, 123, 128, 141, 142, 143, 159, 170, 180, 195, 198, 212, 226, 248, 251, 254, 255, 257, 259, 262, 264, 271, 272, 277, 281, 287, 290, 301, 306, 327, 328, 334, 339, 340, 376, 378, 381, 384, 387, 389, 392, 401, 402, 405, 406, 423, 456, 476, 497
資本主義の独占段階　283, 284, 311
資本の一般的定式→資本に関する項
資本の集積→資本に関する項
資本の集中→資本に関する項
資本の生産過程→資本に関する項
資本の蓄積→資本に関する項
資本の物神性（資本物神）→資本に関する項
資本の下への労働の形式的包摂→資本に関する項
資本の下への労働の実質的包摂→資本に関する項
資本輸出　283
社会主義　306, 307
社会性　58, 118, 119, 129, 131, 132, 133, 134, 135, 138, 140, 146, 147, 154, 155, 156, 160, 161, 166, 168, 169, 170, 172, 173, 174, 185, 197, 200, 245, 248, 251, 253, 254, 255, 257, 260, 261, 264, 279, 281, 369, 374, 380, 422, 426, 535
社会的必要労働時間→商品に関する項
社会的労働　107, 109, 118, 119, 123, 128, 131,

132, 133, 134, 135, 156, 160, 161, 162, 166, 174, 181, 184, 187, 192, 197, 200, 212, 240, 257, 290, 356, 359, 377, 378, 380, 381, 382, 394, 472, 474, 475, 476, 477, 482, 501
シャリーア　293, 294, 296, 297, 298, 299, 300, 323, 324, 325
シャリーア基盤型金融　299, 325
集合　41, 42, 44, 60, 133, 141, 142, 143, 144, 145, 146, 147, 148, 204, 205, 210, 334, 434, 438, 439, 440, 442, 444, 445, 446, 447, 448, 451, 452, 468, 469, 514
種族　22, 231
受肉　386, 389, 408, 501, 502, 512
商品語→商品に関する項
商品資本→資本に関する項
商品所有者　32, 143, 145, 148, 196, 197, 198, 206, 237, 238, 239, 243, 244, 343, 344, 345, 346, 352, 362, 363, 370, 424, 425, 463, 489, 490, 493, 494
商品生産→商品に関する項
商品生産社会→商品に関する項
商品世界→商品に関する項
商品体→商品に関する項
商品の物神性→商品に関する項
証明可能　44, 50
剰余価値→資本に関する項
植民地　234, 285, 309, 322
植民地主義　309
神学　64, 187, 188, 267, 293, 294, 298, 322, 323, 493
人格　25, 255, 262, 278, 314, 315, 316, 355, 356, 357, 358, 359, 360, 361, 362, 363, 364, 365, 371, 374
真—偽　44, 45, 50
真—善—美　255, 261, 262, 266, 492
死んだ労働→対象化された労働
信用　236, 246, 247, 248, 249, 276, 282, 297, 305, 322, 381, 443, 485, 514

信用貨幣→貨幣に関する項
信用制度　246
人類　22, 28, 160, 187, 195, 209, 235, 246, 279, 294, 309, 320, 328, 414, 536
数概念　41, 42, 43, 61
スクーク　299, 300, 325
スターリン主義　29, 113, 122, 126, 128, 177, 178, 184, 185, 188, 191, 194, 197, 236, 258, 333, 337, 340, 387, 388, 448, 450, 463, 464, 470, 486
正義　204, 262, 263
生産資本→資本に関する項
生産手段　109, 281, 302, 307
生産諸関係　66, 77, 210, 253, 275, 314, 316
生産諸条件　497
生産と労働の分配　276, 280, 281, 283, 288, 291, 303, 474
生産の集積（集中）　281, 282, 283, 284, 306
生産力　212, 272, 497
政治的国家　262, 263
世界金融市場　289, 312
積分　56, 126, 205, 311
ZF公理系、ZFC公理系　438
線形性　35, 36, 116
創業者利得　303
総資本→資本に関する項
相対的価値形態→商品に関する項
相対的剰余価値　272
俗流経済学　473, 478

[た行]
体化・体化物　56, 158, 178, 193, 194, 211, 239, 255, 268, 312, 314, 316, 317, 353, 377, 378, 385, 386, 388, 389, 405, 418, 419, 443, 451, 453, 463, 536
第三者（第三のもの）→商品に関する項
対象化された労働（過去の労働、死んだ労働）　81, 91, 114, 122, 132, 165, 174, 179,

181, 182, 183, 197, 199, 258, 267, 289, 357, 378, 379, 392
対象世界　35, 36, 37, 38, 39, 40, 43, 44, 45, 46, 49, 50, 54, 60, 63, 142, 149, 259, 376, 406, 409
対立　140, 155, 158, 165, 166, 173, 201, 211, 236, 239, 247, 248, 260, 261, 272, 273, 274, 281, 282, 320, 356, 359, 361, 364, 395, 396, 397, 415, 429, 430, 432, 444, 464, 471, 479, 488, 496, 503, 506
タウヒード　296, 297, 323
他人の労働　252, 254, 272, 276, 307, 376
単純な価値形態→商品に関する項→価値形態→価値形態Ⅰ
単純労働─複雑労働　110, 213
地代　234, 382
地方語→方言
直接的交換可能性（直接的・非媒介的交換可能性）→商品に関する項→価値形態
直接的生産物交換　333, 423, 510
直接的の労働　123, 272, 273, 274, 277
賃金　121, 291, 307, 312, 505
賃金労働者（賃労働者）　273, 291, 358
賃労働　273, 291, 316, 322, 358, 359, 499
通貨　248, 249, 288, 294, 299, 312, 324
帝国主義　262, 263, 280, 282, 283, 284, 285, 286, 287, 302, 303, 304, 305, 306, 309, 311, 320, 322, 324, 536
展開された価値形態→商品に関する項→価値形態→価値形態Ⅱ
等価形態→商品に関する項
等価物→商品に関する項
道具　47, 48, 433, 486
等式　72, 80, 83, 84, 85, 86, 87, 93, 95, 100, 104, 106, 107, 109, 110, 111, 112, 113, 126, 144, 145, 148, 157, 354, 393, 404, 512, 522, 523
等値式　157
ドゥバイ・ショック　293
動物学　40

独自な資本主義的生産様式　272
独占　280, 281, 282, 283, 284, 285, 286, 289, 292, 305, 306, 311, 312, 320, 322
独占利潤　284
独立自営農民　317
独立小商品生産者　142
土壌　317
土地　285, 307, 308, 309, 318, 320, 321
土地所有　308, 309
富　3, 4, 22, 75, 77, 121, 122, 186, 190, 212, 239, 245, 246, 247, 251, 252, 253, 254, 255, 257, 259, 260, 263, 264, 265, 267, 274, 276, 277, 303, 324, 376, 377, 381, 398, 399, 400, 401, 402, 406, 422, 440, 443, 449, 456, 496, 497, 498, 504, 518

[な行]
担い手　25, 77, 78, 79, 252, 278, 345, 357, 363, 385, 392, 417, 418
人間語　3, 16, 23, 25, 26, 27, 31, 35, 36, 37, 38, 43, 45, 46, 47, 48, 49, 50, 51, 54, 56, 58, 59, 63, 67, 71, 73, 78, 86, 89, 116, 117, 120, 131, 135, 137, 139, 142, 144, 145, 148, 149, 150, 152, 153, 154, 155, 156, 157, 161, 167, 173, 177, 180, 197, 201, 205, 223, 265, 268, 279, 280, 328, 329, 330, 365, 366, 367, 369, 371, 372, 373, 393, 394, 396, 398, 406, 409, 414, 495, 536
人間主義　317
人間的労働　21, 187, 193, 195, 341, 353, 367, 377, 457, 458
農業　183, 234, 290, 291, 292, 306, 317, 318, 319, 320, 321
農村共同体　234, 306, 307, 308, 320
農本主義　317, 318
農民　234, 307, 317, 318, 319, 320, 321, 504

[は行]

パリ・コミューン　125, 232, 233, 331, 500
パロール　23, 24, 373
非可算・非可算無限　32, 37, 38, 39, 44, 46, 54, 59, 60, 142, 148, 204, 205, 280, 440
非物質的労働生産物　141
表現様式　73, 79, 80, 82, 89, 97, 98, 119, 122, 123, 125, 134, 135, 144, 147, 522, 523, 533
不完全性定理（ゲーデルの）　44, 49, 50, 61, 62, 64, 65
負債　264, 276, 286, 325
縁付ける・縁を付ける　35, 36, 37, 38
物化　7, 187, 314, 361, 432, 433, 483, 504, 513
物象　4, 7, 24, 32, 56, 57, 58, 63, 89, 90, 123, 154, 169, 195, 196, 204, 211, 214, 225, 240, 244, 245, 252, 253, 254, 255, 258, 267, 274, 275, 276, 278, 301, 314, 315, 316, 355, 356, 357, 358, 359, 360, 361, 362, 363, 364, 365, 367, 371, 374, 375, 376, 377, 380, 401, 403, 415, 432, 433, 463, 480, 493, 496, 504, 513
物神性　4, 26, 31, 120, 123, 214, 224, 227, 246, 248, 265, 274, 303, 329, 346, 348, 355, 361, 362, 406, 407, 408, 409, 412, 413, 416, 465, 496, 501, 505, 506, 512, 513
物々交換→直接的生産物交換
物理学　24, 31, 104, 298, 310, 311, 324, 516, 527
部分集合→集合
不変資本　290
プラン問題　15
ブルジョアジー　31, 210, 278, 307, 508
プロレタリアート　13, 122
文化　23, 235, 293, 516, 532
分析的抽象化・思惟抽象　132, 133, 135, 152, 156, 157, 161, 177, 180, 183, 371, 380, 398, 414, 415
分節化　31, 35, 36, 37, 38, 39, 58, 60, 149
文明　265, 278, 308, 497, 518, 535, 536

平均利潤　273, 284
ベルリン王立アカデミー　28
ベルリン大学　28
弁証法　14, 26, 59, 66, 137, 147, 188, 190, 199, 210, 216, 217, 220, 222, 228, 231, 264, 331, 337, 354, 359, 373, 397, 426, 427, 428, 429, 430, 471, 489, 490
方言、地方語　22, 23, 28, 245, 368, 369
翻訳　7, 22, 26, 47, 48, 51, 53, 54, 62, 63, 65, 73, 120, 137, 139, 144, 145, 149, 152, 153, 155, 203, 223, 232, 233, 251, 315, 322, 351, 353, 367, 370, 371, 373, 380, 398, 494, 507, 511

[ま行]

マルクス主義　16, 194, 196, 206, 207, 214, 258, 283, 293, 303, 304, 319, 407, 487
廻り道（価値表現の）→商品に関する項→価値表現の「廻り道」
身分　9, 84, 105, 194, 195, 214, 454
民族　22, 30, 234, 252, 263, 309, 535, 536
無概念的　211, 245, 275
無限集合→集合
矛盾　37, 44, 50, 62, 64, 80, 93, 173, 236, 238, 247, 262, 281, 282, 284, 285, 286, 289, 290, 356, 377, 396, 397, 432, 450, 472, 482, 496, 498, 503, 514, 520, 521
ムラーバハ→コモディティ・ムラーバハ
〈もの〉　169, 170, 176, 274

[や行]

唯物論　67, 112, 258, 303, 429, 464
遊休貨幣資本→資本に関する項
有限集合→集合
有理数　205, 311, 452, 453, 515
幽霊のような対象性→商品に関する項

[ら行]

ラング　23, 373, 443

事項索引

リーマン・ショック　293, 297, 310, 311, 312, 324
利子　4, 7, 16, 33, 61, 62, 66, 143, 170, 210, 211, 212, 264, 266, 273, 274, 275, 276, 277, 280, 291, 292, 293, 294, 295, 296, 297, 299, 300, 301, 306, 310, 322, 325, 362, 382, 514, 535
利子生み資本→資本に関する項
利潤　31, 75, 94, 121, 211, 273, 274, 275, 284, 290, 296, 299, 382, 455, 456
リバー　207, 296, 297, 299, 315, 506
流通過程　272, 273, 275, 321
流通手段（としての貨幣）→貨幣の項
流動状態にある労働→生きた労働

量子力学　31, 204, 310, 311
倫理主義　12, 301
類的存在　56, 59, 160, 251, 257, 260, 262, 263, 264, 265, 267, 275, 279, 291, 292, 440, 535, 536
ルベーグ積分→積分
労働価値説→商品に関する項
労働過程　272, 289, 479, 480
労働凝固体→商品に関する項
労働の具体的有用的諸規定　379
労働の社会的生産力　212, 272
労働論　125, 189, 191, 192, 319, 378

著者紹介

井上 康（いのうえ・やすし）
1948 年生。京都大学工学部・教育学部卒、同大学院教育学研究科博士後期課程退学。予備校講師など。

崎山 政毅（さきやま・まさき）
1961 年生。京都大学理学部卒、同大学院農学研究科後期博士課程退学。立命館大学教員。

マルクスと商品語

2017 年 11 月 10 日　初版第 1 刷発行

著　者──────井上康・崎山政毅
装画・カット────春日井誠
装幀デザイン────後藤トシノブ
発行人──────松田健二
発行所──────株式会社 社会評論社
　　　　　　　　東京都文京区本郷 2-3-10 お茶の水ビル
　　　　　　　　TEL. 03-3814-3861/FAX. 03-3814-2808
　　　　　　　　http://www.shahyo.com/
組　版──────有限会社 閏月社
印刷・製本────倉敷印刷 株式会社

Printed in Japan